Jonas Wittgens

Das Spruchverfahrensgesetz

Jonas Wittgens

Das Spruchverfahrensgesetz

W DE G
RECHT

De Gruyter Recht · Berlin

Dr. *Jonas Wittgens*, Hamburg

⊗ Gedruckt auf säurefreiem Papier,
das die US-ANSI-Norm über Haltbarkeit erfüllt.

ISBN-13: 978-3-89949-294
ISBN-10: 3-89949-294-3

Bibliografische Information der Deutschen Bibliothek

Die Deutsche Bibliothek verzeichnet diese Publikation in der Deutschen Nationalbibliografie;
detaillierte bibliografische Daten sind im Internet über http://dnb.ddb.de abrufbar.

Printed in Germany

Datenkonvertierung/Satz: jürgen ullrich typosatz, Nördlingen
Druck und Bindung: Hubert & Co. (GmbH & Co. KG), Göttingen

Meinen Eltern

Vorwort

Die Arbeit ist von der rechtswissenschaftlichen Fakultät der Universität Hamburg im Sommersemester 2005 als Dissertation angenommen worden.

Besonderer Dank gebührt meinem verehrten Doktorvater, Herrn Prof. Dr. Heribert Hirte, LL.M. (Berkeley), für den ich als wissenschaftlicher Mitarbeiter am Lehrstuhl für Handels-, Schifffahrts- und Wirtschaftsrecht tätig war. Er hat mir eine anspruchsvolle, zugleich aber in der Ausgestaltung unabhängige Mitarbeitertätigkeit ermöglicht und von Beginn an auf eine praxisorientierte Arbeit Wert gelegt, die er stets durch vielfältige Anregungen gefördert hat. Auf seine Vermittlung geht zudem ein mehrmonatiger Aufenthalt im Bundesministerium der Justiz zurück, der für die Arbeit sehr hilfreich war. In diesem Zusammenhang danke ich den Ministerialräten Herrn Prof. Dr. Ulrich Seibert (Leiter Referat III A 2: Gesellschaftsrecht u. a.) und Herrn Dr. Hans-Werner Neye (Leiter Referat III A 1: Konzernrecht u. a.) für zahlreiche weiterführende Einblicke und Hinweise. Weiteren Dank schulde ich Herrn Prof. Dr. Reinhard Bork, der das Zweitgutachten sehr zügig erstellt und dabei vor allem aus Sicht des Prozessualisten wertvolle Hinweise gegeben hat. Dem Graduiertenkolleg Recht und Ökonomik an der Universität Hamburg danke ich schließlich für die Gewährung eines großzügigen Promotionsstipendiums.

Die Arbeit widme ich meinen Eltern, die mir ein sorgloses Studium ermöglicht und die Promotion in jeder Hinsicht unterstützt haben.

Rechtsprechung und Literatur sind bis zum 1. Oktober 2005 berücksichtigt worden.

Hamburg, im Oktober 2005 *Jonas Wittgens*

Inhaltsübersicht

Inhaltsverzeichnis

Abkürzungsverzeichnis

Begr. RegE	Begründung Regierungsentwurf
Begr. RefE	Begründung Referentenentwurf
BR	Bundesrat
DiskE	Diskussionsentwurf
DJT	Deutscher Juristentag
HaReA-DAV	Handelsrechtsausschuss des Deutschen Anwaltsvereins
JVEG	Justizvergütungs- und -entschädigungsgesetz
KapMuG	Kapitalanleger-Musterverfahrensgesetz
KostRMoG	Kostenrechtsmodernisierungsgesetz
PlPr	Plenarprotokoll
ReA-BT	Rechtsausschuss des Deutschen Bundestages
RegKom *CorpGover*	Regierungskommission *Corporate Governance*
RVG	Rechtsanwaltsvergütungsgesetz
SEAG	SE-Ausführungsgesetz
SE	Societas Europaea
SEEG	Gesetz zur Einführung der Europäischen Gesellschaft
SEVO	Verordnung über das Statut der Europäischen Gesellschaft
SpruchG	Spruchverfahrensgesetz
SpruchverfNeuordG	Spruchverfahrensneuordnungsgesetz
UMAG	Gesetz zur Unternehmensintegrität und Modernisierung des Anlegerschutzes
UmwBerG	Umwandlungsbereinigungsgesetz
VV	Vergütungsverzeichnis

Alle übrigen verwendeten Abkürzungen sind allgemein bekannt oder ergeben sich aus:

Kirchner, Hildebert/ Butz, Cornelie	Abkürzungsverzeichnis der Rechtssprache, 5. Auflage, Berlin 2003
Duden, Konrad	Die deutsche Rechtschreibung, 23. Auflage, Mannheim u. a. 2004

Einleitung

Das Spruchverfahrensgesetz ist nach einem langen Reformprozess am 1. September 2003 in Kraft getreten und regelt den Verfahrensablauf des gesellschaftsrechtlichen Spruchverfahrens.[1]

A. Wesen des Spruchverfahrens

Einem gesellschaftsrechtlichen Spruchverfahren geht stets eine Strukturmaßnahme voraus, die die Anteile bestimmter Anteilsinhaber umgestaltet, aushöhlt oder auch entzieht;[2] häufig ist diese Maßnahme konzernrechtlicher Natur.[3] Die Angemessenheit der Kompensation, die für die jeweilige Beeinträchtigung gewährt wird, können die betroffenen Anteilsinhaber im Spruchverfahren gerichtlich überprüfen lassen. Dadurch soll ihnen effektiver Rechtsschutz gewährt werden, ohne dass zugleich die unternehmerische Handlungsfreiheit des die Strukturmaßnahme durchführenden Rechtsträgers nachhaltig beeinträchtigt wird. Bedeutsamste Ausprägung dieses Zwecks ist der Ausschluss der Anfechtbarkeit der Beschlüsse der Hauptversammlung, die die Durchführung der jeweiligen Maßnahme ermöglichen. Reibungsverluste und Störungen, die unter Umständen gesamtwirtschaftlich viel größer sein können als der Wert der Minderheitenpositionen[4] und die Blockade mehrheitlich beschlossener Strukturveränderungen, die im internationalen Wettbewerb agierenden Unternehmen im Verhältnis zu ihren Mitbewerbern Schaden zufügen würde, sollen verhindert

---

1 Art. 1 des Gesetzes zur Neuordnung des gesellschaftsrechtlichen Spruchverfahrens (Spruchverfahrensneuordnungsgesetz) vom 12. 6. 2003 BGBl. I S. 838 ff., zuletzt geändert durch das Gesetz zur Einführung der Europäischen Gesellschaft (SEEG) vom 22. 12. 2004 BGBl. I S. 3675 ff. Da das Spruchverfahrensgesetz einheitlich den Begriff „Spruchverfahren" und nicht „Spruchstellenverfahren" verwendet, wird auch im Laufe der Arbeit ausschließlich der Begriff „Spruchverfahren" verwendet (vgl. zur historischen Entwicklung der Begrifflichkeiten *Emmerich* in Emmerich/Habersack KonzernR Vor § 1 SpruchG Rn. 2; *Seetzen* WM 1999, 565); zum Inkrafttreten siehe unten Teil 2 C.

2 Obwohl die Übertragung der Aktien der Minderheitsaktionäre auf den Hauptaktionär (§§ 327 a ff. AktG) an sich keine Strukturmaßnahme darstellt, wird sie vom Gesetz als solche behandelt (vgl. *Habersack* ZIP 2001, 1230, 1236). Sofern daher in der Arbeit der Begriff der Strukturmaßnahme verwendet wird, ist die Übertragung gem. §§ 327 a ff. AktG davon mitumfasst.

3 Jedenfalls soweit das Spruchverfahren seine Grundlage in materiell-rechtlichen Regelungen des Aktienrechts hat, handelt es sich praktisch stets um Konzernsachverhalte. Soweit die rechtliche Grundlage im Umwandlungsrecht liegt, sind Konzernsachverhalte denkbar, wenn auch nicht zwingend (vgl. *J. Vetter* ZHR 168 [2004] 8, 11).

4 *Lutter/T. Bezzenberger* AG 2000, 433, 434.

werden.[5] Gesellschaftsrechtliches Spruchverfahren und aktienrechtliche Anfechtungsklage stellen demnach sich gegenseitig ausschließende Rechtsbehelfe dar; die Frage der Angemessenheit der Kompensation ist von der Frage der Wirksamkeit der Strukturmaßnahme abgekoppelt.[6]

Seine Grundlage und Berechtigung findet das Spruchverfahren in der Verfassung, denn Anteilsinhaber haben bei wertmindernden Beeinträchtigungen ihrer Anteile ein durch Art. 14 Abs. 1 GG geschütztes Recht auf eine Entschädigung, die dem vollen wirtschaftlichen Wert der verlorenen Rechtsposition entspricht,[7] und dazu muss ihnen auch justizförmiger Rechtsschutz eröffnet sein. Anteilsinhaber können weder auf eine selbstständige Verhandlungsmöglichkeit verwiesen noch kann ihnen zugemutet werden, ihre Ansprüche in einem normalen Zivilprozess geltend zu machen, da die Beweislastverteilung in einem solchen Prozess bzw. die uneingeschränkte Anwendung des Parteiengrundsatzes für die Antragsteller aufgrund der ungleichen Informationsverteilung eine unüberwindbare Hürde darstellen würde.[8] Spruchverfahren lassen sich vor diesem Hintergrund als besondere gerichtliche Wertüberprüfungsverfahren einordnen, die als verfahrensrechtliche Ausprägung dem Schutz und der Sicherung des verfassungsrechtlich verbürgten Minderheitenschutzes im Konzernrecht dienen.

B. Bedeutung des Spruchverfahrens

Die Bedeutung gesellschaftrechtlicher Spruchverfahren zeigt sich unter anderem daran, dass in annähernd der Hälfte der in Betracht kommenden Fälle, soweit es um die Höhe von Abfindung und Ausgleich nach §§ 304, 305 AktG geht, ein derartiges Verfahren eingeleitet wird.[9] Gerade in den letzten Jahren ist eine Zunahme der diesbezüglichen Gerichtsentscheidungen zu beobachten.[10] Hinzu kommt, dass infolge der Reform des Umwandlungsrechts im Jahr 1994 umwandlungsrechtliche Strukturmaßnahmen wie Verschmelzungen, Ausgliederungen und Formwechsel beliebter geworden sind und die Bedeutung von Spruchverfahren gestärkt haben.[11] Schließlich ist seit der Einführung der Ausschlussmöglichkeit von Minderheitsaktionären gem. §§ 327 a ff. AktG, dem sog. *squeeze out*,[12] eine ganz erhebliche

---

5 *J. Vetter* ZHR 168 (2004) 8 ff.

6 *Fritzsche/Dreier/Verfürth* SpruchG Einl. Rn. 6; *Leube* in Deilmann/Lorenz AG § 8 Rn. 21.

7 BVerfGE 14, 263, 284 („Feldmühle"); inzwischen bestätigt durch BVerfG ZIP 1999, 532, 534 („SEN"); BVerfGE 100, 289, 303 („DAT/Altana"); BVerfG ZIP 1999, 1804, 1805 („Hartmann & Braun"); BVerfG AG 2003, 624, 625; siehe zur Rechtsprechungsentwicklung *Hirte/Hasselbach* in GroßK/AktG § 305 AktG Rn. 66 f.

8 Vgl. *Emmerich* in FS Tilmann, 925, 932; *Fuhrmann/Linnerz* Konzern 2004, 265, 269; *v. Morgen* WM 2003, 1545, 1551; *Wolf* ZIP 2002, 153, 159.

9 *Emmerich* in Emmerich/Habersack KonzernR Vor § 1 SpruchG Rn. 6.

10 *Sinewe* NJW 2003, 270.

11 *Fritzsche/Dreier* BB 2002, 737; *Lamb/Schluck-Amend* DB 2003, 1259.

12 Die *Squeeze-out*-Regelung wurde eingeführt durch das Gesetz zur Regelung von öffentlichen

Zunahme von Spruchverfahren zu verzeichnen.[13] Einen weiteren Bedeutungszuwachs, nicht nur auf nationaler Ebene, sondern auch im europäischen Kontext erhält das Spruchverfahren infolge des SEEG,[14] durch das das Spruchverfahren als Rechtsbehelf bei Umwandlungen und Formwechseln im Zusammenhang mit einer Europäischen Gesellschaft eingeführt wurde. Schließlich stehen unmittelbar und mittelbar Gesetzesänderungen an, die künftig zu einer deutlichen Zunahme von Spruchverfahren führen werden. Denn zum einen wird § 243 Abs. 4 AktG zum 1. November 2005 geändert, so dass künftig Streitigkeiten über bewertungsbezogene Informationspflichtverletzungen in der Hauptversammlung grundsätzlich im Rahmen eines Spruchverfahrens zu behandeln sind.[15] Zum anderen erheben sich zahlreiche Forderungen, das Spruchverfahren auch auf weitere Sachverhalte auszudehnen.[16] Dies gilt auch im europäischen Zusammenhang: So soll die Anwendbarkeit des Spruchverfahrens auf Kompensationsregelungen erstreckt werden, die im Zuge der Umsetzung der europäischen Übernahmerichtlinie einzuführen sind.[17] Schließlich ist auch der BGH bestrebt, die Anfechtungsklage zugunsten des Spruchverfahrens zurückzudrängen.[18]

Das Spruchverfahrensgesetz sieht sich mit der Aufgabe konfrontiert, der derzeitigen, aber auch der künftigen Bedeutung gesellschaftsrechtlicher Spruchverfahren gerecht zu werden und für deren reibungslosen Verlauf zu sorgen, mithin einen angemessenen und den Anforderungen der Verfassung genügenden Vermögensschutz sicherzustellen.[19] Einige Probleme, die sich auf der Grundlage der Ausgestaltung des Verfahrens vor Inkrafttreten des Spruchverfahrensgesetzes gestellt haben, sind durch das Spruchverfahrensgesetz gelöst worden. Dennoch besteht Anlass zu einer eingehenden Auseinandersetzung mit den reformierten Verfahrensregelungen. Zum einen sind zahlreiche Fragen mit der Neuregelung nicht beantwortet worden, zum anderen werden durch das Spruchverfahrensgesetz etliche neue Fragen aufgeworfen. Da das Verfahrensrecht der Verwirklichung des materiellen Rechts dient, ist das Spruchverfahrensgesetz schließlich von Änderungen der mit ihm im Zusammenhang stehenden materiell-rechtlichen Regelungen abhängig. Daher sieht sich die Anwendung des

---

Angeboten zum Erwerb von Wertpapieren und von Unternehmensübernahmen vom 20. 12. 2001 BGBl. I S. 3822, 3838 f.

[13] *Fuhrmann/Linnerz* Konzern, 265, 266; vgl. auch *Puszkajler* ZIP 2003, 518, 519, der aus der gerichtlichen Praxis von einer „Bugwelle" von 20–50 Spruchverfahren bei den einzelnen Kammern nach Einführung der §§ 327 a ff. AktG berichtet; siehe ferner *Helmis* ZBB 2003, 161, 162, 175, der allein für das Jahr 2002 von mehr als 100 Ausschlüssen – davon mindestens 57 in börsennotierten Unternehmen – ausgeht; zur Entwicklung der *Squeeze-out*-Anzahl im Jahr 2004 siehe *Bozicevic* AG-Report 2005, R 248 ff.

[14] Gesetz zur Einführung der Europäischen Gesellschaft (SEEG) vom 22. Dezember 2004 BGBl. I S. 3675 ff.

[15] Siehe dazu ausführlich unten Teil 3 A. VII.

[16] Siehe dazu ausführlich unten Teil 4.

[17] Siehe *Austmann/Mennicke* NZG 2004, 846, 851, 855.

[18] *Henze* FS Hadding, 409, 426.

[19] Vgl. *Pfeifer* Schutzmechanismen S. 183 Rn. 533.

Spruchverfahrensgesetzes mit Problemen konfrontiert, die während der Reform des Spruchverfahrens noch nicht absehbar waren und daher bei der Reform nicht berücksichtigt werden konnten. Auch der Gesetzgeber ist in den das Spruchverfahren tangierenden materiell-rechtlichen Bereichen nicht untätig geblieben. Er hat nach Inkrafttreten des Spruchverfahrensgesetzes Gesetze beschlossen und Gesetzgebungsvorhaben auf den Weg gebracht, die sich unmittelbar auf das Spruchverfahrensgesetz auswirken und zusätzlichen Anlass für eine eingehende Untersuchung seiner Regelungen bieten. „*Corporate Governance* als dauernde Reformanstrengung“[20] macht auch vor dem Spruchverfahren nicht Halt. Schließlich ist das Spruchverfahrensgesetz Ausdruck der derzeitig hierzulande, aber auch in anderen europäischen Staaten zu beobachtenden Tendenz, kollektive Rechtsbehelfe systematisch auszubauen – wie sie jüngst durch das Kapitalanleger-Musterverfahrensgesetz[21] deutlich geworden ist –, um die zunehmend mit der prozesssualen Bewältigung von Massenverfahren überforderte Ziviljustiz zu entlasten.

C. Gang der Darstellung

Zunächst wird die historische Entwicklung des Spruchverfahrens im Überblick dargestellt (Teil 1), bevor die Reform des Spruchverfahrens nachgezeichnet wird (Teil 2). Den Schwerpunkt der Arbeit bildet dann eine eingehende Untersuchung der Regelungen des Spruchverfahrensgesetzes (Teil 3), die sich auch auf die wesentlichen materiell-rechtlichen Probleme erstreckt, soweit jene mit den Verfahrensregelungen im unmittelbaren Zusammenhang stehen. Wenn, aber auch nur soweit es das Verständnis der Neuregelungen erfordert, wird dabei die Rechtslage vor der Reform des Spruchverfahrens dargestellt. Im Anschluss an diesen Hauptteil folgt ein Ausblick (Teil 4), in dem ausgewählte, künftig mögliche Anwendungsbereiche des Spruchverfahrensgesetzes untersucht werden und die Zukunft des Spruchverfahrens als Rechtsbehelf allgemein erörtert wird. Daran schließt sich eine Ergebniszusammenfassung an.

---

20 *Seibert* BB 2005, 1457, 1458.

21 RegE KapMuG BT-Drucks. 15/5091 Anlage 1; *ReA-BT* KapMUG BT-Drucks. 15/5695; vgl. dazu ausführlich *Hess/Michailidou* ZIP 2004, 1381 ff. sowie *Plaßmeier* NZG 2005, 609 ff.

Teil 1
Historische Entwicklung des Spruchverfahrens

A. Gesetzliche Grundlagen

Mit dem Spruchverfahrengesetz sind die das Spruchverfahren betreffenden Normen erstmals in einem Verfahrensgesetz zusammengefasst worden. Zuvor waren die Regelungen im Aktien- und Umwandlungsrecht verstreut. Dabei stellte das Spruchverfahren stets ein Verfahren *sui generis* innerhalb der Freiwilligen Gerichtsbarkeit dar, das sich nicht in vorhandene Verfahrensarten einordnen ließ.[1]

Die Feststellung, dass das Spruchverfahren vor dem Inkrafttreten des Spruchverfahrensgesetzes seit mehr als 65 Jahren zum verfahrensrechtlichen Instrumentarium der Minoritäre gehört,[2] ist hinsichtlich des Umwandlungsrechts zutreffend. Denn die Abfindung bei Umwandlung einer Kapitalgesellschaft in eine Personengesellschaft durch Vermögensübertragung konnte erstmals nach Inkrafttreten der 3. DVO vom 2. Dezember 1936 zum UmwG 1934 in einem Spruchverfahren überprüft werden, und zwar nach den dortigen §§ 9 ff.[3] Zuvor waren ausscheidende Aktionäre mehr oder weniger gezwungen, die Werte der von der Generalversammlung akzeptierten Bilanz hinzunehmen, da kein spezielles Prüfverfahren existierte, in dem über die Höhe der angemessenen Abfindung für ausscheidende Gesellschafter entschieden wurde.[4] Obwohl die genaue Berechnung des jeweils angemessenen Abfindungsanspruchs des einzelnen Aktionärs bereits damals umstritten war, sah auch das Umwandlungsgesetz 1934 ein solches Verfahren noch nicht vor. Vielmehr mussten ausscheidende Gesellschafter ihre Ansprüche bei entsprechendem Kostenrisiko in einem Zivilprozess geltend machen.[5] Das Spruchverfahren gem. §§ 9 ff. der 3. DVO UmwG 1934 war an ein Verfahren angelehnt, das in ähnlicher Form für die Aufwertung von Ansprüchen aus Genussscheinen nach der 4. DVO zur Goldbilanzverordnung[6] vom 28. August 1924 bestand.[7] Maßgeblich wurde das Verfahren durch das FGG bestimmt, das gem. § 11 der 3. DVO 1934 ergänzend Anwendung fand. Sowohl im Umwandlungsgesetz von 1956[8]

---

1 *J. Schmidt* Recht der außenstehenden Aktionäre S. 30.

2 *Neye* FS Wiedemann, 1127, 1128.

3 Vgl. den Überblick über das Verfahren bei *Behnke* Spruchverfahren S. 33.

4 *Halberkamp* Konzernierung S. 25.

5 *Halberkamp* Konzernierung S. 27.

6 VO vom 28. 8. 1924, RGBl. I S. 697.

7 *Vollrath* in Widmann/Mayer UmwG Anh. 13 Vor §§ 1 ff. SpruchG Rn. 2.

8 Zum Verfahrensablauf nach dem UmwG 1956 siehe *H. Meilicke/W. Meilicke* ZGR 1974, 296, 299 f.

als auch im Umwandlungsgesetz von 1969 wurden – jeweils in den §§ 30 ff. UmwG – diese Verfahrensregelungen weitgehend übernommen.

Im Aktienrecht war eine Überprüfung von Abfindungs- und Ausgleichszahlungen im Spruchverfahren erst seit 1965 möglich, und zwar im Falle von Abfindung und Ausgleich bei Beherrschungs- und Gewinnabführungsverträgen (§§ 304, 305 AktG), der Abfindung nach formwechselnder Umwandlung (§§ 375, 388, 392 AktG) und der Eingliederung durch Mehrheitsbeschluss (§ 320 b AktG) gem. § 306 AktG. Da im Gegensatz zum Aktiengesetz von 1937 das Aktiengesetz von 1965 erstmals dezidiert die materiell-rechtlichen Beziehungen im Konzern regelte, mussten auch erst ab 1965 entsprechende verfahrensrechtliche Regelungen zur Durchsetzung der materiell-rechtlichen Ansprüche getroffen werden. 1982 wurden im Rahmen des Verschmelzungsrichtlinien-Gesetzes die umwandlungsrechtlichen Regelungen für das Verschmelzungsrecht des Aktiengesetzes und des Kapitalerhöhungsgesetzes übernommen (§ 352 c AktG, § 31 a KapErhG).

Mit der großen Reform des Umwandlungsrechts im Jahr 1994 wurde zunächst der umwandlungsrechtliche Anwendungsbereich des Spruchverfahrens erheblich ausgedehnt, vor allem aber wurden die Regelungen der formwechselnden Umwandlung aus dem Aktiengesetz herausgenommen und – wie auch die übertragende Umwandlung – im Umwandlungsgesetz geregelt. Die §§ 305–312 UmwG 1994 bezeichneten das Verfahren auch ausdrücklich als „Spruchverfahren" und widmeten ihm einen eigenen Titel. Sie glichen inhaltlich den § 30 ff. UmwG 1969 und entsprachen damit auch nahezu gänzlich der Regelung des § 306 AktG mit seinen weitgehenden Verweisungen.[9]

Die das Spruchverfahren regelnden Normen sind nach Inkrafttreten des UmwG 1994 bis zu dessen Reform nicht geändert worden. Jedoch wurde der gesetzliche aktienrechtliche Anwendungsbereich um einen bedeutsamen Anwendungsfall durch die Einführung der Vorschriften der §§ 327 a ff. AktG zum *squeeze out* erheblich erweitert.[10]

B. Funktion und Schutzzweck

Obwohl das Spruchverfahren bis zu dessen Reform als weitgehend „reformresistent" bezeichnet wurde,[11] hatten sich Funktion und Schutzzweck im Laufe der Zeit doch erheblich verändert. Die Kenntnis dieser Änderungen erleichtert das Verständnis der heutigen Regelung, zumal sie erhebliche Bedeutung für die Auslegung der Regelungen des Spruchverfahrensgesetzes haben.

Nach den Regelungen der §§ 9 ff. der 3. DVO UmwG 1934 konnte das Verfahren lediglich durch den übernehmenden Rechtsträger eingeleitet werden. Während die

---

9 *Behnke* Spruchverfahren S. 35.

10 Vgl. oben Einleitung unter B.

11 *Lamb/Schluck-Amend* DB 2003, 1259.

neue Gesellschaft vor einer Flut von Einzelklagen bewahrt werden sollte,[12] sollte sich der Hauptgesellschafter der Gefahr auseinander strebender Entscheidungen entziehen können.[13] Allerdings war der einzelne Aktionär nicht gehindert, neben einem von der übernehmenden Gesellschaft eingeleiteten Spruchverfahren unmittelbar Leistungsklage auf Zahlung einer angemessenen Abfindung zu erheben. Die Klage konnte gem. § 19 Abs. 1 UmwG 1934 bis zur Beendigung des Spruchverfahrens lediglich ausgesetzt und nach einer im Spruchverfahren erfolgten Antragsrücknahme fortgesetzt werden. Die Rechte der Aktionäre im Spruchverfahren wurden in aller Regel durch einen sog. gemeinsamen Vertreter wahrgenommen, der gem. § 13 Abs. 1 der 3. DVO UmwG 1934 die Stellung eines gesetzlichen Vertreters hatte. Seine Bezahlung sowie die Begleichung der Verfahrenskosten oblag gem. § 18 Abs. 2 S. 1 der 3. DVO UmwG 1934 regelmäßig dem Antragsteller des Verfahrens. Lediglich in den Fällen, in denen Beschwerden des gemeinsamen Vertreters vor dem Oberlandesgericht, der zweiten und letzten Instanz, erfolglos blieben, konnten auch die einzelnen ausscheidenden Aktionäre gem. § 18 Abs. 2 S. 2 der 3. DVO UmwG 1934 zur Begleichung der Gebühren herangezogen werden.

Grundlegende Veränderungen im Verfahrensablauf brachte die 4. DVO UmwG 1934 vom 30. Juni 1937 nicht. Auch sie gestand den Minderheitsaktionären kein eigenes Antragsrecht zu, sondern eröffnete ihnen gem. § 5 der 4. DVO UmwG 1934 lediglich die Möglichkeit, die Durchführung eines Spruchverfahrens anzuregen. Allerdings stand die alleinige Entscheidungsgewalt über die Einleitung des Verfahrens fortab auch nicht mehr nur dem übernehmenden Rechtsträger zu. Vielmehr konnte gem. § 5 der 4. DVO UmwG 1934 auch der Reichswirtschaftsminister bei der Umwandlung von Aktiengesellschaften, deren Aktien an der deutschen Börse gehandelt wurden, die Durchführung des Spruchverfahrens verlangen. Dies geschah vor allem dann, wenn eine größere Anzahl von Aktionären aus der Gesellschaft ausscheiden wollte, so dass eine Feststellung der angemessenen Abfindung in einem gewissen öffentlichen Interesse lag.[14] § 4 der 4. DVO UmwG 1934 trug dem Informationsbedürfnis der Aktionäre durch die Bestimmung Rechnung, dass diese zwei Wochen vor der Beschlussfassung über die der Umwandlung zugrunde liegende Bilanz und die Höhe des Abfindungsangebots oder ggf. über die Einleitung eines Spruchverfahrens unterrichtet werden mussten.

An die Stelle des zeitlich begrenzten Umwandlungsgesetzes von 1934 trat am 12. November 1956 das Gesetz über die Umwandlung von Kapitalgesellschaften und bergrechtlichen Gewerkschaften (UmwG 1956), das eng an das vorhergehende Umwandlungsrecht angelehnt war, aber im Zusammenhang mit den Rechten ausgeschiedener Aktionäre im Spruchverfahren wichtige Änderungen enthielt.[15] Es markierte den Beginn eines Funktions- und Schutzzweckwandels des Spruchverfahrens, auch

---

[12] *Behnke* Spruchverfahren S. 33.
[13] *Kley/Lehmann* BB 1973, 1096, 1098.
[14] *Halberkamp* Konzernierung S. 28.
[15] *Halberkamp* Konzernierung S. 30.

wenn es weiterhin in erster Linie dem Interesse des Übernehmers an einem einfachen, übersichtlichen und mit einer einheitlichen Feststellung der angemessenen Abfindung endgültig abzuschließendem Verfahren sowie der Prozessökonomie diente.[16] Denn die Interessen der Anteilsinhaber der übertragenden Gesellschaft wurden mit der Einführung des § 32 Abs. 2 UmwG 1956 stärker berücksichtigt. Neben dem übernehmenden Rechtsträger waren fortab auch ausscheidende Anteilsinhaber, deren Anteile zusammen 5% des Nennkapitals der umgewandelten Gesellschaft erreichten, antragsberechtigt.[17] Dadurch sollte zumindest ein Teil der ausgeschiedenen Anteilsinhaber die Vorteile des Spruchverfahrens gegenüber der zivilprozessualen Leistungsklage, die unter anderem in der weitgehenden Kostenfreiheit, der Geltung des Amtsermittlungsgrundsatzes und der Bestellung des gemeinsamen Vertreters lagen, unabhängig von der Entscheidung des neuen Rechtsträgers in Anspruch nehmen können.[18] Allerdings war mit der Antragsberechtigung keine von den Anteilsinhabern selbst in eigener Entscheidung wahrzunehmende Verfahrensherrschaft verbunden. Zwar waren die antragsberechtigten Anteilsinhaber im Gegensatz zu den übrigen ausgeschiedenen Anteilsinhabern nicht nur Partei des Verfahrens und materiell am Verfahrensgegenstand berechtigt, sondern konnten auch über Antragstellung und -rücknahme autonom entscheiden.[19] Der in diesem Zusammenhang maßgebliche § 33 Abs. 1 UmwG 1956 wurde jedoch so ausgelegt, dass auch die Verfahrensrechte und nicht nur die Rechte der nicht antragsberechtigten Aktionäre durch einen gemeinsamen Vertreter ausgeübt werden mussten, auf dessen Auswahl und Tätigkeit die antragsberechtigten Anteilsinhaber keinen Einfluss nehmen konnten und der auch dann für sie die Verfahrensrechte ausschließlich auf der Grundlage seiner Entschlüsse wahrzunehmen hatte, wenn sich die antragsberechtigten Anteilsinhaber ausdrücklich selbst vertreten wollten.[20] Dennoch bleibt festzuhalten, dass der Minderheitenschutz mit dem Umwandlungsgesetz von 1956 in verfahrensrechtlicher Hinsicht gestärkt wurde und sich Spruchverfahren im Ansatz zu einem Instrument des Minderheitenschutzes entwickelten.

Einen grundlegenden Wandel brachte die Rechtsprechung des Bundesverfassungsgerichts. Durch das sog. „*Feldmühle*"-Urteil[21] vom 7. August 1962 wurde den antragsberechtigten Anteilsinhabern erstmals die Möglichkeit verschafft, ihre Rechte selbst und eigenständig wahrzunehmen. Denn das Bundesverfassungsgericht stellte klar, dass der gerichtlich bestellte gemeinsame Vertreter nur diejenigen antragsberechtigten Anteilseigner vertreten darf, die nicht auf andere Weise vertreten sind.

---

16 *Karrer* Angemessenheit der Leistung S. 203; *Schwarz* in Widmann/Mayer UmwG § 305 UmwG Rn. 5.

17 Damit entfiel zugleich die Möglichkeit der Einleitung eines Verfahrens durch den Reichswirtschaftsminister (vgl. *Halberkamp* Konzernierung S. 31).

18 Vgl. *Behnke* Spruchverfahren S. 34.

19 *H. Meilicke/W. Meilicke* ZGR 1974, 296, 299. Wie bereits nach der 3. DVO zum UmwG 1934 konnte nach Antragsrücknahme Leistungsklage erhoben werden.

20 Vgl. *Schwarz* in Widmann/Mayer UmwG § 305 UmwG Rn. 5.

21 BVerfGE 14, 263 ff. („Feldmühle").

Anderenfalls werde das Grundrecht auf rechtliches Gehör aus Art. 103 Abs. 1 GG derjenigen Anteilsinhaber verletzt, die sich im Spruchverfahren selbst vertreten wollten.[22] Infolge dieses Urteils nahm die Zahl der im Spruchverfahren individuell vertretenen Anteilsinhaber und damit zugleich auch die Komplexität der Verfahren erheblich zu. Im Ergebnis ging das Urteil damit zulasten der Prozessökonomie, da sich durch die zunehmende Komplexität die Dauer der Verfahren erheblich verlängerte, was später ein ganz wesentlicher Anlass für die Reform des Spruchverfahrens werden sollte.[23] Deutlich wird der Einfluss des Urteils auf die Verfahrensdauer daran, dass sich vor dem „*Feldmühle*"-Urteil soweit ersichtlich kein dokumentierter Fall eines auffällig lang andauernden Spruchverfahrens findet. Ob die Vermögensrechte der Minderheit, die gerade durch eine überlange Verfahrensdauer geschmälert werden,[24] durch das Bundesverfassungsgericht im Ergebnis gestärkt wurden, ist daher zweifelhaft. Festzuhalten bleibt aber, dass durch das „*Feldmühle*"-Urteil einerseits die Rechtsposition der antragsberechtigten ausgeschiedenen Anteilsinhaber hinsichtlich der Verfahrensrechte unmittelbar verbessert und andererseits die Interessen des übernehmenden Rechtsträgers an einem übersichtlichen, ökonomischen Prozess in den Hintergrund gedrängt wurden.

Durch das AktG 1965 und das UmwG 1969 wurde die Trennung von materieller Berechtigung am Verfahrensgegenstand einerseits und Verfahrensherrschaft andererseits nunmehr für alle ausgeschiedenen Anteilsinhaber aufgehoben. Das Quorum für die Antragsberechtigung i. H. v. 5% des Nennkapitals wurde abgeschafft. Im Gegenzug für die dadurch erlangte umfassend gewährte Verfahrensherrschaft entfiel die Möglichkeit gänzlich, die Leistung einer angemessenen Abfindung unmittelbar vor den ordentlichen Gerichten einklagen zu können. Da allerdings schon bis dahin die gerichtliche Entscheidung im Spruchverfahren andere Gerichte band, stellte dieses keine erhebliche Verkürzung von Rechtsschutzmöglichkeiten dar. Eindeutig überwog die umfassende Berücksichtigung der unmittelbaren Interessen der ausscheidenden Anteilseigner und damit der weitere Ausbau der normierten Rechte der Minderheit im Konzernrecht.

Den Schlussstrich im Wandel von Funktion und Schutzzweck der spruchverfahrensrechtlichen Regelungen markierte die Einführung von § 308 Abs. 3 UmwG a. F., der gem. § 306 Abs. 4 S. 10 AktG a. F. auch für aktienrechtliche Spruchverfahren galt. Danach konnte der gemeinsame Vertreter das Verfahren auch nach Rücknahme eines Antrags weiterführen. Die durch diese Vorschrift erfolgte Stärkung der Stellung des gemeinsamen Vertreters bedeutete zugleich eine Schwächung der Antragsgegner und einen Ausbau von Minderheitsrechten. Denn fortab konnten diejenigen Antragsberechtigten, die einen Antrag gestellt hatten und deren Verfahrensrechte somit nicht vom gemeinsamen Vertreter wahrgenommen wurden, ihre Anträge nicht mehr mit der Folge einer Verfahrenserledigung zurücknehmen. Da die Rücknahme der Anträge

---

22 BVerfGE 14, 263, 287 f. („Feldmühle").

23 Siehe unten Teil 2 A.

24 Siehe unten Teil 2 A.

durch sämtliche Antragsteller in aller Regel die Gegenleistung von in Verhandlungen zwischen Antragstellern und Antragsgegner ausgehandelten zusätzlichen Kompensationsleistungen war – sog. „Auskauf“ der Antragsteller – und der gemeinsame Vertreter der nicht antragstellenden ausgeschiedenen Anteilsinhaber deren Rechte nicht weiterverfolgen konnte, gingen die Regelungen vor Inkrafttreten des § 308 Abs. 3 UmwG a. F. zulasten der nicht antragstellenden Anteilsinhaber.[25] Durch die Neuregelung wurde den Antragsgegnern somit ein weiteres Mittel zu einer schnellen und „unkomplizierten“ Beendigung der Spruchverfahren aus der Hand genommen und die Verfahrensrechte selbst jener Antragsberechtigten gestärkt, die keinen Antrag gestellt hatten.

---

[25] Zur Möglichkeit des „Auskaufens“ auch nach Inkrafttreten der Regelung siehe unten Teil 3 C. III. 3. b. bb. sowie Teil 3 G. III. 1. b. aa. (2).

Teil 2
Reform des Spruchverfahrens

A. Reformanstoß und Gesetzgebungsverfahren

Die das Spruchverfahren betreffenden Regelungen im Aktien- und Umwandlungsgesetz führten zu gravierenden Verfahrensmissständen. Daher wurde eine Reform des Spruchverfahrens bereits seit geraumer Zeit angemahnt.[1] Im Mittelpunkt der Kritik standen im Wesentlichen die Dauer der Verfahren sowie die erheblichen Verfahrenkosten.

Die Verfahrensdauer betrug im Durchschnitt mindestens fünf bis sechs Jahre;[2] teilweise wird auch von mehr als zehn Jahren berichtet.[3] Genauere Daten liegen nicht vor, da amtliche Statistiken über die Verfahrensdauer speziell von Spruchverfahren nicht geführt werden. Aus der Zusammenstellung zahlreicher Spruchverfahren der letzten Jahrzehnte bei *Komp* ergibt sich aber, dass jedenfalls etliche Verfahren weitaus länger als ein Jahrzehnt gedauert haben und selten in weniger als fünf Jahren beendet werden konnten.[4] Eklatant ist der Unterschied zur Dauer normaler Zivilstreitigkeiten bei den Landgerichten als Eingangsinstanz, die im Bundesdurchschnitt lediglich ca. sieben Monate beträgt.[5] Das bisher längste, inzwischen abgeschlossene Spruchverfahren dauerte neunzehn Jahre.[6] Die überlange Verfahrensdauer von Spruchverfahren erzeugt insofern eine Gerechtigkeitslücke, als die Gesellschaften und ihre Mehrheitsgesellschafter durch die Strukturveränderung schnell und beweglich über ihr gesellschaftlich gebundenes Eigentum verfügen können, wohingegen die Minderheitsgesellschafter auf ihre ausgleichenden Leistungen jahrelang warten müssen.[7] Allerdings

---

[1] Vgl. etwa *Beyerle* BB 1978, 284ff.; *Bilda* NZG 2000, 296ff.; *Lutter/T. Bezzenberger* AG 2000, 433ff.; *Austmann* BB 2002 Heft 15 S. I

[2] *Emmerich* in Emmerich/Habersack KonzernR Vor § 1 SpruchG Rn. 7; *ders.* FS Tilmann, 925, 926.

[3] *W. Meilicke/Heidel* DB 2003, 2267, Fn. 4; drastisch *Volhard* in MüKo/AktG § 8 SpruchG Rn. 1: Spruchverfahren als „langfristige Sparkasse."

[4] Vgl. *Komp* Zweifelsfragen des aktienrechtlichen Abfindungsanspruchs S. 472ff.

[5] Vgl. *BMJ* Pressemitteilung vom 26. 8. 2005, S. 2.

[6] Vgl. *Knoll* BB 2004, 1727, Fn. 2.

[7] *Lutter/T. Bezzenberger* AG 2000, 433. Teilweise wird darüber hinaus davon ausgegangen, dass sich daraus auch verfassungsrechtliche Probleme ergeben. So bejahen *W. Meilicke/Heidel* DB 2003, 2267, 2268, einen Verstoß gegen den Grundsatz der vollen Entschädigung, weil die anspruchsberechtigten Anteilsinhaber durch die Verzinsung der Nachzahlung mit einem niedrigeren Zinssatz als dem, mit dem die Zukunftserträge diskontiert werden, schlechter stünden als sie stehen würden, wenn der „enteignende Eingriff" nicht eingetreten wäre. Dem entgegen aber etwa *Bilda* NZG 2000, 296, 301, der die Verrechnung des Ausgleichs nur mit den Zinsen für zutreffend hält, weil dadurch einerseits gewährleistet werde, dass den Aktionären mindestens die Zinsen verbleiben,

können sie auch zu Vorteilen der Antragsteller und damit zugleich zum Nachteil der Antragsgegner führen, wenn Verfahren nur mit dem Ziel eingeleitet und kostenerheblich verzögert werden, um ein Lästigkeitspotential für den Antragsgegner aufzubauen und ständig zu erhöhen, um jenen zu hohen Abstandszahlungen gegen Rücknahme der Verfahrensanträge zu bewegen.[8] Auch das Bundesverfassungsgericht hat sich mit der Dauer der Spruchverfahren befasst, einen Verstoß gegen das Rechtsstaatsprinzip angesichts der siebenjährigen Dauer eines Spruchverfahrens aber abgelehnt, weil das für das Spruchverfahren zuständige Gericht Kontakt zum Sachverständigen gehalten habe und für die Verfahrensverzögerung nicht verantwortlich gewesen sei.[9] Während des Gesetzgebungsverfahrens zum Spruchverfahrensneuordnungsgesetz erging allerdings eine Entscheidung des EGMR, in der ein Verstoß dieser Verfahrenslänge gegen Art. 6 Abs. 1 EMRK bejaht und die Bundesrepublik Deutschland zur Zahlung von Schadenersatz verurteilt wurde.[10] Obwohl der EGMR dabei nur entscheiden musste, ob die gesamte Verfahrensdauer unangemessen lang war, lässt sich dem Urteil dennoch eine grundsätzliche Aussage zur Angemessenheit der Länge von Spruchverfahren vor Gerichten der Bundesrepublik Deutschland entnehmen. In der Urteilsbegründung wird darauf hingedeutet, dass die Verfahrensdauer der ersten Instanz – fünf Jahre und fünf Monate – sowie des verfassungsgerichtlichen Verfahrens – sieben Jahre – jeweils für sich genommen und nicht erst im Zusammenwirken als Verstoß gegen die EMRK angesehen wurde.[11] Angesichts der zahlreichen Spruchverfahren, die zum Teil bereits weit länger anhängig sind, bergen die langen Verfahrensdauern daher – neben den erheblichen Nachteilen für Antragsteller und Antragsgegner – auch erhebliche finanzielle Amtshaftungsrisiken für den Staat. Vielleicht auch aus diesem Grund hat der Gesetzgeber jüngst angekündigt, eine Untätigkeitsbeschwerde als Rechtsbehelf bei überlanger Verfahrensdauer einführen zu wollen.[12]

Neben der überlangen Dauer wurden vor allem die hohen Verfahrenskosten der Spruchverfahren für die Antragsgegner kritisiert, die grundsätzlich sowohl die Kosten der Antragsteller als auch die Gerichtsgebühren zu tragen hatten. Vor allem waren sie zur Zahlung der häufig die Höhe von 50.000,– € übersteigenden Sachverständigen-

---

wenn der Ausgleich niedriger sei, wodurch der Druck auf das Unternehmen aufrechterhalten bliebe, die Verfahren nicht zu verzögern, und andererseits bei einem höheren Ausgleich den Antragstellern im Ergebnis die Ausgleichsleistungen verblieben; vgl. ausführlich zur Verfassungsmäßigkeit der Verzinsung *Knoll* BB 2004, 1727 ff.

8 *Bilda* NZG 2000, 296, 297; *Diekgräf* Sonderzahlungen S. 12 ff., 271 f.

9 BVerfG ZIP 1999, 999, 1000 („SNI/Siemens") (Nichtannahme einer Verfassungsbeschwerde); zustimmend *Seetzen* WuB II. A. § 320 AktG 2.99, 830. *Fritzsche/Dreier/Verfürth* SpruchG Einl. Rn. 48 gehen davon aus, das Bundesverfassungsgericht habe zu erkennen gegeben, dass mit einer siebenjährigen Verfahrensdauer eine zeitliche Obergrenze erreicht sei.

10 EGMR v. 20. 2. 2003 – 44324/98 Tz 50 ff. („Kind ./. Deutschland"). Auch *Behnke* Spruchverfahren S. 168 sieht in der überlangen Dauer von Spruchverfahren einen Verstoß gegen Art. 6 Abs. 1 EMRK sowie gegen Art. 2 Abs. 1 GG i. V. m. dem Rechtstaatsprinzip (Art. 20 Abs. 3 GG), unabhängig davon, ob das Gericht die Verzögerung zu verantworten hat.

11 *Habersack/Verse* AG 2003, 300, 301.

12 Siehe näher *BMJ* Pressemitteilung vom 26. 8. 2005, S. 1 f.

kosten verpflichtet, die regelmäßig anfielen, da das Gericht die komplexen Bewertungsfragen nicht ohne Hilfe Dritter aufklären konnte.[13] In welch exorbitante Höhen die Verfahrenskosten steigen konnten, zeigt exemplarisch das Spruchverfahren *„Kolbenschmidt Pierburg AG"*, in dem der Sachverständige die Kosten auf über 3,3 Mio. € schätzte und das Gericht Vorschüsse von annähernd einer Mio. € bewilligte.[14]

Alle wesentlichen Verfahrensmängel ließen sich im Kern auf die Geltung der allgemeinen Regeln der §§ 1–34 FGG zurückführen. Insbesondere der gem. § 12 FGG geltende Amtsermittlungsgrundsatz, aber auch die übrigen Regeln des FGG sind auf eine verwaltende und fürsorgende Rechtspflege zugeschnitten, nicht jedoch auf der Sache nach streitige Verfahren wie die Spruchverfahren.[15]

Aufgrund der aufgezeigten Verfahrensmängel und angesichts der wachsenden Bedeutung des Spruchverfahrens entwickelten *Lutter/T. Bezzenberger* auf Veranlassung der *Deutschen Schutzvereinigung für Wertpapierbesitz e. V.* Verbesserungsvorschläge, die konkrete Gesetzesformulierungen beinhalteten und sich nicht – wie vorherige Ansätze[16] – im Rahmen der bestehenden gesetzlichen Regelungen hielten bzw. lediglich vereinzelte Änderungen der bestehenden Normen anregten, sondern eine umfassende Neugestaltung des Spruchverfahrens *de lege ferenda* aufzeigten.[17] Einen weiteren konkreten Anstoß für die Einführung eines Spruchverfahrengesetzes gaben Forderungen der wirtschaftsrechtlichen Abteilung des 63. Deutschen Juristentages, das geltende Recht des Spruchverfahrens zu überprüfen,[18] zwei vielbeachtete Entscheidungen des BGH zur Anwendung des Spruchverfahrens bei abfindungsbezogenen Informationsmängeln[19] sowie vor allem auch der am 14. August 2001 veröffentlichte Bericht der Regierungskommission *Corporate Governance*.[20] *Lutters* Mitwirkung in dieser Kommission ist es zuzuschreiben, dass der das Spruchverfahren betreffende Fragenkreis in diesem Bericht erörtert wurde,[21] in dem die Kommission aufgrund der eingegangenen Stellungnahmen und dem Meinungsstand in der Fachliteratur zu dem Ergebnis gelangte, dass die bisherigen Regelungen der § 306 AktG, §§ 305 ff. UmwG dringend der Überarbeitung bedürften und einheitlich neu geregelt werden müssten.[22]

Auf der Grundlage dieser Reformanstöße legte das Bundesministerium der Justiz

---

[13] Vgl. *Ammon* FGPrax 1998, 121, 122.

[14] Vgl. OLG Stuttgart AG 2001, 603 („Kolbenschmidt Pierburg AG"); exemplarisch zu den Kritikpunkten OLG Stuttgart ZIP 2004, 712 ff. („Vereinigte Filzfabriken AG/Filzfabrik Fulda GmbH"): 12 Jahre Verfahrensdauer und Sachverständigenkosten i. H. v. DM 145.000,–.

[15] *Lutter/T. Bezzenberger* AG 2000, 433, 437; *Fritzsche/Dreier/Verfürth* SpruchG Einl. Rn. 49.

[16] Vgl. etwa *Beyerle* BB 1978, 784 ff.; *Bilda* NZG 2000, 296, 298 ff.; *Hoffmann-Becking* ZGR 1990, 482, 498.

[17] Vgl. *Lutter/T. Bezzenberger* AG 2000, 433 ff., nach deren Vorschlag die Neuregelung nicht in einem eigenständigen Verfahrensgesetz, sondern innerhalb des FGG erfolgen sollte.

[18] Vgl. *DJT* DB 2000, 2108, 2109 (Beschluss Nr. 11 c).

[19] BGHZ 146, 179 ff. („MEZ"); BGH ZIP 2001, 412 ff. („Aqua Butzke-Werke").

[20] Bericht RegKom *CorpGover* BT-Drucks. 14/7515 S. 82 Rn. 169 ff.

[21] Vgl. *Neye* FS Wiedemann, 1127, 1129.

[22] Bericht RegKom *CorpGover* BT-Drucks. 14/7515 S. 82 Rn. 169.

im November 2001 einen Referentenentwurf[23] mit dem Ziel vor, noch in der laufenden Legislaturperiode das Gesetzgebungsverfahren abzuschließen. Da der Referentenentwurf jedoch aufgrund unerwartet zahlreicher, inhaltlich im Einzelnen sehr unterschiedlicher Stellungnahmen der beteiligten Ministerien, Verbände und Vereinigungen in zentralen Punkten überarbeitet wurde, konnte das Vorhaben in der laufenden Legislaturperiode nicht mehr verwirklicht werden; die Einbringung eines Regierungsentwurfs wurde bis nach der Bundestagswahl im September 2002 zurückgestellt.[24] Am 6. November 2002 schließlich verabschiedete das Bundeskabinett den Regierungsentwurf[25] des Spruchverfahrensneuordnungsgesetzes und leitete damit offiziell das Gesetzgebungsverfahren ein. Dieser Entwurf wurde dem Bundesrat am 8. November 2002 zugeleitet, der dazu in seiner 784. Sitzung am 20. Dezember 2002 Stellung nahm und einen mit zahlreichen Änderungsvorschlägen versehenen Beschluss fasste,[26] zu dem sich die Bundesregierung im Rahmen der Einbringung des Gesetzesentwurfs in den Bundestag am 29. Januar 2003 äußerte.[27] Die Beratung erfolgte dort in erster Lesung am 13. Februar 2003, der Gesetzesentwurf wurde in den Rechtsausschuss des Deutschen Bundestages verwiesen.[28] Dieser befasste sich in seiner 9. Sitzung am 19. Februar 2003 sowie in seiner 15. Sitzung am 9. April 2003 mit dem Entwurf und beschloss zahlreiche Änderungsvorschläge, bevor er den Gesetzesentwurf der Bundesregierung schließlich in der Fassung seiner Beschlussempfehlung einstimmig annahm und dem Bundestag darüber berichtete.[29] Jener beriet am 10. April 2003 in zweiter und dritter Lesung über den Entwurf in der Fassung der Beschlussempfehlung des Rechtsausschusses[30] und verabschiedete diesen einstimmig ohne Aussprache.[31] Seinen Abschluss fand das Gesetzgebungsverfahren sodann mit der Sitzung des Bundesrates am 23. Mai 2003, in der dieser beschloss, keinen Antrag auf Anrufung des Vermittlungsausschusses zu stellen.[32] Die Verkündung des Spruchverfahrensneuordnungsgesetzes im Bundesgesetzblatt erfolgte am 12. Juni 2003.[33]

B. Reformziele

Ziel des Spruchverfahrensneuordnungsgesetzes ist die Beseitigung der erkannten Mängel, insbesondere eine Verkürzung der Verfahrensdauer. Durch die Zusammenfassung der Vorschriften in einem gesonderten Verfahrensgesetz soll die Übersicht-

---

23 RefE SpruchverfNeuordG NZG 2002, 25 ff.
24 Vgl. *Neye* FS Wiedemann, 1127, 1230 f.
25 Abgedruckt als RegE SpruchverfNeuordG BT-Drucks. 15/371 Anlage 1.
26 *BR* BR-Drucks. 827/02 PlPr 784.
27 *BReg* SpruchverfNeuordG BT-Drucks. 15/371 Anlage 3.
28 Vgl. PlPr 15/25 S. 2006 (C).
29 Vgl. *ReA-BT* SpruchverfNeuordG BT-Drucks. 15/838 S. 2.
30 Vgl. PlPr 15/40 S. 3283 (B).
31 Der vom Bundestag verabschiedete Text ist veröffentlicht als BR-Drucks. 272/03.
32 Vgl. *BR* BR-Drucks. 272/03 (Beschluss) PlPr 788 S. 132, 161 D, 162 A.
33 Gesetz vom 12. 6. 2003 BGBl. I S. 838 ff.

lichkeit der Vorschriften verbessert und deren Anwendung erleichtert werden, auch weil die Standorte der Vorschriften sowohl im Aktien- als auch im Umwandlungsrecht wegen des übergreifenden Charakters und zur Vermeidung von Doppelregelungen nicht länger sinnvoll erschienen. Im Einzelnen werden mit der Reform folgende Ziele verfolgt:[34]

- Einführung der generellen gerichtlichen Auswahl und Bestellung der sachverständigen Prüfer bei Umstrukturierungsmaßnahmen (Unternehmensvertrag, Eingliederung, Umwandlung);
- Veränderung der Rolle des Sachverständigen im Spruchverfahren (nach Möglichkeit keine Erstellung „flächendeckender" Gesamtgutachten, sondern gezielte Beurteilung spezieller Einzelfragen);
- Einführung von Verfahrensförderungspflichten der Beteiligten bei gleichzeitiger Rückführung des Amtsermittlungsgrundsatzes;
- Neugestaltung der Kostenvorschriften durch Einführung einer Obergrenze für die Gerichtskosten bei gleichzeitiger Verdoppelung der Gebühren und stärkere Unterscheidung zwischen den Gerichtskosten und den außergerichtlichen Kosten bei der Kostenverteilung.

Um diese Ziele zu erreichen, sollten die Grundlagen des Verfahrens nicht völlig im Sinne eines reinen Parteiprozesses nach der Zivilprozessordnung gestalten; vielmehr sollte das Verfahren im Grundsatz weiterhin ein echtes Streitverfahren der freiwilligen Gerichtsbarkeit bleiben.

C. Inkrafttreten

Gem. Artikel 7 S. 1 SpruchverfNeuordG traten § 2 Abs. 4 und § 12 Abs. 3 SpruchG des Spruchverfahrensgesetzes am Tag nach der Verkündung in Kraft.[35] Im Übrigen gilt das Spruchverfahrensgesetz gem. Artikel 7 S. 2 SpruchverfNeuordG seit dem 1. September 2003.[36]

§ 17 Abs. 2 S. 1 SpruchG stellt für erstinstanzliche Verfahren klar, dass auf Verfahren, in denen ein Antrag auf gerichtliche Entscheidung vor dem 1. September 2003 gestellt worden ist, weiter die entsprechenden bis zu diesem Tag geltenden Vorschriften des Aktien- und Umwandlungsgesetzes anzuwenden sind. Wurden Anträge auf

---

[34] Vgl. zum Folgenden RegE SpruchVerfNeuordG BT-Drucks. 15/371 Anlage 1 S. 12.

[35] Sofern im Laufe der Arbeit von einem Inkrafttreten des SpruchG die Rede ist, ist damit allerdings der in Art. 7 S. 2 SpruchverfNeuordG genannte Zeitpunkt gemeint.

[36] Ursprünglich war der 1. Juli 2003 als Termin für das Inkrafttreten des gesamten Spruchverfahrensneuordnungsgesetzes und damit auch des Spruchverfahrensgesetzes vorgesehen. Um es den Bundesländern aber zu ermöglichen, entsprechende Zuständigkeitsregelungen im Hinblick auf § 2 SpruchG rechtzeitig vornehmen zu können, wurde der Zeitpunkt auf deren Bitten auf den 1. September 2003 verschoben (vgl. *ReA-BT* SpruchverfNeuordG BT-Drucks. 15/838 S. 18). Dieses Zugeständnis erwies sich im Nachhinein indessen als überflüssig, denn auch unmittelbar nach dem 1. 9. 2003 hatte keines der Bundesländer entsprechende Regelungen geschaffen (siehe unten Teil 3 B. I. 2. b.).

Einleitung eines Spruchverfahrens sowohl vor dem 1. September 2003 als auch danach gestellt, waren die späteren Anträge mit den früheren zu verbinden. Damit richtete sich das anzuwendende Verfahrensrecht insgesamt nach dem ersten Antrag, also nicht nach dem Spruchverfahrensgesetz, da alle Anträge den gleichen Streitgegenstand betrafen und für alle betroffenen Aktionäre in einem Spruchverfahren nur eine einheitliche Entscheidung über die gestellten Anträge ergehen kann.[37] Nach herrschender Meinung war dabei allerdings Voraussetzung, dass zumindest einer der vor dem 1. September 2003 gestellten Anträge zulässig war.[38] Zwar enthalte der Gesetzeswortlaut („*ein Antrag*") keine dahingehende Einschränkung. Das Spruchverfahrensgesetz erweitere jedoch die Pflichten der Antragsteller gegenüber dem alten Recht und führe zu einer größeren Gefahr der Kostentragung, sei also für den Antragsgegner günstiger. Daher müsse der die Anwendung des alten Rechts begründende Antrag zulässig sein, da anderenfalls dem Antragsgegner eine für ihn ungünstigere Verfahrensposition aufgezwungen werden könne.[39]

Für das Beschwerdeverfahren bestimmt § 17 Abs. 2 S. 2 SpruchG die Anwendung des Spruchverfahrensgesetzes, wenn die Beschwerde nach dem 1. September 2003 eingelegt worden ist.[40] Das erstinstanzliche Verfahren ist allerdings nur dann nach den Regeln des Spruchverfahrensgesetzes von der Beschwerdeinstanz zu überprüfen, wenn die Vorschriften des Spruchverfahrensgesetzes für das erstinstanzliche Verfahren bereits galten. Zwar geht der Gesetzgeber offenbar davon aus, dass auf Beschwerden über erstinstanzliche Entscheidungen, die nach Inkrafttreten des Spruchverfahrensneuordnungsgesetzes auf der Grundlage des alten Rechts ergangen sind, das neue Recht Anwendung finden kann.[41] Es wäre indessen widersprüchlich, das erstinstanzliche Verfahren im Nachhinein auf der Grundlage von Regelungen zu überprüfen, auf deren Grundlage die Entscheidung gar nicht getroffen worden ist. Insbesondere §§ 3, 4 SpruchG können daher in der Beschwerdeinstanz in diesen Fällen keine Anwendung finden.[42]

---

[37] LG Frankfurt/M. ZIP 2004, 808, 809 („MAN Roland Druckmaschinen AG"); *Fuhrmann/Linnerz* Konzern 2004, 265, 266 f.; i. E. auch OLG Zweibrücken ZIP 2004, 1666, 1667 („Saint-Gobain ISOVER G + H AG"); *Klöcker/Frowein* SpruchG § 17 SpruchG Rn. 23.

[38] LG Dortmund Konzern 2005, 110, 111 („Hüttenwerke Kayser"); *Hüffer* AktG § 305 AktG Anh. § 17 SpruchG Rn. 4; *Volhard* in MüKo/AktG § 17 SpruchG Rn. 4 ff.; *Wasmann* DB 2005, 381, 382; *ders.* DB 2003, 1559, 1660; für die Anwendung alten Rechts dagegen LG München I AG 2005, 311 („Hypo Real Estate Bank"); *Fritzsche/Dreier/Verfürth* SpruchG § 17 SpruchG Rn. 10; *Klöcker/Frowein* SpruchG § 17 SpruchG Rn. 23.

[39] LG Dortmund Konzern 2005, 110, 111 („Hüttenwerke Kayser").

[40] Allerdings galt dies nicht für unselbstständige Beschwerden innerhalb eines erstinstanzlichen Spruchverfahrens, wenn die ursprüngliche Hauptbeschwerde vor dem 1. September 2003 eingelegt worden war (vgl. OLG Zweibrücken ZIP 2004, 559, 560 („Reginaris"); *Bungert/Mennicke* BB 2003, 2021, 2022; *Klöcker/Frowein* SpruchG § 17 SpruchG Rn. 25).

[41] So ausdrücklich *BReg* SpruchVerfNeuordG BT-Drucks. 15/371 Anlage 3 S. 28 f.

[42] OLG Hamburg AG 2004, 622 („VTG-Lehnkering AG"): *Emmerich* in Emmerich/Habersack KonzernR § 3 SpruchG Rn. 1, 14, § 17 SpruchG Rn. 2; umfassend zu diesem Problemkreis *Gude* AG 2005, 233 ff.; zum anwendbaren Recht in der Beschwerdeinstanz, wenn sich diese nach dem Spruchverfahrensgesetz richtet, siehe unten Teil 3 G. III. 1. b. aa. (2).

D. Änderung des Spruchverfahrensgesetzes

Das Spruchverfahrensgesetz wurde nur etwas mehr als ein Jahr nach seinem Inkrafttreten bereits geändert und ergänzt. Zum einen wurde der Anwendungsbereich des Spruchverfahrensgesetzes erweitert, da in der SE (= Societas Europaea)[43] der Minderheitenschutz in weiten Teilen durch die Anwendung des Spruchverfahrens sichergestellt wird.[44] Darüber hinaus wurden durch Art. 5 SEEG einzelne Normen geändert, teilweise um Redaktionsversehen zu korrigieren, teilweise um bereits erkannte inhaltliche Mängel zu beseitigen.[45] Lediglich mittelbar, inhaltlich aber doch gravierend wirkt sich das Inkrafttreten des UMAG am 1. November 2005 auf das Spruchverfahren aus.[46]

---

[43] Siehe ausführlich unten Teil 3 A. V.

[44] Vgl. *Neye/Teichmann* AG 2003, 169, 172.

[45] Vgl. *Begr. RegE* SEEG BT-Drucks. 15/3405 S. 58.

[46] Siehe unten Teil 3 A. VII. 3., Teil 3 D. III. 2. b. aa. (2) sowie Teil 3 G. III. 5. b.

Teil 3
Das Spruchverfahrensgesetz

A. Sachlicher Anwendungsbereich des Spruchverfahrensgesetzes

I. Spruchverfahren nach § 1 Nr. 1 SpruchG

Gem. § 1 Nr. 1 SpruchG finden die Vorschriften des Spruchverfahrens Anwendung auf Verfahren für die Bestimmung des Ausgleichs für außenstehende Aktionäre und der Abfindung solcher Aktionäre bei Beherrschungs- und Gewinnabführungsverträgen (§§ 304 und 305 AktG).

Mit Abschluss eines Beherrschungs-/Gewinnabführungsvertrages entsteht der Anspruch auf angemessenen Ausgleich gem. § 304 AktG oder angemessene Abfindung gem. § 305 AktG. Das Angebot auf Ausgleich oder Abfindung im Unternehmensvertrag stellt dabei konstruktiv einen Vertrag zugunsten Dritter i. S. d. §§ 328 ff. BGB dar, nämlich zugunsten der außenstehenden Aktionäre, bei dem der begünstigte Dritte im Zeitpunkt des Vertragsschlusses lediglich bestimmbar sein muss und die Bestimmbarkeit sich aus dem Ablauf der Frist zur Annahme des Angebots ergibt.[1] Ein Spruchverfahren kann nach allgemeiner Auffassung nicht eingeleitet werden, wenn der Vertrag keine Ausgleichsleistung enthält, da er in diesen Fällen gem. § 304 Abs. 3 S. 1 AktG nichtig ist.[2] Diesem Fall stellt die herrschende Meinung sowohl den Fall einer offensichtlich rechtlich unzulässigen Form der Ausgleichsregelung[3] als auch den Fall gleich, dass eine im konkreten Fall vom Gesetz nicht zugelassene Ausgleichsvariante festgesetzt worden ist.[4] Zwar lässt sich für eine Anfechtungsmöglichkeit in diesen Fällen anführen, dass der Vertrag faktisch gar keine Ausgleichsregelung enthält und dies für die Parteien auch erkennbar ist. Entscheidend für einen Anfechtungsausschluss und den Verweis eines Streits über die Frage der unzulässigen oder im konkreten Fall nicht zugelassenen Ausgleichsform in das Spruchverfahren

---

1 BGHZ 135, 374, 377 ff. („Guano AG").

2 Vgl. zusammenfassend *Koppensteiner* in KK/AktG § 304 AktG Rn. 103 ff.

3 *Bilda* in MüKo/AktG § 304 AktG Rn. 195; *Emmerich* in Emmerich/Habersack KonzernR § 304 AktG Rn. 78; *Hüffer* AktG § 304 AktG Rn. 20; *Krieger* in MüHdb/AG § 70 Rn. 88.

4 Für eine Anwendung von § 304 Abs. 3 S. 1 AktG *Emmerich* in Emmerich/Habersack KonzernR § 304 AktG Rn. 79; dagegen *Koppensteiner* in KK/AktG § 304 AktG Rn. 104; *Krieger* in MüHdb/AG § 70 Rn. 88.

sprechen jedoch zwei Argumente. Zum einen entspricht es dem – nunmehr im UMAG wiederum deutlich zum Ausdruck gebrachten[5] – Willen des Gesetzgebers, Streitigkeiten um die inhaltliche Ausgestaltung von Kompensationsansprüchen dem Anfechtungsprozess zu entziehen und sie im Spruchverfahren zu lösen. Zum anderen und vor allem aber liegt § 304 Abs. 3 S. 1 AktG der Zweck zugrunde, die außenstehenden Aktionäre zu schützen.[6] Dieser Zweck wird aber geradezu in sein Gegenteil verkehrt, wenn man die außenstehenden Aktionäre in den skizzierten Fällen in den Anfechtungsprozess zwingt, da das Spruchverfahren auch nach und trotz seiner Reform gegenüber der Anfechtungsklage erhebliche Erleichterungen für die außenstehende Aktionäre aufweist, wie etwa die Fortgeltung des Amtsermittlungsgrundsatzes – jedenfalls in seinem Kernbestandteil – sowie die Kostentragungsregelungen.[7] Daher ist auch die Festsetzung eines offensichtlich unzulässigen Ausgleichs oder einer im konkreten Fall nicht zugelassenen Ausgleichsvariante ausschließlich im Spruchverfahren zu rügen.[8] Vor diesem Hintergrund ist es zudem zutreffend, § 304 Abs. 3 S. 1 AktG auch in anderen Fällen restriktiv auszulegen und insbesondere auch dann den Anwendungsbereich des Spruchverfahrens für eröffnet zu halten, wenn der Ausgleich mehr oder weniger offensichtlich unangemessen ist.[9] Dem entspricht es letztlich auch, dass der Vertrag gem. § 305 Abs. 3 S. 1 AktG selbst dann nicht angefochten werden kann, wenn dieser keine Abfindungsregelung enthält, so dass ein Spruchverfahren zur Bestimmung der angemessenen Abfindung auch in diesen Fällen eingeleitet werden kann.

In Betracht kommt die Einleitung eines Spruchverfahrens gem. § 1 Nr. 1 SpruchG auch bei Änderungen des Beherrschungs-/Gewinnabführungsvertrages. Auszugehen ist dabei von dem in § 295 Abs. 2 AktG enthaltenen Begriff der „Änderung des Unternehmensvertrages". Diese Änderung ist zunächst von dem Abschluss eines neuen Unternehmensvertrags bzw. von der Ersetzung eines alten durch einen neuen Unternehmensvertrag abzugrenzen, da in diesen Fällen immer ein Spruchverfahren durchgeführt werden kann, selbst wenn bereits einmal zuvor ein Spruchverfahren durchgeführt wurde, das die Angemessenheit der auf der Grundlage des „alten" Unternehmensvertrags gewährten Kompensation zum Gegenstand hatte.[10] Denn der Abschluss eines neuen Vertrages lässt die Rechte aus §§ 304, 305 AktG jeweils neu entstehen. Aus dem Gesetz ergibt sich kein Ausschluss weiterer Spruchverfahren

---

5 Vgl. unten Teil 3 A. VII. 3.

6 *Kropff* AktG S. 395.

7 Vgl. zum Umfang der Antragsbegründungspflicht unten Teil 3 D. III., zur Kostentragung unten Teil 3 H. sowie zusammenfassend zum Verhältnis von Anfechtungsklage und Spruchverfahren unten Teil 4. C.

8 Zum Entscheidungsinhalt in diesen Fällen siehe unten Teil 3 G. III. 1. a. aa.

9 *Bilda* in MüKo/AktG § 304 AktG Rn. 195; *Hüffer* AktG § 304 AktG Rn. 21; *Koppensteiner* in KK/AktG § 304 AktG Rn. 104; a. A. allerdings *Beyerle* BB 1978, 784, 788 (Nichtigkeit wegen Umgehung von § 304 Abs. 3 S. 1 AktG).

10 *Kort* NZG 2003, 313, 315.

nach einem einmal durchgeführten Spruchverfahren.[11] Liegt kein Neuabschluss oder eine Vertragsersetzung, sondern eine Vertragsänderung vor, kann ein Spruchverfahren nach der gesetzlichen Konzeption dann eingeleitet werden, wenn es sich um eine relevante Änderung i. S. v. § 295 Abs. 2 AktG handelt, die eines Sonderbeschlusses gem. § 295 Abs. 2 S. 1 AktG bedarf.[12] Relevant ist eine Änderung nur dann, wenn durch die Änderung in die materielle Rechtsstellung der außenstehenden Aktionäre eingegriffen wird, wie sie sich aus dem ursprünglichen Vertrag ergibt; denn die Angemessenheit des Ausgleichs und der Abfindung ist vom konkreten Vertragsinhalt grundsätzlich unabhängig, so dass Änderungen des Vertrags im Allgemeinen nicht dazu zwingen, den Ausgleich und die Abfindung neu festzusetzen.[13] Allerdings greift das Argument zu kurz, dass es ohne weiteres an der inneren Rechtfertigung für die Durchführung eines Spruchverfahrens fehle, wenn der Aktionär wie bei Änderungsverträgen außerhalb des § 295 Abs. 2 AktG sein Anfechtungsrecht behalte.[14] Denn die Geltendmachung im Anfechtungsprozess ist wie wie dargelegt unter dem Gesichtspunkt des Minderheitenschutzes nachteilig gegenüber dem Spruchverfahren. Die „innere Rechtfertigung" folgt aus dem Umstand, dass es dem außenstehenden Aktionär nicht zugemutet werden kann, die Relevanz einer Vertragsänderung dahingehend zu beurteilen, ob sie eine Neufestsetzung von Ausgleich und Abfindung erfordert. Daher ist die Einleitung eines Spruchverfahrens bei Zweifeln über die Relevanz der Vertragsänderung zulässig; die außenstehenden Aktionäre müssen sich nicht auf die Beschlussanfechtung verweisen lassen.

Schließlich ist § 1 Nr. 1 SpruchG grundsätzlich auch bei „verdeckten" und „atypischen" Beherrschungsverträgen anwendbar.[15] Indessen wird es diesen in aller Regel an jeglicher Ausgleichsregelung fehlen, so dass die Einleitung eines Spruchverfahrens aufgrund der eindeutigen Regelung in § 304 Abs. 3 AktG ausscheidet.[16]

II. Spruchverfahren nach § 1 Nr. 2 SpruchG

Gem. § 1 Nr. 2 SpruchG finden die Vorschriften des Spruchverfahrens Anwendung auf Verfahren für die Bestimmung der Abfindung von ausgeschiedenen Aktionären bei der Eingliederung von Aktiengesellschaften (§ 320 b AktG). Voraussetzung des Abfindungsanspruchs bei der Eingliederung ist ebenso wie bei den aus dem Abschluss von Unternehmensverträgen folgenden Ansprüchen ein von den Hauptversammlun-

---

11 BayObLG AG 2003, 42 („Bayer. Brau Holding AG/Schörghuber Stiftung & Co Holding AG"); *Kort* NZG 2003, 313, 315.

12 BayObLG AG 2003, 631, 633 („PKV/Philips AG"); OLG Frankfurt/M. AG 2005, 353, 354 („AEG/Daimler-Benz AG"); *Geßler* in Geßler/Hefermehl/Eckardt/Kropff AktG § 304 AktG Rn. 139; *Kort* NZG 2003, 313, 315; *Säcker* DB 1988, 271, 272.

13 OLG Frankfurt/M. AG 2005, 353, 354 („AEG/Daimler-Benz AG").

14 So BayObLG ZIP 2002, 2257, 2259 („PKV Vermögensverwaltung AG").

15 Zu solchen Verträgen ausführlich *Schürnbrand* ZHR 169 (2005) 35 ff.

16 *Schürnbrand* ZHR 169 (2005) 35, 53, 60.

gen beider beteiligter Gesellschaften gefasster Beschluss über die Strukturmaßnahme. Für die einzugliedernde Gesellschaft folgt dies aus § 320 Abs. 1 S. 1 AktG, für die Hauptgesellschaft wegen der gesamtschuldnerischen Mithaftung nach § 322 AktG und der Verlustübernahmepflicht nach § 324 Abs. 3 AktG sowie des Abfindungsanspruchs nach § 320 b AktG aus § 320 Abs. 1 S. 3 AktG i. V. m. § 319 Abs. 2 AktG. Mit der Eintragung der Eingliederung in das Handelsregister vollzieht sich der Übergang der Aktien, die nicht von der Hauptgesellschaft gehalten werden, gem. § 320 a AktG kraft Gesetzes. Damit entsteht zugleich der Anspruch der ausgeschiedenen Aktionäre auf angemessene Abfindung, deren Höhe gem. § 320 b Abs. 2 S. 2 AktG ebenfalls im zugrunde liegenden Beschluss von der Hauptgesellschaft angeboten wird, kraft Gesetzes.[17] Der Anspruch, der somit im Gegensatz zu den gem. § 1 Nr. 1 SpruchG im Spruchverfahren zu bestimmenden Ansprüchen nicht vertraglicher, sondern gesetzlicher Natur ist, besteht gem. § 320 b Abs. 1 AktG grundsätzlich auf Abfindung in Aktien der Hauptgesellschaft. Er wandelt sich nur dann gem. § 320 b Abs. 1 S. 3 AktG in ein Wahlrecht auf Aktien der Hauptgesellschaft oder eine angemessene Barabfindung, wenn die Hauptgesellschaft selbst eine abhängige Gesellschaft (§ 17 Abs. 1 AktG) ist.[18]

Ein Spruchverfahren gem. § 1 Nr. 2 SpruchG kann gem. § 320 b Abs. 2 S. 2 AktG immer dann eingeleitet werden, wenn die Abfindung für nicht angemessen gehalten wird. Wird die Abfindung gar nicht oder nicht ordnungsgemäß angeboten, so bleibt der Beschluss anfechtbar. Nur wenn eine Anfechtungsklage nicht innerhalb der Anfechtungsfrist erhoben oder zwar innerhalb der Anfechtungsfrist erhoben, aber zurückgenommen oder rechtskräftig abgewiesen worden ist (§ 320 b Abs. 2 S. 3 AktG), kann ein Spruchverfahren eingeleitet werden. Durch diese Regelung kann das Spruchverfahren erheblich hinausgeschoben und die Eingliederung zunächst blockiert werden, weil es regelmäßig nicht zu einer Eintragung des Eingliederungsbeschlusses in das Handelsregister kommt, so dass die Antragsfrist gem. § 4 Abs. 1 Nr. 2 SpruchG nicht zu laufen beginnt.[19] Im Referentenentwurf des UMAG war allerdings vorgesehen, § 320 b Abs. 2 S. 1 und S. 2 AktG mit der Folge zu ändern, dass das Spruchverfahren stets alleiniger Rechtsbehelf ist.[20] Diese Absicht wird jedoch vom

---

[17] *Habersack* in Emmerich/Habersack KonzernR § 320 a AktG Rn. 3; *Hüffer* AktG § 320 a AktG Rn. 2.

[18] Zum Vorliegen eines Abhängigkeitsverhältnisses eingehend OLG Düsseldorf AG 2005, 538, 539 f. („Hypobank/Brau und Brunnen AG [„Dortmunder Ritterbrauerei"]"); OLG Düsseldorf AG 2003, 688 („Veba AG"); OLG Karlsruhe AG 2004, 147 ff. („Heidelberger Schlossquell Brauerei AG/Braun und Brunnen AG").

[19] Siehe unten Teil 3 D. II. 4.

[20] In § 320 b Abs. 2 S. 1 AktG sollte nach *„nicht angemessen"* die Formulierung *„oder nicht oder nicht ordnungsgemäß angeboten worden"* und in § 320 b Abs. 2 S. 2 AktG nach *„nicht angemessen"* die Formulierung *„oder nicht oder nicht ordnungsgemäß angeboten worden"* eingefügt werden, § 320 b Abs. 3 S. 3 AktG dagegen gestrichen werden (siehe RefE UMAG S. 12 Art. 1 Nr. 35). Dabei sollte es sich um Folgeänderungen zu der geplanten Änderung in § 243 Abs. 4 AktG zur Anfechtbarkeit bewertungsbezogener Informationsmängel handeln. Eine unterschied-

Gesetzgeber nicht weiter verfolgt; der Regierungsentwurf des UMAG enthält keinen entsprechenden Änderungsvorschlag mehr.[21]

III. Spruchverfahren nach § 1 Nr. 3 SpruchG

Gem. § 1 Nr. 3 SpruchG finden die Vorschriften des Spruchverfahrens Anwendung auf Verfahren für die Bestimmung der Barabfindung von Minderheitsaktionären, deren Aktien durch Beschluss der Hauptversammlung auf den Hauptaktionär übertragen worden sind (§§ 327 a bis 327 f AktG – *squeeze out*). Voraussetzung des Abfindungsanspruchs ist, dass die Hauptversammlung der Gesellschaft dem Ausschluss gem. § 327 Abs. 1 AktG wirksam zugestimmt hat und der Übertragungsbeschluss ins Handelsregister eingetragen worden ist. Wie bei der Eingliederung entsteht der Anspruch kraft Gesetzes mit der Eintragung. Der Unterschied zur Eingliederung besteht jedoch darin, dass immer ein Barabfindungsangebot zu unterbreiten ist, also auch unter besonderen Umständen keine Abfindung in Aktien angeboten werden kann.

Ein Spruchverfahren gem. § 1 Nr. 3 SpruchG kann gem. § 327 f Abs. 1 S. 2 AktG immer dann eingeleitet werden, wenn die Abfindung für nicht angemessen gehalten wird. Wird den Aktionären die Abfindung nicht oder nicht ordnungsgemäß angeboten, so kann – wie auch bei der Eingliederung – ein Spruchverfahren gem. § 1 Nr. 3 SpruchG zur Bestimmung der Abfindung nur dann eingeleitet werden, wenn eine darauf gestützte Anfechtungsklage nicht innerhalb der Anfechtungsfrist erhoben oder zwar innerhalb der Anfechtungsfrist erhoben, aber zurückgenommen oder rechtskräftig abgewiesen worden ist, § 327 f Abs. 1 S. 3 AktG. Auch dieses sollte nach den ursprünglichen Vorstellungen des Bundesministeriums der Justiz im Zuge des UMAG jedoch geändert werden; in allen Fällen sollte die Anfechtung ausgeschlossen sein und ohne weiteres ein Spruchverfahren eingeleitet werden können.[22] Wie bereits bei § 320 b Abs. 2 S. 1 und S. 2 AktG wurden im Regierungsentwurf des UMAG diese Vorschläge nicht aufgegriffen.[23]

---

liche Behandlung der Fälle wurde für nicht geboten gehalten (siehe *Begr. RefE* UMAG S. 42 Zu Art. 1 Nrn. 18, 35, 36).

[21] Vgl. RegE UMAG ZIP 2004, 2455 ff.

[22] In § 327 f S. 1 AktG sollte nach *„nicht angemessen"* die Formulierung *„oder nicht oder nicht ordnungsgemäß angeboten worden"*, in § 327 f S. 2 AktG nach *„nicht angemessen"* die Formulierung *„oder nicht oder nicht ordnungsgemäß angeboten worden"* eingefügt werden, § 327 f S. 3 AktG dagegen gestrichen werden (siehe RefE UMAG S. 12 f. Art. 1 Nr. 36). Es sollte sich wiederum um Folgeänderungen zu der geplanten Änderung in § 243 Abs. 4 AktG zur Anfechtbarkeit bewertungsbezogener Informationsmängel handeln (siehe *Begr. RefE* UMAG S. 42 Zu Art. 1 Nrn. 18, 35, 36).

[23] Vgl. RegE UMAG ZIP 2004, 2455 ff.

IV. Spruchverfahren nach § 1 Nr. 4 SpruchG

Gem. § 1 Nr. 4 SpruchG finden die Vorschriften des Spruchverfahrens Anwendung auf Verfahren für die Bestimmung der Zuzahlung an Anteilsinhaber oder der Barabfindung von Anteilsinhabern anlässlich der Umwandlung von Rechtsträgern (§§ 15, 34, 176–181, 184, 186, 196 oder § 212 UmwG).

Zur Bestimmung der Zuzahlung kann ein Spruchverfahren nach § 1 Nr. 4 SpruchG bei Verschmelzungen gem. § 15 Abs. 1 UmwG eingeleitet werden, wenn gem. § 14 Abs. 2 UmwG die Erhebung einer Anfechtungsklage ausgeschlossen ist, also stets dann, wenn geltend gemacht werden soll, dass das Umtauschverhältnis zu niedrig bemessen sei oder dass die Mitgliedschaft bei dem übernehmenden Rechtsträger kein ausreichender Gegenwert für die Anteile oder die Mitgliedschaft bei dem übertragenden Rechtsträger sei. Da § 14 Abs. 2 UmwG weit auszulegen ist, kann auch dann ein Spruchverfahren eingeleitet werden, wenn das Umtauschverhältnis grob falsch oder offensichtlich zu niedrig ermittelt wurde.[24] Die Reichweite des Klageausschlusses bei Verschmelzungen bzw. die daraus folgende Eröffnung des Anwendungsbereichs des Spruchverfahrensgesetzes gem. § 1 Nr. 4 SpruchG gilt bei der Bestimmung der Zuzahlung bei Auf- und Abspaltung sowie Vermögensübertragungen entsprechend.[25] Bei Formwechseln eines Rechtsträgers ist das Spruchverfahren nach § 1 Nr. 4 SpruchG zur Bestimmung der Zuzahlung gem. § 196 S. 2 UmwG eröffnet, wenn gem. § 195 Abs. 2 UmwG, der § 14 Abs. 2 UmwG nachempfunden ist, keine Anfechtungsklage erhoben werden kann. Gerügt wird in diesen Fällen, dass die in dem Beschluss bestimmten Anteile an dem Rechtsträger neuer Rechtsform zu niedrig bemessen sind oder dass die Mitgliedschaft kein ausreichender Gegenwert für die Anteile oder die Mitgliedschaft bei dem formwechselnden Rechtsträger ist. Stets bedarf es also einer individuellen Benachteiligung infolge des Formwechsels; bloße Veränderungen der rechtlichen Ausgestaltung der Mitgliedschaft, die alle Anteilsinhaber gleichmäßig betreffen, können kein Spruchverfahren auslösen.[26] Von dem Klageausschluss werden auch – wie bei § 14 Abs. 2 UmwG – Fälle erfasst, in denen das Umtauschverhältnis grob falsch ermittelt wurde oder krasse Fehler begangen wurden.[27]

Zur Bestimmung der Barabfindung kann ein Spruchverfahren nach § 1 Nr. 4

---

[24] *Bork* in Lutter UmwG § 14 UmwG Rn. 13. Streitig ist jedoch, ob die Klageerhebung für den Ausnahmefall der mangelhaften Berechnung aufgrund eines kollusiven Zusammenwirkens der beteiligten Rechtsträger möglich bleibt und ein Spruchverfahren ausscheidet (siehe *Bork* a. a. O.).

[25] Auf- und Abspaltungen: § 125 S. 1 UmwG i. V. m. § 15 Abs. 1 UmwG; Vermögensübertragungen: §§ 176 Abs. 1, 178 Abs. 1, 180 Abs. 1, 186 Abs. 1 UmwG i. V. m. § 15 Abs. 1 UmwG, §§ 177 Abs. 1, 179 Abs. 1, 184 Abs. 1 UmwG i. V. m. § 125 S. 1 i. V. m. § 15 Abs. 1 UmwG.

[26] OLG Düsseldorf AG 2004, 324, 325 („Eisenbahn-Verkehrsmittel-AG für Transport und Lagerung IEVA“).

[27] *Bärwaldt* in Semler/Stengel UmwG § 195 UmwG Rn. 25. Auch hier ist ähnlich wie bei § 14 Abs. 2 UmwG streitig, ob in seltenen Ausnahmefällen bei einem vorsätzlich schädigenden Verhalten die Berufung auf § 195 Abs. 2 UmwG zu versagen ist, so dass kein Spruchverfahren eingeleitet werden kann (siehe *Bärwaldt* a. a. O.).

SpruchG bei Verschmelzungen gem. § 34 UmwG sowohl dann eingeleitet werden, wenn die gem. § 29 UmwG anzubietende Barabfindung für zu niedrig gehalten wird (§ 34 S. 1 UmwG) oder nicht oder nicht ordnungsgemäß angeboten worden ist (§ 34 S. 2 UmwG). Für sämtliche Mängel im Zusammenhang mit der Barabfindung ist also der Anwendungsbereich des Spruchverfahrensgesetzes nach § 1 Nr. 4 SpruchG eröffnet. Dies gilt entsprechend für Auf- und Abspaltungen sowie Vermögensübertragungen.[28] Für Formwechsel findet sich eine § 34 UmwG entsprechende Bestimmung in § 212 UmwG.

V. Spruchverfahren nach § 1 Nr. 5 SpruchG

Gem. § 1 Nr. 5 SpruchG finden die Vorschriften des Spruchverfahrens Anwendung auf Verfahren für die Bestimmung der Zuzahlung an Anteilsinhaber oder der Barabfindung von Anteilsinhabern bei der Gründung oder Sitzverlegung einer SE (§§ 6, 7, 9, 11 und 12 SEAG).[29] Zum einen werden damit die Fälle in der SE in das Spruchverfahren verwiesen, auf die bisher nach nationalem Umwandlungsrecht ohnehin das Spruchverfahren Anwendung fand, zum anderen aber auch solche Fälle, die bisher nicht dem Spruchverfahren unterworfen waren, da das Verfahren nunmehr auch von Minderheitsaktionären eingeleitet werden kann, die sich gerichtlich gegen die Barabfindung bei Austritt aus einer SE aufgrund von deren Sitzverlegung wenden wollen.[30] Grundvoraussetzung der Eröffnung des Anwendungsbereichs des Spruchverfahrensgesetzes nach § 1 Nr. 5 SpruchG ist in allen Fällen, dass die Voraussetzungen des Art. 25 Abs. 3 S. 1 SE-VO vorliegen, das Recht beider an der Verschmelzung beteiligten ausländischen Gesellschaften ein dem deutschen Spruchverfahren vergleichbares Verfahren kennt oder die Aktionäre der ausländischen Gesellschaft der Inanspruchnahme des Spruchverfahrens zur Überprüfung des Umtauschverhältnisses oder des Abfindungsangebots zugestimmt haben.[31] Anderenfalls verbleibt es von vorneherein bei der Möglichkeit der Anfechtungsklage.[32] Darüber hinaus ist weitere

---

28 Auf- und Abspaltungen: § 125 S. 1 UmwG i. V. m. § 34 UmwG; Vermögensübertragungen: §§ 176 Abs. 1, 178 Abs. 1, 180 Abs. 1, 186 Abs. 1 UmwG i. V. m. § 34 UmwG, §§ 177 Abs. 1, 179 Abs. 1, 184 Abs. 1 UmwG i. V. m. § 125 S. 1 i. V. m. § 34 UmwG.

29 Der praktische Anwendungsbereich von § 1 Nr. 5 SpruchG dürfte auf absehbare Zeit gering sein. Europaweit wurden bis zum 30. 8. 2005 nicht einmal zehn Unternehmen in der Rechtsform der SE betrieben (vgl. *Gassmann/Ruch* FTD v. 30. 8. 2005, S. 8).

30 *Neye/Teichmann* AG 2003, 169, 172, 174. Die Befugnis des Gesetzgebers, bei der Gründung einer SE ein Spruchverfahren zur Überprüfung der Kompensation vorzusehen, ergibt sich aus Art. 24 Abs. 2 SE-VO, nach der die Mitgliedstaaten in Bezug auf die sich verschmelzenden Gesellschaften, die seinem Schutz unterliegen, Vorschriften für einen angemessenen Schutz derjenigen Minderheitsaktionäre erlassen müssen, die sich gegen die Verschmelzung ausgesprochen haben.

31 *Ihrig/Wagner* BB 2004, 1749, 1751.

32 Dies ergibt sich aus folgenden Normen: Gründung einer SE: § 6 Abs. 1 SEAG (Zuzahlung), § 7 Abs. 5 SEAG (Barabfindung); Gründung einer Holding-SE: § 11 Abs. 2 i. V. m. § 6 Abs. 2 SEAG (Zuzahlung), § 9 Abs. 2 i. V. m. § 7 Abs. 5 SEAG (Barabfindung); Sitzverlegung einer SE: §§ 12 Abs. 2, 7 Abs. 5 SEAG (Barabfindung).

Voraussetzung der Eröffnung des Anwendungsbereichs des Spruchverfahrensgesetzes zur Bestimmung der Zuzahlung oder der Barabfindung, die bei der Gründung einer SE oder einer Holding-SE zu gewähren sind, dass die jeweilige Gründung durch Verschmelzung nach der SE-VO erfolgt ist (vgl. §§ 6 Abs. 2, 7 Abs. 1 SEAG [Gründung einer SE] bzw. §§ 11 Abs. 1, 9 Abs. 1 SEAG [Gründung einer Holding-SE]).[33] Voraussetzung der Bestimmung einer Barabfindung im Spruchverfahren bei Sitzverlegung einer SE ist, dass die Sitzverlegung nach Maßgabe des Art. 8 SE-VO erfolgt (vgl. § 12 Abs. 1 SEAG). Liegen diese Voraussetzungen vor, so kann ein Spruchverfahren zur Bestimmung der Zuzahlung nach § 1 Nr. 5 SpruchG nach der Gründung einer SE oder der Gründung einer Holding-SE mit Sitz im Ausland[34]/einer gem. § 17 AktG abhängigen Holding-SE[35] eingeleitet werden, wenn keine Anfechtungsklage erhoben werden kann (vgl. § 6 Abs. 1 SEAG, § 11 Abs. 1 i. V. m. § 6 Abs. 1 SEAG). Da eine Anfechtungsklage gem. § 6 Abs. 1 SEAG nicht auf die Unangemessenheit des Umtauschverhältnisses der Anteile gestützt werden kann, ist in diesen Fällen das Spruchverfahren ausschließlicher Rechtsbehelf. Aufgrund der Anlehnung von § 6 Abs. 1 SEAG an §§ 14 Abs. 2 und 15 UmwG[36] gelten hier die Grundsätze zur Anwendbarkeit des Spruchverfahrens zur Bestimmung der Zuzahlung in Spruchverfahren nach § 1 Nr. 4 SpruchG entsprechend.[37]

Zur Bestimmung einer angemessenen Barabfindung können Spruchverfahren nach § 1 Nr. 5 SpruchG bei Vorliegen der oben genannten Voraussetzungen nach der Gründung einer SE, einer Holding-SE mit Sitz im Ausland/einer gem. § 17 AktG abhängigen Holding-SE sowie einer Sitzverlegung der SE ins Ausland sowohl eingeleitet werden, wenn die Angemessenheit des Barabfindungsangebots gerügt werden soll, als auch, wenn die Barabfindung nicht oder nicht ordnungsgemäß angeboten worden ist (§ 7 Abs. 7 S. 1, 2 SEAG [Gründung einer SE] bzw. § 9 Abs. 2 i. V. m. 7 Abs. 7 SEAG [Gründung einer Holding-SE] bzw. § 12 Abs. 2 i. V. m. 7 Abs. 7 SEAG [Sitzverlegung einer SE ins Ausland]). Da § 7 SEAG an § 29 UmwG angelehnt ist,[38] gelten hier die Grundsätze zur Anwendbarkeit des Spruchverfahrens zur Bestimmung der Abfindung in Spruchverfahren nach § 1 Nr. 4 SpruchG entsprechend.[39]

---

[33] Gem. Art. 2 Abs. 1 SE-VO kann eine SE im Wege der Verschmelzung von Aktiengesellschaften gegründet werden, wenn mindestens zwei von ihnen dem Recht verschiedener Mitgliedstaaten unterliegen.

[34] Mit „Ausland" ist ein anderer Mitgliedstaat der EU gemeint (*Ihrig/Wagner* BB 2004, 1749, 1751).

[35] Siehe zum maßgeblichen Zeitpunkt der Abhängigkeit *Ihrig/Wagner* BB 2004, 1749, 1752.

[36] *Begr. RegE* SEEG BT-Drucks. 15/3405 S. 32.

[37] Vgl. oben Teil 3 A. IV.

[38] *Begr. RegE* SEEG BT-Drucks. 15/3405 S. 33.

[39] Vgl. oben Teil 3 A. IV.

VI. Spruchverfahren nach § 5 Abs. 5 EGAktG

Gem. § 5 Abs. 5 EGAktG gilt für Verfahren in den Fällen des § 5 Abs. 3 S. 2 und § 5 Abs. 4 S. 2 EGAktG das Spruchverfahrensgesetz entsprechend.

Gem. § 5 Abs. 5 EGAktG a. F. galt für Verfahren in den Fällen des § 5 Abs. 3 S. 2 und § 5 Abs. 4 S. 2 EGAktG § 306 AktG a. F. entsprechend. Demnach konnten Aktionäre Ausgleichsansprüche für erloschene und beseitigte Mehr- oder Höchststimmrechte nur entsprechend dem aktienrechtlichen Spruchverfahren geltend machen. In § 1 SpruchG wurde der Fall des § 5 Abs. 4 S. 2 EGAktG vom Gesetzgeber bewusst nicht aufgenommen. Der zum Referentenentwurf geäußerte Vorschlag, eine entsprechende Ziffer 5 einzufügen, um die Übersichtlichkeit des Verfahrens zu verbessern und eine leichtere Anwendung der Vorschriften zu erreichen,[40] wies der Gesetzgeber mit der Begründung zurück, es handele sich bei § 5 Abs. 4 S. 2 EGAktG um einen Sonderfall von sachlich und zeitlich lediglich begrenzter Bedeutung.[41] Verständlich ist dies vor dem Hintergrund des im Jahre 1998 durch das KonTraG[42] neugefassten § 5 Abs. 1 EGAktG. Die Norm wurde mit dem Ziel geändert, mit der Abschaffung von Mehrfachstimmrechten Stimmrechtsdifferenzierungen abzubauen, um eine Angleichung von Kapitalbeteiligung und Stimmrecht zu erreichen. Die Änderung hatte zur Folge, dass Mehrstimmrechte, die am 1. Juni 2003 noch bestanden, erloschen sind, sofern nicht die Hauptversammlungen der betroffenen Aktiengesellschaften zuvor ihre Fortgeltung beschlossen haben (§ 5 Abs. 1 S. 1 EGAktG). Da ein entsprechender Ausgleichsanspruch im Spruchverfahren allerdings nur bis zum Ablauf von zwei Monaten seit dem Erlöschen der Mehrstimmrechte, spätestens also zum 1. August 2003, gerichtlich geltend gemacht werden konnte, das Spruchverfahrensgesetz jedoch erst am 1. September 2003 in Kraft getreten ist, kann gem. § 17 Abs. 2 SpruchG nur in Beschwerdeverfahren das neue Recht zur Anwendung gelangen. In erstinstanzlichen Verfahren ist das Spruchverfahrensgesetz nur anwendbar, wenn Mehrstimmrechte nach dem 1. September 2003 beseitigt worden sind, was voraussetzt, dass deren Fortgeltung über den 1. Juni 2003 hinaus beschlossen worden ist. Angesichts der Tatsache, dass ein solcher Beschluss einer Mehrheit von drei Viertel des bei der Beschlussfassung vertretenen Grundkapitals bedurfte (§ 5 Abs. 1 S. 1 EGAktG) und Inhaber von Mehrstimmrechtsaktien bei diesem Beschluss gem. § 5 Abs. 1 S. 2 EGAktG von der Ausübung des Stimmrechts insgesamt – also auch mit ihren Stimmrechten aus anderen Aktien – ausgeschlossen waren, ist wohl nur in seltenen Fällen eine Fortgeltung beschlossen worden, so dass der erstinstanzliche Anwendungsbereich des Spruchverfahrensgesetzes gering sein dürfte.[43]

Damit kann der Anwendungsbereich des Spruchverfahrensgesetzes in zwei Konstellationen eröffnet sein; zum einen, wenn die Mehrstimmrechte gem. § 5 Abs. 1 EGAktG kraft Gesetzes erloschen sind, zum anderen, wenn die Hauptversammlung deren Abschaffung gem. § 5 Abs. 2 EGAktG beschlossen hat. In beiden Fällen ist den ehemaligen Inhabern der Mehrstimmrechte ein dem Wert der Mehrstimmrechte entsprechender Ausgleich zu gewähren.[44] Sofern die Mehrstimmrechte kraft Gesetzes

---

40 Vgl. *HaReA-DAV* NZG 2002, 119.

41 *Begr. RegE* SpruchverfNeuordG BT-Drucks. 15/371 Anlage 1 S. 12.

42 Gesetz vom 27. 4. 1998 BGBl. I S. 786 ff.

43 Vgl. *Wasmann* BB 2003, 57.

44 § 5 Abs. 3 EGAktG legt weder die Art noch die Höhe der Ausgleichsleistung fest. Sind die Mehrstimmrechte kraft Gesetzes erloschen, ist streitig, ob die Ausgleichspflicht durch die

gem. § 5 Abs. 1 EGAktG erloschen sind, steht das Spruchverfahren von vorneherein eindeutig als ausschließlicher Rechtsbehelf zur Überprüfung der Ausgleichsleistung zur Verfügung, da eine Beschlussanfechtung mangels Beschlusses nicht in Betracht kommt. Das gilt sowohl für Fälle, in denen die angebotene Leistung unangemessen erscheint als auch dann, wenn überhaupt kein Ausgleich für das Erlöschen festgelegt wurde.[45] Sofern die Hauptversammlung die Abschaffung der Mehrstimmrechte gem. § 5 Abs. 2 S. 1 EGAktG beschlossen hat, ist die Anwendung des Spruchverfahrensgesetzes eindeutig, wenn die Unangemessenheit des Ausgleichs gerügt wird. Liegt allerdings überhaupt keine Ausgleichsbestimmung vor, so scheidet eine Beschlussanfechtung und damit eine Nichtanwendung des Spruchverfahrensgesetzes nicht von vorneherein aus, da im Gegensatz zu dem Erlöschen der Mehrstimmrechte gem. § 5 Abs. 1 EGAktG mit dem Hauptversammlungsbeschluss ein Anfechtungsgegenstand vorhanden wäre. Dennoch kommt auch bei gänzlichem Fehlen von Ausgleichsbestimmungen das Spruchverfahrengesetz zur Anwendung, da die Rechtsschutzmöglichkeit nicht davon abhängen kann, ob die Mehrstimmrechte kraft Gesetzes oder kraft Hauptversammlungsbeschluss erlöschen.[46]

VII. Spruchverfahren bei bewertungsbezogenen Informationsmängeln

Für die Fälle der Verletzung von Informationspflichten, die im Zusammenhang mit der zu gewährenden Kompensationsleistung bestehen, ist im Gesetz an keiner Stelle ausdrücklich der Ausschluss der Anfechtungsklage bzw. der Verweis dieser Rügen in das Spruchverfahren angeordnet. Eine entsprechende Anordnung hatte auch der BGH zunächst nicht getroffen und im Einklang mit der obergerichtlichen Rechtsprechung für gerügte Informationsmängel zu Ausgleichs- und Abfindungsansprüchen (§§ 304, 305 AktG) sowie zum Umtauschverhältnis bei der aktienrechtlichen Verschmelzung (§ 352 c AktG a. F.) entschieden, dass diese mit der Anfechtungsklage geltend zu machen sind.[47] *De lege ferenda* wurde in der Literatur jedoch ein Ausschluss der Anfechtungsklage für bewertungsbezogene Informationspflichtverletzungen weitgehend befürwortet, da zur Sicherung des gesellschafterbezogenen Informa-

---

Gewährung jedweden Vermögensvorteils, also etwa auch durch junge Aktien aus einer Kapitalerhöhung unter Ausschluss des Bezugsrechts, erfolgen kann (so *Fritzsche/Dreier/Verfürth* SpruchG § 1 SpruchG Rn. 67; *Hüffer* AktG § 12 AktG Rn. 14) oder aber § 5 Abs. 3 S. 1 EGAktG eng auszulegen ist und die Ausgleichspflicht nur durch einen Barausgleich erfüllt werden kann (dafür *Schulz* NZG 2002, 996, 997). Sind die Mehrstimmrechte durch Beschluss der Hauptversammlung erloschen, so besteht hinsichtlich der Art der Ausgleichsleistung jedoch eine weitreichende Gestaltungsfreiheit (siehe *Schulz* NZG 2002, 996, 1003 ff.).

45 *Schulz* NZG 2002, 996, 997.

46 *Fritzsche/Dreier/Verfürth* SpruchG § 1 SpruchG Rn. 69.

47 BGHZ 122, 211, 238 („SSI“) (zu § 304 AktG); BGH ZIP 1995, 1256, 1258 („Rieter/SSI II“) (zu § 305 AktG); BGH ZIP 1990, 168, 170 („DAT/Altana II“) (zu § 352 c AktG a. F.).

tionsinteresses das Spruchverfahren genüge; die Gesellschaft sei mit dessen Kosten belastet, was sie zu ausreichender Information über alles Wertrelevante veranlassen werde.[48] Auch der 63. Deutsche Juristentag unterstützte die Forderung und fasste einen entsprechenden Beschluss.[49]

1. Rechtsprechung des BGH

Im Anschluss an die Vorinstanz[50] hat der BGH am 18. Dezember 2000 für die Verletzung von Informations- sowie Auskunfts- und Berichtspflichten im Zusammenhang mit Formwechseln (§§ 190 ff. UmwG) entschieden, dass eine solche Verletzung ausschließlich im Spruchverfahren geltend gemacht werden kann und die Anfechtung des Umwandlungsbeschlusses gem. § 193 UmwG ausgeschlossen ist.[51] Dies leitet der BGH aus dem Sinn und Zweck der §§ 210, 212 UmwG sowie aus einem Vergleich mit den gesetzlich vorgesehenen Fällen des Ausschlusses der Anfechtungsklage ab: Wenn ein solcher bereits bei gänzlichem Fehlen des Abfindungsangebots beim Formwechsel vorgesehen sei, müsse auch die Verletzung von Informationspflichten als nicht ordnungsmäßiges Angebot behandelt werden.[52]

Aus dieser Entscheidung folgt unmittelbar, dass das gesamte Verfahren über die Barabfindung beim Formwechsel in das Spruchverfahren verwiesen ist. Der Aktionär kann aufgrund der Regelung in § 210 UmwG nicht rügen, dass der Umwandlungsbericht ungenügende oder überhaupt keine Ausführungen zur Begründung der Höhe des Barabfindungsangebots enthält, die Prüfung der Barabfindung durch den Umwandlungsprüfer und der dazu erstattete Bericht unzureichend oder gar nicht erfolgt ist, der Vorstand in der Hauptversammlung das Barabfindungsangebot unzureichend oder gar nicht erläutert hat und schließlich auch nicht, dass der Vorstand in der Hauptversammlung Fragen des Aktionärs zur Höhe des Abfindungsangebots unzureichend oder gar nicht beantwortet hat.[53] Diese Rechtsprechung wurde vom BGH in der Folgeentscheidung „*Aqua Butzke Werke*" bestätigt.[54]

---

[48] Vgl. *Kleindiek* NZG 2001, 552, 553 m. w. N. in Fn. 8; zur Gegenansicht siehe *W. Bayer* ZGR 1995, 613, 617 f., der die Nichterfüllung der gesetzlichen Informationspflichten als Eingriff in die Herrschaftsrechte der Minderheitsaktionäre betrachtet, der nach der Gesetzessystematik vom Spruchverfahren prinzipiell nicht erfasst sein könne.

[49] Der Beschluss lautete: „In allen Fällen, in denen die Bewertungsrüge in das Spruchverfahren verwiesen ist, sollte die Anfechtungsklage für Rügen unzureichender Information über Bewertungsfragen ausgeschlossen sein." (vgl. *DJT* DB 2000, 2108, 2109).

[50] OLG Karlsruhe NZG 1999, 604 ff. („MEZ").

[51] BGHZ 146, 179, 181 („MEZ").

[52] BGHZ 146, 179, 181 („MEZ").

[53] Vgl. *Hoffmann-Becking* in Henze/Hoffmann-Becking GesR 2001 S. 55, 61 f.

[54] BGH ZIP 2001, 412 ff. („Aqua Butzke-Werke").

2. Meinungsstand in Rechtsprechung und Literatur

Im Anschluss an die Urteile des BGH hat sich eine lebhafte Diskussion in Rechtsprechung und Literatur hinsichtlich deren Übertragbarkeit auf andere Fälle von bewertungsbezogenen Informationspflichtverletzungen entwickelt. Dabei werden in der inzwischen kaum überschaubaren Literatur annähernd alle Positionen vertreten.[55]

Hinsichtlich der Ansprüche aus §§ 304, 305 AktG wird überwiegend ein Ausschluss der Anfechtbarkeit bei abfindungsbezogenen Informationsmängeln befürwortet, während einem Ausschluss bei ausgleichsbezogenen Informationsmängeln die Regelung in § 304 Abs. 3 S. 1 AktG entgegenstehen soll, nach der die Nichtfestsetzung des Ausgleichs zur Nichtigkeit des Vertrages führt.[56] Bezüglich abfindungsbezogener Informationsmängel bei Eingliederung und *squeeze out* hat sich ebenfalls keine eindeutig herrschende Meinung herausgebildet. Gegen einen Anfechtungsausschluss werden teilweise die Regelungen in § 320 b Abs. 2 S. 3 AktG bzw. § 327 f S. 3 AktG angeführt, nach denen – im Gegensatz zum Formwechsel – eine Anfechtungsklage auch bei nicht ordnungsgemäßem Angebot erhoben werden kann.[57]

Im Umwandlungsrecht wird eine Übertragung der Rechtsprechung des BGH zum Formwechsel von der ganz herrschenden Auffassung jedenfalls auf abfindungsbezogene Informationsmängel bei Verschmelzung, Spaltung und Vermögensübertragung befürwortet, da § 32 UmwG mit § 210 UmwG nahezu wörtlich übereinstimme und der BGH § 32 UmwG bereits in seinen Entscheidungen erwähnt habe.[58] Dagegen spricht sich die Literatur überwiegend gegen eine Übertragung der Rechtsprechung auf alle Fälle von Rügen bezüglich des Umtauschverhältnisses aus. Zur Begründung wird darauf verwiesen, dass sich weder im Verschmelzungsrecht, insbesondere nicht in § 14 Abs. 2 UmwG – auf den für Spaltung und Vermögensübertragungen verwiesen wird –, noch für den Formwechsel, insbesondere nicht in dem mit § 14 Abs. 2 UmwG weitgehend identischen § 195 Abs. 2 UmwG, eine gesetzliche Regelung findet, wo-

---

[55] Einen ausführlichen Überblick über den Meinungsstand gibt *Emmerich* in Emmerich/Habersack KonzernR § 293 AktG Rn. 38 a–d.

[56] *Hoffmann-Becking* in Henze/Hoffmann-Becking GesR 2001 S. 55, 64 ff.; *Kleindiek* NZG 2001, 552, 554; *Vollrath* in Widmann/Mayer UmwG Anh. 13 § 1 SpruchG Rn. 12; a. A. *Hüffer* AktG § 243 AktG Rn. 18 b; *Wilsing/Kruse* DB 2002, 1539.

[57] Gegen einen Anfechtungsausschluss bei einer Eingliederung: *Hüffer* AktG § 243 AktG Rn. 18 b; *Kleindiek* NZG 2001, 552, 554; *E. Vetter* FS Wiedemann, 1323, 1336 f.; gegen einen Anfechtungsausschluss bei einem *squeeze out*: OLG Hamm ZIP 2005, 1457, 1459 („GEA AG"); LG Frankfurt/M. NZG 2003, 1027; *Emmerich* in Emmerich/Habersack KonzernR § 327 f AktG Rn. 5; *Fleischer* ZGR 2002, 757, 783; *Grunewald* ZIP 2002, 18, 21; *Hüffer* AktG § 327 f AktG Rn. 2; für einen Anfechtungsausschluss bei einem *squeeze out* OLG Köln ZIP 2004, 760, 761; LG Hamburg ZIP 2003, 947, 950 („Volksfürsorge Holding AG"); *Hasselbach* in KK/WpÜG § 327 f AktG Rn. 4; *H. Schmidt* FS Ulmer, 543, 548 ff.; *E. Vetter* FS Wiedemann, 1323, 1340; jüngst offen gelassen von OLG Düsseldorf AG 2005, 654, 655.

[58] Vgl. etwa *Decher* in GroßK/AktG § 131 AktG Rn. 405 a; *Henze* ZIP 2002, 97, 106; *Hüffer* AktG § 243 AktG Rn. 18 b; *Kleindiek* NZG 2001, 552, 554; *Sinewe* DB 2001, 690.

nach auch bei nicht ordnungsgemäßer oder fehlender Festsetzung des Umtauschverhältnisses eine Anfechtungsklage gegen den jeweiligen Beschluss ausgeschlossen ist.[59] Zudem spreche auch die Entstehungsgeschichte des § 14 Abs. 2 UmwG gegen eine Übertragung der Rechtsprechung des BGH.[60]

Entgegen den verschiedenen Stimmen in Literatur und Rechtsprechung, die im Wesentlichen die Rechtsfolgenseite der Verletzung bewertungsbezogener Informationsmängel und deren gesetzliche Regelung betrachten, hat *Hirte* einen anderen Ansatz zur Lösung der Problematik aufgezeigt, der aufgrund seiner grundlegenden Bedeutung nachfolgend dargestellt und gewürdigt werden soll. *Hirte* plädiert dafür, die Rechtsprechung des BGH zur Verletzung bewertungsbezogener Informationsmängel bei Formwechseln grundsätzlich auf alle im europäischen Recht gründenden Informationspflichten in börsennotierten Aktiengesellschaften zu erstrecken.[61] Dabei sind *Hirtes* Überlegungen in zwei Komplexe zu trennen: Zunächst betreffen sie die Frage, ob sich das Auskunftsrecht der Aktionäre gem. § 131 Abs. 1 AktG überhaupt auf die verletzten Informationspflichten erstreckt, womit zur Lösung der Problematik im Gegensatz zum BGH und der Literatur nicht auf der Rechtsfolgen-, sondern auf der Tatbestandsseite angeknüpft wird. Nachdem *Hirte* eine tatbestandliche Verdrängung von § 131 Abs. 1 AktG bejaht, wird der Frage nachgegangen, ob eine bestimmte Sanktion für die Verletzung der Informationspflichten zwingend vorgeschrieben ist. Dies wird im Ergebnis verneint. Zur Begründung der tatbestandlichen Verdrängung von § 131 Abs. 1 AktG geht *Hirte* von den Regelungen im Umwandlungsgesetz aus, die die Verdrängung zwar nicht erzwängen, sie aber auch nicht ausschlössen; insbesondere § 64 Abs. 2 UmwG verlange nicht, die umwandlungsrechtlichen Informationspflichten zusätzlich nach § 131 AktG erfüllen zu müssen.[62] Dem lässt sich ebenso folgen wie dem weiteren Gedankengang zur Begründung des Ausschlusses von § 131 Abs. 1 AktG, wenn *Hirte* darlegt, dass zahlreiche Informations-, Auskunfts- und Berichtspflichten, die Anlass für Auskunftsbegehren waren und aufgrund deren mangelhafter Erfüllung Anfechtungsklagen erhoben wurden, auf europäisches Recht zurückgehen und von dem nationalen Gesetzgeber auch auf umwandlungs- und aktienrechtliche Bereiche erstreckt worden sind, in denen das europäische Recht deren Anwendung nicht vorschreibt.[63] Eine wesentliche Hürde ist allerdings zu überwinden, um zu der von ihm vertretenen primär kapitalmarktrechtlichen Funktion der Informationspflichten zu gelangen. Den Pflichten eine solche Funktion zuzuschreiben, ist für den Lösungsansatz von *Hirte* zwingend, da anderenfalls das allgemeine Auskunftsrecht des Aktionärs tatbestandlich auch die diesbezüglichen

---

59 Vgl. *Hirte* ZHR 167 (2003) 8, 27 sowie *Hoffmann-Becking* in Henze/Hoffmann-Becking GesR 2001 S. 55, 63 f. (jeweils m. w. N.).

60 *Kleindiek* NZG 2001, 552, 554; *Klöcker/Frowein* SpruchG § 1 SpruchG Rn. 30.

61 *Hirte* ZHR 167 (2003) 8 ff., der von einer Beschränkung der Rechtsprechung des BGH auf börsennotierte Aktiengesellschaften ausgeht; ebenso *Lutter* JZ 1998, 50, 52; *ders.* FS Zöllner, 363, 373; *P. Westermann* FS Zöllner, 607, 630.

62 *Hirte* ZHR 167 (2003) 8, 14 f.

63 *Hirte* ZHR 167 (2003) 8, 15 f.

Informationen erfassen würde. Auf den ersten Blick liegt es nahe, als primären Adressaten der Informationen die jeweiligen Anteilsinhaber in ihrer Eigenschaft als Gesellschafter anzusehen. Dafür spricht auch, dass die einschlägigen europäischen Richtlinien entsprechend dem allgemeinen Auskunftsrecht in § 131 Abs. 1 AktG eine Information der Aktionäre erfordern. *Hirte* begegnet diesen Bedenken mit dem Hinweis, dass die Information der Aktionäre nur „Reflex der Information des Kapitalmarkts" sei.[64] Zwar erscheint ein solcher Schluss nicht zwingend. Unbestritten kommt dem Kapitalmarkt jedoch praktisch eine Kontrollfunktion zu, deren Bedeutung gegenüber der Kontrollfunktion des einzelnen Anteilsinhabers ungleich größer ist. Nicht von der Hand zu weisen ist auch, dass die Möglichkeiten des einzelnen Anteilsinhabers zur Einflussnahme auf Unternehmensgeschicke mittels der ihm zur Verfügung stehenden Informationen weit hinter den entsprechenden Möglichkeiten des Kapitalmarktes zurück bleibt. Für eine primär kapitalmarktorientierte Interpretation des Aktienrechts und damit auch der Auskunftspflichten gegenüber den Aktionären lässt sich im Übrigen auch die mit dem KonTraG und dem KapAEG bewirkte Öffnung gegenüber den Kapitalmärkten ins Feld führen.[65] Den weiteren Überlegungen ist dann wiederum ohne weiteres zuzustimmen, wenn *Hirte* darlegt, dass weder europarechtliche Vorgaben für die Sanktionierung der Informationspflichtverletzungen bestehen noch das nationale Verfassungsrecht, insbesondere auch nicht Art. 14 Abs. 1 GG, der das Auskunftsrecht als Ausfluss des Eigentumsrechts mitumfasst, die Anfechtungsklage als zwingenden Rechtsbehelf vorschreibt.[66]

Vor diesem Hintergrund ergibt sich schlüssig die Möglichkeit, das Spruchverfahren als Rechtsbehelf bei allen bewertungsbezogenen Informationspflichtverletzungen für anwendbar zu halten, die direkt oder indirekt auf europäisches Recht zurückgehen. Die Beschränkung auf börsennotierte Aktiengesellschaften ist dabei konsequent, denn nur bei diesen kann dem Auskunftsrecht primär kapitalmarktrechtliche Funktion zukommen.[67] Der nachhaltige Vorteil der Lösung liegt zudem darin, dass alle bewertungsbezogenen Informationspflichtverletzungen in börsennotierten Aktiengesellschaften einheitlich behandelt werden und über die Anwendbarkeit des Spruchverfahrensgesetzes nicht in Abhängigkeit von einzelnen Auslegungsfragen entschieden werden muss. Sie wird den Anforderungen der Praxis, Anfechtungsprozess und Spruchverfahren klar voneinander abgrenzen zu können,[68] entgegen zahlreicher an-

---

[64] *Hirte* ZHR 167 (2003) 8, 17.

[65] *Hommelhoff* ZGR 2000, 748, 768 ff.; für eine Ausrichtung der Informationspflichten auf den Kapitalmarkt auch *Mülbert* ZHR 165 (2001) 104, 126 f., allerdings zurückhaltender, wenn er die Gesellschaftsorgane einer börsennotierten AG für verpflichtet hält, bei ihren am Gesellschaftsinteresse auszurichtenden Geschäftsführerentscheidungen „auch" gegenüber den Interessen der Aktionäre in ihrer Eigenschaft als Anleger gewisse Rücksichten zu nehmen.

[66] *Hirte* ZHR 167 (2003) 8, 15 ff.

[67] So i. E. auch *Mülbert* ZHR 165 (2001) 104, 127, wenn er davon ausgeht, dass die Gesellschaft die Anlegerinteressen umso stärker gewichten muss, je höher der lediglich Anlegerinteressen verfolgende Aktionärsteil ist, denn in börsennotierten Gesellschaften ist dieser Anteil typischerweise besonders hoch.

[68] Vgl. *Büchel* AG 2004, 682, 683.

derer Vorschläge gerecht. Nicht ganz widerspruchsfrei erscheint das Ergebnis allerdings insoweit, als bewertungsbezogene Informationsmängel in Fällen in das Spruchverfahren verwiesen werden, in denen der Anwendungsbereich des Spruchverfahrens nicht einmal zur Bestimmung des angemessenen Ausgleichs bzw. der Abfindung eröffnet ist, wie etwa bei Kapitalerhöhungen unter Ausschluss des Bezugsrechts. Probleme wirft die Lösung – wie aber auch die Rechtsprechung des BGH – darüber hinaus angesichts der Neukonzeption des Spruchverfahrens bzw. der Regelung in § 4 Abs. 2 S. 1 Nr. 4 S. 1 SpruchG auf.[69] Auch die Lösung *Hirtes* erfordert – wie dieser selbst klarstellt[70] – eine wirksame Sanktionierung von Informationspflichtverletzungen, um keine Widersprüche in der gesetzlichen Konzeption aufkommen zu lassen.

3. § 243 Abs. 4 S. 2 AktG n. F.

Im Zuge des UMAG[71] wird die Frage der Anfechtbarkeit von bewertungsbezogenen Informationsmängeln gesetzlich geregelt und § 243 Abs. 4 S. 2 AktG ab dem 1. November 2005[72] lauten:

> „*Auf unrichtige, unvollständige oder unzureichende Informationen in der Hauptversammlung über die Ermittlung, Höhe oder Angemessenheit von Ausgleich, Abfindung, Zuzahlung oder über sonstige Kompensationen kann eine Anfechtungsklage nicht gestützt werden, wenn das Gesetz für Bewertungsrügen ein Spruchverfahren vorsieht.*“[73]

Dabei sollen von der Formulierung „unrichtiger, unvollständiger oder unzureichender“ Information nicht Fälle einer totalen Auskunftsverweigerung erfasst sein. Wird das Auskunftsrecht in gravierendem Ausmaß und bewusst missachtet, soll es bei der Anfechtungsmöglichkeit bleiben.[74] Unter Bewertungsrügen versteht der Gesetzgeber wie in § 4 Abs. 2 Nr. 4 SpruchG konkrete Einwendungen gegen die Angemessenheit der Kompensation nach § 1 SpruchG oder ggf. gegen den als Grundlage für die Kompensation ermittelten Unternehmenswert, soweit hierzu Angaben in den in § 7 Abs. 3 SpruchG genannten Unterlagen enthalten sind.[75] Damit weicht der Gesetzgeber vor allem in einem Punkt bedeutend von der noch im Referentenentwurf enthaltenen

---

[69] Vgl. dazu unten Teil 3 D. III. 2. b. aa. (2).

[70] *Hirte* ZHR 167 (2003) 8, 23.

[71] *ReA-BT* UMAG BT-Drucks. 15/5693. Die Gesetzesbegründung (a. a. O. S. 16 ff.) wird ergänzt durch die *Begr. RegE* UMAG BT-Drucks. 15/5092 Anlage 1 S. 10 ff. sowie die Gesetzesbegründung der *BReg* UMAG BT-Drucks. 15/5092 Anlage 3 S. 41 ff. (vgl. ReA-BT UMAG BT-Drucks. 15/5693 S. 16).

[72] Da der Deutsche Bundestag das UMAG am 16. 6. 2005 in 2. und 3. Lesung einstimmig verabschiedet und der Bundesrat anschließend signalisiert hat, dass er den Vermittlungsausschuss nicht anrufen werde, wird das UMAG zum 1. 11. 2005 in Kraft treten (siehe *Seibert* BB 2005, 1457). Zur Anwendbarkeit auf laufende Anfechtungsverfahren siehe *Leuering/Simon* NJW-Spezial 2005, 315, 316.

[73] *ReA-BT* UMAG BT-Drucks. 15/5693 S. 11.

[74] *Begr. RegE* UMAG BT-Drucks. 15/5092 Anlage 1 S. 26.

[75] *Begr. RegE* UMAG BT-Drucks. 15/5092 Anlage 1 S. 26.

Fasssung ab, die den Anfechtungsausschluss nicht auf bewertungsbezogene Informationspflichtverletzungen in der Hauptversammlung beschränkte. § 243 Abs. 4 S. 3 AktG UMAG RefE lautete:

> „*Dem gemäß kann eine Anfechtungsklage nicht auf unrichtige oder unzureichende Einzelinformationen über die Ermittlung, Höhe oder Angemessenheit von Leistungen, Abfindungen, Zuzahlungen oder über sonstige Bewertungsfragen gestützt werden, wenn das Gesetz für Bewertungsrügen die Durchführung eines Spruchverfahrens vorsieht.*“[76]

Aus dieser Gesetzgebungsgeschichte und vor allem auch aus einem Umkehrschluss zu § 243 Abs. 4 S. 2 AktG n. F. folgt, dass bewertungsbezogene Informationsmängel außerhalb der Hauptversammlung, insbesondere also in den Vorstandsberichten, mit der Anfechtungsklage angegriffen werden können und müssen.[77] Dass eine entsprechende Klarstellung im Regierungsentwurf nicht erfolgt ist, ist unschädlich, da sich diese Rechtsfolge unzweideutig durch Auslegung ermitteln lässt. Unverständlich ist daher auch, dass mit Verweis auf die fehlende Klarstellung angesichts der Rechtsprechung des BGH (zur alten Rechtslage!) für bestimmte Fälle, insbesondere für Informationsmängel bei einem Barabfindungsangebot im Rahmen des Formwechsels (§ 210 UmwG), die Auffassung vertreten wird, dass unzureichende Informationen in Vorstandsberichten nach der Gesetzesänderung weiterhin im Spruchverfahren zu rügen seien und nicht mit der Anfechtungsklage angegriffen werden könnten.[78] Vielmehr bleibt die Kodifikation des Anfechtungsausschlusses hinter der Rechtsprechung des BGH zurück.[79]

Durch die Neuregelung wird die Anwendbarkeit des Spruchverfahrensgesetzes selbst nicht angeordnet. § 243 Abs. 4 S. 2 AktG n. F. wird jedoch in all den Fällen eingreifen, in denen durch Gesetz an anderer Stelle das Spruchverfahren für anwendbar erklärt wird. Die Anfechtungsklage ist demnach bei bewertungsbezogenen Informationspflichtverletzungen in der Hauptversammlung im Anwendungsbereich des Spruchverfahrensgesetzes ausgeschlossen, es sei denn, dass die Informationen gänzlich verweigert oder weitreichende Fehlangaben gemacht werden. Damit kommt der Gesetzgeber zahlreichen Stimmen in der Literatur und der Forderung des 63. Deutschen Juristentages grundsätzlich nach.[80]

---

[76] RefE UMAG S. 8 Art. 1 Nr. 18; siehe hierzu *Emmerich* in Emmerich/Habersack KonzernR § 293 AktG Rn. 38 e, 38 f. Im Zuge des SEEG hatte der Bundesrat vorgeschlagen, in § 6 Abs. 1 SEAG einen § 243 Abs. 4 S. 2 UMAG-RefE inhaltlich entsprechenden Satz aufzunehmen, um bereits mit dem Inkrafttreten des SEEG die Anfechtung von bewertungsbezogenen Informationsmängeln ausdrücklich für die SE gesetzlich zu regeln (siehe *BR* SEEG BR-Drucks. 438/04 [Beschluss] S. 6). Die Bundesregierung schloss sich diesem Vorschlag nicht an, da durch das UMAG die Frage generell geregelt werden und von Einzelregelungen vorab abgesehen werden solle (siehe *BReg* SEEG BT-Drucks. 15/3656 S. 9).

[77] So auch *Emmerich* in Emmerich/Habersack KonzernR § 293 AktG Rn. 38 f.; *Leuering/Simon* NJW-Spezial 2005, 315; *Veil* AG 2005, 567, 570; *Wilsing* DB 2005, 35, 36.

[78] So zum Regierungsentwurf des UMAG *HaReA-DAV* NZG 2005, 388, 392.

[79] So ausdrücklich auch *Leuering/Simon* NJW-Spezial 2005, 315.

[80] Zur Beteiligung der verschiedenen Interessengruppen am Gesetzgebungsverfahren siehe *Seibert* BB 2005, 1457.

Obwohl eine Regelung der Anfechtbarkeit wertbezogener Informationsmängel nachdrücklich gefordert worden ist, wirft die Umsetzung durch den Gesetzgeber erhebliche Probleme auf.[81] Zum einen ist zu befürchten, dass sich aufgrund der verbleibenden Anfechtungsmöglichkeit bei weitreichenden Fehlangaben an der bisherigen Praxis, Hauptversammlungen mit zahlreichen Detailfragen zur Bewertung bewusst in die Länge zu ziehen, um weitreichende Fehlangaben zu provozieren und so einen Anfechtungsgrund zu schaffen, nur wenig ändern wird.[82] Zum anderen dürfte es Schwierigkeiten bereiten zu beurteilen, wann sich das Auskunftsbegehren eines Aktionärs tatsächlich auf eine bewertungsbezogene Information bezieht. Denkbar ist gerade hinsichtlich der in der Hauptversammlung vorgestellten Unternehmenskennzahlen auch die Argumentation, die diesbezüglich begehrte – und nicht bzw. unzureichend erteilte – Auskunft habe sich jedenfalls auch auf einen anderen Tagesordnungspunkt (z. B. Entlastung der Verwaltung) bezogen.[83] Dagegen werden im Gegensatz zum Referentenentwurf des UMAG bzw. der dort vorgesehenen Geltung des Anfechtungsausschlusses auch bei Informationspflichtverletzungen außerhalb der Hauptversammlung Unstimmigkeiten im Zusammenhang mit dem Begründungserfordernis im Spruchverfahren gem. § 4 Abs. 2 S. 2 Nr. 4 SpruchG weitgehend vermieden,[84] worauf jedoch an anderer Stelle eingehend eingegangen werden soll.[85]

VIII. Analoge Anwendung des Spruchverfahrensgesetzes

Trotz des auf den ersten Blick abschließend klingenden Wortlauts von § 1 SpruchG soll der Anwendungsbereich des Spruchverfahrensgesetzes für andere, nicht ausdrücklich genannte Fälle nach dem Willen des Gesetzgebers nicht verschlossen sein.[86] Im Bericht des Rechtsausschusses des Deutschen Bundestages wurde ausdrücklich die Möglichkeit einer analogen Anwendbarkeit der Regelungen über das

---

[81] Die Regelung im Ganzen ablehnend *Emmerich* in Emmerich/Habersack KonzernR § 293 AktG Rn. 38 h.

[82] So bereits zum Referentenentwurf des UMAG *HaReA-DAV* ZIP 2004 1230, 1234; kritisch nochmals zum Regierungsentwurf des UMAG *HaReA-DAV* NZG 2005, 388, 392: Genereller Verweis der Rüge bewertungsbezogener Informationsmängel in der Hauptversammlung in das Spruchverfahren, da die Rüge unzureichender Information im Vorstandsbericht uneingeschränkt zulässig bleibe, so dass es in der Hauptversammlung ohnehin nur noch um ergänzende Verständnisfragen zum Bewertungsteil des schriftlichen Berichts gehen könne; zustimmend *Veil* AG 2005, 567, 570.

[83] *Leuering/Simon* NJW-Spezial 2005, 315.

[84] *Begr. RegE* UMAG BT-Drucks. 15/5092 Anlage 1 S. 26.

[85] Siehe unten Teil 3 D. III. 2. b. aa. (2).

[86] Vgl. auch *Hüffer* AktG § 305 AktG Anh. § 1 SpruchG Rn. 6: § 1 Satzteil 1 SpruchG sei gedanklich um ein „namentlich“ oder „insbesondere“ zu ergänzen; das Fehlen des Wortes „insbesondere“ kritisiert auch *Emmerich* in Emmerich/Habersack KonzernR § 1 SpruchG Rn. 3; anders *Koppensteiner* in KK/AktG Anh. § 327 f AktG Rn. 7, für den gegen ein Analogieverbot spricht, dass das Gesetz die Ausweitung des Anwendungsbereich nicht strikt ausgeschlossen habe.

Spruchverfahrens erwähnt.[87] Von anderer Seite wird darüber hinaus darauf hingewiesen, dass der Anwendungsbereich des Spruchverfahrensgesetzes gesetzessystematisch gar nicht durch das Gesetz bzw. im Gesetz selbst hätte ausgedehnt werden können, da § 1 SpruchG lediglich eine deklaratorische Auflistung der im Aktien- und Umwandlungsgesetz geregelten Anwendungsfälle darstelle und gerade nicht bestimme, unter welchen materiell-rechtlichen Voraussetzungen ein Spruchverfahren durchgeführt werde.[88] Dennoch wurde während des Gesetzgebungsverfahrens die Sorge geäußert, dass angesichts des – im Zuge des Verfahrens weitgehend unverändert gebliebenen – Wortlauts des § 1 SpruchG dieser dennoch als abschließende Regelung verstanden werden könne und daher gefordert, die Möglichkeit der Anwendbarkeit des Spruchverfahrensgesetzes auch für andere Fälle ausdrücklich klarzustellen.[89] Anderen Meinungen zufolge ist es allerdings zu bedauern, dass der Gesetzgeber im Zuge der Reform der Tendenz in Literatur und Rechtsprechung, für weitere gesetzlich nicht geregelte Fälle den Anwendungsbereich des Spruchverfahrens zu eröffnen, nicht entgegengetreten ist und eine Anwendung des Spruchverfahrensgesetzes über den gesetzlich ausdrücklich geregelten Anwendungsbereich hinaus nicht ausgeschlossen hat.[90]

Eine analoge Anwendung der Regeln über das Spruchverfahren wurde vor Inkrafttreten des Spruchverfahrensgesetzes teilweise mit dem Argument abgelehnt, dass die Ordnung der gerichtlichen Zuständigkeit allein Sache des Gesetzgebers sei.[91] Dem wurde indes zutreffend entgegengehalten, dass das Verfahrensrecht dem materiellen Recht dient und daher eine Analogie zu materiell-rechtlichen Regelungen auch die Anwendung der für diese geltenden Verfahrensregeln zur Folge haben kann.[92] Im Ergebnis wurde diese Auffassung durch die „*MotoMeter*"-Entscheidung des Bundesverfassungsgerichts bestätigt, in der eine analoge Anwendung der Regeln über das Spruchverfahren auf die übertragende Auflösung für möglich gehalten wurde.[93] Jedenfalls kann angesichts dieser Entscheidung die Ansicht, dass eine analoge Anwendung wegen fehlender Regelungen zur gerichtlichen Zuständigkeit generell ausscheide, als überholt angesehen werden.

Ob eine analoge Anwendung des Spruchverfahrensgesetzes und damit eine Aus-

---

87 *ReA-BT* SpruchverfNeuordG BT-Drucks. 15/838 S. 16: „Nach Auffassung des Rechtsausschusses steht der Vorschrift des Artikels 1 § 1 nicht entgegen, dass die Regelungen über das Spruchverfahren über den dort ausdrücklich genannten Anwendungsbereich hinaus auch für andere Fälle analog angewandt werden können ..."

88 *Neye* Spruchverfahrensrecht S. 18; *J. Vetter* ZHR 168 (2004) 8, 14, 16.

89 *HaReA-DAV* ZIP 2003, 552.

90 *Wasmann* WM 2004, 819.

91 So im Zusammenhang mit einer möglichen Analogie im GmbH-Konzernrecht *Grauer* Konzernbildungskontrolle S. 218 f.; *Koerfer/Selzner* GmbHR 1997, 285, 291; *Lutter* in Lutter/Hommelhoff GmbHG Anh. § 13 GmbHG Rn. 73; *Ulmer* BB 1989, 10, 14; bezüglich der analogen Anwendung auf Vermögensübertragungen nach § 179a AktG LG Stuttgart DB 1993, 473; *Lutter/Drygala* FS Kropff, 191, 215.

92 *Behnke* Spruchverfahren S. 45.

93 BVerfG ZIP 2000, 1670 ff. („Bosch/Moto Meter AG III").

weitung des Anwendungsbereichs möglich ist, kann nicht pauschal beantwortet werden. Vor allem bedarf es jeweils einer Betrachtung der einzelnen möglichen analogen Anwendungsfälle, um zu ermitteln, ob eine für einen Analogieschluss ausfüllungsbedürftige gesetzliche Lücke besteht, das Gesetz also Bestimmungen vermissen lässt, die es nach dem Zweck der jeweiligen Regelung, nach dem zugrunde liegenden Plan des Gesetzgebers, enthalten sollte.[94]

Nicht nachgegangen wird im Folgenden der Frage nach der analogen Anwendung des Spruchverfahrensgesetzes auf die übertragende Auflösung,[95] obwohl das Bundesverfassungsgericht in der „*MotoMeter*“-Entscheidung vor Inkrafttreten des Spruchverfahrensgesetzes eine analoge Anwendung für möglich, wenn auch nicht für verfassungsrechtlich zwingend geboten gehalten hat.[96] Denn im Gegensatz zu den nachfolgend erörterten Fallgestaltungen ist der praktische Anwendungsbereich der übertragenden Auflösung zwischenzeitlich weitgehend – wenn nicht gänzlich – gegenstandslos geworden. In Fällen, in denen der die Auflösung betreibende Mehrheitsaktionär weniger als 95% des Grundkapitals hält, mangelt es zweifellos an einer Regelungslücke, da der Gesetzgeber mit den §§ 327 a ff. AktG eine gesetzliche Möglichkeit zum Ausschluss von Minderheitsgesellschaftern zur Verfügung gestellt hat, die zum Zeitpunkt der „*MotoMeter*“-Entscheidung noch nicht bestand und die zweifellos eine übertragende Auflösung jedenfalls dann ausschließt, wenn der Mehrheitsaktionär nicht mindestens 95% des Grundkapitals hält.[97] Auch in den verbleibenden Fällen besteht wohl weder ein rechtspraktisches noch ein rechtspolitische Bedürfnis dafür, einen Ausschluss von bis zu 5% der Minderheitsgesellschafter im Wege einer übertragenden Auflösung durch den Ausschluss der Anfechtung der im Zuge der Übertragung zu gewährenden Kompensation zu erleichtern, indem die Minderheitsaktionäre auf ein Spruchverfahren verwiesen werden.[98] Den „Störmanövern von Berufsklägern“[99], zu denen die aktienrechtliche Anfechtungsklage bei übertragenden Auflösungen animierte und vor deren Hintergrund der Verweis in das Spruchverfahren propagiert wurde, ist durch die *Squeeze-out*-Regelung der Boden entzogen worden. Keine praktische Bedeutung hat darüber hinaus die Frage, ob im Falle eines Austritts eines Aktionärs wegen einer sog. „qualifizierten Nachteilszufügung“ das Spruchverfahren zu eröffnen ist.[100]

1. Delisting

Eine analoge Anwendung spruchverfahrensrechtlicher Regelungen kommt für den Fall des sog. Delisting in Betracht, worunter man in erster Linie den vollständigen

---

94 Vgl. *Larenz/Canaris* Methodenlehre S. 191 ff.; *Larenz/Wolf* BGB-AT § 4 Rn. 80.

95 *Wasmann* in Thaeter/Brandi Übernahmen Teil 7 Rn. 89 ff.

96 Siehe BVerfG ZIP 2000, 1670 ff. („Bosch/Moto Meter AG III“).

97 Vgl. ausführlich *Rühland* WM 2002, 1957 ff. sowie *Wolf* ZIP 2002, 153 ff.

98 *Emmerich* in Emmerich/Habersack KonzernR § 1 SpruchG Rn. 5; *J. Vetter* ZHR 168 (2004) 8, 38; a. A. *Fritzsche/Dreier/Verfürth* SpruchG § 1 SpruchG Rn. 76 ff.; *Klöcker/Frowein* SpruchG § 1 SpruchG Rn. 17; *Land/Hennings* AG 2005, 380, 381.

99 *Großfeld* Unternehmensbewertung S. 9.

100 Siehe hierzu eingehend *Koppensteiner* in KK/AktG Anh. § 318 AktG Rn. 103 ff.

Rückzug eines börsennotierten Unternehmens von der Börse verstehen kann, der häufig auch als *going private* bezeichnet wird.[101]

Rechtlich kann ein Delisting im engeren Sinne auf zwei Wegen erreicht werden: zum einen durch die Beantragung des Widerrufs einer Zulassung zu den Segmenten Amtlicher Markt oder Geregelter Markt bei der zuständigen Börse, sog. „reguläres" Delisting, zum anderen, indem gesellschaftsrechtliche Maßnahmen ergriffen und dadurch Tatsachen geschaffen werden, die eine Fortsetzung der Zulassung zum Börsenhandel unmöglich machen und dazu führen, dass die Börsenzulassung ipso iure eintritt,[102] sog. „kaltes" Delisting.[103] Beispiele für Letzteres sind etwa die Verschmelzung durch Aufnahme der börsennotierten Aktiengesellschaft in eine nicht börsennotierte Gesellschaft gem. §§ 2 ff. UmwG oder die Eingliederung der börsennotierten Aktiengesellschaft in eine nicht börsennotierte Gesellschaft gem. § 319 AktG und § 320 AktG.[104] Für beide Formen des Delisting kommt eine analoge Anwendung des Spruchverfahrensgesetzes in Betracht.

a. „Reguläres" Delisting

Das „reguläre" Delisting ist in § 38 Abs. 4 BörsG i. V. m. § 58 BörsO für den Amtlichen Markt und in §§ 53 Abs. 2, 38 Abs. 4 BörsG i. V. m. §§ 73, 58 BörsO für den Geregelten Markt normiert. Über den Widerruf der Zulassung entscheidet die zuständige Zulassungsstelle der betroffenen Börse nach pflichtgemäßem Ermessen. Dabei ist nach § 38 Abs. 4 S. 2 BörsG zu berücksichtigen, dass der Widerruf nicht dem Schutz der Anleger widersprechen darf, wobei die regionalen Börsenordnungen teilweise beispielhaft Fälle eines zulässigen Widerrufs aufzählen und insoweit das Ermessen der Zulassungsstelle einschränken.[105]

aa. Planwidrige Regelungslücke

Gegen die Annahme einer planwidrigen Regelungslücke als eine Voraussetzung der analogen Anwendung des Spruchverfahrensgesetzes im Falle des „regulären" Delisting spricht zunächst, dass eine mögliche Anwendung der Regelungen des Spruchverfahrens schon vor Inkrafttreten des Spruchverfahrensgesetzes durch die „*Macrotron*"-Entscheidung des BGH, in der sich jener für eine analoge Anwendung des Spruchverfahrens bei der Beendigung der Notierung an der Börse aussprach,[106] in den Blick-

---

[101] *Pluskat* WM 2002, 833. Weder die bloße Aussetzung oder Einstellung der Notierung der Aktien (§ 38 Abs. 1 BörsG – ggf. über § 53 Abs. 2 BörsG – i. V. m. der regionalen Börsenordnung) als auch der zwangsweise Börsenrückzug von Amts wegen (§§ 38 Abs. 3, 42 S. 2 BörsG i. V. m. der regionalen Börsenordnung) oder die Beendigung des Handels im Freiverkehr werden von dem Begriff des Delisting im engeren Sinne erfasst (siehe ausführlich *Pfüller/Anders* NZG 2003, 459, 460); zu Abgrenzungsproblemen siehe *Mülbert* ZHR 165 (2001) 104, 107 ff.

[102] *Pluskat* EWiR § 29 UmwG 1/05, 275, 276.

[103] *Heidelbach* in Schwark, KapitalmarktR § 38 BörsG Rn. 49.

[104] Zu weiteren denkbaren Varianten des „kalten" Delisting vgl. *Grunewald* ZIP 2004, 542 ff. sowie *Heidelbach* in Schwark KapitalmarktR § 38 BörsG Rn. 49 ff.

[105] *Pfüller/Anders* NZG 2003, 459, 463.

[106] Vgl. BGHZ 153, 47, 58 („Macrotron").

punkt des Gesetzgebers gelangte. Zudem lagen einem wesentlichen Mitinitiator des Spruchverfahrensgesetzes, der Regierungskommission *Corporate Governance*, Stellungnahmen mit dem Inhalt vor, dass im Falle eines „regulären" Delisting die Überprüfung der Unternehmensbewertung in einem Spruchverfahren ermöglicht werden solle, und obwohl die Kommission zwar grundsätzlich ein Spruchverfahren in diesem Fall für den geeigneten Rechtsbehelf hielt, sah sie ausdrücklich davon ab, dem Gesetzgeber die Einführung einer entsprechenden Regelung zu empfehlen.[107] Der Gesetzgeber hat schließlich im Zuge der Reform des Spruchverfahrens bewusst entschieden, das Delisting bis auf weiteres materiell-rechtlich nicht zu regeln.[108] Daraus folgt, dass er zugleich keine Entscheidung über die Anwendung des Spruchverfahrensgesetzes treffen wollte, da dieses nur bei einer entsprechenden materiellrechtlichen Regelung anwendbar sein kann. Vor diesem Hintergrund kann nicht von einer planwidrigen Unvollständigkeit des Gesetzes ausgegangen werden. Vielmehr wurde eine gesetzliche Lücke bewusst in Kauf genommen. Eine solche lässt sich auch nicht allein damit begründen, dass sich die aktuell und in der Vergangenheit zu beobachtende Untätigkeit des Gesetzgebers in Bezug auf Regelungen des Delisting nicht als eine legislative Entscheidung gegen die analoge Anwendung der Regelungen des Spruchverfahrens dargestellt hat.[109] Ferner ist es verfehlt, die Analogie aus einer „grundrechtskonformen Auslegung" von § 1 SpruchG zu folgern;[110] denn Art. 14 Abs. 1 GG gebietet es keineswegs – wie auch das Bundesverfassungsgericht in seiner „*MotoMeter*"-Entscheidung festgestellt hat[111] –, das Spruchverfahren als Rechtsbehelf zur Verfügung zu stellen, und die bloße Sicherstellung des Grundrechtsschutzes genügt für die Bejahung einer planwidrigen Regelungslücke nicht, wenn dieser auch auf andere Weise erreicht werden kann, etwa durch die Möglichkeit der Beschlussanfechtung. Vielmehr lässt sich rechtsmethodisch korrekt eine Regelungslücke nur unter dem Gesichtspunkt der Rechtsfortbildung bejahen. Eine solche ist zulässig, wenn bereits der Gesetzgeber einen weiteren Regelungsbedarf gesehen hat, dem aber nicht nachkommen konnte oder wollte. In diesen Fällen darf die Frage bewusst einer Klärung durch Rechtsprechung und Lehre überlassen werden.[112] Dass der Gesetzgeber des Spruchverfahrensneuordnungsgesetzes dies beabsichtigt hat, wird aus entsprechenden Äußerungen in der Stellungnahme des Rechtsausschusses hinreichend deutlich – Ausschussprotokolle sind neben anderen Materialien im Rahmen der

---

107 Vgl. Bericht RegKom *CorpGover* BT-Drucks. 14/7515 S. 82 Rn. 168.

108 Vgl. *Neye* Spruchverfahrensrecht S. 18. *Krämer/Theiss* AG 2003, 225, 240 gehen dagegen davon aus, dass der Gesetzgeber das Delisting-Verfahren abschließend im Kapitalmarktrecht geregelt habe und verneinen bereits deshalb eine planwidrige Regelungslücke.

109 So aber LG München I AG 2004, 393, 394 („Ingram Macrotron GmbH").

110 So *Klöcker/Frowein* SpruchG § 1 SpruchG Rn. 15: Sofern Art. 14 Abs. 1 GG einen vollständigen Ausgleich für den Eingriff in Herrschafts- und Vermögensrechte von Aktionären verlange, der in einem gerichtlichen Verfahren zu überprüfen sei, werde eine Anwendung von § 1 SpruchG dem Grundrechtsschutz gerecht.

111 Siehe oben Teil 3. A. VIII.

112 *Wank* Auslegung von Gesetzen S. 97.

historischen Gesetzesauslegung zu beachten[113] –, in der ausdrücklich der Fall des Delisting als ein möglicher analoger Anwendungsfall genannt worden ist.[114] Im Übrigen ergeben sich die dargelegten Motive des Gesetzgebers unzweideutig aus einem Beitrag des zuständigen Referatsleiters des Bundeministeriums der Justiz, *Neye*,[115] auch wenn es sich bei derartigen Verlautbarungen nicht um Vorstellungen des Gesetzgebers handelt, die im Rahmen der Gesetzesauslegung als Entstehungsgeschichte im engeren Sinne zu beachten wären.[116] Daher ist es im Ergebnis zutreffend, wenn sich nach Inkrafttreten des Spruchverfahrensgesetzes erste Gerichtsentscheidungen, vor allem aber zahlreiche Stimmen in der Literatur für eine analoge Anwendung des Spruchverfahrensgesetzes auf das „reguläre" Delisting aussprechen und dabei – wenn überhaupt – auf die Aussage des Rechtsausschusses des Deutschen Bundestages verweisen.[117] Mag auch das propagierte Ziel des Gesetzgebers, mit dem Spruchverfahrensgesetz ein übersichtliches und einfach zu handhabendes Regelungswerk zu schaffen, dadurch in Frage gestellt werden, so begegnet es letztlich keinen rechtsdogmatischen Bedenken, das Spruchverfahrensgesetz auch auf das „reguläre" Delisting anzuwenden.[118]

bb. Weitere Voraussetzungen

Die Zulässigkeit der Rechtsfortbildung führt allein nicht dazu, in allen Fällen für Bewertungsrügen gegen die Abfindung wegen eines „regulären" Delisting den Anwendungsbereich des Spruchverfahrens zu eröffnen. Da das Recht auf ein Spruchverfahren bei einem Delisting nach dem BGH aus der Verkehrsfähigkeit von Aktien und deren sich daraus ergebendem besonderen Verkehrswert folgt, beschränkt sich die analoge Anwendung sachlich auf Fälle, in denen der Widerruf der Börsenzulassung

---

[113] *Hirte* Zugang zu Rechtsquellen S. 102 f., 118 ff.

[114] Vgl. *ReA-BT* SpruchverfNeuordG BT-Drucks. 15/838 S. 16.

[115] Vgl. *Neye* Spruchverfahrensrecht S. 18.

[116] Vgl. *Wank* Auslegung von Gesetzen S. 75.

[117] OLG Zweibrücken ZIP 2005, 948, 950 („Guano AG II"); LG München I AG 2004, 393, 394 („Ingram Macrotron GmbH"); *Büchel* AG 2004, 682, 683; *Ek* Hauptversammlung § 20 Rn. 665; *Emmerich* in Emmerich/Habersack KonzernR Vor § 1 SpruchG Rn. 4; *Fritzsche/Dreier/Verfürth* SpruchG § 1 SpruchG Rn. 105 ff.; *Fuhrmann/Linnerz* Konzern 2004, 265, 266; *Grunewald* ZIP 2004, 542, 543; *Henze* FS Hadding, 409, 424 f.; *Hüffer* AktG § 305 AktG Anh. § 1 SpruchG Rn. 7; *v. Kann/Hirschmann* DStR 2003, 1488, 1490; *Klöcker/Frowein* SpruchG § 1 SpruchG Rn. 15 f.; *Klöhn* ZBB 2003, 208, 218 f.; *Krieger* in Lutter UmwG Anhang I SpruchG § 1 SpruchG Rn. 8; *Lamb/Schluck-Amend* DB 2003, 1259, 1260; *Land/Hennings* AG 2005, 380, 381; *Leube* in Deilmann/Lorenz AG § 8 Rn. 27 f.; *Lieder* NZG 2005, 159; *Neye* Spruchverfahrensrecht S. 19; *Schlitt* ZIP 2004, 533, 540; *Veil* AG 2005, 567, 570, Fn. 29; *J. Vetter* ZHR 168 (2004) 8, 39 f.; *Volhard* in MüKo/AktG § 1 SpruchG Rn. 4; *Vollrath* in Widmann/Mayer UmwG Anh. 13 § 1 SpruchG Rn. 58; wohl auch OLG Zweibrücken ZIP 2004, 1666, 1667 („Saint-Gobain ISOVER G + H AG"); zweifelnd *Bungert/Mennicke* BB 2003, 2021, 2022 und *Schiffer/Goetz* BB 2005, 453, 456; insgesamt kritisch gegenüber einem Verweis des „regulären" Delisting in das Spruchverfahren *Martinius/v. Oppen* DB 2005, 212, 213 f.; die Frage der Zulässigkeit einer Analogie offen lassend BayObLG ZIP 2004, 1952, 1953 („Knürr AG"); befürwortend auf der Grundlage des alten Rechts allerdings jüngst BayObLG ZIP 2005, 205, 210 („Macrotron").

[118] A. A. *Wilsing/Kruse* WM 2003, 1110, 1114.

auf Antrag des Emittenten nach § 38 Abs. 4 BörsenG erfolgt. Denn ein Widerruf von Amts wegen gem. § 38 Abs. 3 BörsenG käme nur in Betracht, wenn die Kursbildung keinen Marktwert erkennen lässt, also ein aus der Verkehrsfähigkeit der Aktie folgender Verkehrswert fehlt.[119] Ob daneben zwingende Voraussetzung der analogen Anwendung des Spruchverfahrensgesetzes ist, dass die Gesellschaft oder ihr Großaktionär den Aktionären ein Kaufangebot unterbreitet hat, ist strittig. Einerseits wird vertreten, dass ein Spruchverfahren wie bei fehlender Ausgleichszahlung im Unternehmensvertrag oder bei fehlendem Umtauschverhältnis im Verschmelzungsvertrag auch bei einem Delisting nicht eingeleitet werden kann, wenn es an einem Kaufangebot gänzlich mangelt.[120] Das Angebot sei Rechtmäßigkeitsvoraussetzung des Hauptversammlungsbeschlusses, so dass der Aktionär bei fehlendem Angebot gegen das Delisting selbst vorgehen müsse.[121] Andererseits wird ein Kaufangebot für nicht erforderlich gehalten; der Aktionär könne ein Spruchverfahren einleiten und im Rahmen dessen die Abgabe des Angebots erzwingen.[122]

Die Börsenordnungen der deutschen Regionalbörsen sehen – im Gegensatz zur Börsenordnung der Frankfurter Wertpapierbörse – vor, dass den Aktionären entweder ein Kaufangebot (vgl. z. B. § 54 a Abs. 3 BörsO Börse Düsseldorf) oder ein Übernahmeangebot nach den Vorschriften des WpÜG zu unterbreiten ist (vgl. z. B. § 50 Abs. 1 Nr. 2 BörsO Baden-Württembergische Wertpapierbörse). In der „*Macrotron*"-Entscheidung hat der BGH ausgeführt, dass den Aktionären mit dem Beschlussantrag zum Delisting ein „Pflichtangebot" zum vollen Wert des Anteils vorgelegt werden muss.[123] Er ist jedoch nicht auf das Verhältnis dieses Angebots zum Pflichtangebot nach §§ 35 ff. WpÜG, § 5 ff. WpÜG-AngebVO eingegangen,[124] so dass unklar bleibt, was mit einem „Pflichtangebot" gemeint ist,[125] zumal die Vorinstanzen ein richterlich geschaffenes „Pflichtangebot" aus verfassungsrechtlichen Gründen abgelehnt hatten.[126] Für das Erfordernis eines Pflichtangebots unabhängig von dessen dogmatischer Grundlage wird angeführt, dass der Gesetzgeber zwar auch in Fällen, in denen kein Abfindungsangebot vorläge, wie z. B. § 305 Abs. 5 S. 2 AktG, die Einleitung eines

119 *Wasmann* WM 2004, 819, 820. Der Fall des Widerrufs von Amts wegen ist von der hier zugrunde gelegten Definition des „regulären" Delisting im Übrigen auch gar nicht erfasst.

120 *Heidel* DB 2003, 548, 549; *Heidelbach* in Schwark KapitalmarktR § 38 BörsG Rn. 24; *Wasmann* WM 2004, 819, 820 f.; siehe auch *Krieger* in Lutter UmwG Anhang I SpruchG § 5 SpruchG Rn. 5, der in diesen Fällen die Durchführung des Delisting für gesellschaftsrechtlich unzulässig hält.

121 *Krolop* NZG 2005, 546, 547.

122 LG München I AG 2004, 395, 396; *Adolff/Tieves* BB 2003, 797, 802, 804; *Fritzsche/Dreier/Verfürth* SpruchG § 1 SpruchG Rn. 108 f.; *Kubis* in MüKo/AktG § 119 AktG Rn. 88; *Schlitt* ZIP 2004, 533, 539.

123 BGHZ 153, 47, 57 („Macrotron").

124 Vgl. *Streit* ZIP 2003, 392, 393.

125 So *Krämer/Theiß* AG 2003, 225, 239, die angesichts des ungeklärten Verhältnisses zu den Vorschriften des WpÜG vermuten, dass der BGH die kapitalmarkrechtlichen Konsequenzen seiner „Rechtsschöpfung" nicht bedacht hat.

126 Vgl. OLG München ZIP 2001, 700, 705 („Macrotron"); LG München I AG 2000, 140, 142 („Ingram Macrotron AG").

Spruchverfahrens für zulässig halte, es in keinem Fall jedoch der Entscheidung des Gerichts überlasse, den Schuldner der Kompensation selbst zu bestimmen. Da der BGH aber ausdrücklich sowohl der Gesellschaft als auch dem Großaktionär das Recht zur Unterbreitung eines Kaufangebots zugestehe, würde die Einleitung eines Spruchverfahrens bei „regulärem" Delisting trotz eines fehlenden Abfindungsangebots dazu führen, dass das Gericht von Amts wegen durch die Bestimmung des Kompensationsschuldners verfassungswidrig in die Privatautonomie eingreift.[127] Der gerichtlich angeordnete Kontrahierungszwang könne praktisch dazu führen, dass eine durch das Delisting beabsichtigte Sanierung eine Überschuldung herbeiführe.[128] Die Gegenansicht verweist hingegen auf die Regelungen in § 305 Abs. 5 S. 2 AktG sowie in §§ 210, 212 S. 2 UmwG und überträgt die dortige gesetzgeberische Wertung, dass auch bei einem objektiven Verstoß in Form eines fehlenden Abfindungsangebots die Ermittlung der angemessenen Abfindung im Spruchverfahren erfolgen soll, auf das „reguläre" Delisting. Die Aktionäre könnten nicht dadurch schlechter gestellt werden, dass die Gesellschaft die gesellschaftsrechtlichen Vorgaben des Delisting nicht beachtet habe.[129]

Zunächst verkennt die zweite Auffassung, dass es an der Vergleichbarkeit der herangezogenen Normen, die ein Spruchverfahren trotz eines fehlenden Abfindungsangebots vorsehen, mangelt, da in diesen Fällen der Abfindungsschuldner feststeht. Darin besteht ein wesentlicher Unterschied. Allerdings richtet die erste Auffassung ihren Blick recht einseitig auf die verfassungsrechtlichen Rechte der Gesellschaft bzw. des Hauptaktionärs. Zwar trifft es zu, dass das Gericht durch die Bestimmung des Kompensationsschuldners eine Entscheidung treffen würde, die an sich der Gesellschaft und dem Hauptaktionär qua Privatautonomie zusteht. Hält man allerdings ein Spruchverfahren deshalb für ausgeschlossen, bleibt den Aktionären zur Sicherung ihrer Rechte nur die Anfechtungs- bzw. Unterlassungsklage, möglicherweise auch daneben die Anfechtungsklage gegen die Widerrufsentscheidung.[130] Selbst wenn die Beschlussanfechtung erfolgreich ist, ist jedoch fraglich, ob der mit dem Delisting verbundene Eingriff in ihr Grundrecht auf Eigentum aus Art. 14 Abs. 1 GG vollständig rückgängig gemacht werden könnte, da die Rückgängigmachung des Börsenrückzugs bzw. die Wiederzulassung zum Handel nicht ohne weiteres möglich ist, insbesondere nicht, wie die Revision anderer Strukturmaßnahmen, allein durch die beteiligten Gesellschaften erreicht werden kann. Allerdings stehen der Schuldnerbestimmung vor allem auch deshalb Bedenken entgegen, weil das Gericht damit eine unternehmerische Entscheidung, mit der weitreichende wirtschaftliche Folgen verbunden wären, treffen müsste, wozu es zudem aus fachlichen Gründen ohnehin kaum in der Lage sein wird.[131] Es scheint auf den ersten Blick im Übrigen systemwidrig, wenn

---

127 *Wasmann* WM 2004, 819, 821.

128 *Krolop* NZG 2005, 546, 547.

129 LG München I AG 2004, 395, 396.

130 Siehe *Krolop* NZG 2005, 546, 547 m. w. N. zur in diesem Fall strittigen Klagebefugnis.

131 Dies verkennen *Fritzsche/Dreier/Verfürth* SpruchG § 1 SpruchG Rn. 108, wenn sie ein Abfindungsangebot mit der Begründung für entbehrlich halten, dass eine anderenfalls anzunehmende

es einerseits dem Gericht verwehrt sein soll, im Spruchverfahren die Art der Kompensation abweichend von den Festsetzungen im Unternehmensvertrag zu bestimmen, so dass es an die von den Parteien des Unternehmensvertrages getroffene Wahl zwischen festem und variablem Ausgleich gebunden ist,[132] es andererseits aber dem Gericht zu überlassen, sogar den Schuldner selbst zu bestimmen und damit eine ungleich folgenreichere unternehmerische Entscheidung zu treffen. Allerdings offenbart Letzteres auch den maßgeblichen Umstand, der gegen das Erfordernis eines Abfindungsangebots spricht: Denn wenn ein solches nicht vorgelegt wird, verzichten Gesellschaft und Hauptaktionär bewusst auf die Ausübung ihrer unternehmerischen Entscheidungsfreiheit, während durch die Festlegung einer Form des Ausgleichs eine privatautonome Entscheidung getroffen worden ist, die das Gericht zu beachten hat. Fehlt es an einer solchen Entscheidung, indem kein Angebot vorgelegt wird, können sich weder die Gesellschaft noch der Hauptaktionär auf einen Eingriff in die Privatautonomie berufen. Vielmehr ist davon auszugehen, dass sie auf deren Ausübung verzichtet und die Entscheidung dem Gericht überlassen haben. Sie sind daher nicht schutzbedürftig, so dass ein Spruchverfahren auch dann bei einem „regulären" Delisting zur Bestimmung der Abfindung eingeleitet werden kann, wenn kein Abfindungsangebot vorliegt. Auch liegt es nahe, ein Spruchverfahren bei der Verletzung abfindungsbezogener Informationsmängel beim „regulären" Delisting für möglich zu halten und insoweit die Rechtsprechung des BGH[133] zu übertragen, wenn man als einfachgesetzliche Grundlage des Abfindungsangebots bei einem „regulären" Delisting §§ 29, 207 UmwG, § 305 AktG heranzieht.[134] Dies steht auch im Einklang mit dem Willen des Gesetzgebers, der im Rahmen der Neuregelung des § 243 Abs. 4 S. 2 AktG[135] ausdrücklich betont hat, dass die dortige Bezugnahme auf jedes Bundesgesetz bzw. die Beschränkung auf die gesetzlich geregelten Spruchverfahrensfälle kein Analogieverbot bedeute.[136]

b. „Kaltes" Delisting

Bejaht man die analoge Anwendung des Spruchverfahrensgesetzes auf das reguläre Delisting, so liegt diese auch in den Fällen des „kalten" Delisting nahe. Dementsprechend wurde auch in der Literatur die Anwendung der Grundsätze der „*Macrotron*"-Entscheidung des BGH auf das „kalte" Delisting grundsätzlich, wenn auch ohne nähere Auseinandersetzung mit der Problematik, bejaht.[137] In der Rechtsprechung hatte das LG Köln für einen Fall der verhältniswahrenden Aufspaltung einer Aktien-

---

Nichtigkeit „unter ökonomischen Aspekten eine übertriebene Rechtsfolge" darstelle und es „keinen Sinn" machen würde, die Unternehmen damit „unnötig" zu belasten.

132 Allgemeine Meinung; vgl. statt aller *Krieger* in MüHdb/AG § 70 Rn. 128.

133 Siehe oben Teil 3 A. VII. 1.

134 *Kubis* in MüKo/AktG § 119 AktG Rn. 88; *Schlitt* ZIP 2004, 533, 539.

135 Siehe hierzu Teil 3 A. VII. 3.

136 *Begr. RegE* UMAG BT-Drucks. 15/5092 Anlage 1 S. 26.

137 *Grunewald* ZIP 2004, 542, 543 f.; *v. Kann/Hirschmann* DStR 2003, 1488, 1490; *Schlitt* ZIP 2004, 533, 540; für eine unmittelbare Geltung des Spruchverfahrensgesetzes bei einem „kalten"

gesellschaft bei gleichzeitigem Wegfall der Börsennotierung der übertragenen Gesellschaft[138] in Analogie zu § 29 UmwG eine Bestimmung der angemessenen Abfindung analog den Regeln des Spruchverfahrens vor Inkrafttreten des Spruchverfahrensgesetzes befürwortet.[139] Dabei hatte es das Fehlen eines Abfindungsangebots in Anlehnung an §§ 29, 34 UmwG für unbeachtlich gehalten und festgestellt, dass in einem solchen Fall das Gericht die angemessene Abfindung mit Hilfe eines Sachverständigen selbst ermitteln müsse.[140] Diese Entscheidung wurde jüngst in der Berufungsinstanz bestätigt: Das OLG Düsseldorf spricht sich ebenfalls für eine Anwendung der „*Macrotron*"-Grundsätze auf das „kalte" Delisting aus und zieht dafür im Rahmen der Aufspaltung die §§ 125, 29, 34 UmwG als maßgebliche Rechtsgrundsätze heran.[141] Den Minderheitsaktionären sei dabei ein Abfindungsangebot für ihre Aktien zu unterbreiten, dessen Angemessenheit im Spruchverfahren überprüft werden könne, denn wie beim „regulären" Delisting werde den Aktionären die Möglichkeit genommen, ihre Aktien jederzeit an der Börse zu veräußern, und dieses Recht werde von dem Eigentumsgrundrecht der Aktionäre aus Art. 14 GG erfasst.[142] In welchen Fällen des „kalten" Delisting eine Barabfindung anzubieten ist, ist allerdings noch nicht abschließend geklärt.[143]

2. Preisbestimmungen des WpÜG

Denkbar ist eine analoge Anwendung des Spruchverfahrensgesetzes ferner bei Verstößen gegen Preisbestimmungen des WpÜG.

Gem. § 31 Abs. 1 WpÜG hat der Bieter den Aktionären der Zielgesellschaft im Rahmen eines öffentlichen Übernahmeangebots eine angemessene Gegenleistung anzubieten. Die Angemessenheit wird dabei nach den Preisbestimmungen gem. § 31 WpüG i. V. m. §§ 3 ff. WpÜG-AngVO ermittelt. Entsprechendes gilt gem. § 39 WpÜG für Pflichtangebote nach § 35 Abs. 2 S. 1 WpÜG. Sofern man aus § 31 Abs. 1 WpÜG nicht lediglich eine allein von der BAFin überwachte Verpflichtung des Bieters, sondern auch zivilrechtliche Ansprüche der Aktionäre der Zielgesellschaft ableitet,[144] stellt sich die Frage nach dem Rechtsbehelf für deren Geltendmachung, wenn Aktionäre der Zielgesellschaft den angebotenen Betrag für zu niedrig halten und einen Verstoß gegen die Preisbestimmungen rügen. Da das WpÜG keinen speziellen Rechtsbehelf bietet, könnte die Unterbreitung eines Angebots im Rahmen

---

Delisting durch Formwechsel oder Verschmelzung einer börsennotierten Gesellschaft *Vollrath* in Widmann/Mayer UmwG Anh. 13 § 1 SpruchG Rn. 59.

[138] Prägnante Wiedergabe des Sachverhalts bei *Pluskat* EWiR § 29 UmwG 1/05, 275.

[139] LG Köln ZIP 2004, 220 ff. („Rhenag"); zustimmend *de Boer* EWiR § 29 UmwG 1/04, 879, 880.

[140] LG Köln ZIP 2004, 220, 222 („Rhenag").

[141] OLG Düsseldorf ZIP 2005, 300, 301 („Rhenag"); zustimmend *Pluskat* EWiR § 29 UmwG 1/05, 275, 276; nunmehr erneut OLG Düsseldorf Konzern 2005, 439, 440 f.

[142] OLG Düsseldorf Konzern 2005, 439, 440 f.; OLG Düsseldorf, ZIP 2005, 300, 301 („Rhenag").

[143] Siehe *Grunewald* ZIP 2004, 542 ff. sowie *Pluskat* EWiR § 29 UmwG 1/05, 275, 276.

[144] Vgl. dazu ausführlich *Verse* ZIP 2004, 199, 201 ff.

einer Leistungsklage im Zivilprozess geltend zu machen sein, bei der die Anspruchsgrundlage dann § 31 Abs. 1 S. 1 WpÜG bzw. der mit dem Bieter abgeschlossene Vertrag i. V. m. § 31 Abs. 1 S. 1 WpÜG wäre.[145] Indes wären mit einer solchen Klage erhebliche Probleme verbunden. So müssten die klagenden Aktionäre nach § 253 Abs. 2 Nr. 2 ZPO den Klageantrag genau beziffern, zudem wären sie nach allgemeinen zivilprozessualen Regeln darlegungs- und beweispflichtig, was den Erfolg einer Klage angesichts der sich stellenden komplexen Bewertungsfragen erheblich in Frage stellt.[146] Da ein ergehendes Urteil gem. § 325 Abs. 1 ZPO nur *inter partes* wirken würde, könnte eine Vielzahl von Einzelverfahren mit identischen Bewertungsfragen anhängig gemacht und diese unterschiedlich entschieden werden, wenn die Verfahren aufgrund unterschiedlicher Gerichtsstände nicht gem. § 147 ZPO miteinander verbunden werden können. Schließlich würde die regelmäßige Verjährungsfrist (§§ 195, 199 BGB) zur Anwendung kommen, so dass Ansprüche wegen unangemessener Gegenleistung noch Jahre nach der Übernahme geltend gemacht werden könnten, was vor allem auch dem Interesse der übernehmenden Gesellschaft in Bezug auf Rechtssicherheit und erforderliche Finanzplanung (Bildung von Rückstellungen) abträglich wäre.[147] Die Geltendmachung der Ansprüche in zivilrechtlichen Individualprozessen ist daher unter dem Gesichtspunkt der Verfahrenseffizienz und aus Sicht des Eigentums- und Anlegerschutzes unbefriedigend.[148] Vor diesem Hintergrund ist nicht nur *de lege ferenda* die Zuweisung der Streitigkeiten in das Spruchverfahren gefordert,[149] sondern bereits *de lege lata* eine Anwendung im Zuge einer Analogie in Betracht gezogen worden.[150]

Die für eine Analogie erforderliche Regelungslücke ist zu bejahen, da weder das WpÜG noch die WpÜG-AngVO Aussagen über die Geltendmachung der Ansprüche treffen. Jedoch mangelt es an der Planwidrigkeit der Regelungslücke. Obwohl der Umstand, dass kein Spruchverfahren vorgesehen ist, in den Gesetzesmaterialien des WpÜG nicht ausdrücklich angesprochen wird, ist nicht anzunehmen, dass der Gesetzgeber diese Frage schlicht übersehen hat, da die amtliche Begründung zu § 31 WpÜG auf die umwandlungsrechtlichen Regelungen zur Barabfindung (§§ 29 Abs. 1 S. 1, § 207 Abs. 1 S. 1 UmwG) Bezug nimmt, anschließend jedoch diesen – und damit auch der dort vorgesehenen Überprüfbarkeit der Angemessenheit im Spruchverfahren – bewusst nicht folgt, sondern stattdessen für die Bestimmung der Angemessenheit Vorgaben in der WpÜG-AngVO macht.[151] Hinzu kommt, dass das WpÜG zeitgleich

---

145 Vgl. *Fritzsche/Dreier/Verfürth* SpruchG § 1 SpruchG Rn. 131; *Kremer/Osterhaus* in KK/WpÜG § 31 WpÜG Rn. 105; *Steinmeyer/Häger* WpÜG § 31 WpÜG Rn. 88.

146 *Verse* ZIP 2004, 199, 207.

147 *Verse* ZIP 2004, 199, 207.

148 *Seibt* ZIP 2003, 1865, 1874.

149 *Haarmann/Riehmer/Schüppen* Übernahmeangebote § 31 WpÜG Rn. 136; *Seibt* ZIP 2003, 1865, 1873; vgl. auch *Kersting* ZHR 167 (2003) 351, 353.

150 Vgl. *Lappe/Stafflage* BB 2002, 2185, 2191 f.; *Seibt/Heiser* ZHR 165 (2001) 466, 485; *Verse* ZIP 2004, 199, 206 ff.; *Vollrath* in Widmann/Mayer UmwG, Anh. 13 § 1 SpruchG Rn. 63 f.

151 *Verse* ZIP 2004, 199, 207 f.

mit den Regelungen zum *squeeze out* gem. §§ 327 a ff. AktG als Teil eines Artikelgesetzes in Kraft getreten ist, in §§ 327 a ff. AktG das Spruchverfahren jedoch ausdrücklich als Rechtsbehelf vorgesehen ist. Auch daraus lässt sich schließen, dass das Spruchverfahren nicht auf das Übernahme- und Pflichtangebot im WpÜG erstreckt werden sollte.[152] Zwar lässt sich dagegen auf den ersten Blick die Kompetenzverteilung zwischen den Bundesministerien anführen, da für das WpÜG als kapitalmarktrechtlichem Regelungskomplex das Bundesministerium der Finanzen zuständig war bzw. ist, während die Ausgestaltung der Regelung in §§ 327 a ff. AktG primär in den Zuständigkeitsbereich des Bundesministeriums der Justiz fiel. Im Rahmen des obligatorischen interministeriellen Abstimmungsprozesses im Verlauf des Gesetzgebungsverfahrens, spätestens jedoch bei den Beratungen im Bundestag oder im Rechtsausschuss hätte die Problematik zur Sprache kommen müssen, wäre der Gesetzgeber nicht bewusst davon ausgegangen, die verfahrensrechtlichen Regelungen des WpÜG abschließend und anders als in den §§ 327 a ff. AktG geregelt zu haben. Im Ergebnis scheitert daher eine analoge Anwendung an der Planwidrigkeit der Regelungslücke, so dass die Unangemessenheit des Angebots im Wege der Leistungsklage nach allgemeinen zivilprozessualen Vorschriften geltend zu machen ist.[153]

3. GmbH-Konzern

In Betracht kommt ferner eine analoge Anwendung der Regeln des Spruchverfahrens auf Unternehmensverträge im GmbH-Konzern. Die Zulässigkeit des Abschlusses von Beherrschungs-/Gewinnabführungsverträgen zwischen einer GmbH als Tochter- und einer GmbH oder AG als Muttergesellschaft ist im Grundsatz unstrittig. Umstritten und zugleich Vorfrage einer möglichen analogen Anwendung der Regeln des Spruchverfahrens ist jedoch, ob dem Abschluss eines Unternehmensvertrages alle oder nur drei Viertel der Gesellschafter der (künftig) abhängigen GmbH zustimmen müssen. Nur im letzteren Fall würde überhaupt ein Bedürfnis für eine Analogie bestehen, da bei der erforderlichen Zustimmung aller Gesellschafter diese durch die Zustimmung zugleich ihr Einverständnis mit den angebotenen Kompensationsleistungen erklären und diese nicht mehr gerichtlich überprüfen lassen können.

Seit dem sog. „*Supermarktbeschluss*“ des BGH[154] ist höchstrichterlich entschieden, dass der Zustimmungsbeschluss der herrschenden Gesellschaft mit mindestens Dreiviertelmehrheit gefasst werden muss. Begründet wird dies mit einer Analogie zu

---

[152] *Lappe/Stafflage* DB 2002, 2185, 2192; *Fritzsche/Dreier/Verfürth* SpruchG § 1 SpruchG Rn. 137; *Thaeter* in Thaeter/Brandi Übernahmen Teil 2 Rn. 505.

[153] I. E. auch *Krämer/Theiss* AG 2003, 225, 239; *Lappe/Stafflage* BB 2002, 2185, 2191 f.; *Pfüller/Anders* NZG 2003, 459, 464; *Seibt/Heiser* ZHR 165 (2001) 466, 485; *Verse* ZIP 2004, 199, 206 ff.; für eine Eröffnung des Spruchverfahrens zumindest *de lege ferenda Vollrath* in Widmann/Mayer UmwG, Anh. 13 § 1 SpruchG Rn. 64.

[154] BGHZ 105, 324 ff.

§ 293 Abs. 2 AktG.[155] In dem Beschluss und auch nachfolgend blieb jedoch die Frage von der Rechtsprechung ausdrücklich unbeantwortet, ob auch auf Seiten der abhängigen GmbH eine Dreiviertelmehrheit ausreichend ist oder es eines einstimmigen Gesellschafterbeschlusses bedarf. Die Literatur hat sich mit der Problematik intensiv und kontrovers auseinander gesetzt, eine als herrschend zu bezeichnende Ansicht hat sich dabei jedoch nicht herausgebildet.[156] Selbst diejenigen Stimmen, die lediglich eine Dreiviertelmehrheit für erforderlich halten, sind sich jedoch uneins bezüglich der analogen Anwendung der Regeln des Spruchverfahrens. *Bollweg* hält es für maßgeblich, dass durch die analoge Anwendung des Spruchverfahrens die Anfechtbarkeit der Strukturmaßnahme ausgeschlossen ist und der Gesetzgeber diesen Gedanken auch auf die GmbH für anwendbar halte, wie der Ausschluss der Anfechtbarkeit von Verschmelzungsbeschlüssen einer GmbH gem. §§ 14 Abs. 2, 32, 305 UmwG zeige. Bei analoger Anwendung der Ansprüche aus §§ 304 f. AktG im GmbH-Konzern sei es nur konsequent, auch den Ausschluss der Anfechtbarkeit gem. §§ 304 Abs. 3 S. 2, 305 Abs. 5 S. 1 AktG zu übernehmen und stattdessen den Schutz der Minderheitsgesellschafter durch die Anwendbarkeit des Spruchverfahrens sicherzustellen.[157] *Behnke* begründet seine Ablehnung der analogen Anwendung damit, dass die Interessen der Minderheitsgesellschafter auch durch die Möglichkeit der Anfechtung des Beschlusses sichergestellt seien und die Verfahrenserleichterungen des Spruchverfahrens gegenüber der Anfechtungsklage allein nicht zu einer analogen Anwendung des Spruchverfahrens zwängen. Auch bestehe im GmbH-Konzern aufgrund der intensiveren Treuepflichten der Gesellschafter ein wesentlich geringeres Missbrauchspotential durch „Abkaufenlassen" als im Aktienkonzern, zudem sei das Bedürfnis nach Rechtssicherheit aus Sicht einer GmbH im Vergleich zu einer Aktiengesellschaft, insbesondere zu einer börsennotierten, geringer, da bei jener durch eine Nichtigkeit des Beschlusses eine Vielzahl von Aktionären betroffen sei, der Kreis der Betroffenen bei einer GmbH hingegen kleiner sei.[158]

Für eine Lösung ist von dem Erfordernis auszugehen, dass im Einzelfall ein Bedürfnis für die analoge Anwendung einer Norm bestehen muss. Die analoge

---

155 BGHZ 105, 324, 334 f.; im Anschluss daran BGH ZIP 1992, 395; der Rechtsprechung des BGH zustimmend *Decher* in MüHdb/GmbH § 72 Rn. 9; *Emmerich* in Emmerich/Habersack KonzernR § 293 AktG Rn. 46; *Lutter* in Lutter/Hommelhoff GmbHG Anh. § 13 GmbHG Rn. 64; a. A. *Altmeppen* in MüKo/AktG § 293 AktG Rn. 102; *Flume* DB 1989, 665, 667.

156 Für einen einstimmigen Gesellschafterbeschluss *Altmeppen* in Roth/Altmeppen § 13 GmbHG Rn. 36; *Emmerich* in Emmerich/Habersack KonzernR § 293 AktG Rn. 43; *Priester* in Scholz GmbHG § 53 GmbHG Rn. 171; *K. Schmidt* GesR § 38 III 2 a); für eine Dreiviertelmehrheit *Behnke* Spruchverfahren S. 41 ff.; *Bollweg* Unternehmensverträge S. 112 ff.; *Hirte* Vertragskonzern S. 1, 19 ff.; *Koppensteiner* in Rowedder/Schmidt-Leithoff GmbHG Anh. nach § 52 GmbHG Rn. 55; *Kort* Bestandsschutz S. 109 ff.; *Lutter* in Lutter/Hommelhoff GmbHG Anh. § 13 GmbHG Rn. 52 f.

157 *Bollweg* Unternehmensverträge S. 124 f.; ebenso *Emmerich* in Emmerich/Habersack KonzernR § 1 SpruchG Rn. 5; i. E. auch *v. Morgen WM 2003, 1553, 1559* (jedenfalls soweit es um die Rechtsfolgen eines von ihm als zulässig erachteten *squeeze out* bei einer GmbH geht).

158 *Behnke* Spruchverfahren S. 46 f.

Anwendung des Spruchverfahrensgesetzes kann daher nicht bloße Konsequenz der analogen Anwendung der §§ 304 f. AktG sein. Zwar trifft es zu, dass der Gesetzgeber für den Fall der Verschmelzung einer GmbH die Anfechtung ausgeschlossen hat. Dies lässt sich jedoch auch als eine nur punktuelle Lösung für Verschmelzungsfälle nach dem Umwandlungsrecht begreifen, die Konsequenz der beabsichtigten Gleichbehandlung der Gesellschaftsformen im UmwG ist. Für eine Analogie lässt sich allerdings vorbringen, dass auch bei der sog. kleinen AG, die sich nicht wesentlich von einer GmbH mit zahlreichen Gesellschaftern unterscheidet, die Durchführung von Spruchverfahren möglich ist. Hinzu kommt, dass auch die analoge Eintragungspflicht von Unternehmensverträgen auf die GmbH ein erheblicher Schritt war, der in seiner Reichweite einen Analogieschluss zur Anwendbarkeit des Spruchverfahrensgesetz übertreffen würde.[159] Allerdings ist es im Grundsatz zutreffend, dass das Bedürfnis an Rechtssicherheit im GmbH-Konzern angesichts des überschaubaren Gesellschafterkreises im Regelfall geringer ist als im Aktienkonzern, mag dies auch bei größeren, kapitalistisch strukturierten Gesellschaften mbH anders sein.[160] Ferner ist die Erhebung von querulatorischen und die Gesellschaft schädigenden Anfechtungsklagen bei einer GmbH weitaus weniger wahrscheinlich, da die gesellschaftsrechtliche Treuepflicht diesen Klagen weitaus stärker als bei einer AG entgegensteht. Schließlich ist es auch für die Gesellschafter einer GmbH weitaus einfacher als für die Aktionäre einer AG, sich mit Satzungsvereinbarungen präventiv vor unangemessenen Ausgleichs- und Abfindungszahlungen zu schützen. Es fehlt daher an der vergleichbaren Interessenlage als Voraussetzung der Analogie, so dass kein Spruchverfahren zur Bestimmung des Ausgleichs oder der Abfindung, der sich aus dem Abschluss von Gewinnabführungs-/Beherrschungsverträgen im GmbH-Konzern ergibt, eingeleitet werden kann. Dies gilt unabhängig davon, ob für einen Unternehmensvertrag ein mit qualifizierter Mehrheit gefasster Gesellschafterbeschluss der abhängigen Gesellschaft erforderlich ist.

IX. Schieds- statt Spruchverfahren

Die Möglichkeit, über die Festsetzung der Kompensation in den Fällen, in denen das Spruchverfahren Anwendung findet, abschließend in einem Schiedsverfahren zu entscheiden, wird im Grundsatz bejaht.[161] Gem. § 1030 Abs. 1 ZPO kann jeder vermögensrechtliche Anspruch Gegenstand einer Schiedsvereinbarung sein. Zwar sind davon Angelegenheiten der freiwilligen Gerichtsbarkeit nicht erfasst; ausgenommen sind jedoch echte Streitverfahren,[162] zu denen auch das Spruchverfahren zählt. Im Übrigen ist das Verfahren ganz erheblich der ZPO angenähert worden, so

159 *Hirte* Vertragskonzern S. 1, 21 f.

160 Vgl. *Hirte* Vertragskonzern S. 1, 22.

161 *Behnke* Spruchverfahren S. 159 ff.; *Bilda* in MüKo/AktG § 306 AktG Rn. 101 ff.; *Fritzsche/Dreier/Verfürth* SpruchG § 11 SpruchG Rn. 34.

162 *Geimer* in Zöller ZPO § 1030 ZPO Rn. 6.

dass sich gegen dessen objektive Schiedsfähigkeit keine Bedenken ergeben, auch nicht deshalb, weil in § 2 SpruchG eine ausschließliche gerichtliche Zuständigkeit statuiert ist, denn auch derartige Zuständigkeiten stehen der Schiedsfähigkeit nicht entgegen.[163] Sicherzustellen ist allerdings die Drittwirkung des Schiedsspruchs.[164] Streitig ist, ob diese in der Satzung vereinbart werden kann. Während eine entsprechende Schiedsklausel, die ein Spruchverfahren ermöglicht, nicht wirksam in die Satzung einer Aktiengesellschaft aufgenommen werden können soll, soweit davon § 1 Nr. 1 SpruchG unterfallende Spruchverfahren erfasst werden, weil die Satzung keine bindende Regelung zwischen Gesellschaftern und Dritten treffen könne, sei dies in umwandlungsrechtlichen Spruchverfahren ohne weiteres möglich, da sich dort das Problem der Bindungswirkung nicht stelle.[165] Alternativ wird für den Abschluss von Unternehmensverträgen vorgeschlagen, im Zusammenhang mit dem Unternehmensvertrag eine Schiedsvereinbarung zu schließen, die die Streitigkeiten um Ausgleich und Abfindung umfasst und die sich auf die Zustimmung der Hauptversammlung zum Unternehmensvertrag bezieht.[166] Allein dadurch entfaltet ein Schiedsspruch zwar keine Drittwirkung, da eine bindende Schiedsklausel im Unternehmensvertrag einen unzulässigen Vertrag zulasten Dritter darstellen würde.[167] Das Recht der Minderheit kann nicht durch einen Mehrheitsbeschluss entwertet werden.[168] Jedoch können die außenstehenden Aktionäre, die ein Spruchverfahren wollen, der Schiedsvereinbarung beitreten.[169] Inhaltlich muss die Schiedsvereinbarung eine Verfahrensordnung gem. § 1042 Abs. 3 ZPO vorsehen, die den Regeln des Spruchverfahrensgesetzes folgt, so dass den nicht selbst am Schiedsverfahren teilnehmenden Antragsberechtigten ein gemeinsamer Vertreter bestellt und die Entscheidung in den Gesellschaftsblättern bekannt gemacht wird. Um eine handlungsunfähige Größe des Schiedsgerichts zu vermeiden, die aus dem Recht aller Antragsteller, des gemeinsamen Vertreters und des Antragsgegners resultieren könnte, gem. §§ 1034 Abs. 1 S. 2, 1035 Abs. 3 S. 2 ZPO jeweils einen Schiedsrichter zu benennen, kann dieser durch ein staatliches Gericht oder eine neutrale Stelle ausgewählt werden, wenn sich die Antragsteller nicht einigen können.[170]

---

163 Vgl. BGHZ 132, 278, 282; *Geimer* in Zöller ZPO § 1030 ZPO Rn. 4.

164 *Bilda* in MüKo/AktG § 306 AktG Rn. 102.

165 *Behnke* Spruchverfahren S. 162 f.; a. A. offenbar *Krieger* in Lutter UmwG Anhang I SpruchG § 2 SpruchG Rn. 11, der es allerdings für zulässig hält, bereits im Voraus oder ad hoc eine Schiedsvereinbarung für den Fall zu treffen, dass kein Spruchverfahren vor den staatlichen Gerichten eingeleitet oder ein etwa eingeleitetes Verfahren durch Antragsrücknahme beendet wird.

166 *Bilda* in MüKo/AktG § 306 AktG Rn. 103.

167 *W. Bayer* WuB II A. § 306 AktG 1.95, 411, 412.

168 *Behnke* Spruchverfahren S. 164.

169 *Bilda* in MüKo/AktG § 306 AktG Rn. 103.

170 *Behnke* Spruchverfahren S. 167.

B. Erstinstanzliche gerichtliche Zuständigkeit für Spruchverfahren

I. Regelung im Spruchverfahrensgesetz

Die erstinstanzliche gerichtliche Zuständigkeit im Spruchverfahren ergibt sich aus § 2 SpruchG.

1. Sachliche Zuständigkeit

Gem. § 2 Abs. 1 S. 1 SpruchG ist erstinstanzlich das Landgericht sachlich zuständig.

Diese Regelung war freilich während der Reform außerordentlich umstritten. Der *HaReA-DAV* schlug zur Verfahrensbeschleunigung und Verbesserung der Entscheidungsqualität als Eingangsinstanz nicht die Landgerichte, sondern die Oberlandesgerichte und als Rechtsmittel nur eine Divergenzbeschwerde zum BGH vor.[171] Als Vorteil dieses Konzepts wurde in erster Linie die dortige Besetzung eines Senats mit drei Berufsrichtern angeführt, die der Bedeutung und der Komplexität des Verfahrens besser gerecht werde und die Notwendigkeit eines völligen „Neuanfangs" nach einem Wechsel des Vorsitzenden ausschließe. Zudem versprach man sich davon eine Reduzierung der Arbeitsbelastung für den einzelnen Richter und einen Erfahrungs- und Meinungsaustausch zwischen den Richtern verschiedener Oberlandesgerichte.[172] Dem Konzept wurde die mangelnde Konformität mit dem bisherigen System der Gerichtsverfassung entgegengehalten. Nur im Strafrecht bestehe für bestimmte schwerwiegende Delikte aus dem Staatsschutzbereich eine erstinstanzliche Zuständigkeit des Oberlandesgerichts (vgl. § 120 GVG), ferner bestehe ein gewisser Wertungswiderspruch darin, dass für die Anfechtungsklage weiterhin gem. § 95 Abs. 2 GVG das Landgericht zuständig bliebe, während das Spruchverfahren unmittelbar dem Oberlandesgericht zugewiesen wäre. Zudem würde eine Zuständigkeitsverlagerung die Bedeutung der Kammer für Handelssachen mindern.[173] Dem Argument der mangelnden Konformität einer Eingangzuständigkeit der Oberlandesgerichte lässt sich indessen entgegenhalten, dass auch in den Fällen des § 63 Abs. 4 GWB und § 48 Abs. 4 WpÜG eine Eingangszuständigkeit der Oberlandesgerichte besteht. Allerdings handelt es sich in diesen Fällen jeweils um Beschwerden gegen behördliche Verfügungen. Daher hätte es zwar keinen gänzlichen Bruch mit dem bisherigen System der Gerichtsverfassung bedeutet, Oberlandesgerichte auch in Spruchverfahren als Eingangsinstanz vorzusehen, gleichwohl hätte sich eine solche Regelung auch nicht nahtlos in das bestehende System eingefügt. Die unterschiedliche Zuständigkeit im Verhältnis zur Anfechtungsklage hätte sich indes unproblematisch rechtfertigen lassen. Denn das Spruchverfahren ist im Gegensatz zur Anfechtungsklage kein Grundmodell für den Rechtsschutz von Aktionären, sondern ein Spezialverfahren für Sonderfälle, deren andere Behandlung zudem auch aufgrund der hohen Komplexität hätte gerechtfertigt werden können.[174] Darüber hinaus

---

171 *HaReA-DAV* ZIP 2003, 552, 553; zustimmend *Hüffer* AktG § 305 AktG Anh. § 1 SpruchG Rn. 4; dagegen *Emmerich* in Emmerich/Habersack KonzernR § 2 SpruchG Rn. 6.

172 So *HaReA-DAV* ZIP 2003, 552, 553.

173 Vgl. *Neye* FS Wiedemann, 1127, 1131 f.

174 Vgl. *Neye* FS Wiedemann, 1127, 1132.

wird die Überbelastung der Kammer für Handelssachen häufig beklagt, so dass eine Verlagerung der Zuständigkeit auf die Oberlandesgerichte bei den Kammern für einen positiven Entlastungseffekt gesorgt hätte. Die damit verbundene Zunahme der Verfahren bei den Oberlandesgerichten hätte im Ergebnis auch keine zusätzliche Belastung der Landesjustizverwaltungen bedeutet, denn die Personalkapazitäten werden ohnehin benötigt, ob nun am Landgericht oder am Oberlandesgericht.[175] Entscheidend für eine Eingangszuständigkeit bei den Oberlandesgerichten hätte schließlich gesprochen, dass diesen ohnehin ausschlaggebende Bedeutung zukommt, da in der Vergangenheit in nahezu allen Spruchverfahren Beschwerde gegen die Entscheidung der Landgerichte eingelegt worden ist, woran sich auch nach der Reform wenig ändern wird.[176]

Besteht Streit über die sachliche Zuständigkeit bzw. die Beurteilung einer Sache als Spruchsache nach dem Spruchverfahrensgesetz, so ist § 281 ZPO entsprechend anzuwenden mit der Folge, dass sich die Entscheidungskompetenz der in Betracht kommenden Spruchkörper wie auch sonst bei der Abgrenzung mehrerer erstinstanzlicher Gerichte mit verschiedener sachlicher Zuständigkeit nach dem sachlichen Gegenstand des Verfahrens richtet.[177]

2. Örtliche Zuständigkeit

Grundsätzlich ergibt sich die örtliche Zuständigkeit aus § 2 Abs. 1 S. 1 SpruchG. Für bestimmte Konstellationen ist in § 2 Abs. 1 S. 2 SpruchG eine Konzentration mehrerer Verfahren an einem oder mehreren Landgerichten vorgesehen.[178]

a. Grundsatz

Gem. § 2 Abs. 1 S. 1 SpruchG ist grundsätzlich das Landgericht zuständig, in dessen Bezirk der Rechtsträger, dessen Anteilsinhaber antragsberechtigt sind, seinen Sitz hat.

Der Begriff „Rechtsträger“ ist aus dem UmwG vertraut und dort zentraler Ausgangspunkt hinsichtlich der Möglichkeiten von Umwandlungen. Indem er in § 2 Abs. 1 S. 1 SpruchG einheitlich für alle Anwendungsfälle verwendet wird, bringt der Gesetzgeber zum Ausdruck, dass die Anwendung des Spruchverfahrensgesetzes nicht von der Rechtsform des von der Strukturmaßnahme betroffenen Unternehmens abhängig ist.[179] Da der Begriff auch die Aktiengesellschaft umfasst, wird diese in § 2 Abs. 1 S. 1 SpruchG nicht mehr gesondert aufgeführt. Der Sitz des Rechtsträgers in Spruchverfahren nach § 1 Nrn. 1–3 SpruchG ergibt sich aus § 5 AktG. Maßgeblich ist

---

175 *Bungert/Mennicke* BB 2003, 2021, 2023; *Krieger* in Lutter UmwG Anhang I SpruchG § 2 SpruchG Rn. 2.

176 Siehe unten Teil 3 G. III. 1. b.

177 *Schwarz* in Widmann/Mayer UmwG § 305 UmwG Rn. 17.

178 Eine abweichende örtliche Zuständigkeit kann sich dagegen nicht aus Gerichtsstandsvereinbarungen ergeben, da diese im FGG-Verfahren und damit auch im Anwendungsbereich des Spruchverfahrensgesetzes ausgeschlossen sind (*Bilda* in MüKo/AktG § 306 AktG Rn. 9; *Emmerich* in Emmerich/Habersack KonzernR § 2 SpruchG Rn. 4; *Krieger* in Lutter UmwG Anhang I SpruchG § 2 SpruchG Rn. 3; *Vollrath* in Widmann/Mayer UmwG Anh. 13 § 2 SpruchG Rn. 21).

179 *Fritzsche/Dreier/Verfürth* SpruchG § 2 SpruchG Rn. 4.

der statutarische Sitz der Aktiengesellschaft, deren Aktionäre das Spruchverfahren einleiten, also nicht etwa der Sitz des Antragsgegners nach § 5 SpruchG.[180] Ist die Mitgliedschaft mit der Durchführung der Strukturmaßnahme erloschen (Eingliederung, *squeeze out*), so ist maßgeblicher Rechtsträger derjenige, an dem die ausgeschiedenen Aktionäre beteiligt waren.[181] Im Umwandlungsrecht und damit für Spruchverfahren nach § 1 Nr. 4 SpruchG gilt § 5 AktG hingegen nicht. Das Umwandlungsgesetz selbst lässt offen, ob mit dem Sitz der Gesellschaft der statutarische oder der Verwaltungssitz gemeint ist, der nach § 17 Abs. 1 S. 2 ZPO für Zivilverfahren maßgebend ist.[182] Vor Inkrafttreten der Regelung des § 2 Abs. 2 S. 1 SpruchG war im Umwandlungsrecht nach allgemeiner Auffassung der statuarische Sitz des übertragenden Rechtsträgers entscheidend,[183] also der Ort, den die Satzung, der Gesellschaftsvertrag oder das Statut festlegte. Da das Spruchverfahren durch das Spruchverfahrensgesetz dem Zivilprozess insgesamt angenähert worden ist, wäre es denkbar, entgegen der allgemeinen Auffassung vor Inkrafttreten des Spruchverfahrensgesetzes für die Bestimmung des maßgeblichen Sitzes § 17 Abs. 1 S. 2 ZPO analog heranzuziehen und demzufolge auf den Verwaltungssitz des übertragenden Rechtsträgers abzustellen. Allerdings wollte der Gesetzgeber durch § 2 Abs. 1 S. 1 SpruchG lediglich die bisherigen aktien- und umwandlungsrechtlichen Regelungen zusammenfassen und inhaltlich keine Änderungen herbeiführen. Obwohl die Frage des maßgeblichen Sitzes vor Inkrafttreten des Spruchverfahrensgesetzes nicht gesetzlich geregelt war, ist daher davon auszugehen, dass der Gesetzgeber auch die allgemeine Auffassung zur Bestimmung des Sitzes der im Umwandlungsrecht gründenden Spruchverfahren übernehmen und somit – wie auch für Spruchverfahren nach § 1 Nrn. 1–3 SpruchG – den statuarischen Sitz für ausschlaggebend hält. Eine ausdrückliche gesetzliche Regelung wäre der Klarheit indessen dienlicher gewesen.

Da sich die Mitgliedschaft durch Umwandlungen ändert, wäre es denkbar und mit dem Wortlaut auch nicht unvereinbar, in Spruchverfahren nach § 1 Nr. 4 und Nr. 5 SpruchG auf denjenigen Rechtsträger abzustellen, bei dem die „neue" Mitgliedschaft besteht.[184] Jedoch sprechen der Wortlaut des § 15 UmwG und § 34 UmwG sowie der Wille des Gesetzgebers dafür, im Rahmen des § 2 Abs. 1 SpruchG auf denjenigen Rechtsträger abzustellen, an dem die Rechtsträger vor der Umwandlungsmaßnahme beteiligt waren.[185]

Auch in Spruchverfahren, die gem. § 5 Abs. 5 EGAktG oder wegen eines Delisting

---

180 *Hüffer* AktG § 305 AktG Anh. § 2 SpruchG Rn. 3; *Volhard* in MüKo/AktG § 2 SpruchG Rn. 1.

181 *Emmerich* in Emmerich/Habersack KonzernR § 2 SpruchG Rn. 4; *Vollrath* in Widmann/Mayer UmwG Anh. 13 § 2 SpruchG Rn. 5; siehe auch unten Teil 3 C. I. 1. b. aa.

182 Vgl. *Schwarz* in Widmann/Mayer UmwG § 306 UmwG Rn. 2.

183 BayObLG ZIP 2002, 669 („Degussa AG"); KG ZIP 2000, 498 („Victoria Holding/Ergo"); LG Dortmund ZIP 1999, 1712, 1713 („Thyssen/Krupp"); *Bork* ZIP 1998, 550 ff.

184 Vgl. *Vollrath* in Widmann/Mayer UmwG Anh. 13 § 2 SpruchG Rn. 6.

185 *Vollrath* in Widmann/Mayer UmwG Anh. 13 § 2 SpruchG Rn. 6 (für Spruchverfahren nach § 1 Nr. 4 SpruchG).

eingeleitet werden, ist der statuarische Sitz des Rechtsträgers maßgeblich, an dem die das Spruchverfahren einleitenden Anteilsinhaber beteiligt waren.

b. Verfahrenskonzentration durch Landesverordnung

Gem. § 2 Abs. 4 S. 1, 2 SpruchG kann eine Landesregierung selbst oder die von ihr ermächtigte Landesjustizverwaltung die Entscheidung durch Rechtsverordnung für die Bezirke mehrerer Landgerichte einem der Landgerichte übertragen,[186] wenn dies der Sicherung einer einheitlichen Rechtsprechung dient.

Im Zuge der Reformüberlegungen zum Spruchverfahren sind über die jetzige gesetzliche Regelung in § 2 Abs. 4 SpruchG hinausreichende Vorschläge unterbreitet worden. *Karrer* befürwortete eine obligatorische und nicht bloß fakultative Geltung der Bündelungsvorschriften für die Bundesländer.[187] In ähnlicher Weise schlug der *HaReA-DAV* eine gesetzliche Pflicht zur Zuständigkeitskonzentration bei einem Gericht pro Bundesland vor.[188] Am Weitesten reichte die Erwägung von *Puszkajler*, die Verfahren über Bundesländergrenzen hinaus auf bundesweit 3 bis 5 Kammern zu konzentrieren.[189] *Austmann* hingegen stellte mehr die funktionelle Zuständigkeit in den Vordergrund und forderte, bei denjenigen Landgerichten, bei denen die Spruchverfahren ohnehin schon konzentriert werden, Spezialkammern für Spruchverfahren sowie andere aktienrechtliche Spezialverfahren zu schaffen und diese mit entsprechend ausgebildeten und erfahrenen Richtern zu besetzen.[190]

Unmittelbar nach Inkrafttreten des Spruchverfahrensgesetzes hatte keines der Bundesländer eine entsprechende Rechtsverordnung erlassen.[191] Fraglich ist daher, ob die Konzentrationsverordnungen der Länder, die auf der Grundlage der Rechtslage vor Inkrafttreten des Spruchverfahrensgesetzes erlassen worden waren und zwischenzeitlich nicht erneuert worden sind, fortgelten. Die Frage ist von erheblicher praktischer

---

186 Im Zuge der Reform wurde es indessen als vom Wortlaut möglicherweise nicht gedeckt bezeichnet, die Entscheidungen bei nur einem einzigen Landgericht zu konzentrieren und ein entsprechend klarstellender Wortlaut gefordert (vgl. *Lutter/T. Bezzenberger* AG 2000, 433, 440 sowie Bericht RegKom *CorpGover*, BT-Drucks. 14/7515 S. 84 Rn. 173). Eine solchen Klarstellung ist jedoch zu recht nicht erfolgt, denn „Bezirke mehrerer Landgerichte" können begrifflich ohne weiteres auch die Bezirke aller Landgerichte sein.

187 *Karrer* Angemessenheit der Leistung S. 217.

188 *HaReA-DAV* NZG 2002, 119, 120.

189 *Puszkajler* ZIP 2003, 518, 519.

190 *Austmann* FAZ v. 1. 7. 2003 Nr. 150 S. 19.

191 *Fuhrmann/Linnerz* Konzern 2004, 265, 267. Inzwischen sind folgende Zuständigkeitsregelungen erlassen worden: Hessen: LG Frankfurt/M. für die Bezirke aller Landgerichte in Hessen (GVBl. Hessen 2004 I, 98); Nordrhein-Westfalen: 1) LG Düsseldorf für die Bezirke der Landgerichte Düsseldorf, Duisburg, Kleve, Krefeld, Mönchengladbach, Wuppertal. 2) LG Dortmund für die Bezirke der Landgerichte Arnsberg, Bielefeld, Bochum, Detmold, Dortmund, Essen, Hagen, Münster, Paderborn, Siegen. 3) LG Köln für die Bezirke der Landgerichte Aachen, Bonn und Köln (GVBl. Nordrhein-Westfalen 2004, 10 f.). In Bayern ist die vor Inkrafttreten des Spruchverfahrensgesetzes bestehende Ermächtigungsgrundlage ausdrücklich ausgetauscht worden (GVBl. Bayern 2003, 837, 839), so dass weiterhin folgende Zuständigkeitskonzentration besteht: 1) LG München I für den Bezirk des Oberlandesgerichts München. 2) LG Nürnberg-Fürth für die Bezirke der Oberlandesgerichte Bamberg und Nürnberg.

Bedeutung, da die örtliche Unzuständigkeit des Gerichts ohne weiteres zur Fehlerhaftigkeit aller von diesem Gericht vorgenommenen Handlungen führt und gegen diese Beschwerde gem. § 17 Abs. 1 SpruchG i. V. m. § 7 FGG eingelegt werden kann.[192] Eine direkte oder zumindest analoge Anwendung der bestehenden Verordnungen wird jedenfalls für die Fälle bejaht, in denen § 1 SpruchG nur auf Normen des Aktien- und Umwandlungsrechts verweist, die schon bisher konstitutiv das Spruchverfahren als Rechtsbehelf vorsahen.[193] Diese Auffassung ist jedoch nicht haltbar. Denn die für die Rechtsverordnungen vor Inkrafttreten des Spruchverfahrensgesetzes maßgebenden Bundesermächtigungen bestehen nicht mehr, so dass es für Verfahren nach neuem Recht neuer Regelungen der einzelnen Bundesländer bedarf.[194] Gegen alle Handlungen solcher Gerichte, die nur aufgrund von vor Inkrafttreten des Spruchverfahrensgesetzes erlassenen Rechtsverordnungen ihre örtliche Zuständigkeit angenommen haben, ohne jedoch nach § 2 Abs. 1 S. 1 SpruchG zuständig gewesen sein, kann daher allein aus diesem Grund gem. § 17 Abs. 1 SpruchG i. V. m. § 7 FGG Beschwerde eingelegt werden.

c. Bündelung mehrerer Verfahren

Für bestimmte Fälle sieht § 2 Abs. 1 S. 2 SpruchG eine Bündelung mehrerer Verfahren vor und weicht damit von dem Grundsatz ab, dass in Spruchverfahren jeder Antrag selbstständig auf die Durchführung eines Spruchverfahrens gerichtet ist.

Die Regelung war während der Reform erheblich umstritten. § 2 Abs. 1 S. 2 SpruchG-RefE sah vor, dass bei der Zuständigkeit mehrerer Landgerichte das zuständige Gericht entsprechend §§ 4 und 5 FGG zu bestimmen ist. Dem folgte im Ergebnis der Regierungsentwurf. Zwar war in § 2 Abs. 1 S. 2 SpruchG-RegE eine entsprechende Anwendbarkeit nur noch des § 4 FGG vorgesehen. Nach dem Referentenentwurf sollte jedoch auch § 5 FGG entsprechend angewandt werden können, und zwar gem. § 2 Abs. 1 S. 3 SpruchG-RegE in Fällen gleichwohl unklarer oder streitiger Zuständigkeit. Der Bundesrat schlug

---

192 *Zimmermann* in Keidel/Kuntze/Winkler FGG § 7 FGG Rn. 26; siehe auch LG Dortmund AG 2005, 308, 309 („Gelsenwasser AG/Wasser und Gas Westfalen GmbH"), das die Regelung der Zuständigkeitskonzentration über Rechtsverordnungen für unübersichtlich hält und vor dem Hintergrund eines Antrags auf Wiedereinsetzung in den vorherigen Stand meint, es könne jedenfalls von einem juristischen Laien nicht erwartet werden, die entsprechenden Regelungen zu verstehen.

193 So *Bungert/Mennicke* BB 2003, 2021, 2024; *Emmerich* in Emmerich/Habersack, KonzernR § 2 SpruchG, Rn. 11; *Fritzsche/Dreier/Verfürth* SpruchG § 2 SpruchG Rn. 33; *Fuhrmann/Linnerz* Konzern 2004, 265, 267; *Krieger* in Lutter UmwG Anhang I SpruchG § 2 SpruchG Rn. 14; *Vollrath* in Widmann/Mayer UmwG Anh. 13 § 2 SpruchG Rn. 30; ohne nähere Ausführungen auch die Rechtsprechung (z. B. LG Dortmund AG 2005, 308, 309 [„Gelsenwasser AG/Wasser und Gas Westfalen GmbH"]); wohl auch *Klöcker/Frowein* SpruchG § 2 SpruchG Rn. 18 und *Volhard* in MüKo/AktG § 2 SpruchG Rn. 8.

194 So auch zur Rechtslage anlässlich der Einführung der §§ 305–312 UmwG *Krieger* in Lutter UmwG 1. Aufl. § 306 UmwG Rn. 6; *Schwarz* in Widmann/Mayer § 306 UmwG Rn. 14; zweifelnd zur neuen Rechtslage *Hüffer* AktG § 305 AktG Anh. § 2 SpruchG Rn. 7 und *Gude* AG 2005, 233, 237, die jedenfalls eine Anpassung der bestehenden Verordnungen an die neue Gesetzeslage empfehlen.

dagegen ein Verfahren vor, dass in seinen Grundgedanken den Regelungen in § 36 Abs. 1 Nr. 3 und § 37 ZPO für die Gerichtsstandsbestimmung bei Streitgenossen entspricht. In Fällen, in denen bei verschiedenen Landgerichten in sachlichem Zusammenhang stehende Spruchverfahren nach § 2 Abs. 1 S. 1 SpruchG-RegE anhängig sind, sollte eines der beteiligten Gerichte als gemeinsames zuständiges Gericht bestimmt werden können. Diese Bestimmung sollte ein Oberlandesgericht auf Antrag eines der befassten Gerichte durch unanfechtbare Entscheidung treffen. Hinsichtlich des Oberlandesgerichts sollte die Zuständigkeitskonzentration nach § 12 Abs. 3 SpruchG-RegE entsprechend gelten.[195] Die Bundesregierung lehnte diese Vorschläge ab.[196] Auf Vorschlag des Rechtsausschusses wurde aber schließlich § 2 Abs. 1 S. 2 SpruchG dahingehend ergänzt, dass § 4 FGG auch dann entsprechend anzuwenden ist, wenn bei verschiedenen Landgerichten Spruchverfahren nach S. 1 anhängig sind, die in einem sachlichen Zusammenhang stehen.[197]

Aus der Regelung folgt im Umkehrschluss, dass verschiedene Anträge nicht von vorneherein in einem Verfahren zusammengeführt werden müssen.[198] Durch sie sollen unnötige Doppelarbeit sowie widersprüchliche Entscheidungen verschiedener Gerichte vermieden werden.[199]

aa. Hintergrund der Regelung

Vor Inkrafttreten des Spruchverfahrensgesetzes war die Bestimmung der gerichtlichen Zuständigkeit dann eindeutig, wenn ein Rechtsträger einen Doppelsitz oder mehrere Sitze hatte, die Satzung der Gesellschaft also mehrere Orte als Gesellschaftssitz bestimmte. Dieser Fall war von § 4 FGG unmittelbar erfasst und bereitete keine prozessualen Schwierigkeiten.[200] In mehreren praxisrelevanten Konstellationen war die gerichtliche Zuständigkeit dagegen unklar. Hatte eine Muttergesellschaft mit mehreren anderen Müttern, die ihren Sitz in verschiedenen Landgerichtsbezirken hatten, oder eine herrschende Gesellschaft mit mehreren abhängigen Gesellschaften, die ihren Sitz in verschiedenen Landgerichtsbezirken hatten, gleichzeitig übereinstimmende Unternehmensverträge abgeschlosssen und leiteten die außenstehenden Aktionäre der beherrschten Gesellschaften jeweils Spruchverfahren ein, so war die gerichtliche Zuständigkeit bzw. die Möglichkeit der Verfahrensverbindung unklar. Gleiches galt bei Verschmelzungen zweier fusionswilliger Gesellschaften mit Sitzen in unterschiedlichen Landgerichtsbezirken auf ein drittes Unternehmen, wenn die Anteilsinhaber der übertragenden Rechtsträger jeweils die Überprüfung der Verschmelzungswertrelation in einem Spruchverfahren beantragten.[201] In diesen Konstellationen bestand die Gefahr, dass das herrschende Unternehmen oder der aufneh-

---

195 Siehe *BR* SpruchverfNeuordG BR-Drucks. 827/02 (Beschluss) S. 1.

196 Siehe *BReg* SpruchverfNeuordG BT-Drucks. 15/371 Anlage 3 S. 27.

197 Vgl. *ReA-BT* SpruchverfNeuordG BT-Drucks. 15/838 S. 16.

198 OLG Stuttgart ZIP 2004, 850, 851.

199 *Begr. RegE* SpruchverfNeuordG BT-Drucks. 15/371 Anlage 1 S. 12; *ReA-BT* SpruchverfNeuordG BT-Drucks. 15/838 S. 16.

200 *Bork* ZIP 1998, 550, 552; *Karrer* Angemessenheit der Leistung S. 216; *Krieger* in Lutter UmwG 2. Aufl. § 306 UmwG Rn. 2; *Volhard* in MüKo/AktG § 2 SpruchG Rn. 3.

201 *Karrer* Angemessenheit der Leistung S. 215; *Krieger* in Lutter UmwG Anhang I SpruchG § 2 SpruchG Rn. 5; *Neye* FS Widmann, 87, 88 f.

mende Rechtsträger in den jeweiligen Verfahren von verschiedenen Landgerichten unabhängig voneinander bewertet werden musste mit der Folge eines beachtlichen Kostenaufwands, vor allem aber mit der Gefahr divergierender Bewertungsergebnisse bezüglich desselben Rechtsträgers durch die jeweiligen Landgerichte. Zu einem einheitlichen Bewertungsergebnis konnte es nur durch eine Entscheidung des Oberlandesgerichts in der Beschwerdeinstanz kommen. Da eine solche freilich voraussetzte, dass gegen die erstinstanzlichen Entscheidungen jeweils Rechtsmittel eingelegt wurden, insbesondere aber auch, dass die Beschwerdeverfahren bei einem allein zuständigen Oberlandesgericht verbunden werden konnten, war eine einheitliche Bewertung in vielen Fällen unwahrscheinlich; denn eine Verbindung setzte voraus, dass die Spruchverfahren erstinstanzlich in demselben Bundesland eingeleitet worden waren und dieses Bundesland ein Oberlandesgericht als einzige Beschwerdeinstanz bestimmt hatte, was aber nur in Bayern (BayObLG), Nordrhein-Westfalen (OLG Düsseldorf) und Rheinland-Pfalz (OLG Zweibrücken) der Fall war.[202] Zur Lösung der Problematik wurden bereits vor der Reform des Spruchverfahrens verschiedene Vorschläge unterbreitet.[203] Insbesondere die Landesjustizverwaltungen befürworteten auf Anfrage des Bundesjustizministeriums mehrheitlich, in § 306 Abs. 1 AktG a. F. einen S. 2 anzufügen, in dem die §§ 4, 5 FGG für entsprechend anwendbar erklärt werden sollten.[204]

bb. Entsprechende Anwendung von § 4 FGG

§ 2 Abs. 1 S. 2 SpruchG sieht die entsprechende Anwendbarkeit von § 4 FGG vor.

(1) Mehrfachzuständigkeit oder sachlicher Zusammenhang

§ 4 FGG ist gem. § 2 Abs. 1 S. 2 Alt. 1 SpruchG entsprechend anwendbar, wenn nach § 2 Abs. 1 S. 1 SpruchG mehrere Landgerichte zuständig sind. Da für ein Tätigwerden in derselben Sache nicht die Einheitlichkeit eines wirtschaftlichen Vorgangs genügt, sondern vielmehr eine Doppelzuständigkeit für denselben Verfahrensgegenstand erforderlich ist,[205] können gem. § 2 Abs. 1 S. 1 SpruchG nur dann mehrere Landgerichte zuständig sein, wenn ein Rechtsträger einen Doppelsitz oder mehrere Sitze hat. Zwar war dieser Fall bereits bisher von § 4 FGG unmittelbar erfasst und bereitete auch vor Inkrafttreten des Spruchverfahrensgesetzes keine prozessualen Schwierigkeiten.[206] Der Regelung des § 2 Abs. 1 S. 2 Alt. 1 SpruchG bedurfte es aber, da § 2 Abs. 1 SpruchG die gerichtliche Zuständigkeit für Spruchverfahren abschließend regelt. Eine Anwendung von § 4 FGG über § 17 Abs. 1 SpruchG scheidet aus, da durch § 2 Abs. 1 S. 2 SpruchG etwas anderes bestimmt ist.

---

202 Vgl. *Karrer* Angemessenheit der Leistung S. 214.

203 Siehe zu den Vorschlägen im Einzelnen *Bork* ZIP 1998, 550 ff.; *Neye* FS Widmann, 87, 90 ff.

204 § 306 Abs. 1 S. 2 AktG n. F. sollte lauten: „Sind danach für denselben Umwandlungsvorgang verschiedene Landgerichte zuständig, so finden §§ 4, 5 FGG entsprechende Anwendung." (siehe *Neye* FS Widmann, 87, 92 f.).

205 Vgl. *Bork* ZIP 1998, 550, 552.

206 Siehe Teil 3 B. I. 2. c. aa.

Vertreten wird, dass gem. § 2 Abs. 1 S. 2 Alt. 1 SpruchG Spruchverfahren auch dann gem. § 4 FGG zu verbinden sind, wenn es um mehrere Rechtsträger geht, für die jeweils ein Landgericht zuständig ist.[207] Indes verlangt der eindeutige Wortlaut des § 2 Abs. 1 S. 2 Alt. 1 SpruchG die Zuständigkeit mehrerer Landgerichte nach § 2 Abs. 1 S. 1 SpruchG. Die Ansicht, es werde jedenfalls aus Wortlaut und Gesetzgebungsgeschichte hinreichend klar, dass § 2 Abs. 1 S. 1 Alt. 1 SpruchG auch diesen Fall habe erfassen wollen,[208] ist unzutreffend. Vielmehr sprechen neben dem Wortlaut die Systematik des § 2 Abs. 1 S. 2 SpruchG und der gesetzgeberischer Wille gerade gegen eine solche Auslegung, denn der Gesetzgeber hat mit § 2 Abs. 1 S. 2 Alt. 2 SpruchG explizit die Möglichkeit der Zuständigkeitskonzentration für Fälle geschaffen, in denen mehrere Rechtsträger beteiligt sind.

Gem. § 2 Abs. 1 S. 2 Alt. 2 SpruchG ist § 4 FGG entsprechend anwendbar, wenn bei verschiedenen Landgerichten Spruchverfahren nach § 2 S. 1 SpruchG anhängig sind, die in einem sachlichen Zusammenhang stehen.[209] Mit dem letztgenannten Erfordernis wird die Anwendbarkeit von § 4 FGG modifiziert. Denn nach § 4 FGG genügt ein sachlicher Zusammenhang für eine Verfahrensverbindung nicht allein.[210] Da ein Tätigwerden in derselben Sache also nicht Voraussetzung einer Verfahrensverbindung ist, handelt es sich bei § 2 Abs. 1 S. 2 Alt. 2 SpruchG um eine Rechtsfolgenverweisung.[211] Der Wortlaut der Regelung gibt keinen Aufschluss darüber, wann ein sachlicher Zusammenhang zwischen mehreren Verfahren besteht. Aufgrund des Zwecks der Regelung, unterschiedliche Bewertungsergebnisse bezüglich desselben Rechtsträgers zu verhindern und so widersprüchliche Entscheidungen und Doppelarbeit der Gerichte zu vermeiden, besteht ein sachlicher Zusammenhang zwischen Verfahren aber unzweifelhaft jedenfalls dann, wenn in den bei verschiedenen Landgerichten anhängigen Spruchverfahren die Bewertung desselben Rechtsträgers überprüft werden müsste,[212] was zwingend die gleichzeitige Durchführung der Strukturmaßnahmen voraussetzt, aufgrund derer Kompensationsleistungen erfolgen sollen, deren Angemessenheit in Spruchverfahren überprüft werden soll. Denn nur dann kann die Bewertung desselben Rechtsträgers Gegenstand des jeweiligen Spruchverfahrens sein.[213] Das gilt allerdings nicht im Umkehrschluss. Denn auch wenn gleichzeitig zu kompensierende Strukturmaßnahmen durchgeführt werden, muss in den zur Überprüfung der Angemessenheit dieser Ausgleichzahlungen eingeleiteten Spruchverfah-

---

207 *Bungert/Mennicke* BB 2003, 2021, 2024.

208 So *Bungert/Mennicke* BB 2003, 2021, 2024.

209 Dass eine Verfahrensverbindung auch bei Bestehen eines sachlichen Zusammenhangs erfolgen kann, geht offenkundig auf eine Forderung des *HaReA-DAV* zurück, der einen ähnlichen Vorschlag während des Gesetzgebungsverfahren unterbreitet hatte (siehe *HaReA-DAV* ZIP 2003, 552, 553).

210 Vgl. *Bork* ZIP 1998, 550, 552.

211 *Fritzsche/Dreier/Verfürth* SpruchG § 1 SpruchG Rn. 9.

212 *HaReA-DAV* ZIP 2003, 552, 553.

213 *Emmerich* in Emmerich/Habersack KonzernR § 306 AktG 3. Aufl. Rn. 8 b.

ren nicht zwangsläufig die Bewertung desselben Rechtsträgers Verfahrensgegenstand sein.[214]

In Spruchverfahren, die nach dem gleichzeitigen Abschluss mehrerer übereinstimmender Beherrschungs-/Gewinnabführungsverträge zwischen einer herrschenden Gesellschaft mit mehreren abhängigen Gesellschaften, die ihren Sitz in verschiedenen Landgerichtsbezirken haben, durch die jeweiligen außenstehenden Aktionäre eingeleitet werden, ist dann nicht die Bewertung desselben Rechtsträgers zu überprüfen, wenn sich die Antragsteller nur gegen die gem. § 304 AktG zu gewährende Ausgleichszahlung wenden; denn zu deren Berechnung kommt es nur auf prognostizierte zukünftige Gewinne und nicht auf den Unternehmenswert der herrschenden Gesellschaft an.[215] Auch wenn die Angemessenheit einer Barabfindung nach § 305 Abs. 2 Nr. 3 AktG im Spruchverfahren überprüft werden soll, ist Gegenstand der jeweils eingeleiteten Spruchverfahren nicht die Bewertung der herrschenden Gesellschaft und damit in verschiedenen Verfahren auch nicht die Bewertung desselben Rechtsträgers.[216] Auf der Grundlage der Prämisse, dass ein sachlicher Zusammenhang i. S. v. § 2 Abs. 1 S. 2 Alt. 2 SpruchG voraussetzt, dass in den Verfahren die Bewertung desselben Rechtsträgers überprüft werden muss, kommt in diesen Fällen eine Verfahrensverbindung nicht in Betracht.

Problematisch ist der sachliche Zusammenhang in den Fällen, in denen zwei Gesellschaften mit Sitzen in unterschiedlichen Landgerichtsbezirken auf ein drittes Unternehmen verschmolzen werden. Diesbezüglich wird davon ausgegangen, dass ein sachlicher Zusammenhang deshalb bestehe, weil anderenfalls die Bewertung desselben Unternehmens von verschiedenen Gerichten zu prüfen sei.[217] In Verschmelzungskonstellationen ist jedoch gerade der Unternehmenswert derjenigen Gesellschaft im Spruchverfahren zu überprüfen, an welcher der Antragsteller beteiligt war, also des übertragenden, nicht jedoch des übernehmenden Rechtsträgers.[218] Denkbar ist zudem, dass im Fall des § 15 Abs. 1 UmwG trotz Angemessenheit des Umtauschverhältnisses gerügt wird, dass die Mitgliedschaft für den übernehmenden Rechtsträger kein ausreichender Gegenwert für den Anteil oder die Mitgliedschaft bei dem übertragenden Rechtsträger sei. Auch in diesem Fall steht die Bewertung des Unternehmens überhaupt nicht in Frage,[219] so dass die Gefahr der unterschiedlichen Bewertung desselben Rechtsträgers nicht besteht.[220] Besteht diese Gefahr nicht, so ist nicht ersichtlich, warum die Verfahren bei einem Landgericht konzentriert werden sollten. Dementsprechend liegt ein sachlicher Zusammenhang i. S. v. § 2 Abs. 1 S. 2 SpruchG nur in denjenigen Fällen vor, in

---

214 *Klöcker/Frowein* SpruchG § 2 SpruchG Rn. 4.
215 Vgl. *v. Kann/Hirschmann* DStR 2003, 1488, 1491.
216 *Bungert/Mennicke* BB 2003, 2021, 2026; *v. Kann/Hirschmann* DStR 2003, 1488, 1491.
217 *Neye* Spruchverfahrensrecht S. 19.
218 Vgl. *Bungert/Mennicke* BB 2003, 2021, 2026; *v. Kann/Hirschmann* DStR 2003, 1488, 1491.
219 Vgl. *HaReA-DAV* ZIP 2003, 552, 554.
220 *Klöcker/Frowein* SpruchG § 2 SpruchG Rn. 4.

denen die Bewertung desselben Rechtsträgers in verschiedenen Verfahren überprüft werden müsste.[221]

(2) Erstes Tätigwerden in der Sache

Gem. § 4 FGG gebührt unter mehreren zuständigen Gerichten demjenigen der Vorzug, welches zuerst in der Sache tätig geworden ist. Da ein Gericht tätig wird, wenn es eine Anordnung trifft, kann das erste Tätigwerden im Sinne von § 4 FGG zwar nicht bereits in der Antragstellung oder in der Prüfung der eigenen Zuständigkeit liegen,[222] ausreichen kann aber die Veranlassung der Zustellung der Anträge.[223] Genügen können auch Rückfragen des Gerichts beim Antragsteller im Hinblick auf den Antrag oder seine Zustellung.[224] Das führt bei mehreren Anträgen an verschiedene Gerichte dazu, dass ganz formal der erste Antrag die Zuständigkeit des betreffenden Gerichts begründet, so dass für Zweckmäßigkeitserwägungen kein Platz mehr ist.[225] Die zeitlich später angerufenen Gerichte müssen ihre Tätigkeit einstellen und die Akten an das nach § 4 FGG zuständige Gericht abgeben, das dann die Angelegenheit umfassend entscheidet.[226] Die Abgabe erfolgt mittels Verweisungsbeschluss, der mit formloser Bekanntmachung an den Antragsgegner wirksam wird (§ 17 Abs. 1 SpruchG i. V. m. § 16 FGG); Mängel des Verweisungsbeschlusses können analog § 295 Abs. 1 ZPO geheilt werden.[227] Haben die Gerichte allerdings bereits Zwischenentscheidungen, etwa über die Zulässigkeit des Antrags oder den Geschäftswert getroffen, so sind diese gem. § 17 Abs. 1 SpruchG i. V. m. § 7 FGG wirksam, solange sie nicht gem. § 17 Abs. 1 SpruchG i. V. m. § 18 FGG mittels Beschwerde angefochten worden sind.

Da im Anwendungsbereich des § 2 Abs. 1 S. 2 Alt. 1 SpruchG den Spruchverfahren ausschließlich dieselbe Sache zugrunde liegt, bereitet die entsprechende Anwendung von § 4 FGG keinerlei Schwierigkeiten. Als Problem könnte sich allerdings eine zeitnahe Verfahrensverbindung erweisen. Zwar kann bei Antragseingang deutlich

---

221 I. E. ebenso *Krieger* in Lutter UmwG Anhang I SpruchG § 2 SpruchG Rn. 5: Sachlicher Zusammenhang immer dann, wenn bei verschiedenen Gerichten Spruchverfahren anhängig sind, in denen zumindest einer der zu bewertenden Rechtsträger und der maßgebliche Bewertungsstichtag identisch sind; a. A. *Fritzsche/Dreier/Verfürth* SpruchG § 2 SpruchG Rn. 11, die zur Abgrenzung die zu §§ 147, 33 ZPO entwickelten Grundsätze heranziehen wollen und davon ausgehend zwar keinen rechtlichen Zusammenhang genügen lassen, einen sachlichen Zusammenhang jedoch bereits bejahen, wenn in den Verfahren die Bewertung des gleichen Unternehmens erforderlich ist; unklar *Vollrath* in Widmann/Mayer UmwG Anh. 13 § 2 SpruchG Rn. 16, der einen sachlichen Zusammenhang beim Abschluss mehrerer gleichlautender Beherrschungs- und Gewinnabführungsverträge annimmt, jedoch (versehentlich?) nicht ausdrücklich als weitere Voraussetzung benennt, dass diese zum selben Zeitpunkt abgeschlossen worden sein müssen.

222 *Klöcker/Frowein* SpruchG § 2 SpruchG Rn. 6; *Krieger* in Lutter UmwG, Anhang I SpruchG § 2 SpruchG Rn. 6.

223 *Begr. RegE* SpruchverfNeuordG BT-Drucks. 15/371 Anlage 1 S. 13; *Emmerich* in Emmerich/Habersack § 2 SpruchG Rn. 8; *Krieger* in Lutter UmwG Anhang I SpruchG § 2 SpruchG Rn. 6.

224 *Fritzsche/Dreier/Verfürth* SpruchG § 2 SpruchG Rn. 12.

225 *Karrer* Angemessenheit der Leistung S. 216.

226 Vgl. *Bork* ZIP 1998, 550, 552.

227 OLG Karlsruhe AG 2005, 300, 301 („Martin Yale Industries Inc.“).

sein, in welcher Sache der Antragsteller ein Spruchverfahren beantragt; ebenso kann es jedoch Fälle geben, in denen allein aufgrund der Antragsschrift, insbesondere wenn Angaben nach § 4 Abs. 2 SpruchG fehlen, nicht erkennbar ist, ob ein neuer Antrag dieselbe Strukturmaßnahme und dieselbe Kompensation wie ein bereits durch einen anderen Antrag eingeleitetes Verfahren betrifft.[228] Dagegen ist die entsprechende Anwendung von § 4 FGG im Anwendungsbereich des § 2 Abs. 1 S. 2 Alt. 2 SpruchG zwar nicht im Ergebnis, aber doch im Hinblick auf die Feststellung der Voraussetzung, die eine Verfahrensverbindung erlaubt, problematisch. Während § 4 FGG nur auf ein Tätigwerden in derselben Sache abstellt, setzt der Wortlaut des § 2 Abs. 2 S. 2 Alt. 2 SpruchG voraus, dass die Spruchverfahren „in einem sachlichen Zusammenhang stehen". Sie stehen aber wie dargelegt nur dann in einem sachlichen Zusammenhang, wenn die Bewertung desselben Rechtsträgers in den jeweiligen Spruchverfahren zu prüfen wäre.[229] Ob aber eine Überprüfung der Bewertung eines bzw. desselben Unternehmens erforderlich ist, steht bei Tätigwerden des Gerichts – etwa durch Zustellung der Anträge – nicht fest, da die Bewertung des Rechtsträgers einen Teil der Begründetheitsprüfung darstellt und somit die Zulässigkeit der Anträge voraussetzt. Eine Verfahrensverbindung entsprechend § 4 FGG könnte demzufolge erst dann stattfinden, wenn in den jeweiligen Verfahren die Zulässigkeit der Anträge und damit zugleich feststeht, dass die Bewertung desselben Rechtsträgers gerichtlich zu überprüfen ist. Dass diese Auslegung dem gesetzgeberischen Willen entspricht, erscheint indes zweifelhaft. Denn durch die Aussage in der Gesetzesbegründung, nach der für die Verfahrensverbindung die Zustellung der Anträge genügen könne,[230] sollte sicherlich zum Ausdruck gebracht werden, dass auch zu diesem Zeitpunkt – also bereits vor Feststellung der Zulässigkeit der Anträge – die Verfahrensverbindung erfolgen kann. Dafür, dass die Verfahrensverbindung die Zulässigkeit der Anträge voraussetzt, spricht allerdings auch der Sinn und Zweck der Regelung, denn die Gefahr divergierender Bewertungsergebnisse besteht nur dann, wenn verschiedene Gerichte den Unternehmenswert tatsächlich prüfen müssen, was die Zulässigkeit der jeweiligen Anträge voraussetzt. Zu vermeidende Doppelarbeit leisten parallel tätig werdende Gerichte zwar teilweise auch im Rahmen der Prüfung der Zulässigkeit der Anträge, der Schwerpunkt der Arbeit liegt jedoch in der Begründetheitsprüfung bzw. in der Unternehmensbewertung. Ist die Zulässigkeit der Anträge nicht festgestellt, kann daher auch kein sachlicher Zusammenhang i. S. v. § 2 Abs. 2 S. 2 Alt. 2 SpruchG bestehen. Es besteht kein Grund für eine Verfahrensverbindung. Dies bedeutet indes nicht, dass entgegen der Gesetzesbegründung der Zeitpunkt der Zustellung der Anträge unbedeutend wäre. Auf diesen kommt es für die Verfahrensverbindung insoweit an, als nach der Feststellung der Zulässigkeit der Anträge in den jeweiligen Verfahren dasjenige Gericht ausschließlich zuständig ist, das zuerst die Zustellung eines Antrags auf Einleitung eine Spruchverfahrens veranlasst hat.

---

[228] OLG Stuttgart ZIP 2004, 850, 851.
[229] Siehe oben Teil 3 B. I. 2. c. bb. (1).
[230] Vgl. oben Teil 3 B. I. 2. c. bb. (2).

cc. Entsprechende Anwendung von § 5 FGG

Besteht Streit oder Ungewissheit über das zuständige Gericht nach § 2 Abs. 2 S. 2 SpruchG, so ist § 5 FGG entsprechend anzuwenden. Demnach entscheidet das gemeinschaftliche obere Gericht durch unanfechtbaren Beschluss darüber, welches der Landgerichte örtlich zuständig ist. Teilweise wird davon ausgegangen, dass nicht nur dann Raum für eine entsprechende Anwendung von § 5 FGG bleibt, wenn über das entsprechend § 4 FGG zuständige Gericht Streit oder Ungewissheit besteht, etwa weil sich die erste Befassung nicht feststellen lässt[231] oder tatsächlich ein „sachlicher Zusammenhang" besteht,[232] sondern eine Gerichtsstandsbestimmung entsprechend § 5 FGG auch aus Zweckmäßigkeitserwägungen zulässig ist.[233] Diese Rechtsauffassung ist indessen vor Inkrafttreten des Spruchverfahrensgesetzes entwickelt und auf Fälle angewandt worden, die nunmehr gerade von der Regelung in § 2 Abs. 2 S. 2 SpruchG erfasst werden, um divergierende Entscheidungen von Landgerichten in derselben Sache zu verhindern.[234] Daher dürfte ihr durch die Neuregelung ohnehin weitgehend der Boden entzogen sein. Unabhängig davon führt die Auffassung jedoch auch zu erheblichen verfahrensrechtlichen Problemen und weckt verfassungsrechtliche Bedenken. Denn um das zweckmäßigerweise zuständige Gericht bestimmen zu können, müssten die Verfahrensakten der jeweiligen Verfahren angefordert und die Beteiligten, ggf. mehrfach, angehört werden,[235] was erhebliche Verfahrensverzögerungen nach sich ziehen und dem Willen des Gesetzgebers zuwiderlaufen würde, die Spruchverfahren zu beschleunigen. Zudem ist es nicht mit Art. 101 Abs. 1 S. 2 GG vereinbar, die jeweiligen Gerichte, die nach der Gesetzeslage zuständig sind, durch den vorübergehenden Entzug der Verfahrensakten zu behindern und deren Zuständigkeit ohne direkte gesetzliche Regelungskompetenz von oben herab aus Zweckmäßigkeitsgründen in Frage zu stellen.[236] Das örtlich zuständige Landgericht kann daher nur dann entsprechend § 5 FGG bestimmt werden, wenn Streit oder Ungewissheit über das gem. § 2 Abs. 2 S. 2 SpruchG zuständige Gericht besteht.

3. Funktionale Zuständigkeit

Sofern eine Kammer für Handelssachen bei dem zuständigen Landgericht gebildet ist, entscheidet gem. § 2 Abs. 2 SpruchG diese anstelle der Zivilkammer. Gem. § 93 Abs. 1 GVG können bei den Landgerichten für deren Bezirke oder für örtlich abgegrenzte Teile davon Kammern für Handelssachen gebildet werden, soweit die Landes-

---

231 *Hüffer* AktG § 305 AktG Anh. § 2 SpruchG Rn. 4; *Klöcker/Frowein* SpruchG § 2 SpruchG Rn. 8; *Volhard* in MüKo/AktG § 2 SpruchG Rn. 3.

232 *Vollrath* in Widmann/Mayer UmwG Anh. 13 § 2 SpruchG Rn. 19.

233 BayObLG ZIP 2002, 671 („Degussa AG"); BayObLG ZIP 2002, 669 („Degussa AG").

234 So lag der Entscheidung des BayObLG ZIP 2002, 669 („Degussa AG"), ein Sachverhalt zugrunde, in dem zwei Gesellschaften auf eine dritte Gesellschaft verschmolzen wurden und die Sitze der verschmolzenen Gesellschaften in verschiedenen Landgerichtsbezirken lagen.

235 Vgl. OLG Frankfurt/M. AG 2003, 642 („Süwag Energie AG").

236 Vgl. *Bork* NZG 2002, 163.

justizverwaltung ein entsprechendes Bedürfnis konstatiert. Entgegen § 96 GVG ist gem. § 2 Abs. 2 SpruchG die Zuständigkeit der Kammer für Handelssachen für ein Spruchverfahren unabhängig davon, ob dessen Durchführung von den Antragstellern auch vor dieser Kammer beantragt worden ist. Die ausschließliche funktionale Zuständigkeit der Kammer für Handelssachen unterliegt also nicht der Disposition durch die Beteiligten.[237] Eine fälschlicherweise angerufene Zivilkammer verweist von Amts wegen an die Kammer für Handelssachen, eine Zuständigkeitsverfehlung ist Beschwerdegrund.[238]

Damit ist der Gesetzgeber nicht vereinzelten Vorschlägen gefolgt, die generell die Zuständigkeit einer Zivilkammer befürworteten. Für eine Zuständigkeit der Zivilkammer hätte insbesondere die Tatsache gesprochen, dass wenigstens nicht ein völliger „Neuanfang" nach einem Wechsel des Vorsitzenden notwendig ist. Zu bezweifeln ist zudem, dass dem wirtschaftlichen Sachverstand der beiden Beisitzer in der Kammer für Handelssachen erhebliche Bedeutung für die Beschleunigung des Verfahrens zukommt.[239] Die durchschnittlichen Verfahrensdauern vor Inkrafttreten des Spruchverfahrensgesetzes sprechen gegen eine solche Annahme. Denkbar wäre eine Änderung der bestehenden Vorschriften jedenfalls dahingehend gewesen, dass die Laienrichter für Spruchverfahren gesondert im Zusammenwirken mit den Wirtschaftsprüfungsverbänden ausgesucht und Wirtschaftsprüfer in die Kammer entsandt werden.[240]

Ferner ist die alleinige Entscheidungsgewalt gem. § 2 Abs. 3 SpruchG in bestimmten Fällen dem Vorsitzenden der Kammer für Handelssachen übertragen.[241] Diese Regelung orientiert sich am Vorbild des § 349 ZPO, um das Verfahren zu beschleunigen. Bezweckt wird mit § 2 Abs. 3 SpruchG indes nicht der Ausschluss der über § 17 Abs. 1 SpruchG ergänzend geltenden Regeln des FGG, wonach eine Kammer beschließen kann, einem Mitglied des Spruchkörpers bestimmte Aufgaben wie etwa die Durchführung der Beweisaufnahme oder die Anhörung der Beteiligten zu übertragen. Allerdings kann ein Kammermitglied nicht zum Einzelrichter bestellt werden, da sich die Norm nur an § 349 ZPO anlehnt, die §§ 348 ff. ZPO im Übrigen aber unanwendbar sind.[242] Wie sich aus dem eindeutigen Wortlaut des § 2 Abs. 3 S. 1

---

237 *Emmerich* in Emmerich/Habersack KonzernR § 2 SpruchG Rn. 9; so auch zur alten Zuständigkeitsregelung *Meister/Klöcker* in Kallmeyer § 306 AktG Rn. 3; *Volhard* in Semler/Stengel UmwG § 306 AktG Rn. 4.

238 *Hüffer* AktG § 305 AktG Anh. § 2 SpruchG Rn. 5; *Klöcker/Frowein* SpruchG § 2 SpruchG Rn. 13; *Vollrath* in Widmann/Mayer UmwG Anh. 13 § 2 SpruchG Rn. 22.

239 So aber *Fuhrmann/Linnerz* Konzern 2004, 265, 267; zweifelnd dagegen *Hüffer* AktG § 305 AktG Anh. § 2 SpruchG Rn. 5.

240 Anders *Bungert/Mennicke* BB 2003, 2021, 2023 f., die weniger die funktionelle Zuständigkeit der Kammer für Handelssachen oder der Zivilkammer am Landgericht für bedeutsam halten, als vielmehr die Kontinuität der Persönlichkeit des Vorsitzenden Richters der für Spruchverfahren zuständigen Kammer.

241 Aus der in § 105 Abs. 1 Halbs. 2 GVG ausdrücklich vorgesehenen Möglichkeit, dem Vorsitzenden der Kammer für Handelssachen die alleinige Entscheidungsbefugnis zu übertragen, folgt, dass das Spruchverfahrensgesetz Prozessgesetz im Sinne des § 105 Abs. 1 GVG ist.

242 So auch vor Inkrafttreten des Spruchverfahrensgesetzes *Volhard* in Semler/Stengel UmwG § 307 UmwG Rn. 7.

SpruchG ergibt, muss der Vorsitzende die in § 2 Abs. 3 S. 1 SpruchG genannten Entscheidungen allein treffen und kann sie nicht der Kammer überlassen.[243] Ist funktional eine Zivilkammer zuständig, kann gem. § 17 Abs. 1 SpruchG i. V. m. § 30 Abs. 1 S. 3 FGG i. V. m. § 526 ZPO die Entscheidung einem Kammermitglied als Einzelrichter übertragen werden.[244] Hingegen kann § 2 Abs. 3 SpruchG in diesen Fällen nicht analog angewendet werden, da es insoweit an einer planwidrigen Regelungslücke mangelt.[245] Zeitlich erfasst § 2 Abs. 3 S. 1 SpruchG alle Entscheidungen, die vor oder nach der Entscheidung in der Hauptsache fallen. Sachlich erstreckt sich die alleinige Entscheidungsgewalt des Kammervorsitzenden zunächst auf den in § 2 Abs. 3 S. 1 Nrn. 1–8 SpruchG geregelten Anwendungsbereich.[246] Dieser kann jedoch gem. § 2 Abs. 3 S. 2 SpruchG unter der Voraussetzung auf weitere Fälle erweitert werden, dass sich alle Verfahrensbeteiligten damit einverstanden erklären.

II. Abweichende Zuständigkeit nach der EuGVVO

Dem Wortlaut nach statuiert § 2 Abs. 1 SpruchG eine ausschließliche sachliche und örtliche gerichtliche Zuständigkeit für alle in den Anwendungsbereich des Spruchverfahrensgesetzes fallende Spruchverfahren. Zwar verdrängt diese Zuständigkeit andere nationale Vorschriften, insbesondere die allgemeinen Zuständigkeitsregeln der ZPO. Jedoch geht den nationalen Zuständigkeitsvorschriften die Zuständigkeit eines Gerichts nach der EuGVVO[247] vor. Ist diese daher anwendbar und ihr zufolge das Gericht eines anderen Mitgliedsstaates zuständig, worunter gem. Art. 1 Abs. 3 EuGVVO alle Mitgliedstaaten mit Ausnahme des Königreichs Dänemark fallen, so wäre § 2 SpruchG unanwendbar.[248]

Sachlich ist die EuGVVO gem. Art. 1 Abs. 1 S. 1 EuGVVO auf Zivil- und Handelssachen anwendbar. Zwar ist das Spruchverfahren, wie sich aus dem Verweis in § 17 Abs. 1 SpruchG ergibt, trotz zivilprozessualer Elemente ein Verfahren der freiwilligen Gerichtsbarkeit. Da es sich jedoch um ein echtes Streitverfahren der freiwilligen

---

243 *Fritzsche/Dreier/Verfürth* SpruchG § 2 SpruchG Rn. 20; a. A. OLG Stuttgart ZIP 2004, 1907, 1908 („Hypo Real Estate Holding AG").

244 *Volhard* in MüKo/AktG § 2 SpruchG Rn. 7.

245 Ebenso *Emmerich* in Emmerich/Habersack KonzernR § 2 SpruchG Rn. 10; *Hüffer* AktG § 305 AktG Anh. § 2 SpruchG Rn. 6; *Klöcker/Frowein* SpruchG § 2 SpruchG Rn. 14; *Krieger* in Lutter UmwG Anhang I SpruchG § 2 SpruchG Rn. 9; *Volhard* in MüKo/AktG § 2 SpruchG Rn. 7.

246 Dazu im Einzelnen *Krieger* in Lutter UmwG Anhang I SpruchG § 2 SpruchG Rn. 10 ff. sowie *Vollrath* in Widmann/Mayer UmwG Anh. 13 § 2 SpruchG Rn. 23 ff.

247 VO (EG) Nr. 44/2001 des Rates v. 22. Dezember 2000 über die gerichtliche Zuständigkeit und die Anerkennung und Vollstreckung von Entscheidungen in Zivil- und Handelssachen.

248 Ist dagegen nach der EuGVVO ein deutsches Gericht zuständig, das örtlich nicht dem Gericht entspricht, das nach § 2 SpruchG zuständig ist, so bliebe es dennoch bei der Zuständigkeit gem. § 2 SpruchG, da die EuGVVO die Konzentration der örtlichen Zuständigkeit für bestimmte Spezialmaterien bei einem oder mehreren Gerichten durch das Recht eines Mitgliedsstaates nicht verdrängt (vgl. *Geimer* in Geimer/Schütze EuGVVO Art. 2 EuGVVO Rn. 214 f.).

Gerichtsbarkeit handelt und auch diese unter die Zivilsachen i. S. v. Art. 1 Abs. 1 S. 1 EuGVVO fallen,[249] ist die EuGVVO grundsätzlich anwendbar. Von der EuGVVO können allerdings nur solche Rechtsstreitigkeiten erfasst werden, die einen Anknüpfungspunkt an das Hoheitsgebiet eines Mitgliedstaates aufweisen (vgl. Präambel Abs. 8 EuGVVO). Kein dementsprechender Anknüpfungspunkt kann in Spruchverfahren nach § 1 Nr. 2 oder Nr. 4 SpruchG bestehen, denn eine Aktiengesellschaft kann nach § 320 Abs. 1 AktG nur in eine andere Aktiengesellschaft mit Sitz im Inland eingeliedert werden, und gem. § 1 Abs. 1 S. 1 UmwG kann eine Umwandlung nur unter Beteiligung von Rechtsträgern mit Sitz im Inland stattfinden.[250]

Einen entsprechenden Anknüpfungspunkt – mit der möglichen Folge der Zuständigkeit des Gerichts eines anderen Mitgliedstaates – kann dagegen zum einen ein Spruchverfahren nach § 1 Nr. 1 SpruchG aufweisen, dem der Abschluss eines grenzüberschreitenden Unternehmensvertrags zwischen einer abhängigen deutschen Gesellschaft und einer herrschenden Gesellschaft mit Sitz in einem anderen Mitgliedsstaat zugrunde liegt.[251] Denn grundsätzlich müssen alle Vorschriften zum Schutze der Gesellschafter der abhängigen Gesellschaft auch auf das ausländische Unternehmen Anwendung finden, insbesondere die §§ 302–305 AktG.[252] Zur Bestimmung der Abfindung und des Ausgleichs kann daher auch bei derartigen Unternehmensverträgen ein Spruchverfahren nach § 1 Nr. 1 SpruchG eingeleitet werden.

Zum anderen kann ein Spruchverfahren an das Hoheitsgebiet eines anderen Mitgliedsstaates in Spruchverfahren nach § 1 Nr. 3 SpruchG anknüpfen, wenn der Hauptaktionär seinen Sitz in einem anderen Mitgliedsstaat hat. Dies ist ohne weiteres möglich, da die rechtliche Ausgestaltung des Hauptaktionärs für die Zulässigkeit eines *squeeze out* gänzlich unerheblich ist.[253] Schließlich kann ein Spruchverfahren einen hinreichenden Bezug zu dem Hoheitsgebiet eines anderen Mitgliedsstaates in Spruchverfahren nach § 1 Nr. 5 SpruchG aufweisen, wenn der Antragsgegner eine SE mit Sitz in einem anderen Mitgliedsstaat ist. Da gem. Art. 2 Abs. 1 EuGVVO grundsätzlich die Gerichte des Mitgliedsstaates zuständig sind, in denen die verklagte Person ihren Wohnsitz hat, wäre für die Spruchverfahren in den genannten Fällen

---

249 *Geimer* in Geimer/Schütze EuGVVO Art. 1 EuGVVO Rn. 33; ausdrücklich für den Einbezug von Spruchverfahren (zur gleichlautenden Vorläuferregelung in Art. 1 Abs. 1 S. 1 EuGVVÜ) auch *Bohnke* Spruchverfahren S. 62; *Geimer* in FS Schippel 869, 881 f.

250 Zwar werden grenzüberschreitende Umwandlungen durch das UmwG nicht ausgeschlossen, jedoch ist das Spruchverfahrensgesetz gem. § 1 Nr. 4 SpruchG nur auf Strukturmaßnahmen nach dem UmwG anwendbar (vgl. *Semler/Stengel* in Semler/Stengel UmwG Einleitung A Rn. 104).

251 Die Zulässigkeit des Abschlusses derartiger Verträge, denen in der Praxis eine erhebliche Bedeutung zukommt, wird in der jüngeren Literatur nicht mehr bestritten (siehe *Altmeppen* in MüKo/AktG Einl. §§ 291 ff. AktG Rn. 35 ff. sowie *Emmerich* in Emmerich/Habersack KonzernR § 291 AktG Rn. 33 ff., jeweils m. w. N.).

252 *Emmerich* in Emmerich/Habersack KonzernR § 291 AktG Rn. 35. Dagegen richten sich die Rechtsverhältnisse einer von einer deutschen Gesellschaft abhängigen ausländischen Gesellschaft ausschließlich nach deren Heimatrecht (*Emmerich* in Emmerich/Habersack KonzernR § 291 AktG Rn. 34).

253 *Grunewald* in MüKo/AktG § 327 a AktG Rn. 5.

das Gericht des Mitgliedsstaates zuständig, in dessen Hoheitsbereich der Antragsgegner seinen Sitz hat. In Spruchverfahren nach § 1 Nr. 1 SpruchG ist Antragsgegner das herrschende Unternehmen (§ 5 Nr. 1 SpruchG) und in Spruchverfahren nach § 1 Nr. 3 SpruchG der Hauptaktionär (§ 5 Nr. 3 SpruchG). Deren Wohnsitz bestimmt sich nach Art. 60 EuGVVO, sofern es sich bei dem Antragsgegner um eine Gesellschaft oder eine juristische Person handelt. Demnach wäre in diesen Fällen § 2 SpruchG unanwendbar und das für das Spruchverfahren zuständige Gericht bestimmte sich nach dem Recht des jeweiligen Mitgliedsstaates. Art. 2 Abs. 1 EuGVVO gilt indessen seinem Wortlaut nach nur vorbehaltlich der Vorschriften der Verordnung. Besteht daher eine besondere Zuständigkeit der Gerichte der Bundesrepublik Deutschland nach der EuGVVO, so bleibt § 2 SpruchG anwendbar (sofern keine ausschließliche Zuständigkeit eines Gerichts eines anderen Mitgliedstaates nach der EuGVVO besteht).

Eine besondere Zuständigkeit könnte sich in Spruchverfahren nach § 1 Nr. 1 SpruchG aus Art. 5 Nr. 1. a) EuGVVO ergeben, der bei vertraglichen Ansprüchen als Verfahrensgegenstand das Gericht des Erfüllungsortes als zuständiges Gericht festlegt. Bei den einem Spruchverfahren nach § 1 Nr. 1 SpruchG zugrunde liegenden Ansprüchen handelt es sich um (unternehmens)vertragliche Ansprüche. Die Verpflichtung zur Leistung des Ausgleichs oder der Abfindung besteht jedoch in jedem Fall in einer Geldleistung (vgl. § 304 Abs. 1 S. 1 AktG bzw. § 305 Abs. 2 Nr. 3 AktG) und da es sich bei Geldschulden um Schickschulden handelt, wird die Verpflichtung zur Leistung des erhöhten Ausgleichs oder der Abfindung bereits am Sitz der abhängigen Gesellschaft erfüllt, so dass sich die Zuständigkeit eines deutschen Landgerichts gem. § 2 SpruchG nicht aus Art. 5 Nr. 1 a) EuGVVO ergeben kann. Ebenso wenig sind Art. 5 Nr. 3 EuGVVO (Gerichtsstand der unerlaubten Handlung) oder Art. 5 Nr. 5 EuGVVO (Gerichtsstand der Zweigniederlassung) einschlägig, da die dem Spruchverfahren vorausgehende Strukturmaßnahme gerade erlaubt ist und eine ausländische herrschende Gesellschaft keine Zweigniederlassung gründen muss.[254]

Auch für Spruchverfahren nach § 1 Nr. 3 und Nr. 5 SpruchG mit einem Hauptaktionär bzw. einer SE mit Sitz in einem anderen Mitgliedsstaat als Antragsgegner gilt nichts anderes. Zum einen handelt es sich bei den Barabfindungsansprüchen um gesetzliche und nicht um vertragliche Ansprüche, so dass Art. 5 Nr. 1 a) EuGVVO schon aus diesem Grund nicht einschlägig ist. Zum anderen sind weder *squeeze out* noch Verschmelzungen unerlaubte Handlungen, sondern vielmehr rechtmäßige Strukturmaßnahmen. Daher scheidet ein besonderer inländischer Gerichtsstand nach Art. 5 Nr. 3 oder Nr. 5 EuGVVO aus. Vielmehr kommt es für Spruchverfahren nach § 1 Nr. 1, Nr. 3 oder Nr. 5 SpruchG im Anwendungsbereich der EuGVVO entscheidend darauf an, ob eine gerichtliche Zuständigkeit gem. Art. 22 Nr. 2 EuGVVO besteht, wonach für Klagen, welche die Gültigkeit, die Nichtigkeit oder die Auflösung einer Gesellschaft oder juristischen Person oder die Gültigkeit der Beschlüsse ihrer Organe zum

[254] So bezüglich Art. 5 Nr. 1 EuGVÜ bereits *Behnke* Spruchverfahren S. 64 ff.; vgl. auch *W. Meilicke* NZG 2004, 547, 551 f.

Gegenstand haben, die Gerichte des Mitgliedsstaates ausschließlich zuständig sind, in dem die Gesellschaft oder juristische Person ihren Sitz hat. Spruchverfahren sind „Klagen" i. S. d. Vorschrift, da von diesem Begriff – wie dargelegt – auch die echten Streitverfahren der freiwilligen Gerichtsbarkeit erfasst werden. Gegenstand eines Spruchverfahrens nach § 1 Nr. 1, Nr. 3 oder Nr. 5 SpruchG ist jedoch nicht die Überprüfung der Gültigkeit des Beschlusses der Hauptversammlung der abhängigen Gesellschaft bzw. des Übertragungsbeschlusses der Hauptversammlung, sondern die Überprüfung der beschlossenen Kompensation. Der Beschluss selbst ist gerade nicht anfechtbar.

Dennoch wird die Norm nach ihren Sinn und Zweck für anwendbar gehalten: Letztlich handele es sich um eine materielle Überprüfung des Beschlussinhalts, und da auch eine Anfechtungsklage verbunden mit einer Feststellungsklage bezüglich des stattdessen gültigen Beschlusses erfasst sei, müssten Spruchverfahren erst recht eingeschlossen werden.[255] Allerdings wird auch – allerdings ohne nähere Begründung – die Gegenansicht vertreten.[256] Für jene spricht zunächst, dass Art. 22 Nr. 2 EuGVVO gerade keinen Gerichtsstand für alle Streitigkeiten aus dem Gesellschaftsleben statuiert und zahlreiche Sachbereiche aus dem Gesellschaftsrecht ebenfalls nicht erfasst sind.[257] Insbesondere ergibt sich aus Art. 22 Nr. 2 EuGVVO kein umfassender Gerichtsstand der Mitgliedschaft.[258] Für den Einbezug von Spruchverfahren lässt sich auch nicht der Sinn und Zweck der Regelung anführen, widersprechende Entscheidungen über die Gültigkeit der Gesellschaftsbeschlüsse zu vermeiden.[259] Denn Gegenstand des Spruchverfahrens ist gerade nicht die Gültigkeit des Beschlusses. Der Gefahr, dass ein ausländisches Gericht über die Angemessenheit der Kompensation auf der Grundlage eines Beschlusses entscheidet, den ein deutsches Gericht für nichtig erklärt, kann durch Anwendung von Art. 28 EuGVVO, also durch eine Aussetzung des Spruchverfahrens begegnet werden.[260] Mag dies von der Teleologie der Vorschrift des Art. 22 Nr. 2 EuGVVO her auch nicht vollends zufrieden stellend sein, da ersichtlich ein enger Zusammenhang mit materiellen Grundlagen des Gesellschaftslebens besteht und die Entscheidung im Spruchverfahren gem. § 13 SpruchG *inter omnes* wirkt, steht der der Aufnahme von Spruchverfahren und damit einer extensiven Auslegung der Wille des Normgebers entgegen, mit der EuGVVO in hohem Maße vorhersehbare Zuständigkeitsvorschriften schaffen zu wollen (vgl. Präambel Abs. 11 S. 1 EuGVVO). Für die Analogiefähigkeit der Norm fehlt es darüber hinaus angesichts der Regelung in Art. 2 ff. EuGVVO bereits an einer planwidrigen Regelungslücke.[261] Daher bleibt es in Spruchverfahren im Anwendungsbereich der EuGVVO grundsätzlich bei der

---

255 So *Behnke* Spruchverfahren S. 62 ff. (zur Geltung des insoweit gleichlautenden Art. 16 Nr. 2 EuGVÜ bezüglich Spruchverfahren bei internationalen Unternehmensverträgen).

256 *Geimer* FS Schippel, 869, 881 f. (zu Art. 16 Nr. 2 EuGVÜ).

257 *Kropholler* Europ. ZivilprozessR Art. 16 EuGVÜ Rn. 38.

258 *Mankowski* in Rauscher Europ. ZivilprozessR Art. 22 EuGVVO Rn. 37.

259 So aber *Behnke* Spruchverfahren S. 63.

260 A. A. *Behnke* Spruchverfahren S. 63, der darin eine „Vermengung" der Normzwecke sieht.

261 *Mankowski* in Rauscher Europ. ZivilprozessR Art. 22 EuGVVO Rn. 36.

internationalen Zuständigkeit eines Gerichts desjenigen Mitgliedsstaates, in dem der Antragsgegner seinen Sitz hat. § 2 SpruchG hat in diesen Fällen nur Bedeutung für die örtliche Zuständigkeit.[262]

Allerdings bietet sich zur Verfahrensbeschleunigung der Abschluss einer den Anforderungen des Art. 23 EuGVVO genügenden Gerichtsstandsvereinbarung an, in der die Vorschriften des § 2 SpruchG nachgebildet werden. Noch einfacher ist indessen die Vereinbarung des Ortes des Rechtsträgers, dem die im Spruchverfahren antragsberechtigten Anteilsinhaber angehören, als Erfüllungsort. Denn im Rahmen des Art. 5 Nr. 1 a) EuGVVO sind diesbezügliche Parteivereinbarungen zu beachten,[263] so dass § 2 SpruchG bei Abschluss einer entsprechenden Vereinbarung im vollen Umfang zur Anwendung käme.

C. Verfahrensbeteiligte im Spruchverfahren

I. Antragsteller

Spruchverfahren werden durch Antragsteller eingeleitet. Antragsteller kann nur sein, wer antragsberechtigt ist.

1. Antragsberechtigung

Die Antragsberechtigung in Spruchverfahren nach § 1 Nrn. 1–5 SpruchG ergibt sich aus § 3 SpruchG. Durch dessen Wortlaut ist nunmehr klargestellt, dass begrifflich nicht von einer – wie vor Inkrafttreten des Spruchverfahrensgesetzes teilweise vertreten – „Aktivlegitimation",[264] „Antragsbefugnis"[265] oder „Klagebefugnis"[266], sondern von einer „Antragsberechtigung"[267] auszugehen ist. Generell entfallen ist die Möglichkeit, sich als sog. Anschlussantragsteller am Verfahren zu beteiligen.

Maßgebliche Norm für die Antragsberechtigung in Verfahren für die Bestimmung des Ausgleichs für außenstehende Aktionäre und der Abfindung solcher Aktionäre bei Beherrschungs- und Gewinnabführungsverträgen (§§ 304 und 305 des AktG) waren vor Inkrafttreten des Spruchverfahrensgesetzes § 306 Abs. 1 S. 1, Abs. 3 S. 2 AktG a. F. Es gab zwei Gruppen von Antragstellern: Die erste Gruppe wurde von denjenigen außenstehenden Aktionären gebildet, die durch ihre Anträge nach den §§ 304 Abs. 4 und 305 Abs. 5 S. 4 AktG a. F. das Verfahren auslösen, die zweite Gruppe von den Anschlussantragsstellern des § 306 Abs. 3 S. 2 AktG a. F. Letztere waren ebenfalls außenstehende

[262] Vgl. *Geimer* FS Schippel 869, 882.
[263] *Geimer* in Geimer/Schütze EuGVVO Art. 5 EuGVVO Rn. 133.
[264] *Beyerle* DB 1982, 837.
[265] OLG Düsseldorf WM 1989, 1605; OLG Frankfurt/M. AG 1971, 369; *Bork* in Lutter UmwG 2. Aufl. § 15 UmwG Rn. 2.
[266] *Beyerle* DB 1982, 837.
[267] So bereits BayObLG AG 1991, 356; LG Dortmund ZIP 2000, 1110; *Schulenberg* AG 1998, 74.

> Aktionäre, die binnen einer Frist von zwei Monaten nach Bekanntmachung, aber auch schon vor Bekanntmachung der Anträge von Antragstellern der ersten Gruppe eigene Anträge stellen konnten. Den außenstehenden Aktionären, die durch die etwaige Entscheidung im Spruchverfahren unmittelbar betroffen werden, sollte auf diese Weise die Möglichkeit eröffnet werden, ihre Rechte in dem Verfahren selbst wahrzunehmen.[268]

Damit wurde eine Regelung beseitigt, die unter anderem als Grund für den langwierigen Start von Spruchverfahren bzw. deren Dauer angesehen wurde und deren Abschaffung gefordert wurde, weil sie „übertrieben aktionärsfreundlich"[269] sei.

a. Spruchverfahren nach § 1 Nr. 1 SpruchG

Gem. § 3 S. 1 Nr. 1 SpruchG ist in Spruchverfahren nach § 1 Nr. 1 SpruchG jeder außenstehende Aktionär antragsberechtigt.[270]

aa. Außenstehender Aktionär

Der Begriff des außenstehenden Aktionärs, der in § 304 Abs. 1 S. 1 und § 305 Abs. 1 AktG verwendet wird und im Rahmen des § 3 S. 1 Nr. 1 SpruchG inhaltsgleich gilt, ist vom Gesetzgeber bewusst nicht definiert oder anhand von Beispielen erläutert worden.[271] Im Detail ist hinsichtlich der Abgrenzung des Begriffs immer noch einiges umstritten,[272] was vor allem dadurch zu erklären ist, dass in den meisten Unternehmensverträgen die strittigen Punkte ausdrücklich geregelt sind und infolgedessen keine gerichtlichen Entscheidungen dazu ergehen.[273] Nach herrschender Ansicht werden von dem Begriff des außenstehenden Aktionärs alle Aktionäre der abhängigen Gesellschaft mit Ausnahme der herrschenden Gesellschaft und derjenigen Aktionäre erfasst, die an der herrschenden Gesellschaft zu 100% beteiligt sind oder an denen die herrschende Gesellschaft mit 100% beteiligt ist, die mit der herrschenden Gesellschaft unmittelbar oder mittelbar durch einen Unternehmensvertrag verbundenen sind sowie derjenigen, die in die herrschende Gesellschaft eingegliedert sind oder in die die

---

[268] Siehe *Emmerich* in Emmerich/Habersack KonzernR 3. Aufl. § 306 AktG Rn. 11 ff.

[269] So etwa im Zusammenhang mit dem Entwurf zum Umwandlungsgesetz 1994 *Hoffmann-Becking* ZGR 1990, 482, 501; kritisch auch *Fuhrmann/Linnerz* Konzern 2004, 265, 268, mit dem Hinweis, dass die Anschlussanträge in der Praxis häufig dafür genutzt wurden, Kostenvorteile bei den außergerichtlichen Kosten zu erlangen; allgemein zur Neuregelung *Tomson/Hammerschmitt* NJW 2003, 2572, 2574: „Die Neuregelung führt einerseits sicherlich zu einer erheblichen Zeitersparnis, andererseits bedeutet sie auch ein Minus an Rechtsschutz. Dieses Minus tritt allerdings in Anbetracht der künftigen Antragsfrist von nunmehr drei Monaten in den Hintergrund."

[270] Nicht nachgegangen wird der Frage, ob das Spruchverfahren auch Aktionären der herrschenden Gesellschaft eröffnet ist. Eine solche Erwägung wäre offenkundig abwegig, da das Spruchverfahrensgesetz in seiner gesamten Konzeption auf den Schutz der Minderheit der abhängigen Gesellschaft ausgerichtet ist (ebenso *Emmerich* in Emmerich/Habersack KonzernR § 293 AktG Rn. 38 j).

[271] *Kropff* AktG S. 385.

[272] Vgl. *Emmerich* in Emmerich/Habersack KonzernR § 304 AktG Rn. 13 ff.; *Koppensteiner* in KK/AktG § 304 AktG Rn. 18 f.

[273] *W. F. Bayer* FS Ballerstedt 157, 174 f.

herrschende Gesellschaft ihrerseits eingeliedert ist.[274] Außenstehenden Aktionäre und damit grundsätzlich antragsberechtigt sind dabei auch diejenigen Aktionäre, die bei der Beschlussfassung gem. § 293 Abs. 1 AktG für den Vertrag gestimmt haben oder den Ausgleich widerspruchslos entgegengenommen haben.[275] Der Ausgleichsanspruch bzw. das Wahlrecht zwischen Ausgleich und Abfindung erlischt jedoch – und damit auch die Stellung als außenstehender Aktionär und mit ihr die Antragsberechtigung –, wenn das Abfindungsangebot des herrschenden Unternehmens angenommen wird. Hieraus folgt zugleich, dass durch die bloße Inanspruchnahme von Ausgleichsleistungen nicht auf den Abfindungsanspruch verzichtet wird, so dass durch den Verzicht die Antragsberechtigung nicht wegfällt.[276] Die Beendigung des Unternehmensvertrags durch Kündigung führt ebenfalls nicht zum Erlöschen des Anspruchs auf Ausgleich oder Abfindung bzw. des Wahlrechts und damit der Antragsberechtigung.[277] Gleiches gilt für den Fall der Eingliederung oder die Verschmelzung der abhängigen oder herrschenden Gesellschaft[278] sowie bei einem *squeeze out* der Aktionäre der beherrschten Gesellschaft.[279] Denn selbst in den Fällen, in denen der Unternehmensvertrag durch oder infolge der Strukturmaßnahme beendet wird, bedarf es immer noch der Feststellung der Höhe der Ausgleichs- und Abfindungsansprüche für die Zeit, in denen der Unternehmensvertrag in Kraft war.

bb. Maßgeblicher Zeitpunkt

Gem. § 3 S. 2 SpruchG ist für die Stellung als außenstehender Aktionär der Zeitpunkt der Antragstellung maßgeblich. Es genügt also nicht, dass der Aktionär zunächst den Antrag auf Einleitung des Spruchverfahrens stellt und anschließend einen Anteil erwirbt, auch wenn der Erwerb vor Ablauf der Antragsfrist erfolgt.[280]

Vor allem in dem von § 1 Nr. 1 SpruchG erfassten Anwendungsbereich war vor Inkrafttreten des Spruchverfahrensgesetzes der für die Anteilsinhaberschaft maßgebliche Zeitpunkt mangels eindeutiger gesetzlicher Regelungen unklar.[281] Abgestellt wurde auf den Zeitpunkt der Beschlussfassung der Hauptversammlung gem. § 293 Abs. 1 AktG,[282] die Wirksamkeit des Unternehmensvertrages,[283] die Bekanntgabe des Unternehmensvertrages

---

[274] *Emmerich* in Emmerich/Habersack KonzernR § 304 AktG Rn. 18 m. w. N.

[275] BayObLG ZIP 2002, 935 („ERC Frankona Rückversicherungs AG"); *Bilda* in MüKo/AktG § 306 AktG Rn. 210 f.; *Klöcker/Frowein* SpruchG § 3 SpruchG Rn. 6; *Krieger* in Lutter UmwG Anhang I SpruchG § 3 SpruchG Rn. 2; *Volhard* in MüKo/AktG § 3 SpruchG Rn. 2; *Vollrath* in Widmann/Mayer UmwG, Anh. 13 § 3 SpruchG Rn. 4.

[276] BGHZ 152, 29 („Rütgers AG").

[277] LG Berlin AG 2000, 284, 285 („Aluminiumwerke Unna AG").

[278] BGHZ 135, 374, 377 ff. („Guano AG"); jüngst erneut OLG Karlsruhe ZIP 2004, 2330, 2331 („SEN AG").

[279] *Aubel/Weber* WM 2004, 857, 904; *Bredow/Tribulowsky* NZG 2002, 841, 845; *Habersack* in Emmerich/Habersack KonzernR § 327 e AktG Rn. 10; *Klöcker/Frowein* SpruchG § 11 SpruchG Rn. 30; *Schiffer/Roßmeier* DB 2002, 1359; *Volhard* in MüKo/AktG § 3 SpruchG Rn. 10.

[280] *Klöcker/Frowein* SpruchG § 3 SpruchG Rn. 8.

[281] Umfassend zum Meinungsstand *Schulenberg* AG 1998, 74, 77 ff.

[282] KG AG 1971, 158, 159; LG Darmstadt AG 1971, 57, 58.

[283] OLG Frankfurt/M NJW 1972, 641, 642; LG Köln AG 1998, 537 („AMV").

gem. § 10 Abs. 2 HGB[284] oder aber auch den Ablauf der Antragsfrist.[285] Im Zuge der Reform des Spruchverfahrens hatte sich nachdrücklich der *HaReA-DAV*[286] dafür ausgesprochen, auf den Zeitpunkt des Wirksamwerdens des Unternehmensvertrages abzustellen, da auf diese Weise eine klare und für alle Fälle einheitliche Regelung der Antragsbefugnis erreicht werde und der im Zeitpunkt des Wirksamwerdens der Maßnahme vorhandene Anteilsinhaber der eigentlich Betroffene sei. Demnach sollte § 3 S. 2 SpruchG wie folgt lauten: „*Die Antragsberechtigung für Verfahren nach § 1 ist nur gegeben, wenn der Antragsteller im Zeitpunkt des Wirksamwerdens der Maßnahme Anteilsinhaber war.*"

Besteht der Anspruch bzw. das Wahlrecht fort, so gehen diese auf einen Erwerber der Anteile über, wenn dieser ebenfalls außenstehender Aktionär ist. Damit ist dieser ebenfalls antragsberechtigt, denn die übertragene mitgliedschaftliche Rechtsposition beinhaltet auch die rechtliche Möglichkeit, die Angemessenheit der Kompensation überprüfen zu lassen.[287] Das gilt nur dann nicht, wenn der Veräußerer bereits einen Antrag auf Einleitung des Spruchverfahrens gestellt hat.[288] Davon abgesehen ist es für die Antragsberechtigung – wie ohnehin für die Stellung als außenstehender Aktionär – jedoch unerheblich, wann der Anteilserwerb erfolgt.[289] Insbesondere kann der Erwerbszeitpunkt aufgrund der Eigenschaft des Angebots im Unternehmensvertrag als Vertrag zugunsten Dritter (§§ 328 ff. BGB) auch nach Abschluss des Unternehmensvertrages erfolgen und somit die Antragsberechtigung noch nach diesem Zeitpunkt erworben werden.[290] Bestritten wird allerdings jüngst, dass der Abfindungsanspruch auch *vor* Beendigung des Spruchverfahrens, aber *nach* Beendigung des Unternehmensvertrags übertragen werden kann. Anlass zu diesem kontrovers geführten Streit ist das „*Jenoptik*"-Urteil des OLG Jena,[291] das erhebliche Resonanz in der Literatur hervorgerufen hat.[292]

Die Jenoptik AG beherrschte ein anderes börsennotiertes Unternehmen aufgrund eines Beherrschungs-/Gewinnabführungsvertrags und hielt dabei an dem beherrschten Unter-

---

284 *Geßler* in Geßler/Hefermehl/Eckardt/Kropff AktG § 304 AktG Rn. 33; *Krieger* in MüHdb/AG § 70 Rn. 114.

285 BayObLG ZIP 2002, 935, 937 f. („ERC Frankona Rückversicherungs AG"); *v. Aerssen* AG 1999, 249, 253; *Bilda* in MüKo/AktG § 304 AktG Rn. 214; *Emmerich* in Emmerich/Habersack KonzernR 3. Aufl. § 304 AktG Rn. 86; *Hüchting* Abfindung und Ausgleich S. 73; *Karrer* Angemessenheit der Leistung S. 221.

286 *HaReA-DAV* ZIP 2003, 552, 553 f.

287 *v. Aerssen* AG 1999, 249, 253 f.

288 Siehe zur Antragsberechtigung in diesen Fällen unten Teil 3 C. I. 4.

289 *Bilda* in MüKo/AktG § 304 AktG Rn. 28 sowie *Emmerich* in Emmerich/Habersack KonzernR § 304 AktG Rn. 21, § 305 AktG Rn. 21 (jeweils m. w. N.).

290 BGHZ 135, 374, 377 ff. („Guano AG").

291 OLG Jena ZIP 2005, 525 ff. („Jenoptik AG").

292 Neben sachlichen, der Entscheidung zustimmenden (*Hirte/Mock* DB 2005, 1444 ff.; *Wagner* EWiR § 305 AktG 1/05, 493 f.; siehe auch *Hirte*, FS Hadding, 427 ff.) oder sie ablehnenden (*Bayer* ZIP 2005, 1053; *Bilda* NZG 2005, 375 ff.; *Lehmann* ZIP 2005, 1489 ff.) Stellungnahmen ist dabei erstaunlich unverhohlene Kritik an der Fachkenntnis des zuständigen Senats ebenso zu beobachten (siehe *Bayer* ZIP 2005, 1053, 1054) wie die exponierte Stellungnahme des Parteigutachters der Jenoptik AG, der sich missverstanden fühlt und Veranlassung zu einer öffentlichen Rechtfertigung sieht (namentlich *Altmeppen* ZIP 2005, 1055; siehe auch *ders.* FS Ulmer, 3 ff.).

nehmen 99,2% der Aktien. Zur Bestimmung der Angemessenheit der angebotenen Barabfindung wurde von den außenstehenden Aktionären ein Spruchverfahren eingeleitet. Während des noch anhängigen Spruchverfahrens wurde der Unternehmensvertrag beendet. Die Jenoptik AG veräußerte ihre Anteile an dem ehemals beherrschten Unternehmen. Zudem wurden bei jenem insgesamt drei Kapitalerhöhungen durchgeführt. Der *free float* stieg infolgedessen von 0,8% auf über 35% bzw. von ca. 70.000 Aktien auf 5,22 Mio. Aktien an. Dabei waren die veräußerten bzw. aus den Kapitalerhöhungen stammenden Aktien nicht von jenen zu unterscheiden, die bis zum Ende des Unternehmensvertrages von den außenstehenden Aktionären gehalten wurden; es kam zu einer „Vermischung und Vermengung".[293] Das OLG Jena bejahte nicht nur das Fortbestehen der Abfindungsansprüche bei Übertragungen nach Beendigung des Unternehmensvertrages, sondern wies zudem die Beweislast für das Nichtbestehen eines Abfindungsanspruchs der Jenoptik AG zu. Dadurch wird die Jenoptik AG bei Rechtskraft des Urteils – gegen das Urteil wurde die Revision zugelassen, die beim BGH unter II ZR 27/05 anhängig ist – nicht lediglich Abfindungszahlungen i. H. v. maximal 1,8 Mio. €, sondern von bis zu 140 Mio. € zu leisten haben, denn infolge der fehlenden Unterscheidbarkeit des *free floats* wird der Gegenbeweis nicht zu führen sein.

Die Begründung des OLG Jena zur Übertragbarkeit des Abfindungsanspruchs ist zutreffend:[294] Zum einen folgt die Übertragbarkeit aus der Dogmatik des Wertpapierrechts; in der Aktie ist der Abfindungsanspruch verkörpert, so dass er zwingend mit der Aktie übertragen wird. Zum anderen ist ein anderes Ergebnis mit Art. 14 Abs. 1 GG unvereinbar: Das Recht der Minderheitsaktionäre auf volle Entschädigung umfasst auch die Möglichkeit, jederzeit zum vollen Gegenwert aus der Gesellschaft auszuscheiden.[295]

Dagegen überzeugt zunächst die Gegenauffassung von *Bayer*, die bereits methodischen Bedenken begegnet,[296] nicht. Zum einen ist der derivative Erwerb des Abfindungsanspruchs, den *Bayer* ablehnt[297] seit langem anerkannt und kann nicht ernsthaft in Frage gestellt werden.[298] Zum anderen ist es unzutreffend, ein dringendes Bedürfnis der außenstehenden Aktionäre zu verneinen, ihre Aktien unter Einschluss des Abfindungsanspruchs an einen Dritten zu veräußern, da sie entweder das Ende des Spruchverfahrens abwarten oder ihre Anteile an das herrschende Unternehmen zu der angebotenen Abfindung übertragen könnten.[299] Denn die Fungibilität der Anteile

---

293 Siehe hierzu unten Teil 3 G. III. 1. c.

294 Zur Beweislastverteilung siehe unten Teil 3 G. III. 1. c.

295 OLG Jena ZIP 2005, 525, 526 f. („Jenoptik AG").

296 Bereits vorab konstatiert *Bayer* (ZIP 2005, 1053, 1058), dass die Folgen des Urteils „unhaltbar" seien und ein wirtschaftlich „absurdes Ergebnis" darstellten. Vor allem eine „als professionelle Opponennten bekannte Aktionärsgruppe" und „nachahmende Spielernaturen" würden von der Entscheidung profitieren. Dieser offenkundig nicht neutrale, im Übrigen hauptsächlich moralische Fragen (hierzu *Hirte/Mock* DB 2005, 1444, 1447) tangierende Ausgangspunkt begründet erhebliche Zweifel an der Unvoreingenommenheit der nachfolgenden „dogmatischen Analyse". Auch mutet angesichts dessen seine Kritik an vermeintlich interessengeleiteten Rechtsgutachten, die der Entscheidung des OLG Jena zugrunde gelegen haben, merkwürdig an.

297 *Bayer* ZIP 2005, 1053, 1058.

298 Siehe etwa *v. Aerssen* AG 1999, 249, 253 f.; *Altmeppen* FS Ulmer, 3 ff.; *Hirte* FS Hadding, 427 ff.

299 So *Bayer* ZIP 2005, 1053, 1059.

ist von dem Grundrecht aus Art. 14 Abs. 1 GG erfasst;[300] der Verkehrswert einer Aktie und die jederzeitige Möglichkeit dessen Realisierung sind Teil des Aktieneigentums. Darauf weist die Rechtsprechung in jüngerer Zeit nachhaltig hin.[301] Verneint man den Übergang des Abfindungsanspruchs bei einer Übertragung nach Beendigung des Unternehmensvertrages, so verhindert man folglich mittelbar die Verwirklichung eines umfassenden Grundrechtsschutzes: Zwar ist der Anteil an Dritte frei übertragbar. Da jedoch der Abfindungsanspruch bzw. die Möglichkeit dessen Erhöhung im Spruchverfahren als wertbildender Faktor – psychologische Momente finden auf dem Kapitalmarkt wertmäßig erhebliche Berücksichtigung[302] – von vorneherein ausgeschlossen werden, kann der Aktionär nicht die Gegenleistung fordern, die dessen wahrem Wert zum Übertragungszeitpunkt entspricht.

Auch die Einwände von *Bilda* gegen die Lösung des OLG Jena verfangen nicht. Soweit er die Übertragbarkeit des Anspruchs nach Beendigung des Unternehmensvertrages verneint, da der Erwerber mangels Fortbestands des Vertrages kein außenstehender Aktionär sein könne,[303] ist die Betrachtungsweise zu formal;[304] der BGH hat in der „*Guano*"-Entscheidung festgestellt, dass formal rechtliche Gesichtspunkte eine Einschränkung des Abfindungsanspruchs nicht rechtfertigen können.[305] Soweit *Bilda* zudem meint, die „Zweckbindung des Abfindungsrechts" dürfe nicht durch die Wertpapiereigenschaft der Aktie beeinflusst werden,[306] ist dies ebenfalls nicht überzeugend: Zweck der Abfindung ist es, den außenstehenden Aktionär für den Eingriff durch Herrschaftsmacht vollumfänglich zu entschädigen. Dies beinhaltet auch, dass er seine Deinvestitionsentscheidung nach Belieben zu jedem Zeitpunkt treffen können muss.[307] Demnach geht es in erster Linie nicht um eine Entscheidung zugunsten der Erwerber bzw. des Kapitalmarktes – wie *Bilda* fälschlich annimmt[308] –, sondern um eine Entscheidung für den Veräußerer und die Sicherung dessen verfassungsmäßiger Rechte; der Übergang des Abfindungsanspruchs stellt sich letztlich als notwendiger Annex des Eigentumsschutzes der außenstehenden Aktionäre dar.[309] Vor diesem Hintergrund ist auch eine dahingehende Lösung des Problems, den Anspruch auf

---

300 BVerfGE 100, 289, 395 („DAT/Altana").

301 Siehe etwa BayObLG ZIP 2004, 1952, 1953 („Knürr AG"); OLG Düsseldorf ZIP 2005, 300, 301 („Rhenag").

302 Siehe *Großfeld* Unternehmensbewertung S. 181.

303 *Bilda* NZG 2005, 375 ff.

304 So auch OLG Jena ZIP 2005, 525, 528 („Jenoptik AG").

305 BGHZ 135, 374, 377 („Guano AG").

306 *Bilda* NZG 2005, 375, 378 f.

307 So auch OLG Jena ZIP 2005, 525, 527 („Jenoptik AG").

308 *Bilda* NZG 2005, 375, 380.

309 Vor diesem Hintergrund stellen sich auch nicht die von *Bilda* (NZG 2005, 375, 379) beschriebenen Probleme bei nicht börsennotierten Aktiengesellschaften: Da dem Abfindungsanspruch als Teil des Anteilseigentums in diesem Fall mangels Handelbarkeit der Aktien an der Börse keine erhebliche wertmäßige Bedeutung zukommt, ist es mit dem Zweck der Abfindungsregelung und dem Verfassungsrecht ohne weiteres vereinbar, in diesen Fällen einen Übergang des Abfindungsanspruchs nach Beendigung des Unternehmensvertrags abzulehnen. Ein Gleichlauf für alle Aktiengesellschaften ist nicht geboten. Dies dürfte auch der Auffassung des OLG Jena

Abfindungsergänzung separat abzutreten, nicht tragfähig.[310] Denn dieser Anspruch ist untrennbar mit dem Hauptanspruch verbunden. Schließlich ist allein die Auffassung des OLG Jena mit der Rechtsprechung des BGH hinsichtlich der Rechtsfolge vereinbar. Denn der BGH hat in der „*Guano*"-Entscheidung festgestellt, dass die Abfindungsregelung nicht unterlaufen werden und das herrschende Unternehmen aus dem Vertrag nicht einseitig Vorteile ziehen dürfe.[311] Dies wäre aber gerade der Fall, wenn mit einer Veräußerung des Anteils nach Beendigung des Vertrages auch der Abfindungsanspruch erlöschen würde; das ehemals herrschende Unternehmen müsste für seinen in der Vergangenheit vorgenommenen Eingriff keine Entschädigung leisten. Überdies würde der Veräußerer, der zugleich Antragsteller ist, noch mit den Gerichtskosten und ggf. seinen Rechtsanwaltskosten belastet, denn mit der Veräußerung wird der Antrag ohne weiteres offensichtlich unzulässig[312], und in diesem Fall entspricht es der Billigkeit, diese Kosten dem Antragsteller aufzuerlegen.[313] Jedenfalls hätte er aber das Risiko der Insolvenz des Abfindungsschuldners nach Beendigung des Unternehmensvertrags zu tragen.[314] Nach alledem ist dem OLG Jena zuzustimmen: Der Abfindungsanspruch ist auch nach Beendigung des Unternehmensvertrages übertragbar.[315]

b. Spruchverfahren nach § 1 Nr. 2 und 3 SpruchG

Gem. § 3 S. 1 Nr. 2 SpruchG ist in Spruchverfahren nach § 1 Nr. 2 und 3 SpruchG jeder ausgeschiedene Aktionär antragsberechtigt.

aa. Ausgeschiedener Aktionär

Ausgeschiedener Aktionär ist in Spruchverfahren nach § 1 Nr. 2 SpruchG jeder aus der eingeliederten Gesellschaft ausgeschiedene Gesellschafter, in Spruchverfahren nach § 1 Nr. 3 SpruchG jeder Aktionär, dessen Aktien nach § 327 e Abs. 3 AktG auf den Hauptaktionär übergehen und solche Personen, die in §§ 327 a Abs. 1 S. 1, 327 e Abs. 3 S. 1 AktG als Minderheitsaktionäre bezeichnet werden.[316] Das Ausscheiden der Aktionäre der eingegliederten Gesellschaft bzw. der Minderheitsaktionäre vollzieht sich mit Eintragung des Eingliederungs- bzw. Übertragungsbeschlusses ins Handelsregister, § 320 a AktG bzw. § 327 e Abs. 3 SpruchG, nicht also erst mit der jeweiligen Bekanntmachung.

---

entsprechen, denn es stellt die Fungibilität der Aktien an der Börse in den Mittelpunkt seiner Entscheidung (vgl. OLG Jena ZIP 2005, 525, 528 ff. [„Jenoptik AG"]).

310 A. A. *Lehmann* ZIP 2005, 1489, 1494.

311 BGHZ 135, 374, 378 f. („Guano AG").

312 Siehe unten Teil 3 C. I. 6.

313 Siehe unten Teil 3 H. I. 3. sowie Teil 3 H. II. 3. b.

314 Vgl. OLG Köln ZIP 2001, 967 ff. („Erste Kulmbacher Actienbrauerei AG").

315 Merkwürdig dagegen *Lehmann* ZIP 2005, 1489, 1490, der das OLG Jena wegen dessen „rein juristischen Argumentationen" kritisiert.

316 Unerheblich ist auch hier wie in Spruchverfahren nach § 1 Nr. 1 SpruchG das Abstimmungsverhalten bezüglich des Eingliederungs-/*Squeeze-out*-Beschlusses (*Vollrath* in Widmann/Mayer UmwG Anh. 13 § 3 SpruchG Rn. 15).

Zunächst ist jeweils strittig, ob zu den ausgeschiedenen Aktionären auch die eingegliederte oder übertragene Gesellschaft selbst zählt, soweit sie eigene Aktien gehalten hat. Dafür wird angeführt, dass der Gesellschaft auch der Abfindungsanspruch nach § 320 b Abs. 1 S. 2 und 3 AktG zustehe und eine andere Lösung mit der fortdauernden rechtlichen Selbständigkeit der eingegliederten Gesellschaft unvereinbar sei.[317] Dieses wird indes mit unterschiedlichen Argumenten bestritten. Zum einen wird geltend gemacht, dass eine Abfindung in Aktien der Hauptgesellschaft nach § 320 b Abs. 1 S. 1 AktG in aller Regel gegen § 71 d S. 2 AktG verstoßen würde,[318] zum anderen, dass es am Schutzbedürfnis fehle, da die eigenen Aktien keinen selbstständigen Vermögenswert darstellten.[319] Zwar ließe sich dem ersten Argument noch entgegenhalten, dass der Aktienerwerb durch die eingegliederte Gesellschaft über eine erweiternde Auslegung des § 71 Abs. 1 Nr. 3 AktG gerechtfertigt werden kann.[320] Entscheidend ist aber, dass eine an die eingegliederte Gesellschaft zu leistende Abfindung gem. §§ 323, 324 AktG ohnehin an die Hauptgesellschaft zurückfließen könnte, so dass auch eine mögliche Heraufsetzung der Abfindung im Spruchverfahren der Hauptgesellschaft ohne weiteres zugute kommen würde, wenn man die eingegliederte Gesellschaft als ausgeschiedenen Aktionär und damit gem. § 3 S. 1 Nr. 2 SpruchG für antragsberechtigt hält. Daher ist diese nicht schutzbedürftig und somit auch nicht antragsberechtigt.

Auch zum *squeeze out* wird einerseits vertreten, dass die Gesellschaft, deren Anteile übertragen werden sollen und die eigene Aktien hält, ausgeschiedener Aktionär sei.[321] Andererseits wird bestritten, dass der Gesellschaft eine derartige Stellung zukomme, da deren eigene Aktien nicht übergingen, falls der Hauptaktionär Unternehmen i. S. v. § 16 Abs. 4 AktG sei, denn ein entsprechendes Interesse des Hauptaktionärs am Aktienübergang bestehe nicht.[322] Die Interessenlage sei identisch, unabhängig davon, ob die Gesellschaft oder ein anderes vom Hauptaktionär abhängiges Unternehmen die Anteile halte sowie unabhängig von dem Umstand, dass diese Anteile als sonstige unter § 16 Abs. 4 AktG fallende Anteile nur nach § 16 Abs. 2 AktG berücksichtigt würden.[323] Letzterer Auffassung ist zuzustimmen, denn es besteht für eine Antragsberechtigung in diesen Fällen kein praktisches Bedürfnis. Die Gesellschaft, deren Anteile übertragen werden sollen, hat kein schützenswertes Interesse an der Überprüfung der Kompensation.

Schließlich wird hinsichtlich der Antragsberechtigung in Spruchverfahren nach § 1

---

317 *Hüffer* AktG § 320 b AktG Rn. 2; *Habersack* in Emmerich/Habersack KonzernR § 320 b AktG Rn. 5 a.

318 *Krieger* in MüHdb/AG § 73 Rn. 37.

319 *Würdinger* in GroßK/AktG § 320 AktG Rn. 12.

320 Vgl. *Hüffer* AktG § 320 b AktG Rn. 2.

321 *Habersack* in Emmerich/Habersack KonzernR § 327 b AktG Rn. 6; *Hüffer* AktG § 327 b AktG Rn. 2.

322 *Grunewald* in MüKo/AktG § 327 e AktG Rn. 10; *Hasselbach* in KK/WpÜG § 327 a AktG Rn. 30, § 327 f AktG Rn. 7.

323 *Grunewald* in MüKo/AktG § 327 e AktG Rn. 10.

Nr. 3 SpruchG vertreten, dass diese auch Bezugsberechtigten zusteht, denen im Zeitpunkt der Übertragung der Aktien auf den Hauptaktionär gegen die Gesellschaft gerichtete Options- und Wandelrechte zustanden, die nach ganz überwiegender Auffassung[324] in einen gegen den Hauptaktionär gerichteten Barabfindungsanspruch umgewandelt werden, denn der Wortlaut des § 3 S. 1 Nr. 2 SpruchG spreche zwar nur von Aktionär, gemeint sei aber jeder, der ein mitgliedschafts- oder mitgliedschaftsähnliches Recht habe, das sich in eine Barabfindung umwandele.[325] Dem ist zuzustimmen, da die Bezugsrechtigten in gleichem Maße schutzbedürftig sind und sie anderenfalls jeweils separat Leistungsklage erheben müssten. Damit entstünde neben dem erheblichen gerichtlichen Aufwand auch die Gefahr divergierender Entscheidungen bestehen, da Urteile lediglich *inter partes* wirken würden.

bb. Maßgeblicher Zeitpunkt

Die Regelung in § 3 S. 2 SpruchG verweist nur auf § 3 S. 1 Nrn. 1, 3 und 4 SpruchG und gilt somit nicht für Spruchverfahren nach § 1 Nr. 2 und Nr. 3 SpruchG.

Dieses ist zwar zutreffend, da in diesen Fällen die Antragsteller zum Zeitpunkt der Antragstellung nicht mehr Aktionäre sind.[326] Dem Reformziel, die Vorschriften zum Spruchverfahren übersichtlich zusammenzufassen, hätte es allerdings entsprochen, auch den Zeitpunkt der Antragsberechtigung in Spruchverfahren nach § 1 Nr. 2 und Nr. 3 SpruchG ausdrücklich klarzustellen.[327] Nach wie vor ist nicht explizit gesetzlich geregelt,[328] ob die Aktionärsstellung bei Eintragung des Eingliederungs- (§ 320 a AktG) bzw. des Übertragungsbeschlusses (§ 327 e AktG) vorliegen muss[329] oder aber ob es zur Antragsberechtigung genügt, wenn die Anteile im Wege der Einzelrechtsnachfolge – vor Antragstellung – nach Eintragung des jeweiligen Beschlusses erworben wurden.[330] Für die erste Auffassung könnte zunächst ein Umkehrschluss zu der Regelung in § 3 S. 2 SpruchG sprechen. Wenn für Spruchverfahren nach § 1 Nr. 1 und 4 SpruchG ausdrücklich festgelegt ist, dass es für die Antragsberechtigung nur auf den Zeitpunkt der Antragstellung ankommt, ließe sich daraus für Spruchverfahren nach

---

324 Vgl. *Habersack* in Emmerich/Habersack KonzernR § 327 b AktG Rn. 8 m. w. N.

325 *Grunewald* in MüKo/AktG § 327 f AktG Rn. 8; *Habersack* in Emmerich/Habersack KonzernR § 327 b AktG Rn. 8, 17; *Wilsing/Kruse* ZIP 2002, 1465, 1470.

326 *Büchel* NZG 2003, 793, 794.

327 So auch *Büchel* NZG 2003, 793, 794.

328 Siehe zum Streitstand vor Inkrafttreten des Spruchverfahrensgesetzes OLG Hamburg AG 2004, 622 („VTG-Lehnkering AG") sowie *Grunewald* in MüKo/AktG § 320 b AktG Rn. 16.

329 So *Fuhrmann/Linnerz* Konzern 2004, 265, 267; *Habersack* in Emmerich/Habersack KonzernR § 320 b AktG Rn. 17; *Hüffer* AktG § 305 AktG Anh. § 3 SpruchG Rn. 3, 6; *Klöcker/Frowein* SpruchG § 3 SpruchG Rn. 10, 13; auch *Wasmann* WM 2004, 819, 822, 824, der die Frage allerdings für praktisch nicht relevant hält, da ein Einzelrechtserwerb von Aktien nach der Handelsregistereintragung kaum vorkomme.

330 So LG Dortmund Konzern 2004, 821 („Stelcon/Readymix"); *Fritzsche/Dreier/Verfürth* SpruchG § 3 SpruchG Rn. 23, 31; *Hasselbach* in KK/WpÜG § 327 f AktG Rn. 7; *Koppensteiner* in KK/AktG § 320 b AktG Rn. 16; *Krieger* in Lutter UmwG Anhang I SpruchG § 3 SpruchG Rn. 5; *Luttermann* EWiR § 327 b AktG 1/05, 51; *Volhard* in MüKo/AktG § 3 SpruchG Rn. 6; offen lassend *Emmerich* in Emmerich/Habersack KonzernR § 3 SpruchG Rn. 11.

§ 1 Nr. 2 und Nr. 3 SpruchG, bei denen eine Anteilsinhaberschaft in diesem Zeitpunkt nicht möglich ist, folgern, dass es auf den Zeitpunkt der Eintragung ankommen muss. Dem stehen aber materiell-rechtliche Bedenken gegenüber. Denn der jeweilige Abfindungsanspruch entsteht mit der Eintragung des jeweiligen Beschlusses, so dass sich gem. §§ 320 a S. 2, 327 f Abs. 3 S. 2 AktG auch der Inhalt der Aktienurkunden wandelt.[331] Diese sind auch nach der Eintragung weiterhin übertragbar, denn das Eigentum an den Aktienurkunden steht nicht der Hauptgesellschaft bzw. dem Hauptaktionär zu. Mit den Formulierungen in § 320 a S. 2 AktG bzw. § 327 f Abs. 3 S. 2 AktG ist nur gemeint, dass mit der Eintragung die Mitgliedschaftsrechte auf die Hauptgesellschaft bzw. den Hauptaktionär übergehen, nicht jedoch die sie verbriefenden Aktienurkunden; diese bleiben vielmehr im Eigentum der ausgeschiedenen bzw. ausgeschlossenen Aktionäre.[332] Daraus folgt zum einen, dass die Aktien ohne weiteres auch nach der Eintragung übertragen werden können und zum anderen, dass mit deren Übertragung der durch sie verbriefte Abfindungsanspruch einschließlich der Antragsberechtigung übergeht, da sie notwendiger Annex des Abfindungsanspruchs ist.[333] Mit dem Abfindungsanspruch ist die Möglichkeit seiner gerichtlichen Überprüfung im Spruchverfahren quasi behaftet.[334] Antragsberechtigt ist daher auch, wer innerhalb der Antragsfrist Anteile erwirbt, die mit der Eintragung einen Abfindungsanspruch vermittelten, unabhängig davon, ob sich der Erwerb im Wege der Einzel- oder Gesamtrechtsnachfolge vollzieht. Anders ist dies nur dann, wenn der Veräußerer bereits einen Antrag auf Einleitung des Spruchverfahrens gestellt hat.[335]

c. Spruchverfahren nach § 1 Nr. 4 SpruchG

Gem. § 3 S. 1 Nr. 3 SpruchG ist in Spruchverfahren nach § 1 Nr. 4 SpruchG jeder Anteilsinhaber antragsberechtigt, der eine Zuzahlung oder eine Barabfindung erhalten hat.[336]

---

331 *Volhard* in MüKo/AktG § 3 SpruchG Rn. 9.

332 *Grunewald* in MüKo/AktG § 320 a AktG Rn. 2 f., § 327 f AktG Rn. 9, 11.

333 *Krieger* in Lutter UmwG Anhang I SpruchG § 3 SpruchG Rn. 5; *ders.* in MüHdb/AG § 70 Rn. 114.

334 Vgl. BayObLG ZIP 2002, 935, 937 („ERC Frankona Rückversicherungs AG"). Die Zusammenhänge verkennen insbesondere *Klöcker/Frowein* SpruchG § 3 SpruchG Rn. 13 Fn. 1, wenn sie eine Übertragung der Antragsberechtigung für „rechtlich nicht möglich" halten, weil die Aktienurkunden bis zu ihrer Aushändigung „nur" den Anspruch auf Abfindung verbrieften. Gerade weil die Aktienurkunden den Abfindungsanspruch verbriefen, ist die Antragsberechtigung gegeben.

335 Siehe zur Antragsberechtigung in diesen Fällen unten Teil 3 C. I. 4.

336 Aufgrund der erschöpfenden Erörterung in Literatur und Rechtsprechung wird an dieser Stelle nicht erneut der Frage nachgegangen, ob auch Anteilsinhaber des übernehmenden Rechtsträgers im Spruchverfahren antragsberechtigt sein können. Trotz einer beharrlich vertretenen Mindermeinung (siehe etwa *Fritzsche/Dreier/Verfürth* SpruchG § 1 SpruchG Rn. 146 ff.), ist ein entsprechender Analogieschluss nach der ganz herrschenden Meinung weder mit dem Wortlaut der jeweiligen Regelungen noch mit dem eindeutig bekundeten Willen des Gesetzgebers vereinbar (siehe statt zahlreicher anderer *Pfeifer* Schutzmechanismen S. 191 ff. Rn. 557.

aa. Anteilsinhaber

Nicht durch das Spruchverfahrensgesetz, jedoch durch umwandlungsrechtliche Vorschriften wird der Kreis der Antragsberechtigten beschränkt, und zwar für Spruchverfahren, die zur Bestimmung der Barabfindung eingeleitet werden können.[337] In diesen Fällen muss der Antragsteller bereits im Zeitpunkt des Hauptversammlungsbeschlusses Anteilsinhaber des übertragenden Rechtsträgers gewesen sein, denn §§ 29, 207 UmwG verlangen, dass die Anteilsinhaber, mit Ausnahme von den von § 29 Abs. 2 UmwG bzw. § 207 Abs. 2 UmwG erfassten Fällen, Widerspruch zu Protokoll erklärt haben,[338] um von der Möglichkeit des Ausscheidens gegen Barabfindung Gebrauch zu machen. Dies gilt entsprechend in den Fällen des § 34 UmwG, da dieser an § 29 UmwG anknüpft.[339] Die Erklärung des Widerspruchs zu Protokoll führt dabei nicht dazu, dass der Anteilsinhaber sich bereits für das Ausscheiden gegen Barabfindung entschieden hat. Vielmehr kann er auch durch einen Parallelantrag zugleich die angemessene bare Zuzahlung bestimmen lassen. Er kann vielmehr innerhalb der jeweiligen umwandlungsrechtlichen Frist nach Abschluss des Spruchverfahrens entscheiden, für welche Alternative (Ausscheiden gegen Barabfindung oder Verbleib bei barer Zuzahlung) er sich entscheidet.[340] Ob Voraussetzung der Antragsberechtigung darüber hinaus auch ist, dass die Anteilsinhaber gegen den Umwandlungsbeschluss gestimmt haben, weil dieses wiederum Voraussetzung der Erhebung des Widerspruchs zu Protokoll ist, ist strittig.

Eine solche Voraussetzung – und damit eine Beschränkung der Antragsberechtigung im Spruchverfahren – ergibt sich nicht bereits aus dem Wortlaut der entsprechenden Regelungen. Teilweise wird sie jedoch aus der Gesetzesbegründung zu § 29 UmwG abgeleitet, in der es heißt: „*Voraussetzung für die Pflicht, ein Abfindungsangebot zu machen, ist, dass der Anteilsinhaber sich durch Widerspruch gegen die Verschmelzung gewehrt hat oder sich nicht wehren konnte (§ 29 Abs. 2).*“[341] Daraus folge, dass der Gesetzgeber von dem Anteilsinhaber erwarte, sich mit allen Mitteln gegen den Beschluss zu wenden, wozu auch gehöre, gegen diesen zu stimmen.[342] Eine

337 In Spruchverfahren zur Bestimmung der Zuzahlung bedarf es nach allgemeiner Meinung keines Widerspruchs als Voraussetzung für die Antragsberechtigung und erst recht keines negativen Abstimmungsverhaltens (siehe statt aller *Marsch-Barner* in Kallmeyer UmwG § 15 UmwG Rn. 5).

338 Allgemeine Meinung vor Inkrafttreten des Spruchverfahrensgesetzes (vgl. die Nachweise bei *Volhard* in MüKo/AktG § 3 SpruchG Rn. 5 Fn. 7). Dies gilt auch nach Inkrafttreten des Spruchverfahrensgesetzes (ebenso LG Dortmund AG 2004, 623 („A. Friedr. Flender AG“); *Volhard* in MüKo/AktG § 3 SpruchG Rn. 5; *Wasmann* WM 2004, 819, 822; kritisch aber *Fritzsche/Dreier/Verfürth* SpruchG § 3 SpruchG Rn. 9, die eine Streichung der entsprechenden Regelungen befürworten, da diese eine systemwidrige Erschwerung der Anspruchsberechtigung darstellten, die im Vergleich mit den übrigen Strukturmaßnahmen nicht gerechtfertigt erscheine.

339 *Hüffer* AktG § 305 AktG Anh. § 3 SpruchG Rn. 4.

340 OLG Schleswig ZIP 2004, 2433 ff. („Kieler-Verkehrs-AG“); *Klöcker/Frowein* EWiR § 209 UmwG 1/05, 321, 322; siehe auch Teil 3 D. III. 2. a. sowie Teil 3 G. III. 1. a. aa.

341 *Begr. RegE* UmwBerG BT-Drucks. 12/6699 S. 94.

342 *Volhard* in MüKo/AktG § 3 SpruchG Rn. 5 Fn. 13; ebenfalls für das Erfordernis einer negativen Stimmabgabe *Grunewald* in Lutter UmwG § 29 UmwG Rn. 10; *Kalls* in Semler/Stengel UmwG

solche Folgerung aus der Gesetzesbegründung wird indes auch bestritten.[343] Darüber hinaus wird gegen das Erfordernis einer negativen Stimmabgabe geltend gemacht, dass sich der Anteilsinhaber durch die Zustimmung noch nicht mit den vermögensrechtlichen Folgen des Beschlusses einverstanden erkläre, vor allem auch durch die Treuepflicht oder einen Stimmbindungsvertrag gezwungen sein könne, dem Beschluss zuzustimmen, so dass auch eine ausdrückliche Zustimmung der Antragsberechtigung nicht entgegenstehen könne.[344] Im Übrigen werde die Austrittsbereitschaft bereits durch den Widerspruch hinreichend manifestiert.[345] Letzteres wird von der Gegenauffassung auch nicht bestritten. Vielmehr macht sie für das Erfordernis einer negativen Stimmabgabe geltend, dass die Anteilsinhaber anderenfalls eine Umwandlungsmaßnahme zunächst mit Dreiviertelmehrheit beschließen könnten, anschließend jedoch infolge der Erklärung des Widerspruchs zur Niederschrift ihre Einlagen praktisch zurückerlangen würden, wodurch die bei Umwandlungen ohnehin bereits gelockerten Kapitalerhaltungsvorschriften umgangen werden könnten und der übertragende Rechtsträger wirtschaftlich geschädigt werden könnte.[346] Diese Ansicht greift indessen zu weit. Denn Anteilsinhaber können durchaus auch schützenswerte Ziele verfolgen, wenn sie zwar für den Beschluss stimmen, jedoch Widerspruch zur Niederschrift erklären. Sie bringen dadurch zum Ausdruck, dass sie die Strukturmaßnahme im Grundsatz befürworten, die Kompensation jedoch für nicht angemessen halten. Im Übrigen wird der übertragende Rechtsträger auch dann regelmäßig geschädigt, wenn der Umwandlungsmaßnahme nicht zugestimmt wird, da in der Regel bereits weitgehende Maßnahmen getroffen worden sind, bevor die Beschlussfassung herbeigeführt wird. Hält man die Anteilsinhaber aber für verpflichtet, stets auch gegen den Beschluss zu stimmen, wenn sie sich lediglich gegen die Höhe der Barabfindung wenden wollen, so unterbleibt die Strukturmaßnahme unter Umständen mangels einer Dreiviertelmehrheit bei Beschlussfassung; obwohl die Anteilsinhaber dem Mehrheitswillen nicht im Wege stehen wollen, würde man sie zur Opposition zwingen.[347] Die wirtschaftlichen Schäden infolge der unterbliebenen Umwandlung können weitaus größer sein als die Gefahr der Umgehung von Kapitalerhaltungsvorschriften, der, sofern sie systematisch geschieht, auch mit anderen Rechtsinstrumenten begegnet werden kann. Daher können auch solche Anteilsinhaber ein Spruchverfahren gem. § 1 Nr. 4 SpruchG zur Bestimmung der Abfindung einleiten, die nicht gegen den der Strukturmaßnahme zugrunde liegenden Beschluss gestimmt haben.

---

§ 34 UmwG Rn. 12; *Stratz* in Schmitt/Hörtnagl/Stratz UmwG § 29 UmwG Rn. 13; *Vollrath* in Widmann/Mayer UmwG Anh. 13 § 3 SpruchG Rn. 34, 47.

343 *Behnke* Spruchverfahren S. 84; *Marsch-Barner* in Kallmeyer UmwG § 29 UmwG Rn. 13.

344 *v. Aerssen* AG 1999, 249, 255; *Behnke* Spruchverfahren S. 85; *Decher* in Lutter UmwG § 207 UmwG Rn. 10; *Fritzsche/Dreier/Verfürth* SpruchG § 3 SpruchG Rn. 8; *Marsch-Barner* in Kallmeyer UmwG § 29 UmwG Rn. 13.

345 *v. Aerssen* AG 1999, 249, 255.

346 *Kalls* in Semler/Stengel UmwG § 34 UmwG Rn. 12; *Stratz* in Schmitt/Hörtnagl/Stratz UmwG § 207 UmwG Rn. 4; *Volhard* in MüKo/AktG § 3 SpruchG Rn. 5.

347 *Decher* in Lutter UmwG § 207 UmwG Rn. 10.

In Spruchverfahren gem. § 1 Nr. 4 SpruchG, die zur Bestimmung der Barzuzahlung nach § 15 UmwG und § 196 UmwG eingeleitet werden, erlischt die Antragsberechtigung, wenn der Antragsteller das Barabfindungsangebot angenommen hat und dadurch aus der Gesellschaft ausscheidet, da in diesem Fall auch der Barzuzahlungsanspruch erlischt.[348]

bb. Maßgeblicher Zeitpunkt

Gem. § 3 S. 2 SpruchG ist die Antragsberechtigung in den Fällen des § 3 S. 1 Nr. 3 SpruchG und damit zur Einleitung von Spruchverfahren gem. § 1 Nr. 4 SpruchG nur gegeben, wenn der Antragsteller zum Zeitpunkt der Antragstellung Anteilsinhaber ist. Im Gegensatz zu Spruchverfahren nach § 1 Nr. 1 SpruchG, für die § 3 S. 2 SpruchG ebenso gilt, bereitet die Bestimmung des maßgeblichen Zeitpunkts Schwierigkeiten, und zwar in den von § 1 Nr. 4 SpruchG erfassten Verschmelzungsfällen. Denn in Verschmelzungsfällen kann der Antragsteller zum Zeitpunkt der Antragstellung nicht mehr Anteilsinhaber sein, da die Anteilsinhaber ihren Anteilsbesitz am übertragenden Rechtsträger mit Wirksamwerden der Verschmelzung verlieren. Denkbar wäre zum einen, allein auf den Anteilsbesitz am übernehmenden oder neuen Rechtsträger abzustellen.[349] Allerdings wird bei einer Verschmelzung mit unzureichendem Umtauschverhältnis wirtschaftlich der letzte Anteilsinhaber des übertragenden Rechtsträgers beeinträchtigt, nicht dagegen ein späterer Erwerber von Anteilen am übernehmenden Rechtsträger. Daher ist entsprechend der Gerichtspraxis vor Inkrafttreten des Spruchverfahrensgesetzes maßgeblich, ob der Antragsteller im Moment der Antragstellung Aktionär des übernehmenden bzw. des Rechtsträgers neuer Rechtsform ist, und zwar mit solchen Anteilen, die er im Zuge der Umwandlung für die Anteile des übertragenden bzw. formwechselnden Rechtsträgers erhalten hat.[350]

Ähnlich wie in Spruchverfahren nach § 1 Nr. 2 und 3 SpruchG stellt sich darüber hinaus in Spruchverfahren nach § 1 Nr. 4 SpruchG, die zur Bestimmung der Barabfindung eingeleitet werden und in denen die Antragsberechtigung voraussetzt, dass der Anteilsinhaber Widerspruch zur Niederschrift erhoben hat,[351] die Frage, ob die Antragsberechtigung auf einen Erwerber der Anteile übergeht. Dies wird zum Teil mit

---

348 Im Rahmen der Reform des Umwandlungsgesetzes war dies kritisiert worden (siehe *Hoffmann-Becking* ZGR 1990, 482, 484, 487, 491 f. zum DiskE-UmwG 1994).

349 Vgl. *ReA-BT* SpruchverfNeuordG BT-Drucks. 15/838 S. 16.

350 *Bungert/Mennicke* BB 2003, 2021, 2026; *Emmerich* in Emmerich/Habersack KonzernR § 3 SpruchG Rn. 12; *HaReA-DAV* ZIP 2003, 552, 553; *Hüffer* AktG § 305 AktG Anh. § 3 SpruchG Rn. 6; *Klöcker/Frowein* SpruchG § 3 SpruchG Rn. 18; *Krieger* in Lutter UmwG Anhang I SpruchG § 3 SpruchG Rn. 6; *Wasmann* WM 2004, 819, 822; *Volhard* in MüKo/AktG § 3 SpruchG Rn. 8; wohl auch *Vollrath* in Widmann/Mayer UmwG Anh. 13 § 3 SpruchG Rn. 26, 43, 48. Bei einem Spruchverfahren, das Inhabern von Sonderrechten bei der Vermögensübertragung eröffnet ist (§§ 34, 176 Abs. 2 S. 4 i. V. m. § 23 UmwG sowie §§ 34, 181 Abs. 4 UmwG) kommt es dagegen für die Antragsberechtigung nicht auf die Mitgliedschaft bei einem Rechtsträger an, da diese mit der Vermögensübertragung erlischt, sondern auf die materielle Berechtigung an der anderen Gegenleistung (*Vollrath* in Widmann/Mayer UmwG Anh. 13 § 3 SpruchG Rn. 40).

351 Vgl. oben Teil 3 C. I. 1. c. aa.

dem Verweis auf das Widerspruchserfordernis verneint.[352] Dagegen spricht jedoch, dass mit der Erklärung des Widerspruchs der Abfindungsanspruch entsteht, und zwar nicht in der Person des widersprechenden Anteilsinhabers, sondern für den von ihm gehaltenen Anteil am übertragenden oder formwechselnden Anteilsinhaber.[353] Daher geht mit der Übertragung des Abfindungsanspruchs auch der Widerspruch über; er ist sozusagen als „mitübertragen" anzusehen.[354] Dafür lässt sich auch anführen, dass anderenfalls der jeweilige Anteilsinhaber aus demselben Anteil unterschiedliche Rechte ableiten könnte, was sachlich nicht zu rechtfertigen wäre.[355] Die Behauptung der Gegenansicht, nur derjenige Anteilsinhaber erwerbe einen Abfindungsanspruch, der selbst Widerspruch erklärt habe, so dass kein Grund dafür ersichtlich sei, warum ein Erwerber die Angemessenheit einer Abfindung im Spruchverfahren rügen könne, die ihm nicht gezahlt werden müsse,[356] findet keine Stütze im Gesetz. Daher ist auch derjenige Anteilsinhaber in Spruchverfahren nach § 1 Nr. 4 SpruchG antragsberechtigt, der einen Anteil von einem Anteilsinhaber erworben hat, der Widerspruch zur Niederschrift erklärt hat, sofern jener selbst noch keinen Antrag gestellt hat.[357]

d. Spruchverfahren nach § 1 Nr. 5 SpruchG

Gem. § 3 S. 1 Nr. 4 SpruchG ist in Spruchverfahren nach § 1 Nr. 5 SpruchG jeder der in den §§ 6, 7, 9, 11 und 12 SEAG bezeichneten Anteilsinhaber antragsberechtigt.

aa. Anteilsinhaber

Grundsätzlich sind zunächst die Aktionäre der dem deutschen Recht unterliegenden übertragenden oder sitzverlegenden Gesellschaft antragsberechtigt. Wie sich aus den §§ 6 Abs. 4 S. 2, 7 Abs. 7 S. 2 SEAG und den auf diese verweisenden §§ 9 Abs. 2, 11 Abs. 2 und 12 Abs. 2 SEAG ergibt, können jedoch auch Aktionäre einer ausländischen Gründungsgesellschaft bzw. sitzverlegenden ausländischen SE berechtigt sein, ein Spruchverfahren vor einem deutschen Gericht einzuleiten, wenn ihr nationales Recht ein solches Verfahren kennt und ein deutsches Gericht international zuständig ist.[358]

---

352 *v. Aerssen* AG 1999, 249, 256; *Kalls* in Semler/Stengel UmwG § 34 UmwG Rn. 13; *Klöcker/Frowein* SpruchG § 3 SpruchG Rn. 24; *Wasmann* WM 2004, 819, 822; unklar LG Dortmund AG 2004, 623 („A. Friedr. Flender AG"), das feststellt, dass ein eigenes Antragsrecht nur im Wege der Gesamtrechtsnachfolge erworben werden könne, zur Begründung jedoch darauf abstellt, dass eine Aktie keine mehrfache Antragsberechtigung vermitteln könne. Da im zu beurteilenden Sachverhalt die Rechtsvorgänger bereits einen Antrag gestellt hatten, liegt es nahe anzunehmen, dass das LG Dortmund seine Aussagen auf diesen Fall beschränken wollte und nicht generell den Erwerb der Antragsberechtigung im Wege der Einzelrechtsnachfolge ablehnt.

353 *Volhard* in MüKo/AktG § 3 SpruchG Rn. 7.

354 LG Dortmund AG 2004, 623 („A. Friedr. Flender AG"); i. E. ebenso *Vollrath* in Widmann/Mayer UmwG Anh. 13, § 3 SpruchG Rn. 36.

355 *Krieger* in Lutter Verschmelzung S. 275, 280.

356 So *v. Aerssen* AG 1999, 249, 256.

357 Siehe zur Antragsberechtigung in jenen Fällen unten Teil 3 C. I. 4.

358 Dadurch sollen Doppelarbeit sowie widersprüchliche Entscheidungen vermieden werden, wenn bei der Gründung einer SE sowohl von Aktionären einer deutschen als auch einer ausländischen

Letzteres kann sich nur aus der EuGVVO bzw. einer Gerichtsstandvereinbarung nach Art. 23 EuGVVO ergeben.

Der DiskE SEEG hatte in Abweichung von § 14 Abs. 2 UmwG noch einen Klageausschluss und eine Antragsberechtigung der Aktionäre des übernehmenden Rechtsträgers vorgesehen.[359] Bereits der Referentenentwurf enthielt eine entsprechende Regelung jedoch nicht mehr. Damit wurde u. a. Bedenken des *HaRe-DAV* Rechnung getragen, der eine entsprechende Regelung zwar für rechtspolitisch sinnvoll hielt, sich jedoch gegen eine punktuelle Einführung nur bei der SE wandte und für eine umfassende Einführung zu einem späteren Zeitpunkt plädierte, die auch die entsprechenden Probleme im Verschmelzungsrecht, bei Unternehmensverträgen und bei Sachkapitalerhöhungen löst.[360]

In Spruchverfahren, die zur Bestimmung der Abfindung eingeleitet werden, bedarf es gem. §§ 7 Abs. 1, 9 Abs. 1, 12 Abs. 1 SEAG bereits nach dem Wortlaut der jeweiligen Regelungen eines Widerspruchs zur Niederschrift, um antragsberechtigt zu sein. Dies rechtfertigt sich dadurch, dass der Anspruch auf Barabfindung notwendig mit dem Ausscheiden aus der Gesellschaft verbunden ist und für einen Gesellschafter, der der Gründung der SE bzw. der Holding-SE oder der Sitzverlegung zugestimmt hat, nicht in Betracht kommt.[361] Im Gegensatz zu Spruchverfahren nach § 1 Nr. 4 SpruchG ist in Spruchverfahren nach § 1 Nr. 5 SpruchG zur Bestimmung der Abfindung in den Fällen des § 7 Abs. 1 SEAG bzw. § 9 Abs. 1 SEAG Voraussetzung der Antragsberechtigung, dass der Anteilsinhaber gegen den Beschluss gestimmt hat. Zwar lehnen sich § 7 Abs. 1 SEAG an die entsprechenden umwandlungsrechtlichen Bestimmungen an, wo es keiner negativen Stimmabgabe bedarf. Art. 24 Abs. 2 SE-VO erfordert im Gegensatz zu den gesetzlichen Grundlagen im Umwandlungsgesetz aber eindeutig, dass sich die Anteilsinhaber gegen die Verschmelzung ausgesprochen haben müssen. Diesem Erfordernis wird unzweifelhaft nicht allein durch den Widerspruch genügt.

Keines Widerspruchs zur Niederschrift gegen den Beschluss zu Gründung der SE bzw. der Holding-SE bedarf es nach Auffassung des Gesetzgebers als Voraussetzung der Antragsberechtigung in den Fällen, in denen ein Anspruch auf bare Zuzahlung geltend gemacht wird (§§ 6, 11 SEAG). Denn aus der Formulierung in dem die Grundlage für den Verweis in das Spruchverfahren bildenden Art. 24 Abs. 2 SE-VO, dass Schutzmechanismen nur zugunsten von denjenigen Gesellschaftern vorzusehen sind, die sich gegen die Verschmelzung ausgesprochen haben, lasse sich das Erfordernis eines Widerspruchs nicht ableiten, und es sei auch nicht sinnvoll, dass der Gesellschafter der Gründung durch Verschmelzung widersprechen müsse, so dass sie im Ergebnis verhindert werden könnte, obwohl er nur das Umtauschverhältnis angreifen wolle.[362] Zudem erfordere auch die als Vorbild herangezogene Regelung in § 15 UmwG keinen Widerspruch, so dass es ausreiche, wenn durch Einleitung des

---

Gründungsgesellschaft jeweils die Überprüfung des Umtauschverhältnisses begehrt wird (vgl. *Begr. RegE* SEEG BT-Drucks. 15/3405 S. 32).

359 Siehe *BMJ* DiskE SEEG AG 2003, 204.

360 *HaReA-DAV* ZIP 2004, 140.

361 *Begr. RegE* SEEG BT-Drucks. 15/3405 S. 33.

362 *Begr. RegE* SEEG BT-Drucks. 15/3405 S. 32.

Spruchverfahrens zum Ausdruck gebracht werde, dass das Umtauschverhältnis für nicht angemessen gehalten wird.[363] Auch die Gegenansicht hält es für wenig sinnvoll, einen Widerspruch zu verlangen, bezweifelt jedoch, dass ein Verzicht darauf mit dem Wortlaut des Art. 24 Abs. 2 SE-VO vereinbar ist, da dieser eindeutig fordere, dass sich die Gesellschafter gegen die Verschmelzung ausgesprochen haben.[364] Zwar genüge dafür auch eine bloße negative Stimmabgabe, ein Widerspruch zur Niederschrift sei jedoch das sicherste Beweismittel.[365]

Zunächst lässt sich nicht die Orientierung von §§ 6, 11 SEAG an § 15 UmwG als Argument gegen das Widerspruchserfordernis heranziehen. Denn Letzterer unterscheidet sich von der erstgenannten Normen maßgeblich dadurch, dass er nicht den Anforderungen des Art. 24 Abs. 2 SE-VO genügen muss. Allerdings ist es wie auch bei § 15 UmwG nicht sinnvoll, von den Anteilsinhabern einen Widerspruch zu fordern, obwohl diese die Verschmelzung selbst nicht verhindert wollen. Nach Art. 24 Abs. 2 SE-VO ist indessen eindeutig, dass jedenfalls eine negative Stimmabgabe erforderlich ist, denn nach dem Wortlaut ist ein Schutz nur dann zu gewähren, wenn sich die Aktionäre *„gegen den Verschmelzungsbeschluss ausgesprochen haben“*. Allerdings ist ein Widerspruch zur Niederschrift nach diesem Wortlaut nicht erforderlich. Ohne einen solchen kann es allerdings den Anspruchsinhabern eines Zuzahlungsanspruchs kaum gelingen, ihre Antragsberechtigung gem. § 3 S. 3 SpruchG nachzuweisen, da es auch erforderlich ist, neben dem Nachweis über die zur Antragstellung berechtigenden Anteile die Erhebung des Widerspruchs nachzuweisen, soweit ein solcher erforderlich war. Daraus folgt, dass es die Anteilsinhaber praktisch nicht bei einer negativen Stimmabgabe belassen können, wenn sie im Spruchverfahren als Antragsteller auftreten wollen. Selbst wenn sie lediglich die im Spruchverfahren festgesetzte Zuzahlung beanspruchen wollen, ohne einen eigenen Antrag gestellt zu haben, werden sie einen Widerspruch erheben müssen, da sie anderenfalls ihre Berechtigung nicht nachweisen können.

bb. Maßgeblicher Zeitpunkt

Die Regelung des § 3 S. 2 SpruchG gilt auch für die Fälle des § 3 S. 1 Nr. 4 SpruchG, also Spruchverfahren nach § 1 Nr. 5 SpruchG.[366] Wie auch für Spruchverfahren nach § 1 Nr. 4 SpruchG ergibt sich damit der für die Antragsberechtigung maßgebliche Zeitpunkt für Spruchverfahren nach § 1 Nr. 5 SpruchG nicht unmittelbar aus dem Gesetz. Wie in Spruchverfahren nach § 1 Nr. 4 SpruchG muss hier jedoch zum einen gelten, dass es für die Antragsberechtigung darauf ankommt, ob der Anteilsinhaber im Moment der Antragstellung an dem übernehmenden bzw. dem Rechtsträger neuer Rechtsform beteiligt ist, und zwar mit solchen Anteilen, die er im Zuge der Um-

---

363 *Begr. RegE* SEEG BT-Drucks. 15/3405 S. 32.

364 *HaReA-DAV* SEEG Nr. 35-04 S. 4; *HaReA-DAV* ZIP 2004, 140, 141.

365 *HaReA-DAV* SEEG Nr. 35-04 S. 4.

366 Der Verweis auf § 3 S. 1 Nr. 4 SpruchG wurde auf Empfehlung des Rechtsausschusses durch Art. 5 Nr. 2 b) SEEG eingefügt (siehe *ReA-BT* SEEG BT-Drucks. 15/4053 S. 51).

wandlung für die Anteile des übertragenden bzw. formwechselnden Rechtsträgers erhalten hat.[367] Zum anderen sind auch diejenigen Anteilsinhaber antragsberechtigt, die Anteile erworben haben, aus denen sich eine Antragsberechtigung ableitete, wiederum jedoch mit der Einschränkung, dass der Veräußerer nicht bereits einen Antrag gestellt haben darf.[368]

e. Spruchverfahren nach § 5 Abs. 5 EGAktG

In Spruchverfahren nach § 5 Abs. 5 EGAktG ist jeder Mehrstimmrechtsaktionär antragsberechtigt, der den festgesetzten Ausgleich für zu niedrig hält, und jeder andere Aktionär, der den festgesetzten Ausgleich für zu hoch hält.[369] Da nach § 5 Abs. 4 S. 2 EGAktG der Antrag jedoch nur von solchen Aktionären gestellt werden kann, die in der Hauptversammlung gegen den Beschluss zur Beseitigung der Mehrstimmrechte Widerspruch zur Niederschrift erhoben haben, muss die Aktionärseigenschaft in diesen Fällen wie im Anwendungsbereich des § 1 Nr. 4 SpruchG nicht nur zum Zeitpunkt der Antragstellung, sondern bereits im Zeitpunkt der Beschlussfassung vorgelegen haben,[370] oder die Anteile müssen von einem Anteilsinhaber erworben worden sein, der Widerspruch zu Niederschrift erklärt hat, und jener darf nicht bereits ein Spruchverfahren eingeleitet haben.[371]

f. Spruchverfahren wegen Delisting

Bei einem „regulären" Delisting steht es dem Aktionär frei, ob er das Kaufangebot annimmt oder nicht. Die Rechtslage ist insoweit vergleichbar mit der Stellung außenstehender Aktionäre beim Gewinnabführungs- oder Beherrschungsvertrag.[372] Zudem kann der Aktionär zum Zeitpunkt des Widerrufs der Börsennotierung nicht mehr darauf vertrauen, an der Börse notierte Aktien dort wieder veräußern zu können.[373] Daher ist für die Antragsberechtigung analog § 3 S. 1 Nr. 1, S. 2 SpruchG auf die Aktionärseigenschaft im Zeitpunkt der Antragstellung abzustellen.[374] Dies gilt entsprechend auch für das „kalte" Delisting.[375] Unerheblich ist dabei zum einen, ob der Aktionär zur Gruppe derjenigen gehört, die den Hauptversammlungsbeschluss zum Delisting herbeigeführt haben oder zu denjenigen, die gegen den Beschluss

---

367 Vgl. oben Teil 3 C. I. 1. c. bb.

368 Vgl. unten Teil 3 C. I. 4.

369 *Klöcker/Frowein* SpruchG § 3 SpruchG Rn. 25; *Wasmann* WM 2004, 819, 822; *ders.* BB 2003, 57, 58 f.

370 Ebenso *Krieger* in Lutter UmwG Anhang I SpruchG § 3 SpruchG Rn. 7.

371 Vgl. unten Teil 3 C. I. 4.

372 *Emmerich* in Emmerich/Habersack KonzernR § 3 SpruchG Rn. 2.

373 *Krolop* NZG 2005, 546, 547.

374 BayObLG ZIP 2005, 205, 208 („Macrotron"); OLG Zweibrücken ZIP 2004, 1666, 1667 f. („Saint-Gobain ISOVER G + H AG"); LG München I AG 2004, 393, 394 („Ingram Macrotron GmbH"); *Klöcker/Frowein* SpruchG § 3 SpruchG Rn. 25; *Krieger* in Lutter UmwG Anhang I SpruchG § 3 SpruchG Rn. 7; *Krolop* NZG 2005, 546, 547; *Leube* in Deilmann/Lorenz AG § 8 Rn. 30; *Wasmann* WM 2004, 819, 822.

375 OLG Düsseldorf Konzern 2005, 439, 441.

opponiert oder sich der Stimme enthalten haben, da in einer Zustimmung nicht der Verzicht auf die gerichtliche Überprüfung der Angemessenheit des Angebots gesehen werden kann. Zum anderen kommt es nicht darauf an, ob der antragstellende Aktionär in der Hauptversammlung Widerspruch zur Niederschrift zu Protokoll erklärt hat, da die umwandlungsrechtliche Spezialregelung des § 207 Abs. 1 S. 1 UmwG nicht passt.[376]

2. Nachweis der Antragsberechtigung

Gemäß § 3 S. 3 SpruchG ist die Stellung als Anteilsinhaber dem Gericht ausschließlich durch Urkunden nachzuweisen, womit bezweckt wird, langwierige Beweisaufnahmen zu der Frage der Antragsberechtigung zu vermeiden und die Einleitung von Spruchverfahren durch unzulässige Anträge zu verhindern;[377] es handelt sich um eine gesetzlich normierte Zulässigkeitsvoraussetzung.[378] Die Regelung gilt in allen Fällen, in denen der Anwendungsbereich des Spruchverfahrensgesetzes eröffnet ist, also nicht bloß in den in § 3 S. 1 Nr. 1 und Nr. 3 SpruchG aufgeführten Anwendungsfällen,[379] sondern im gesamten Anwendungsbereich des § 1 SpruchG sowie in Spruchverfahren nach § 5 Abs. 5 EGAktG und wegen Delisting.[380] Nach dem Wortlaut („Stellung als Aktionär") müssen dabei Anteilsinhaber ihre Beteiligung an anderen Gesellschaften als an einer Aktiengesellschaft nicht nachweisen, was vor allem in Spruchverfahren nach § 1 Nr. 4 SpruchG Bedeutung hätte. Es ist jedoch von einem Redaktionsversehen auszugehen. Von dem Willen des Gesetzgebers zur Verfahrensbeschleunigung, dem auch die Regelung des § 3 S. 3 SpruchG dient, sind alle Spruchverfahren erfasst, was zwingend für eine Geltung der Regelung auch für Gesellschafter von Gesellschaften anderer Rechtsformen als Aktiengesellschaften spricht.[381]

Als nachweistaugliche Urkunden kommen insbesondere Depotauszüge der Banken oder die Vorlage der effektiven Aktienstücke,[382] aber auch die Bescheinigung der Eintragung im Aktienbuch in Betracht.[383] Privaturkunden sind ausreichend, sofern sie den Anforderungen des § 416 ZPO genügen.[384]

---

376 So für das „reguläre" Delisting *Fritzsche/Dreier/Verfürth* SpruchG § 1 SpruchG Rn. 110, § 3 SpruchG Rn. 49; *Klöcker/Frowein* SpruchG § 3 SpruchG Rn. 25; *Krolop* NZG 2005, 546, 547.

377 Vgl. *Begr. RegE* SpruchverfNeuordG BT Drucks. 15/371 Anlage 1 S. 13. In § 3 SpruchG-RefE war eine entsprechende Regelung noch nicht enthalten, ebenso wenig bestand vor Inkrafttreten des Spruchverfahrengesetzes eine vergleichbare gesetzliche Regelung.

378 So ausdrücklich LG Frankfurt/M. ZIP 2005, 859 („Celanese AG"); LG Frankfurt/M. ZIP 2005, 215 („Buderus AG"); *Luttermann* EWiR § 327 b AktG 2/05, 193, 194; siehe ausführlich unten Teil 3 C. I. 6.

379 *Klöcker/Frowein* SpruchG § 3 SpruchG Rn. 31; *Vollrath* in Widmann/Mayer UmwG Anh. 13 § 3 SpruchG Rn. 20.

380 *Wasmann* WM 2004, 819, 822.

381 Ebenso *Leube* in Deilmann/Lorenz AG § 8 Rn. 31 Fn. 97; a. A. *Klöcker/Frowein* SpruchG § 3 SpruchG Rn. 33.

382 *Begr. RegE* SpruchverfNeuordG BT-Drucks. 15/371 Anlage 1 S. 13.

383 *Geßler* AktG § 306 AktG Rn. 39.

Das Angebot eines anderen Nachweises als mittels Urkunde genügt angesichts des unmissverständlichen Wortlauts nicht.[385] Untauglich sind also etwa Ablichtungen des Angebots der Barabfindung.[386] Der Wortlaut des Gesetzes lässt dem Antragsteller auch in Ausnahmefällen keinen Raum dafür, sich auf andere Beweismittel zu beziehen, selbst wenn er geltend macht, aufgrund besonderer Umstände des Einzelfalls zur Vorlage der entsprechenden Urkunde nicht in der Lage zu sein.[387] Hielte man eine solche Argumentation für beachtlich, so würde der Möglichkeit zur Verfahrensverzögerung Tür und Tor geöffnet, denn es wird stets Antragsteller geben, denen ihre Urkunden abhanden gekommen sind oder deren Verbleib sich nicht aufklären lässt.

Aus dem Wortlaut des § 3 S. 3 SpruchG wird auf den ersten Blick nicht deutlich, in welchem Zeitpunkt der Nachweis der Aktionärsstellung zu erfolgen hat. Die Formulierung lässt Raum für die Annahme, die Stellung als Aktionär müsse bereits mit Antragstellung[388], bis zum Ablauf der Antragsfrist[389] oder zu irgendeinem Zeitpunkt danach nachgewiesen werden und zuvor lediglich dargelegt werden.[390] Die erste Auffassung ist bei näherer Betrachtung offenkundig unzutreffend: Zwar heißt es in § 3 S. 2 SpruchG, dass die Antragsberechtigung nur gegeben ist, „*wenn der Antragsteller zum Zeitpunkt der Antragstellung Anteilsinhaber ist*". Da § 3 S. 3 SpruchG mit der Formulierung „*Die Stellung als Aktionär*" beginnt, könnte dies nahe legen, dass der Nachweis der Aktionärsstellung im Zeitpunkt der Antragstellung zu erbringen ist. Der Antragsteller kann jedoch regelmäßig nicht vorhersehen, wann sein Antrag eingeht, so dass er den gesetzlichen Anforderungen kaum nachkommen könnte.[391] Er könnte lediglich mit der depotführenden Bank eine Veräußerungssperre bis zum Ablauf der Antragsfrist vereinbaren und diesen Sperrvermerk in Urkundenform bei Gericht mit

---

384 LG Dortmund Konzern 2004, 821 („Stelcon/Readymix") (Nachweis durch schriftliche Bestätigung der die Anteile verwahrenden Bank); zustimmend *Emmerich* in Emmerich/Habersack KonzernR § 3 SpruchG Rn. 13, § 4 SpruchG Rn. 11 sowie *Luttermann* EWiR § 327 b AktG, 1/05, 51, 52.

385 *Hüffer* AktG § 305 AktG Anh. § 3 SpruchG Rn. 7; a. A. *Krieger* in Lutter UmwG Anhang I SpruchG § 3 SpruchG Rn. 9, der annimmt, es genüge nach Sinn und Zweck des Gesetzes jedes Schriftstück, das dem Gericht die Überzeugung von der Aktionärstellung des Antragstellers zum maßgeblichen Zeitpunkt vermittele.

386 LG Frankfurt/M. AG 2005, 544, 545 („Wella AG").

387 A. A. *Krieger* in Lutter UmwG Anhang I SpruchG § 3 SpruchG Rn. 10.

388 Dafür *Ek* Hauptversammlung § 20 Rn. 667; *Hüffer* AktG § 305 AktG Anh. § 3 SpruchG Rn. 7; *Volhard* in MüKo/AktG § 3 SpruchG Rn. 12.

389 LG Dortmund Konzern 2004, 821 („Stelcon/Readymix"); LG Frankfurt/M. ZIP 2005, 859, 860 („Celanese AG"); LG Frankfurt/M. AG 2005, 544 („Wella AG"); LG Frankfurt/M. ZIP 2005, 215 („Buderus AG"); *Dißars* BB 2004, 1293; *Fritzsche/Dreier/Verfürth* SpruchG § 3 SpruchG Rn. 46; *Klöcker/Frowein* SpruchG § 3 SpruchG Rn. 32; *Krieger* in Lutter UmwG Anhang I SpruchG § 5 SpruchG Rn. 4; *Wasmann* WM 2004, 819, 822; *Wasmann/Gayk* BB 2005, 955, 956.

390 OLG Stuttgart ZIP 2004, 1907 ff. („Hypo Real Estate Holding AG"); zustimmend (entgegen der Vorinstanz LG Dortmund Konzern 2004, 821) OLG Düsseldorf ZIP 2005, 1369, 1370 („Stelcon/Readymix") (ic jedoch die ausreichende Darlegung verneinend); *Emmerich* in Emmerich/Habersack KonzernR § 3 SpruchG Rn. 14, § 4 SpruchG Rn. 11; *Luttermann* EWiR § 327 b AktG 2/05, 193, 194; *ders.* EWiR § 327 b AktG, 1/05, 51, 52.

391 *Geßler* AktG § 306 AktG Rn. 39; *Wasmann/Gayk* BB 2005, 955, 956.

dem Antrag einreichen.[392] Dies wäre umständlich und überdies in den Fällen von vorneherein nicht pratikabel, in denen Anteile nicht entsprechend verwahrt werden. Vor allem aber würde es den Antragsteller in bedenklicher Weise in seinem Recht aus Art. 14 Abs. 1 GG beeinträchtigen, von dem nicht nur das Aktieneigentum als solches, sondern grundsätzlich auch die jederzeitige Handelbarkeit der Aktien geschützt ist, die der Staat nicht durch verfahrensrechtliche Bestimmungen faktisch unterbinden darf. Ob also der Nachweis innerhalb der Antragsfrist erbracht werden muss oder auch noch nach deren Ablauf erbracht werden kann, hat vor folgendem Hintergrund entscheidende Bedeutung: Wenn der Anteilsinhaber spätestens mit Ablauf der Antragsfrist mittels der Vorlage von Urkunden nachweisen muss, dass er zum Zeitpunkt der Antragstellung Inhaber von Anteilen war, die eine Antragsberechtigung vermittelten,[393] so kann dies für ihn unter Umständen bedeuten, die Antragsfrist nicht voll ausschöpfen zu können. Denn die Antragsfrist wird mit Eingang des Antrags bei dem bzw. einem zuständigen Gericht gewahrt,[394] so dass nachzuweisen wäre, dass die Antragsberechtigung zum Zeitpunkt des Eingangs bei Gericht bestand. Der Antragsteller müsste bei Gericht den Zeitpunkt nachträglich – aber innerhalb der Antragsfrist! – erfragen, um dann eine entsprechende Urkunde bezogen auf diesen Zeitpunkt vorlegen zu können.

Dass der Nachweis innerhalb der Antragsfrist zu erbringen ist, ergibt sich aus einer umfassenden Auslegung des § 3 S. 3 SpruchG: Der Wortlaut des Gesetzes spricht von „*nachweisen*" und nicht von „*beweisen*".[395] Zudem geht die Gesetzesbegründung davon aus, der Aktionär sei „*in allen Fällen in der Lage ... seine Aktionärsstellung auf einfache Weise innerhalb der Antragsfrist nachzuweisen* (Hervorhebung durch Verf.)." Zwar muss die Aussage, dass der Aktionär zum Nachweis in der Lage sei, allein nicht zwangsläufig besagen, dass er den Nachweis auch innerhalb der Frist erbringen muss.[396] Allerdings liegt es weitaus ferner anzunehmen, der Gesetzgeber habe durch seine Ausführung in der Gesetzesbegründung lediglich kundtun wollen, die Aktionäre für potentiell fähig zu halten, den Nachweis innerhalb der Frist zu führen. Vor allem spricht für eine Nachweispflicht innerhalb der Antragsfrist auch das Gesetzgebungsverfahren zum SEEG, welches weder das OLG Stuttgart noch im Anschluss an dieses das OLG Düsseldorf, die jeweils nach eingehender Auseinandersetzung mit der Problematik einen Nachweis erst auf Rüge des Antragsgegners nach Ablauf der Antragsfrist genügen lassen wollen,[397] bei ihrer Auslegung berücksichtigt haben.[398] Denn im Rahmen des Gesetzgebungsverfahrens, in dem auch das Spruch-

---

392 Vgl. OLG Stuttgart ZIP 2004, 1907, 1908 („Hypo Real Estate Holding AG").

393 *Krieger* in Lutter UmwG Anhang I SpruchG § 4 SpruchG Rn. 11.

394 Siehe oben Teil 3 D. II. 3.

395 LG Frankfurt/M. ZIP 2005, 859 („Celanese AG").

396 OLG Stuttgart ZIP 2004, 1907, 1908 („Hypo Real Estate Holding AG"); OLG Düsseldorf ZIP 2005, 1369, 1370 („Stelcon/Readymix").

397 OLG Stuttgart ZIP 2004, 1907, 1908 („Hypo Real Estate Holding AG"); OLG Düsseldorf ZIP 2005, 1369, 1370 („Stelcon/Readymix").

398 Zutreffend unter Beachtung des Gesetzgebungsverfahrens zum SEEG dagegen LG Frankfurt/M. ZIP 2005, 859, 860 („Celanese AG"); *Wasmann/Gayk* BB 2005, 955, 956.

verfahrensgesetz geändert wurde, hatte der Bundesrat ausdrücklich darauf hingewiesen, dass für die Wahrung der Frist nach der Konzeption des Gesetzes auf den Eingang des Nachweises bei Gericht abzustellen ist, und einen Änderungsvorschlag unterbreitet. § 4 Abs. 2 SpruchG solle dahingehend geändert werden, dass der Nachweis lediglich auf Verlangen des Antragsgegners innerhalb einer vom Gericht zu bestimmenden Frist nach Ablauf der Antragsfrist erbracht werden muss.[399] Die Bundesregierung hat den Änderungsvorschlag jedoch abgelehnt,[400] woraus sich eindeutig ergibt, dass der Nachweis innerhalb der Antragsfrist zu führen ist. Aufgrund dessen lässt sich auch aus der Terminologie einer Prüfbitte des Bundesrats im Rahmen des Gesetzgebungsverfahrens zum Spruchverfahrensneuordnungsgesetz nichts anderes ableiten.[401] Der Bundesrat hat durch seine Äußerung zum SEEG unmissverständlich klargestellt, dass seiner Auffassung nach *de lege lata* eine bloße Darlegung innerhalb der Antragsfrist nicht genügt. Schließlich wird es auch dem allgemeinen Gesetzesziel der Verfahrensbeschleunigung am ehesten gerecht, wenn der Nachweis innerhalb der Antragsfrist erbracht werden muss.

Das OLG Stuttgart nimmt dagegen an, eine Verfahrensverzögerung ließe sich im Ergebnis auch vermeiden, indem die Antragsteller mit der Stellungnahme zur Erwiderung gem. § 7 Abs. 4 SpruchG bei entsprechender Rüge des Antragsgegners ihre Antragsberechtigung nachweisen.[402] Diese Annahme geht jedoch fehl: Zwar trifft es zu, dass das Verfahren ohnehin zunächst in Gang zu setzen ist bzw. die Anträge gem. § 7 Abs. 1 SpruchG zugestellt werden müssen, da das Gericht die Anträge nicht zunächst bis zum Ablauf der Antragsfrist sammeln darf.[403] Wenn man den Nachweis bereits mit Antragstellung fordert, müssten die Anträge gar nicht erst zugestellt werden, da sie in diesem Fall offensichtlich unzulässig wären und die Zustellung solcher Anträge entbehrlich ist.[404] Da diese Auffassung die Antragsteller jedoch wie dargelegt unzumutbar belastet, ist die Forderung des Nachweises der Antragsberechtigung innerhalb der Frist die zweitbeste Lösung; denn das Gericht kann die Anträge für unzulässig erklären und ggf. das Verfahren bei Unzulässigkeit aller Anträge von Amts wegen beenden, wenn die Antragsberechtigung nicht innerhalb der Antragsfrist nachgewiesen wird, wodurch dem Gericht, aber auch dem Antragsgegner immer noch ein erheblicher Aufwand erspart bleibt, da die Antragsgegner vor Ablauf der Antragsfrist nicht gem. § 7 Abs. 2 SpruchG erwidern müssen. Darüber hinaus konterkariert das OLG Stuttgart das übergeordnete gesetzgeberische Ziel, den Antragstellern erhöhte Verfahrensförderungspflichten aufzuerlegen.[405] Ferner wird in den meisten Fällen zwischen Antragstellung und Fristablauf ohnehin ausreichend Zeit ver-

---

399 Vgl. *BR* SEEG BR-Drucks. 438/04 (Beschluss) S. 15 f.

400 Vgl. *BReg* SEEG BT-Drucks. 15/3656 S. 10 f.

401 A. A. OLG Düsseldorf ZIP 2005, 1369, 1370 („Stelcon/Readymix").

402 OLG Stuttgart ZIP 2004, 1907, 1909 („Hypo Real Estate Holding AG"); zustimmend *Luttermann* EWiR § 327 b AktG 2/05, 193, 194.

403 Siehe unten Teil 3 E. I.

404 Siehe unten Teil 3 E. I.

405 Vgl. LG Frankfurt/M. AG 2005, 544 („Wella AG").

bleiben, um den Eingang des Antrags bei Gericht zu erfragen und auf diesen Zeitpunkt bezogen den geforderten Nachweis zu erbringen, so dass eine ordnungsgemäße Antragstellung im Regelfall nicht behindert wird. Schließlich wirft ein erforderlicher Nachweis innerhalb der Antragsfrist verfassungsrechtlich keine Probleme auf.[406] Nach der Rechtsprechung des Bundesverfassungsgerichts kann der Gesetzgeber auch Regelungen treffen, die für ein Rechtsschutzbegehren besondere Voraussetzungen aufstellen und sich dadurch für den Rechtsuchenden einschränkend auswirken.[407] Eine entsprechende Ausgestaltung einer Verfahrensordnung findet lediglich dort ihre Grenze, wo der Rechtsweg in unzumutbarer, durch Sachgründe nicht mehr zu rechtfertigender Weise erschwert wird.[408] Die Statuierung der Pflicht zum Nachweis der Antragsberechtigung ist jedoch aus prozessökonomischen Gründen gerechtfertigt und dient selbst der Rechtssicherheit, indem die prozessuale Lage hinsichtlich der Antragsberechtigung für alle Beteiligten rasch und zweifelsfrei innerhalb eines klar definierten Zeitraums geklärt wird. Der Rechtsweg wird keineswegs unzumutbar erschwert. Vielmehr stellt § 3 S. 3 SpruchG eine zulässige Inhalts- und Schrankenbestimmung des Eigentums der Kompensationsberechtigten dar.[409] Im Ergebnis ist daher mit der herrschenden Meinung davon auszugehen, dass die Nichterbringung des Nachweises innerhalb der Antragsfrist zur Antragsabweisung führt;[410] weder genügt eine bloße Glaubhaftmachung bis zum Fristablauf noch der Nachweis nach Fristablauf. Es ist allerdings nicht erforderlich, die Urkunde dauerhaft zu hinterlegen, da der Nachweis nur innerhalb der Antragsfrist geführt werden muss.[411]

Neben dem Nachweis der Beteiligung an dem übernehmenden oder neuen Rechtsträger, der Voraussetzung für den Anspruch auf Kompensationsleistung ist, ist in Spruchverfahren nach § 1 Nr. 4 und Nr. 5 SpruchG auch der Nachweis der vorherigen Beteiligung am übertragenden oder formwechselnden Rechtsträger zu verlangen,[412] darüber hinaus in den Fällen, in denen ein Widerspruch zur Niederschrift und eine negative Stimmabgabe Voraussetzung der Antragsberechtigung ist, auch der Nachweis beider.

---

406 Dagegen äußerte der Bundesrat in seiner Stellungnahme zum Regierungsentwurf des SEEG, in dem auch das Spruchverfahrensgesetz vereinzelt geändert wurde, gegen die Regelung in § 4 Abs. 2 S. 2 Nr. 2 SpruchG verfassungsrechtliche Bedenken, da es mit dem grundgesetzlich geschützten Recht auf effektiven Rechtsschutz möglicherweise unvereinbar sei, das Verfahrensrecht so auszugestalten, dass gesetzliche Fristen nicht ausgeschöpft werden könnten (*BR* SEEG BR-Drucks. 438/04 [Beschluss] S. 15 f.).

407 BVerfGE 88, 118; 77, 275, 284; 60, 253, 268 f.; 10, 264, 268.

408 BVerfGE 88, 118 ff.

409 Vgl. OLG Düsseldorf Konzern 2005, 439, 442.

410 Zur Frage, ob der Antrag als unzulässig oder unbegründet abzuweisen ist, siehe unten Teil 3 C. I. 6.

411 *Fritzsche/Dreier/Verfürth* SpruchG § 3 SpruchG Rn. 46.

412 *Volhard* in MüKo/AktG § 3 SpruchG Rn. 8; *Vollrath* in Widmann/Mayer UmwG Anh. 13 § 3 SpruchG Rn. 53.

3. Antragsberechtigung bei Namensaktien

Die Frage der Antragsberechtigung stellt sich insbesondere bei Inhabern von Namensaktien (§ 67 AktG), die trotz ihrer Inhaberschaft nicht im Aktienregister eingetragen sind und einen Antrag auf Einleitung eines Spruchverfahrens stellen. Ein Teil der Rechtsprechung und Stimmen in der Literatur[413] verneinen die Antragsberechtigung derartiger Antragsteller. § 67 Abs. 2 AktG, nach dem der Erwerber gegenüber der Gesellschaft erst mit der Eintragung in das Aktienregister als Aktionär gilt, sei auch im Spruchverfahren anwendbar, da er sich auf die Ausübung aller sich aus dem Anteil ergebenden mitgliedschaftlichen Rechte beziehe und eine unwiderlegliche Vermutung dafür begründe, dass nur derjenige Aktionär sei, der in das Aktienregister eingetragen ist. Der nicht eingetragene Antragsteller sei auch dann nicht antragsberechtigt, wenn dem Antragsgegner die materielle Berechtigung an den Anteilen nachgewiesen werde.[414] Zur Begründung wird darauf verwiesen, dass auch bei der Verschmelzung gem. §§ 2 ff. UmwG bei Namensaktien auf die Eintragung im Aktienregister abzustellen sei.[415] Auch wird die Widersprüchlichkeit hervorgehoben, die entstehe, wenn gegen den der Strukturmaßnahme zugrunde liegenden Beschluss Anfechtungsklage erhoben wird, da Kläger in diesem Fall gem. § 67 Abs. 2 AktG der eingetragene Aktionär sei, während das Spruchverfahren gem. § 3 SpruchG von dem tatsächlichen Inhaber der Namensaktie eingeleitet werde.[416] Dogmatisch wird diese Auffassung mit einer teleologischen Reduktion des Wortlauts des § 3 S. 1 SpruchG begründet.[417]

Nach anderer Auffassung ist indessen der tatsächliche Inhaber einer Namensaktie, auch wenn er nicht im Aktienregister eingetragen ist, im Spruchverfahren antragsberechtigt.[418] Zutreffend sei, dass § 67 Abs. 2 AktG eine unwiderlegliche Vermutung enthalte, dass der im Aktienregister Eingetragene auch Anteilsinhaber sei und diese Vermutung sowohl zugunsten der Gesellschaft i. S. v. § 67 Abs. 2 AktG als auch zugunsten des Eingetragenen gelte. Die Vermutung bestehe jedoch nicht gegenüber Dritten, so dass ein Antragsgegner im Spruchverfahren, wenn er weder die in § 67 Abs. 2 AktG genannte Gesellschaft noch der eingetragene Inhaber der Namensaktie

---

413 *Klöcker/Frowein* SpruchG § 3 SpruchG Rn. 34; *Leuering* EWiR § 67 AktG 1/03, 1165, 1166.

414 OLG Hamburg ZIP 2003, 2301 („Hermes Kreditversicherungs-AG"); zustimmend LG Frankfurt/M. ZIP 2005, 859, 860 f. („Celanese AG") *Emmerich* in Emmerich/Habersack KonzernR § 3 SpruchG Rn. 4; *Habersack* in Emmerich/Habersack KonzernR § 327 f AktG Rn. 7. Gegen das Urteil ist die Revision beim BGH anhängig (dort Az. II ZB 27/03).

415 OLG Hamburg ZIP 2003, 2301, 2302 („Hermes Kreditversicherungs-AG"); KG ZIP 2000, 498, 500 („Victoria Holding/Ergo"); *W. Bayer* in MüKo/AktG § 67 AktG Rn. 37.

416 OLG Hamburg ZIP 2003, 2301, 2302 („Hermes Kreditversicherungs-AG"); KG ZIP 2000, 498 („Victoria Holding/Ergo"); LG Frankfurt/M. ZIP 2005, 859, 860 („Celanese AG"); *Leuering* EWiR § 67 AktG 1/03, 1165, 1166.

417 Siehe ausführlich *Lieder* NZG 2005, 159 ff.

418 LG Köln AG 1998, 537 („AMV"); *Behnke* Spruchverfahren S. 83 f.; *Dißars* BB 2004, 1293, 1294 f.; *Koppensteiner* in KK/AktG § 304 AktG Rn. 109.

sei, die tatsächliche Rechtslage gegen sich gelten lassen müsse.[419] In diesem Zusammenhang wird ferner darauf verwiesen, dass die Eintragung die Aktiengesellschaft vor materiell-rechtlich unberechtigter Inanspruchnahme schützen soll, die gerichtliche Einleitung eines Spruchverfahrens jedoch ein Prozessverhältnis begründe und damit außerhalb der mitgliedschaftlichen Rechtsbeziehungen stehe,[420] zudem die Aktiengesellschaft nicht schutzbedürftig sei, da im Verfahren nicht über individuelle Zahlungsansprüche entschieden werde.[421]

Für die zweite Auffassung spricht zunächst der Wortlaut des § 3 S. 1 SpruchG, der nicht zwischen verschiedenen Aktienarten differenziert und insbesondere eine Eintragung in das Aktienregister bei Namensaktien nicht als Voraussetzung der Antragsberechtigung nennt. Auch liegt eine dahingehende einschränkende Auslegung weder aus systematischen Gründen noch mit Blick auf die Gesetzgebungsgeschichte nahe.

Die Annahme, der Gesetzgeber habe die Problematik übersehen, so dass trotz dessen Eindeutigkeit der Wortlaut des § 3 S. 1 SpruchG einer teleologischen Interpretation ohne weiteres zugänglich sei,[422] ist unzutreffend. Das Problem war in der Literatur und Rechtsprechung vor der Reform des Spruchverfahrens bekannt.[423] Der Gesetzgeber hat im Interesse der Übersichtlichkeit und Klarheit jedoch auf eine differenzierende Regelung verzichtet. Ohnehin sprechen aber auch teleologische Erwägungen im Ergebnis nicht für die erste Auffassung. Zwar ist es entgegen der zweiten Auffassung unzutreffend, dass das durch das Spruchverfahren begründete Prozessverhältnis außerhalb der mitgliedschaftlichen Rechtsbeziehungen steht. Es tritt vielmehr neben die mitgliedschaftlichen Beziehungen, denn die Antragsberechtigung im Spruchverfahren leitet sich aus der mitgliedschaftlichen Beziehung zur Gesellschaft ab.[424] Jedoch überdehnt die erste Auffassung die gesetzliche Vermutungswirkung des § 67 Abs. 2 AktG, denn diese bezieht sich nur auf die Gesellschaft, von der die Namensaktie stammt; eine Ausweitung des Schutzes ist nicht geboten. Etwas anderes ergibt sich auch nicht aus dem Zweck des § 67 Abs. 2 AktG. Dieser soll vor unberechtigter materiell-rechtlicher Inanspruchnahme schützen bzw. klarstellen, wer gegenüber der Aktiengesellschaft berechtigt und verpflichtet ist. Zwar entfaltet das Spruchverfahren Bindungswirkung und setzt die Kompensationsansprüche rechtsverbindlich für alle fest (vgl. § 13 SpruchG); es bedarf jedoch stets im Folgenden noch der individuellen Geltendmachung der festgestellten materiell-rechtlichen Ansprüche. In diesem Rahmen kann der Antragsgegner die Einlieferung der zur Kompensation berechtigten Namensaktien Zug-um-Zug gegen die Leistung der festgestellten Kompensation fordern und ist dadurch vor einer unberechtigten materiell-rechtlichen Inanspruchnahme geschützt. Es mag sein, dass die sich daraus ergebende

---

419 *Dißars* BB 2004, 1293, 1294.

420 I. E. ebenso LG Köln AG 1998, 537 („AMV"); *Behnke* Spruchverfahren S. 83 f.

421 *Behnke* Spruchverfahren S. 84.

422 So *Lieder* NZG 2005, 159, 164 ff.

423 Siehe Fn. 420.

424 Insoweit zutreffend LG Frankfurt/M. ZIP 2005, 859, 860 („Celanese AG"); *Lieder* NZG 2005, 159, 163.

Rechtsfolge mit Blick auf die Anfechtungsklage widersinnig ist; sie ist gleichwohl als Folge der gesetzlichen Regelung in § 3 S. 1 SpruchG bzw. § 67 Abs. 2 AktG zu akzeptieren und kann nur durch den Gesetzgeber sachgerecht geändert werden.[425]

Daraus folgt für die Frage der Antragsberechtigung bei vinkulierten Namensaktien, dass die Zustimmung der Gesellschaft zur Übertragung § 68 Abs. 2 AktG bei Antragstellung vorliegen muss.[426] Der Nachweis der Antragsberechtigung gem. § 3 S. 3 SpruchG erfolgt bei Namensaktien durch Vorlage der schriftlichen Auskunft nach § 67 Abs. 6 AktG bzw. § 34 BDSG, dass der Antragsberechtigte zum maßgeblichen Zeitpunkt in das Aktienregister eingetragen war.[427]

4. Übertragung der Antragsberechtigung nach Antragstellung

Das Spruchverfahrensgesetz trifft keine Aussage darüber, ob der Veräußerer seine Antragsberechtigung verliert, der Erwerber das Verfahren fortsetzen und ggf. innerhalb der Antragsfrist einen weiteren Antrag stellen kann oder die Antragsberechtigung mit der Übertragung wegfällt. Eine entsprechende Klarstellung in § 3 SpruchG ist trotz eines entsprechenden Hinweises[428] auf die Problematik während der Reform des Spruchverfahrens nicht erfolgt. Zu deren Lösung wurden vor Inkrafttreten des Spruchverfahrensgesetzes im Wesentlichen zwei Lösungen vertreten. Während nach einer Auffassung §§ 265 Abs. 2, 325 Abs. 1 ZPO analog mit der Folge Anwendung finden sollten, dass die Veräußerung keinen Einfluss auf das Verfahren hat und der Erwerber als Rechtsnachfolger nicht berechtigt ist, ohne Zustimmung des Antragsgegners das Verfahren des Rechtsvorgängers zu übernehmen,[429] sollte nach anderer Auffassung der Erwerber ohne weiteres anstelle des Veräußerers in das Verfahren eintreten.[430] Wesentlicher Streitpunkt war dabei, ob § 265 Abs. 2 ZPO in einem Verfahren der Freiwilligen Gerichtsbarkeit analog angewendet werden kann.[431]

Der Wortlaut von § 3 S. 1, 2 SpruchG spricht zunächst dafür, dass der Veräußerer antragsberechtigt bleibt und der Erwerber einen weiteren Antrag innerhalb der Antragsfrist stellen kann, denn maßgeblich für die Antragsberechtigung ist allein der Zeitpunkt der Antragstellung und zu diesem war bzw. ist sowohl der Veräußerer als

---

425 So auch *Dißars* BB 2004, 1293, 1294 f.

426 LG Köln AG 1998, 537 („AMV"); *Behnke* Spruchverfahren S. 84; *Emmerich* in Emmerich/Habersack KonzernR § 3 SpruchG Rn. 4.

427 LG Frankfurt/M. ZIP 2005, 859, 860 („Celanese AG").

428 Vgl. *HaReA-DAV* NZG 2002, 119, 121.

429 OLG Düsseldorf AG 2001, 596, 597 („Peipers AG/Gontermann Holding AG"); OLG Düsseldorf AG 1999, 321 („Lippe-Weser-Zucker AG"); LG Köln AG 1998, 538 („Kaufhof/Metro"); *Bilda* in MüKo/AktG § 304 AktG Rn. 221.

430 *Emmerich* in Emmerich/Habersack KonzernR 3. Aufl. § 304 AktG Rn. 87 a; *Hüffer* AktG § 304 AktG Rn. 25; *Krieger* in MüHdb/AG § 70 Rn. 114; *J. Schmidt* Recht der außenstehenden Aktionäre S. 44 ff.

431 Dazu ausführlich *Behnke* Spruchverfahren S. 79 ff.

auch der Erwerber des Anteils Anteilsinhaber.[432] Gegen eine solche Lösung spricht jedoch, dass dann zwei verschiedene Verfahren mit demselben Gegenstand anhängig wären[433] und ein einzelner Anteil keine mehrfache Antragsberechtigung vermitteln kann, weil er auch nur einen einheitlichen Kompensationsanspruch verkörpert.[434] Eine andere Rechtsfolge würde zudem dazu führen, dass das Antragsrecht durch weitere Anteilsübertragungen beliebig auf eine Vielzahl von Personen ausgeweitet werden könnte, obwohl der Übertragende zuvor nur ein Antragsrecht innehatte.[435] Zudem kann die Möglichkeit einer Analogie zu §§ 265 Abs. 2, 325 Abs. 1 ZPO aufgrund der erheblichen Annäherung des Spruchverfahrens an die Regeln des Zivilprozesses nicht mehr ernsthaft verneint werden.[436] Schließlich ist die analoge Anwendung dieser Normen gegenüber einem Beteiligtenwechsel auch weniger umständlich und trägt damit der Prozessökonomie besser Rechnung.[437] Daher ist sie als Lösung vorzuziehen. Erreicht wird damit zugleich ein Gleichlauf mit der herrschenden Meinung zur Anfechtungsbefugnis, die ebenfalls bei einem Verlust der Mitgliedschaft nicht wegfällt.[438] Die Veräußerung von Anteilen nach Antragstellung im Spruchverfahren hat also keinen Einfluss auf das Verfahren. Vielmehr führt der Veräußerer das Verfahren grundsätzlich in gesetzlicher Verfahrensstandschaft für den neuen Aktionär weiter, eine Entscheidung wirkt für und gegen den Rechtsnachfolger.[439] Ein Beteiligtenwechsel analog § 265 Abs. 2 S. 2 ZPO bleibt zwar weiterhin möglich, setzt jedoch das Einverständnis des Antragsgegners voraus.

5. Verfahrensstandschaft

Ebenso wenig wie die Übertragung der Antragsberechtigung wurde im Spruchverfahrensgesetz die Frage der Verfahrensstandschaft geregelt. Auf den ersten Blick nicht

---

432 *Fritzsche/Dreier/Verfürth* SpruchG § 3 SpruchG Rn. 43 halten den Wortlaut für „missverständlich".

433 *Tomson/Hammerschmitt* NJW 2003, 2672, 2574.

434 LG Dortmund AG 2004, 623 („A. Friedr. Flender AG"); *Büchel* NZG 2003, 793, 795; *Wasmann* WM 2004, 819, 822.

435 LG Dortmund AG 2004, 623 („A. Friedr. Flender AG").

436 Für eine Analogie LG Dortmund AG 2004, 623 („A. Friedr. Flender AG"); *Fuhrmann/Linnerz* Konzern 2004, 265, 268; *Klöcker/Frowein* SpruchG § 3 SpruchG Rn. 27; i. E. auch *Bork* in Lutter UmwG § 15 UmwG Rn. 2; *Emmerich* in Emmerich/Habersack § 3 SpruchG Rn. 7; *Fritzsche/Dreier/Verfürth* SpruchG § 3 SpruchG Rn. 43 f.; *Tomson/Hammerschmitt* NJW 2003 2572, 2574; *Vollrath* in Widmann/Mayer UmwG Anh. 13 § 3 SpruchG Rn. 9, 17, 28; *Wasmann* WM 2004, 819, 822.

437 *Behnke* Spruchverfahren S. 82; a. A. hingegen *Hüffer* AktG § 305 AktG Anh. § 3 SpruchG Rn. 5; gegen eine analoge Anwendung des § 265 ZPO auch *Krieger* in Lutter UmwG Anhang I SpruchG § 3 SpruchG Rn. 4: „§ 265 ZPO harmoniert schlecht mit der typischerweise bestehenden Anonymität der Veräußerung von Aktien, und ein völliger Verlust der Verfahrensbeteiligung wird der Bedeutung des Antragsrechts als Annex des materiellen Anspruchs nicht gerecht."

438 Siehe jüngst OLG Koblenz ZIP 2005, 714, 715 („Massa AG") m. w. N.

439 *Fuhrmann/Linnerz* Konzern 2004, 265, 268.

eindeutig ist demnach, ob ein Antragsteller Rechte aus einem fremden Anteil im Spruchverfahren geltend machen kann. Insbesondere stellt sich diese Frage im Fall der Antragstellung durch einen Legitimationsaktionär.[440] Da wie im Zivilprozess auch im Bereich der Freiwilligen Gerichtsbarkeit die Verfahrensstandschaft – entweder als gesetzliche oder als gewillkürte – grundsätzlich anerkannt ist und das Spruchverfahren dem Zivilprozess ohnehin angenähert wurde, bestehen gegen die Zulässigkeit der Verfahrensstandschaft keine Bedenken.[441] Das gilt auch dann, wenn der Antrag durch einen Legitimationsaktionär gestellt wird, sofern der wahre Aktionär den Legitimationsaktionär durch besondere Abrede dazu ermächtigt hat, das Antragsrecht im eigenen Namen auszuüben und dem Antragsgegner nicht zweifelhaft ist, aus welchen Aktien vorgegangen wird bzw. eine doppelte Geltendmachung ausgeschlossen ist.[442] Allerdings muss auch in diesem Fall § 3 S. 3 SpruchG entsprechend gelten, so dass durch Urkunden bei Antragstellung nachzuweisen ist, wer die Anteile tatsächlich hält und dass die Zustimmung zur Geltendmachung erteilt wurde.

6. Rechtsfolgen fehlender oder nicht nachgewiesener Antragsberechtigung

Von erheblicher praktischer Bedeutung ist die Frage nach der Rechtsfolge bei fehlender oder nicht innerhalb der Antragsfrist gem. § 3 S. 3 SpruchG nachgewiesener Antragsberechtigung,[443] denn ein gemeinsamer Vertreter ist grundsätzlich jedenfalls dann zu bestellen, wenn ein Antrag zulässig ist.[444] Erachtet man Anträge trotz fehlender Antragsberechtigung als (lediglich) unbegründet und diese damit nicht als Sachurteilsvoraussetzung, so wäre bei Anträgen ohne oder bei nicht nachgewiesener Antragsberechtigung ggf. ein gemeinsamer Vertreter gem. § 6 Abs. 1 S. 1 SpruchG zu bestellen und dessen Bestellung gem. § 6 Abs. 1 S. 4 SpruchG bekannt zu machen.[445] Dadurch würden Kosten entstehen, vor allem aber könnte der Antrag des gemeinsamen Vertreters im Gegensatz zu jenem eines nicht antragsberechtigten Anteilsinhabers nicht ohne weiteres als unbegründet zurückgewiesen werden, da der gemeinsame Vertreter unabhängig von der Unbegründetheit anderer Anträge eigene Anträge stellen und so eine Heraufsetzung der Kompensation für alle Antragsberechtigten gem. § 13 SpruchG herbeiführen kann.

Vor Inkrafttreten des Spruchverfahrensgesetzes wurde die fehlende Antragsberech-

---

440 *Fuhrmann/Linnerz* Konzern 2004, 265, 268.

441 *Büchel* NZG 2003, 794, 795; *Emmerich* in Emmerich/Habersack KonzernR § 3 SpruchG Rn. 7; *Fritzsche/Dreier/Verfürth* SpruchG § 3 SpruchG Rn. 6; *Klöcker/Frowein* SpruchG § 3 SpruchG Rn. 30.

442 OLG Stuttgart AG 2002, 353, 354 f. („Schlossgartenbau AG"); *Volhard* in MüKo/AktG § 3 SpruchG Rn. 9.

443 Dies unterscheidet die Antragsbefugnis im Spruchverfahren grundlegend von der Klagebefugnis im Rahmen der aktienrechtlichen Anfechtungsklage, bei der die praktische Bedeutung der Art der Abweisung gering ist (vgl. *K. Schmidt* in GroßK/AktG § 245 AktG Rn. 76).

444 Siehe ausführlich unten Teil 3 C. III. 1. a. cc.

445 Siehe zur Bestellung und deren Bekanntmachung unten Teil 3 C. III. 1. a. ee.

tigung teilweise als Begründetheitsmangel,[446] teilweise aber auch als Sachurteilsvoraussetzung angesehen.[447] Der Wortlaut von § 3 SpruchG lässt keinen sicheren Schluss zu, ob bei fehlender oder nicht nachgewiesener Antragsberechtigung der Antrag als unzulässig oder als unbegründet abgelehnt werden muss. Für eine Abweisung als unbegründet spricht zunächst der Begriff der „Antragsberechtigung“, der eher auf eine Einordnung als Aktivlegitimation hindeutet mit der Folge, dass die Antragsberechtigung einen Teil der Begründetheit des Antrags darstellt. Ein Vergleich des Spruchverfahrens mit der Anfechtungsklage ist dagegen unergiebig. Denn zum einen ist dort strittig, ob die Anfechtungsbefugnis ein Element der Begründetheitsprüfung darstellt oder ihr Fehlen zur Abweisung der Klage als unzulässig führt.[448] Zum anderen fehlt es jedenfalls in einem im vorliegendem Zusammenhang zentralen Punkt an der Vergleichbarkeit der Rechtsbehelfe, da bei der Anfechtungsklage das materielle Gestaltungsrecht auf Aufhebung des Beschlusses gerichtet ist, diesem im Spruchverfahren jedoch keine eigenständige Bedeutung zukommt, sondern das Bestehen des zugrunde liegenden materiellen Anspruchs erst in einer nachfolgenden Leistungsklage relevant wird.[449] Für die Anfechtungsklage gefundene Ergebnisse bezüglich der Rechtsfolge fehlender oder erloschener Anfechtungsbefugnis wären daher auf das Spruchverfahren in keinem Fall übertragbar.[450]

Die Gesetzesgeschichte und der Wille des Gesetzgebers lassen ebenso wenig einen sicheren Schluss auf die Einordnung der Voraussetzung der Antragsberechtigung zu, sprechen aber eher dafür, die Antragsberechtigung als Zulässigkeitsvoraussetzung einzuordnen, auch wenn der Gesetzgeber auf den ihm unterbreiteten Reformvorschlag, die Abweisung als unzulässig ausdrücklich gesetzlich zu regeln,[451] nicht eingegangen ist und – anders als bei der Rechtsfolge bei fehlender Antragsbegründung nach § 4 Abs. 2 SpruchG[452] – in der Gesetzesbegründung zu § 3 SpruchG auch nicht darauf hingewiesen hat, dass Anträge als unzulässig abzuweisen seien. Denn ausdrückliches gesetzgeberisches Ziel ist es, die Spruchverfahren zu beschleunigen und die Kosten zu reduzieren.[453] Beide Ziele werden eher erreicht, wenn Anträge bei fehlender oder nicht nachgewiesener Antragsberechtigung als unzulässig abgewiesen werden. Weiter ist für eine Abweisung als unzulässig angeführt worden, dass sich dieses aus der Ausgestaltung des Spruchverfahrens als „reines Antragsverfahren“

---

[446] OLG Stuttgart AG 2002, 353, 355 („Schlossgartenbau AG“); *Leuering* EWiR § 67 AktG 1/03, 1165, 1166.

[447] BayObLG ZIP 2002, 835, 936; KG ZIP 2000, 498, 499 f. („Victoria Holding/Ergo“); LG Berlin ZIP 2003, 1300, 1301; *Behnke* Spruchverfahren S. 68 ff.; *Bilda* in MüKo/AktG § 304 AktG Rn. 109; *Karrer* Angemessenheit der Leistung S. 218.

[448] Vgl. zum Streitstand *K. Schmidt* in GroßK/AktG § 245 AktG Rn. 74 ff.

[449] *v. Aerssen* AG 1999, 249, 251; *Behnke* Spruchverfahren S. 70; *Schulenberg* AG 1998, 74, 76.

[450] A. A. *Leube* in Deilmann/Lorenz AG § 8 Rn. 31; *Leuering* EWiR § 67 AktG 1/03, 1165, 1166.

[451] Vgl. *HaReA-DAV* NZG 2002, 119, 120 – Einfügung eines § 3 Abs. 2 SpruchG: „*Fehlt es einem Antragsteller an der Antragsberechtigung nach § 1 Nr. 1 bis 4, so ist der Antrag unzulässig.*“

[452] Siehe unten Teil 3 D. III. 5.

[453] Vgl. oben Teil 2 B.

ergebe.[454] Dieses Argument ist indes wenig hilfreich. War der Antrag vor Inkrafttreten des Spruchverfahrensgesetzes bloßer Verfahrensantrag und kein Sachantrag,[455] so muss der Antragsteller auch nach dem Spruchverfahrensgesetz nicht die Festsetzung einer bestimmten Kompensationshöhe beantragen, sondern kann deren Festsetzung allein dem Gericht überlassen.

Für eine Abweisung als unbegründet könnte sprechen, dass durch den Begründungszwang gem. § 4 Abs. 2 SpruchG nicht mehr unbedingt lediglich die prozessuale Seite des Gestaltungsrechts im Vordergrund steht, und sich das Antragsrecht aus einem möglichen Kompensationsanspruch und damit aus dem materiellen Recht ableitet. Für eine Abweisung als unzulässig lässt sich dagegen anführen, dass sich das Verfahren weiterhin, wenn auch erheblich eingeschränkt, nach dem FGG richtet und die Frage nach der Einordnung der Antragsberechtigung daher in erster Linie prozessrechtlich zu beantworten ist.[456] Nimmt man den Willen des Gesetzgebers zur Reduktion der Verfahrenskosten, dem eine Abweisung als unbegründet angesichts der erforderlichen Bestellung eines gemeinsamen Vertreters entgegenstünde, kommt man zu dem Ergebnis, dass die Antragsberechtigung als Zulässigkeitsvoraussetzung einzuordnen ist, auch wenn sie sich aus dem materiellen Recht ableitet.[457]

II. Antragsgegner

Wer im Spruchverfahren Antragsgegner ist, ergibt sich aus § 5 SpruchG.

1. Antragsgegner in Spruchverfahren nach § 1 Nrn. 1–5 SpruchG

In Spruchverfahren nach § 1 Nr. 1 SpruchG ist gem. § 5 Nr. 1 SpruchG der andere Teil des Unternehmensvertrages Antragsgegner, also nicht die abhängige Gesellschaft.[458]

---

454 *Bungert/Mennicke* BB 2003, 2021, 2026; *Lamb/Schluck-Amend* DB 2003, 1259, 1261.

455 Vgl. *Behnke* Spruchverfahren S. 70.

456 Vgl. *Fritzsche/Dreier/Verfürth* SpruchG § 3 SpruchG Rn. 3, die der Antragsberechtigung eine „Doppelnatur" zuschreiben. Die Abwicklung der Spruchverfahren nach dem FGG vor Inkrafttreten des Spruchverfahrensgesetzes hielt bereits *Behnke* Spruchverfahren S. 70 für den ausschlaggebenden Gesichtspunkt.

457 I. E. auch OLG Stuttgart ZIP 2004, 1907, 1910 („Hypo Real Estate Holding AG"); LG Dortmund Konzern 2004, 821, 822 („Stelcon/Readymix"); LG Frankfurt/M. ZIP 2005, 215, 216 („Buderus AG"); *Bungert/Mennicke* BB 2003, 2021, 2026; *Emmerich* in Emmerich/Habersack KonzernR § 3 SpruchG Rn. 8; *Klöcker/Frowein* SpruchG § 3 SpruchG Rn. 2; *Lamb/Schluck-Amend* DB 2003, 1259, 1261; *Luttermann* EWiR § 327 b AktG 2/05, 193, 194; *W. Meilicke/Heidel* DB 2003, 2267, 2270; *Wasmann* WM 2004, 819, 822; *Wasmann/Gayk* BB 2005, 955, 956; *Volhard* in MüKo/AktG § 3 SpruchG Rn. 11; *Vollrath* in Widmann/Mayer UmwG Anh. 13 § 3 SpruchG Rn. 62; a. A. *Leube* in Deilmann/Lorenz AG § 8 Rn. 31; *Leuering* EWiR § 67 AktG 1/03, 1165, 1166; für eine Einordnung „jedenfalls auch" als Zulässigkeitsvoraussetzung *Fritzsche/Dreier/Verfürth* SpruchG § 3 SpruchG Rn. 3.

458 Damit wird die Praxis vor Inkrafttreten des Spruchverfahrensgesetzes geändert, nach der der

In Spruchverfahren nach § 1 Nr. 2 SpruchG ist gem. § 5 Nr. 2 SpruchG Antragsgegner die Hauptgesellschaft, also die Gesellschaft, in die die Aktiengesellschaft der Aktionäre eingegliedert worden ist.[459] Gem. § 5 Nr. 3 SpruchG ist in Spruchverfahren nach § 1 Nr. 3 SpruchG der Hauptaktionär Antragsgegner.[460] In Spruchverfahren nach § 1 Nr. 4 SpruchG ist gem. § 5 Nr. 4 SpruchG der übernehmende oder neue Rechtsträger oder der Rechtsträger neuer Rechtsform Antragsgegner. Sind bei einer Spaltung mehrere übernehmende Rechtsträger beteiligt, ist der Antrag gegen alle zu richten.[461] Bedeutung hat dies insoweit, als dass mehrere Antragsgegner die Vergütung des Vertreters und die Gerichtskosten gem. § 6 Abs. 2 S. 1 bzw. § 15 Abs. 2 S. 1 SpruchG nur gesamtschuldnerisch zu tragen haben, so dass ein Antrag gegen alle übernehmenden Rechtsträger zwingende Voraussetzung eines Gesamtschuldnerausgleichs ist.[462] Ist der Rechtsträger neuer Rechtsform eine BGB-Gesellschaft, so ist der Antrag aufgrund der Rechtsprechung des BGH zu deren Rechtsfähigkeit[463] ohne weiteres gegen die Gesellschaft und nicht gegen die Gesellschafter zu richten.[464] In Spruchverfahren nach § 1 Nr. 5 SpruchG ist gem. § 5 Nr. 5 SpruchG Antragsgegner grundsätzlich die SE. Insoweit hat die Regelung nur deklaratorischen Charakter, da die SE als Antragsgegner auch schon von der Formulierung „*übernehmender oder neuer Rechtsträger*" in § 5 Nr. 4 SpruchG erfasst wäre; dennoch hat der Gesetzgeber ein Klarstellungsbedürfnis gesehen.[465] Wird aber die gem. § 9 Abs. 1 SEAG den Anteilsinhabern einer der die Gründung einer Holding-SE anstrebenden Gesellschaft anzubietende Barabfindung gem. § 1 Nr. 5 SpruchG im Spruchverfahren überprüft, ist Antragsgegner nicht die SE, sondern die dem deutschen Recht unterliegende, die SE-Gründung abstrebende Gesellschaft.[466]

Antrag gegen beide Teile des Unternehmensvertrags gerichtet wurde (vgl. *Bilda* in MüKo/AKtG § 306 SpruchG Rn. 52 m. w. N.). Sofern die Konzernmutter den außenstehenden Aktionären gegenüber die Ausgleichszahlung garantiert hat, ist sie zwar nicht Antragsgegner, soll jedoch als materiell Berechtigte einen Anspruch auf rechtliches Gehör haben (*Vollrath* in Widmann/Mayer UmwG Anh. 13 § 5 SpruchG Rn. 10; wohl auch *Emmerich* in Emmerich/Habersack KonzernR § 5 SpruchG Rn. 4).

459 Zur dogmatischen Begründung siehe eingehend OLG Düsseldorf AG 2005, 538, 540 f. („Hypobank/Brau und Brunnen AG [„Dortmunder Ritterbrauerei"]").

460 Vor Inkrafttreten des Spruchverfahrensgesetzes war strittig, ob Antragsgegner der Hauptaktionär, die Gesellschaft oder beide sind (Übersicht über die jeweiligen Aufassungen bei OLG Hamburg AG 2004, 622, 623 [„VTG-Lehnkering AG"]).

461 *Hüffer* AktG § 305 AktG Anh. § 5 SpruchG Rn. 3; *Krieger* in Lutter UmwG Anhang I SpruchG § 5 SpruchG Rn. 4.

462 *Fritzsche/Dreier/Verfürth* SpruchG § 5 SpruchG Rn. 5.

463 BGHZ 146, 341 ff.

464 *Gude* AG 2005, 233, 236; *Hüffer* AktG § 305 AktG Anh. § 5 SpruchG Rn. 3; *Krieger* in Lutter UmwG Anhang I SpruchG § 5 SpruchG Rn. 4; a. A. *Koppensteiner* in KK/AktG Anh. § 327 f AktG Rn. 14, 22 (auch gegen die Gesellschafter, da diese bei einer Erhöhung der Kompensation als Gesamtschuldner für die Gesellschaftsschuld hafteten).

465 Vgl. *Begr. RegE* SEEG BT-Drucks. 15/3405 S. 58.

466 *Begr. RegE* SEEG BT-Drucks. 15/3405 S. 58.

2. Antragsgegner in Spruchverfahren nach § 5 Abs. 5 EGAktG

Bei dem Erlöschen oder der Beseitigung von Mehrstimmrechten ist Antragsgegner die Gesellschaft selbst, da sie gem. § 5 Abs. 3 S. 1 EGAktG den Ausgleich schuldet.[467]

3. Antragsgegner in Spruchverfahren wegen Delisting

In Spruchverfahren wegen Delisting ist Antragsgegner derjenige, der das Abfindungsangebot unterbreitet, also je nachdem die Gesellschaft oder ihr Großaktionär.[468] Fehlt es an einem Abfindungsangebot – wodurch die Einleitung eines Spruchverfahrens nicht gehindert wird[469] – so ist der Antrag gegen beide zu richten.[470] Nach einer Auffassung soll allerdings nur die Gesellschaft Antragsgegnerin sein, wenn kein „starker einzelner Mehrheitsaktionär" existiert – denkbar ist etwa, dass eine Gesellschaft über zwei, nicht miteinander verbundene, jeweils zu 45% beteiligte Aktionäre sowie über einen Streubesitzanteil von 10% verfügt –, da die Inanspruchnahme eines von mehreren vorhandenen Mehrheitsaktionären diesen unverhältnismäßig wirtschaftlich beeinträchtigen und gegen den in § 53 a AktG niedergelegten Gleichbehandlungsgrundsatz verstoßen würde.[471] Erst dann, wenn ein Mehrheitsaktionär mehr als 50% des Grundkapitals hält sowie die einfache Stimmmehrheit des § 133 Abs. 1 AktG innehat, soll er Antragsgegner sein können, da es nur dann in seinem Ermessen liege, sich für die Durchführung des Delisting und damit auch für die damit verbundene wirtschaftliche Belastung zu entscheiden.[472] Diese Ansicht begegnen indessen Bedenken, wenn die Mehrheitsaktionäre für das Delisting gestimmt und es möglicherweise auch gemeinsam betrieben haben, da sie sich in diesem Fall bewusst für die wirtschaftliche Belastung entschieden haben bzw. diese absehen konnten. Eine unverhältnismäßige wirtschaftliche Beeinträchtigung eines Mehrheitsaktionärs lässt sich im Übrigen auch dadurch vermeiden, dass die wesentlich beteiligten – wenngleich die Gesellschaft jeweils formal nicht kontrollierenden – Mehrheitsaktionäre als Gesamtschuldner angesehen werden, so dass es im Zuge des Gesamtschuldnerausgleichs zu einer gleichmäßigen wirtschaftlichen Belastung der Aktionäre mit den

---

[467] *Fritzsche/Dreier/Verfürth* SpruchG § 5 SpruchG Rn. 8; *Krieger* in Lutter UmwG Anhang I SpruchG § 5 SpruchG Rn. 5; *Wasmann* WM 2004, 819, 824.

[468] BayObLG ZIP 2005, 205 („Macrotron"); *Emmerich* in Emmerich/Habersack KonzernR § 5 SpruchG Rn. 3; *Fritzsche/Dreier/Verfürth* SpruchG § 1 SpruchG Rn. 110; *Klöcker/Frowein* SpruchG § 5 SpruchG Rn. 8; *Krolop* NZG 2005, 546, 547; *Wasmann* WM 2004, 819, 824.

[469] Siehe oben Teil 3 A. VIII. 1. a. bb.

[470] *Krolop* NZG 2005, 546, 547, weist darauf hin, dass sich für einen Anspruch gegen die Gesellschaft, der aus deren Bestimmung zur Antragsgegnerin folgt, Grenzen aus § 71 f. AktG ergeben können.

[471] *Fritzsche/Dreier/Verfürth* SpruchG § 1 SpruchG Rn. 111.

[472] *Fritzsche/Dreier/Verfürth*, SpruchG § 1 SpruchG Rn. 111; i. E. wohl ebenso *Adolff/Tieves* BB 2003, 797, 803; *Schlitt* ZIP 2004, 533, 537.

Folgen des Delisting kommt.[473] Daher kann der Antrag neben der Gesellschaft auch gegen einen Mehrheitsaktionär gerichtet werden, selbst wenn dieser nicht 50% des Grundkapitals und die einfache Stimmmehrheit des § 133 Abs. 1 AktG hält, sofern er für das Delisting gestimmt hat und seine Beteiligung wesentlich ist, was ab eines Anteils am Grundkapital von mehr als 25% anzunehmen ist.

III. Gemeinsamer Vertreter

Neben Antragsteller und Antragsgegner können gemeinsame Vertreter gem. §§ 6 und 6 a SpruchG Verfahrensbeteiligte sein.

1. Gemeinsamer Vertreter nach § 6 SpruchG

In allen Spruchverfahren können grundsätzlich gemeinsame Vertreter nach § 6 SpruchG bestellt werden. Im Laufe der Entwicklung des Spruchverfahrens hat sich die Funktion und Bedeutung des gemeinsamen Vertreters gewandelt.[474] Zunächst vertrat er die ausgeschiedenen Aktionäre, da nur der Hauptgesellschafter antragsberechtigt war. Dann vertrat er neben den Antragstellern, die im Verfahren selbst nicht auftreten und keine Anträge stellen konnten, die Rechte der übrigen Minderheit und schließlich beschränkte sich seine Vertretung infolge der „*Feldmühle*"-Entscheidung des Bundesverfassungsgerichts auf die kompensationsberechtigten, aber keinen eigenen Antrag stellenden Anteilsinhaber, um deren rechtliches Gehör zu wahren.[475] Er ist also nicht als Zwangsvertreter gedacht, sondern durch seine Bestellung soll vielmehr sichergestellt werden, dass die kompensationsberechtigten Anteilsinhaber im Spruchverfahren gleichbehandelt werden.[476]

Dem gem. § 6 SpruchG zu bestellenden gemeinsamen Vertreter kommt diese Aufgabe auch nach Inkrafttreten des Spruchverfahrensgesetzes zu. Seine Beteiligung stellt ein Charakteristikum des Spruchverfahrens dar, das sich als eine der wesentlichen verfahrensrechtlichen Besonderheiten gegenüber dem allgemeinen deutschen Zivilprozessrecht darstellt, da sich daraus die Einordnung des Spruchverfahrens als eines Anwendungsfalls der Sammelklage (*class action*) ergibt,[477] die ansonsten vor allem aus dem amerikanischen Zivilprozessrecht geläufig ist. Zutreffend wird er als „einzigartige Rechtsfigur"[478] bezeichnet.

---

473 Gegen eine gesamtschuldnerische Haftung allerdings *Schlitt* ZIP 2004, 533, 537, der eine solche für zu weitgehend hält.

474 Siehe zum Bedeutungswandel auch ausführlich *Wasmann/Mielke* WM 2005, 822, 823 f.

475 Vgl. oben Teil 1 B.

476 *Karrer* Angemessenheit der Leistung S. 213.

477 *Hirte* KapitalgesR S. 65; *Pfeifer* Schutzmechanismen S. 187 Rn. 542.

478 *Wasmann/Mielke* WM 2005, 822.

a. Bestellung

Die Bestellungsvoraussetzungen sind § 6 Abs. 1 SpruchG zu entnehmen.

aa. Notwendigkeit

§ 6 Abs. 1 S. 1 Halbs. 1 SpruchG begründet für das Gericht die Verpflichtung, einen gemeinsamen Vertreter von Amts wegen durch Beschluss in Ausübung des insoweit eingeräumten gerichtlichen Ermessens zu bestellen.[479] Einer vorherigen Anhörung der Verfahrensbeteiligten bedarf es nicht.[480] Allerdings kann die Bestellung gem. § 6 Abs. 1 S. 3 SpruchG auch vollständig unterbleiben, wenn die Wahrung der Rechte der Antragsberechtigten auf andere Weise sichergestellt ist. Bereits aufgrund des Wortlauts der Regelung, aber auch aufgrund der Funktion des gemeinsamen Vertreters ist eine Bestellung dann entbehrlich, wenn alle Antragsberechtigten tatsächlich Antragsteller sind.[481] Ob Letzeres der Fall ist, muss das Gericht grundsätzlich von Amts wegen gem. § 17 Abs. 1 SpruchG i. V. m. § 12 FGG ermitteln.[482] Zur Beschleunigung des Verfahrens kann aber das Gegenteil, also das Vorhandensein nicht antragstellender Antragsberechtigter, vermutet werden, wenn die abhängige bzw. übernehmende Gesellschaft und andere nicht antragsberechtigte Anteilsinhaber nicht 100% der Anteile der abhängigen bzw. übertragenden Gesellschaft halten.[483] Jedenfalls bei börsennotierten Gesellschaften im Sinne von § 21 Abs. 2 WpHG und damit in dem weit überwiegenden Teil der praktisch relevanten Fälle ist diese Feststellung aufgrund der diese Gesellschaften treffenden Mitteilungspflichten nach § 21 Abs. 1 WpHG unproblematisch möglich. Einer vorhergehenden Anhörung von Beteiligten oder Recherchen des Gerichts, etwa im Aktien- oder Handelsregister, bedarf es in diesen Fällen nicht.[484] Etwas anderes gilt hinsichtlich der Vermutung jedoch, wenn in Spruchverfahren nach § 1 Nr. 4 oder Nr. 5 SpruchG oder nach § 5 Abs. 5 EGAktG nur solche Anteilsinhaber antragsberechtigt sind, die in der Hauptversammlung Widerspruch zur Niederschrift erklärt haben.[485] In diesem Fall bedarf es nur dann der Bestellung eines gemeinsamen Vertreters, wenn nicht alle Anteilsinhaber, die Widerspruch zur Niederschrift erklärt haben, also alle Antragsberechtigten Antragsteller sind, denn der gemeinsame Vertreter kann nicht mehr Rechte haben als die von ihm

---

479 *Fritzsche/Dreier/Verfürth* SpruchG § 6 SpruchG Rn. 5; *Emmerich* in Emmerich/Habersack KonzernR § 6 SpruchG Rn. 4; *Klöcker/Frowein* SpruchG § 6 SpruchG Rn. 2; *Krieger* in Lutter UmwG Anhang I SpruchG § 6 SpruchG Rn. 2.

480 *Vollrath* in Widmann/Mayer UmwG Anh. 13 § 6 SpruchG Rn. 13; *Wasmann/Mielke* WM 2005, 822, 825; a. A. *Emmerich* in Emmerich/Habersack KonzernR § 6 SpruchG Rn. 7.

481 *Emmerich* in Emmerich/Habersack KonzernR § 6 SpruchG Rn. 3; *Krieger* in Lutter UmwG Anhang I SpruchG § 6 SpruchG Rn. 5; *Wasmann/Mielke* WM 2005, 822, 824.

482 *Emmerich* in Emmerich/Habersack KonzernR § 6 SpruchG Rn. 3; *Hüffer* AktG § 305 AktG Anh. § 6 SpruchG Rn. 2; *Volhard* in MüKo/AktG § 6 SpruchG Rn. 7.

483 *Behnke* Spruchverfahren S. 51.

484 *Klöcker/Frowein* SpruchG § 6 SpruchG Rn. 2; *Schwarz* in Widmann/Mayer UmwG § 308 UmwG Rn. 11; a. A. *Behnke* Spruchverfahren S. 51; *Fritzsche/Dreier/Verfürth* SpruchG § 6 SpruchG Rn. 5.

485 Siehe zu diesen Fällen oben Teil 3 C. I. 1. c. d.

vertretenen Anteilsinhaber.[486] Zur Feststellung, ob es in Spruchverfahren, in denen ein Widerspruch zur Niederschrift Voraussetzung der Antragsberechtigung ist, der Bestellung eines gemeinsamen Vertreters bedarf, also Anteilsinhaber zwar Widerspruch zu Niederschrift erklärt, aber keinen Antrag gestellt haben, sind die Protokolle der Hauptversammlung heranzuziehen. Sofern es auch einer negativen Stimmabgabe zur Antragsberechtigung bedarf, ist auch diese durch Amtsermittlung festzustellen.

Auf andere Weise sichergestellt ist die Wahrung der Rechte der Antragsberechtigten auch in der – in der Praxis wohl kaum vorkommenden – Konstellation, in der alle nicht antragstellenden Antragsberechtigten erklären, einem Antragsteller, mehreren Antragstellern oder einem Vertreter die Wahrnehmung ihrer Rechte zu übertragen, etwa zum Zwecke der Durchführung eines Musterverfahrens. Denn durch eine solche Übertragung verzichten die Anteilsinhaber auf die Wahrung ihrer Rechte durch den gemeinsamen Vertreter. Die Gegenansicht führt zu einer Bevormundung der Antragsberechtigten und schränkt sie letztlich in ihrem Recht aus Art. 14 GG ein, wenn gegen ihren erklärten Willen ein Zwangsvertreter zur Wahrung ihrer Vermögensrechte bestellt wird. Dass das Schicksal der antragstellenden Antragsberechtigten dadurch mit dem des ihre Rechte wahrenden „Vertreters" zwangsläufig verknüpft ist, insbesondere bei Antragsrücknahme durch diese keine Fortführung des Verfahrens im Betracht kommt, ist notwendige und zu akzeptierende Folge der Verzichtsentscheidung.[487] Aus den gleichen Erwägungen ist auch von der Bestellung abzusehen, wenn die nicht antragstellenden Anteilsinhaber an dem Verfahren offensichtlich kein Interesse haben,[488] was aber eine ebenso weitgehend theoretische Konstellation darstellen dürfte wie jene, in denen sich der Antragsgegner mit sämtlichen nicht antragstellenden Antragsberechtigten außergerichtlich geeinigt hat und eine Bestellung deshalb entbehrlich ist.[489]

Von erheblicher praktischer Bedeutung ist hingegen die Frage, ob auf die Bestellung eines gemeinsamen Vertreters verzichtet werden kann, wenn eine Aktionärsvereinigung als Antragsteller auftritt. Hält man sich vor Augen, dass in Spruchverfahren regelmäßig Aktionärsvereinigungen als Antragsteller auftreten und so in einer Vielzahl von Fällen die Bestellung eines gemeinsamen Vertreters entbehrlich sein könnte, so ist verwunderlich, dass ein Beschluss des BayObLG, der diese Frage zum Gegenstand hatte,[490] nur wenig Beachtung fand. In diesem Beschluss hatte das

---

486 Vgl. *Wasmann* BB 2003, 57, 60.

487 Zutreffend *Behnke* Spruchverfahren S. 52; *Emmerich* in Emmerich/Habersack KonzernR § 6 SpruchG Rn. 8; *Geßler* in Geßler/Hefermehl/Eckard/Kropff AktG § 306 AktG Rn. 29; *Volhard* in MüKo/AktG § 6 SpruchG Rn. 12; *J. Schmidt* Recht der außenstehenden Aktionäre S. 56; gegen die Verzichtsmöglichkeit *Stratz* in Schmitt/Hörtnagl/Stratz UmwG § 308 UmwG Rn. 7; *Klöcker/Frowein* SpruchG § 6 SpruchG Rn. 15; *Vollrath* in Widmann/Mayer UmwG Anh. 13 § 6 SpruchG Rn. 9.

488 A. A. *Emmerich* in Emmerich/Habersack KonzernR § 6 SpruchG Rn. 8; *Fritzsche/Dreier/Verfürth* SpruchG § 6 SpruchG Rn. 10; *Klöcker/Frowein* SpruchG § 6 SpruchG Rn. 14; *Krieger* in Lutter UmwG Anhang I SpruchG § 6 SpruchG Rn. 6.

489 Vgl. *J. Schmidt* Recht der außenstehenden Aktionäre S. 55.

490 BayObLG AG 1992, 59, 60.

BayObLG die Abberufung eines gemeinsamen Vertreters damit gerechtfertigt,[491] dass die Rechte der außenstehenden Aktionäre auf andere Weise zuverlässig gewahrt werden, weil die *Deutsche Schutzvereinigung für Wertpapierbesitz e. V. (DSW)* als Antragstellerin beteiligt sei, die nach ihrer Satzung die schutzbedürftigen ideellen und materiellen Interessen der Wertpapierbesitzer wahrzunehmen habe und aufgrund deren Satzungsbestimmungen nicht die Gefahr bestehe, dass sie sich durch Sonderzuwendungen zur Antragsrücknahme bewegen lasse, so dass sie im Ergebnis dieselben Interessen wie die außenstehenden Aktionäre verfolge.[492] Soweit ersichtlich wird nicht in Frage gestellt, dass das Erstreiten von Sondervorteilen für Mitglieder der Vereinigung aufgrund der Satzungsbestimmungen nicht in Betracht kommt. *Hommelhoff/Witte*[493] führen gegen den Beschluss jedoch einen konkreten Einwand ins Feld, der genauerer Betrachtung bedarf. So wird eine eindeutige Interessenidentität zwischen den nicht antragstellenden Antragsberechtigten und der *DSW* abgelehnt bzw. ein potentieller Interessengegensatz darin gesehen, dass es einer Schutzvereinigung im Hinblick auf den Vereinszweck immer auch um die Klärung der Rechtsfrage über den Einzelfall hinaus gehe und dies die Gefahr in sich berge, dass die Schutzvereinigung „nicht wie die anderen Aktionäre daran interessiert ist, die monetären Möglichkeiten im konkreten Fall voll und möglichst schnell auszuschöpfen, sie sich vielmehr auch darauf konzentrieren kann, eine relevante Rechtsfrage höchstrichterlich klären zu lassen".[494] Dem ist entgegenzuhalten, dass das Interesse der Vereinigungen im Verfahren in aller Regel allein darin besteht, eine möglichst hohe Kompensation für alle Antragsberechtigten zu erstreiten. Die Klärung von relevanten Rechtsfragen zu betreiben, ohne dass diese im konkreten Fall Auswirkungen auf die Kompensation haben, erscheint als ein weitgehend theoretischer Fall. Angesichts der Vielzahl der Spruchverfahren, an denen Aktionärsvereinigungen einzig und allein mit dem Ziel beteiligt waren und sind, eine Erhöhung der Kompensation zu erreichen, die Klärung davon losgelöster Rechtsfragen jedoch nicht auf dem weiteren Rechtsweg betrieben wurde bzw. wird, bestehen keine Zweifel daran, dass die Beteiligung von Aktionärsvereinigungen als Antragsteller die Abberufung des gemeinsamen Vertreters rechtfertigen bzw. die Bestellung eines gemeinsamen Vertreters entbehrlich machen.

Es ist darüber hinaus in diesem Zusammenhang auch nochmals der Zweck der Institution des gemeinsamen Vertreters in Erinnerung zu rufen, der im Wesentlichen

---

491 Liegen jedoch die Voraussetzungen, die die Aberrufung eines gemeinsamen Vertreters rechtfertigen, bereits bei der Bestellung vor, ist diese von vorneherein entbehrlich.

492 BayObLG AG 1992, 59, 60; der Entscheidung zustimmend *Behnke* Spruchverfahren S. 52, 170; *Pfeifer* Schutzmechanismen S. 188 Rn. 544; *Schwarz* in Widmann/Mayer UmwG § 308 UmwG Rn. 6; a. A. ohne nähere Begründung *Fritzsche/Dreier/Verfürth* SpruchG § 6 SpruchG Rn. 10; *Klöcker/Frowein* SpruchG § 6 SpruchG Rn. 14; *Krieger* in Lutter UmwG § 308 UmwG 2. Aufl. Rn. 4; die Frage offen lassend *Emmerich* in Emmerich/Habersack KonzernR § 6 SpruchG Rn. 8.

493 *Hommelhoff/Witte* EWiR § 306 AktG 1/92, 5, 6.

494 *Hommelhoff/Witte* EWiR § 306 AktG 1/92, 5, 6; zustimmend *Krieger* in Lutter UmwG § 308 UmwG 2. Aufl. Rn. 4; *ders.* in MüHdb/AG § 70 Rn. 120.

darin besteht, dem Grundrecht auf rechtliches Gehör der nicht antragstellenden Antragsberechtigten Rechnung zu tragen und der Gefahr des „Auskaufens“ der Antragsteller durch den Antragsgegner zu begegnen. Dieser Zweck wird bei der Beteiligung einer satzungsmäßig auf die Gemeinnützigkeit verpflichteten Aktionärsvereinigung grundsätzlich gewahrt bzw. nicht gefährdet.[495] Wenn und solange das Gericht also keine konkreten Anhaltspunkte dafür hat, dass die Aktionärsvereinigung die Klärung nicht mit der Höhe der Kompensation unmittelbar im Zusammenhang stehender Fragen anstrebt, ist kein gemeinsamer Vertreter zu bestellen. Der Forderung, dass ein Unterschied in den Interessen „undenkbar“ sein müsse,[496] ist daher nicht zuzustimmen, zumal anderenfalls durch eine lediglich theoretische Gefährdung von Minderheitsrechten infolge der Bestellung eines gemeinsamen Vertreters erhebliche Kosten entstehen würden.

Die Bestellung eines gemeinsamen Vertreters lässt sich hingegen nicht bereits bei bloßer Sachkunde anderer Antragsteller ablehnen.[497] Von den ebenfalls sachkundigen Aktionärsvereinigungen unterscheiden sich diese dadurch, dass sie weder rechtlich noch tatsächlich daran gehindert sind, individuelle Sonderinteressen zu verfolgen und damit ein „Auskauf“ zulasten der nicht antragstellenden Antragsberechtigten ohne weiteres möglich ist. Interessengegensätze wären nicht nur denkbar, sondern durchaus wahrscheinlich. Da die Antragsteller im Übrigen in nahezu allen Fällen durch Rechtsanwälte vertreten werden,[498] denen die Sachkunde nicht abgesprochen werden kann, würde der Verzicht auf die Bestellung in all diesen Fällen den eindeutigen Willen des Gesetzgebers konterkarieren, an der Institution des gemeinsamen Vertreters festhalten zu wollen. Schließlich ist auch die Zahl der von einer etwaigen Vertreterbestellung betroffenen Anteilsinhaber unerheblich. Mag diese noch so gering sein, so ist sie doch kein rechtlich haltbarer Gesichtspunkt für die Entbehrlichkeit der Bestellung eines gemeinsamen Vertreters,[499] da das durch den gemeinsamen Vertreter zu wahrende Grundrecht auf rechtliches Gehör absolut gilt und nicht erst dann beachtet werden muss, wenn eine bestimmte Anzahl von Grundrechtsträgern betroffen ist.

bb. Auswahl der Person des gemeinsamen Vertreters

Kriterien für die Auswahl der Person des gemeinsamen Vertreters nennt das Gesetz nicht. Fest steht lediglich, dass nur natürliche Personen zum gemeinsamen Vertreter bestellt werden können.[500] Aus Zweckmäßigkeitserwägungen ergibt sich darüber hinaus, dass sich das Gericht vor der Bestellung durch eine Anfrage vergewissern sollte, ob die als gemeinsamer Vertreter in Aussicht genommene Persönlichkeit hinreichende Sachkunde und Erfahrung besitzt, etwa aufgrund entsprechender Tätig-

---

495 *Schwarz* in Widmann/Mayer UmwG § 308 UmwG Rn. 6.
496 So *Hommelhoff/Witte* EWiR § 306 AktG 1/92, 5, 6.
497 A. A. *Kley/Lehmann* BB 1973, 1096, 1099.
498 Vgl. unten Teil 3 D. I.
499 *Schwarz* in Widmann/Mayer UmwG § 308 UmwG Rn. 7.
500 *Volhard* in MüKo/AktG § 6 SpruchG Rn. 8.

keit in einem anderen Verfahren.[501] Regelmäßig werden wirtschaftlich versierte Rechtsanwälte,[502] Steuerberater oder Wirtschaftsprüfer bestellt, die mit den zu erwartenden betriebswirtschaftlichen und aktien- bzw. umwandlungsrechtlichen Problemen vertraut sind,[503] wobei Anregungen der Verfahrensbeteiligten berücksichtigt werden können, wenn sich nicht die Gefahr von Interessenkollisionen ergibt.[504]

Angesichts der Bedeutung, die dem gemeinsamen Vertreter im Spruchverfahren in Folge seiner gestärkten Verfahrensstellung zukommt,[505] und auch in Anbetracht der unter Umständen hohen Vergütung der Tätigkeit lässt sich das Fehlen eines Auswahlverfahrens bzw. von gesetzgeberischen Rahmenvorgaben einerseits zwar kritisieren.[506] Wären allerdings notwendige Eigenschaften des gemeinsamen Vertreters gesetzlich vorgeschrieben worden, so wäre andererseits zu befürchten, dass es sich dabei nur um Leerformeln handeln würde. Aus diesem Grund hat der Gesetzgeber auch etwa im Rahmen des § 56 Abs. 1 InsO bezüglich der Bestellung zum Insolvenzverwalter von einer Konkretisierung der Auswahlkriterien abgesehen.[507]

Auch wenn der Qualifikation des gemeinsamen Vertreters nicht derart entscheidende Bedeutung für das Schicksal des Spruchverfahrens zukommt wie der Qualifikation des Insolvenzverwalters für das Schicksal des Insolvenzverfahrens,[508] weshalb die Bestellung des Insolvenzverwalters zu den schwierigsten Verfahrensentscheidungen des Gerichts gehört,[509] lässt sich ein Element aus dem Recht der Bestellung des Insolvenzverwalters für die Auswahl des gemeinsamen Vertreters im Spruchverfahren nutzbar machen. So empfiehlt es sich im Spruchverfahren entsprechend den bei den Insolvenzgerichten geführten Verwalterlisten bei den im Spruchverfahren zuständigen Spruchkörpern Listen über potentielle gemeinsame Vertreter zu führen und diese untereinander auszutauschen.[510] Denn derartige Listen können die Richter im Rahmen ihrer Ermessensausübung unterstützen. Durch die Auflistung geeigneter Bewerber wird Vorarbeit für die spätere Auswahlentscheidung geleistet,[511] was im Spruchverfahren zum einen deshalb nützlich ist, um die Vertreterbestellung bei Vorliegen der Bestellungsvoraussetzungen möglichst zügig vornehmen zu können und so das Verfahren zu beschleunigen, vor allem aber auch, um es bei einem Vorsitzwechsel in dem für Spruchverfahren zuständigen Spruchkörper auch dem nicht hinreichend erfah-

---

501 *Schwarz* in Widmann/Mayer UmwG § 308 UmwG Rn. 12.

502 OLG Celle WM 1973, 381.

503 *J. Schmidt* Recht der außenstehenden Aktionäre S. 52.

504 *Schwarz* in Widmann/Mayer UmwG § 308 UmwG Rn. 12.

505 Siehe unten Teil 3 C. III. 1. b.

506 Vgl. auch *Heß* AG 2003, 113, 120 f., der die Regelung aufgrund der fehlenden Vorgaben für die Auswahl des gemeinsamen Vertreters für „lückenhaft" hält.

507 Vgl. *Graeber* in MüKo/InsO § 56 InsO Rn. 37.

508 Vgl. zur Bedeutung der Qualifikation des Insolvenzverwalters für das Insolvenzverfahren *Graeber* in MüKo/InsO § 56 InsO Rn. 52.

509 Vgl. *Uhlenbruck* in Uhlenbruck InsO § 56 InsO Rn. 1 m. w. N.

510 Vgl. zu den Anforderungen an die Verwalterlisten im Insolvenzrecht *Graeber* in MüKo/InsO § 56 InsO Rn. 66 ff. sowie *Uhlenbruck* in Uhlenbruck InsO § 56 InsO Rn. 6.

511 *Graeber* in MüKo/InsO § 56 InsO Rn. 60.

renen neuen Vorsitzenden zu ermöglichen, jederzeit auf einen Kreis unabhängiger und erprobter gemeinsamer Vertreter zurückzugreifen.

Einem solchen Vorgehen steht auch nicht die jüngste Rechtsprechung des Bundesverfassungsgerichts entgegen, nach der das insolvenzrechtliche Auswahlverfahren, bei dem nur ein beschränkter Kreis von Personen als Insolvenzverwalter von den Gerichten in Betracht gezogen wird, gegen Art. 19 Abs. 4 GG verstoßen kann.[512] Denn das Bundesverfassungsgericht leitet die Justiziabilität der Auswahlentscheidung im Wesentlichen aus einer möglichen Beeinträchtigung des Grundrechts auf Berufsfreiheit aus Art. 12 Abs. 1 GG ab und sieht die Tätigkeit als Insolvenzverwalter nicht mehr als bloße Nebentätigkeit von Rechtsanwälten oder von Kaufleuten an, sondern geht davon aus, dass die Betätigung als Insolvenzverwalter einen eigenständigen Beruf darstellt.[513] Diese Erwägungen lassen sich jedoch nicht auf die Tätigkeit als gemeinsamer Vertreter im Spruchverfahren übertragen. Denn nach der Rechtsprechung des Bundesverfassungsgerichts sind eigenständige Berufe nicht solche Tätigkeiten, die nur als Bestandteil eines umfassenderen oder als Erweiterung eines anderen Berufs ausgeübt werden und deren Regelung die eigentliche Berufstätigkeit als Grundlage der Lebensführung unberührt lässt.[514] Die Tätigkeit als gemeinsamer Vertreter ist offenkundig jedoch nur unwesentlicher Bestandteil der Tätigkeit eines Rechtsanwalts, Steuerberaters oder Wirtschaftsprüfers. Das wird auch daran deutlich, dass die als gemeinsame Vertreter auftretenden Rechtsanwälte typischerweise in erheblichem Umfang auch „normale" Streitigkeiten führen, was bei einem Insolvenzverwalter in der Regel gerade nicht der Fall ist. Als eigenständige Grundlage der Lebensführung ist die Tätigkeit nicht geeignet, so dass sich die verfassungsrechtlichen Bedenken gegen die praktische Durchführung der Auswahl des Insolvenzverwalters anhand einer Insolvenzverwalterliste nicht auf die Auswahl des gemeinsamen Vertreters im Spruchverfahren übertragen lassen.

cc. Zeitpunkt

§ 6 Abs. 1 S. 1 Halbs. 1 SpruchG regelt den Zeitpunkt der Bestellung des gemeinsamen Vertreters.

(1) Bedeutung

Der Bestellungszeitpunkt hat erhebliche praktische Bedeutung für den Verfahrensverlauf. Denn wenn eine Bestellung des gemeinsamen Vertreters bereits erfolgen kann, sobald nur irgendein – möglicherweise also auch ein offensichtlich unzulässiger – Antrag auf Einleitung eines Spruchverfahrens bei Gericht eingereicht wird, wäre ein Spruchverfahren auch dann durchzuführen, wenn die Einleitung eines Spruchverfahrens durch die Antragsteller nicht in Betracht käme. Der gemeinsame Vertreter würde in diesem Fall alle Kompensationsberechtigten vertreten. Hinzu kommt das damit

---

[512] BVerfG ZIP 2004, 1649 ff.

[513] BVerfG ZIP 2004, 1649, 1650 ff.

[514] Vgl. BVerfGE 16, 147, 163 f.; 48, 376, 388.

verbundene erhebliche Kostenrisiko für die Unternehmen, denn der Antragsgegner hat in jedem Fall nach § 6 Abs. 2 SpruchG die Kosten des gemeinsamen Vertreters zu tragen und nach § 15 Abs. 2 SpruchG grundsätzlich auch die Gerichtskosten. Wäre hingegen die Zulässigkeit eines Antrags Voraussetzung der Bestellung,[515] so hätte das zur Folge, dass das Schicksal der kompensationsberechtigten, aber nicht antragstellenden Anteilsinhaber davon abhängt, ob ein Antragsberechtigter einen zulässigen Antrag stellt. Eine Bestellung käme auch bei Vorliegen bestimmter Voraussetzungen in Betracht, etwa dann, wenn zumindest einer der gestellten Anträge nicht offensichtlich unzulässig ist und nicht zeitlich unmittelbar nach Ablauf der Antragsfrist über die Zulässigkeit entschieden wird.[516] Denkbar wäre schließlich auch, die Bestellung erst dann vorzunehmen, wenn zumindest die Antragsberechtigung eines Antragstellers festgestellt wurde.[517]

(2) Auslegung des Begriffs „frühzeitig"

Durch § 6 Abs. 1 S. 1 Halbs. 1 SpruchG wird die Pflicht des Gerichts begründet, den gemeinsamen Vertreter *„frühzeitig"* zu bestellen. Damit kann nur ein früher Zeitpunkt im Verfahren gemeint sein. Allerdings ist der Punkt, ab dem die Zeit zur Bestellung für das Gericht zu laufen beginnt, gerade nicht ausdrücklich festgelegt. Zur Bestimmung dieses Zeitpunkts könnte wie dargelegt sowohl die Einreichung eines – ggf. offensichtlich – unzulässigen Antrags, die Feststellung der Zulässigkeit jedenfalls eines Antrags oder aber das Vorliegen eines nicht offensichtlich unzulässigen Antrags maßgeblich sein. Eindeutig ist lediglich, dass die Bestellung eines gemeinsamen Vertreters ausgeschlossen ist, wenn die Antragsfrist des § 4 Abs. 1 SpruchG noch nicht zu laufen begonnen hat, die Verwirklichung der Strukturmaßnahme noch nicht feststeht und die Durchführung eines Verfahrens zur Bestimmung der Angemessenheit der Kompensation noch offen ist.[518]

Systematische Erwägung sprechen eher für eine Bestellung nach der festgestellten Zulässigkeit zumindest eines Antrags. Zum einen ist der gemeinsame Vertreter gem. § 6 Abs. 1 S. 1 SpruchG zur Wahrung der Rechte der von ihm vertretenen Anteilsinhaber verpflichtet. Es liegt nahe, als diese Rechte die materiellen Kompensationsrechte zu begreifen und nicht bloße Verfahrensrechte. Zum anderen ist § 7 Abs. 4 SpruchG zu berücksichtigen. Diese Regelung gestattet es dem gemeinsamen Vertreter im Gegensatz zu den Antragstellern auch im Rahmen der Begründetheit, erstmals Bewertungsrügen vorzutragen, mit deren Vorbringen die Antragsteller selbst präklu-

515 Dafür *Emmerich* in Emmerich/Habersack KonzernR § 6 SpruchG Rn. 2; *Wasmann* WM 2004, 819, 824.

516 So *Bungert/Mennicke* BB 2003, 2021, 2026, die sich in einem solchen Fall allerdings lediglich für eine vorbehaltliche Bestellung des gemeinsamen Vertreters aussprechen.

517 So vor Inkrafttreten des Spruchverfahrensgesetzes *Krieger* in MüHdb/AG § 70 Rn. 120; ähnlich nunmehr *Fritzsche/Dreier/Verfürth* SpruchG § 6 SpruchG Rn. 7: Keine Bestellung, solange nicht die Antragsberechtigung des Antragstellers bzw. der Antragsteller oder die Einhaltung der Antragsfrist feststeht.

518 OLG Stuttgart ZIP 2003, 2199, 2200.

diert wären.[519] Daher wäre auch bei einer Bestellung nach Zulässigkeit sichergestellt, dass der Vortrag des gemeinsamen Vertreters bei der Entscheidungsfindung Berücksichtigung findet.

In der Gesetzesbegründung wird einerseits davon ausgegangen, dass von der Bestellung eines gemeinsamen Vertreters abgesehen werden kann, wenn nur unzulässige Anträge gestellt worden sind, da dessen Tätigkeit nur Sinn mache, wenn über inhaltliche Fragen verhandelt werde. Andererseits wird darauf hingewiesen, dass der gemeinsame Vertreter „*so früh wie möglich*“ bestellt werden soll.[520] Letzteres spricht eher gegen das Erfordernis der Zulässigkeit mindestens eines Antrags. Hinzu kommt, dass der Gesetzgeber einen während des Gesetzgebungsverfahrens unterbreiteten Vorschlag nicht übernommen hat, der die Bestellung des gemeinsamen Vertreters ausdrücklich an den Nachweis der Antragsberechtigung (§ 3 S. 2 SpruchG) und die Rechtzeitigkeit des Antrags und der Antragsbegründung (§ 4 Abs. 1 und 2 SpruchG) knüpfen wollte.[521] Auch die Gesetzesgeschichte gibt daher keinen eindeutigen Anhaltspunkt für die Auslegung des Merkmals „*frühzeitig*“. Sinn und Zweck der Regelung in § 6 Abs. 1 S. 1 SpruchG ist es jedoch, das Verfahren zu beschleunigen.[522] Einen gemeinsamen Vertreter bereits bei offensichtlich unzulässigen Anträgen zu bestellen, dient jedoch ersichtlich nicht der Verfahrensbeschleunigung.[523] Das gilt auch dann, wenn der Antragsteller antragsberechtigt war, es also an anderen Sachurteilsvoraussetzungen als der Antragsberechtigung mangelte. Ist die Zulässigkeit nicht einmal eines Antrags festgestellt, läuft jedoch die gesetzliche Antragsfrist noch; so können alle antragsberechtigten Antragsteller selbst einen Antrag stellen, um ihre Interessen selbst wahrzunehmen, so dass es keines gemeinsamen Vertreters bedarf. Auch vor Ablauf der Antragsfrist hat daher keine Bestellung eines gemeinsamen Vertreters zu erfolgen. Ist hingegen der Antrag eines Antragstellers von dem Gericht für zulässig befunden worden, bedarf es der Wahrung der Interessen der nicht antragstellenden Kompensationsberechtigten durch einen gemeinsamen Vertreter.

Fraglich bleibt daher zunächst, ob ein gemeinsamer Vertreter nach Ablauf der Antragsfrist, aber vor Feststellung der Zulässigkeit jedenfalls eines Antrags zu bestellen ist, wenn die zu prüfenden Anträge nicht offensichtlich unzulässig sind. In diesen Fällen ist jedenfalls dann kein gemeinsamer Vertreter zu bestellen, wenn die Antragsberechtigung in Frage steht, da dann in keinem Fall bereits über Kompensationsrechte gestritten wird, zu deren Wahrung der gemeinsame Vertreter zu bestellen ist.[524]

---

519 Siehe zur Präklusion bei der Verletzung von Verfahrensförderungspflichten unten Teil 3 E. III. 2.

520 *Begr. RegE* SpruchverfNeuordG BT-Drucks. 15/371 Anlage 1 S. 13 f.

521 Vgl. *HaReA-DAV* NZG 2002, 119, 121; *ders.* ZIP 2003, 552, 554.

522 *Begr. RegE* SpruchverfNeuordG BT-Drucks. 15/371 Anlage 1 S. 13 f.

523 *Wasmann* WM 2004, 819, 825.

524 *Fritzsche/Dreier/Verfürth* SpruchG § 6 SpruchG Rn. 7; so auch bereits zur Rechtslage vor Inkrafttreten des Spruchverfahrensgesetzes etwa BayObLG AG 1992, 59, 60; OLG Frankfurt/M. NJW 1972, 641, 644; *Behnke* Spruchverfahren S. 52; *Krieger* in MüHdb/AG § 70 Rn. 120; *Seisler* Abfindung S. 176.

Übrig bleiben daher allein die Fälle, in denen es an einer anderen Sachurteilsvoraussetzung als der Antragsberechtigung nicht offensichtlich mangelt. Kein Kriterium kann in diesen Fällen sein, ob zeitlich unmittelbar nach Ablauf der Antragsfrist über die Zulässigkeit entschieden wird.[525] Denn weder beschleunigt die Bestellung eines gemeinsamen Vertreters das Verfahren, wenn das Gericht einen längeren Zeitraum bis zur Entscheidung über die Zulässigkeit des Antrags eines Antragstellers beansprucht, noch können zu wahrende Rechte der nicht antragstellenden Anteilsinhaber davon abhängig sein, ob das Gericht zu einer schnellen Entscheidungsfindung in der Lage ist. Entscheidend ist vielmehr allein, ob Interessen der nicht antragstellenden Anteilsinhaber bestehen, die der Wahrung durch einen gemeinsamen Vertreter bedürfen, auch wenn nicht alle Sachurteilsvoraussetzungen nach Ablauf der Antragsfrist zweifelsfrei vorliegen und ob es mithin zutrifft, dass über schützenswerte Rechte der nicht antragsberechtigten antragstellenden Anteilsinhaber gestritten wird, sobald die Antragsberechtigung eines Antragstellers feststeht und die Antragsfrist verstrichen ist.[526] Praktisch werden dies vor allem die Fälle sein, in denen das Vorliegen der ordnungsgemäßen Begründung des Antrags durch die Antragsteller gem. § 4 Abs. 2 SpruchG zweifelhaft ist. Ausschlaggebend ist letztlich, dass bei einer Bestellung des gemeinsamen Vertreters vor der Feststellung der Zulässigkeit mindestens eines Antrags ein zentrales Reformziel unterlaufen würde, da die Verfahrensförderungspflichten der Antragsteller weitgehend bedeutungslos würden und deren eigenverantwortliches Vorbringen für das Verfahrensergebnis gänzlich unerheblich sein könnte. Daher setzt die Bestellung eines gemeinsamen Vertreters voraus, dass das Gericht die Zulässigkeit mindestens eines Antrags auf Einleitung eines Spruchverfahrens festgestellt hat.[527] „*Frühzeitig*" bedeutet demnach in § 6 Abs. 1 S. 1 Halbs. 1 SpruchG, dass die Bestellung möglichst unverzüglich nach Feststellung der Zulässigkeit eines Antrags erfolgen muss.

dd. Anzahl der zu bestellenden Vertreter

Gem. § 6 Abs. 1 S. 2 SpruchG hat das Gericht bei der beantragten Festsetzung sowohl des angemessenen Ausgleichs als auch der angemessenen Abfindung für jeden Antrag einen gemeinsamen Vertreter zu bestellen, wenn aufgrund der konkreten Umstände davon auszugehen ist, dass die Wahrung der Rechte aller betroffenen Antragsberechtigten durch einen einzigen gemeinsamen Vertreter nicht sichergestellt ist.

---

525 So aber *Bungert/Mennicke* BB 2003, 2021, 2026; kritisch hiergegen *Wasmann/Mielke* WM 2005, 822, 825, Fn. 36.

526 In diesem Sinne offenbar *Behnke* Spruchverfahren S. 52.

527 So auch i. E. LG Frankfurt/M. ZIP 2005, 859, 861 („Celanese AG"); *Ek* Hauptversammlung § 20 Rn. 669; *Klöcker/Frowein* SpruchG § 6 SpruchG Rn. 7; *Koppensteiner* in KK/AktG Anh. § 327 f AktG Rn. 27; *Krieger* in Lutter UmwG Anhang I SpruchG § 6 SpruchG Rn. 3; *Volhard* in MüKo/AktG § 6 SpruchG Rn. 7; *Wasmann* WM 2004, 819, 824 f.; *Vollrath* in Widmann/Mayer UmwG Anh. 13 § 6 SpruchG Rn. 5; *Wasmann/Mielke* WM 2005, 822, 825; weitergehend *Leube* in Deilmann/Lorenz AG § 8 Rn. 35 (zulässiger und *prima facie* nicht unbegründeter Antrag); anders *Hüffer* AktG § 305 AktG Anh. § 6 SpruchG Rn. 2, der eine Bestellung vor Feststellung der Zulässigkeit eines Antrags wenn auch für nicht geboten, so doch für möglich hält.

Daraus folgt zunächst im Umkehrschluss, dass generell lediglich ein gemeinsamer Vertreter zu bestellen ist, wenn von den Antragstellern in einem Spruchverfahren entweder nur die Festsetzung des angemessenen Ausgleichs oder nur die Festsetzung der angemessenen Abfindung beantragt wird.[528] Im Wortlaut des § 6 Abs. 1 S. 2 SpruchG ist jedoch nicht ausdrücklich zum Ausdruck gekommen, dass ein Regel-Ausnahme-Verhältnis zugunsten der Bestellung nur eines gemeinsamen Vertreters besteht, obwohl eine solche Klarstellung während des Gesetzgebungsverfahrens gefordert wurde.[529] Allerdings geht die Gesetzesbegründung von einem solchen Regel-Ausnahme-Verhältnis aus: Da letztlich alle Antragsteller das Ziel verfolgten, Leistungen von der betreffenden Gesellschaft zu erhalten, erscheine im Interesse der Verfahrensvereinfachung das Tätigwerden eines einzigen gemeinsamen Vertreters grundsätzlich ausreichend.[530] Demzufolge genügt in Spruchverfahren nach § 1 Nr. 1 SpruchG für die Bestellung mehrerer gemeinsamer Vertreter nicht mehr die abstrakte Möglichkeit, dass bei der gleichzeitigten Beantragung von Ausgleich und Abfindung die Interessen der verbleibenden mit denen der ausscheidenden Gesellschafter kollidieren können.[531] Dafür spricht auch, dass die Zahl der außenstehenden Aktionäre häufig so gering ist, dass die Höhe der Abfindung auf die Bemessung der Ausgleichzahlung keinen nennenswerten Einfluss hat.[532] Konkrete Umstände, die in diesen Fällen eine Bestellung mehrerer gemeinsamer Vertreter erfordern, können etwa dann vorliegen, wenn sich die Interessen der Ausgleichsberechtigen und die Interessen der Abfindungsberechtigten derart konträr verhalten, dass das sie verbindende Element, jeweils Leistungen von der Gesellschaft zu fordern, nebensächlich wird. Dabei dürfte es sich aber um weitgehend theoretische Konstellationen handeln.[533]

Fraglich ist aber, ob die Bestellung mehrerer gemeinsamer Vertreter in anderen Fällen grundsätzlich notwendig ist, die nicht zwangsläufig vom Wortlaut des § 6 Abs. 1 S. 2 SpruchG erfasst sind. Zunächst ist festzustellen, dass § 6 Abs. 1 S. 2 SpruchG über seinen Wortlaut und damit die beantragte Festsetzung von Ausgleich und Abfindung in einem Verfahren hinaus in anderen Konstellationen die Bestellung mehrerer gemeinsamer Vertreter nicht ausschließt. Es gibt keinen Anhaltspunkt dafür, dass § 6 Abs. 1 S. 2 SpruchG insoweit abschließend ist, als dass in vom Wortlaut nicht erfassten Fällen stets immer nur ein gemeinsamer Vertreter zu bestellen ist. Strittig

---

528 *Neye* Spruchverfahrensrecht S. 23; *BDI u. a.* Zu § 6 Abs. 1 S. 1 SpruchG RegE.

529 Vgl. *BDI u. a.* Zu § 6 Abs. 1 S. 2 SpruchG-RegE wegen der Befürchtung, dass die Gerichte das Vorliegen konkreter Umstände, die die Bestellung mehrerer gemeinsamer Vertreter erforderlich machen, sehr weit interpretieren werden.

530 *Begr. RegE* SpruchverfNeuordG BT-Drucks. 15/371 Anlage 1 S. 14; ebenso *Bungert/Mennicke* BB 2003, 2021, 2026; *Hüffer* AktG § 305 AktG Anh. § 6 SpruchG Rn. 3; ähnlich *Büchel* NZG 2003, 793, 797; *Emmerich* in Emmerich Habersack KonzernR § 6 SpruchG Rn. 6: Beide Entschädigungsleistungen hängen vom Unternehmenswert ab.

531 Dies war vor Inkrafttreten des Spruchverfahrensgesetzes streitig (vgl. zum Streitstand *Koppensteiner* in KK/AktG § 306 AktG Rn. 15).

532 *Begr. RegE* SpruchverfNeuordG BT-Drucks. 15/371 Anlage 1 S. 14.

533 Vgl. *Fritzsche/Dreier/Verfürth* SpruchG § 6 SpruchG Rn. 13; *Koppensteiner* in KK/AktG Anh. § 327 f AktG Rn. 28; *Krieger* in Lutter UmwG Anhang I SpruchG § 6 SpruchG Rn. 5.

war vor Inkrafttreten des Spruchverfahrensgesetzes etwa die Bestellung mehrerer gemeinsamer Vertreter, wenn diverse nicht antragstellende Antragsberechtigte vorhanden waren, deren Berechtigung aus voneinander abweichenden Aktiengattungen resultierte.[534] Auch in diesen Fällen jedoch trifft die Begründung uneingeschränkt zu, dass jeweils Leistungen von demselben Rechtsträger verlangt werden. Darüber hinaus werden Kompensationsleistungen für Stamm- und Vorzugsaktien nebeneinander und nicht zulasten voneinander festgelegt, so dass grundsätzlich Interessenkonflikte, die die Bestellung jeweils eines gemeinsamen Vertreters für die unterschiedlichen Aktiengattungen rechtfertigen könnte, nicht ersichtlich sind.[535]

Vom Wortlaut des § 6 Abs. 1 S. 2 SpruchG ebenfalls nicht erfasst sind die Fälle, in denen es nicht um die Festsetzung des angemessenen Ausgleichs und der angemessenen Abfindung geht, am Verfahren jedoch antragsberechtigte Anteilsinhaber verschiedener Rechtsträger beteiligt sind. In diesen Fällen muss für die verschiedenen Gruppen jeweils ein gemeinsamer Vertreter bestellt werden, denn die Zielrichtungen der jeweiligen Anteilsinhaber sind gegenläufig: Sie streben jeweils eine hohe Bewertung des Rechtsträgers an, an dem sie beteiligt sind, und eine möglichst niedrige Bewertung des Rechtsträgers, an dem die anderen Anteilsinhaber beteiligt sind.[536]

ee. Bekanntmachung

Aus § 6 Abs. 1 S. 4, Abs. 1 S. 5 SpruchG ergibt sich die Pflicht des Gerichts, die Bestellung des gemeinsamen Vertreters bekannt zu machen.[537]

Gem. § 6 Abs. 1 S. 4 SpruchG ist die Bestellung des gemeinsamen Vertreters im elektronischen Bundesanzeiger bekannt zu machen. Damit ist der Gesetzgeber zum einen nicht dem Referentenentwurf gefolgt, der für die Bekanntmachung der Bestellung des gemeinsamen Vertreters auf § 6 Abs. 1 SpruchG-RefE verwies, woraus sich die Pflicht zur Bekanntmachung im traditionellen Bundesanzeiger und in Blättern ergab, die durch die Satzung der Gesellschaft oder per Gesellschaftsvertrag, Partnerschaftsvertrag, Satzung oder Statut des übertragenden oder formwechselnden Rechtsträgers für die öffentliche Bekanntmachung bestimmt sind. Zum anderen hat er auch nicht die Anregung des Bundesrats aufgegriffen, die Bestellung jedenfalls in dem von § 1 Nr. 4 SpruchG erfassten Fällen, in denen keine Aktiengesellschaften betroffen sind, weiterhin im traditionellen Bundesanzeiger zu veröffentlichen[538] und dieses

---

[534] Für die Bestellung jeweils eines gemeinsamen Vertreters pro Aktiengattung *Geßler* in Geßler/Hefermehl/Eckardt/Kropff AktG § 306 AktG Rn. 9; *Seisler* Abfindung S. 176; dagegen *Behnke* Spruchverfahren S. 52; *Emmerich* in Emmerich/Habersack KonzernR § 306 AktG 3. Aufl. Rn. 16; *Koppensteiner* in KK/AktG § 306 AktG Rn. 16.

[535] *Behnke* Spruchverfahren S. 52; *Fritzsche/Dreier/Verfürth* SpruchG § 6 SpruchG Rn. 14; *Kirchheim* Abfindung des Minderheitsaktionärs S. 70.

[536] *Krieger* in Lutter UmwG Anhang I SpruchG § 6 SpruchG Rn. 5.

[537] Unabhängig davon, in welchen und in wie vielen Medien die Bekanntmachung erfolgt, treffen die Kosten der Bekanntmachung den Antragsgegner gem. § 6 Abs. 2 SpruchG i. V. m. § 137 Nr. 5 KostO, da es sich um im Zusammenhang mit einer öffentlichen Bekanntmachung entstandene Kosten handelt (*Vollrath* in Widmann/Mayer UmwG Anh. 13 § 6 SpruchG Rn. 18).

[538] Vgl. *BR* SpruchverfNeuordG BR-Drucks. 827/02 (Beschluss) S. 5.

damit begründet, dass die schrittweise Nutzung des eingeführten elektronischen Bundesanzeigers gerade bei einer gesetzlichen Neuregelung sinnvoller sei als eine generelle Umstellung der Regelungen zu einem späteren Zeitpunkt.[539] Diese Annahme geht indes fehl, da es nunmehr zu einem Systembruch kommt, indem die Bestellung des gemeinsamen Vertreters im elektronischen Bundesanzeiger, andere Eintragungen jedoch, etwa solche gem. § 10 Abs. 1 HGB, § 5 Abs. 2 PartGG i. V. m. § 10 Abs. 1 HGB oder § 156 Abs. 1 S. 2 GenG, insbesondere aber solche im Zusammenhang mit Umwandlungen (§ 19 Abs. 3 UmwG, §§ 125, 201 UmwG), weiterhin im traditionellen Bundesanzeiger veröffentlicht werden.[540] Zwar kann eine Veröffentlichung auch im elektronischen Bundesanzeiger erfolgen, selbst wenn die Satzung lediglich von der Bekanntmachung „im Bundesanzeiger" ausgeht, da insoweit eine quasi-dynamischen Bezugnahme der Satzung auf die jeweilige gesetzliche Regelung anzunehmen ist.[541] Zwingend ist die Veröffentlichung im elektronischen Bundesanzeiger jedoch nicht. Unter dem Eindruck, die schrittweise Nutzung des mit dem Transparenz- und Publizitätsgesetz eingeführten elektronischen Bundesanzeigers einzuführen zu wollen,[542] hat der Gesetzgeber daher im Zuge des Gesetzgebungsverfahrens auch das Ziel einer sachgerechten Vereinheitlichung der Veröffentlichungsmedien verfehlt. Die „Kalamität", dass Anteilsinhaber beide Versionen des Bundesanzeigers im Auge behalten müssen, wird durch die Neuregelung nicht beseitigt,[543] so dass eine generelle Umstellung der Veröffentlichungen zu einem späteren Zeitpunkt sinnvoller gewesen wäre. Jedenfalls in den Fällen des § 1 Nr. 4 SpruchG, in denen keine Aktiengesellschaften betroffen sind, hätte im Interesse der Klarheit und Übersichtlichkeit zunächst auf eine Veröffentlichung der Vertreterbestellung im elektronischen Bundesanzeiger verzichtet werden sollen.[544] Nichtsdestoweniger ist die Veröffentlichung im elektronischen Handelsregister vom Ansatz her sinnvoll und wird bei einer künftigen Vereinheitlichung Vorteile mit sich bringen.[545]

§ 6 Abs. 1 S. 5 SpruchG, der an die Bestimmung des § 25 Abs. 2 AktG angelehnt ist, verpflichtet das Gericht in den Fällen des § 1 Nr. 1 bis Nr. 3 SpruchG, in denen die Satzung der Gesellschaft, deren außenstehende oder ausgeschiedene Aktionäre antragsberechtigt sind, oder in den Fällen des § 1 Nr. 4 SpruchG, in denen der Gesellschaftsvertrag, der Partnerschaftsvertrag, die Satzung oder das Statut des übertragenden oder formwechselnden Rechtsträgers noch andere Blätter oder elektronische Informationsmedien für die öffentlichen Bekanntmachungen bestimmt haben, die

---

539 *BReg* SpruchverfNeuordG BT-Drucks. 15/371 Anlage 3 S. 27.

540 Vgl. *BR* SpruchverfNeuordG BR-Drucks. 827/02 (Beschluss) S. 5.

541 OLG Köln Konzern 2004, 30 ff.

542 *BReg* SpruchverfNeuordG BT-Drucks. 15/371 Anlage 3 S. 27.

543 *Noack* AG 2003, 537, 538.

544 Vgl. *BR* SpruchverfNeuordG BR-Drucks. 827/02 (Beschluss) S. 5.

545 *Büchel* NZG 2003, 793, 797; vgl. auch *Noack* AG 2003, 537, 550, der fordert, im nationalen und europäischen Aktien- und Kapitalmarktrecht zur Entlastung der Registergerichte und Aufsichtsbehörden von der Datenbearbeitung und -publikation ein zentrales elektronisches Internetsystem zu schaffen, das – von diesen Einrichtungen und von den Unternehmen beliefert – alle von der Rechtsordnung verlangten Unternehmensmeldungen enthält.

Bestellung auch dort bekannt zu machen.[546] Dagegen hat sich Kritik erhoben. Denn für das Gericht bedeutet die Neuregelung, dass es zunächst die Satzung anfordern muss, um die geforderte Bekanntmachung veranlassen zu können, was zu Verfahrensverzögerungen führt.[547] Im Übrigen ist es entgegen der Ansicht des Gesetzgebers[548] einer Gesellschaft nicht möglich, die Druckversion des Bundesanzeigers als weiteres Gesellschaftsblatt i. S. v. § 25 Abs. 2 AktG zu bestimmen, so dass eine Bekanntmachung auch dort abgedruckt würde, was in der Tat sinnvoll wäre, um eine einheitliche Veröffentlichung zu erreichen. Denn der klare Wortlaut des § 6 Abs. 1 S. 5 SpruchG verpflichtet zur Veröffentlichung in zum Zeitpunkt der Strukturmaßnahme bereits dafür vorgesehenen Gesellschaftsblättern („*bestimmt hatte*"), nicht jedoch in solchen, die erst nach Einleitung des Spruchverfahrens noch für Veröffentlichungen bestimmt werden.

ff. Rechtsmittel gegen die Bestellung und deren Zurückweisung

Das Spruchverfahrensgesetz enthält hinsichtlich der möglichen Rechtsmittel gegen die Bestellung des gemeinsamen Vertreters keine speziellen Bestimmungen, insbesondere gilt nicht § 12 SpruchG.[549] Daher richtet sich das Beschwerdeverfahren gemäß § 17 Abs. 1 SpruchG nach den Bestimmungen des FGG. Über die Beschwerde entscheidet das Oberlandesgericht, da der über § 17 Abs. 1 SpruchG grundsätzlich anwendbare § 19 Abs. 2 FGG, der die Entscheidung des Landgerichts vorsieht, von der erstinstanzlichen Entscheidung eines Amtsgerichts ausgeht.

(1) Einfache oder sofortige Beschwerde

Da das Gericht einen gemeinsamen Vertreter durch Verfügung bestellt, die sowohl die Rechte der antragsberechtigten Anteilsinhaber als auch der Antragsgegner berührt, es sich also nicht um eine bloße verfahrensleitende, den internen Geschäftsablauf betreffende Anordnungen handelt,[550] sind Beschwerden gegen die Bestellung gem. § 17 Abs. 1 SpruchG i. V. m. § 19 Abs. 1 FGG in Form einfacher und nicht sofortiger Beschwerden statthaft.[551] Dies ergibt sich zum einen aus einem systematischen Blick

---

546 Ursprünglich sah § 6 Abs. 1 S. 5 SpruchG vor, dass der „Antrag" bekanntzumachen sei und war somit insoweit redaktionell fehlerhaft (*Büchel* NZG 2003, 793, 797; *Fritzsche/Dreier/Verfürth* SpruchG § 6 SpruchG Rn. 22; *Hüffer* AktG § 305 AktG Anh. § 6 SpruchG Rn. 4; *v. Kann/Hirschmann* DStR 2003, 1488, 1491, Fn. 48; *Krieger* in Lutter UmwG Anhang I SpruchG § 6 SpruchG Rn. 7; *Wasmann/Gayk* BB 2005, 955). Dieses erkannte auch der Gesetzgeber und änderte im Zuge des SEEG § 6 Abs. 1 S. 5 SpruchG, indem durch Art. 5 Nr. 5 SEEG die Wörter „*der Antrag*" durch die Wörter „*die Bekanntmachung*" ersetzt wurden (*Begr. RegE* SEEG BT-Drucks. 15/3405 S. 58).

547 *Büchel* NZG 2003, 793, 797; kritisch auch *Fuhrmann/Linnerz* Konzern 2004, 265, 268.

548 Vgl. *Begr. RegE* SpruchverfNeuordG BT-Drucks. 15/371 Anlage 1 S. 14.

549 *Emmerich* in Emmerich/Habersack KonzernR § 6 SpruchG Rn. 9; *Krieger* in Lutter UmwG Anhang I SpruchG § 6 SpruchG Rn. 8.

550 *J. Schmidt* Recht der außenstehenden Aktionäre S. 53.

551 *Fritzsche/Dreier/Verfürth* SpruchG § 6 SpruchG Rn. 15; *Krieger* in Lutter UmwG Anhang I

auf § 12 Abs. 1 S. 1 SpruchG, nach dem ausdrücklich eine sofortige Beschwerde gegen die gerichtliche Entscheidung erhoben werden kann, zum anderen aber auch aus dem System des FGG, nach dem die einfache Beschwerde der Regelfall ist, während die sofortige Beschwerde ausdrücklich im Gesetz als solche genannt sein muss.[552] Auch eine Analogie zu §§ 26 Abs. 1 S. 4, 206 Abs. 1 S. 3 UmwG (sofortige Beschwerde gegen die Bestellung eines besonderen Vertreters zur Geltendmachung von Schadenersatzansprüchen) scheidet spätestend mangels vergleichbarer Interessenlagen aus, denn während der gemeinsame Vertreter die Kompensationsansprüche nur neben den Antragstellern geltend macht, ist der besondere Vertreter hierzu allein berufen, so dass mit dessen Wegfall auch das gesamte Verfahren endet.[553]

(2) Beschwerdebefugnis
Die Beschwerdebefugnis ergibt sich aus § 17 Abs. 1 SpruchG i. V. m. § 20 FGG. Jeder, der durch die Bestellung oder die Abberufung bzw. die Zurückweisung der Bestellung möglicherweise in einem speziellen, subjektiven, gesetzlich geschützten Recht beeinträchtigt ist, kann gem. § 17 Abs. 1 SpruchG i. V. m. § 20 Abs. 1 FGG Beschwerde einlegen.

(a) Bestellung
Die mögliche Beeinträchtigung eines Rechts eines Antragsgegners und damit dessen Beschwerdeberechtigung gem. § 17 Abs. 1 SpruchG i. V. m. § 20 Abs. 1 FGG ergibt sich ohne weiteres aus dessen Pflicht, gem. § 6 Abs. 2 SpruchG die Kosten des gemeinsamen Vertreters, wenn auch ggf. gem. § 6 Abs. 2 S. 1 Halbs. 2 SpruchG nur gesamtschuldnerisch mit anderen Antragsgegnern, tragen zu müssen.[554]

Hingegen ist gegenüber der Rechtslage vor Inkrafttreten des Spruchverfahrensgesetzes in nach § 1 Nr. 1 SpruchG eingeleiteten Spruchverfahren das beherrschte Unternehmen nicht mehr zur Kostentragung verpflichtet, so dass es auch nicht mehr beschwerdeberechtigt ist. Fraglich ist, ob auch die nicht antragstellenden Kompensationsberechtigten beschwerdeberechtigt sind. Zwar bringt die Bestellung des gemeinsamen Vertreters als solche für die nicht antragstellenden Antragsberechtigten nur Vorteile mit sich. Die Auswahl des gemeinsamen Vertreters durch das Gericht kann für sie allerdings auch erhebliche Nachteile mit sich bringen, wenn die ausgewählte Person für dieses Amt ungeeignet ist. Eine schlechte Verfahrensführung durch den gemeinsamen Vertreter kann sich insbesondere dann, wenn die Antragsteller ihre

---

SpruchG § 6 SpruchG Rn. 8; *Vollrath* in Widmann/Mayer UmwG Anh. 13 § 6 SpruchG Rn. 24, 26; *Wasmann/Mielke* WM 2005, 822, 826 f.

552 BayObLG ZIP 2004, 1952 („Knürr AG"); *Vollrath* in Widmann/Mayer UmwG Anh. 13 § 6 SpruchG Rn. 26.

553 *Wasmann/Mielke* WM 2005, 822, 826 f.

554 *Emmerich* in Emmerich/Habersack KonzernR § 6 SpruchG Rn. 9; *Fritzsche/Dreier/Verfürth* SpruchG § 6 SpruchG Rn. 16; *Hüffer* AktG § 305 AktG Anh. § 6 SpruchG Rn. 5; *Leube* in Deilmann/Lorenz AG § 8 Rn. 35; *Vollrath* in Widmann/Mayer UmwG Anh. 13 § 6 SpruchG Rn. 30; *Wasmann* WM 2005, 822, 826.

Anträge zurückgenommen haben und der gemeinsame Vertreter gem. § 6 Abs. 3 SpruchG das Verfahren wie ein Antragsteller allein weiterführt, negativ auswirken. Es wird der materiellen Beteiligtenstellung der nicht antragstellenden Antragsberechtigten daher nicht ausreichend Rechnung getragen, wenn man daraus nur allgemein ein Recht zur mittelbaren Beteiligung ableitet, nicht jedoch auch die Art und Weise der Vertretung berücksichtigt. Folglich sind die nicht antragstellenden Kompensationsberechtigten beschwerdeberechtigt.[555] Zweifelhaft ist schließlich, ob die Antragsteller durch die Bestellung des gemeinsamen Vertreters in ihren Rechten beeinträchtigt sein können. Die Frage ist ebenso wie bei der im Folgenden erörterten Zurückweisung der Bestellung zu entscheiden.

(b) Zurückweisung der Bestellung

Unterlässt das Gericht die Bestellung, können ausschließlich die nicht antragstellenden Anteilsinhaber einen Antrag auf Bestellung eines gemeinsamen Vertreters stellen, den das Gericht allerdings zurückweisen kann. Die Beschwerdebefugnis der Antragsteller ergibt sich somit aus § 17 Abs. 1 SpruchG i. V. m. § 20 Abs. 1 FGG.[556] Ihr möglicherweise beeinträchtigtes Recht folgt offensichtlich aus Art. 103 Abs. 1 GG.[557] Nicht beschwerdebefugt sind hingegen die Antragsteller.[558] Zwar können auch sie ein Interesse an der Bestellung des gemeinsamen Vertreters haben; seine Nichtbestellung kann ihre Stellung im Verfahren nachhaltig beeinträchtigen. Jedoch stellt dieses Interesse kein möglicherweise beeinträchtigtes Recht dar. Denn auch nach der Reform des Spruchverfahrens müssen die Antragsteller ihre Rechte selbst geltend machen. Der Gesetzgeber hat ihnen sogar, insbesondere durch die Begründungspflicht nach § 4 Abs. 2 SpruchG und die Regeln über die Verfahrensförderung, §§ 9, 10 SpruchG, erhöhte Eigenverantwortung auferlegt. Die Antragsgegner können von der Nichtbestellung des gemeinsamen Vertreters nicht in ihren Rechten betroffen sein, ebenso wenig der beherrschte, eingegliederte oder umgewandelte Rechtsträger; für diesen

---

555 I. E. ebenso *Emmerich* in Emmerich/Habersack KonzernR § 6 SpruchG Rn. 9; *Hüffer* AktG § 305 AktG Anh. § 6 SpruchG Rn. 5; *Klöcker/Frowein* SpruchG § 6 SpruchG Rn. 9; *Krieger* in Lutter UmwG Anhang I SpruchG § 6 SpruchG Rn. 9; *Leube* in Deilmann/Lorenz AG § 8 Rn. 35; *Volhard* in MüKo/AktG § 6 SpruchG Rn. 13; *Vollrath* in Widmann/Mayer UmwG Anh. 13 § 6 SpruchG Rn. 29; konsequenterweise a. A. *Wasmann/Mielke* WM 2005, 822, 826, da sie bereits die Beschwerdebefugnis bei der Bestellung verneinen.

556 Vgl. *Behnke* Spruchverfahren S. 54; *Schwarz* in Widmann/Mayer UmwG § 308 UmwG Rn. 26.

557 *Behnke* Spruchverfahren S. 54; *J. Schmidt* Recht der außenstehenden Aktionäre S. 53; a. A. *Wasmann/Mielke* WM 2005, 822, 825.

558 *Emmerich* in Emmerich/Habersack § 6 SpruchG Rn. 10; *Fritzsche/Dreier/Verfürth* SpruchG § 6 SpruchG Rn. 16; *Krieger* in Lutter UmwG Anhang I SpruchG § 6 SpruchG Rn. 9; *Vollrath* in Widmann/Mayer UmwG Anh. 13 § 6 SpruchG Rn. 28; ebenso im Grundsatz *Wasmann/Mielke* WM 2005, 822, 825, für Fälle, in denen eine gänzlich ungeeignete Person bestellt wird; gegen eine Beschwerdebefugnis der Antragsteller vor Inkrafttreten des Spruchverfahrensgesetzes bereits BayObLGZ 1975, 306, 306 ff.; *Emmerich* in Emmerich/Habersack KonzernR 3. Aufl. § 306 AktG Rn. 18; dafür hingegen *Meister/Klöcker* in Kallmeyer UmwG § 308 UmwG Rn. 15.

kann die Nichtbestellung vielmehr nur vorteilhaft sein, so dass er nicht beschwerdeberechtigt ist.

gg. Dauer

Ist ein gemeinsamer Vertreter einmal bestellt, so gilt die Bestellung grundsätzlich für die Dauer des gesamten Spruchverfahrens, also auch für eine etwaige zweite Instanz,[559] ohne dass es eines Bestätigungsbeschlusses bedarf.[560]

(1) Abberufung

Die Abberufung des gesetzlichen Vertreters ist gesetzlich nicht geregelt. Dass das Gericht erster und zweiter Instanz jedoch auch zur Abberufung befugt ist, ergibt sich automatisch aus dessen normiertem Recht zur Bestellung des gemeinsamen Vertreters.[561] Daher hat das Gericht auch bei der Abberufung von Amts wegen durch Beschluss tätig zu werden und die Abberufung entsprechend § 6 Abs. 1 S. 4, 5 SpruchG bekannt zu machen.[562] Der Befugnis zur Abberufung liegt auch ein praktisches Bedürfnis zugrunde, denn die Antragsteller und Antragsgegner können den Einsatz ihres Verfahrensbevollmächtigten überwachen und ihm ggf. das Mandat entziehen, während die nicht antragstellenden Antragsberechtigten den gemeinsamen Vertreter in der Regel nicht kontrollieren, so dass das Gericht an ihrer Stelle tätig werden können muss.[563] Abzuberufen ist der gemeinsame Vertreter dann, wenn die Voraussetzungen der Bestellungen nicht mehr vorliegen, seine Bestellung nachträglich entbehrlich erscheint oder wenn er sich zur Erfüllung der ihm übertragenen Aufgaben nach der Überzeugung des Gerichts als ungeeignet erweist,[564] was sich etwa aus Pflichtverletzungen oder aufgrund von nachträglich erkannten oder später aufgetretenen Interessenkollisionen ergeben kann.[565]

Nachträglich ist die Bestellung eines gemeinsamen Vertreters insbesondere dann entbehrlich, wenn dieser einen Vergleich mit dem Antragsgegner schließt, da mit seinem Abschluss die Rechte der nicht antragstellenden Anteilsinhaber durch den

---

559 *Emmerich* in Emmerich/Habersack KonzernR § 6 SpruchG Rn. 4; *Fritzsche/Dreier/Verfürth* SpruchG § 6 SpruchG Rn. 9; *Klöcker/Frowein* SpruchG § 6 SpruchG Rn. 3; *Krieger* in Lutter UmwG Anhang I SpruchG § 6 SpruchG Rn. 9; *Leube* in Deilmann/Lorenz AG § 8 Rn. 35; *Vollrath* in Widmann/Mayer UmwG Anh. 13 § 6 SpruchG Rn. 19.

560 BayObLG AG 1992, 59, 60; OLG Hamburg AG 1975, 191 f.; *Volhard* in MüKo/AktG § 6 SpruchG Rn. 9.

561 *J. Schmidt* Recht der außenstehenden Aktionäre S. 52; *Vollrath* in Widmann/Mayer UmwG Anh. 13 § 6 SpruchG Rn. 20; *Wasmann/Mielke* WM 2005, 822, 825.

562 *Fritzsche/Dreier/Verfürth* SpruchG § 6 SpruchG Rn. 23; *Klöcker/Frowein* SpruchG § 6 SpruchG Rn. 18 f.

563 *Schwarz* in Widmann/Mayer UmwG § 308 UmwG Rn. 18.

564 BayObLG AG 1992, 59, 60; OLG Hamburg AG 1975, 191, 192; *Behnke* Spruchverfahren S. 53; *Emmerich* in Emmerich/Habersack KonzernR § 6 SpruchG Rn. 7; *Fritzsche/Dreier/Verfürth* SpruchG § 6 SpruchG Rn. 17; *Hüffer* AktG § 305 AktG Anh. § 6 SpruchG Rn. 3; *J. Schmidt* Recht der außenstehenden Aktionäre S. 52; *Wasmann/Mielke* WM 2005, 822, 825.

565 *Volhard* in MüKo/AktG § 6 SpruchG Rn. 17.

Vergleich selbst sichergestellt werden und die Notwendigkeit der Verfahrensbeteiligung entfällt.[566] Ferner ist ein bestellter gemeinsamer Vertreter abzuberufen, wenn Verfahren miteinander verbunden werden, da anderenfalls zwei gemeinsame Vertreter die Rechte der nicht antragstellenden Antragsberechtigten wahren würden.[567]

(2) Rechtsmittel gegen die Abberufung und deren Zurückweisung

Das Beschwerdeverfahren richtet sich gemäß § 17 Abs. 1 SpruchG nach den Bestimmungen des FGG.

Wird der gemeinsame Vertreter auf Eigeninitiative des Gerichts oder auf Anregung eines Verfahrensbeteiligten ersatzlos abberufen, so sind die nicht antragstellenden Anteilsinhaber aus den gleichen Gründen wie bei der Nichtbestellung beschwerdeberechtigt; die Wahrung ihres Grundrechts auf rechtliches Gehör aus Art. 103 GG sowie ihr materielles Kompensationsrecht kann beeinträchtigt sein.[568] Hingegen können dem Antragsgegner durch die Abberufung wegen der damit verbundenen Beendigung der Pflicht zur Kostentragung gem. § 6 Abs. 2 SpruchG nur Vorteile erwachsen, so dass er ebenso wenig beschwerdeberechtigt ist[569] wie es die Antragsteller sind. Ihnen können zwar durch die Abberufung Nachteile entstehen;[570] diese stellen jedoch keine beschwerdefähigen Rechte dar.[571] Beschwerdeberechtigt ist allerdings der gemeinsame Vertreter.[572] Denn wenn er abberufen wird, kann er nur für die Bestellzeit gem. § 6 Abs. 2 SpruchG Ersatz seiner Auslagen und die Zahlung einer Vergütung verlangen. Ihm entgeht jedoch ein entsprechender Anspruch für die restliche Dauer des Verfahrens, so dass er in seinen Vermögensinteressen beeinträchtigt ist. Gegen die Zurückweisung des Antrags auf Abberufung des gemeinsamen Vertreters können ferner die Antragsgegner Beschwerde einlegen, weil sie gem. § 6 Abs. 2 SpruchG die Kosten des gemeinsamen Vertreters während des Bestellzeitraums zu tragen haben, so dass sie durch die Nichtabberufung in ihren Vermögensrechten beeinträchtigt sein können. Auch die nicht antragstellenden Anteilsinhaber können gegen die Ablehnung einer von ihnen beantragten Abberufung Beschwerde einlegen, selbst wenn dem „Antrag" auf Bestellung nur die Bedeutung einer Anregung zukommt, da die Abberufung als *actus contrarius* ebenso wie die

---

566 *Meister/Klöcker* in Kallmeyer, UmwG, § 308 UmwG, Rn. 22.

567 Vgl. *Volhard* in MüKo/AktG § 6 SpruchG Rn. 10.

568 Konsequent a. A. wiederum *Wasmann/Mielke* WM 2005, 822, 827.

569 A. A. *Wasmann/Mielke* WM 2005, 822, 827, mit dem Argument, dass nach der Abberufung regelmäßig ein neuer Vertreter bestellt werden wird, wodurch sich die Kostenlast erhöhe. Da es sich dabei jedoch nur um eine mittelbare Folge der Abberufung handelt, besteht keine beschwerdefähige Beeinträchtigung in Rechten durch die Entscheidung selbst.

570 Vgl. oben Teil 3 C. III. 1. a. gg. (1).

571 *Fritzsche/Dreier/Verfürth* SpruchG § 6 SpruchG Rn. 18.

572 *Emmerich* in Emmerich/Habersack KonzernR § 6 SpruchG Rn. 11; *Fritzsche/Dreier/Verfürth* SpruchG § 6 SpruchG Rn. 18; *Klöcker/Frowein* SpruchG § 6 SpruchG Rn. 21; *Krieger* in Lutter UmwG Anhang I SpruchG § 6 SpruchG Rn. 9; *Wasmann/Mielke* WM 2005, 822, 827; ebenso zur alten Rechtslage *Behnke* Spruchverfahren S. 54; *Meister/Klöcker* in Kallmeyer UmwG § 308 UmwG Rn. 19; *Schwarz* in Widmann/Mayer UmwG § 308 UmwG Rn. 19.

Bestellung letztlich vom Gericht von Amts wegen vorzunehmen ist und die Endentscheidung gem. § 13 SpruchG auch für und gegen sie wirkt.[573]

b. Rechtsstellung

Gem. § 6 Abs. 1 S. 1 Halbs. 2 SpruchG ist der gemeinsame Vertreter gesetzlicher Vertreter der Anteilsinhaber, für die er bestellt ist. Damit ist seine Verfahrensstellung jedoch lediglich umschrieben, deren dogmatische Einordnung jedoch nach wie vor ungeklärt. Dies geht auf die Zuordnung des Spruchverfahrens zur freiwilligen Gerichtsbarkeit zurück, die den formellen Parteibegriff nicht kennt.

Teilweise wird der gemeinsame Vertreter als streitgenössischer Nebenintervenient (§ 67 ZPO),[574] teilweise als prozessual notwendiger Streitgenosse (§ 62 ZPO) bezeichnet.[575] Andere halten ihn wiederum für mit einem Pfleger i. S. d. § 1913 BGB vergleichbar[576] oder beschreiben ihn als eine Art „Treuhänder" der nicht von ihm repräsentierten Anteilsinhaber.[577] Ungeachtet der dogmatischen Einordnung der Rechtsstellung, die für die Anwendung des Spruchverfahrensgesetzes nicht weiterführend ist, sind die Aufgaben des gemeinsamen Vertreters nach § 6 SpruchG jedoch weitgehend eindeutig. Er vertritt in erster Linie die nicht antragstellenden Antragsberechtigten, ist aber auch gesetzlicher Vertreter derjenigen Anteilsinhaber, die ihren Antrag wieder zurückgenommen haben oder deren Anträge zurückgewiesen worden sind.[578] Den vertretenen Anteilsinhabern steht gegenüber dem gemeinsamen Vertreter mangels direkter oder entsprechender Anwendbarkeit der Vorschriften über den Auftrag oder die Geschäftsbesorgung kein Weisungsrecht zu, so dass sie allenfalls Anregungen für das Verfahren geben können, an die der gemeinsame Vertreter jedoch nicht gebunden ist.[579] Da sich seine Rechtsstellung von der Rechtsstellung der von ihm vertretenen Anteilsinhaber ableitet, kann er nicht mehr Rechte haben kann als diese. Nicht antragstellende Antragsberechtigte sind lediglich materiell am Verfahren beteiligt, so dass ihnen zwar rechtliches Gehör gewährt und ihre betroffenen Vermö-

---

573 *Vollrath* in Widmann/Mayer UmwG Anh. 13 § 6 SpruchG Rn. 23.

574 Vgl. BayObLG ZIP 2002, 1687, 1689 („MBB/Daimler Benz").

575 *Rowedder* FS Rittner, 510, 518 ff.; *Thywissen* Spruchstellenverfahren S. 57; ebenso *Heß* AG 2003, 113, 121, der die Diskussion über die Rechtsstellung als Beleg für die strukturellen Probleme eines „Sammelverfahrens" hält, das ohne aktive Beteiligung der repräsentierten Personen durchgeführt werde.

576 *H. Meilicke/W. Meilicke* ZGR 1974, 296, 303 ff. Als überholt kann angesichts der dem gemeinsamen Vertreter durch das Spruchverfahrensgesetz auferlegten Pflichten, insbesondere zum Vorbringen von Erwiderungen gem. § 7 Abs. 4 S. 2 SpruchG gegen die Antragserwiderung, die Auffassung von *Schwarz* in Widmann/Mayer UmwG § 308 UmwG Rn. 2 gelten, der den gemeinsamen Vertreter lediglich als eine Art „Prozessbeobachter" und „Repräsentanten" der nicht antragstellenden Anteilsinhaber ansah.

577 *Austmann* FAZ v. 2. 7. 2003 Nr. 150 S. 19.

578 Vgl. *Schwarz* in Widmann/Mayer UmwG § 308 UmwG Rn. 28. *Austmann* BB 2002 Heft 15 S. I plädierte im Zuge der Reform hingegen dafür, alle kompensationsberechtigten Anteilsinhaber durch den gemeinsamen Vertreter vertreten zu lassen.

579 *Emmerich* in Emmerich/Habersack KonzernR § 6 SpruchG Rn. 12; *Vollrath* in Widmann/Mayer UmwG Anh. 13 § 6 SpruchG Rn. 32.

gensrechte gewahrt werden müssen. Da ihnen aber keine eigenen Rechte auf Einflussnahme auf den Verfahrensfortgang zukommen, können auch dem gemeinsamen Vertreter solche Rechte nicht zustehen. Mit den in § 6 Abs. 1 S. 1 SpruchG genannten Rechten sind daher nur das Recht auf rechtliches Gehör sowie materielle Kompensationsrechte gemeint.[580]

aa. Mindestens ein anderer Antragsteller

Gem. § 6 Abs. 3 S. 1 SpruchG kann der gemeinsame Vertreter nach Rücknahme eines Antrags das Verfahren fortführen und steht gem. § 6 Abs. 3 S. 2 SpruchG bei Fortführung einem Antragsteller gleich. Trotz des Wortlauts *„eines Antrags“* ist § 6 Abs. 3 S. 1 SpruchG unzweifelhaft so zu verstehen, dass erst bei Rücknahme aller Anträge eine Verfahrensfortführung entsprechend einem Antragsteller in Betracht kommt, denn für eine solche Stellung besteht kein Bedürfnis, wenn zumindest ein weiterer Antragsteller vorhanden ist.[581] Daraus folgt zugleich im Umkehrschluss, dass der gemeinsame Vertreter vor einer umfassenden Antragsrücknahme durch alle Antragsteller nicht einem Antragsteller gleich steht. Gleichwohl ist er auch in diesem Fall nicht rechtlos, aber auch nicht befreit von jedweden Verpflichtungen.

(1) Rechte

Wesentliche Rechte des gemeinsamen Vertreters ergeben sich aus § 7 Abs. 1–4 SpruchG.

Dem gemeinsamen Vertreter sind die Anträge der Antragsteller gem. § 7 Abs. 1 SpruchG unverzüglich zuzustellen, auch ist ihm die schriftliche Erwiderung des Antragsgegners, § 7 Abs. 2 SpruchG, gem. § 7 Abs. 4 S. 1 SpruchG zugänglich zu machen. Darüber hinaus ist er zweifellos berechtigt, zum Verfahrensgegenstand sachlich Stellung zu beziehen und erhobene Bewertungsrügen zu begründen.[582] Fraglich ist indes, ob er durch sein Vorbringen lückenhafte Antragsbegründungen der Antragsteller ausgleichen und dadurch nicht nur die Rechte der nicht am Verfahren beteiligten Anteilsinhaber, sondern auch die Vermögensinteressen der Antragsteller sichern kann. *Büchel* folgert dies aus der Neukonzeption des Spruchverfahrens: Wenn die Antragsteller in ihrer Anspruchsbegründung nach § 4 Abs. 2 S. 2 Nr. 4 SpruchG und in ihrer Replik nach § 7 Abs. 4 SpruchG nur zu bestimmten Einzelfragen Einwendungen erheben, dann könne der gemeinsame Vertreter weitere Kritikpunkte aufgreifen, denen das Gericht nachgehen müsse.[583] Diese Erwägungen treffen zunächst insoweit zu, als Einwendungen der Antragsteller gegen die Bewertung nur dann aufgegriffen werden können, wenn aufgrund der von den Antragstellern vorgetrage-

580 Vgl. bereits oben Teil 3 C. III. 1. a. cc. (2); zur Beschwerdeberechtigung im Rahmen des § 12 SpruchG siehe unten Teil 3 G. III. 1. b. aa. (3).

581 *Vollrath* in Widmann/Mayer, UmwG Anh. 13 § 6 SpruchG Rn. 40; a. A. offenbar *Hüffer* AktG § 305 AktG Anh. § 6 SpruchG Rn. 9.

582 *Neye* FS Wiedemann, 1127, 1133.

583 *Büchel* NZG 2003, 793, 797; zustimmend *Emmerich* in Emmerich/Habersack KonzernR § 7 SpruchG Rn. 4; *Koppensteiner* in KK/AktG Anh. § 327 f AktG Rn. 30.

nen Bewertungsrügen die Zulässigkeit des Antrags bereits bejaht worden ist, da eine ordnungsgemäße Antragsbegründung, deren Teil die konkreten Einwendungen gegen die Bewertung sind, eine Zulässigkeitsvoraussetzung darstellt,[584] ein gemeinsamer Vertreter bei unzulässigen Anträgen jedoch nicht zu bestellen ist.[585] Ist ein Antrag jedoch zulässig und wird der gemeinsame Vertreter bestellt, kommt diesem eine erhebliche Bedeutung und eine starke Verfahrensstellung zu, indem er die erhobenen Bewertungsrügen der Antragsteller ausführen und weiter begründen kann und zwar auch dann, wenn die Antragsteller mit dem Vorbringen entsprechender Ausführungen wegen Verspätung gem. § 10 SpruchG präkludiert wären. Bereits darin lässt sich ein übertriebener Akt der Fürsorge zugunsten der Anteilsinhaber, die kein Verfahren wollen, sowie zugunsten der Antragsteller, die ihr Verfahren schlecht führen, sehen.[586]

Fraglich ist darüber hinaus aber, ob der gemeinsame Vertreter nicht nur die von den Antragstellern angeführten Bewertungsrügen ergänzen und weiter begründen, sondern auch gänzlich neue Einwendungen gegen die Bewertung erheben kann, die bisher von den Antragstellern nicht vorgebracht wurden. Ausgangspunkt für die Beantwortung dieser Frage ist § 7 Abs. 4 S. 2 SpruchG. Aus diesem ergibt sich, dass Einwendungen des gemeinsamen Vertreters gegen die Erwiderung des Antragsgegners nach § 7 Abs. 2 SpruchG und gegen die in § 7 Abs. 3 SpruchG genannten Unterlagen möglich sind. Soweit der gemeinsame Vertreter ausschließlich auf die Erwiderung des Antragsgegners eingeht, handelt es sich mittelbar um Einwendungen, die bereits von den Antragstellern vorgebracht worden sind, da die Erwiderung des Antragsgegners auf deren Antrag hin erfolgt und deren konkrete Einwendungen aufgreifen wird. Sofern der gemeinsame Vertreter hingegen auf die in § 7 Abs. 3 SpruchG genannten Unterlagen erwidert, kann er dem klaren Wortlaut nach auch Aspekte vortragen, die sich allein aus den Unterlagen ergeben und damit keineswegs von den Antragstellern bereits in das Verfahren eingeführt worden sein müssen. Dadurch werden das Begründungserfordernis gem. § 4 Abs. 2 SpruchG und die Präklusionsmöglichkeit gem. §§ 9, 10 SpruchG – zwei Kernpunkte des Reform – unterlaufen und damit letztlich das Reformziel, die Verantwortlichkeit der Antragsteller zu stärken und die Verfahren zu beschleunigen, konterkariert.[587] Denn wenn der gemeinsame Vertreter nach Feststellung der Zulässigkeit eines Antrags jedwede Bewertungsrügen, auch solche, mit denen die Antragsteller präkludiert sind, vorbringen kann, so können diese infolgedessen auch den Antragstellern wieder zugute kommen, indem sie im weiteren Verfahrensverlauf, etwa in einer mündlichen Verhandlung, die von dem gemeinsamen Vertreter vorgebrachten Bewertungsrügen aufgreifen und ausführen können, jedenfalls aber durch die *Inter-omnes*-Wirkung der Entscheidung gemäß § 13 SpruchG, bei der das Gericht das Vorbringen des gemeinsamen Vertreters ebenso berücksichtigen muss wie jenes der Antragsteller.

---

[584] Siehe unten Teil 3 D. III. 5.
[585] Siehe oben Teil 3 C. III. 1. a. cc. (2).
[586] Vgl. *Büchel* NZG 2003, 793, 797.
[587] Ebenso *Emmerich* in Emmerich/Habersack KonzernR § 7 SpruchG Rn. 4.

Die Eigenverantwortlichkeit der Antragsteller für das Prozessergebnis wird damit ebenso in Frage gestellt wie die gesetzgeberische Annahme, mit der Begründungspflicht nach § 4 Abs. 2 S. 2 Nr. 4 SpruchG würden Spruchverfahren wesentlich vereinfacht und verkürzt.[588] Vor allem lässt sich auch der Anspruch, etwaige Sachverständigengutachten in Spruchverfahren auf die konkreten Bewertungsrügen der Antragsteller hin zu beschränken und so mit der Vermeidung umfassender Bewertungsgutachten ein Kernproblem der Spruchverfahren vor Inkrafttreten des Spruchverfahrensgesetzes zu lösen, schwerlich aufrechterhalten. Denn es ist zu erwarten, dass spätestens mit dem Schriftsatz des gemeinsamen Vertreters alle kritischen Punkte der Bewertung Verfahrensgegenstand werden,[589] so dass sich dann ein einzuholendes Gutachten schon aus diesem Grund nicht von vorneherein auf einige wenige Punkte wird beschränken lassen.

Zwar mag es zutreffen, dass diese verfahrensgestaltenden Möglichkeiten auch zur Verfahrensbeschleunigung führen können.[590] Diese treten angesichts der drohenden Verfahrensverzögerungen durch umfassende Sachverständigengutachten jedoch gänzlich in den Hintergrund. Im Widerspruch steht der Gesetzeswortlaut auch zu der Rechtsstellung des gemeinsamen Vertreters, nach der jenem keinesfalls mehr Rechte zukommen sollen als den von ihm vertretenen Anteilsinhabern.[591] Prozesstaktisch wird im Übrigen den Antragstellern die Möglichkeit eröffnet, sich angesichts der Antragsfrist von grundsätzlich drei Monaten (vgl. § 4 Abs. 1 SpruchG) auf einige wenige konkrete Bewertungsrügen zu beschränken, die für die Bejahung der Zulässigkeit genügen, anschließend aber nach der Bestellung des gemeinsamen Vertreters im Zusammenspiel mit diesem weitere Rügen in das Verfahren einzuführen, mit deren Vorbringen sie selbst gem. § 10 SpruchG präkludiert wären.

(2) Pflichten

Die Pflichten des gemeinsamen Vertreters sind nicht ausdrücklich im Gesetz geregelt, lassen sich jedoch teilweise aus seiner Rechtsstellung ableiten.

Aus dieser folgt, dass er grundsätzlich keine vermögensrechtlichen Verpflichtungen für die von ihm repräsentierten Anteilinhaber eingehen kann.[592] Eine wesentliche Ausnahme ergibt sich jedoch für das Recht zur Disposition über die Kompensationsansprüche der von ihm vertretenen Anteilsinhaber. Da diese Ansprüche zur Vertretung im Verfahren gehören, kann der gemeinsame Vertreter insoweit – ohne Vollmachterteilung – über sie verfügen, indem er sich mit dem Antragsgegner über sie gerichtlich vergleicht oder den Verzicht erklärt.[593] Der Umfang der Informations- und Rechen-

---

588 *Büchel* NZG 2003, 793, 797 f.

589 *Büchel* NZG 2003, 793, 798.

590 Vgl. *Fritzsche/Dreier/Verfürth* SpruchG § 6 SpruchG Rn. 3.

591 Siehe oben Teil 3 C. III. 1. b.

592 *Bilda* in MüKo/AktG § 306 AktG Rn. 92; *Fritzsche/Dreier/Verfürth* SpruchG § 6 SpruchG Rn. 19; *Krieger* in Lutter UmwG Anhang I SpruchG § 6 SpruchG Rn. 10; *J. Schmidt* Recht der außenstehenden Aktionäre S. 56; *Volhard* in MüKo/AktG § 6 SpruchG Rn. 14.

593 *Krieger* in Lutter UmwG Anhang I SpruchG § 6 SpruchG Rn. 10; *Volhard* in MüKo/AktG § 6 SpruchG Rn. 14; *Wasmann/Mielke* WM 2005, 822, 824.

schaftspflichten des gemeinsamen Vertreters ist indessen ungeklärt. Teilweise werden entsprechende Pflichten gänzlich verneint.[594] Dagegen spricht jedoch die starke Verfahrenstellung des gemeinsamen Vertreters. Dieser entspricht es, eine Pflicht des gemeinsamen Vertreters anzunehmen, die von ihm repräsentierten Anteilsinhabern auf Anfrage über den Verfahrensstand sowie seine Tätigkeit zu informieren. Da dem gemeinsamen Vertreter die von ihm repräsentierten Anteilinhaber regelmäßig jedoch weder dem Namen noch der Zahl nach bekannt sind, kann darüber hinaus von ihm nicht verlangt werden, diese regelmäßig über den Stand des Verfahrens zu unterrichten.[595] Schließlich steht dem Recht des gemeinsamen Vertreters zur Antragsbegründung keine im Gesetz ausdrücklich geregelte Pflicht gegenüber. Während der Reform des Spruchverfahrens war indes angeregt worden, auch den gemeinsamen Vertreter in die Begründungspflicht einzubinden und ihm aufzugeben, konkrete Bewertungsrügen vorzutragen,[596] was den Vorteil mit sich gebracht hätte, dass auch die Präklusionsvorschriften (§§ 9, 10 SpruchG) anwendbar gewesen wären, so dass der Verfahrensgegenstand von Beginn an stärker eingrenzt werden könnte. Wie sich jedoch aus § 6 Abs. 3 SpruchG ergibt, steht der gemeinsame Vertreter nur dann einem Antragsteller gleich, wenn alle anderen Anträge zurückgenommen worden sind. Das setzt indes voraus, dass er bereits bestellt worden ist. Da die Bestellung jedoch nicht vor Feststellung der Zulässigkeit erfolgen kann,[597] nicht ausreichend begründete Anträge jedoch unzulässig sind, kann den gemeinsamen Vertreter keine Begründungspflicht im Sinne von § 4 Abs. 2 S. 2 SpruchG treffen, die sich nur auf Anträge zur Einleitung eines Spruchverfahrens nach § 4 Abs. 1 SpruchG bezieht.[598] Dass eine solche Pflicht nicht besteht, ist angesichts der Stärkung der Position des gemeinsamen Vertreters durch die Beseitigung der Möglichkeit, Anschlussanträge zu stellen sowie seines umfangreichen Rechts zur Antragsbegründung schwer verständlich und wird seinem Gewicht für den Verfahrensausgang nicht gerecht.

bb. Rücknahme aller Anträge

§ 6 Abs. 3 S. 1 SpruchG statuiert das Recht des gemeinsamen Vertreters, das Spruchverfahren auch nach Rücknahme eines Antrags fortzuführen. Bei Fortführung stellt § 6 Abs. 3 S. 2 SpruchG den gemeinsamen Vertreter einem Antragsteller gleich. Dadurch soll weiterhin der Gefahr des „Auskaufens“, also der außergerichtlichen Gewährung von Kompensationsleistungen durch die Antragsgegner an die Antrag-

---

594 *Hüffer* AktG § 305 AktG Anh. § 6 SpruchG Rn. 6; *Volhard* in MüKo/AktG § 6 SpruchG Rn. 15.

595 Zu weitgehend daher *Schwarz* in Widmann/Mayer UmwG § 308 UmwG Rn. 30, der eine Pflicht zur Information durch Rundschreiben bejaht; gegen ein solche Pflicht auch *Wasmann/Mielke* WM 2005, 822, 827, Fn. 62.

596 *HaReA-DAV* NZG 2002, 119, 122; dem angesichts der Beseitigung der Anschlussantragsmöglichkeit und der daraus gefolgerten Stärkung der Position des gemeinsamen Vertreters zustimmend *Neye* FS Wiedemann, 1127, 1133.

597 Siehe oben Teil 3 C. III. 1. a. cc. (2).

598 Das Gesetz geht in § 4 Abs. 2 S. 1 SpruchG von einer Begründungspflicht für „den“, nicht „einen“ Antrag voraus und bezieht sich damit systematisch auf Anträge im Sinne von § 4 Abs. 1 SpruchG.

steller im Gegenzug für deren Antragsrücknahme und somit die Verfahrensbeendigung, begegnet werden.[599]

Voraussetzung der Fortführung ist die Rücknahme aller Anträge durch die Antragsteller.[600] Die Frage, ob die Vorschrift analoge Anwendung für den Fall finden kann, dass lediglich unzulässige Anträge vorliegen,[601] ist insoweit gegenstandslos, als die Zulässigkeit eines Antrags Voraussetzung der Bestellung des gemeinsamen Vertreters ist.[602] Denkbar, wenn auch wenig praxisrelevant, ist allerdings die Konstellation, dass alle bereits gestellten Anträge nachträglich unzulässig werden. In diesen Fällen scheidet eine analoge Anwendung von § 6 Abs. 3 SpruchG mangels planwidriger Regelungslücke aus. Denn das Problem stellte sich bereits im früheren Recht, ohne dass der Gesetzgeber, dem diese Frage bekannt gewesen sein dürfte, anders als im Fall der Antragsrücknahme eine sachliche Änderung vorgesehen hat.[603]

Streitig ist ferner, ob ein gemeinsamer Vertreter auch dann zu bestellen ist, wenn die Anträge vor seiner Bestellung zurückgenommen werden, die Antragsteller also etwa zuvor „ausgekauft" werden. Dafür soll sprechen, dass der mit § 6 Abs. 3 SpruchG verfolgte Gesetzeszweck der Verhinderung der Ungleichbehandlung von Aktionären im Falle eines „Auskaufs" der Antragsteller nicht davon abhängen könne, ob zufällig schon ein gemeinsamer Vertreter bestellt worden sei oder nicht.[604] Gegen eine vorbehaltlose analoge Anwendung spricht zunächst, dass auch dieses Problem dem Gesetzgeber bereits vor der Reform des Spruchverfahrens bekannt gewesen ist, ohne dass er Anlass für eine entsprechende Klarstellung gesehen hat. Darüber hinaus steht ihr entgegen, dass es offenkundig nicht dem Willen des Gesetzgebers entspricht, dem Normzweck, das „Auskaufen" zu verhindern, generell zum Durchbruch zu verhelfen. Denn konsequenterweise müsste dann auch die Möglichkeit bestehen, ein Spruchverfahren von Amts wegen zu eröffnen, da antragswilligen Antragsberechtigten auch bereits vor Antragstellung ihr Antragsrecht abgekauft werden kann und auch in diesem Fall nicht alle Anteilsinhaber gleich behandelt werden. Die Eröffnung eines Spruchverfahrens von Amts wegen wird jedoch richtigerweise nicht gefordert. Daher kann ein gemeinsamer Vertreter dann nicht im Falle einer Rücknahme sämtlicher Anträge noch vor seiner Bestellung bestellt werden, wenn nicht zumindest einer der

---

599 *Emmerich* in Emmerich/Habersack KonzernR § 6 SpruchG Rn. 15 f.; *Fritzsche/Dreier/Verfürth* SpruchG § 6 SpruchG Rn. 31; *Hüffer* AktG § 305 AktG Anh. § 6 SpruchG Rn. 9; *Leube* in Deilmann/Lorenz AG § 8 Rn. 35. Auch durch diese Regelung kann die Gefahr des „Auskaufens" jedoch nicht gänzlich ausgeschlossen werden, da dieses auch zwischen den Instanzen erfolgen kann und der gemeinsame Vertreter nicht selbstständig beschwerdeberechtigt ist (siehe unten Teil 3 G. III. 1. b. aa. [2]).

600 Siehe oben Teil 3 C. III. 1. b. bb.

601 Gegen eine analoge Anwendung vor Inkrafttreten des Spruchverfahrensgesetzes *Schwarz* in Widmann/Mayer UmwG § 307 UmwG Rn. 42.

602 Siehe oben Teil 3 C. III. 1. a. cc. (2).

603 *Vollrath* in Widmann/Mayer UmwG Anh. 13 § 11 SpruchG Rn. 11.

604 *Fritzsche/Dreier/Verfürth* SpruchG § 6 SpruchG Rn. 8; *Krieger* in Lutter UmwG 2. Aufl. § 308 UmwG Rn. 5; *Meister/Klöcker* in Kallmeyer UmwG § 308 UmwG Rn. 9; wohl auch *Leube* in Deilmann/Lorenz AG § 8, Rn. 35; zweifelnd dagegen OLG Stuttgart ZIP 2003, 2199, 2200.

Anträge zulässig gewesen wäre, hätte ihn der Antragsteller weiter verfolgt. Denn wenn die Zulässigkeit mindestens eines Antrags Voraussetzung der unmittelbaren Anwendung des § 6 Abs. 3 SpruchG ist, da anderenfalls gar kein gemeinsamer Vertreter bestellt werden kann, muss dies auch bei einer analogen Anwendung gelten. Kann das Gericht daher im Zeitpunkt der Antragsrücknahme nicht sicher feststellen, ob ein Antrag zulässig gewesen wäre, kann auch kein gemeinsamer Vertreter bestellt werden.[605]

Um das Verfahren nach Rücknahme aller Anträge fortzuführen, muss der gemeinsame Vertreter eine entsprechende Erklärung abgeben. Dabei liegt in seinem pflichtgemäßen Ermessen, ob er das Verfahren weiterführen will.[606] Dieses Ermessen reduziert sich allerdings auf Null, wenn ein im Spruchverfahren angebotener Vergleichsvorschlag nicht allen nicht selbst beteiligten Anspruchsberechtigten zugute kommt; in diesem Fall muss er das Verfahren fortsetzen.[607] In § 6 Abs. 3 SpruchG ist allerdings keine Frist für die Abgabe der Fortführungserklärung vorgesehen. Um einerseits dem Ziel der Verfahrensbeschleunigung Rechnung zu tragen, es aber andererseits dem gemeinsamen Vertreter zu ermöglichen, die Vor- und Nachteile der Fortführung bzw. eines etwaigen außergerichtlichen Angebots der Antragsgegner abzuwägen, erscheint entsprechend der Beschwerdefrist in § 22 Abs. 1 S. 1 FGG eine zweiwöchige Erklärungsfrist sinnvoll.[608] Erklärt der gemeinsame Vertreter demnach nicht innerhalb von zwei Wochen nach der Rücknahme des letzten Antrags durch einen Antragsteller, das Verfahren fortführen zu wollen, so ist von einer Antragsrücknahme auch des gemeinsamen Vertreters auszugehen und das Verfahren zu beenden.[609]

c. Vergütung und Auslagenersatz

§ 6 Abs. 2 SpruchG gewährt dem gemeinsamen Vertreter einen Anspruch auf Vergütung und Auslagenersatz in entsprechender Anwendung des Rechtsanwaltsvergütungsgesetzes, nach dem sich seit dem 1. 7. 2004 gem. § 61 Abs. 1 RVG die Vergütung von Rechtsanwälten grundsätzlich richtet.[610] Damit ist der Gesetzgeber der Forderung nach einer ausdrücklichen gesetzlichen Regelung der Rechtsgrundlage der Vergütung

---

605 Generell gegen die Bestellung eines gemeinsamen Vertreters bei Rücknahme aller Anträge *Emmerich* in Emmerich/Habersack KonzernR § 6 SpruchG Rn. 5 sowie *Krieger* in Lutter UmwG Anhang I SpruchG § 6 SpruchG Rn. 3 (Überdehnung des Schutzzwecks des § 6 Abs. 3 SpruchG)

606 *Fritzsche/Dreier/Verfürth* SpruchG § 6 SpruchG Rn. 32; *Krieger* in Lutter UmwG Anhang I SpruchG § 6 SpruchG Rn. 13; *Leube* in Deilmann/Lorenz AG § 8 Rn. 35.

607 *Krieger* in Lutter UmwG Anhang I SpruchG § 6 SpruchG Rn. 12; *Volhard* in MüKo/AktG § 6 SpruchG Rn. 16.

608 Vgl. *Behnke* Spruchverfahren S. 110.

609 Zur Verfahrensbeendigung durch Antragsrücknahme siehe unten Teil 3 G. IV.

610 Die ursprüngliche Fassung erklärte noch die Gebührenordnung für Rechtsanwälte für anwendbar. Im Rahmen der Gebührenreform war dem Gesetzgeber dann offensichtlich ein Redaktionsversehen unterlaufen: In zahlreichen Rechtsvorschriften wurde durch Art. 4 des KostRMoG der Wortlaut entsprechend angepasst, nicht jedoch in § 6 Abs. 2 S. 1 SpruchG. Erst durch das SEEG wurde § 6 Abs. 2 S. 1 SpruchG – auf Empfehlung des Rechtsausschusses (siehe *ReA-BT* SEEG BT-Drucks. 15/4053 S. 52) – entsprechend angepasst.

nachgekommen[611] und hat zum zum Ausdruck gebracht, dass die gewissenhafte Arbeit eines gemeinsamen Vertreter der Tätigkeit eines Rechtsanwalts entspricht.[612]

Der Referentenentwurf beinhaltete demgegenüber noch nicht die entsprechende Anwendung des Bundesgebührenordnung für Rechtsanwälte, sondern sah lediglich vor, dass der gemeinsame Vertreter den Ersatz barer, angemessener Auslagen und eine angemessene Vergütung verlangen konnte und wies lediglich in der Begründung darauf hin, dass sich die Gerichte auch künftig bei der Festsetzung der Vergütung an den für die Verfahrensbevollmächtigten geltenden Vorschriften der Bundesgebührenordnung für Rechtsanwälte orientieren könnten.[613] Selbstverständlich können die nicht antragstellenden Antragsberechtigten auch im Zuge des Abschlusses eines Auftragsvertrages mit dem gesetzlichen Vertreter mit diesem eine private Vergütungsvereinbarung schließen, die dann allerdings nur sie und nicht den Antragsgegner bindet.[614]

aa. Rechtsgrundlage und Festsetzung

Die entsprechende Anwendung des RVG könnte bedeuten, dass die Tätigkeit des gemeinsamen Vertreters, obwohl er nicht als Vertreter eines Antragstellers auftritt, entsprechend § 31 Abs. 1 RVG zu vergüten ist. Dagegen spricht jedoch neben der Tatsache, dass § 31 Abs. 1 RVG an die Vertretung eines Antragstellers anknüpft, der Wille des Gesetzgebers. Denn dieser wollte mit der Formulierung in § 6 Abs. 2 SpruchG zum Ausdruck bringen, dass die Tätigkeit des gemeinsamen Vertreters entsprechend § 118 BRAGO a. F. (= Nr. 2400 VV RVG) vergütet werden soll.[615] Daher ist der gemeinsame Vertreter entsprechend Nr. 2400 VV RVG zu vergüten, so dass diese mit den dort geltenden Rahmengebühren bzw. einem Gebührensatz von 0,5–2,5 gilt.[616] Der den Gebühren zugrunde zu legende Gegenstandswert entspricht gem. § 6 Abs. 2 S. 3 SpruchG dem für die Gerichtsgebühren maßgeblichen Geschäftswert.

Die Bestimmung des Gegenstandswerts geht auf einen Vorschlag des Rechtsausschusses zurück.[617] Der Regierungsentwurf sah noch vor, dass für die Berechnung der Vergütung die Hälfte des für die Gerichtsgebühren maßgeblichen Geschäftswertes zugrunde zu legen ist, wodurch verhindert werden sollte, dass die Höhe der Vergütung des gemeinsamen Vertreters, der sehr viele Anteilsinhaber vertritt, dadurch aber keinen proportionalen Anstieg des Tätigkeitsumfangs zu verzeichnen hat, unverhältnismäßig ansteigt.[618]

Dies wird zutreffend für dogmatisch inkonsequent gehalten, da der gemeinsame Vertreter lediglich die Interessen derjenigen Anteilsinhaber vertritt, die nicht selbst

---

611 Vgl. *Begr. RegE* SpruchverfNeuordG BT-Drucks. 15/371 Anlage 1 S. 14.

612 OLG Frankfurt/M. AG 2005, 658, 659 („Wayss & Freytag/Hollandsche Beton Groep").

613 Siehe *Begr. RefE* SpruchverfNeuordG NZG 2002, 25, 29.

614 *Vollrath* in Widmann/Mayer UmwG Anh. 13 § 6 SpruchG Rn. 48.

615 Vgl. *Begr. RegE* SpruchverfNeuordG BT-Drucks. 15/371 Anlage 1 S. 14; ebenso OLG Frankfurt/M. AG 2005, 658, 659 („Wayss & Freytag/Hollandsche Beton Groep").

616 Ebenso *Vollrath* in Widmann/Mayer UmwG Anh. 13 § 6 SpruchG Rn. 51.

617 *ReA-BT* SpruchverfNeuordG BT-Drucks. 15/838 S. 7.

618 *Begr. RegE* SpruchverfNeuordG BT-Drucks. 15/371 Anlage 1 S. 14.

am Verfahren beteiligt sind, so dass der Gegenstandswert um die von den Antragstellern selbst geltend gemachten Ansprüche reduziert werden müsste.[619]

Maßgebend für die Höhe der Vergütung des gemeinsamen Vertreters, mit der auch die allgemeinen Geschäftsunkosten (z. B. Büroaufwand, Gehälter, Haftpflichtversicherung) abgegolten sind,[620] sind der Umfang seiner Verantwortung, die geleistete Arbeit, die Dauer des Verfahrens sowie die Einbringung von speziellen Kenntnissen und Erfahrungen.[621] Allerdings wurde in der Anmerkung zu Nr. 2400 VV RVG eine sog. Schwellengebühr eingeführt. Eine höhere Gebühr als nach einem Satz von 1,3 soll nur gefordert werden können, wenn die Tätigkeit umfangreich oder schwierig war. Sind Umfang und Schwierigkeit nur von durchschnittlicher Natur, soll die Schwellengebühr von 1,3 die „*Regelgebühr*" sein.[622] Darüber hinaus sind der Vergütung nach oben und nach unten gesetzliche Grenzen gesetzt. Zwar sieht § 6 Abs. 2 SpruchG selbst keine Grenzen vor. Jedoch gelten für den Geschäftswert, der den Gerichtsgebühren zugrunde zu legen ist, Mindest- und Höchstgrenzen,[623] und dieser Geschäftswert entspricht dem Gegenstandswert der Tätigkeit des gemeinsamen Vertreters, so dass dessen Vergütung mittelbar begrenzt wird. Die Auslagen des gemeinsamen Vertreters sind nach Maßgabe der Nrn. 7000 ff. VV RVG zu erstatten.[624] Darunter fallen vor allem Kommunikationskosten, Schreibauslagen und Reisekosten.[625] Ist der gemeinsame Vertreter nicht selbst Rechtsanwalt, kann er einen solchen nicht beauftragen bzw. für ein angefallenes Honorar keinen Auslagenersatz beanspruchen. Einem solchen Ersatz steht § 6 Abs. 2 SpruchG entgegen, da auf die Vergütung des gemeinsamen Vertreters gerade das RVG angewendet werden soll und dieses keine entsprechende Anspruchsgrundlage bietet.[626] Kosten, die durch die Einschaltung eines Gutachters durch einen gemeinsamen Vertreter entstehen, sind ebenfalls nicht erstattungsfähig.[627]

---

619 *Lamb/Schluck-Amend* DB 2003, 1259, 1262; für eine Aufteilung des Geschäftswerts jeweils zur Hälfte auf die Antragsteller und den gemeinsamen Vertreter dagegen *Büchel* NZG 2003, 793, 803.

620 BayObLG AG 2001, 592, 594 („Philips").

621 BayObLG ZIP 2003, 253, 258 („Hypo-Vereinsbank"); BayObLG AG 2002, 390, 392 („Rieter Ingolstadt Spinnereimaschinenbau AG II"); *Volhard* in MüKo/AktG § 6 SpruchG Rn. 19.

622 *Begr. RegE* KostRMoG BT-Drucks. 15/1971 S. 206 f. In einem ersten Schritt soll unter Berücksichtigung von § 14 RVG die Gebühr aus dem vollen Gebührensatzrahmen der Nr. 2400 VV RVG bestimmt werden, wobei hinsichtlich Umfang und Schwierigkeit die Schwellengebühr in ihrer Funktion als abgesenkte Mittelgebühr zu beachten sei. Nur wenn die Schwellengebühr überschritten wird, soll zu prüfen sein, ob die Tätigkeit umfangreich oder schwierig war. War dies der Fall, soll es bei der bestimmten Gebühr bleiben (so *Otto* NJW 2004, 1420, 1421). *Römermann* in Hartung/Römermann RVG VV RVG Teil 2 Rn. 57 ff. verneint dementgegen, dass die gesetzliche Regelgebühr anders zu bestimmen sei als die traditionelle Mittelgebühr, so dass auf Fälle von durchschnittlichem Umfang und durchschnittlicher Schwierigkeit ein Satz von 1,5 Anwendung finde.

623 Siehe unten Teil 3 H. I. 1. a. cc.

624 *Vollrath* in Widmann/Mayer UmwG Anh. 13 § 6 SpruchG Rn. 51.

625 Vgl. dazu ausführlich *Hartung* in Hartung/Römermann RVG VV RVG Teil 7 Rn. 42 ff.

626 *Krieger* in Lutter UmwG Anhang I SpruchG § 6 SpruchG Rn. 14 (a. A. noch *Krieger* in MüHdb/AG § 70 Rn. 125); für eine Erstattungsfähigkeit *Emmerich* in Emmerich/Habersack KonzernR § 6 SpruchG Rn. 22.

627 *Krieger* in Lutter UmwG Anhang I SpruchG § 6 SpruchG Rn. 14; für eine Erstattungsfähigkeit in

Gem. § 6 Abs. 2 S. 2 SpruchG setzt das Gericht, im Falle der Zuständigkeit einer Kammer für Handelssachen gem. § 2 Abs. 3 S. 1 Nr. 6 SpruchG der Vorsitzende, die Vergütung und die Auslagen fest. Diese Festsetzung ist nicht identisch mit der Festsetzung des Gegenstandswerts nach § 33 RVG.[628] Neben der Festsetzung kann dem Antragsgegner gem. § 6 Abs. 2 S. 4 SpruchG aufgegeben werden, Vorschüsse zu leisten. Voraussetzung dafür ist, dass der gemeinsame Vertreter die Leistung eines Vorschusses verlangt. Ob und in welcher Höhe dem Verlangen stattzugeben ist, hat das Gericht nach pflichtgemäßem Ermessen zu entscheiden. Dabei soll das Ermessen allerdings aufgrund der Verfahrensförderungs- und -beschleunigungsmaxime begrenzt und im Regelfall eine Anordnung zur Leistung von Vorschüssen zu treffen sein.[629] Die Höhe des Vorschussanspruchs wird sich regelmäßig nach der Gesamthöhe der voraussichtlich zu beanspruchenden Gesamtvergütung zu richten haben.[630]

bb. Schuldner und Vollstreckung

Schuldner des Vergütungsanspruchs ist gem. § 6 Abs. 2 SpruchG allein der Antragsgegner; mehrere Antragsgegner haften gem. § 6 Abs. 2 S. 1 Halbs. 2 SpruchG als Gesamtschuldner.

Die vom BGH vor Inkrafttreten des Spruchverfahrensgesetzes vertretene Auffassung, dass Schuldner des Vergütungsanspruchs auch die Antragsteller sein könnten,[631] ist nicht mehr haltbar, denn das Spruchverfahrensgesetz trifft in § 6 Abs. 2 SpruchG eine abschließende Regelung hinsichtlich der Kostenverteilung, so dass auch unter Berufung auf § 17 Abs. 1 i. V. m. § 13 a FGG eine Auferlegung von außergerichtlichen Kosten anderer Beteiligter auf die Antragsteller nicht mehr in Betracht kommt.[632] Dies ergibt sich auch aus § 15 Abs. 2 S. 2 SpruchG, der bezüglich der Gerichtskosten ausdrücklich die Möglichkeit eröffnet, diese den Antragstellern aufzuerlegen. Wäre Entsprechendes auch hinsichtlich der Kosten des gemeinsamen Vertreters gewollt, hätte dies in § 6 Abs. 2 SpruchG einer ausdrücklichen Regelung bedurft.[633] Auch für den Fall der Eröffnung des Insolvenzverfahrens über das Vermögen des Antragsgegners ist davon keine Ausnahme zu machen.[634]

Ausnahmefällen *Emmerich* in Emmerich/Habersack KonzernR § 6 SpruchG Rn. 22; dafür auch (allerdings zur alten Rechtslage) OLG Düsseldorf WM 1992, 418.

628 *Vollrath* in Widmann/Mayer UmwG Anh. 13 § 6 SpruchG Rn. 57.

629 *Fritzsche/Dreier/Verfürth* SpruchG § 6 SpruchG Rn. 29.

630 OLG Frankfurt/M. AG 2005, 658, 659 („Wayss & Freytag/Hollandsche Beton Groep").

631 BGH AG 2002, 85 („Reckitt & Colman [Hoffmanńs Stärke]").

632 Ebenso *Krieger* in Lutter UmwG Anhang I SpruchG § 6 SpruchG Rn. 13; *W. Meilicke/Heidel* DB 2003, 2267, 2275; *Vollrath* in Widmann/Mayer UmwG Anh. 13 § 6 SpruchG Rn. 50; i. E. auch *Emmerich* in Emmerich/Habersack KonzernR § 6 SpruchG Rn. 13.

633 *Fritzsche/Dreier/Verfürth* SpruchG § 15 SpruchG Rn. 26.

634 *Vollrath* in Widmann/Mayer UmwG Anh. 13 § 6 SpruchG Rn. 49. In diesem Fall haftet auch nicht der Staat für den Vergütungsanspruch des gemeinsamen Vertreters (so auch OLG Köln ZIP 2001, 967 ff. [„Erste Kulmbacher Actienbrauerei AG"] zur Haftung des Staates bei Insolvenz des Abfindungsschuldners). Vielmehr muss der gemeinsame Vertreter Befriedigung aus der Insolvenzmasse suchen, denn auch die von ihm repräsentierten Antragsberechtigten sind keinesfalls

§ 6 Abs. 2 S. 5 SpruchG ordnet an, dass aus der Festsetzung der Vergütung und Auslagen die Zwangsvollstreckung aus der Zivilprozessordnung stattfindet. Daraus folgt die Eigenschaft des Beschlusses nach § 6 Abs. 2 S. 3 SpruchG als Vollstreckungstitel, der vom Antragsgegner und von dem gemeinsamen Vertreter im ersten Rechtszug mit der sofortigen Beschwerde angefochten werden kann (§ 17 Abs. 1 SpruchG i. V. m. § 13 a Abs. 3 FGG),[635] während es gegen die Festsetzung im zweiten Rechtszug kein Rechtsmittel gibt.[636] Die Vollstreckung selbst richtet sich nach den §§ 704 ff. ZPO.

d. Haftung

Im Ergebnis unstreitig ist, dass der gemeinsame Vertreter gegenüber den von ihm vertretenen Anteilsinhabern schadenersatzpflichtig sein kann. Unklar ist allerdings die dogmatische Haftungsgrundlage. Teilweise wird eine Haftung im Grundsatz befürwortet, deren Rechtsgrundlage aber schlicht offen gelassen.[637] Mangels eines Vertragsverhältnisses zwischen dem gemeinsamen Vertreter und dem von ihm vertretenen Anteilsinhabern scheiden Schadenersatzansprüche gem. §§ 280 Abs. 1, 241 Abs. 2, 249 ff. BGB aus. Auch §§ 677 f., 280 Abs. 1 BGB stellt keine taugliche Rechtsgrundlage dar, da der gemeinsame Vertreter gerichtlich bestellt wird und bei einer den §§ 677 ff. BGB unterfallenden Handlung gerade keine Vertretungsmacht des Handelnden besteht.

Nach einer Auffassung soll eine Schadenersatzpflicht dann bestehen, wenn sich das pflichtwidrige Handeln des gemeinsamen Vertreters unter §§ 280 Abs. 1, 241 Abs. 2, 311 Abs. 2 Nr. 3 BGB subsumieren lässt.[638] *Vollrath* sieht hingegen einen vom BGH nicht näher ausgesprochenen, aber gleichwohl angewendeten „Grundsatz des deutschen Rechts" darin, dass ein durch Hoheitsakt bestellter Verwalter fremden Vermögens auch gegenüber dem Inhaber des Vermögens zu einer ordentlichen Verwaltung verpflichtet ist und für eine schuldhafte Verletzung dieser Verpflichtung dem Inhaber des Vermögens haftet.[639] Demnach bestehe zwischen dem gemeinsamen Vertreter und den von ihm vertretenen Anteilsinhabern ein gesetzliches Geschäftsbesorgungsverhältnis, in dessen Rahmen er für eigenes Verschulden und für Verschulden eines Erfüllungsgehilfen (§ 278 BGB) auf Schadenersatz hafte.[640] Nach einer dritten Auffassung sollen Ansprüche gegen den gemeinsamen Vertreter auf §§ 1915 Abs. 1, 1833

Schuldner, da die Kostenregelungen des Spruchverfahrensgesetzes auch insoweit abschließend sind (*Fritzsche/Dreier/Verfürth* SpruchG § 6 SpruchG Rn. 28; *Vollrath* in Widmann/Mayer UmwG Anh. 13 § 6 SpruchG Rn. 47).

635 *Krieger* in Lutter UmwG Anhang I SpruchG § 6 SpruchG Rn. 15; *Vollrath* in Widmann/Mayer UmwG Anh. 13 § 6 SpruchG Rn. 45.

636 *Emmerich* in Emmerich/Habersack KonzernR § 6 SpruchG Rn. 19.

637 So etwa *Klöcker/Frowein* SpruchG § 6 SpruchG Rn. 22; *Krieger* in Lutter UmwG Anhang I SpruchG § 6 SpruchG Rn. 11; *Volhard* in MüKo/AktG § 6 SpruchG Rn. 14.

638 *Hüffer* AktG § 305 AktG Anh. § 6 SpruchG Rn. 6.

639 *Vollrath* in Widmann/Mayer UmwG Anh. 13 § 6 SpruchG Rn. 33.

640 *Vollrath* in Widmann/Mayer UmwG Anh. 13 § 6 SpruchG Rn. 33 im Anschluss an *Schwarz* in Widmann/Mayer UmwG § 308 UmwG Rn. 30.

BGB analog zu stützen sein. Der gemeinsame Vertreter hafte wie ein Abwesenheitspfleger, da er sich wie dieser um die Rechte derjenigen kümmere, die sich am Verfahren bewusst oder unbewusst selbst nicht beteiligten.[641]

§§ 280 Abs. 1, 241 Abs. 2, 311 Abs. 2 Nr. 3 BGB scheidet offenkundig als Haftungsgrundlage von vorneherein aus. Zwar ließe sich das Verhältnis zwischen gemeinsamem Vertreter und den von ihm vertretenen Anteilsinhabern möglicherweise noch als rechtsgeschäftsähnliches Verhältnis auffassen, obgleich der gemeinsamen Vertreter gerichtlich bestellt wird. § 311 Abs. 2 Nr. 3 BGB findet jedoch in erster Linie Anwendung auf Gefälligkeitsverhältnisse mit rechtsgeschäftlichem Charakter.[642] Der gemeinsame Vertreter handelt jedoch nicht aus Gefälligkeit, sondern aufgrund gerichtlicher Bestellung. Zudem wird seine Tätigkeit vergütet, woran es bei Gefälligkeitsverhältnissen gerade fehlt. Auch andere zu § 311 Abs. 2 Nr. 2 BGB entwickelte Fallgruppen passen offenkundig nicht.[643] Die Annahme eines unausgesprochenen Haftungsgrundsatzes begegnet Bedenken. Denn zum einen lässt sich ein solcher Grundsatz nicht ohne weiteres der Rechtsprechung des BGH entnehmen. Zum anderen bleiben dessen Voraussetzungen im Detail diffus und werden weitgehend einzelfallabhängig entwickelt. Darüber hinaus ist zweifelhaft, ob sich das Verhältnis zwischen gemeinsamem Vertreter und den von ihm vertretenen Anteilsinhabern unter den behaupteten Grundsatz subsumieren ließe, denn der gemeinsame Vertreter betreibt keine Vermögensverwaltung im engeren Sinne, sondern nimmt lediglich Vermögensinteressen war.

Daher ist eine Haftung des gemeinsamen Vertreters analog §§ 1913, 1915 Abs. 1, 1833 BGB in Betracht zu ziehen. Eine planwidrige Regelungslücke besteht, denn weitgehend unanwendbar sind die Vorschriften des Pflegschaftsrechts nur insoweit, als die Bestellung besonderer Verfahrensvertreter weder durch ein Gericht der freiwilligen Gerichtsbarkeit noch nach deren Regeln oder nur zu einem ganz bestimmten gesetzlich besonders hervorgehobenen Zweck vorzunehmen ist.[644] Das Spruchverfahren ist jedoch im Grundsatz ein Verfahren der freiwilligen Gerichtsbarkeit, und der gemeinsame Vertreter wird nicht zu einem vom Spruchverfahrensgesetz besonders hervorgehobenen Zweck bestellt, sondern ihm kommt neben der Funktion, das Recht auf rechtliches Gehör der von ihm repräsentierten Anteilsinhaber zu wahren, allgemein die Aufgabe zu, deren Vermögensinteressen zu verfolgen. Selbst wenn man jedoch die Wahrung des rechtlichen Gehörs oder der materiellen Kompensationsrechte als besonders hervorgehobene Zwecke ansieht, bleibt für eine Anwendung des § 1833 BGB noch Raum, da die Einzelvorschriften des Vormundschaftsrechts trotz Fehlen der genannten Voraussetzungen analog angewendet werden können.[645]

Für eine Vergleichbarkeit von Abwesenheitspfleger und gemeinsamem Vertreter

---

[641] *Behnke* Spruchverfahren S. 55 f.; *Rowedder* FS Rittner, 509, 511.
[642] *Emmerich* in MüKo/BGB § 311 BGB Rn. 73.
[643] Ebenso *Wasmann/Mielke* WM 2005, 822, 827.
[644] *Schwab* in MüKo/BGB § 1915 BGB Rn. 5.
[645] *Schwab* in MüKo/BGB § 1915 BGB Rn. 5.

spricht zudem, dass die Bestellung eines Abwesenheitspflegers regelmäßig dann angeordnet wird, wenn die vermögensrechtlichen Angelegenheiten unbekannter oder ungewisser Beteiligter in deren Interesse eine Vertretung erfordert,[646] und auch der gemeinsame Vertreter die vermögensrechtlichen Kompensationsansprüche der ihm regelmäßig unbekannten Anteilsinhaber geltend machen soll.[647] Ferner ist der zu bestellende Pfleger nach allgemeiner Meinung im Rahmen des ihm aufgrund materiellen Rechts zulässigerweise übertragenen Wirkungskreises gesetzlicher Vertreter[648] und hat damit die gleiche Funktion wie der gemeinsame Vertreter, da dieser nicht nur die Stellung eines gesetzlichen Vertreters innehat, sondern auch die von ihm repräsentierten Anteilsinhaber materiell-rechtlich verpflichten kann, indem er einem Vergleich mit dem Antragsgegner zustimmt. Dies rechtfertigt es, §§ 1915, 1833 BGB analog als Haftungsgrundlage heranzuziehen. Daher haftet der gemeinsame Vertreter gegenüber den von ihm vertretenen Anteilsinhabern für jeden Verstoß gegen das Gebot treuer und gewissenhafter Amtsführung für Vorsatz und Fahrlässigkeit ab seiner Bestellung.[649] Dabei wird man, ähnlich der Notarhaftung, der ebenfalls eine öffentlich-rechtlich strukturierte Tätigkeit zugrunde liegt, hinsichtlich der an den gemeinsamen Vertreter zu stellenden Anforderungen davon ausgehen müssen, dass dieser zumindest über ausreichende Rechtskenntnisse verfügen und sich ihm unbekannte Materien aneignen muss,[650] insbesondere bezüglich der Unternehmensbewertung. Vor allem aber hat er bei mehreren in Betracht kommenden Alternativen – etwa bei angebotenen Kompensationsleistungen als Gegenleistung für die Verfahrensbeendigung – stets den sichersten und gefahrlosesten Weg zu gehen;[651] im Zweifel muss er also die angebotene Kompensationsleistung ablehnen und das Verfahren fortführen, will er sich nicht der Gefahr der Haftung aussetzen.

Grundsätzlich haftet der gemeinsame Vertreter allerdings nicht gegenüber Dritten, da § 1833 BGB gegenüber diesen nicht gilt[652] und dessen analoge Anwendung nicht zu einer Haftung führen kann, die schon nicht in dessen unmittelbarem Anwendungsbereich besteht. Der Antragsgegner kann also nicht analog §§ 1915 Abs. 1, 1917, 1833 BGB Schadenersatz von dem gemeinsamen Vertreter verlangen, etwa weil dieser ein aussichtsloses Verfahren gem. § 6 Abs. 3 SpruchG fortgeführt hat. Nicht ausgeschlossen ist indessen eine deliktische Haftung des gemeinsamen Vertreters gegenüber Dritten, und zwar in erster Linie nach § 823 Abs. 2 BGB, wenn der gemeinsame Vertreter durch fehlerhafte Amtsausübung gegen ein auch den Schutz eines Dritten

[646] *Schwab* in MüKo/BGB § 1913 BGB Rn. 8.
[647] Kritisch hiergegen *Wasmann/Mielke* WM 2005, 822, 827, da gerade bei Publikumsgesellschaften der Kreis der Kompensationsberechtigten nicht überschaubar, nicht bekannt und auch nicht ermittelbar sei.
[648] Vgl. statt aller *Schwab* in MüKo/BGB § 1913 BGB Rn. 18.
[649] Vgl. *Wakenitz* in MüKo/BGB § 1833 BGB Rn. 3 ff.
[650] Ebenso zur Notarhaftung *Hirte* Berufshaftung S. 79 f.
[651] Vgl. *Hirte* Berufshaftung S. 81.
[652] OLG Düsseldorf FamRZ 1999 1166.

bezweckendes Gesetz verstößt.[653] Handelt der gemeinsame Vertreter ausnahmsweise in solch einem Maße leichtfertig, dass seine Amtsübung als Gewissenlosigkeit zu werten ist, ist schließlich auch § 826 Abs. 1 BGB einschlägig.[654] Inwieweit Ansprüche indessen tatsächlich durchgesetzt werden können, ist zweifelhaft; eine pflichtwidrige und schuldhafte Verletzung der Amtspflichten wird sich ebenso wie ein Schaden im konkreten Fall regelmäßig schwer feststellen lassen.[655]

2. Gemeinsamer Vertreter nach § 6 a SpruchG

§ 6 a SpruchG findet Anwendung auf einen Teil von Spruchverfahren, die gem. § 1 Nr. 5 SpruchG eingeleitet werden können, und zwar solche, die gem. § 6 Abs. 4 SEAG bei der Gründung einer SE oder gem. §§ 11 Abs. 2, 6 Abs. 4 SEAG bei der Gründung einer Holding-SE zur Bestimmung des Ausgleichs in Form barer Zuzahlung eingeleitet werden. Der gemeinsame Vertreter nach § 6 a SpruchG hat mit der eigentlichen, historisch gewachsenen Institution des gemeinsamen Vertreters im Spruchverfahren und dessen Aufgabe außer der Bezeichnung nur wenig gemein. Verständlich ist seine Funktion nur vor dem Hintergrund der Regelungen in Art. 25 Abs. 3 SE-VO bzw. § 6 Abs. 4 S. 1 SEAG. Gem. Art. 25 Abs. 3 SE-VO können sich Aktionäre einer Gesellschaft mit Sitz in einem anderen Mitgliedstaat, dessen Recht ein Spruchverfahren zur Überprüfung des Umtauschverhältnisses oder einer bei einer Ausscheiden zu zahlenden Barabfindung nicht kennt, nicht unmittelbar an eine Spruchverfahren nach deutschem Recht beteiligen. Ihre Interessen sind jedoch berührt, da die bare Zuzahlung, die von dem Gericht im Spruchverfahren erhöht werden kann, aus dem Vermögen der SE zu leisten ist. Da ein Spruchverfahren jedoch nicht eingeleitet werden kann und die Erhebung einer Anfechtungsklage möglich ist, wenn die Aktionäre der ausländischen Gesellschaft der Einleitung eines Spruchverfahrens durch die Aktionäre der deutschen Gründungsgesellschaft nicht gem. Art. 25 Abs. 3 S. 1 SE-VO zustimmen (vgl. § 6 Abs. 4 S. 1 SEAG), sollen ihre Interessen im Verfahren durch die Bestellung eines gemeinsamen Vertreters gewahrt und sie so zur Zustimmung bewegt werden.[656] Das Spruchverfahren wird in diesen Fällen zu einem quasi-kontradiktorischen Verfahren, wenn sowohl ein gemeinsamer Vertreter gem. § 6 SpruchG als auch gem. § 6 a SpruchG bestellt wird.[657]

a. Bestellung

Entgegen § 6 Abs. 1 S. 1 SpruchG ist der gemeinsame Vertreter gem. § 6 a S. 1 SpruchG nicht von Amts wegen zu bestellen, sondern auf Antrag eines oder mehrerer selbst nicht antragsberechtigter Anteilsinhaber einer sich verschmelzenden oder die

653 Vgl. dazu ausführlich *Hirte* Berufshaftung, S. 63 ff. (Haftung des Wirtschaftsprüfers).
654 Vgl. *Hirte* Berufshaftung S. 64 f.
655 *Wasmann/Mielke* WM 2005, 822, 828.
656 *Begr. RegE* SEEG BT-Drucks. 14/3405 S. 58.
657 *J. Vetter* ZHR 168 (2004) 8, 28.

Gründung einer SE anstrebenden Gesellschaft. Das Gericht hat dem Antrag zu entsprechen. Im Gegensatz zu § 6 Abs. 1 S. 1 SpruchG besteht also kein gerichtliches Ermessen, was vor dem Hintergrund der Regelung in § 6a SpruchG, der die Zustimmung der Aktionäre der ausländischen Gesellschaft zur Durchführung eines Spruchverfahrens durch die Aktionäre der deutschen Gründungsgesellschaft voraussetzt, verständlich ist. Denn würde die Entscheidung über die Bestellung im Ermessen des Gerichts stehen, so könnte es unter Umständen von einer Bestellung absehen und so die Interessenvertretung der Aktionäre verhindern. Wäre ein gemeinsamer Vertreter stattdessen stets von Amts wegen zu bestellen, würde den Aktionären unter Umständen eine Vertretung aufgedrängt, die sie nicht wünschen und der sie auch nicht zwingend bedürfen, denn sie sind am Antragsgegner beteiligt, der ohnehin Verfahrensbeteiligter ist.

Daraus, dass in § 6a S. 2 SpruchG ausdrücklich nur § 6 Abs. 1 S. 4 und Abs. 2 SpruchG für entsprechend anwendbar erklärt wird, folgt im Umkehrschluss die Nichtanwendbarkeit aller übrigen Regelungen des § 6 SpruchG. Für die Bestellung bedeutet dies, dass sie niemals entbehrlich sein kann, wie es § 6 Abs. 1 S. 3 SpruchG vorsieht. Dies erklärt sich dadurch, dass in den Fällen, in denen die Interessen der gem. § 6a S. 1 SpruchG zur Beantragung der Bestellung eines gemeinsamen Vertreters berechtigten Anteilsinhaber auf andere Weise sichergestellt sind, keiner dieser Anteilsinhaber die Bestellung eines gemeinsamen Vertreters beantragen wird, so dass sie von vorneherein unterbleibt.

Ob überhaupt ein praktisches Bedürfnis für die Bestellung eines gemeinsamen Vertreters und damit auch für die Regelung des § 6a SpruchG besteht, ist angesichts der Pflicht zur Tragung von dessen Kosten durch den Antragsgegner gem. §§ 6a S. 2, 6 Abs. 2 SpruchG fraglich.[658] Es liegt nahe, dass die ausländischen Anteilsinhaber auf die Bestellung verzichten, da der Antragsgegner ohnehin dieselben Interessen wie sie verfolgt, nämlich die festgesetzte Kompensation zu verteidigen und sich gegen eine Erhöhung zur Wehr zu setzen, so dass durch eine Bestellung lediglich weitere Kosten entstehen, die zulasten der SE als Antragsgegnerin gehen. Insoweit ist die Situation nicht mit der Vertreterbestellung nach § 6 Abs. 1 SpruchG vergleichbar.

Gem. § 6a S. 2 SpruchG gilt § 6 Abs. 1 S. 4 SpruchG entsprechend. Daraus folgt zum einen, dass auch in Spruchverfahren, auf die § 6a SpruchG anwendbar ist, das Gericht verpflichtet ist, die Bestellung des gemeinsamen Vertreters im elektronischen Bundesanzeiger bekannt zu machen, zum anderen, dass die Bestellung nicht in weiteren zur öffentlichen Bekanntmachung bestimmten Blättern oder elektronischen Informationsmedien bekannt gemacht werden muss. Gegen die Bestellung eines gemeinsamen Vertreters nach § 6a S. 1 SpruchG kommt im Gegensatz zu dessen Bestellung nach § 6 Abs. 1 S. 1 SpruchG eine Beschwerde mangels Beschwerdeberechtigung eines Beteiligten nicht in Betracht. Da die gerichtliche Pflicht besteht, auf Antrag eines der in § 6a S. 1 SpruchG genannten Anteilsinhaber einen gemeinsamen Vertreter zu bestellen, kann der zur Kostentragung gem. §§ 6a S. 2, 6 Abs. 2 SpruchG

[658] Siehe zur Kostentragungspflicht unten Teil 3 H. I. 3.

verpflichtete Antragsgegner nicht die Entbehrlichkeit der Bestellung geltend machen und die zur Beantragung berechtigten Anteilsinhaber können sich nicht gegen die Auswahl des gemeinsamen Vertreters wenden.[659] Da bereits die Zurückweisung einer beantragten Bestellung nicht möglich ist, stellt sich bei § 6 a SpruchG die Frage der Beschwerde gegen die Zurückweisung nicht.

Da eine Abberufung des nach § 6 a S. 1 SpruchG bestellten gemeinsamen Vertreters nicht in Betracht kommt, weil dessen Bestellung im Gegensatz zu § 6 Abs. 1 S. 3 SpruchG nicht entbehrlich sein kann, gilt eine Bestellung nach § 6 a S. 1 SpruchG auf den ersten Blick zwingend für die gesamte Dauer des Verfahrens, also sowohl für die erste als auch für eine etwaige zweite Instanz. Allerdings wird man den nach § 6 a S. 1 SpruchG antragsberechtigten Anteilsinhabern als *actus contrarius* zu ihrem Recht auf Bestellung auch das Recht zugestehen müssen, die Abberufung des gemeinsamen Vertreters zu beantragen, die das Gericht allerdings nur dann vornehmen darf, wenn alle Anteilsinhaber, die von dem bestellten gemeinsamen Vertreter repräsentiert werden, also alle gem. § 6 a S. 2 SpruchG Antragsberechtigten, der Abberufung zuzustimmen. Eine Zustimmung lediglich derjenigen, die die Bestellung beantragt haben, genügt nicht, da der gemeinsame Vertreter nach seiner Bestellung nicht nur deren Interessen wahren soll.

b. Rechtsstellung

Da § 6 a SpruchG weder auf § 6 Abs. 1 S. 1 Halbs. 2 SpruchG verweist noch selbst eine entsprechende Regelung beinhaltet, ist davon auszugehen, dass dem gemeinsamen Vertreter nicht die Stellung eines gesetzlichen Vertreters der von ihm vertretenen Anteilsinhaber zukommt. Um das ursprünglich festgelegte Umtauschverhältnis und die angebotene Barabfindung angemessen verteidigen zu können, müssen ihm jedoch die gleichen Rechte zukommen wie dem gem. § 6 SpruchG bestellten gemeinsamen Vertreter, allerdings aufgrund seiner entgegengesetzten Funktion quasi „spiegelbildlich“. So hat er etwa das Recht, Einwendungen der Antragsteller und des gem. § 6 Abs. 1 SpruchG bestellten Vertreters zurückzuweisen. Man wird ihm auch die Pflicht auferlegen können, die von ihm repräsentierten Anteilsinhaber auf Anfrage über den Verfahrensstand zu unterrichten.

c. Vergütung und Auslagenersatz

Die Vergütung des nach § 6 a S. 1 SpruchG bestellten gemeinsamen Vertreters bestimmt sich gem. § 6 a S. 2 SpruchG entsprechend § 6 Abs. 2 SpruchG, so dass auf die dortige Darstellung verwiesen werden kann.[660]

d. Haftung

Der gemeinsame Vertreter nach § 6 a SpruchG haftet den von ihm repräsentierten Anteilsinhabern wie der gemeinsamen Vertreter nach § 6 SpruchG analog §§ 1913,

---

[659] Siehe oben Teil 3 C. III. 1. a. ff. (2) (a).
[660] Siehe oben Teil 3 C. III. 1. c.

1915 Abs. 1, 1833 BGB.[661] Zwar wird der gemeinsame Vertreter gem. § 6 a SpruchG auf Antrag bestellt. Die Bestellung selbst erfolgt jedoch wie bei § 6 SpruchG gerichtlich und auch der gem. § 6 a SpruchG bestellte Vertreter ist über einen Großteil der von ihm repräsentierten Anteilsinhaber im Unklaren, denn er ist gemeinsamer Vertreter auch der Anteilsinhaber, die zwar seine Bestellung hätten beantragen können, davon jedoch – bewusst oder unbewusst – abgesehen haben. Da § 1833 BGB nicht gegenüber Dritten gilt,[662] kann der gem. § 6 a SpruchG bestellte Vertreter nicht gegenüber den Kompensationsberechtigten haftbar sein, sondern nur gegenüber den von ihm repräsentierten Anteilsinhabern, es sei denn, es kommt auch eine deliktische Haftung in Betracht.

IV. Nebenintervenienten

Die Nebenintervention ist weder im Spruchverfahrensgesetz selbst noch im über § 17 Abs. 1 SpruchG ergänzend geltenden FGG geregelt. Allerdings wird sie in den sog. echten Streitverfahren in entsprechender Anwendung der §§ 66 ff. ZPO grundsätzlich zugelassen, wenn der Verfahrensausgang Bedeutung für die Rechtsbeziehung des Nebenintervenienten zum gegnerischen Beteiligten hat.[663]

Da auch das Spruchverfahren zu den sog. echten Streitverfahren zählt, könnte ohne weiteres zu folgern sein, dass eine Nebenintervention stets möglich ist, sofern deren Voraussetzungen vorliegen. Indes wird die Zulässigkeit der Nebenintervention im Spruchverfahren zunächst generell in Frage gestellt. Erwogen wird, ob nicht die Vorschriften über den gemeinsamen Vertreter bezwecken, die Beteiligung sonstiger Dritter an einem Spruchverfahren zu verhindern.[664] Dagegen spricht jedoch, dass durch den gemeinsamen Vertreter nur diejenigen antragsberechtigten Anteilsinhaber vertreten werden, die sich nicht selbst am Verfahren beteiligen. Da es sich nicht um eine Zwangsvertretung handelt, hat der gemeinsame Vertreter lediglich die Funktion, die Interessen der selbst keinen Antrag stellenden Antragsberechtigten wahrzunehmen, nicht jedoch andere Beteiligungswillige auszuschließen.[665]

Fraglich ist allerdings, ob bestimmten Personen eine Nebenintervention von vorneherein verschlossen ist. Nach einer Auffassung sollen jedenfalls diejenigen Anteilsinhaber nicht zur Nebenintervention berechtigt sein, die selbst im Spruchverfahren antragsberechtigt sind bzw. waren.[666] Zutreffend lässt sich dem zwar zunächst wie-

---

661 Vgl. oben Teil 3 C. III. 1. d.

662 Siehe oben Teil 3 C. III. 1. d.

663 Vgl. BGHZ 38, 110, 111; BayObLGZ 1987, 251; OLG Hamm NJW-RR 1991, 1092.

664 Vgl. OLG Schleswig ZIP 1999, 1760 f. (ic nicht entschieden).

665 *Behnke* NZG 2000, 48, 49.

666 So jüngst erneut LG Frankfurt/M. AG 2005, 544, 545 („Wella AG"); zuvor bereits BayObLG AG 2003, 42, 43 („Bayer. Brau Holding AG/Schörghuber Stiftung & Co Holding AG"); OLG Stuttgart ZIP 2004, 850, 851; *Fritzsche/Dreier/Verfürth* SpruchG § 6 SpruchG Rn. 21; *Klöcker/Frowein* SpruchG § 3 SpruchG Rn. 29; generell gegen eine Nebenintervention im Spruchverfahren *Krieger* in Lutter UmwG Anhang I SpruchG § 3 SpruchG Rn. 1.

derum entgegenhalten, dass die Regelungen über den gemeinsamen Vertreter nicht für einen solchen Ausschluss sprechen.[667] Allerdings kann gegen die Möglichkeit der Nebenintervention für nicht antragstellende Antragsberechtigte der mit der entsprechenden Anwendung des Rechtsinstituts auf echte Streitverfahren der freiwilligen Gerichtsbarkeit verfolgte Zweck angeführt werden. Dieser besteht darin, aus Gründen der Prozessökonomie, der Rechtssicherheit und des sachgerechten Rechtsschutzes Personen eine Verfahrensbeteiligung zu ermöglichen, die mangels materieller Beteiligung oder wegen einer gesetzlichen Beschränkung des Kreises der Beteiligten nicht selbst unmittelbar am Verfahren beteiligt sein können, gleichwohl aber ein rechtliches Interesse am Verfahrensausgang haben.[668] Nicht antragstellende Kompensationsberechtigte sind jedoch materiell am Verfahren beteiligt, und sie können selbst einen Antrag im Spruchverfahren stellen. Machen sie von diesem Recht keinen Gebrauch, so würde es einen übermäßigen Rechtsschutz darstellen, ihnen nach Ablauf der Antragsfrist erneut die Möglichkeit der Verfahrensbeteiligung zu eröffnen. Ein Recht zur Nebenintervention auf Seiten der Antragsgegner kann in Spruchverfahren nach § 1 Nr. 5 SpruchG auch nicht den Aktionären der ausländischen Gesellschaft zugestanden werden, die ihre Zustimmung zur Durchführung eines Spruchverfahrens durch die Aktionäre der deutschen Gründungsgesellschaft erteilt haben.[669] Denn ihnen steht gem. § 6 a Abs. 1 S. 1 SpruchG jederzeit das Recht zu, einen gemeinsamen Vertreter durch das Gericht bestellen zu lassen, der ihre Interessen wahrnimmt, so dass für eine Nebenintervention kein Bedarf besteht. Andere Personen können sich jedoch im Spruchverfahren als Nebenintervenienten beteiligen, wenn die Voraussetzungen der §§ 66 ff. ZPO vorliegen.[670] Dass der Entscheidung im Spruchverfahren *Inter-omnes*-Wirkung gem. § 13 SpruchG zukommt, schließt nicht aus, dass auch andere Gesellschafter auf Seiten der Antragsteller oder der Parteien des Unternehmensvertrages ein berechtigtes Interesse an einer Nebenintervention haben.[671]

Bedeutung erlangt die Möglichkeit der Nebenintervention künftig insbesondere dann, wenn man einen Anfechtungsausschluss bei der Verletzung bewertungsbezogener Informationsmängel auch dann befürwortet, wenn sich diese auf die Angemessenheit des Ausgleichs, des Umtauschverhältnisses oder der Barabfindung beim Formwechsel bezieht und der Gesetzgeber in diesen Fällen eine Zuzahlungs- oder Erhöhungsmöglichkeit gestatten würde. Der Schutz der Aktionäre der herrschenden Aktiengesellschaft, der Anteilsinhaber des übernehmenden Rechtsträgers bzw. der in der formwechselnden Gesellschaft verbleibenden Gesellschafter wäre in diesen Fällen unter anderem durch die Möglichkeit der Nebenintervention für diese Personengruppen sicherzustellen.[672]

---

667 *Behnke* NZG 2000, 48, 49.

668 BayObLGZ 1970, 65, 70.

669 Siehe oben Teil 3 C. I. 1. d. aa.

670 *E. Vetter* FS Wiedemann, 1323, 1340 ff.; *Volhard* in MüKo/AktG § 6 SpruchG Rn. 6.

671 Vgl. OLG Schleswig ZIP 1999, 1760, 1761 (ic ein Interesse verneinend); a. A. *Klöcker/Frowein* SpruchG § 3 SpruchG Rn. 29, § 6 SpruchG Rn. 24; unklar *Emmerich* in Emmerich/Habersack KonzernR § 293 AktG Rn. 38 j (Befürwortung einer Nebenintervention der Aktionäre der herrschenden Gesellschaft), § 3 SpruchG Rn. 1 (unentschieden).

672 Siehe *Hirte* ZHR 167 (2003) 8, 28 f., der darüber hinaus als weitere Instrumente zur Sicher-

D. Antrag zur Einleitung des Spruchverfahrens

I. Antragserfordernis

Das Spruchverfahren ist ein reines Antragsverfahren. Mit der Antragstellung wird das Verfahren bei Gericht anhängig, ohne dass es einer vorherigen Übermittlung der Antragsschrift an die übrigen Verfahrensbeteiligten bedarf.[673] Daran hat sich auch durch das Spruchverfahrensgesetz nichts geändert. Entscheidende Bedeutung erlangt die Antragstellung deshalb, weil durch sie teilweise der Ablauf der Frist, innerhalb derer Anteilsinhaber ihre Ansprüche geltend machen müssen, auf einen Zeitpunkt nach Bekanntmachung der Entscheidung im Bundesanzeiger hinausgeschoben wird.

In Spruchverfahren nach § 1 Nr. 1 SpruchG zur Bestimmung des Ausgleichs oder Abfindung gem. § 305 Abs. 4 S. 3 AktG läuft die Annahmefrist frühestens zwei Monate nach dem Tage ab, an dem die Entscheidung über den zuletzt beschiedenen Antrag im elektronischen Bundesanzeiger bekannt gemacht worden ist. In Spruchverfahren nach § 1 Nr. 4 SpruchG zur Bestimmung der Barabfindung kann das Angebot dagegen nur bis zu zwei Monate nach dem Tage angenommen werden, an dem die Entscheidung im Bundesanzeiger bekannt gemacht worden ist. Dies gilt allerdings gem. § 31 S. 2 UmwG nur bei Verschmelzungen durch Aufnahme (in § 176 Abs. 2 UmwG, auf den §§ 177 Abs. 2, 178 Abs. 2, 179 Abs. 2, 180 Abs. 2, 184 Abs. 2, 186 UmwG verweisen, wird § 31 UmwG nicht für entsprechend anwendbar erklärt, in § 181 Abs. 4 UmwG nur auf §§ 30 Abs. 1, 34 UmwG verwiesen) und gem. § 209 S. 2 UmwG bei Formwechseln. Entsprechendes gilt in Spruchverfahren nach § 1 Nr. 5 SEAG zur Bestimmung einer Abfindung gem. § 7 Abs. 4 S. 2 SEAG (in § 9 Abs. 2 SEAG und § 12 Abs. 2 SEAG wird § 7 Abs. 4 S. 2 SEAG jeweils für entsprechend anwendbar erklärt). Einfluss hat die Antragstellung auch auf die Kompensation in Spruchverfahren, die nach § 5 Abs. 5 EGAktG oder wegen Delisting eingeleitet werden. Gem. § 5 Abs. 6 S. 1 EGAktG wird der durch Beschluss der Hauptversammlung festgesetzte Ausgleich erst zur Leistung fällig, wenn das Verfahren durch rechtskräftige Entscheidung oder Antragsrücknahme abgeschlossen ist, während bei einem „regulären“ Delisting die Einleitung eines Spruchverfahrens analog § 209 S. 2 UmwG, § 305 Abs. 4 S. 3 AktG zu einer Verlängerung der Annahmefrist des Pflichtangebots führt.[674]

Anforderungen an die Form des Antrags zur Einleitung eines Spruchverfahrens stellt das Spruchverfahrensgesetz nicht. So kann im Einzelfall auch ein als „Widerspruch“ bezeichnetes Schreiben als Antrag auszulegen sein.[675] Ob allerdings etwa auch prozessuale Verweisungsanträge als Antrag ausgelegt werden können, ist zweifelhaft,[676]

---

stellung des Gesellschafterschutzes *de lege ferenda* ein Kündigungsrecht der herrschenden Gesellschaft – wenn die Ausgleichsleistung im Spruchverfahren um mehr als 10% herausgesetzt wird – und eine Anhörung der von einer Zuzahlung oder Erhöhung betroffenen Gesellschaften bzw. Gesellschafter befürwortet.

673 OLG Karlsruhe AG 2005, 300, 301 („Martin Yale Industries Inc.“) m. w. N.

674 Ebenso *Land/Behnke* DB 2003, 2531, 2535.

675 Vgl. OLG Stuttgart ZIP 2004, 850, 851.

676 Dafür BayObLG ZIP 2005, 205, 208 f. („Macrotron“); dagegen *Schiffer/Goetz* BB 2005, 453, 455.

dürfte jedoch in den seltensten Fällen relevant werden. Wenn auch in aller Regel die Schriftform gegeben sein wird, so kann der Antrag gem. § 17 Abs. 1 SpruchG i. V. m. § 11 FGG auch zu Protokoll der Geschäftsstelle gestellt werden. Im Gegensatz zum Beschwerdeverfahren (§ 12 SpruchG) muss der Antrag nicht von einem Anwalt unterzeichnet sein; der Antragsteller kann im Verfahren selbst auftreten und muss sich keines Anwalts bedienen. Gleichwohl werden in der Praxis alle Spruchverfahren von Rechtsanwälten geführt.[677]

II. Antragsfrist

Die Antragsfrist im Spruchverfahren regelt § 4 Abs. 1 SpruchG.

1. Dauer

Gemäß § 4 Abs. 1 S. 1 SpruchG beträgt die Antragsfrist, die dem Schutz des Antragsgegners dient, nach Fristablauf für weitere Unternehmensplanungen darauf vertrauen zu können, nicht mit weiteren Kompensationszahlungen belastet zu werden,[678] in Spruchverfahren nach § 1 Nrn. 1–5 SpruchG drei Monate. Diese Regelung gilt analog sowohl bei einem „regulären" Delisting[679] als auch bei einem „kalten" Delisting.[680] Bei Spruchverfahren nach § 5 Abs. 5 EGAktG ist sie dagegen gem. § 5 Abs. 3 S. 2 EGAktG auf zwei Monate beschränkt.

Die im Referentenentwurf vorgesehene zweimonatige Frist (vgl. § 4 S. 1 SpruchG-RefE), die der Antragsfrist vor Inkrafttreten des Spruchverfahrensgesetzes entsprach, wurde auf Anregung der gerichtlichen Praxis und zum Ausgleich dafür um einen Monat verlängert, dass im Gegensatz zum Referentenentwurf – und auch zur Rechtslage vor Inkrafttreten des Spruchverfahrensgesetzes – die Möglichkeit entfiel, binnen zwei weiterer Monate An-

---

677 *Fritzsche/Dreier/Verfürth* SpruchG § 12 SpruchG Rn. 9. Zu dieser Beobachtung passt allerdings nicht die Kritik, dass der fehlende Anwaltszwang teilweise erhebliche Probleme aufwerfe, weil nicht ein Mindestmaß an Formalien, wie etwa die Übersendung einer ausreichenden Anzahl von Abschriften, gewährleistet sei und die Verfahren mangels anwaltlicher Vertretung allgemein verzögert würden (so OLG Düsseldorf AG 1995, 85, 86; *Puszkajler* ZIP 2003, 518, 519, Fn. 10).

678 OLG Düsseldorf NZG 2005, 719, 720 („Gelsenwasser AG/Wasser und Gas Westfalen GmbH"); ebenso OLG Düsseldorf Konzern 2005, 439, 441 sowie OLG Düsseldorf ZIP 2005, 300, 301 („Rhenag"), das in diesen beiden Entscheidungen allerdings unzutreffend jeweils den Begriff „Klagefristen" verwendet.

679 BayObLG ZIP 2005, 205, 207 („Macrotron"); OLG Zweibrücken ZIP 2004, 1666, 1667 f. („Saint-Gobain ISOVER G + H AG"); LG München I AG 2004, 393, 394 („Ingram Macrotron GmbH"); *Emmerich* in Emmerich/Habersack KonzernR § 4 SpruchG Rn. 10; *Fritzsche/Dreier/Verfürth* SpruchG § 1 SpruchG Rn. 106, § 4 SpruchG Rn. 28; *Klöcker/Frowein* SpruchG § 4 SpruchG Rn. 10; *Krieger* in Lutter UmwG Anhang I SpruchG § 4 SpruchG Rn. 3; *Krolop* NZG 2005, 546, 547; *Land/Behnke* DB 2003, 2531, 2535; *Schiffer/Goetz* BB 2005, 453, 454; *Vollrath* in Widmann/Mayer UmwG Anh. 13 § 4 SpruchG Rn. 36; *Wasmann* WM 2004, 819, 823.

680 OLG Düsseldorf Konzern 2005, 439, 441; OLG Düsseldorf ZIP 2005, 300, 301 („Rhenag").

schlussanträge zu stellen.[681] In Kenntnis dessen wurde aber dennoch eine Antragfrist von zwei Monaten gefordert, da auch bei der Annahme des Abfindungsangebotes bei Umwandlungen die Frist zwei Monate ab Bekanntmachung der Eintragung der Umwandlung in das Handelsregister (§ 209 UmwG) betrage und die Interessenlage bei der Antragsfrist im Spruchverfahren ähnlich sei, da der Aktionär auch für die Entscheidung, den Rechtsträger gegen Barabfindung zu verlassen, Einblick in die in § 7 Abs. 3 SpruchG genannten Unterlagen nehme und sich ein Bild über die am Unternehmen orientierte Abfindungshöhe mache. Hinzu komme, dass den Aktionären die Berichte bereits im Vorfeld der Maßnahme zur Verfügung gestellt werden müssten (§§ 293 f., 320 Abs. 4 i. V. m. 319 Abs. 3, 327 c AktG, 230 UmwG) und die Anforderungen an die Berichtspflichten des Rechtsträgers in den letzten Jahren von der Rechtsprechung erhöht worden seien.[682]

2. Berechnung

Die Berechnung der Antragsfrist erfolgt gem. § 17 Abs. 1 SpruchG i. V. m. § 17 FGG i. V. m. §§ 186 ff. BGB.[683] Keine Anwendung finden allerdings die zivilrechtlichen Vorschriften über die Hemmung, Ablaufhemmung und den Neubeginn der Verjährung (§§ 203 ff. BGB), da es sich bei der Antragsfrist nicht um eine Verjährungs-, sondern um eine Ausschlussfrist[684] handelt.[685]

Der Beginn der Antragsfrist bestimmt sich nach § 17 Abs. 1 SpruchG i. V. m. § 17 FGG i. V. m. § 187 Abs. 1 BGB. Die Frist endet drei Monate nach dem Tag des Beginns, § 17 Abs. 1 SpruchG i. V. m. § 17 FGG i. V. m. § 188 Abs. 2 BGB, es sei denn, dass es sich dabei um einen Samstag, Sonn- oder Feiertag handelt. Dann verschiebt sich der Ablauf der Frist gem. § 17 Abs. 1 SpruchG i. V. m. § 17 Abs. 2 FGG, der statt § 193 Abs. 2 BGB gilt, auf den nächsten Werktag. Bei Spruchverfahren nach § 1 Nrn. 1–3 SpruchG läuft die Frist gem. § 4 Abs. 1 S. 1 Nrn. 1–3 SpruchG mit dem Tag, der auf den Tag folgt, an dem die Eintragung der jeweiligen Strukturmaßnahme nach § 10 HGB in das Handelsregister als bekannt gemacht gilt. Bei Spruchverfahren nach § 1 Nr. 4 SpruchG beginnt die Frist gem. § 4 Abs. 1 S. 1 Nr. 4 SpruchG hingegen an dem Tag, der auf den Tag folgt, in dem die Eintragung der Umwandlung im Handelsregister nach den Vorschriften des Umwandlungsgesetzes als bekannt gemacht gilt.

Bei Verschmelzung und Spaltung, die bei den beteiligten Rechtsträgern jeweils

---

681 Vgl. *Begr. RegE* SpruchverfNeuordG BT-Drucks. 15/371 Anlage 1 S. 13; siehe oben Teil 3 C. I.

682 So *BDI u. a.* Zu § 4 Abs. 1 S. 1 SpruchG-RegE.

683 *Fritzsche/Dreier/Verfürth* SpruchG § 4 SpruchG Rn. 9; *Hüffer* AktG § 305 AktG Anh. § 4 SpruchG Rn. 4; *Klöcker/Frowein* SpruchG § 4 SpruchG Rn. 8; *Volhard* in MüKo/AktG § 4 SpruchG Rn. 3.

684 Siehe unten Teil 3 D. II. 6.

685 Für die Anwendung des Rechtsgedankens des § 206 BGB in einem wohl einmalig gelagerten Ausnahmefall jedoch BayObLG ZIP 2005, 205, 207 („Macrotron") (Konkretisierung des materiell-rechtlichen Abfindungsanspruchs im Fall des „regulären" Delisting erst durch eine BGH-Entscheidung); zustimmend *Emmerich* in Emmerich/Habersack KonzernR § 4 SpruchG Rn. 3; dagegen *Schiffer/Goetz* BB 2005, 453, 455.

eingetragen wird, ist für die Bekanntmachung die konstitutive Eintragung maßgebend, mit der die Maßnahme wirksam geworden ist. In diesen Fällen beginnt die Frist also an dem Tag, an dem die letzte Eintragung zuletzt bekannt gemacht worden ist.[686] In Spruchverfahren nach § 1 Nr. 5 SpruchG beginnt die Antragsfrist gem. § 4 Abs. 1 S. 1 Nr. 5 SpruchG an dem Tag, der auf den Tag folgt, an dem die Eintragung nach den Vorschriften des Sitzstaates bekannt gemacht worden ist oder als bekannt gemacht gilt (sofern Derartiges im ausländischen Recht existiert). Dies folgt daraus, dass bei der Gründung einer SE die künftige SE ihren Sitz im Ausland hat, so dass sich die Eintragung und deren Bekanntmachung auch nach dem dort geltenden Recht richten. Daher kann für die SE in § 4 Abs. 1 S. 1 Nr. 5 SpruchG der Zeitpunkt des Fristbeginns nur allgemein formuliert werden.[687] Bei Spruchverfahren nach § 5 Abs. 5 EGAktG beginnt gem. § 5 Abs. 4 S. 3 EGAktG die Frist mit dem Erlöschen oder Beseitigung von Mehrstimmrechten an dem Tag, an dem die Eintragung der Beseitigung im Handelsregister als bekannt gemacht gilt.[688]

Fraglich ist allerdings, wann die Frist bei Spruchverfahren wegen eines „regulären" Delisting zu laufen beginnt, denn der Widerruf der Börsenzulassung wird nicht im Handelsregister eingetragen, so dass auch keine Bekanntmachung erfolgt, an die als maßgeblicher Zeitpunkt für den Beginn der Antragsfrist analog § 4 Abs. 1 SpruchG angeknüpft werden könnte. Denkbare Zeitpunkte sind stattdessen der Tag nach dem Hauptversammlungsbeschluss über das Delisting, der Tag, nach dem die Zulassungsstelle gem. § 38 Abs. 4 S. 3 und 5 BörsG i. V. m. den jeweiligen Börsenordnungen den Widerruf veröffentlicht hat oder der Tag nach dem Erlass der Widerrufsentscheidung. Gegen einen Fristbeginn mit dem auf den Hauptversammlungsbeschluss folgenden Tag spricht zunächst, dass auch bei einem zustimmenden Beschluss nicht gesichert ist, ob und wann das Delisting tatsächlich durchgeführt wird.[689] Vor allem aber endet mit dem Beschluss nicht die Möglichkeit, die Aktien über die Börse zu veräußern.[690] Vielmehr besteht die Veräußerungsmöglichkeit bis zur Beendigung der Notierung fort, was ein Abstellen auf den Tag nach Erlass der Widerrufsentscheidung nahe legt. Da jedoch von einem durch ein Delisting betroffenen Aktionär nicht verlangt werden kann, bei der Zulassungsstelle nach dem Erlass der Widerrufsentscheidung zu fragen, tritt an die Stelle der Bekanntmachung der Eintragung im Handelsregister die Veröffentlichung des Widerrufs durch den Emittenten in mindestens einem Börsenpflichtblatt, so dass die Frist ab Veröffentlichung der Widerrufsentscheidung läuft.[691] Eine derartige Anknüpfung für den Fristbeginn

686 *Emmerich* in Emmerich/Habersack KonzernR § 4 SpruchG Rn. 2; *Volhard* in MüKo/AktG § 4 SpruchG Rn. 1.

687 *Begr. RegE* SEEG BT-Drucks. 15/3405 S. 58.

688 *Wasmann* WM 2004, 819, 823.

689 BayObLG ZIP 2005, 205, 207 („Macrotron").

690 *Fritzsche/Dreier/Verfürth* SpruchG § 1 SpruchG Rn. 106.

691 BayObLG ZIP 2005, 205, 207 („Macrotron"); OLG Zweibrücken ZIP 2004, 1666, 1667 f. („Saint-Gobain ISOVER G + H AG"); LG München I AG 2004, 393, 394 („Ingram Macrotron GmbH"); *Emmerich* in Emmerich/Habersack KonzernR § 4 SpruchG Rn. 10; *Fritzsche/Dreier/*

ist im Hinblick auf das Grundrecht der Aktionäre aus Art. 14 GG verfassungsrechtlich unbedenklich.[692]

Auf die Kenntnis oder das Kennenmüssen der Eintragung oder Bekanntmachung der Strukturmaßnahme kommt es für die Fristberechnung nicht an,[693] und auch § 15 Abs. 2 HGB ist unanwendbar, da es sich bei der Antragsfrist um eine gesetzliche Ausschlussfrist handelt, die nicht mit einem Handeln im geschäftlichen Verkehr oder einem damit gleichzusetzenden Prozessverkehr vergleichbar ist.

Ebenso wenig ist erheblich, ob der der Strukturmaßnahme zugrunde liegende Beschluss wirksam ist. Ist ein Anfechtungsverfahren anhängig, in dem die Unwirksamkeit des die Kompensation begründenden Beschlusses geltend gemacht wird, so hat das keinen Einfluss auf den Fristbeginn.[694] Auch bedarf es für diesen nicht – wie noch unter Geltung des alten Rechts – der Bekanntmachung der Einleitung des Spruchverfahrens. Dies wird einerseits aufgrund der erwarteten Verfahrensbeschleunigung begrüßt,[695] andererseits scharf kritisiert, da die bisherige Veröffentlichungspflicht nicht nur dazu gedient habe, Anschlussanträge zu ermöglichen, sondern generell bezweckt habe, die Aktionäre auf die Einleitung eines Verfahrens aufmerksam zu machen, so dass durch die Regelung der Rechtsschutz der Aktionäre verschlechtert werde, da viele Aktionäre und Depotbanken von der Einleitung des Verfahrens keine Kenntnis erlangen würden.[696] Von einer nachhaltigen Beeinträchtigung des Aktionärsschutzes kann jedoch nicht gesprochen werden. Die Eintragung der Strukturmaßnahme wird bekannt gemacht, und ab diesem Zeitpunkt müssen die Anteilsinhaber mit der Durchführung eines Spruchverfahrens rechnen; es ist ihnen ohne weiteres zuzumuten, sich zu informieren. Hinzu kommt, dass die Interessen derjenigen, die untätig bleiben, regelmäßig durch den gemeinsamen Vertreter wahrgenommen werden.[697] Selbst wenn dessen Bestellung gem. § 6 Abs. 1 S. 2 SpruchG

Verfürth SpruchG § 1 SpruchG Rn. 106, § 4 SpruchG Rn. 28; *Klöcker/Frowein* SpruchG § 4 SpruchG Rn. 10; *Krieger* in Lutter UmwG Anhang I SpruchG § 4 SpruchG Rn. 3; *Krolop* NZG 2005, 546, 547; *Land/Behnke* DB 2003, 2531, 2535; *Schiffer/Goetz* BB 2005, 453, 454; *Vollrath* in Widmann/Mayer UmwG Anh. 13 § 4 SpruchG Rn. 36; *Wasmann* WM 2004, 819, 823.

692 BayObLG ZIP 2005, 205, 207 („Macrotron“); OLG Zweibrücken ZIP 2004, 1666, 1667 („Saint-Gobain ISOVER G + H AG“).

693 *Fritzsche/Dreier/Verfürth* SpruchG § 4 SpruchG Rn. 8; *Klöcker/Frowein* SpruchG § 4 SpruchG Rn. 12; *Krieger* in Lutter UmwG Anhang I SpruchG § 4 SpruchG Rn. 5; *Schwarz* in Widmann/Mayer UmwG § 305 UmwG Rn. 32.

694 *Behnke* Spruchverfahren S. 91 f.; *Fritzsche/Dreier/Verfürth* SpruchG § 4 SpruchG Rn. 8; *Meister/Klöcker* in Kallmeyer UmwG § 305 UmwG Rn. 7; *Stratz* in Schmitt/Hörtnagl/Stratz UmwG § 305 UmwG Rn. 3; anders noch *Schilling* in Hachenburg GmbHG § 77 GmbHG Anh. § 32 UmwG Rn. 2; zur Unterbrechungswirkung einer erhobenen Anfechtungsklage siehe unten Teil 3 G. I.

695 *Büchel* NZG 2003, 793, 797; *Fuhrmann/Linnerz* Konzern 2004, 265, 268.

696 *W. Meilicke/Heidel* DB 2003, 2267, 2269, die darüber hinausgehend einen mit der Unkenntnis verbundenen faktischen Verlust der erst am Ende des Verfahrens veröffentlichen Nachzahlungsansprüche befürchten und die Wiedereinführung der gerichtlichen Veröffentlichungspflicht fordern.

697 Ebenso *Bungert/Mennicke* BB 2003, 2021, 2026.

unterbleibt, werden die Rechte der uninfomiert gebliebenen Anteilsinhaber durch die *Inter-omnes*-Wirkung der Entscheidung (§ 13 SpruchG) gewahrt, durch die alle Kompensationsberechtigten, auch wenn ihnen die Durchführung des Spruchverfahrens unbekannt gebliebenen ist, an dem Verfahrensausgang partizipieren. Dass ein Kompensationsberechtigter von dem Bestehen seines Anspruchs Kenntnis erlangt, stellt § 14 SpruchG sicher. Tatsächlich wird im Übrigen durch den unproblematischen Zugang zu elektronischen Informationsmedien und die umfangreiche Informationsarbeit der Aktionärsvereinigungen sowie die Berichterstattung der Wirtschaftspresse nur in seltenen Fällen eine Antragsfrist ablaufen, ohne dass ein antragsberechtigter Anteilsinhaber, der ein Interesse daran hat, selbst als Antragsteller in einem Spruchverfahren aufzutreten, von dessen Einleitung rechtzeitig Kenntnis erlangt. Ebenso unwahrscheinlich ist, dass ein Anspruchsinhaber von der Erhöhung der Kompensation nichts erfährt.[698] Die Kritik an der fehlenden Pflicht zur Antragsbekanntmachung ist daher unbegründet.

3. Fristwahrung

Ausdrücklich geregelt ist die Fristwahrung nur für den Fall der Zuständigkeit mehrerer Landgerichte nach § 2 Abs. 1 S. 2 und Abs. 1 S. 3 SpruchG. In diesen Fällen ist gem. § 4 Abs. 1 S. 2 SpruchG ein Antrag auch dann fristgerecht eingereicht worden, wenn er bei einem zunächst zuständigen Gericht innerhalb der Antragsfrist eingegangen ist. Weder bedarf es also eines weiteren verfahrenseinleitenden Antrags bei dem endgültig zuständigen Gericht noch ist es zur Fristwahrung erforderlich, dass das zunächst zuständige Gericht den Antrag innerhalb der Antragsfrist an das endgültig zuständige Gericht weiterleitet. Aus der Regelung folgt im Umkehrschluss, dass jedenfalls in den Fällen des § 2 Abs. 1 S. 2 und 3 SpruchG der Eingang eines Antrags bei einem unzuständigen Gericht ohne dessen Weiterleitung an das bzw. ein zunächst zuständiges Gericht nicht fristwahrend wirkt.[699] Anderenfalls hätte im Wortlaut der Hinweis auf die Einlegung des Antrags bei irgendeinem Gericht genügt.

Der Regelung in § 4 Abs. 1 S. 2 SpruchG lässt sich darüber hinaus auch der für die Fristwahrung maßgebliche Zeitpunkt für solche Fälle entnehmen, in denen keine gerichtliche Mehrfachzuständigkeit besteht bzw. ein Antrag bei einem unzuständigen Gericht eingeht, das die Sache nicht innerhalb der Antragsfrist an das zuständige Gericht abgibt.[700] Denn ob nach § 2 Abs. 1 S. 2 und Abs. 1 S. 3 SpruchG nicht nur ein

698 Vgl. *Behnke* Spruchverfahren S. 88 f.

699 *Fritzsche/Dreier/Verfürth* SpruchG § 4 SpruchG Rn. 11; *Hüffer* AktG § 305 AktG Anh. § 4 SpruchG Rn. 5; *Klöcker/Frowein* SpruchG § 4 SpruchG Rn. 13; *Krieger* in Lutter UmwG Anhang I SpruchG § 4 SpruchG Rn. 7; *Volhard* in MüKo/AktG § 4 SpruchG Rn. 5; *Wasmann* WM 2004, 819, 823; i. E. auch LG Dortmund Konzern 2004, 821, 822 („Stelcon/Readymix").

700 Ob der Antrag dann verfristet ist, war vor Inkrafttreten des Spruchverfahrensgesetzes erheblich umstritten (vgl. zum Streitstand *Behnke* Spruchverfahren S. 89 ff. sowie *Bilda* in MüKo/AktG § 304 AktG Rn. 226). Das OLG Karlsruhe ZIP 2004, 2205 ff. („Badenia AG/AMB Generali

Gericht zunächst zuständig ist, ist von bloßen Zufällen abhängig. Es wäre nicht verständlich, dass in den Fällen der Mehrfachzuständigkeit der bei einem unzuständigen Gericht gestellte und nicht innerhalb der Antragsfrist an ein zuständiges Gericht weitergeleitete Antrag verfristet ist, während in dem nur dadurch unterschiedlichen Fall, dass von Beginn an ausschließlich ein Gericht zuständig ist, die Frist auch durch Eingang des Antrags bei einem unzuständigen Gericht gewahrt wird, wenn dieser nicht innerhalb der Antragsfrist bei dem zuständigen Gericht eingeht.[701] Verzögerungen der Weiterleitung durch das unzuständige Gericht gehen auch in diesen Fällen zulasten der Antragsteller.[702]

4. Antragstellung vor Eintragung

Denkbar ist, dass Anträge zur Einleitung eines Spruchverfahrens gestellt werden, bevor die Eintragung der Strukturmaßnahme im Handelsregister nach § 10 HGB (§ 4 Abs. 1 S. 1 Nrn. 1–3 SpruchG) bzw. nach den Vorschriften des Umwandlungsgesetzes (§ 4 Abs. 1 S. 1 Nr. 4 SpruchG) erfolgt ist. In diesem Fall sind die Anträge grundsätzlich als unzulässig abzuweisen.[703] Das gilt jedenfalls dann, wenn noch nicht abzusehen ist, ob und falls ja, wann der Beschluss, der die Pflicht zur Leistung einer Kompensation auslöst, eingetragen werden wird.[704] Zwar fehlt eine § 46 Abs. 1 S. 2 FGO entsprechende Regelung, die ausdrücklich besagt, dass Anträge zur Einleitung eines Spruchverfahrens erst nach Eintragung des Beschlusses in das Handelsregister gestellt werden können. Da der Regelungszusammenhang zwischen § 4 Abs. 1 S. 1 Nrn. 1–5 SpruchG und den jeweiligen materiell-rechtlichen Regelungen bezüglich der Strukturmaßnahmen jedoch eindeutig ist, würde eine solche Regelung lediglich wiederholend aussprechen, was sich bereits aus dem Gesetz ergibt.[705]

Holding AG") hat die Frage dem BGH gem. § 28 Abs. 2 FGG zur Entscheidung – auf der Grundlage des alten Rechts – vorgelegt (siehe unten Teil 3. G. III. 1. b. bb. [2.]).

701 I. E. ebenso LG Dortmund AG 2005, 308, 309 („Gelsenwasser AG/Wasser und Gas Westfalen GmbH"); *Klöcker/Frowein* SpruchG § 4 SpruchG Rn. 13: *Vollrath* in Widmann/Mayer UmwG Anh. 13 § 4 SpruchG Rn. 6; wohl auch *Koppensteiner* in KK/AktG Anh. § 327 f AktG Rn. 12; zweifelnd OLG Karlsruhe ZIP 2004, 2205 ff. („Badenia AG/AMB Generali Holding AG").

702 *Schiffer/Goetz* BB 2005, 453, 455.

703 LG Frankfurt/M. ZIP 2004, 808, 809 („MAN Roland Druckmaschinen AG"); LG Berlin ZIP 2003, 1300; *Emmerich* in Emmerich/Habersack KonzernR § 4 SpruchG Rn. 4; *Habersack* in Emmerich/Habersack KonzernR § 327 f AktG Rn. 7; *Krieger* in Lutter UmwG Anhang I SpruchG § 4 SpruchG Rn. 6; *Wasmann* WM 2004, 819, 823; widersprüchlich *Hüffer*, der sich einerseits der Entscheidung des LG Berlin anschließt (siehe *Hüffer* AktG § 305 AktG Anh. § 3 SpruchG Rn. 3) andererseits aber eine Antragstellung vor Fristbeginn für fristwahrend hält (siehe *Hüffer* AktG § 305 AktG Anh. § 4 SpruchG Rn. 5); a. A. *Vollrath* in Widmann/Mayer UmwG Anh. 13 § 4 SpruchG Rn. 8: Wirksamkeit mit Fristbeginn; a. A. jedenfalls für Spruchverfahren nach § 1 Nr. 3 SpruchG auch LG München I AG 2005, 311 („Hypo Real Estate Bank") (allenfalls Abweisung als unbegründet).

704 LG Berlin ZIP 2003, 1300.

705 Vgl. zur Rechtslage vor Inkrafttreten des Spruchverfahrensgesetzes für Spruchverfahren zur

5. Antragstellung zwischen Eintragung und Bekanntmachung

Anträge können auch zwischen der Eintragung und dem Zeitpunkt gestellt werden, nach dem die Eintragung der Strukturmaßnahme als bekannt gemacht gilt. Grundsätzlich gilt auch in diesen Fällen, dass der Antrag als unzulässig abzuweisen ist, da es an der Antragsberechtigung mangelt.[706] Zweifeln lässt sich daran allerdings in Spruchverfahren nach § 1 Nr. 2 und Nr. 3 SpruchG, denn das Ausscheiden der Aktionäre vollzieht sich bereits mit der Eintragung der Strukturmaßnahme und nicht erst mit der Bekanntmachung der Eintragung. Vor diesem Hintergrund hat das LG Frankfurt/M. für Spruchverfahren nach § 1 Nr. 3 SpruchG die Zulässigkeit eines nach Eintragung, aber vor Bekanntmachung gestellten Antrags bejaht. Der Zeitpunkt des Fristbeginns in § 4 SpruchG besage lediglich, dass vor der Eintragung gestellte Anträge unzulässig seien, woraus jedoch nicht geschlossen werden könne, dass dies auch für Anträge gelte, die nach Eintragung, aber vor der letzten Bekanntmachung gestellt wurden, da die „Minderheitsaktionäre" nach der gesetzlichen Konzeption mit Eintragung des Übertragungsbeschlusses bereits ausschieden.[707] Nach dem BayObLG sollen darüber hinaus im Falle des „regulären" Delisting auch Anträge wirksam werden können, die nach dem Hauptversammlungsbeschluss, aber vor Veröffentlichung des Widerrufs gestellt werden.[708] Mit dem Hinweis auf den Wortlaut des § 4 Abs. 1 SpruchG wird dagegen jedenfalls für Spruchverfahren nach § 1 Nr. 3 SpruchG vertreten, dass Anträge vor Bekanntmachung ungeachtet der Art der Strukturmaßnahme als unzulässig abzuweisen sind.[709] Dieser Auffassung ist aufgrund des eindeutigen Wortlauts der Regelung in § 4 Abs. 1 S. 1 SpruchG („*kann nur*") für alle Spruchverfahren zuzustimmen, auch wenn materiell-rechtlich die Voraussetzungen der Antragsberechtigung vorliegen. Dies dient letztlich auch dem Schutz der Aktionäre, denn verfrüht „ins Blaue hinein" gestellte Anträge bringen für den Antragsteller die Gefahr der Kostentragung mit sich, so dass das Abstellen auf die letzte Bekanntmachung auch seinem Schutz dient.[710]

6. Antragstellung nach Fristablauf

Das Gesetz regelt nicht ausdrücklich die Rechtsfolge bei nach Fristablauf gestellten

---

Überprüfung der angemessenen Barabfindung anlässlich eines *squeeze out* LG Berlin ZIP 2003, 1300.

706 Kritisch BayObLG ZIP 2002, 935, 937 f. („ERC Frankona Rückversicherungs AG").

707 LG Frankfurt/M. ZIP 2004 808, 809 („MAN Roland Druckmaschinen AG"); zustimmend *Emmerich* in Emmerich/Habersack KonzernR § 3 SpruchG Rn. 10, § 4 SpruchG Rn. 4.

708 BayObLG ZIP 2005, 205, 209 („Macrotron").

709 LG Dortmund Konzern 2005, 110, 111 („Hüttenwerke Kayser"); im Grundsatz zustimmend *Wasmann* DB 2005, 381, 382, der es allerdings entgegen dem LG Dortmund für möglich hält, dass die die Anträge in die Zulässigkeit „hineinwachsen", also ab der Eintragung als zulässig zu behandeln sind.

710 LG Dortmund Konzern 2005, 110, 111 („Hüttenwerke Kayser").

Anträgen.[711] Der Referentenentwurf des Spruchverfahrensgesetzes sah noch ausdrücklich vor, dass Anträge in diesem Fall als unzulässig abzuweisen sind (vgl. § 6 Abs. 2 S. 3 SpruchG-RefE). Nachdem der Regierungsentwurf diese Regelung nicht übernommen hatte, wurde während des Gesetzgebungsverfahrens von verschiedenen Seiten eine ausdrückliche gesetzliche Klarstellung dahingehend gefordert, dass verfristete Anträge als unzulässig abzuweisen seien.[712] Der Gesetzgeber hat nicht nur diese Forderung ignoriert, sondern darüber hinaus – im Gegensatz zur Antragsbegründung – auch in der Gesetzesbegründung die Rechtsfolge eines verfristeten Antrags unbeantwortet gelassen. Das könnte darauf hindeuten, dass er eine Abweisung als unbegründet befürwortet, zumal auch die Formulierung der Frist in § 4 Abs. 1 SpruchG als Ausschlussfrist auf den ersten Blick darauf schließen lässt, dass sie der Begründetheit zuzuordnen ist.[713] Man wird der Frist aber wie auch der Antragsberechtigung eine Doppelnatur zuweisen müssen.[714] Soweit ihr Ablauf unmittelbar zum Verlust des Kompensationsanspruchs führt, ist sie materiell-rechtliche Ausschlussfrist.[715] Soweit sie allerdings die Verfahrenseinleitung beschränkt, ist sie prozessrechtlicher Natur. Ergibt sich daher aus der Natur der Antragsfrist kein eindeutiger Schluss, hält man sich aber die Folgen einer Abweisung als (lediglich) unbegründet vor Augen,[716] so ist allein der Schluss zutreffend, dass verfristete Anträge als unzulässig abzuweisen sind.[717]

Auch kommt keine Wiedereinsetzung in den vorherigen Stand gem. § 17 Abs. 1 SpruchG i. V. m. § 22 Abs. 2 FGG in Betracht, da die Frist bezweckt, Rechts- und Planungssicherheit für das Unternehmen in Bezug auf das von ihm unterbreitete Kompensationsangebot zu schaffen. Insoweit tritt die Natur der Frist als Ausschlussfrist in den Vordergrund.[718] Dies gilt auch dann, wenn ein weiterer Antrag fristgerecht

---

711 Vor Inkrafttreten des Spruchverfahrensgesetzes entsprach es der wohl herrschenden Meinung, dass es sich bei der Antragsfrist um eine materielle Ausschlussfrist handelt, deren Nichteinhaltung zur Abweisung als unbegründet führt (siehe *Behnke* Spruchverfahren S. 87 f. m. w. N.).

712 *BDI u. a.* Zu § 4 Abs. 2 SpruchG-RegE; *HaReA-DAV* NZG 2002, 119, 121.

713 Vgl. *Lamb/Schluck-Amend* DB 2003, 1259, 1261.

714 So auch BayObLG ZIP 2005, 205, 207 („Macrotron“); BayObLG ZIP 2002, 935, 936 („ERC Frankona Rückversicherungs AG“); *Hüffer* AktG § 305 AktG Anh. § 4 SpruchG Rn. 2; *Klöcker/Frowein* SpruchG § 3 SpruchG Rn. 7; vgl. zur Antragsberechtigung oben Teil 3. C. I. 6.

715 BayObLG ZIP 2005, 205, 207 („Macrotron“); *Emmerich* in Emmerich/Habersack KonzernR § 4 SpruchG Rn. 3; *Hüffer* AktG § 305 AktG Anh. § 4 SpruchG Rn. 2; *Schiffer/Goetz* BB 2005, 453, 454 f.

716 *Fritzsche/Dreier/Verfürth* SpruchG § 4 SpruchG Rn. 3; *Hüffer* AktG § 305 AktG Anh. § 4 SpruchG Rn. 2; *Klöcker/Frowein* SpruchG § 4 SpruchG Rn. 15; *Volhard* in MüKo/AktG § 4 SpruchG Rn. 1.

717 I. E. ebenso *Bungert/Mennicke* BB 2003, 2021, 2026; *Ek* Hauptversammlung § 20 Rn. 666; *Fritzsche/Dreier/Verfürth* SpruchG § 4 SpruchG Rn. 4; *Klöcker/Frowein* SpruchG § 4 SpruchG Rn. 6; *Koppensteiner* in KK/AktG Anh. § 327 f AktG Rn. 25; *Lamb/Schluck-Amend* DB 2003, 1259, 1261; *Vollrath* in Widmann/Mayer UmwG Anh. 13 § 4 SpruchG Rn. 7; *Wasmann* WM 2004, 819, 822.

718 I. E. auch *Krieger* in Lutter UmwG Anhang I SpruchG § 4 SpruchG Rn. 8 sowie *Vollrath* in Widmann/Mayer UmwG Anh. 13 § 4 SpruchG Rn. 5.

gestellt wurde. Zwar kann sich der Antragsgegner in diesem Fall nicht auf den Bestand der Kompensationsregelung verlassen und das Interesse des Antragsgegners, sich lediglich mit den Kompensationsberechtigten auseinander setzen zu müssen, die im Zeitpunkt des Fristablaufs einen fristgemäßen Antrag gestellt haben, ist nicht geschützt. Jedoch kommt einem stattgebenem Wiedereinsetzungsantrag dann Bedeutung zu, wenn die innerhalb der Frist eingereichten Anträge zurückgenommen werden, so dass die Gewährung der Wiedereinsetzung für den Antragsgegner entscheidende Bedeutung haben kann. Vor allem aber kann sich die Rechtnatur der Antragsfrist als Ausschlussfrist nicht durch den Umstand ändern, dass ein Antrag fristgemäß gestellt wurde. Daher kann ein Wiedereinsetzung in den vorherigen Stand selbst in diesen Fällen nicht gewährt werden.[719]

III. Antragsbegründung

Gem. § 4 Abs. 2 S. 1 SpruchG müssen alle Antragsteller ihre Anträge innerhalb der Frist nach Abs. 1 begründen. Angesichts des eindeutigen Wortlauts ist es nicht vertretbar, solche Anteilsinhaber für nicht begründungspflichtig zu halten, die die Antragsberechtigung nach der Durchführung der Strukturmaßnahme erworben haben.[720]

1. Darlegungspflichten vor Inkrafttreten des Spruchverfahrensgesetzes

Vor Inkrafttreten des Spruchverfahrensgesetzes hatten Sachanträge aufgrund der Eigenschaft des Spruchverfahrens als Verfahren der freiwilligen Gerichtsbarkeit nur die Bedeutung von Anregungen. Daher war das Gericht an Sachanträge nicht gebunden, so dass sich der antragstellende Aktionär in der Praxis mit einem „Einzeiler"[721] zulässigerweise darauf beschränken konnte, nur die Angemessenheit der Kompensation in Abrede zu stellen und deren Überprüfung zu beantragen.[722] Der Antrag musste lediglich die Verfahrensbeteiligten und das Rechtsschutzziel erkennen lassen. Alles Weitere war dann durch das Gericht nach Maßgabe des § 12 FGG zu veranlassen,[723] da eine rechtliche Grundlage für die Forderung an den Antragsteller, eine ausführlichere Antragsschrift mit einer sachbezogenen Darlegung der Erwägungen, die ihn veranlassten, die angebotene Abfindung oder den Ausgleich als nicht angemessen anzusehen, nicht bestand.[724]

---

[719] Ebenso OLG Düsseldorf NZG 2005, 719, 720 („Gelsenwasser AG/Wasser und Gas Westfalen GmbH"); entgegen der Vorinstanz LG Dortmund AG 2005, 308, 309 und *Emmerich* in Emmerich/Habersack KonzernR § 4 SpruchG Rn. 3.

[720] Unzutreffend daher *W. Meilicke/Heidel* DB 2003, 2267, 2270.

[721] *Fuhrmann/Linnerz* Konzern 2004, 265, 269.

[722] Vgl. *Pentz* DB 1993, 621, 622.

[723] *Bilda* NZG 2000, 296.

[724] Für die Möglichkeit einer solchen Forderung aber *Bilda* NZG 2000, 296, 298.

Trotz der Verweisung des Verfahrens in das FGG war es zwar nicht ausgeschlossen, den Antragstellern Eigenverantwortung für den Inhalt und den Ablauf des Verfahrens zuzuweisen.[725] Wenn die Antragsteller keine Zweifel an vorgetragenen Bewertungsparametern begründeten, musste das Gericht keine weiteren Nachforschungen anstellen.[726] Nach ganz herrschender Meinung konnten allerdings nicht detaillierte und begründete Angriffe gegen die Bewertungsansätze in den Wertgutachten verlangt werden, insbesondere auch nicht entsprechend § 253 Abs. 2 ZPO, da dessen Anforderungen auf dem Beibringungsgrundsatz beruhen, der im streitigen FGG-Verfahren nur eingeschränkt gilt.[727] Diese weitgehende Freistellung von Darlegungspflichten wurde als eine verfahrensrechtliche Absicherung des verfassungsrechtlichen Schutzes der Minderheitsaktionäre betrachtet.[728]

2. Notwendiger Begründungsinhalt

Die Neuregelung greift diesen Ansatz auf und regelt in § 4 Abs. 2 S. 2 SpruchG im Einzelnen die Anforderungen an den Inhalt der Begründung; damit wird der Möglichkeit einer rechtsmissbräuchlichen Verfahrenseinleitung begegnet und der Streit im Spruchverfahren soll auf wenige Punkte konzentriert werden.[729] Die dort festgelegten Inhalte müssen nach dem eindeutigen Wortlaut der Regelung nicht bereits in der Antragsschrift selbst enthalten sein. § 4 Abs. 2 S. 1 SpruchG erfordert es demnach nicht, einen Antrag immer nur mit Begründung einzureichen, sondern es genügt, zunächst nur die Antragsschrift einzureichen und die Antragsbegründung innerhalb der Antragsfrist des § 4 Abs. 1 SpruchG nachzureichen.[730]

Im Referentenentwurf war dagegen noch keine Begründungspflicht enthalten, sondern ein grundlegend anderes Konzept verfolgt worden: Auf einen (unbegründeten) Antrag der Antragsberechtigten hin sollte zunächst der Antragsgegner nach gerichtlicher Aufforderung insbesondere zur Höhe des Ausgleichs, der Zuzahlung oder der Barabfindung oder sonstigen Abfindung Stellung nehmen (vgl. § 8 Abs. 1 SpruchG-RefE).

---

725 Zu weitgehend wohl *Philipp* AG 1998, 264, 272, der davon ausging, die Antragsteller müssten die Plausibilität der schon vorliegenden Wirtschaftsprüfergutachten zumindert erschüttern, ähnlich wie es in Fällen des Anscheinsbeweises oder einer Vermutung der Fall sei; gänzlich unvertretbar jedenfalls LG Frankfurt/M. NZG 2004, 432, 433 („DBS/Badenia"), das die Prüfung der Angemessenheit des Umtauschverhältnisses bereits vor Inkrafttreten des Spruchverfahrensgesetzes auf konkrete Einwendungen der Antragsteller oder des gemeinsamen Vertreters beschränken wollte.

726 LG Köln AG 2003, 279 („DAT/Altana V").

727 Vgl. *Behnke* Spruchverfahren, S. 67.

728 Vgl. *Bilda* NZG 2000, 296, 298.

729 *Begr. RegE* SpruchverfNeuordG BT-Drucks. 15/371 Anlage 1 S. 13.

730 *Fritzsche/Dreier/Verfürth* SpruchG § 4 SpruchG Rn. 14; *Klöcker/Frowein* SpruchG § 4 SpruchG Rn. 19. Nicht aufgenommen wurde damit ein Vorschlag des *HaReA-DAV*, die Angaben nach § 4 Abs. 2 S. 1 Nrn. 1–3 SpruchG bereits für die Antragsschrift vorzuschreiben (siehe *HaReA-DAV* ZIP 2003, 552, 554).

a. Formale Anforderungen

In § 4 Abs. 2 S. 2 Nrn. 1–3 SpruchG sind die formalen Anforderungen an die Antragsbegründung festgelegt. Gem. § 4 Abs. 2 S. 2 Nr. 1 SpruchG hat die Antragsbegründung die Bezeichnung des Antragsgegners zu enthalten; eine falsche Bezeichnung führt zur Antragsabweisung.[731] Gibt es mehrere, müssen alle genannt werden.[732] Des Weiteren muss gem. § 4 Abs. 2 S. 2 Nr. 2 SpruchG in der Antragsbegründung die Antragsberechtigung nach § 3 SpruchG dargelegt werden.[733] Ob sich aus dem Verweis auf § 3 SpruchG zwingend ergibt, dass der Nachweis der Antragsberechtigung innerhalb der Antragsfrist zu erfolgen hat, so dass ein Antrag ohne Nachweis der Antragsbefugnis die Antragsfrist des § 4 Abs. 1 SpruchG nicht wahrt, oder aber eine Auslegung der Regelung ergibt, dass die Darlegung ohne weiteres auch zu einem späteren Zeitpunkt erfolgen kann, hat keine praktische Bedeutung, da sich ohnehin bereits unmittelbar aus § 3 S. 3 SpruchG die Pflicht zum Nachweis der Antragsberechtigung innerhalb der Antragsfrist ergibt.[734] Schließlich hat die Antragsbegründung gem. § 4 Abs. 2 S. 2 Nr. 3 SpruchG Angaben zur Art der Strukturmaßnahme und der vom Gericht zu bestimmenden Kompensation nach § 1 SpruchG zu enthalten. Der Antragsbegründung kommt im Wesentlichen deklaratorische Bedeutung zu. Es genügt, dass sie erkennen lässt, welche Kompensation aus welcher Strukturmaßnahme geändert werden soll. Soweit sowohl eine Abfindungs- als auch eine Ausgleichszahlung in Betracht kommen, kann die Angemessenheit beider Kompensationsleistungen mit Parallelanträgen zur Überprüfung gestellt werden; das Wahlrecht muss nicht bereits bei Antragstellung ausgeübt werden.[735]

Ähnlich verhält es sich in Spruchverfahren nach § 1 Nr. 2 SpruchG im Fall des § 320 b Abs. 1 S. 3 AktG (Abhängigkeit der Hauptgesellschaft): Es kann gleichzeitig die Bestimmung der angemessenen Abfindung in Aktien und der Barabfindung beantragt werden.[736] In Spruchverfahren nach § 1 Nr. 3 SpruchG stellt sich dagegen die Frage nicht, da lediglich eine Barabfindung angeboten werden kann. Wird die Strukturmaßnahme fehlerhaft bezeichnet, etwa in Spruchverfahren nach § 1 Nr. 1 SpruchG ein isolierter Gewinnabführungsvertrag als Beherrschungs- *und* Gewinn-

---

731 *Emmerich* in Emmerich/Habersack KonzernR § 5 SpruchG Rn. 3; *Wasmann* WM 2004, 819, 824; a. A. *Krieger* in Lutter UmwG Anhang I SpruchG § 4 SpruchG Rn. 10.

732 *Koppensteiner* in KK/AktG Anh. § 327 f AktG Rn. 16.

733 Die Regelung des § 4 Abs. 2 S. 2 Nr. 2 SpruchG geht auf eine Anregung des Bundesrats zurück. Dieser hatte aus systematischen Gründen vorgeschlagen, im Gegensatz zu § 4 Abs. 2 S. 1 Nr. 2 SpruchG-RegE, der eine Darlegung der Stellung als Anteilsinhaber zum Zeitpunkt der Antragstellung nur in den Fällen des § 3 Nr. 1 und Nr. 3 SpruchG forderte, die Darlegung der Antragsberechtigung auch im Falle des § 3 Nr. 2 SpruchG, also für die Stellung als ausgeschiedener Aktionär, vorzusehen (siehe *BR* SpruchverfNeuordG BR-Drucks. 827/02 [Beschluss] S. 4).

734 Siehe ausführlich oben Teil 3 C. I. 2.

735 Für Spruchverfahren nach § 1 Nr. 1 SpruchG: *Emmerich* in Emmerich/Habersack KonzernR § 3 SpruchG Rn. 3, § 305 AktG Rn. 85; für Spruchverfahren nach § 1 Nr. 4 SpruchG: OLG Schleswig ZIP 2004, 2433 ff. („Kieler-Verkehrs-AG"); zustimmend *Klöcker/Frowein* EWiR § 209 UmwG 1/05, 321, 322; siehe auch oben Teil 3 C. I. 1. a. aa. sowie unten Teil 3 G. III. 1. a. aa.

736 *Koppensteiner* in KK/AktG Anh. § 327 f AktG Rn. 16.

abführungsvertrag bezeichnet, ist dies unschädlich.[737] Die Regelung verdeutlicht lediglich die erhöhten Sorgfalts- und Verfahrensförderungspflichten der Antragsteller, deren Verletzung sanktionslos bleibt.[738]

b. Konkrete Einwendungen

Neben den formalen Anforderungen an den Inhalt der Antragsbegründung ist es gem. § 4 Abs. 2 S. 2 Nr. 4 S. 1 SpruchG erforderlich, dass der Antrag konkrete Einwendungen gegen die Angemessenheit der Kompensation nach § 1 SpruchG oder ggf. gegen den als Grundlage für die Kompensation ermittelten Unternehmenswert, soweit sich hierzu Angaben aus den in § 7 Abs. 3 SpruchG genannten Unterlagen ergeben, enthält.

Die Regelung entspricht nicht ihrer ursprünglichen Fassung nach Inkrafttreten des Spruchverfahrensgesetzes. Jene hatte lediglich vorgesehen, dass der Antrag *„konkrete Einwendungen gegen den als Grundlage für die Kompensation ermittelten Unternehmenswert des Antragsgegners, soweit er sich aus den in § 7 Abs. 3 SpruchG genannten Unterlagen ergibt*" enthalten muss, war also enger gefasst. Bei der Neufassung soll es sich lediglich um eine „redaktionelle Änderung" handeln, mit der der Gesetzgeber beabsichtigt, „den gewollten Regelungsinhalt zu verdeutlichen".[739] Damit wird zahlreicher Kritik[740] gefolgt, die sich gegen § 4 Abs. 2 S. 2 Nr. 4 S. 1 SpruchG a. F. erhoben hatte und sich darauf bezog, dass dessen Wortlaut wesentliche und praktisch relevante Fälle, die in den gesetzlichen Anwendungsbereich des Spruchverfahrensgesetzes fallen, nicht erfasste, da Einwendungen erhoben werden können, die nicht den Unternehmenswert des Antragsgegners betreffen. Denn zum einen können Einwendungen gegen den Unternehmenswert eines Dritten vorgebracht werden. So ist beim *squeeze out* (§ 1 Nr. 3 SpruchG) und in Verschmelzungskonstellationen (§ 1 Nr. 4 SpruchG) der Unternehmenswert derjenigen Gesellschaft zu überprüfen, an welcher der Antragsteller beteiligt war, die aber gerade nicht Antragsgegner ist,[741] und auch für die Barabfindung nach § 305 Abs. 2 Nr. 3 AktG ist nur die Bewertung des beherrschten Unternehmens maßgeblich,[742] nicht jedoch der Unternehmenswert des Antragsgegners. Zum anderen kann es Konstellationen geben, in denen Einwendungen erhoben werden können, die überhaupt nicht gegen die Bewertung (irgend)eines Rechtsträgers gerichtet sind.[743] Denkbar ist dies zum Beispiel im Fall von Spruchverfahren, die gem.

---

737 OLG Stuttgart ZIP 2004, 1907, 1910 („Hypo Real Estate Holding AG").

738 *Geßler* AktG § 306 AktG Rn. 44; *Klöcker/Frowein* SpruchG § 3 SpruchG Rn. 22.

739 *Begr. RegE* SEEG BT-Drucks. 15/3405 S. 58.

740 Vgl. *HaReA-DAV* ZIP 2002 552, 554; *Fritzsche/Dreier/Verfürth* SpruchG § 4 SpruchG Rn. 20; *v. Kann/Hirschmann* DStR 2003, 1488, 1491; *Klöcker/Frowein* SpruchG § 4 SpruchG Rn. 31; *Koppensteiner* in KK/AktG Anh. § 327 f AktG Rn. 17 f.; *Vollrath* in Widmann/Mayer UmwG Anh. 13 § 4 SpruchG Rn. 20, 27, 33; *Wasmann* WM 2004, 819, 823 f.; *Wasmann/Gayk* BB 2005, 955, 956.

741 Vgl. *Wasmann* WM 2004, 819, 823.

742 Vgl. *Bungert/Mennicke* BB 2003, 2021, 2026; *v. Kann/Hirschmann* DStR 2003, 1488, 1491; *Krieger* in Lutter UmwG Anhang I SpruchG § 4 SpruchG Rn. 16.

743 Vgl. *Klöcker/Frowein* SpruchG § 4 SpruchG Rn. 32; *Krieger* in Lutter UmwG Anhang I SpruchG § 4 SpruchG Rn. 18; *Wasmann* WM 2004, 819, 824.

§ 1 Nr. 4 SpruchG i. V. m. § 15 Abs. 1 UmwG eingeleitet werden: Trotz Angemessenheit des Umtauschverhältnisses kann in diesem Fall gerügt werden, dass die Mitgliedschaft kein ausreichender Gegenwert für den übernehmenden Rechtsträger oder die Mitgliedschaft bei dem übertragenden Rechtsträger ist.[744] Schließlich kann es auch bei Spruchverfahren nach § 1 Nr. 1 SpruchG i. V. m. § 304 AktG nur auf prognostizierte zukünftige Gewinne und nicht auf den Unternehmenswert ankommen.[745]

Nach der Neufassung des § 4 Abs. 2 S. 2 Nr. 4 S. 1 SpruchG müssen sich die Einwendungen daher ggf. auch auf all diese Kompensationsfragen beziehen. In Spruchverfahren, die auf der Grundlage von § 4 Abs. 2 S. 2 Nr. 4 S. 1 SpruchG a. F. eingeleitet worden sind – also nach dem 1. September 2003 (Inkrafttreten des SpruchG) und vor dem 29. Dezember 2004 (Inkrafttreten des SEEG) –, konnten die Antragsteller ihre Einwendungen aber ebenfalls nicht auf den Unternehmenswert beschränken. Zwar war der Gesetzeswortlaut „*Unternehmenswert*" § 4 Abs. 2 S. 2 Nr. 4 S. 1 SpruchG a. F. auf den ersten Blick eindeutig, und die bloße Behauptung des Gesetzgebers, diesen Wortlaut lediglich redaktionell zu ändern, vermag daran auch nichts zu ändern. Es war allerdings bereits vor der Änderung allgemein bekannt, dass sich klassische Einwendungen – die trotz der fehlenden Begründungspflicht meist im Laufe von Verfahren nach altem Recht erhoben wurden – regelmäßig auch gegen andere Werte als denjenigen eines Unternehmens richteten. Daher war es auch für die Antragsteller, auf die als Adressat der Regelung abzustellen war, vor der Neufassung ebenfalls ohne weiteres plan- und vorhersehbar, dass § 4 Abs. 2 S. 2 Nr. 4 S. 1 SpruchG a. F. Einwendungen gegen die Kompensation allgemein meinte. Daher handelt es sich bei der Neufassung durch den Gesetzgeber nicht um die Unsitte, zulasten des Normadressaten unter Verletzung des Bestimmtheitsgebots die Bereinigung handwerklicher Fehler als rückwirkende Klarstellung zu deklarieren,[746] sondern um eine bloße Verdeutlichung des Norminhalts. Daraus folgt auch, dass aus § 4 Abs. 2 S. 2 Nr. 4 S. 1 SpruchG a. F. nicht etwa gefolgert werden konnte (und kann), der Gesetzgeber habe für die Ermittlung der Kompensation in Spruchverfahren nach § 1 Nr. 3 SpruchG eine Bewertung des Antragsgegners oder die Berücksichtigung anderer, nicht den Unternehmenswert betreffender Faktoren vorschreiben wollen. Denn die Regelungen des Spruchverfahrens bezwecken – gemäß der der Verwirklichung des materiellen Rechts dienenden Funktion des Verfahrensrechts allgemein – lediglich die Durchsetzung der materiell-rechtlichen Kompensationsregelungen.[747]

Statuiert wird mit der Regelung des § 4 Abs. 2 S. 2 Nr. 4 S. 1 SpruchG ein Begründungszwang im Spruchverfahren, wodurch zugleich eine Abkehr vom Amtsermittlungsgrundsatz des FGG (§ 12 FGG) vollzogen, das Verfahren dem Zivilprozess angenähert[748] und eine grundlegende Neuerung für das Verfahren insgesamt geschaf-

---

[744] Vgl. *HaReA-DAV* ZIP 2003, 552, 554.

[745] Vgl. *v. Kann/Hirschmann* DStR 2003, 1488, 1491.

[746] Hierzu eingehend im Zusammenhang mit steuerrechtlichen Normen *Jebens* DB 2005, 1240 ff.

[747] *Wasmann/Gayk* WM 2005, 955, 956.

[748] *Büchel* NZG 2003, 793, 795; *Emmerich* FS Tilmann, 925, 932 („massive Zurückdrängung des Amtsermittlungsgrundsatzes").

fen wird.[749] Vereinzelt wird in der Regelung sogar die vollständige Ersetzung des Amtsermittlungsgrundsatzes durch den Beibringungsgrundsatz gesehen.[750] Relativiert wird die Bedeutung der Vorschrift allerdings durch § 7 Abs. 4 SpruchG bzw. die Möglichkeit, nach Feststellung der Zulässigkeit noch weitere Einwendungen vortragen zu können.[751] Hinzu kommt, dass der gemeinsame Vertreter – möglicherweise im Zusammenspiel mit den Antragstellern – nach Feststellung der Zulässigkeit von deren Anträgen weitere Einwendungen vortragen kann, mit denen diese selbst präkludiert wären.

aa. Spruchverfahren nach § 1 Nrn. 1–5 SpruchG
Grundlage der Begründungspflicht in Spruchverfahren nach § 1 Nrn. 1–5 SpruchG sind gem. § 4 Abs. 2 S. 2 Nr. 4 SpruchG die in § 7 Abs. 3 S. 1, 2 SpruchG genannten Unterlagen.[752]

(1) Anforderungen im konkreten Fall
Wie die konkreten Einwendungen gegen die Unterlagen beschaffen sein müssen, ergibt sich weder aus dem Wortlaut der Regelung noch aus der Gesetzesbegründung, in der lediglich festgehalten ist, dass die Anforderungen an die Konkretisierung der Einwendungen nicht überspannt werden dürfen.[753] Dennoch lassen sich zunächst die

---

749 So *Begr. RegE* SpruchverfNeuordG BT-Drucks. 15/371 Anlage 1 S. 13.

750 LG Wuppertal AG 2004, 161, 162 („Edscha AG"); *Fritzsche/Dreier/Verfürth* SpruchG § 4 SpruchG Rn. 18; *Fuhrmann/Linnerz* Konzern 2004, 265, 268 f.; *Krieger* in Lutter UmwG Anhang I SpruchG § 4 SpruchG Rn. 15.

751 *Büchel* NZG 20003, 793, 796; *Emmerich* in Emmerich/Habersack KonzernR § 4 SpruchG Rn. 10, der allerdings abweichend von der hier vertretenen Auffassung (siehe unten Teil 3 E. III. 2. a.) ausdrücklich auch verspätete Einwendungen berücksichtigt sehen will.

752 Unterlagen sind demnach der Bericht über den Unternehmensvertrag (§ 293 a AktG), der Mehrheitseingliederungsbericht (§§ 320 Abs. 1, 319 Abs. 3 Nr. 3 AktG), der Bericht über die Übertragung der Aktien auf den Hauptaktionär (§ 327 c Abs. 2 AktG) sowie bei Umwandlungen der Umwandlungsbericht (Verschmelzungsbericht – § 8 UmwG; Spaltungsbericht – § 127 UmwG; Vermögensübertragungsbericht – §§ 176 ff. UmwG i. V. m. § 8 UmwG bzw. § 127 UmwG; Umwandlungsbericht – § 192 UmwG). Sofern eine Prüfung durch sachverständige Prüfer stattgefunden hat, sind gem. § 7 Abs. 3 S. 2 SpruchG auch der Prüfbericht über den Unternehmensvertrag (§ 293 e AktG), die Mehrheitseingliederung (§§ 320 Abs. 3, 293 e AktG) sowie die Übertragung der Aktien auf den Hauptaktionär (§§ 327 c Abs. 2, 293 e AktG) vorzulegen. Das Gleiche gilt für den Bericht über die Prüfung der Umwandlung, die auch den Bericht über die Angemessenheit der Barabfindung, § 29 UmwG, beinhaltet. Wird auf den Umwandlungsbericht gem. § 9 UmwG verzichtet oder ist er entbehrlich (Formwechsel), ist ein Bericht über die Prüfung der Angemessenheit der Barabfindung gem. §§ 30 Abs. 2, 10–12 UmwG zu erstatten und gem. § 7 Abs. 3 S. 2 SpruchG vorzulegen, es sein denn, dass auch darauf verzichtet wurde. Entsprechendes gilt bei Verschmelzung (§ 12 UmwG bzw. § 30 UmwG), Spaltung (§ 135 UmwG bzw. § 125 UmwG – Ausnahme: keine Prüfung gem. § 125 Abs. 3 UmwG bei Ausgliederung), Vermögensübertragung (§§ 176 ff. mit § 12 UmwG bzw. § 30 UmwG bzw. §§ 135, 125, 12 UmwG bzw. § 30 UmwG) und Formwechsel (§§ 207, 208, 33 UmwG).

753 *Begr. RegE* SpruchverfNeuordG BT-Drucks. 15/371 Anlage 1 S. 13. Dem liegt der Gedanke zugrunde, dass es materiell um Eigentumsrechte im Rahmen eines „gesetzlichen Schuldverhältnisses mit Zwangscharakter" (*Luttermann* EWiR § 327 b AktG, 1/05, 51, 52) geht.

äußersten Grenzen der Anforderungen bestimmen, die sich eindeutig aus den mit der Reform verfolgten Zielen der Verfahrensbeschleunigung einerseits und der Sicherung des Minderheitenschutzes andererseits ergeben.

Zum einen ist es nicht erforderlich, in dem jeweiligen Antrag einen bestimmten Entschädigungsbetrag zu benennen.[754] Zum anderen ist es keineswegs ausreichend, ein Spruchverfahren wie noch vor Inkrafttreten des Spruchverfahrensgesetzes nur mit der Begründung einzuleiten, die angebotene Kompensation sei nicht angemessen.

Innerhalb dieser äußersten Grenzen bedürfen die Anforderungen der Konkretisierung, die auf der Grundlage von Systematik, gesetzgeberischem Willen und dem Sinn und Zweck der Regelung vorzunehmen ist. Leitendes Ziel muss es dabei sein, zum einen die anderenfalls von gerichtlichen Sachverständigen vorzunehmende „flächendeckende" Gutachtenerstattung durch das Erfordernis einer detaillierten Begründung weitgehend auszuschließen, zum anderen aber den Zugang zu effektivem Rechtsschutz nicht unzumutbar zu erschweren.[755] Zu beachten ist dabei stets der verfahrensrechtliche Grundsatz, dass die Anforderungen an den Möglichkeiten der Partei auszurichten sind.[756]

Davon ausgehend wird den Anforderungen keinesfalls ausreichend Rechnung getragen, wenn Schriftsätze lediglich formelhafte, aus jedem Gutachten und Unternehmensbericht ableitbare Standardbewertungsrügen enthalten.[757] Auch der gesetzgeberische Willen sowie der Sinn und Zweck der Regelung, flächendeckende Gutachten zu vermeiden und den Antragstellern erhöhte Darlegungspflichten aufzuerlegen, spricht dafür, dass pauschale Einwendungen, wie etwa, dass der Basis- oder der Kapitalisierungszinssatz[758] zu hoch, der Ansatz der Pensionsverpflichtungen[759] überhöht, der Referenzzeitraum nicht ordnungsgemäß bemessen, die Prognose von Überschüssen unzutreffend oder die Zukunftsplanung zu pessimistisch sei, in keinem Fall genügen, sondern im Grundsatz strenge Maßstäbe an die Antragsbegründung anzulegen sind.[760]

Das muss auch bei durch Parteigutachten geprüften Kompensationen gelten. Denn

---

754 Wird der Antrag beziffert, so stellt dies für das Gericht nur eine unbeachtliche Anregung dar.

755 Vgl. *v. Kann/Hirschmann* DStR 2003, 1488, 1491.

756 *Büchel* NZG 2003, 793, 796.

757 *Bungert/Mennicke* BB 2003, 2021, 2026; *Ek* Hauptversammlung § 20 Rn. 668; *Fritzsche/Dreier/Verfürth* SpruchG § 4 SpruchG Rn. 19; *Fuhrmann/Linnerz* Konzern 2004, 265, 269; *Geßler* AktG § 306 AktG Rn. 49; *Hüffer* AktG § 305 AktG Anh. § 4 SpruchG Rn. 8; *Koppensteiner* in KK/AktG Anh. § 327 f AktG Rn. 19; *Leube* in Deilmann/Lorenz AG § 8 Rn. 33; *Wasmann* WM 2004, 819, 823.

758 Hierzu BayObLG AG 2002, 388, 389 („Rieter Ingolstadt Spinnereimaschinenbau AG I"); OLG Düsseldorf AG 2000, 323, 325 f. („Hoffmann's Stärkefabriken AG"); LG Stuttgart AG 2005, 450 („Wüstenrot & Württembergische AG"); LG München I AG 2002, 563, 565 f. („Frankona Rückversicherungs AG"); *Hirte/Hasselbach* in GroßK/AktG § 305 AktG Rn. 199 ff.

759 Zu deren Berücksichtigung LG Berlin AG 2000, 284, 286 f. („Aluminiumwerke Unna AG").

760 *Bungert/Mennicke* BB 2003, 2021, 2026; *Fuhrmann/Linnerz* Konzern 2004, 265, 269 f.; *Lamb/Schluck-Amend* DB 1259, 1262; *Krieger* in Lutter UmwG Anhang I SpruchG § 4 SpruchG Rn. 18; ebenso LG Dortmund Konzern 2004, 821, 822 („Stelcon/Readymix"), das einen Antrag zurückwies, in dem lediglich behauptet wurde, dass in einem anderen Verfahren eine höhere

ob Zweifel an diesen bestehen, ist gerade Gegenstand des Spruchverfahrens. Ihm kann daher nicht mit dem Hinweis begegnet werden, an die Konkretheit der Einwendungen seien deshalb keine hohen Anforderungen zu stellen, weil in Spruchverfahren die Kompensation stets erheblich erhöht werde, was die Fehlerhaftigkeit der Parteigutachten *prima facie* nahe lege.[761] Auch kann dem Antragsgegner nicht die Darlegung aufgebürdet werden, dass die angebotene Kompensation angemessen sei, da dadurch außer Acht gelassen würde, dass die Angemessenheit der Kompensation von einem gerichtlich bestellten Sachverständigen überprüft wurde.[762]

Allerdings müssen bei den Anforderungen an die Konkretisierung der Einwendungen zugunsten der Antragsteller Schwierigkeiten bei der Informationsbeschaffung bzw. der für Spruchverfahren jedenfalls zu Beginn in aller Regel vorhandene unterschiedliche Informationsstand von Antragsteller und Antragsgegner beachtet werden. Die antragsberechtigten Anteilsinhaber verfügen nur über ganz geringe Informationsmöglichkeiten, während der Antragsgegner als „Insider" alle nur denkbaren Informationsmöglichkeiten besitzt und nach Belieben steuern kann, welche Informationen in seinem Interesse überhaupt nach außen dringen dürfen und welche nicht.[763] Daher kann das Anlegen strenger Maßstäbe an die Konkretisierung der Einwendungen nicht bedeuten, den in sonstigen Zivilverfahren maßgeblichen uneingeschränkten Parteiengrundsatz in Spruchverfahren generell anzuwenden,[764] denn er würde für die Antragsteller eine kaum zu überwindende Hürde bei der Einleitung eines Spruchverfahrens darstellen.[765] Das Bild eines Streitverfahrens nach dem Muster der ZPO mit zwei sich gegenüberstehenden, grundsätzlich gleich starken Parteien ist letztlich doch sehr ungenau.[766]

Angesichts der Bedeutung der zur Verfügung stehenden Informationen für die Anforderungen an die Antragsbegründung kommt es maßgeblich auf die Unternehmens- und Prüfberichte nach § 7 Abs. 3 SpruchG an,[767] aus denen sich die Einwendungen ergeben müssen. Die Begründungstiefe hängt von dem Umfang und der Qualität der zur Verfügung gestellten Informationen ab.[768] Die Frage der An-

---

Abfindung angeboten worden sei, diese nicht angemessen verzinst werde und die Veräußerung einer eingebrachten Beteiligung zu einem zu niedrigen Kaufpreis erfolgt sei.

761 So aber *W. Meilicke/Heidel* DB 2003, 2267, 2270; dagegen *Fuhrmann/Linnerz* Konzern 2004, 265, 269.

762 *Fuhrmann/Linnerz* Konzern 2004, 265, 269.

763 *Emmerich* FS Tilmann, 925, 932; siehe aber auch *Thywissen* Spruchstellenverfahren S. 52, der darauf hinweist, dass auch Antragsberechtigte, insbesondere solche, die in der Gesellschaft verbleiben wollen und nur zur Erhöhung der Ausgleichsleistung einen Antrag gestellt haben, an der Veröffentlichung von Informationen kein Interesse haben können, da sie an einer künftigen Prosperität der Gesellschaft interessiert sind und ihr Hauptinteresse nicht dahin geht, eine möglichst hohe Nachzahlung zu erhalten.

764 A. A. offenbar LG Wuppertal AG 2004, 161, 162 („Edscha AG").

765 Vgl. *v. Morgen* WM 2003, 1545, 1551; *Wolf* ZIP 2002, 153, 159.

766 *Emmerich* FS Tilmann, 925, 932 („institutionelle Unterlegenheit" der Antragsteller); *Fuhrmann/Linnerz* Konzern 2004, 265, 269 („strukturelle Unterlegenheit" der Antragsteller).

767 Tendenziell auch *Bungert/Mennicke* BB 2003, 2021, 2026.

768 *Land/Hennings* AG 2005, 381, 382; *Puszkajler* ZIP 2003, 518, 520; im Grundsatz auch *DSW* Stellungnahme UMAG S. 20.

forderungen an die Antragsbegründung ist mit der Frage nach der Qualität der Unternehmens- und Prüfberichte verbunden. Verantwortlich für deren Qualität ist in erster Linie der Antragsgegner; dessen Interessenlage ist jedoch ambivalent. Durch die den Antragstellern durch das Spruchverfahrensgesetz auferlegte Begründungspflicht bzw. deren gewachsener Verfahrensverantwortlichkeit können dem Antragsgegner Vorteile erwachsen. Je strenger die Anforderungen an diese Begründungspflicht jedoch sind, desto mehr Informationen müssen den Antragstellern seitens des Antragsgegners auch zur Verfügung gestellt, die qualitativen Anforderungen an die Prüfberichte und Vorgutachten also erhöht werden, wodurch sich jedoch die Vorbereitungskosten für Strukturveränderungen der Unternehmen erhöhen können.[769] Je geringer die Qualitätsanforderungen sind, desto geringere Anforderungen müssen an die Begründung gestellt werden, auch wenn dies im Widerspruch zu den vom Gesetzgeber mit der Einführung der Begründungspflicht verfolgten Zielen steht und letztlich zu Unstimmigkeiten im gesamten Verfahrensablauf hinsichtlich der Pflichtenverteilung zwischen den Verfahrensbeteiligten führt.[770]

Liegen Berichte und Gutachten vor, die die Informationsasymmetrien zwischen den Antragstellern und dem Antragsgegner gering erscheinen lassen, so können an die konkrete Darlegungslast der Antragsteller strenge Maßstäbe angelegt werden, die dem in Zivilverfahren geltenden Parteiengrundsatz weitgehend angenähert sind.[771] Es kann also etwa bei Einwendungen gegen die Unternehmensbewertung[772] eine dezidierte Auseinandersetzung mit der Frage erwartet werden, ob neben dem Ertragswert auch der Liquidationswert hätte ermittelt werden müssen,[773] ob der Börsenkurs ausreichend berücksichtigt[774] oder Verbundvorteile[775] ausreichend einbezogen

---

769 *Puszkajler* ZIP 2003, 518, 520.

770 Siehe *Puszkajler* ZIP 2003, 518, 520, der vor diesem Hintergrund im Zuge der Reformüberlegungen dafür plädiert hatte, zunächst dem Antragsgegner die Darlegungslast für die Angemessenheit der angebotenen Entschädigung aufzubürden.

771 Vgl. *Fuhrmann/Linnerz* Konzern 2004, 265, 269.

772 Zu den aktuellen Änderungen der die Grundsätze zur Durchführung von Unternehmensbewertungen regelnden IDW-Standards siehe *Kunowski* DStR 2005, 569 ff. sowie *Wasmann/Gayk* BB 2005, 955, 956 f.; eingehend zur Unternehmensbewertung aus der (unüberschaubaren) Rechtsprechung und Literatur OLG Düsseldorf AG 2003, 329 ff. („Siemens SNI") sowie *Hirte/Hasselbach* in GroßK/AktG § 305 AktG Rn. 61 ff.

773 Zu diesem Einwand siehe OLG Düsseldorf AG 2004, 324, 327 f. („Eisenbahn-Verkehrsmittel-AG für Transport und Lagerung IEVA"); OLG Frankfurt/M. AG 2003, 581, 582 („Henninger Bräu/Erste Kulmbacher" u. „Henninger Bräu/Gebr. März AG"); *Hirte/Hasselbach* in GroßK/AktG § 305 AktG Rn. 146 ff.

774 Grundlegend BVerfG ZIP 1999, 1804 („Hartmann & Braun"); zu der Umsetzung der Entscheidung des Bundesverfassungsgerichts durch die Obergerichte in jüngster Zeit siehe etwa OLG Düsseldorf AG 2005, 538, 540 („Hypobank/Brau und Brunnen AG [„Dortmunder Ritterbrauerei"]"); OLG Karlsruhe ZIP 2004, 2330, 2331 („SEN AG"); OLG Stuttgart ZIP 2004, 712, 713 („Vereinigte Filzfabriken/Filzfabriken Fulda GmbH"); zum Meinungsstand in der Literatur siehe *Hirte/Hasselbach* in GroßK/AktG § 305 AktG Rn. 137 ff. (Unternehmensvertrag) sowie *Hasselbach* in KK/WpÜG § 327 b AktG Rn. 18 ff. (*squeeze out*).

775 Hierzu OLG Düsseldorf AG 2000, 323, 324 f. („Hoffmann's Stärkefabriken AG"); *Hirte/Hasselbach* in GroßK/AktG § 305 AktG Rn. 74 ff.

worden sind.[776] Qualitativ minderwertige Berichte und Gutachten[777] bewirken hingegen erhebliche Informationsasymmetrien zwischen Antragstellern und Antragsgegner, die erst im Verfahren ausgeglichen werden können[778] und infolge derer es die Gewährung effektiven Rechtsschutzes erfordert, geringe Anforderungen an die Konkretisierung der Einwendungen zu stellen, auch wenn dieses – nicht einmal in Einzelfällen – nicht bedeuten kann, den zurückgedrängten Amtsermittlungsgrundsatz wieder vollständig zur Geltung zu bringen, denn dafür lässt der Gesetzeswortlaut keinen Raum.

Ein Maßstab dafür, inwieweit Informationsasymmetrien Rechnung getragen werden muss und Einwendungen von Antragstellern nicht als unzureichend zurückgewiesen werden dürfen, inwieweit also der Amtsermittlungsgrundsatz im Rahmen der Antragsbegründung noch Anwendung finden kann, lässt sich §§ 9, 10 SpruchG entnehmen.[779] Kann ein Vorbringen, das entgegen § 9 Abs. 1 oder Abs. 2 SpruchG nicht rechtzeitig erfolgt, gem. § 10 Abs. 2 SpruchG zurückgewiesen werden, so muss dies entsprechend auch für Antragsbegründungen gelten, die nach der Verfahrenslage nicht einer sorgfältigen und auf Förderung des Verfahrens bedachten Verfahrensführung durch die Antragsteller entsprechen. Da für die Zurückweisung des verspäteten Vorbringens gem. § 10 Abs. 2 SpruchG einfaches Verschulden der Beteiligten genügt,[780] sind auch Antragsbegründung bzw. Einwendungen gegen den Unternehmenswert, die die Antragsteller bei Beachtung der erforderlichen Sorgfalt (weiter) hätten konkretisieren können, zurückzuweisen.[781] Daraus folgt auch, dass Anteilsinhabern, die sich erst nach der Hauptversammlung zur Antragstellung entschließen, zu diesem Zeitpunkt aber keinen Anspruch mehr gegen den Antragsgegner auf Herausgabe der Unterlagen gem. § 7 Abs. 3 SpruchG haben, der Rechtsschutz nicht unzumutbar erschwert wird. Es ist ihnen ohne weiteres zuzumuten, bereits im Vorfeld der Hauptversammlung ihren Anspruch auf Vorlage der Unterlagen geltend zu machen.[782] Haben sie dieses fahrlässig unterlassen, so haben sie das Informationsdefizit selbst verschuldet und können nicht unter Berufung darauf geringere Anforderungen an ihre Begründung verlangen.[783] Letztlich findet die Begründungspflicht also dort ihre Grenze, wo die Antragsteller in entschuldbarer Weise von bestimmten Tatsachen oder Umständen keine Kenntnis haben.[784]

---

[776] Siehe eingehend zu typischen Einwendungen gegen Bewertungsberichte *Land/Hennings* AG 2005, 381, 385 ff.

[777] *Emmerich* in Emmerich/Habersack KonzernR § 4 SpruchG Rn. 9 hält die Berichte generell für inhaltslos und bezeichnet es deshalb als „Utopie", dass die Aktionäre aufgrund derer zu konkreten Bewertungsrügen in der Lage sein sollen.

[778] *Wolf* ZIP 2002, 153, 159.

[779] *Begr. RegE* SpruchverfNeuordG BT-Drucks. 15/371 Anlage 1 S. 13.

[780] Siehe unten Teil 3 E. III. 2. b.

[781] Ähnlich *Koppensteiner* in KK/AktG Anh. § 327 f AktG Rn. 13: Die Begründung des Antrags müsse so tief gehen, wie es den Antragstellern vernünftigerweise zuzumuten ist.

[782] A. A. *W. Meilicke/Heidel* DB 2003, 2267, 2270.

[783] Vgl. *Bungert/Mennicke* BB 2003, 2021, 2026.

[784] Ebenso *Tomson/Hammerschmitt* NJW 2003, 2572, 2574.

Wenn und soweit die Antragsteller nach diesem Maßstab in entschuldbarer Weise keine Kenntnis von erheblichen Informationen haben, kommt der Amtsermittlungsgrundsatz (§ 17 Abs. 1 SpruchG i. V. m. § 12 FGG) wieder zur vollen Geltung, denn durch die Statuierung der Begründungspflicht in § 4 Abs. 2 SpruchG soll es keinesfalls ermöglicht werden, in Einzelfällen hinter diesem zurückzubleiben. § 12 FGG wird durch § 4 Abs. 2 SpruchG nur eingeschränkt, soweit dessen Anwendungsbereich reicht. Auch in den Fällen, in denen die Unterlagen nicht vorliegen oder nach § 7 Abs. 3 SpruchG tatsächlich keine Anhaltspunkte zur Überprüfung der Frage der Kompensation bieten, genügt der Verweis auf diesen Umstand für eine ausreichende Begründung des Antrags daher nicht ohne weiteres.[785] Auch bei uneingeschränkter Geltung des Amtsermittlungsgrundsatzes können es die Antragsteller nicht dabei belassen, nur den Antrag auf Einleitung des Verfahrens zu stellen. Das Gericht kann erwarten, dass die Parteien ihnen vorteilhafte Umstände von sich aus vorbringen. Es kann davon absehen, Amtsermittlung zu betreiben und der Begründetheit des Antrags nachzugehen, wenn der Sachverhalt infolge nicht erfolgten Vorbringens unbestritten bleibt.[786]

Der Frage, ob ein Antragsberechtigter in der Lage ist, die fachspezifischen Berichte und Gutachten so weit nachzuvollziehen, dass er entsprechende konkrete Einwendungen erheben kann, kommt bei der Bestimmung der jeweiligen Anforderungen an die Antragsbegründung nur eine untergeordnete Rolle zu. Die praktische Erfahrung zeigt, dass die Antragsteller, die Spruchverfahren anstrengen, meist professionelle Anleger oder Wertpapierschutzvereinigungen sind, die von Fachleuten vertreten werden und sich unproblematisch mit den bewertungsrelevanten Inhalten auseinander setzen können.[787] Es kommt daher grundsätzlich nicht auf die Fähigkeit eines „durchschnittlichen" Aktionärs an, Fehler in der Bewertung zu erkennen, so dass in aller Regel eine Auseinandersetzung mit den Unterlagen nur lediglich dort, wo diese Widerspruch herausfordern, den Anforderungen an die Begründungspflicht nicht genügt.[788] Denn auch in diesem Zusammenhang ist – wie bereits dargelegt – zu beachten, dass die Anforderungen an Darlegungen im Verfahrensrecht stets an den Möglichkeiten der Parteien auszurichten sind.[789]

---

785 A. A. *Klöcker/Frowein* SpruchG § 4 SpruchG Rn. 30; *Lamb/Schluck-Amend* DB 2003, 1259, 1264.

786 OLG Hamburg AG 2004, 622, 623 („VTG-Lehnkering AG"); *Bilda* in MüKo/AktG § 306 AktG Rn. 16 ff.; siehe auch oben Teil 3 D. III. 1.

787 Siehe auch *Büchel* NZG 2003, 793, 796: „In den Spruchverfahren treten, wie ein regelmäßiger Erfahrungsaustausch der damit befassten Richter bestätigt, quer durch die Bundesrepublik fast immer die gleichen Antragsteller und die gleichen Anwälte auf. Von ihnen kann erwartet werden, dass sie die geforderte Begründung geben".

788 A. A. *W. Meilicke/Heidel* DB 2003, 2267, 2269.

789 Dies verkennen *W. Meilicke/Heidel* DB 2003, 2267, 2269, Fn. 26, wenn sie davon ausgehen, dass es im Einzelfall nicht auf die Erkenntnismöglichkeiten eines spezialisierten Anwalts oder Anlegers ankommen kann.

(2) Anfechtungsausschluss bei bewertungsbezogenen Informationsmängeln

Erhebliche Bedeutung für das Begründungserfordernis gem. § 4 Abs. 2 S. 2 Nr. 4 S. 1 SpruchG wird die zum 1. November 2005 in Kraft tretende Gesetzesänderung in § 243 Abs. 4 S. 2 AktG zum Anfechtungsausschluss bei bewertungsbezogenenen Informationsmängeln haben.[790] Bereits während der Reform des Spruchverfahrens wurde darauf hingewiesen, dass die Rechtsprechung des BGH zum Anfechtungsausschluss bei bewertungsbezogenen Informationsmängeln im Widerspruch zur Erhöhung der Anforderungen an die Antragsbegründung in Spruchverfahren steht.[791] Wenn der Gesetzgeber dem Antragsteller vorschreibe, seinen Antrag zu begründen, stelle sich die Frage, woher der Antragsteller die hierfür erforderlichen Informationen bekommen solle, wenn die Auskunftsverweigerung folgenlos bleibe.[792] Konstatiert wurde zudem, dass die Rechtsprechung zum „Missbrauch" in Form unterlassener Informationen auf Gesellschaftsseite geradezu einlade[793] und die Vermutung geäußert, der BGH unterstelle, dass es den Minderheitsaktionären nur darum gehe, möglichst viel Kompensation zu erlangen.[794]

Zutreffend wurde nach der Vorlage des Referentenentwurfs des UMAG kritisiert, dass die geplante Gesetzesänderung[795] die Folgerichtigkeit gesellschaftsrechtlicher Normierungen bezweifeln ließ.[796] Hätte der Gesetzgeber den Vorschlag des Referentenentwurfs tatsächlich übernommen und einen Anfechtungsausschluss grundsätzlich für jedwede bewertungsbezogenen Informationspflichtverletzungen vorgesehen, so dass auch solche außerhalb der Hauptversammlung sanktionslos geblieben wären, vor allem auch Informationsdefizite in den Vorstandsberichten, wäre das durch § 4 Abs. 4 S. 2 Nr. 4 S. 1 SpruchG statuierte Begründungserfordernis weitgehend gegenstandslos geworden. Denn jene Unterlagen (§ 7 Abs. 3 SpruchG) sind gem. § 4 Abs. 2 S. 2 Nr. 4 S. 1 SpruchG Grundlage der konkreten Einwendungen der Antragsteller und sollen dazu beitragen, die Informationsasymmetrien zwischen den Verfahrensbeteiligten auszugleichen und den Verfahrensgegenstand zu konzentrieren. Letztlich sollen durch die Berichte die Verfahren beschleunigt und dessen Kosten reduziert werden. Diese verfahrensrechtlichen Zusammenhänge übersieht etwa *Veil*, wenn er die Notwendigkeit von Vorstandsberichten allein im Hinblick auf die Beurteilung des Tagesordnungspunktes „Strukturmaßnahme" durch die Aktionäre in der Hauptversammlung beurteilt und für „objektiv nicht erforderlich" hält sowie die fehlende Erstreckung des Anfechtungsausschlusses auf Informationsmängel außerhalb der Hauptversammlung

---

[790] Siehe oben Teil 3 A. VII. 3.

[791] Vgl. *W. Meilicke/Heidel* DB 2003, 2267, 2270; *Puzskajler* ZIP 2003, 518, 519.

[792] *Kleindiek* NZG 2001, 552 ff.; *Lamb/Schluck-Amend* DB 2003, 1259, 1263.

[793] So *Decher* in GroßK/AktG § 131 AktG Rn. 65 b; *Hirte* ZHR 167 (2003) 8, 23; kritisch auch *Hoffmann-Becking* in Henze/Hoffmann-Becking GesR 2001 S. 55, 60, 62, 64 ff.: Der vom BGH praktizierte Anfechtungsausschluss eröffne neue Spielräume für strategische Verhaltensweisen.

[794] *Emmerich* in Emmerich/Habersack KonzernR § 293 AktG Rn. 38 h.

[795] Siehe Teil 3 A. VII. 3.

[796] *W. Meilicke/Heidel* DB 2004, 1479, 1483.

in § 243 Abs. 4 S. 2 AktG n. F. kritisiert.[797] Bei einer Erstreckung wären die gesetzlichen Berichtspflichten des Vorstandes zu nicht einklagbaren *leges imperfectae* abgewertet worden und hätten sanktionslos verweigert werden können.[798] Letztlich wäre gänzlich verkannt worden, dass ein sachgerechter Gesellschafterschutz, wenn er effektiv sein will, auf das Verfahren vor der Eintragung der Strukturänderung konzentriert werden und der A-priori-Gesellschafterschutz primär darauf ausgerichtet sein muss, den Gesellschaftern eine sachlich fundierte, auf der Kenntnis aller tatsächlichen und rechtlichen Umständen beruhende Entscheidung zu ermöglichen.[799]

Hinzu wäre ein weiteres gekommen: Die Forderung nach einem Ausschluss der Anfechtungsklage für bewertungsbezogene Informationspflichtverletzungen wurde befürwortet, da zur Sicherung des gesellschafterbezogenen Informationsinteresses das Spruchverfahren genüge und dabei angenommen, dass die Informationspflichten dennoch eingehalten würden, da die Gesellschaft mit den Kosten des Spruchverfahrens belastet sei. So ging etwa *Hommelhoff* davon aus, dass die drohende Kostenlast des Spruchverfahrens bewirke, dass wertbezogene Informationen vor der Beschlussfassung in ausreichendem Maße gegeben würden.[800] Nach der Regelung in § 15 Abs. 4 SpruchG haben die Antragsteller nunmehr ihre Kosten jedoch grundsätzlich selbst zu tragen. Verbunden mit den vom Gesetzgeber vorgezeichneten Maßstäben für eine von diesem Grundsatz abweichende Kostenverteilung zulasten der Antragsgegner kann diese Kostenregelung nun dazu führen, dass die Gesellschaften ihren Informationspflichten gerade nicht nachkommen bzw. wenig aussagekräftige Informationen zur Verfügung stellen. Denn die Begründung des Spruchverfahrensgesetzes geht von dem in § 15 Abs. 4 SpruchG niedergelegten Grundsatz aus, dass die Antragsteller ihre außergerichtlichen Kosten, insbesondere also ihre Rechtsanwaltskosten, selbst zu tragen haben, es sei denn, dass die Kompensation im Spruchverfahren erheblich heraufgesetzt wird.[801] Um dies bei Einleitung des Spruchverfahrens beurteilen zu können, bedarf es jedoch möglichst genauer Informationen. Die Gesellschaften könnten diese aber gerade zurückhalten, um eine Abschätzung des Verfahrensausgangs unmöglich zu machen und so Antragsberechtigte von einer Antragstellung abzuhalten, denn je mehr Informationen die Antragsgegner zur Verfügung stellen, um so eher wird es für die Antragsteller möglich sein, sich ein Bild über die Angemessenheit der Kompensation zu verschaffen.

Dass der Gesetzgeber den Anfechtungsausschluss auf die Verletzung wertbezogener Informationspflichten – wie bereits nach Bekanntwerden des Referentenentwurfs

---

797 So *Veil* AG 2005, 567, 570.

798 *HaReA-DAV* ZIP 2004, 1230, 1236; *W. Meilicke/Heidel* DB 2004, 1479, 1483; *Wilsing* DB 2005, 35, 36.

799 Vgl. *Pfeifer* Schutzmechanismen S. 169 Rn. 494 f.

800 *Hommelhoff* ZGR 1993, 452, 471; *ders.* ZGR 1990, 447, 474.

801 Diese Annahme ist allerdings unzutreffend; über die Kostentragungspflicht ist anhand anderer Kriterien zu entscheiden (siehe dazu eingehend unten Teil 3 H. II. 3. b.).

des UMAG gefordert[802] – auf solche in der Hauptversammlung beschränkt,[803] ist vor diesem Hintergrund verständlich und systemkonform, wenngleich auch die Regelung im Regierungsentwurf des UMAG offenkundig dazu animiert, auf eine umfassende Information der Aktionäre zu Bewertungsfragen zu verzichten und nur soviel wie nötig preiszugeben, um eine Beschlussanfechtung zu vermeiden.[804] Gleichwohl werden die Anforderungen an den Vortrag der Antragsteller nach der Gesetzesänderung grundsätzlich nicht zu reduzieren sein, da Grundlage der Antragsbegründung die vor der Hauptversammlung erstellten Berichte sein sollen.[805] Die Qualität der bewertungsbezogenen Informationen in der Hauptversammlung wirkt sich daher auch nicht einmal mittelbar auf die Anforderungen an die Begründungspflicht aus.[806]

Die vorgesehene Gesetzesänderung lässt sich im Übrigen auch mit der Ansicht *Hirtes* vereinbaren, nach der alle bewertungsbezogenen Informationspflichtverletzungen in das Spruchverfahren verwiesen werden können, die auf europäisches Recht zurückgehen.[807] Denn ebenso wenig wie das europäische Recht und das nationale Verfassungsrecht die Geltendmachung bewertungsbezogener Informationspflichtverletzungen im Spruchverfahren verbieten, untersagen sie deren Geltendmachung durch eine Anfechtungsklage.

Neben der im Regierungsentwurf des UMAG vorgesehenen Regelung ist allerdings auch ein anderer Weg gangbar, um einerseits die Blockadewirkung der Anfechtungsklage weitestgehend auszuschließen, zugleich jedoch dem Interesse der Aktionäre an umfassender Information Rechnung zu tragen. Man könnte es auch bei dem Vorschlag des Referentenentwurfs zum UMAG belassen oder sogar noch darüber hinausgehen und die Anfechtungsmöglichkeit gesetzlich bei ausnahmslos allen bewertungsbezogenen Informationspflichtverletzungen ausdrücklich beseitigen – also auch außerhalb von Hauptversammlungen und bei gänzlicher Informationsverweigerung oder weitreichenden Fehlangaben –, stattdessen aber wirksame öffentlich-rechtliche Sanktionen für Informationspflichtverletzungen schaffen.[808] Dies hätte gegenüber der vom Gesetzgeber im Regierungsentwurf des UMAG vorgesehenen Änderung den Vorteil, dass die sich bereits abzeichnenden Probleme im Zusammenhang mit der Provokation weitreichender Fehlangaben[809] erübrigen würden, vor allem aber auch Informationspflichtverletzungen in der Hauptversammlung sanktioniert werden könnten, wenn auch nicht durch die Möglichkeit der Anfechtung. Dies würde indes voraussetzen, dass der Gesetzgeber von seiner jüngst erneut bekundeten Annahme abrückt, nur das

---

[802] Dafür *HaReA-DAV* ZIP 2004, 1230, 1236; vgl. auch *W. Meilicke/Heidel* DB 2004, 1479, 1483.

[803] Siehe Teil 3 A. VII. 3.

[804] Dass mit der Regelung immerhin eine „Erosion der Aktionärs-Information“ (so *Begr. RegE* UMAG BT-Drucks. 15/5092 S. 26) vermieden wird, ist wenig hilfreich.

[805] *Land/Hennings* AG 2005, 381, 382; a. A. wohl *Koppensteiner* in KK/AktG Anh. § 327 f AktG Rn. 13.

[806] A. A. *DSW* Stellungnahme UMAG S. 20.

[807] Siehe oben Teil 3 A. VII. 2.

[808] Siehe zu möglichen öffentlich-rechtlichen Sanktionen *Hirte* RabelsZ 66 (2002) 553, 563.

[809] Siehe oben Teil 3 A. VII. 3.

Anfechtungsrecht könne ein Schutzinstrument zur Sicherung der Informationsrechte der Aktionäre darstellen.[810]

bb. Spruchverfahren nach § 5 Abs. 5 EGAktG

Da im Zuge der Beseitigung oder des Erlöschens von Mehrstimmrechten keine Berichtspflichten bestehen, reicht in Spruchverfahren nach § 5 Abs. 5 EGAktG die Begründungspflicht nur soweit, wie es der Grundsatz der Amtsermittlung erfordert.[811]

cc. Spruchverfahren wegen Delisting

§ 4 Abs. 2 S. 2 Nr. 4 SpruchG ist auch in Spruchverfahren wegen Delisting analog anzuwenden. Allerdings ergeben sich auch in diesem Zusammenhang erhebliche Probleme, denn nach dem „*Macrotron*"-Urteil des BGH sind die Berichtspflichten im Zuge eines Delisting gegenüber anderen umwandlungs- und aktienrechtlichen Strukturmaßnahmen erheblich beschränkt. Ein Vorstandsbericht soll nach dem BGH nicht erforderlich sein, da die Verkehrsfähigkeit der Aktien der essentiell wertbestimmende Faktor sei, dessen Verlust auszugleichen ist, so dass es keiner sachlichen Rechtfertigung des Hauptversammlungsbeschlusses durch einen solchen Bericht bedürfe. Es soll vielmehr genügen, wenn den Aktionären in entsprechender Anwendung des § 124 Abs. 2 S. 2 AktG zusammen mit der Tagesordnung der zur Beschlussfassung berufenen Hauptversammlung die Einzelheiten des Widerrufsantrags und des Abfindungsangebots bekannt gegeben werden.[812]

Zu Recht wird daher die Frage aufgeworfen, wie die von einem Delisting betroffenen Aktionäre den Begründungspflichten nach dem Spruchverfahrensgesetz nachkommen sollen, wenn man ihnen die entsprechenden Informationen zur Überprüfung der Angemessenheit der ihnen angebotenen Entschädigung vorenthält.[813] Sämtliche Fälle, in denen die Höhe einer anzubietenden Entschädigungszahlung im Rahmen eines Spruchverfahrens überprüft werden kann, sollten vielmehr auch im Hinblick auf die im Vorfeld bestehenden Informations- und Berichtspflichten gleichbehandelt werden,[814] um Wertungswidersprüche zu vermeiden und auch bei Spruchverfahren wegen Delisting die Vorteile der Begründungs- und Verfahrensförderungspflicht nutzbar machen zu können.[815] Dabei müssten die Pflichten unabhängig davon bestehen, ob das Abfindungsangebot von einem Dritten oder von der Gesellschaft selbst vorgelegt worden ist. Zudem müsste in den Berichten inhaltlich darauf eingegangen

---

810 Vgl. *Begr. RegE* UMAG BT-Drucks. 15/5092 S. 26.

811 Vgl. oben Teil 3 D. III. 2. b. aa. (1).

812 BGHZ 153, 47, 58 f. („Macrotron"); gegen das Erfordernis eines Vorstandsberichts auch *Geyrhalter/Gänßler* NZG 2003, 313, 315; *Henze* FS Hadding, 409, 424 f.; *Pfüller/Anders* NZG 2003, 459, 464; einen Vorstandsbericht halten dagegen *Kretschmer/Karakaya* WM 2002, 2494, 2495 ff. sowie *Zetsche* NZG 2000, 1065, 1068 für erforderlich.

813 *Wilsing/Kruse* WM 2003, 1110, 1113.

814 Ebenso *Wilsing/Kruse* WM 2003, 1110, 1113; vgl. auch *Schlitt* ZIP 2004, 533, 536.

815 I. E. ebenso *Mülbert* ZHR 165 (2001) 104, 128, der die Informationspflicht allerdings aus einer wertungsmäßigen Vergleichbarkeit mit der von ihm anerkannten gesellschaftsrechtlichen Pflicht zur Anlegerinformation im Zusammenhang mit freiwilligen Übernahmeangeboten ableitet.

werden, auf welcher Grundlage das Angebot ermittelt und die börsenrechtlichen Anforderungen an die Angebotshöhe eingehalten wurden, ferner auf die voraussichtliche Wertentwicklung der Aktien unter der Annahme, dass die außenstehenden Anlegeraktionäre das Angebot ausschlagen.[816] Soweit die Rechtsprechung und auch der Gesetzgeber derartige Berichtspflichten jedoch nicht fordern, insbesondere auf die Erstattung eines Vorstandsberichts verzichtet wird, reicht die Begründungspflicht der Antragsteller in einem Spruchverfahren wegen Delisting daher nur soweit, wie der Amtsermittlungsgrundsatz sie erfordert.[817] Das fehlende Erfordernis eines Vorstandsberichts führt darüber hinaus noch zu weiteren Unstimmigkeiten. Existiert kein überprüfbarer Bericht, entfällt auch dessen Überprüfung durch einen sachverständigen Prüfer.[818] Gerade von der Tätigkeit des sachverständigen Prüfers hat sich der Gesetzgeber jedoch eine wesentliche Verfahrensbeschleunigung erhofft, indem dieser zur Vorbereitung der mündlichen Verhandlung herangezogen werden und langwierige, umfassende Sachverständigengutachten entbehrlich machen soll.[819] Ein Vorstandsbericht ist daher auch unter diesem Gesichtspunkt erforderlich.

c. Angabe des Anteilsbestandes

Gem. § 4 Abs. 2 S. 3 SpruchG soll sich aus der Antragsbegründung die Zahl der von dem Antragsteller gehaltenen Anteile ergeben. Bezweckt wird damit, die Bestimmung des Geschäftswertes für die Berechnung der Gerichtsgebühren gem. § 15 Abs. 1 S. 2 SpruchG sowie der Rechtsanwaltsgebühren gem. § 31 Abs. 1 RVG zu ermöglichen.[820] Allerdings ist der Antragsteller schon dem Wortlaut nach nicht verpflichtet, die Zahl der von ihm gehaltenen Anteile offen zu legen. § 4 Abs. 2 S. 3 SpruchG ist insoweit eine reine Ordnungsvorschrift.[821] Das widerspricht auch nicht der Vorstellung des Gesetzgebers, der in § 31 Abs. 1 S. 3 RVG eine Regelung für den Fall getroffen hat, dass die Anzahl der auf einen Antragsteller entfallenden Anteile nicht gerichtsbekannt ist. Der tatsächliche Anteilsbestand ergibt sich auch nicht bereits aus dem nach § 3 S. 3 SpruchG erforderlichen Nachweis der Antragsberechtigung, denn insbesondere bei dem regelmäßigen und ausreichenden Nachweis durch Vorlage einer Aktienurkunde oder eines Depotauszuges ist die Verschleierung eines höheren Aktienbesitzes mög-

---

[816] *Mülbert* ZHR 165 (2001) 104, 128; vgl. auch *Schlitt* ZIP 2004, 533, 536, der eine Darstellung der unternehmerischen Gründe für das Delisting sowie seine wirtschaftlichen und rechtlichen Folgen für die Aktionäre und die Gesellschaft für erforderlich hält, insbesondere aber die Anforderungen an die Begründung der Angemessenheit des Abfindungsangebots nicht zu hoch ansetzen will.

[817] Vgl. *Fritzsche/Dreier/Verfürth* SpruchG § 7 SpruchG Rn. 28; zu den auf der Grundlage des Amtsermittlungsgrundsatzes zu stellenden Anforderungen siehe oben Teil 3 D. III. 2. b. aa. (1).

[818] *Schlitt* ZIP 2004, 533, 538; siehe auch unten Teil 3 F. III. 2.

[819] Vgl. unten Teil 3 F. I.

[820] Vgl. unten Teil 3 H. II. 1. a. bb. (1).

[821] So auch *Fritzsche/Dreier/Verfürth* SpruchG § 4 SpruchG Rn. 25; *Hüffer* AktG § 305 AktG Anh. § 4 SpruchG Rn. 7; *Koppensteiner* in KK/AktG Anh. § 327 f AktG Rn. 20; *Krieger* in Lutter UmwG Anhang I SpruchG § 4 SpruchG Rn. 22; *Wasmann* WM 2004, 819, 824.

lich.[822] Eine solche ist auch rechtlich zulässig, denn abgesehen von § 21 Abs. 1, 1 a WpHG lässt sich eine Pflicht zur Offenbarung von Beteiligungshöhen nicht begründen.[823]

3. Begründungsfrist

Grundsätzlich muss ein Antrag gem. §§ 4 Abs. 2 S. 1, Abs. 1 S. 1 SpruchG binnen dreier Monate begründet werden. Der Lauf der Frist beginnt stets mit Ablauf („*seit*") des Tages, an dem die in § 4 Abs. 1 S. 1 Nrn. 1–5 SpruchG genannten Eintragungen im Handelsregister als bekannt gemacht gelten. Eine Fristverlängerung kommt nur dann in Betracht, wenn der Antragsteller glaubhaft macht, dass er im Zeitpunkt der Antragstellung aus Gründen, die er nicht zu vertreten hat, über die in § 7 Abs. 3 SpruchG genannten Unterlagen nicht verfügt. In diesem Fall kann auf Antrag die Frist zur Begründung gem. § 4 Abs. 2 S. 2 Nr. 4 S. 2 SpruchG angemessen verlängert werden,[824] wenn der Antragsteller gleichzeitig Abschrifterteilung gem. § 7 Abs. 3 SpruchG verlangt.[825]

Die Gesetzesbegründung geht davon aus, dass es der Antragsteller grundsätzlich zu vertreten hat, wenn er die Berichte nicht bei dem Rechtsträger angefordert hat, obwohl ihm dies möglich und zuzumuten war, so dass eine Fristverlängerung regelmäßig ausscheidet. Sie kommt nur in den wenigen Ausnahmefällen in Betracht, in denen man dem Antragsteller die Unkenntnis vom Inhalt der Unterlagen nicht anlasten kann, etwa weil er wegen schwerer Krankheit oder vergleichbarer Umstände nicht an der Hauptversammlung teilnehmen konnte.[826] Darüber hinausgehend wird gefordert, dass die Antragsteller die Unterlagen auch nicht durch Einsicht in das Handelsregister, beim Antragsgegner oder in den Geschäftsräumen der betreffenden Unternehmen (vor der Beschlussfassung) hätten erhalten und auswerten können.[827] Weitaus wahrscheinlicher und praxisrelevanter als der Fall, dass der Antragsteller aufgrund einer schweren Erkrankung oder vergleichbarer Umstände nicht an der Hauptversammlung teil-

---

822 *Behnke* Spruchverfahren S. 141.

823 OLG Karlsruhe AG 1995, 88, 89; a. A. ohne nähere Begründung OLG Stuttgart ZIP 2004, 850, 851.

824 Ohne Antrag kann angesichts des eindeutigen Wortlauts auch in Ausnahmefällen keine Fristverlängerung gewährt werden (ebenso LG Dortmund Konzern 2004, 821, 822 [„Stelcon/Readymix"]).

825 § 4 Abs. 2 S. 2 Nr. 4 SpruchG-RegE enthielt keine § 4 Abs. 2 S. 2 Nr. 4 S. 2 SpruchG entsprechende Regelung. Sie wurde eingefügt, da die Bundesregierung die Auffassung des Bundesrats teilte, dass auch jenen Antragstellern rechtzeitig vor Ablauf der Antragsfrist die in § 7 Abs. 3 SpruchG genannten Unterlagen zur Begründung ihres Antrags vorliegen müssen, die nicht wie im Regelfall bereits durch die Vorschriften des Aktiengesetzes und des Umwandlungsgesetzes Kenntnis von den notwendigen Unterlagen haben, um ihre Einwendungen zu konkretisieren (*BReg* SpruchverfNeuordG BT-Drucks. 15/371 Anlage 3 S. 27).

826 RegE SpruchverfNeuordG BT-Drucks. 15/371 Anlage 3 S. 27; weiteres Beispiel bei *Emmerich* in Emmerich/Habersack KonzernR § 4 SpruchG Rn. 10: Auslandsreise.

827 *Fritzsche/Dreier/Verfürth* SpruchG § 4 SpruchG Rn. 22.

nehmen konnte und auch keine Möglichkeit hatte, sich die Unterlagen anderweitig zu beschaffen, ist die Konstellation, dass ein Antragsteller die Antragsberechtigung erst nach der entscheidenden Hauptversammlung erworben hat, was gem. § 3 S. 2 SpruchG zulässig ist.[828] Diesen Anteilsinhabern steht ein Anspruch gegen die Gesellschaft auf Vorlage der Unterlagen vor Einleitung des Spruchverfahrens nicht zu. Ihnen ist indes nur dann eine Fristverlängerung zu gewähren, wenn sie sich zuvor vergeblich an den Rechtsträger gewandt haben, um die Unterlagen zu erhalten und dieses auch nachweisen.[829] Allerdings genügt auch eine nachträglich vergebliche Anforderung der Unterlagen nicht, wenn der Antragsteller zum Zeitpunkt der Hauptversammlung bereits Anteilsinhaber war, denn nach den entsprechenden materiell-rechtlichen Vorschriften besteht grundsätzlich keine Verpflichtung zur erneuten Versendung, wenn die Unterlagen bereits zur Hauptversammlung ausgelegt bzw. versandt worden sind. Ebenso wie die Vorschriften vielfach zum Vorteil der Anteilsinhaber an formelle Voraussetzungen anknüpfen, können sich auch die Unternehmen als Antragsgegner auf einen formalen Standpunkt zurückziehen.[830]

Vertreten wird, dass eine Fristverlängerung analog § 4 Abs. 2 S. 2 Nr. 4 S. 2 SpruchG gewährt werden kann, wenn den Antragstellern Unterlagen von Unternehmen nicht zur Verfügung stehen, deren Bewertung zwar in die Angemessenheitsprüfung durch das Spruchverfahren eingehen, die aber nicht Antragsgegner sind und daher nicht vom Wortlaut des § 7 Abs. 3 SpruchG erfasst werden.[831] Für eine derartige Analogie fehlt es indes an der Vergleichbarkeit der Interessenlagen. Denn die Fristverlängerung soll den Antragstellern allein dazu dienen, ihren Antrag so zu begründen, dass er den Anforderungen des § 4 Abs. 2 S. 2 Nr. 4 S. 1 SpruchG genügt. Da die Anforderungen jedoch dort ihre Grenze finden, wo die in § 7 Abs. 3 SpruchG genannten Unterlagen keine näheren Informationen erhalten, bedarf es auch keiner Fristverlängerung, wenn sich die Informationen aus anderen als den in § 7 Abs. 3 SpruchG genannten Unterlagen ergeben.

4. Rechtsfolge unzureichender oder verfristeter Antragsbegründung

Konkrete Einwendungen gegen den Unternehmenswert, die nicht sofort vorgebracht worden sind, obwohl die Möglichkeit dazu bestand, können wegen der daraus folgenden Verletzung der Verfahrensforderungspflicht zuruckgewiesen werden.[832] Daraus folgt, dass ein Antrag auch zurückzuweisen ist, wenn er nicht bereits den

---

828 Siehe oben Teil 3 C. I. 4.; *W. Meilicke/Heidel* DB 2003, 2267, 2270, gehen davon aus, dass es in jedem Spruchverfahren einige Antragsteller geben wird, die aufgrund des Anteilserwerbs nach Antragstellung eine Fristverlängerung beantragen können.

829 Vgl. *Geßler* AktG § 306 AktG Rn. 51 sowie *Krieger* in Lutter UmwG Anhang I SpruchG § 4 SpruchG Rn. 20.

830 LG Dortmund Konzern 2004, 821, 822 („Stelcon/Readymix"); *Koppensteiner* in KK/AktG Anh. § 327 f AktG Rn. 21.

831 *Fritzsche/Dreier/Verfürth* SpruchG § 4 SpruchG Rn. 23.

832 Damit ist allerdings nicht ausgeschlossen, dass das Gericht offensichtliche Fehler des Bewer-

Anforderungen an die Begründungspflicht genügende Einwendungen enthält.[833] Entscheidend ist allerdings – wie bereits bei fehlender Antragsberechtigung und verfristeten Anträgen –, ob die Zurückweisung als unzulässig oder unbegründet zu erfolgen hat.[834]

Forderungen während des Gesetzgebungsverfahrens, im Spruchverfahrensgesetz ausdrücklich die Abweisung als unzulässig bei unzureichend begründeten Anträgen zu regeln,[835] sind vom Gesetzgeber nicht aufgenommen worden. Allerdings wird in der Gesetzesbegründung von einer Abweisung als unzulässig ausgegangen.[836] Denkbar ist aber auch, es für die Frage der Zulässigkeit des Antrags für ausreichend zu halten, dass überhaupt eine Begründung gegeben worden ist, so dass ein Antrag nur unzulässig wäre, wenn er überhaupt keine Begründung enthielte; ob die Begründung inhaltlich den gesetzlichen Anforderungen entspricht, wäre dann eine Frage der Substantiierung des Antrags. Die im Rahmen der Rechtsfolge fehlender Antragsberechtigung angestellten Überlegungen[837] gelten indes hier entsprechend. Hinzu kommt ein weiteres systematisches Argument: Von den „*Einwendungen*“ gem. § 10 Abs. 1 SpruchG werden nicht die Anträge der Antragsteller und deren Antragsbegründung erfasst, wie sich aus der Bezugnahme auf die Fristsetzungsnormen (§ 7 Abs. 2 S. 3, Abs. 4 SpruchG) in § 10 Abs. 1 SpruchG sowie der Gegenüberstellung mit § 9 Abs. 1 SpruchG ergibt. Dies ist aber nur dann sinnvoll, wenn Anträge und deren Begründung, die nicht innerhalb der für sie geltenden Fristen (§ 4 Abs. 1 SpruchG bzw. §§ 4 Abs. 2 S. 1, Abs. 1 S. 1 SpruchG) gestellt bzw. vorgebracht werden, ohnehin als unzulässig abzuweisen sind.[838] Schließlich spricht dafür auch die Systematik in Hinblick auf § 13 S. 2 SpruchG: Demgemäß wirkt eine Entscheidung *inter omnes*, also auch gegenüber den Antragstellern, deren Anträge verfristet sind oder die den Anforderungen des § 4 Abs. 2 SpruchG nicht genügen. Dieser Rechtskraftwirkung stünde es entgegen, Anträge bei Nichtvorliegen der Voraussetzungen des § 4 Abs. 2 SpruchG als unbegründet abzuweisen.[839] Die Anforderungen an die Antragsbegründung gem. § 4 Abs. 2 S. 2 Nrn. 1–4 SpruchG sind daher als Zulässigkeitsvoraus-

---

tungsgutachtens, auch wenn sie von den Antragstellern nicht aufgegriffen werden, in der Entscheidung nach Gewährung rechtlichen Gehörs korrigiert.

833 Die fehlende Angabe des Anteilsbestandes gem. § 4 Abs. 2 S. 3 SpruchG führt allerdings unzweifelhaft weder zur Abweisung als unzulässig noch als unbegründet, da es sich um eine bloße Ordnungsvorschrift handelt (siehe oben Teil 3 C. I. 6.).

834 Zur praktischen Bedeutung der Fragstellung siehe oben Teil 3 D. II. 6.

835 *HaReA-DAV* NZG 2002, 119, 120 f.

836 *Begr. RegE* SpruchverfNeuordG BT-Drucks. 15/371 Anlage 1 S. 13.

837 Siehe oben Teil 3 C. I. 6.

838 Vgl. *Fritzsche/Dreier/Verfürth* SpruchG § 10 SpruchG Rn. 13.

839 OLG Stuttgart ZIP 2004, 1907, 1909 („Hypo Real Estate Holding AG“), das daraus schlussfolgert, die Einhaltung von § 4 SpruchG hätte vor diesem Hintergrund lediglich die Funktion zu unterscheiden, wer formell am Verfahren und wer über den gemeinsamen Vertreter beteiligt sei.

setzung einzuordnen,[840] so dass nicht oder unzureichend begründete Anträge als unzulässig abzuweisen sind.[841]

IV. Rechtsschutzbedürfnis

Wie allgemein im Verfahrensrecht muss auch der Antragsteller im Spruchverfahren rechtschutzbedürftig sein. Auszugehen ist dabei von dem Grundsatz, dass es für einen Antrag im Spruchverfahren keines besonderen Rechtsschutzbedürfnisses bedarf, da ein Zivilprozess zur Feststellung der angemessenen Kompensation nicht angestrengt werden kann und dem Antragsteller kein einfacherer Weg zur Erlangung einer die Beteiligten bindenden Entscheidung als der des Spruchverfahrens zur Verfügung steht.

Ein Fall, in dem jegliches Rechtsschutzbedürfnis schlechthin fehlt, so dass das Antragsrecht zu versagen ist, ist daher schwer vorstellbar.[842] Jedenfalls sind an eine solche Feststellung strenge Anforderungen zu stellen.[843] Insbesondere entfällt die Antragsberechtigung auch dann nicht, wenn ein Anteilsinhaber sich vertraglich gegenüber dem Antragsgegner verpflichtet hat, keinen Antrag zu stellen oder sich mit der angebotenen Kompensation für abgefunden erklärt oder auf seinen Abfindungsergänzungsanspruch (vgl. § 13 SpruchG) verzichtet hat, auch wenn die materiell-rechtliche Bindung an den Vertrag bestehen bleibt, so dass eine Klage des Vertragsschließenden auf Zahlung des Unterschiedsbetrages nach sachlichem Recht als unbegründet abzuweisen ist.[844] Ebenso wenig kann es für das Rechtsschutzbedürfnis auf die Höhe des Anteilsbestandes ankommen.[845] Ein Quorum, wie es etwa noch in § 32 Abs. 2 UmwG 1956 für die Einleitung eines Spruchverfahrens erforderlich war,[846] sieht das Spruchverfahrensgesetz nicht vor, und auch ein Anteils-

---

840 Ebenso OLG Stuttgart ZIP 2004, 1907, 1909 („Hypo Real Estate Holding AG"); OLG Stuttgart ZIP 2004, 850, 851; LG Dortmund Konzern 2004, 821 („Stelcon/Readymix"); LG Frankfurt/M. ZIP 2005, 859 („Celanese AG"); *Bungert/Mennicke* BB 2003, 2021, 2026; *Ek* Hauptversammlung § 20 Rn. 666; *Emmerich* in Emmerich/Habersack KonzernR § 4 SpruchG Rn. 12; *Fritzsche/Dreier/Verfürth* SpruchG § 4 SpruchG Rn. 13; *Fuhrmann/Linnerz* Konzern 2004, 265, 269; *Hüffer* AktG § 305 AktG Anh. § 4 SpruchG Rn. 9; *Klöcker/Frowein* SpruchG § 4 SpruchG Rn. 6; *Koppensteiner* in KK/AktG Anh. § 327 f AktG Rn. 25; *Lamb/Schluck-Amend* DB 2003, 1259, 1261; *Luttermann* EWiR § 327 b AktG 1/05, 51, 52; *W. Meilicke/Heidel* DB 2003, 2267, 2270; *Wasmann* WM 2004, 819, 823, 825; a. A. *Vollrath* in Widmann/Mayer UmwG Anh. 13 § 4 SpruchG Rn. 10, der einen Antrag allenfalls dann für unzulässig hält, wenn die Anforderungen gem. § 4 Abs. 2 S. 2 Nrn. 1–3 SpruchG nicht gewahrt werden, bei unzureichenden Einwendungen gem. § 4 Abs. 2 S. 2 Nr. 4 SpruchG aber aufgrund eines Vergleichs mit der aktienrechtlichen Anfechtungsklage für eine Abweisung als unbegründet plädiert.

841 Für eine Abweisung als unzulässig bei unzureichenden Ausführungen zu § 4 Abs. 2 S. 2 Nr. 3 SpruchG ausdrücklich OLG Stuttgart ZIP 2004, 850, 851.

842 *Vollrath* in Widmann/Mayer UmwG Anh. 13 § 3 SpruchG Rn. 56.

843 *Bilda* in MüKo/AktG § 306 AktG Rn. 69; *Klöcker/Frowein* SpruchG § 3 SpruchG Rn. 26.

844 *Vollrath* in Widmann/Mayer UmwG Anh. 13 § 3 SpruchG Rn. 58.

845 *Behnke* Spruchverfahren S. 96.

846 Siehe oben Teil 1 A.

inhaber mit dem geringstmöglichen Anteil, selbst wenn es sich um eine stimmrechtlose Vorzugsaktie handelt, hat ein Interesse an der Bestimmung der angemessenen Kompensation.[847] Das ergibt sich im Übrigen auch mit Blick darauf, dass im Gegensatz zum Spruchverfahrensgesetz im Zuge des UMAG im Aktiengesetz für das Klagezulassungsverfahren nach § 148 Abs. 1 AktG n. F. ein Quorum für die Klagebefugnis geschaffen werden wird.[848] Schließlich fehlt auch dann nicht das Rechtsschutzbedürfnis, wenn die Verfahrenskosten die maximale Erhöhung der Kompensation weit überschreiten, die Kompensation in jedem Fall nur unwesentlich zu erhöhen ist oder der Börsenkurs unter der angebotenen Kompensation gelegen hat.[849] Sollte es in wenigen Ausnahmefällen einmal am Rechtsschutzbedürfnis mangeln, etwa wegen offenkundig rechtsmissbräuchlicher Antragstellung, um z. B. einen „Lästigkeitswert“ aufzubauen und sich auskaufen zu lassen, so ist der Antrag als unzulässig abzuweisen.[850] Derartige Anträge sind allerdings nach Inkrafttreten des Spruchverfahrensgesetzes, insbesondere angesichts der Begründungspflicht nach § 4 Abs. 2 S. 2 Nr. 4 S. 1 SpruchG und der Neuregelung der Kosten bzw. Kostentragung noch weitaus weniger wahrscheinlich als noch bei Geltung der alten Rechtslage.[851]

V. Zwischenentscheidung über die Zulässigkeit

Über die Zulässigkeit eines Antrags kann im Wege der Zwischenentscheidung befunden werden. Zwar bietet das SpruchG selbst keine Rechtsgrundlage für eine derartige Entscheidung. Die Möglichkeit einer abgesonderten Verhandlung und Entscheidung über die Zulässigkeit des Verfahrens analog § 280 ZPO ist jedoch anerkannt.[852]

Da die Entscheidung über die Zulässigkeit eine für das Gesamtverfahren maßgeb-

---

[847] *Emmerich* in Emmerich/Habersack KonzernR § 3 SpruchG Rn. 3; *Hasselbach* in KK/WpÜG § 327 f AktG Rn. 7.

[848] Siehe *ReA-BT* UMAG BT-Drucks. 15/5693 S. 8 f.

[849] *Vollrath* in Widmann/Mayer UmwG Anh. 13 § 3 SpruchG Rn. 61; siehe allerdings LG Frankfurt/M. NZG 2004, 432, 434, das annimmt, ein verständiger Anteilsinhaber leite ein Spruchverfahren nur ein, wenn er eine Erhöhung der Kompensation von mindestens 10% erstrebe. Der Gesetzgeber geht – unzutreffend – davon aus, dass die Antragsteller ihre außergerichtlichen Kosten (§ 15 Abs. 4 SpruchG) ohne weiteres selbst zu tragen haben, wenn die Kompensationsleistung nur unwesentlich erhöht wird (siehe unten Teil 3 H. II. 3. b.).

[850] *Behnke* Spruchverfahren, S. 95 f.; *Emmerich* in Emmerich/Habersack KonzernR § 3 SpruchG Rn. 15; a. A. *Hüffer* AktG § 305 AktG Anh. § 3 SpruchG Rn. 9; *Klöcker/Frowein* SpruchG § 3 SpruchG Rn. 26.

[851] Vgl. *Fritzsche/Dreier/Verfürth* SpruchG § 9 SpruchG Rn. 31; *Klöcker/Frowein* SpruchG § 3 SpruchG Rn. 26.

[852] BayObLG ZIP 2004, 1952 („Knürr AG“); BayObLG ZIP 2002, 935, 936 („ERC Frankona Rückversicherungs AG“); OLG Stuttgart ZIP 2004, 1907 („Hypo Real Estate Holding AG“); OLG Düsseldorf ZIP 2005, 300, 301 („Rhenag“); *Emmerich* in Emmerich/Habersack KonzernR § 12 SpruchG Rn. 18; *Krieger* in Lutter UmwG Anhang I SpruchG § 11 Rn. 3.

liche Vorfrage betrifft, ist sie auch vor dem Oberlandesgericht anfechtbar; dies folgt auch daraus, dass anderenfalls unnötige Kosten, insbesondere Sachverständigenkosten, entstehen.[853] Statthaft ist die Beschwerde als einfache Beschwerde, da für die Anwendung der strengeren Bestimmungen über die sofortige Beschwerde keine Rechtsgrundlage besteht.[854] Voraussetzung ist dabei nicht, dass das Landgericht zuvor eine Abhilfeentscheidung getroffen hat.[855] Beschwerdeberechtigt kann sowohl der Antragsteller sein, wenn sein Antrag als unzulässig zurückgewiesen wird, als auch der Antragsgegner, wenn das Gericht die Zulässigkeit mindestens eines Antrags festgestellt hat. Der gemeinsame Vertreter ist nicht beschwerdeberechtigt. Dies ergibt sich bereits daraus, dass er zu diesem Verfahrenszeitpunkt noch nicht bestellt worden sein kann, da seine Bestellung gerade die Feststellung der Zulässigkeit mindestens eines Antrags voraussetzt.[856] Wird über die Zulässigkeit weiterer Anträge gestritten, nachdem mindestens ein Antrag unstreitig zulässig und der gemeinsame Vertreter bestellt worden ist, hat der gemeinsame Vertreter kein – jedenfalls kein rechtlich schützenswertes – Interesse daran, die Zulässigkeit oder Unzulässigkeit anderer Anträge überprüfen zu lassen.

E. Verfahren nach Antragstellung

I. Vorbereitung der mündlichen Verhandlung

§ 7 SpruchG regelt die Vorbereitung der mündlichen Verhandlung, die gem. § 8 Abs. 1 S. 1 SpruchG grundsätzlich durchgeführt werden soll. Im Gesetzgebungsverfahren wurde die Regelung in § 7 SpruchG als ein Kernpunkt der Reform des Spruchverfahrens bezeichnet.[857] Neben einigen inhaltlichen Neuerungen hat sie zum einen Bedeutung für die Verfahrensbeteiligten, insofern diese die Strukturierung des Verfahrens dem Gesetz entnehmen können,[858] zum anderen werden den Gerichten klare Vorgaben zur sachgerechten Gestaltung gegeben.[859] Letzteres ist zugleich erneut Ausdruck der weitgehenden Loslösung des Spruchverfahrens von den Grundsätzen der Freiwilligen Gerichtsbarkeit, insbesondere von dem Grundsatz der Amtsermitt-

---

853 OLG Düsseldorf ZIP 2005, 300, 301 („Rhenag").

854 BayObLG ZIP 2005, 205, 206 f. („Macrotron"); BayObLG ZIP 2004, 1952 („Knürr AG"); OLG Stuttgart ZIP 2004, 1907 („Hypo Real Estate Holding AG"); *Emmerich* in Emmerich/Habersack KonzernR § 12 SpruchG Rn. 18; *Krieger* in Lutter UmwG Anhang I SpruchG § 11 SpruchG Rn. 3; für eine sofortige Beschwerde als statthaftes Rechtsmittel dagegen ohne nähere Begründung OLG Düsseldorf ZIP 2005, 300, 301 („Rhenag"); offen gelassen von BayObLG ZIP 2002, 935, 936 („ERC Frankona Rückversicherungs AG").

855 OLG Stuttgart ZIP 2004, 1907 („Hypo Real Estate Holding AG") m. w. N.

856 Siehe oben Teil 3 C. III. 1. a. cc. (2).

857 *Begr. RefE* SpruchverfNeuordG NZG 2002, 25, 29.

858 Vgl. *Büchel* NZG 2003, 793, 797.

859 Alle in diesem Rahmen zu treffenden Entscheidungen, insbesondere Fristsetzungen und Fristverlängerungen, obliegen gem. § 2 S. 3 Nr. 4 SpruchG dem Vorsitzenden allein.

lung. Nicht durch dessen Anwendung, sondern durch einzelne, vom Gericht anzuordnende Maßnahmen soll die mündliche Verhandlung umfassend vorbereitet werden.

1. Zustellung der Anträge

Gem. § 7 Abs. 1 SpruchG hat das Gericht dem Antragsgegner und dem gemeinsamen Vertreter die Anträge unverzüglich von Amts wegen zuzustellen.[860] Es entspricht dem eindeutigen Wortlaut der Regelung und auch dem mit ihr verbunden Zweck, die Antragsgegner über alle Einwendungen zu informieren, dass mit „Anträgen“ hier ausnahmslos alle Anträge gemeint sind, auch wenn sie sachlich dasselbe Ziel verfolgen bzw. gleich lautend sind.[861] Nur wenn ein Antrag offensichtlich unzulässig ist, muss er nicht zugestellt werden, denn in diesem Fall braucht der Antragsgegner den Inhalt der Anträge nicht zu kennen,[862] da mit dem Antrag nicht die Gefahr von Kompensationserhöhungen verbunden sein kann.

Wird die Antragsbegründung später eingereicht, ist auch sie zuzustellen. Gleiches gilt für Ergänzungen der Antragsbegründung.[863] Für die Zustellung gilt § 17 Abs. 1 SpruchG i. V. m. § 16 Abs. 2 FGG, so dass die für die Zustellung von Amts wegen geltenden Vorschriften der ZPO (§§ 166 ff. ZPO) entsprechend anzuwenden sind. Unverzüglich ist eine Zustellung entsprechend der Orientierung von § 7 Abs. 1 SpruchG an § 271 Abs. 1 ZPO, wenn sie ohne verfahrenswidrige Verzögerungen erfolgt.[864] Angesichts des Wortlauts „*unverzüglich*“ kann das Gericht nicht den Ablauf der Antragsfrist abwarten und erst dann alle eingegangenen Anträge zustellen,[865] jedoch können die Eingänge für eine angemessene Zeit gesammelt und erst dann in einer Verfügung zugestellt werden.[866] Den Antragstellern, die bereits Anträge gestellt haben, müssen die Anträge der jeweils anderen Antragsteller aufgrund des klaren Wortlauts des § 7 Abs. 1 SpruchG nicht zugestellt werden. Das ist insofern verständ-

---

860 Dabei darf das Gericht die Zustellung nicht von der Einzahlung eines Kostenvorschusses durch den Antragsteller abhängig machen, da Schuldner der Gerichtskosten gem. § 15 Abs. 2 SpruchG ausschließlich der Antragsgegner ist, so dass § 8 Abs. 1 S. 1 KostO keine Anwendung findet (OLG Saarland Konzern 2004, 748, 749).

861 *Vollrath* in Widmann/Mayer UmwG Anh. 13 § 7 SpruchG Rn. 5.

862 Ebenso *Vollrath* in Widmann/Mayer UmwG Anh. 13 § 7 SpruchG Rn. 7; für eine Zustellung selbst offensichtlich unzulässiger Anträge dagegen *Fritzsche/Dreier/Verfürth* SpruchG § 7 SpruchG Rn. 7 f.

863 *Hüffer* AktG § 305 AktG Anh. § 7 SpruchG Rn. 3.

864 Zu Einzelheiten vgl. *Greger* in Zöller ZPO § 271 Abs. 1 ZPO Rn. 4 ff.; anders *Hüffer* AktG § 305 AktG Anh. § 7 SpruchG Rn. 3: ohne schuldhaftes Zögern (§ 121 Abs. 1 S. 1 BGB).

865 *Koppensteiner* in KK/AktG Anh. § 327 f AktG Rn. 33; a. A. *Emmerich* in Emmerich/Habersack KonzernR § 7 SpruchG Rn. 1; *Vollrath* in Widmann/Mayer UmwG Anh. 13 § 7 SpruchG Rn. 6.

866 *Hüffer* AktG § 305 AktG Anh. § 7 SpruchG Rn. 3; *Krieger* in Lutter UmwG Anhang I SpruchG § 7 SpruchG Rn. 4. Dem gemeinsamen Vertreter können Anträge erst nach dessen Bestellung zugestellt werden, und da jene erst nach der Feststellung der Zulässigkeit eines Antrags erfolgen kann (siehe oben Teil 3 C. III. 1. a. cc. [2]), können ihm die Anträge nur unverzüglich nach Feststellung der Zulässigkeit eines Antrags und seiner Bestellung zugestellt werden.

lich, als mit der Zustellung bezweckt wird, gegenüber dem Antragsgegner analog § 221 Abs. 1 ZPO die ihm gem. § 7 Abs. 2 SpruchG zu setzende Erwiderungsfrist in Gang zu setzen.[867] Sofern ein Antragsteller allerdings ein Interesse daran hat, sich über den Inhalt anderer Anträge zu informieren, kann er gem. § 17 Abs. 1 SpruchG i. V. m. § 34 FGG Einsicht in die Gerichtsakten nehmen.[868]

2. Antragserwiderung des Antragsgegners

Gem. § 7 Abs. 2 S. 1 SpruchG hat das Gericht mit der Zustellung des Antrags nach § 7 Abs. 1 S. 1 SpruchG den Antragsgegner – nicht auch den gemeinsamen Vertreter – zu einer schriftlichen Erwiderung aufzufordern, in der dieser gem. § 7 Abs. 2 S. 2 SpruchG zur Höhe des Ausgleichs, der Zuzahlung oder der Barabfindung oder sonstigen Abfindung zwingend Stellung nehmen muss.[869]

Diese Regelung ist – soweit es die Vorgaben in § 7 Abs. 2 S. 2 SpruchG betrifft – weitgehend überflüssig. Es versteht sich von selbst, dass der Antragsgegner zu den dort aufgeführten Punkten im Rahmen seiner Antragserwiderung Stellung nehmen muss und wird, wenn bereits die Antragsteller gem. § 4 Abs. 2 S. 2 Nr. 4 SpruchG zwingend konkrete Einwendungen gegen den als Grundlage für die Kompensation ermittelten Unternehmenswert des Antragsgegners vortragen müssen und die Höhe der Kompensation der allein entscheidende Streitpunkt im Spruchverfahren ist. Lediglich in den Fällen, in denen die in § 7 Abs. 3 SpruchG genannten Unterlagen keine Angabe hinsichtlich des als Kompensationsgrundlage dienenden Unternehmenswerts enthalten und die Antragsteller daher von diesbezüglichen konkreten Einwendungen gem. § 4 Abs. 2 S. 2 Nr. 4 S. 1 Halbs. 2 SpruchG befreit sind, kommt § 7 Abs. 2 S. 2 SpruchG eigenständige Bedeutung zu. In diesen Fällen müssen die Antragsgegner dann in der Erwiderung die Höhe der Kompensationsleistung erstmalig erläutern, während sie anderenfalls ihre Einwendungen aus der Antragsbegründung nicht wiederholen müssen.[870]

Die Antragserwiderung hat innerhalb der Frist zu erfolgen, die zugleich mit der förmlichen Zustellung der Anträge gem. § 7 Abs. 1 SpruchG zu setzen ist. Dies kann zu praktisch relevanten Problemen in denjenigen Fällen führen, in denen – wie in fast allen Spruchverfahren – mehrere Antragsteller ihre Anträge innerhalb der Antragsfrist, aber zu unterschiedlichen Zeitpunkten einreichen. Denn gem. § 7 Abs. 1 SpruchG sollen dem Antragsgegner und dem gemeinsamen Vertreter die Anträge unverzüglich zugestellt werden, also ohne schuldhaftes Zögern nach deren Eingang

---

867 *Fritzsche/Dreier/Verfürth* SpruchG § 7 SpruchG Rn. 4.

868 *Fritzsche/Dreier/Verfürth* SpruchG § 7 SpruchG Rn. 4.

869 Die fehlende Pflicht des gemeinsamen Vertreters zur Antragserwiderung halten *Fritzsche/Dreier/Verfürth* SpruchG § 7 SpruchG Rn. 3 sowie *Vollrath* in Widmann/Mayer UmwG Anh. 13 § 7 SpruchG Rn. 8 angesichts der Erweitung von dessen Handlungsmöglichkeiten durch das Spruchverfahrensgesetz für inkonsequent.

870 *Klöcker/Frowein* SpruchG § 7 SpruchG Rn. 8.

bei Gericht.[871] Daher können die Regelungen in § 7 Abs. 1, 2 SpruchG zur Folge haben, dass während der dreimonatigen Antragsfrist mehrfache Erwiderungen des Antragsgegners nötig werden, wenn Anträge im zeitlichen Abstand eingehen und dann jeweils mit der unverzüglichen Zustellung gleichzeitig eine Erwiderungsfrist gesetzt wird. Dadurch können in demselben Verfahren zahlreiche voneinander abweichende Fristen zur Erwiderung laufen, was zur Unübersichtlichkeit sowie zur „Zersplitterung des Streitstoffs"[872] führt und dem Anliegen der Konzentration des Verfahrensgegenstandes zuwiderläuft. Das gilt umso mehr in den Fällen, in denen Verfahren zunächst vor verschiedenen Landgerichten eingeleitet und später nach § 2 Abs. 1 S. 2, 3 SpruchG miteinander verbunden werden. Eine Aufforderung zur Stellungnahme vor der Verbindung der Verfahren scheint wenig sinnvoll, ist nach dem Gesetz aber zwingend geboten. Da diese Problematik bereits während des Gesetzgebungsverfahrens bekannt war, sind dahingehende Änderungsvorschläge unterbreitet worden, dass bei mehreren gleichlaufenden Verfahren gegen den Antragsgegner dieser erst dann Stellung nehmen solle, wenn die Verfahren gerichtlich verbunden wurden.[873] Die Frist zur Erwiderung solle erst dann zu laufen beginnen, wenn die Antragsfrist abgelaufen und der letzte Antrag dem Antragsgegner zugestellt worden sei.[874] Obwohl der Gesetzgeber diesen Vorschlägen nicht gefolgt ist und trotz des eindeutigen Wortlauts, der die unverzügliche Zustellung eines Antrags und das gleichzeitige Setzen einer Frist vorsieht, wird es aber nach wie vor für möglich und für in der Praxis empfehlenswert gehalten, seitens des Gerichts den Ablauf der Antragsfrist abzuwarten und dann dem Antragsgegner eine kurze Frist zur Stellungnahme zu setzen.[875] Dies ist aus den dargelegten Gründen trotz der offenkundigen praktischen Vorteile jedoch unzulässig.[876] Ob sich die Problematik in der Praxis dadurch entspannt, dass die Antragsteller die Anträge angesichts des Begründungserfordernisses und dem damit verbundenen Aufwand erst gegen Ende der Frist einreichen, so dass der Antragsgegner die kurz nacheinander bei ihm eingehenden Anträge sammeln und insgesamt auf sie erwidern kann,[877] erscheint fraglich. Sinnvoller erscheint in diesem Zusammenhang eine eindeutige Klarstellung des Gesetzgebers, dass dem Antragsgegner erst nach Ablauf der Antragsfrist die bei Gericht eingegangenen Anträge zur Erwiderung zuzustellen sind. Dadurch möglicherweise

---

871 Zur Zustellung an den gemeinsamen Vertreter siehe bereits oben Fn. 866 sowie oben Teil 3 C. III. 1. a. cc. (2).

872 *Bungert/Mennicke* BB 2003, 2021, 2027.

873 So *BDI u. a.* Zu § 7 Abs. 2 und 4 SpruchG-RegE.

874 *HaReA-DAV* ZIP 2003, 552, 554; *HaReA-DAV* NZG 2002, 119, 122.

875 *Krieger* in Lutter UmwG, Anhang I SpruchG § 7 SpruchG Rn. 5; *Lamb/Schluck-Amend* DB 2003, 1259, 1261; ähnlich *Bungert/Mennicke* BB 2003, 2021, 2027; *Klöcker/Frowein* SpruchG § 7 SpruchG Rn. 6: Fristsetzung nach Ablauf der Antragsfrist mit Zustellung des letzten Antrags; siehe auch *Hüffer* AktG § 305 AktG Anh. § 7 SpruchG Rn. 4: Fristsetzung zur Antragserwiderung so, dass sich der Antragsgegner zusammenfassend zu allen Anträgen äußern kann.

876 Ebenso *Büchel* NZG 2003 793, 797; *Fritzsche/Dreier/Verfürth* SpruchG § 7 SpruchG Rn. 17.

877 Vgl. *Fritzsche/Dreier/Verfürth* SpruchG § 7 SpruchG Rn. 17.

geringfügig auftretende Verfahrensverzögerungen würden durch die Bündelung der Erwiderung und der daraus folgenden Verfahrenskonzentration mehr als aufgewogen.

Die Frist zur Erwiderung muss gem. § 7 Abs. 2 S. 3 Halbs. 2 SpruchG mindestens einen Monat betragen[878] und soll drei Monate nicht überschreiten.[879] Das Setzen einer Frist unterhalb eines Monats ist demnach unzulässig, während eine zwingende Begrenzung nach oben hin nicht erfolgt („*soll*" – Ordnungsvorschrift). Allerdings wird die Mindestfrist nur in seltenen Fällen einen Monat betragen können. Denn selbst bei pflichtgemäßem Bemühen um Beschleunigung ist eine sachgerechte Stellungnahme in diesem Zeitraum kaum möglich, da der Antragsgegner vielfältige Informationen im Unternehmen zusammentragen und Wertgutachter befragen muss, die im Vorfeld der zugrunde liegenden Strukturmaßnahme ein Bewertungsgutachten erstellt haben. Daher wird bei umfangreichen Anträgen eine Frist deutlich über einem Monat zu setzen sein und in einem Großteil der Verfahren die grundsätzliche Maximalfrist von drei Monaten gewährt werden müssen, da der Antragsgegner anderenfalls quantitativ und qualitativ nicht angemessen erwidern kann.[880] Nur wenn sich die Begründungsinhalte vieler Anträge weitgehend gleichen und dadurch der zur Erwiderung notwendige Aufwand sinkt, werden deutlich kürzere Erwiderungsfristen als drei Monate gesetzt werden können. Entscheidend wird das Gericht bei der Bestimmung der Frist daher den Inhalt der Anträge, auf den der Antragsgegner zu erwidern hat, berücksichtigen müssen. Sind diese umfangreich und treten zudem eine Vielzahl von Antragstellern auf, deren Begründungsinhalte voneinander abweichen, so werden regelmäßig längere Fristen als drei Monate zu setzen sein, was – wie bei § 224 Abs. 2 ZPO – möglich ist, auch wenn dem das Ziel der Verfahrensbeschleunigung entgegenstehen mag, denn auch dieses übergeordnete Ziel darf nicht zu einer Beeinträchtigung der rechtlichen Verteidigungsmöglichkeiten der Verfahrensbeteiligten führen, zumal die Gefahr besteht, dass sie mit einem Vorbringen zu einem späteren Zeitpunkt nach Maßgabe des § 10 Abs. 1, 2 SpruchG präkludiert sind.

3. Einreichung von Unterlagen und Erteilung von Abschriften

Nach der Zustellung der Anträge trifft die Antragsgegner neben der Pflicht zur Antragserwiderung gem. § 7 Abs. 2 SpruchG auch die Pflicht, die in § 7 Abs. 3

---

[878] Die Dauer der Mindestfrist geht auf einen – nicht näher begründeten – Vorschlag des Rechtsausschusses zurück (siehe *ReA-BT* SpruchverfNeuordG BT-Drucks. 15/838 S. 7, 17). In § 7 Abs. 2 S. 3 SpruchG-RegE war ebenso wie bereits in § 8 Abs. 2 S. 3 SpruchG-RefE noch eine Mindesterwiderungsfrist von lediglich zwei Wochen vorgesehen; kritisch dazu *Büchel* NZG 2003, 793, 797: „...eine vollkommen unrealistische Anforderung"; ähnlich *Puszkajler* ZIP 2003, 519, 520. Für eine Mindestfrist von sechs Wochen hatte hingegen der *HaReA-DAV* NZG 2002, 119, 122, plädiert.

[879] Der Referentenentwurf hatte dagegen in § 8 Abs. 2 S. 3 SpruchG-RefE eine grundsätzliche Obergrenze von lediglich zwei Monaten vorgesehen.

[880] Vgl. *Fritzsche/Dreier/Verfürth* SpruchG § 7 SpruchG Rn. 17 sowie *Krieger* in Lutter UmwG Anhang I SpruchG § 7 SpruchG Rn. 6.

SpruchG genannten Unterlagen und ggf. Abschriften von diesen bei Gericht einzureichen.

Gem. § 7 Abs. 3 S. 1 SpruchG sind in jedem Fall der Bericht über den Unternehmensvertrag, der Eingliederungsbericht, der Bericht über die Übertragung der Aktien auf den Hauptaktionär oder der Umwandlungsbericht einzureichen.[881] Darüber hinaus muss der Antragsgegner gem. § 7 Abs. 3 S. 2 SpruchG in den Fällen, in denen der Beherrschungs- oder Gewinnabführungsvertrag, die Eingliederung, die Übertragung der Aktien auf den Hauptaktionär oder die Umwandlung durch sachverständige Prüfer geprüft worden ist, auch den jeweiligen Prüfungsbericht vorlegen. Eine weitergehende Vorlagepflicht besteht nicht, jedoch wird die Vorschrift durch § 7 Abs. 5 und Abs. 7 SpruchG ergänzt. Gem. § 7 Abs. 3 S. 3 SpruchG ist dem Antragsgegner darüber hinaus vom Gericht die kostenlose Erteilung von Abschriften der in § 7 Abs. 3 S. 2, 3 SpruchG genannten Unterlagen[882] an die Antragsteller oder den gemeinsamen Vertreter aufzugeben, wenn diese es verlangen.

In § 8 Abs. 3 S. 3 SpruchG-RefE war ausdrücklich die Anwendbarkeit von § 142 Abs. 1 und Abs. 3 ZPO mit der Begründung vorgesehen, dass deren sachgerechte Anwendung zur Herbeiführung der Vorlage von Urkunden für eine wesentlich bessere Vorbereitung des Verfahrens und eine erhebliche Verbreiterung der Erkenntnisgrundlage für das Spruchverfahren sorgen könne.[883] Bereits im Regierungsentwurf fand sich ein Bezug auf diese Vorschriften der ZPO allerdings nicht mehr. Dass auch dem gemeinsamen Vertreter Abschriften zu erteilen sind, geht auf einen Vorschlag des Bundesrats zurück.[884] Dadurch soll sichergestellt werden, dass auch diesem die in § 7 Abs. 3 S. 1, 2 SpruchG genannten Unterlagen rechtzeitig zur Verfügung stehen, da er diese benötige, um die Angemessenheit der jeweiligen Bewertung nachzuvollziehen.[885] Ein weitergehender Vorschlag des Bundesrats, dem gemeinsamen Vertreter die Unterlagen immer von Amts wegen zuzuleiten, da er zum Zeitpunkt der Beschlussfassung in aller Regel nicht anwesend gewesen sein wird,[886] ist allerdings ebenso wenig Gesetz geworden wie der Vorschlag in § 8 Abs. 4 S. 1 SpruchG-RefE, die Stellungnahme des Antragsgegners sowie die vorgelegten Unterlagen allen Beteiligten immer ohne weiteres zuzuleiten.[887]

Kostenlos sind also sowohl die Abschrift als auch die Übersendung.[888] Durch § 7 Abs. 3

---

881 Während § 8 Abs. 3 S. 1 SpruchG-RefE noch vorsah, dass die dort genannten Berichte in ausreichender Zahl bei Gericht einzureichen sind, trifft § 7 Abs. 3 S. 1 SpruchG, der die Fassung des Regierungsentwurfs übernommen hat, hinsichtlich der Anzahl keine nähere Bestimmung mehr. Gegenüber dem Referentenentwurf wurde durch den Regierungsentwurf auch der Zeitpunkt der Pflicht zur Einreichung konkretisiert. Jener hatte noch nicht vorgesehen, dass diese nach Zustellung der Anträge erfolgen muss.

882 Siehe zu den Unterlagen oben Teil 3 D. III. 2. b. aa. (1).

883 *Begr. RefE* SpruchverfNeuordG NZG 2002, 23, 29.

884 Siehe *BR* SpruchverfNeuordG BR-Drucks. 827/02 (Beschluss) S. 5.

885 *BR* SpruchverfNeuordG BR-Drucks. 827/02 (Beschluss) S. 6; *ReA-BT* SpruchverfNeuordG BT-Drucks. 15/838 S. 17.

886 *BR* SpruchverfNeuordG BR-Drucks. 827/02 (Beschluss) S. 6.

887 Siehe *Begr. RefE* SpruchverfNeuordG NZG 2002, 25, 29 – dieser Vorschlag basierte allerdings auf einem anderen Konzept: Auf einen Antrag ohne Begründung sollte eine Erwiderung des Antragsgegners folgen, zu der der Antragsteller Stellung nehmen sollte.

888 *Fritzsche/Dreier/Verfürth* SpruchG § 7 SpruchG Rn. 38.

SpruchG wird bezweckt, dass den Antragstellern das notwendige Tatsachenmaterial, das Aufschluss über die Angemessenheit der Kompensation geben kann, zur Verfügung steht und sie darauf zugreifen können, ohne auf das Wohlwollen des Antragsgegners angewiesen zu sein; sie sollen die Tatsachen von sich aus vorbringen können. Voraussetzung der Abschriftenerteilung ist lediglich ein – auch formlos äußerbares – Verlangen eines Antragstellers oder des gemeinsamen Vertreters. Hingegen kann das Gericht nicht bereits mit der Setzung der Erwiderungsfrist von sich aus Abschriften für den gemeinsamen Vertreter oder auch für einen oder mehrere Antragsteller anfordern.[889] Denn der Wortlaut des § 7 Abs. 3 S. 3 SpruchG setzt zwingend ein entsprechendes Verlangen der Antragsteller oder des gemeinsamen Vertreters voraus und lässt für eine vorsorgliche gerichtliche Anforderung von Abschriften keinen Raum. Sie würde auch dem Willen des Gesetzgebers widersprechen, der einen Vorschlag, die Einreichung entsprechender Überstücke im Vorfeld gesetzlich vorzusehen,[890] nicht aufgegriffen hat.

Bedeutung hat die Regelung in § 7 Abs. 3 SpruchG vor allem für den gemeinsamen Vertreter, denn die Antragsteller werden in der Regel bereits über die in § 7 Abs. 3 S. 1, 2 SpruchG genannten Unterlagen verfügen, da diese nach §§ 293 f., 320, 327, 327 c AktG, § 63 UmwG etc. vor der jeweiligen Hauptversammlung auszulegen sind, es sei denn, sie haben die sie zur Antragstellung berechtigenden Anteile erst nach der Hauptversammlung bzw. nach Ende der Auslegungsfrist erworben. Da jene Antragsteller und auch der gemeinsame Vertreter die Unterlagen allerdings bereits zur Verfahrenseinleitung- bzw. -führung benötigen, wäre es sinnvoll gewesen, den Antragsgegner gesetzlich zu verpflichten, sogleich mit der Erwiderung Abschriften der Unterlagen einzureichen.[891] Alternativ hätten auch die materiellrechtlichen Vorschriften geändert werden können, nach denen die betroffenen Rechtsträger die in Rede stehenden Unterlagen bis zur Hauptversammlung auszulegen und allen Aktionären auf Verlangen zur Verfügung zu stellen haben; die Zeit hätte bis zum Ablauf der Antragsfrist ausgedehnt werden sollen, da dann zumindest jedem Antragsteller die Möglichkeit eröffnet wäre, sich die Unterlagen rechtzeitig vor Antragstellung zu beschaffen, wenn er sie nicht ohnehin bereits besitzt.[892] Sofern der Vorlagepflicht gem. § 7 Abs. 3 SpruchG nicht nachgekommen wird, kann dies gem. § 7 Abs. 8 SpruchG sanktioniert werden.[893]

---

889 *Koppensteiner* in KK/AktG Anh. § 327 f AktG Rn. 35; a. A. *Büchel* NZG 2003, 793, 798; *Fritzsche/Dreier/Verfürth* SpruchG § 7 SpruchG Rn. 35; *Hüffer* AktG § 305 AktG Anh. § 7 SpruchG Rn. 5; *Klöcker/Frowein* SpruchG § 7 SpruchG Rn. 9; *Krieger* in Lutter UmwG Anhang I SpruchG § 7 SpruchG Rn. 8.

890 Siehe *BR* SpruchverfNeuordG BR-Drucks. 827/02 (Beschluss) S. 6.

891 Dafür *Büchel* NZG 2003, 793, 797.

892 *HaReA-DAV* ZIP 2003, 552, 554. Eine Ausdehnung der materiell-rechtlichen Auslegungsfristen bis zum Ablauf der Antragsfrist hätte allerdings nicht zwingend sichergestellt, dass der gemeinsame Vertreter in den Besitz der Unterlagen gelangt, da dieser unter Umständen erst nach Ablauf der Antragsfrist zu bestellen ist – wenn nicht zuvor bereits die Zulässigkeit eines Antrags festgestellt wurde – und im Übrigen mangels Anteilsinhaberschaft keinen Anspruch auf Einsichtnahme in die Unterlagen hat.

893 Siehe dazu unten Teil 3 E. I. 8.

4. Einwendung gegen die Antragserwiderung

Nach dem Eingang der Antragserwiderung richtet sich der weitere Verfahrensverlauf nach § 7 Abs. 4 SpruchG. Gem. § 7 Abs. 4 S. 1 SpruchG ist die Antragserwiderung dem Antragsteller und dem gemeinsamen Vertreter zuzuleiten, gegen die jene gem. § 7 Abs. 4 S. 2 SpruchG Einwendungen vorbringen können.[894] Mit Zuleitung ist in diesem Zusammenhang wie auch im Rahmen des § 7 Abs. 1 SpruchG die förmliche Zustellung (§ 17 Abs. 1 SpruchG i. V. m. § 16 Abs. 2 S. 1 FGG) gemeint, da mit der Zuleitung die richterliche Frist gem. § 7 Abs. 4 S. 2 SpruchG in Gang gesetzt wird.[895] Innerhalb dieser Frist müssen die Antragsteller und der gemeinsame Vertreter gem. § 7 Abs. 4 S. 2 SpruchG Einwendungen gegen die Antragserwiderung und die in § 7 Abs. 3 SpruchG genannten Unterlagen schriftlich und binnen einer vom Gericht gesetzten Frist vorbringen.

Wie bereits erwähnt muss die gesetzte Frist dabei mindestens einen Monat und „*soll*" (Ordnungsvorschrift) maximal drei Monate betragen.[896] Damit gleichen sich nunmehr die Fristen zur Antragserwiderung für den Antragsgegner und die Einwendungsfristen für die Antragsteller sowie den gemeinsamen Vertreter.[897] Der Gesetzgeber geht damit offenbar davon aus, dass die Obergrenze von drei Monaten grundsätzlich ausreichend ist, auch wenn die Sachverhalte komplex sind. Er greift damit das noch im Referentenentwurf enthaltene Argument nicht auf, dass die Frist für den Antragsteller und den gemeinsamen Vertreter zur Stellungnahme mit sechs Monaten deutlich länger als die Erwiderungsfrist für den Antragsgegner bemessen sein solle, um dem unterschiedlichen Informationsstand beider Seiten Rechnung zu tragen.[898]

Hinsichtlich der den Antragstellern aus § 7 Abs. 4 S. 2 SpruchG erwachsenden Pflicht zum Vorbringen von Einwendungen wird kritisiert, dass diese bereits im Rahmen der Antragsbegründung zu den in § 7 Abs. 3 SpruchG genannten Unterlagen Stellung genommen hätten und mit einem diesbezüglichen erstmaligen Vorbringen

---

894 Gegenüber dem Referentenentwurf (§ 8 Abs. 4 S. 1 SpruchG-RefE) weicht die Regelung in § 7 Abs. 4 S. 1 SpruchG insofern ab, als dass nur noch die des Antragsgegners den übrigen Beteiligten zugänglich zu machen ist.

895 *Fritzsche/Dreier/Verfürth* SpruchG § 7 SpruchG Rn. 42; *Klöcker/Frowein* SpruchG § 7 SpruchG Rn. 10; *Krieger* in Lutter UmwG Anhang I SpruchG § 7 SpruchG Rn. 10.

896 Im Referentenentwurf war noch eine Mindestfrist von zwei Wochen und eine Obergrenze sechs Monaten vorgeschlagen worden (siehe § 8 Abs. 4 S. 2 SpruchG-RefE bzw. *Begr. RefE* SpruchverfNeuordG NZG 2002, 25, 29). Im Regierungsentwurf blieb es bei der vorgeschlagenen Mindestfrist, die grundsätzliche Höchstdauer sollte allerdings nur noch drei Monate betragen (siehe *Begr. RegE* SpruchverfNeuordG BT-Drucks. 15/371 Anlage 1 S. 14). Auf Vorschlag des Rechtsausschusses (siehe *ReA-BT* SpruchverfNeuordG BT-Drucks. 15/838 S. 8) wurde die Mindestfrist schließlich von zwei Wochen auf einen Monat erhöht.

897 Hinsichtlich der Möglichkeit der Fristverlängerung gelten die Ausführungen zur Antragserwiderungsfrist (siehe oben Teil 3 E. I. 2.) entsprechend.

898 Vgl. *Begr. RefE* SpruchverfNeuordG NZG 2002, 25, 29 f. Hinsichtlich der Möglichkeit der Fristverlängerung gelten die Ausführungen zur Antragserwiderungsfrist (siehe oben Teil 3 E. I. 2.) entsprechend.

ohnehin gem. §§ 9 Abs. 1, 10 Abs. 2 SpruchG präkludiert seien.[899] Angesichts der Präklusionsvorschriften ist allerdings ohnehin selbstverständlich, dass sich die Einwendungen gegen die von § 7 Abs. 3 SpruchG erfassten Unterlagen nur auf Erkenntnisse beziehen können, die zum Zeitpunkt der Antragstellung noch nicht vorlagen bzw. den Antragstellern nicht schuldhaft unbekannt waren. Inwieweit die Einwendungen diesen Anforderungen gerecht werden, kann im Einzelfall schwer zu entscheiden sein, denn die Feststellung, ob Einwendungen gegen die Unterlagen bereits in der Antragsbegründung hätten vorgebracht werden können und dementsprechend in der Replik verspätet erhoben worden sind, erfordert genaue Untersuchungen durch das Gericht, die zeit- und arbeitsintensiv sein können; dem Gesichtspunkt der Effizienz und Beschleunigung des Verfahrens wird daher durch die Regelung nicht Rechnung getragen. Allerdings relativiert sich die Gefahr der Verfahrensverzögerung angesichts der Möglichkeit, die die Regelung dem gemeinsamen Vertreter und infolgedessen auch den Antragstellern eröffnet. Denn dem gemeinsamen Vertreter wird durch die Regelung erstmalig die Gelegenheit zur Stellungnahme gegeben, da er erst nach Feststellung der Zulässigkeit eines Antrags eines Antragstellers zu bestellen ist. Selbstverständlich ist daher auch, dass er in seiner Replik nicht an die Einwendungen der Antragsteller gebunden ist, sondern sämtliche Einwendungen geltend machen kann.[900] Dadurch wird die Bedeutung der Begründungspflicht gem. § 4 Abs. 2 S. 2 Nr. 4 S. 1 SpruchG erheblich herabgemindert, da zu erwarten ist, dass mit der Replik des gemeinsamen Vertreters alle kritischen Punkte der Bewertung Verfahrensgegenstand werden.[901]

5. Weitere vorbereitende gerichtliche Maßnahmen

Gem. § 7 Abs. 5 SpruchG können zur Vorbereitung der mündlichen Verhandlung weitere gerichtliche Maßnahmen ergriffen werden. Durch diese Norm kommt erneut die Zurückdrängung des Amtsermittlungsgrundsatzes im Spruchverfahren zum Ausdruck, denn die Vorbereitung einer mündlichen Verhandlung soll durch vom Gericht angeordnete Einzelmaßnahmen der Parteien und nicht durch Amtsermittlung gewährleistet werden.[902]

Gem. § 7 Abs. 5 S. 1 SpruchG kann das Gericht den Beteiligten insbesondere die Ergänzung oder Erläuterung ihres schriftlichen Vorbringens aufgeben, so etwa, wenn ein Antrag nach Auffassung des Gerichts nicht den Anforderungen an die Antragsbegründung gem. § 4 Abs. 2 SpruchG genügt, es sei denn, dass die Antragsfrist bereits abgelaufen ist. Nach Ablauf der Antragsfrist kann das schriftliche Vorbringen lediglich hinsichtlich dessen Klarheit und Verständlichkeit ergänzt werden, soweit

---

899 *Fritzsche/Dreier/Verfürth* SpruchG § 7 SpruchG Rn. 43.

900 *Büchel* NZG 2003, 793, 798; *Hüffer* AktG § 305 AktG Anh. § 7 SpruchG Rn. 6; *Koppensteiner* in KK/AktG Anh. § 327 f AktG Rn. 36.

901 Siehe oben Teil 3 C. III. 1. b. aa. (1).

902 *v. Kann/Hirschmann* DStR 2003, 1488, 1492.

das Gericht dies für notwendig hält.[903] Die durch § 7 Abs. 5 S. 2 SpruchG eröffnete Möglichkeit, die Vorlage von Aufzeichnungen zu verlangen, bringt jedoch keine Vorteile mit sich, sondern fördert lediglich die Unübersichtlichkeit der Vorlageverpflichtung von Unterlagen im Verfahren insgesamt und ist in den für das Verfahren bedeutsamen Fällen ein stumpfes Schwert zur Erlangung von Informationen, was in der Regelung von § 7 Abs. 5 SpruchG (Vorlage von *„Aufzeichnungen"*) einerseits und § 7 Abs. 7 SpruchG (Vorlage von *„sonstigen Unterlagen"*) andererseits begründet liegt, deren Verhältnis zueinander teilweise für unklar gehalten wird.[904] Diese Unklarheit löst sich indessen auf, wenn man sich vergegenwärtigt, dass *„Aufzeichnungen"* im Sinne von § 7 Abs. 5 S. 2 SpruchG zugleich stets *„sonstige Unterlagen"* im Sinne von § 7 Abs. 7 S. 1 SpruchG sind.[905] Sind die Aufzeichnungen daher aus Sicht des Antragsgegners geheimhaltungsbedürftig, so kann er immer einen Antrag nach § 7 Abs. 7 S. 2 SpruchG stellen. Er kann sich allerdings nicht darauf berufen, dass die Aufzeichnungen bzw. Unterlagen nur auf Verlangen des Antragstellers angefordert werden dürfen, da § 7 Abs. 7 S. 1 SpruchG dieses Recht auch dem Vorsitzenden des Gerichts zugesteht. Ein Antrag gem. § 7 Abs. 7 S. 2 SpruchG wird auch in nahezu allen Fällen gestellt werden, in denen die Vorlage von Aufzeichnungen verlangt wird, denn der verpflichtete Rechtsträger hat wenig Interesse daran, Fakten zu offenbaren und das Verfahren dadurch zu unterstützen.[906] Er wird deshalb alle rechtlichen Mittel ausschöpfen, die die Vorlage von Aufzeichnungen verhindern können.

Einer analogen Anwendung der in § 7 Abs. 7 S. 2 SpruchG enthaltenen Vertraulichkeitsregelung auf die Pflicht zur Vorlage von Aufzeichnungen nach § 7 Abs. 5 S. 2 SpruchG bedarf es aus den dargelegten Gründen nicht,[907] denn § 7 Abs. 7 SpruchG geht § 7 Abs. 5 SpruchG diesbezüglich vor, so dass insoweit keine Regelungslücke besteht. Anders verhält es sich indessen mit den im Rahmen des § 7 Abs. 5 S. 2 SpruchG seitens des Gerichts einforderbaren Erläuterungen oder sonstigen Maßnahmen, die aus Sicht des Antragsgegners geheimhaltungsbedürftige Inhalte enthalten bzw. zutage fördern können; auf sie ist die Regelung in § 7 Abs. 7 S. 2 SpruchG analog anwendbar.[908] In diesem Fall besteht auch eine Regelungslücke, da § 7 Abs. 5 SpruchG nicht normiert, ob der Antragsgegner auch Erläuterungen geben oder Maßnahmen des Gerichts Folge leisten muss, die Informationen, die aus seiner Sicht

903 *Fritzsche/Dreier/Verfürth* SpruchG § 7 SpruchG Rn. 47.

904 Vgl. *HaReA-DAV* ZIP 2003, 552, 555; *Bungert/Mennicke* BB 2003, 2021, 2027; die Regelung ebenso für überflüssig haltend *Krieger* in Lutter UmwG Anhang I SpruchG § 7 SpruchG Rn. 11; kritisch auch *Emmerich* in Emmerich/Habersack KonzernR § 7 SpruchG Rn. 6.

905 Ebenso *Emmerich* in Emmerich/Habersack KonzernR § 7 SpruchG Rn. 6; *Fritzsche/Dreier/Verfürth* SpruchG § 7 SpruchG Rn. 48. Sinnvoll wäre es daher gewesen, dem Vorschlag des *HaReA-DAV* ZIP 2003, 552, 555 zu folgen und die Wörter *„Vorlage sonstiger Unterlagen"* in § 7 Abs. 5 S. 2 SpruchG ersatzlos zu streichen.

906 Vgl. oben Teil 3 D. III. 2. b. aa. (1).

907 Aufgrund ihres anderen Ansatzes konsequenterweise a. A. *Fritzsche/Dreier/Verfürth* SpruchG § 7 SpruchG Rn. 50; *Wasmann/Roßkopf* ZIP 2003, 1776, 1780.

908 Zutreffend *Emmerich* in Emmerich/Habersack KonzernR § 7 SpruchG Rn. 10.

geheimhaltungsbedürftig sind, enthalten bzw. offenbaren können. Der Gesetzgeber hat es offenkundig auch übersehen, diesen Fall gesetzlich zu regeln, so dass die Regelungslücke auch planwidrig ist. Schließlich sind auch die Interessenlagen vergleichbar, da auch Erläuterungen oder sonstige Maßnahmen, die von dem Antragsgegner ein Tätigwerden verlangen, zur Preisgabe von geheimhaltungsbedürftigen Informationen führen können.

Die analoge Anwendbarkeit hat zur Folge, dass der Antragsgegner sich gegenüber dem Gericht auf die Geheimhaltungsbedürftigkeit berufen kann und der Aufforderung zur Erläuterung bzw. der geforderten Maßnahme nur dann nachkommen muss, wenn sein entsprechender Antrag auf Nichtoffenlegung rechtskräftig abgelehnt worden ist. Da die Anordnungen nach § 7 Abs. 5 SpruchG bzw. deren Nichtbefolgung aber ohnehin sanktionslos sind – § 7 Abs. 8 SpruchG bezieht sich ausschließlich auf § 7 Abs. 3 und 7 SpruchG – wird es auf die analoge Anwendung allerdings nur selten ankommen; den auf der Grundlage von § 7 Abs. 5 SpruchG erlassenen Maßnahmen kommt in der Praxis wohl kaum wesentliche Bedeutung zu.[909]

6. Beweisaufnahme vor dem ersten Termin

§ 7 Abs. 6 SpruchG regelt die Beweisaufnahme vor dem ersten Termin der mündlichen Verhandlung.

a. Grundsätze der Beweisaufnahme im Spruchverfahren

Das Spruchverfahren ist trotz seiner Annäherung an die ZPO immer noch ein Verfahren der freiwilligen Gerichtsbarkeit. Daher gilt der Grundsatz der Öffentlichkeit gem. § 169 GVG nicht, denn das GVG findet gem. § 2 EGGVG nur auf die streitige ordentliche Gerichtsbarkeit Anwendung. Indes folgt die Öffentlichkeit des Spruchverfahrens aus Art. 6 Abs. 1 S. 1 EMRK. Denn im Spruchverfahren wird, wie es Art. 6 Abs. 1 S. 1 EMRK erfordert, über zivilrechtliche Ansprüche entschieden. Auch der EGMR hat in seiner Entscheidung zur überlangen Dauer eines Spruchverfahrens Art. 6 Abs. 1 EMRK herangezogen.[910] Zudem ist der Amtsermittlungsgrundsatz, der schon bisher nicht zwingend nach einer Öffentlichkeitsbeschränkung verlangte,[911] durch das Spruchverfahrensgesetz erheblich eingeschränkt worden.

Das FGG selbst regelt das Beweisverfahren nur lückenhaft. Anzuwenden sind daher insbesondere Grundsätze aus der ZPO, die über § 17 Abs. 1 SpruchG i. V. m. § 15 FGG entsprechende Anwendung finden können, soweit ihnen die Eigenart des Verfahrens nicht entgegensteht. Keine Anwendung finden im Spruchverfahren die Vorschriften

---

909 *Wasmann/Roßkopf* ZIP 2003, 1776, 1779; i. E. jedenfalls für die Vorlage von Aufzeichnungen auch *Bungert/Mennicke* BB 2003, 2021, 2027.

910 Siehe oben Teil 2 A.

911 *Behnke* Spruchverfahren S. 104; siehe zur überholten Gegenansicht *Thywissen* Spruchstellenverfahren S. 60 f.

über den Beweisantritt (§§ 371, 373, 403, 420 ZPO).[912] Ebenfalls keine Geltung können die Formvorschriften der ZPO über die Protokollaufnahme (§§ 159 ff. ZPO) beanspruchen. Dies ergibt sich auch im Umkehrschluss daraus, dass in bestimmten Vorschriften des SpruchG (vgl. § 11 SpruchG) deren Geltung ausdrücklich angeordnet wurde. Wird eine förmliche Beweisaufnahme durchgeführt, was im pflichtgemäßen Ermessen des Gerichts steht, so gilt der in § 355 Abs. 1 ZPO verankerte Grundsatz der Unmittelbarkeit der Beweisaufnahme entsprechend.[913] Zudem finden die Vorschriften der ZPO über das Beweisverfahren beim Augenschein (§§ 372, 372 a ZPO, §§ 374–414 ZPO) sowie beim Beweis durch Zeugen und Sachverständige (§§ 373–401 ZPO, § 402 ZPO, §§ 403–411 ZPO),[914] ferner die Vorschriften über die Sicherung des Beweises (§§ 485–494 ZPO) entsprechende Anwendung. Anders als im Zivilprozess besteht jedoch keine Beweislast der Beteiligten im Sinne einer formellen oder subjektiven Beweislast. Es gilt aber eine – der zivilprozessualen Beweislast sehr nahe kommende[915] – Feststellungslast, wonach sich beurteilt, zu wessen Lasten es geht, wenn die Ermittlungen des Gerichts zu keinem Erfolg geführt haben. Der Antragsteller trägt die Last für die seinen Antrag begründenden Tatsachen, und zwar bereits unmittelbar mit Antragstellung und nicht wie vor Inkrafttreten des Spruchverfahrensgesetzes erst dann, wenn das Gericht aufgrund der uneingeschränkten Geltung des Amtsermittlungsgrundsatzes alle gebotenen Ermittlungen sowie Beweiserhebungen angestellt hat und ungeachtet aller Möglichkeiten der Beweiswürdigung nicht zur Feststellung der entscheidungserheblichen Umstände gelangt ist. Der Antragsgegner trägt dagegen die Feststellungslast für die Umstände, mit denen er dem Antragsbegehren entgegentritt.[916] Daraus folgt, dass es zulasten der Antragsteller geht, wenn auch nach Durchführung der gerichtlichen Ermittlungen und der Erhebung der erforderlichen Beweise entscheidungserhebliche Tatsachen offen sind bzw. Unklarheiten bestehen.[917] Die Antragsteller tragen insbesondere die Feststellungslast, dass die Unternehmensbewertung fehlerhaft ist,[918] so dass sich Ungenauigkeiten auch zu deren Lasten auswirken.[919]

b. Durchführung einer vorbereitenden Beweisaufnahme

Die vorbereitende Beweisaufnahme kann auf zwei Wegen erfolgen. Zum einen kann

---

912 Vgl. *Karldieter Schmidt* in Keidel/Kuntze/Winkler FGG § 15 FGG Rn. 9.

913 Vgl. *Karldieter Schmidt* in Keidel/Kuntze/Winkler FGG § 15 FGG Rn. 10.

914 Vgl. *Karldieter Schmidt* in Keidel/Kuntze/Winkler FGG § 15 FGG Rn. 17 ff.

915 OLG Düsseldorf AG 1998, 37 („Hageda AG/M und H Medizin und Handel Beteiligungs- und Immobilienverwaltungs-GmbH").

916 LG Frankfurt/M. NZG 2004, 432, 433 („DBS/Badenia"); *Fritzsche/Dreier/Verfürth* SpruchG § 9 SpruchG Rn. 5.

917 OLG Düsseldorf AG 1998, 37 („Hageda AG/M und H Medizin und Handel Beteiligungs- und Immobilienverwaltungs-GmbH"); LG Frankfurt/M. NZG 2004, 432, 433 („DBS/Badenia"); *Behnke* Spruchverfahren S. 99 f.; *Volhard* in Semler/Stengel UmwG § 307 UmwG Rn. 11.

918 LG Frankfurt/M. NZG 2004, 432, 433 („DBS/Badenia").

919 A. A. ohne nähere Begründung *Emmerich* in Emmerich/Habersack KonzernR § 306 AktG 3. Aufl. Rn. 38 a.

ein gerichtlicher Sachverständiger zur Klärung von Vorfragen, insbesondere zu Art und Umfang einer folgenden Beweisaufnahme, bestellt werden (§ 7 Abs. 6 Alt. 1 SpruchG)[920] zum anderen kann dazu eine Stellungnahme des sachverständigen Prüfers eingeholt werden (vgl. § 7 Abs. 6 Alt. 2 SpruchG).[921]

Ob es einer vorbereitenden Beweisaufnahme nach § 7 Abs. 6 SpruchG bedarf, steht im Ermessen des Gerichts und ist durch formlosen oder förmlichen Beschluss zu entscheiden.[922] Hinsichtlich des Zeitpunktes der Durchführung der Beweisaufnahme ist lediglich bestimmt, dass diese vor der mündlichen Verhandlung stattfinden muss. Regelmäßig wird sie jedoch frühestens nach der Erwiderung des Antragsgegners in Betracht kommen, da das Gericht erst dann erkennen kann, welche Punkte der Beweiserhebung bedürfen.[923]

Hinsichtlich der von § 7 Abs. 6 SpruchG eröffneten Alternativen besteht zwar nicht nach dem Wortlaut des Gesetzes ein Rangverhältnis. Sofern möglich, sollte jedoch zunächst stets eine Stellungnahme des sachverständigen Prüfers eingeholt werden.[924] Dies empfiehlt sich zum einen deshalb, weil Erfahrungen aus der Praxis zeigen, dass jener die Funktion einer Vorklärung von einzelnen Bewertungsfragen gut erfüllen und anders als ein neuer Gutachter Einzelheiten der Bewertung erläutern kann,[925] und zum anderen, weil die Hinzuziehung eines Sachverständigen bereits vor der Abfassung des Beweisbeschlusses die Gefahr mit sich bringt, dass ein maßgeblich vom Sachverständigen selbst konkretisierter Gutachtenauftrag eine unabhängige Sachentscheidung in Frage stellen kann.[926]

7. Vorlage geheimhaltungsbedürftiger Unterlagen

§ 7 Abs. 7 SpruchG regelt die Pflicht des Antragsgegners, Unterlagen vorzulegen,

---

920 Siehe dazu unten Teil 3 F. II. 1.

921 § 7 Abs. 6 Alt. 2 SpruchG wurde auf Vorschlag des Rechtsausschusses aufgenommen, um klar zu stellen, dass die sachverständigen Prüfer schon zur Klärung von Vorfragen herangezogen werden können (*ReA-BT* SpruchverfNeuordG BT-Drucks. 15/838 S. 17).

922 Grundsätzlich kann die Entscheidung gem. § 17 Abs. 1 SpruchG i. V. m. § 15 Abs. 1 S. 1 FGG i. V. m. § 355 Abs. 2 ZPO nicht isoliert angefochten werden. Etwas anderes gilt nur dann, wenn die Entscheidung von dem Betroffenen ein bestimmtes Verhalten verlangen und in so erheblichem Maße in seine Rechte eingreifen würde, dass ihre selbstständige Anfechtung unbedingt geboten ist.

923 *Fritzsche/Dreier/Verfürth* SpruchG § 7 SpruchG Rn. 59.

924 Ein solches Vorgehen ist insbesondere bei Spruchverfahren wegen Delisting ausgeschlossen, wenn man aus dem Umstand, dass der BGH einen Vorstandsbericht ausdrücklich für nicht erforderlich hält, eine Pflicht zur Prüfung des Abfindungsangebots für entbehrlich hält, da dann auch keine sachverständige Prüfung stattfinden kann (vgl. *Schlitt* ZIP 2004 533, 538).

925 *Puszkajler* ZIP 2003, 518, 521. Der *HaReA-DAV* NZG 2002, 119, 122 hatte weitergehend gefordert, den sachverständigen Prüfer gesetzlich zu verpflichten, in Vorbereitung der mündlichen Verhandlung zu den Anträgen und Stellungnahmen der Beteiligten einschließlich des gemeinsamen Vertreters schriftlich Stellung nehmen zu müssen.

926 Vgl. *Greger* in Zöller ZPO § 404 a ZPO Rn. 2.

deren Vorlage nicht bereits nach anderen Vorschriften verlangt werden kann.[927] Durch die Regelung wird insbesondere die Lösung des potentiellen Konflikts bezweckt, der sich daraus ergibt, dass in Unterlagen des Antragsgegners, auf die sich die Antragsteller zur Begründung ihres Antrags stützen möchten, Betriebs- oder Geschäftsgeheimnisse enthalten sein können.[928]

Vor Inkrafttreten des Spruchverfahrensgesetzes mussten die Gerichte sich in der Praxis mangels ausdrücklicher gesetzlicher Regelung – insbesondere ließ sich aus dem Aktienrecht kein Anspruch auf Vorlage interner Unterlagen ableiten – der Problematik damit behelfen, entsprechende Unterlagen nur dem gerichtlich bestellten Sachverständigen zugänglich zu machen und nicht in die Gerichtsakten gelangen zu lassen. Wurden sie doch Bestandteil der Gerichtsakten, so musste mit den Antragstellern eine Verständigung darüber erfolgen, dass sie nur gegen Unterzeichnung einer strafbewehrten Geheimhaltungsvereinbarung Einsicht in die betreffenden Unterlagen nehmen konnten.[929]

Indem Voraussetzungen für die Pflicht zur Veröffentlichung solcher Informationen statuiert werden und das gerichtliche Verfahren zur Feststellung der Veröffentlichungsfähigkeit der Informationen festgelegt wird, sollen langwierige Zwischenstreitigkeiten über die Vorlagepflicht der genannten Unterlagen vermieden werden.[930] Denn wenn es auch vorkommen mag, dass der Antragsgegner ein Interesse daran hat, interne Unternehmensunterlagen dem Gericht oder dem gerichtlich bestellten Sachverständigen zugänglich zu machen, um die eigene Bewertung zu plausibilisieren,[931] so wird es der Antragsgegner in der weit überwiegenden Anzahl der Fälle ablehnen, solche Unterlagen offen zu legen.[932] Zugleich ist die Regelung Teil des Versuchs, die Informationsasymmetrie zwischen Antragstellern und Antragsgegnern im Spruchverfahren zu beseitigen und damit das Verfahren dem Zivilprozess anzunähern. Denn neben zahlreichen anderen Daten werden für die Ermittlung des reellen Unternehmenswertes auch Informationen z. B. über die vorhandenen stillen Reserven, bestehende Patente oder aktuelle Umsatzahlen bestimmter Produkte benötigt, die der Antragsgegner jedoch nicht offenbaren will, da sie auch für Konkurrenten von hohem Interesse sind, weil sie Geschäftsstrategien und die finanzielle Situation erkennen lassen.[933]

a. Voraussetzungen

Die Voraussetzungen der Vorlagepflicht ergeben sich aus § 7 Abs. 7 S. 1 SpruchG.

---

927 Der Referentenentwurf enthielt keine Regelung zur Herausgabe von geheimhaltungsbedürftigen Unterlagen.

928 *Neye* Spruchverfahrensrecht S. 25.

929 *Lamb/Schluck-Amend* DB 2003, 1259, 1262; ausführlich zur Rechtslage vor Inkrafttreten des Spruchverfahrensgesetzes *Behnke* Spruchverfahren S. 103 ff. sowie *Wasmann/Rosskopf* ZIP 2003, 1776, 1777 ff.

930 *Begr. RegE* SpruchverfNeuordG BT-Drucks. 15/371 Anlage 1 S. 15.

931 Vgl. *Wasmann/Rosskopf* ZIP 2003, 1776, 1777.

932 Vgl. oben Teil 3 E. I. 5.

933 *Behnke* Spruchverfahren S. 103.

aa. Unterlagen

Es muss sich um Unterlagen i. S. v. § 7 Abs. 1 S. 1 SpruchG handeln. Da der Wortlaut den Begriff nicht näher konkretisiert, fallen darunter zunächst alle Schriftstücke, über die der Antragsgegner verfügen kann. Da es sich jedoch um „sonstige“ Unterlagen handeln muss, kann die Vorlage von den in § 7 Abs. 3 SpruchG genannten Unterlagen nicht unter § 7 Abs. 7 S. 1 SpruchG fallen, denn die Pflicht zur Vorlage dieser Unterlagen ist in § 7 Abs. 3 SpruchG abschließend geregelt.[934] Ohnehin würde nur selten ein praktisches Bedürfnis bestehen, diese nach § 7 Abs. 7 S. 1 SpruchG herauszufordern.[935] Eine weitere Eingrenzung des Begriffs legt zunächst weder die Gesetzesbegründung nahe noch ist sie unter teleologischen Gesichtspunkten geboten, denn potentiell können alle vorhandenen Unterlagen Aufschluss über den Unternehmenswert bzw. die Angemessenheit der Kompensationsleistung geben, auch wenn sie nicht zu den typischerweise zur Bewertung erstellten Unterlagen zählen. Daher kann es nicht darauf ankommen, ob die Unterlagen vom Antragsgegner zum Zweck der Veröffentlichung oder ausschließlich für die interne Verwendung erstellt worden sind, auch wenn die Vorlageverlangen sich vor allem auf letztere Unterlagen beziehen werden, weil gerade Informationen, die nicht zur Kenntnisnahme vor allem durch die Antragsteller und das Gericht bestimmt sind, Gewähr dafür bieten, realistische Daten über das Bewertungsobjekt bzw. die Angemessenheit der Kompensationsleistung zu erhalten.[936]

Fraglich ist jedoch, ob die Pflicht zur Vorlage voraussetzt, dass der Antragsgegner über die Unterlagen frei verfügen kann, wie dies etwa bei von ihm in Auftrag gegebenen internen Bewertungsgutachten der Fall ist.[937] Bejaht man dies, so wären entscheidungserhebliche Unterlagen über die (auch) ein Dritter verfügen kann bzw. zu deren Weitergabe der Antragsgegner ohne Zustimmung eines Dritten nicht befugt ist, von der Vorlagepflicht ausgeschlossen. Erhebliche praktische Bedeutung hat diese Frage deshalb, weil es in Spruchverfahren immer wieder zum Streit darüber kommt, ob und wenn ja, welche Unterlagen von Unternehmens- und Wirtschaftsprüfern, also solchen Unterlagen, über die der Antragsgegner nicht frei verfügen kann, dem Gericht, den gerichtlichen Sachverständigen und/oder den Antragstellern zugänglich zu machen sind.[938]

Die Gesetzesbegründung geht ohne weiteres davon aus, dass auch die Vorlage vorbereitender Arbeitspapiere der beauftragten Wirtschaftsprüfer verlangt werden kann.[939] Der *HaReA-DAV* hatte sich dagegen während des Gesetzgebungsverfahrens

---

934 *Fritzsche/Dreier/Verfürth* SpruchG § 7 SpruchG Rn. 82.

935 Ein entsprechendes Bedürfnis könnte etwa dann bestehen, wenn Unterlagen nach § 7 Abs. 3 S. 1 SpruchG nicht vorliegen und eine Abschriftenerteilung gem. § 7 Abs. 3 S. 2 SpruchG versehentlich nicht verlangt worden ist.

936 Vgl. *W. Meilicke/Heidel* DB 2003, 2267, 2271.

937 Vgl. *Begr. RegE* SpruchverfNeuordG BT-Drucks. 15/371 Anlage 1 S. 15.

938 *Wasmann/Roßkopf* ZIP 2003, 1776, 1777.

939 *Begr. RegE* SpruchverfNeuordG BT-Drucks. 15/371 Anlage 1 S. 15; siehe auch *Puszkajler* ZIP 2003, 518, 520, der zu § 7 Abs. 7 SpruchG-RegE bemängelte, dass sich die Verpflichtung zur

gegen eine entsprechende Vorlagepflicht ausgesprochen und gefordert, in § 7 Abs. 7 SpruchG klarzustellen, dass nur Unterlagen des Antragsgegners, nicht aber Unterlagen Dritter vorzulegen sind.[940] Trotz der unterbliebenen Klarstellung im Gesetzeswortlaut und entgegen der Gesetzesbegründung wird die Pflicht zur Vorlage nicht zur freien Verfügung des Antragsgegners stehender Unterlagen nach Inkrafttreten des Spruchverfahrensgesetzes verneint, wenn der (auch) zur Verfügung befugte Dritte die Herausgabe ablehnt.[941] Diese Auffassung ist im Ergebnis überzeugend, denn das Gesetz schweigt in § 7 Abs. 7 S. 1 SpruchG hinsichtlich der Herausgabepflicht Dritter und statuiert lediglich eine Pflicht zur Herausgabe durch den Antragsgegner. Dies wird auch mit Blick auf § 142 Abs. 1 ZPO deutlich, der im Gegensatz dazu im Zivilprozess neben den Parteien, also unabhängig von der Darlegungslast, ausdrücklich auch Dritte grundsätzlich dazu verpflichtet, in ihrem Besitz befindliche Urkunden oder sonstige Unterlagen, auf die sich eine Partei bezogen hat, dem Gericht vorzulegen. Eine entsprechende unmittelbare Verpflichtung Dritter zur Herausgabe besteht nach dem Spruchverfahrensgesetz nicht. Auch scheidet eine analoge Anwendung von § 142 Abs. 1 ZPO offensichtlich aus: Im SpruchG wird an den Stellen, an denen Normen der ZPO Anwendung finden sollen, ausdrücklich auf diese verwiesen (vgl. § 11 SpruchG). Vor allem aber spricht gegen eine analoge Anwendung bzw. eine planwidrige Regelungslücke die Gesetzesgeschichte, da im Referentenentwurf die Anwendbarkeit von § 142 ZPO ausdrücklich vorgesehen war, dieser Vorschlag vom Gesetzgeber im Verlauf des Gesetzgebungsverfahrens jedoch nicht weiter verfolgt wurde.[942] Dem Vorlageverlangen nach § 7 Abs. 7 S. 1 SpruchG kann der Antragsgegner daher nur dann nachkommen, wenn er seinerseits die Herausgabe von Unterlagen Dritter verlangen kann und zur alleinigen Verfügung über sie befugt ist. Vor diesem Hintergrund kann die Vorlage der Arbeitspapiere von Wirtschaftsprüfern entgegen der Gesetzesbegründung nicht verlangt werden.[943] Etwas anderes ergibt sich auch nicht aus der Wirtschaftsprüferordnung. Zwar muss der Wirtschaftsprüfer seinem Auftragsgeber und damit im vorliegendem Zusammenhang dem Antragsgegner gem. § 51 b Abs. 3 WPO die von ihm nach Maßgabe des § 51 b Abs. 1 WPO zu erstellenden Unterlagen gem. § 51 b Abs. 2 WPO nach Zahlung der Vergütung und Befriedigung seiner Auslagen zur Verfügung stellen; § 51 b Abs. 4 WPO stellt aber

---

Vorlage von Unterlagen nicht auch ausdrücklich auf die Arbeitsunterlagen der Vorgutachter und des Prüfers erstreckt; für die Möglichkeit der Einsichtnahme insbesondere auch in die Arbeitspapiere der Wirtschaftsprüfer – allerdings auf der Grundlage eines anderen Regelungskonzepts des Spruchverfahrens – auch *Austmann* BB 2002 Heft 15 S. I.

940 *HaReA-DAV* ZIP 2003, 552, 555.

941 *Wasmann/Rosskopf* ZIP 2003, 1776, 1780 f.; zustimmend *Fritzsche/Dreier/Verfürth* SpruchG § 7 SpruchG Rn. 84; *Klöcker/Frowein* SpruchG § 7 SpruchG Rn. 13.

942 Siehe oben Teil 3 E. I. 3.

943 I. E. ebenso *Bungert/Mennicke* BB 2003, 2021, 2029; *Emmerich* in Emmerich/Habersack KonzernR § 7 SpruchG Rn. 8; *Fritzsche/Dreier/Verfürth* SpruchG § 7 SpruchG Rn. 84; *Krieger* in Lutter UmwG Anhang I SpruchG § 7 SpruchG Rn. 14; *Wasmann/Roßkopf* ZIP 2003, 1776, 1780 f.; a. A. ohne nähere Begründung *Koppensteiner* in KK/AktG Anh. § 327 f AktG Rn. 37 sowie *Leube* in Deilmann/Lorenz AG § 8 Rn. 26.

ausdrücklich klar, dass zu internen Zwecken gefertigte Arbeitspapiere nicht zu der Handakte zählen. Daher ergibt sich aus dem Gesetz auch kein Anspruch des Antragsgegners auf Herausgabe der Arbeitspapiere und somit keine mittelbare Verpflichtung der Wirtschaftsprüfer zur Vorlage dieser Unterlagen.[944] Eine Verfügungsbefugnis des Antragsgegners über die internen Arbeitspapiere des von ihm beauftragten Abschlussprüfers lässt sich schließlich auch nicht aus den Prüfungsstandards statuierenden Grundsätzen zur Durchführung von Unternehmensbewertungen Arbeitspapiere des Abschlussprüfers (IDW ES 1)[945] herleiten.[946]

Ein mit der Herausgabe von Arbeitspapieren von Wirtschaftsprüfern vergleichbares Problem stellt sich bei der Weitergabe von Unterlagen, die eine Gesellschaft dem Hauptaktionär gem. § 327 b Abs. 1 S. 2 AktG zwecks Festsetzung der Höhe der Barabfindung zur Verfügung gestellt hat. Da dem Hauptaktionär diese Unterlagen nur zum Zwecke der Ermittlung der Abfindung überlassen werden, also nicht zu seiner freien Verfügung stehen, er vielmehr aufgrund gesellschaftsrechtlicher Treuepflicht an einer Weitergabe an Dritte gehindert ist, kann auch die Vorlage dieser Unterlagen nicht gem. § 7 Abs. 7 S. 1 SpruchG verlangt werden. Einer ausdrücklichen Verpflichtung zur Nichtweitergabe bedarf es nicht.[947]

Unterlagen im Sinne von § 7 Abs. 7 S. 1 SpruchG sind daher zusammenfassend nur solche Unterlagen, die zur freien Verfügung des Antragsgegners stehen oder hinsichtlich derer keine Zustimmung eines Dritten zur Weitergabe erforderlich ist.

bb. Vorlageverlangen

Gem. § 7 Abs. 7 S. 1 SpruchG kann ein Antragsteller, aber auch der Vorsitzende des Gerichts von Amts wegen die Vorlage der Unterlagen verlangen. Der gemeinsame Vertreter kann die Vorlage demnach nicht verlangen, es sei denn, er steht gem. § 6 Abs. 3 S. 2 SpruchG einem Antragsteller gleich. Dieses ist zwar ebenso inkonsequent wie die fehlende Verpflichtung des gemeinsamen Vertreters zur Antragsbegründung[948] und wird dessen starker Verfahrenstellung nicht gerecht.[949] Eine Korrektur muss indessen dem Gesetzgeber überlassen bleiben. Für die Annahme eines Redaktionsversehens bestehen keinerlei Anhaltspunkte,[950] da nicht nur der Wortlaut des § 7 Abs. 7 S. 1 SpruchG eindeutig ist, sondern ein Redaktionsversehen auch hinsichtlich § 7 Abs. 7 S. 2 SpruchG bzw. der – nicht erfolgten – Beschränkung des Einsichtsrechts des gemeinsamen Vertreters angenommen werden müsste, was fern liegend erscheint.

---

944 Vgl. *Wasmann/Rosskopf* ZIP 2003, 1776, 1781.

945 Abgedruckt in WPg 2005, 28 ff.

946 So auch zur Vorgängerregelung IDW S 1 (abgedruckt in WPg 2000 825 ff.) *Wasmann/Rosskopf* ZIP 2003, 1776, 1781.

947 *Bungert/Mennicke* BB 2003, 2021, 2029.

948 Siehe oben Teil 3 C. III. 1. b. aa. (1).

949 Kritisch auch *Koppensteiner* in KK/AktG Anh. § 327 f AktG Rn. 37.

950 A. A. *Fritzsche/Dreier/Verfürth* SpruchG § 7 SpruchG Rn. 86; für eine entsprechende Anwendung der Regelung auf den gemeinsamen Vertreter ohne nähere Begründung *Krieger* in Lutter UmwG Anhang I SpruchG § 7 SpruchG Rn. 15.

da die Regelung im Gesetzgebungsverfahren ausführlich erörtert wurde. Hinzu kommt, dass der Gesetzgeber mit dem SEEG ein Redaktionsversehen in § 6 Abs. 1 S. 5 SpruchG[951] beseitigt und weitere Änderungen im Spruchverfahrensgesetz vorgenommen, § 7 Abs. 7 SpruchG aber nicht geändert hat.

Sofern ein Antragsteller die Vorlage verlangt, muss dieses Verlangen gegenüber dem Gericht geäußert werden, ein direkt an den Antragsgegner gerichtetes Verlangen genügt nicht.[952] Dass ein Antragsteller die Vorlage verlangen kann, wird als nicht sachgerecht und systemwidrig kritisiert, da es sich auch nach der Reform bei den Spruchverfahren noch um ein Verfahren der Freiwilligen Gerichtsbarkeit handele und selbst im Zivilprozess die Vorlage von Urkunden und sonstigen Unterlagen allein vom Gericht verlangt werden könne.[953] Die Kritik geht zunächst insoweit fehl, als auch die beweisbelastete Partei die Vorlagepflicht Dritter im Rahmen des § 142 Abs. 1 ZPO durch einen förmlichen Beweisantritt auslösen kann, da nach § 428 Alt. 2 ZPO die beweisbelastete Partei durch den Antrag auf eine Anordnung nach § 142 ZPO den Beweis antreten kann.[954] Darüber hinaus wird durch die Regelung für die Antragsteller die Möglichkeit geschaffen, ihre Einwendungen zu präzisieren, was der Verfahrenskonzentration und damit der Verfahrensbeschleunigung nur dienlich sein kann.

Nach dem Wortlaut der Regelung muss das Verlangen der Vorlage nicht begründet werden, was als sachfremd beanstandet wird.[955] Dieser Kritik ist jedoch entgegenzuhalten, dass eine detaillierte Darlegung der Gründe einen einheitlichen Kenntnisstand der Antragsteller, des Vorsitzenden des Gerichts und des Antragsgegners voraussetzen würde, welche Unterlagen überhaupt existieren. In aller Regel befinden sich die Antragsteller und das Gericht aber gerade darüber im Unklaren. Daher muss das Vorgabeverlangen zu Recht nicht besonders begründet werden. Nach dem Wortlaut trifft die Antragsteller bzw. das Gericht aber eine Darlegungslast insoweit, als die Erheblichkeit der Unterlagen für die Entscheidung des Gerichts aufgezeigt werden muss. Das bedeutet indessen nicht, dass die Unterlagen tatsächlich eine andere Entscheidung in der Sache herbeiführen müssen, sondern nur, dass sie für die Bestimmung der angemessenen Kompensationsleistung von Bedeutung sein können. *W. Meilicke/Heidel* gehen in diesem Zusammenhang davon aus, dass dieser Darlegungslast bereits dann ausreichend Rechnung getragen wird, wenn typischerweise zur Bewertung eines Unternehmens erstellte Unterlagen herausverlangt werden.[956] Nach *Wasmann/Roßkopf* sind hinsichtlich der Darlegung der Erheblichkeit der Unterlagen für die gerichtliche Entscheidung dagegen dieselben Erwägungen anzustellen wie im Zusammenhang mit der sich auf der Grundlage der Rechtslage vor Inkrafttreten des

---

[951] Siehe oben Teil 3 C. III. 1. a. ee.

[952] *Vollrath* in Widmann/Mayer UmwG Anh. 13 § 7 SpruchG Rn. 24.

[953] In diesem Sinne ist offensichtlich die Kritik von *Bungert/Mennicke* BB 2003, 2021, 2029 zu verstehen, obwohl sie begrifflich die Anordnung und nicht das Verlangen der Vorlage in § 142 Abs. 1 ZPO anführen.

[954] Vgl. *Zekoll/Bolt* NJW 2002, 3129, 3131 f.

[955] *Wasmann/Roßkopf* ZIP 2003, 1776, 1779.

[956] *W. Meilicke/Heidel* DB 2003, 2267, 2271.

Spruchverfahrensgesetzes stellenden Frage, ob die Gerichte aufgrund allgemeiner Verfahrengrundsätze zur Beiziehung von Unterlagen verpflichtet sind.[957] Die Anwendung dieser Grundsätze führte dazu, dass unternehmensinterne Unterlagen grundsätzlich nur dann vorgelegt werden mussten, wenn das Gericht diese zur Ermittlung der Tatsachengrundlage nach sorgfältiger Prüfung für erforderlich hielt.[958]

Folgt man letzterer Auffassung, so würde dies übertragen auf das Vorlageverlangen im Rahmen des § 7 Abs. 7 S. 1 SpruchG Folgendes bedeuten: Es müsste sowohl dargelegt werden, dass die Unterlagen die Tatsachengrundlage betreffen, auf der das Gericht seine Entscheidung trifft, als auch, dass hinreichend konkrete Anhaltspunkte für die Eignung des Inhalts der Unterlagen bestehen, die Tatsachengrundlage weiter zu ermitteln. Es wäre also eine konkrete Kenntnis sowohl des Unterlagenbestandes als auch seines Inhalts erforderlich. Genau daran mangelt es aber in aller Regel. Eine so verstandene Darlegungslast würde daher in einer Vielzahl von Fällen den von § 7 Abs. 7 S. 1 SpruchG gewährten Anspruch von vorneherein ausscheiden lassen.

Folgt man dagegen der Auffassung von *W. Meilicke/Heidel* und lässt das bloße Verlangen der Vorlage typischerweise vorhandener Unterlagen genügen, so begegnen dies unter dem Gesichtspunkt der dem deutschen Zivilrecht fremden „Ausforschungsbeweise" Bedenken. Denn es wäre nicht auszuschließen, dass die Vorlageanordnung zur Ausforschung auch von Sachverhaltselementen führen kann, die für die Entscheidung des Gerichts nicht erheblich sind oder den Antragsgegner unter Umständen zwingen, von sich aus den Sachverhalt ergänzende Punkte zu offenbaren, die dem die Vorlage Verlangenden selbst nicht bekannt worden wären. Das Vorlageverlangen im Rahmen des § 7 Abs. 7 S. 1 SpruchG könnte dazu benutzt werden, die Unangemessenheit der Kompensationsleistung erst noch zu entdecken und nicht bloß weitere Punkte vorzutragen, die die bis dahin vorgetragene Unangemessenheit belegen oder präzisieren. Dies würde im Ergebnis dem amerikanischen Zivilprozessrecht nahe kommen, das im Vergleich zum deutschen Zivilprozessrecht viel stärker an einem objektiven Wahrheitsbegriff orientiert ist. Es wird dort bedenkenlos in Kauf genommen, dass im Rahmen einer *„pre-trial-discovery"* eine invasive Sachverhaltsermittlung in einem langwierigen Verfahren vor der Hauptverhandlung zu dem Zweck durchgeführt wird, eine Klage überhaupt erst schlüssig zu machen,[959] Insbesondere in wirtschaftsrechtlichen Streitigkeiten, bei denen die Entscheidung oft von unternehmensinternen Vorgängen abhängt, kann ein Kläger auf diesem Wege an möglicherweise prozess-

---

957 *Wasmann/Roßkopf* ZIP 2003, 1776, 1779.

958 *Wasmann/Roßkopf* ZIP 2003, 1776, 1777, 1779. Ausnahmen sollen nur in den Fällen möglich sein, in denen der allgemeine aktienrechtliche Auskunftsanspruch und dessen spezielle Ausprägungen nicht lediglich mündlich zu erteilen sind; siehe dazu *Behnke* Spruchverfahren S. 105: „Wenn das Geheimhaltungsinteresse in der Hauptversammlung zugunsten der Information der Gesellschafter nachrangig ist, so muss dies auch für das Spruchverfahren gelten, in dem der Kreis der Beteiligten viel kleiner ist als auf der Hauptversammlung."

959 Vgl. *Zekoll/Bolt* NJW 2002, 3129, 3133.

entscheidende Unterlagen gelangen.[960] Dies ist im deutschen Zivlprozessrecht gänzlich anders. Gem. § 142 ZPO ist es dem Gericht verwehrt, bei einem unsubstantiierten oder konkreter Anhaltspunkte entbehrenden, also „ins Blaue hinein" erfolgenden Parteivortrags Urkunden anzufordern, um dadurch erst Hinweise auf prozessrelevante Tatsachen zu erhalten.[961] Es gilt der Grundsatz, dass keine Partei gehalten ist, dem Gegner für seinen Prozesssieg das Material zu verschaffen.[962] Daher darf auch der Antragsteller oder das Gericht im Spruchverfahren nicht die Vorlage von Unterlagen herbeiführen können, um dadurch erst Anhaltspunkte auf die Unangemessenheit der Kompensationsleistung zu erhalten. Der Auffassung *W. Meilicke/Heidels* ist daher nicht uneingeschränkt zu folgen.

Allerdings ist der zitierte zivilprozessuale Grundsatz auch nicht inhaltsgleich auf § 7 Abs. 7 S. 2 SpruchG zu übertragen. Dies ergibt sich zwar nicht zwingend daraus, dass der Grundsatz in Recht und Rechtsprechung bereits vielfach durchbrochen worden ist,[963] sondern vielmehr aufgrund der Tatsache, dass er aus der Verhandlungsmaxime des deutschen Zivilprozesses hergeleitet wird[964] und im Spruchverfahren nicht die Verhandlungsmaxime, sondern – wenn auch nur noch sehr eingeschränkt – die Inquisitionsmaxime gilt. In Spruchverfahren werden dadurch im Gegensatz zum Zivilprozess materielle Gerechtigkeitserwägungen stärker betont. Die Verfahren sind – ähnlich dem amerikanischen Prozessrecht – mehr als das deutsche Zivilprozessrecht an einem objektiven Wahrheitsbegriff orientiert, und zwar hinsichtlich der Ermittlung der objektiv angemessenen Kompensationsleistung. Dies rechtfertigt es, zwar keine Ausforschungsanträge zuzulassen, wohl aber die Darlegungslasten der Antragsteller und des Gerichts im Rahmen des § 7 Abs. 7 S. 1 SpruchG zulasten des Antragsgegners in dem Sinne herabzusetzen, dass in dem Vorlageverlangen neben der Benennung der konkreten Unterlagen plausibel dargelegt werden muss, inwiefern die Unterlagen für die Entscheidung erhebliche Tatsachen enthalten und der Inhalt der Unterlagen zum Beweis dieser Tatsachen bzw. zur Beantwortung noch offener einzelner, die Entscheidung beeinflussender Streitfragen geeignet sein kann.[965] Dadurch wird eine angemessene Lastenverteilung zwischen den Beteiligten hergestellt, indem einerseits Vorlageverlangen „ins Blaue hinein" ausgeschlossen sind und die Antragsteller bzw. das Gericht Kenntnis von der Existenz der Unterlagen haben müssen. Anderseits aber wird berücksichtigt, dass der konkrete Inhalt bzw. dessen Entscheidungserheblichkeit in aller Regel unbekannt ist, ein verständiger Antragsteller bzw. das Gericht von der Existenz der Unterlagen jedoch auf deren Inhalt und die mögliche Bedeutung für den Ausgang des Verfahrens wird schließen können. Bei typischerweise zur Unternehmensbewertung erstellten

---

960 Vgl. *Rieger/Hafner* FAZ v. 28. 5. 2003 Nr. 123 S. 17.

961 Vgl. *Greger* in Zöller ZPO § 142 ZPO Rn. 1; *Prütting* in MüKo/ZPO § 284 ZPO Rn. 74.

962 BGH NJW 1990, 3151.

963 Vgl. *Zekoll/Bolt* NJW 2002, 3129, 3130.

964 Vgl. BGH NJW 1990, 3151.

965 Siehe zu einem entsprechenden Vorschlag während des Gesetzgebungsverfahrens *BDI u. a.* Zu § 7 Abs. 7 SpruchG-RegE.

Unterlagen spricht eine Vermutung dafür, dass sie für die Entscheidung erhebliche Tatsachen enthalten und diese Tatsachen zur Klärung noch offener, entscheidungserheblicher Fragen geeignet sein können. Bezogen auf diese Unterlagen beschränkt sich die Darlegungslast in der Praxis in der Regel daher darauf, die Existenz der Unterlagen darzulegen.

b. Rechtsfolge

Wird dem Vorlageverlangen eines Antragstellers stattgegeben oder verlangt der Vorsitzende des Gerichts die Vorlage von Unterlagen von Amts wegen, so richtet sich das weitere Verfahren nach § 7 Abs. 7 S. 1 SpruchG.

aa. Recht zur Einsichtnahme

Gem. § 7 Abs. 7 S. 1 SpruchG sind die Unterlagen dem Gericht oder ggf. einem vom Gericht bestellten Sachverständigen unverzüglich vorzulegen. Die Antragsteller haben damit keinen unmittelbaren Anspruch auf Einsicht in die Unterlagen. Als Verfahrensbeteiligten steht ihnen aber das Recht auf Einsicht in die Gerichtsakten zu (§ 299 ZPO), zu denen die vorgelegten Unterlagen genommen werden müssen, so dass auch ihnen die Informationen aus den Unterlagen zur Verfügung stehen.[966] Gleiches gilt für den gemeinsamen Vertreter, der den Anspruch auf rechtliches Gehör für die nicht antragstellenden Kompensationsberechtigten wahrnimmt.

bb. Beschränkung des Einsichtsrechts der Antragsteller

Gem. § 7 Abs. 7 S. 2 SpruchG kann der Vorsitzende auf Antrag des Antragsgegners anordnen, dass die Unterlagen den Antragstellern nicht zugänglich gemacht werden dürfen. Eingeschränkt oder ausgeschlossen werden kann demnach die Aushändigung von Unterlagen, deren Kopie oder Abschriftenerteilung für die Antragsteller sowie deren Einsichtnahme,[967] nicht jedoch von vorneherein die gem. § 7 Abs. 7 S. 1 SpruchG bestehende Vorlagepflicht des Antragsgegners. Trifft der Vorsitzende eine entsprechende Entscheidung, so kann diese gegenüber den Antragstellern nur einheitlich ergehen.[968]

Indem die Kenntnisnahmemöglichkeit auf das Gericht beschränkt bleiben kann, wird mit der Regelung ein *In-camera*-Verfahren angeordnet. Dies begegnet keinen, insbesondere auch nicht verfassungsrechtlichen Bedenken, da die Zulässigkeit eines solchen Verfahrens vom Bundesverfassungsgericht grundsätzlich anerkannt ist.[969] Die verfassungsrechtliche Voraussetzung eines solchen Verfahrens, die Möglichkeit ef-

---

[966] Nach dem OLG Düsseldorf ZIP 2004, 1503, 1506 („Krupp Stahl/Hoesch-Krupp“) haben die Antragsteller allerdings nur ein Einsichtsrecht in sämtliche Unterlagen des Sachverständigen, wenn das Gericht dies für erforderlich hält, wofür maßgeblich sein soll, ob die Beteiligten darlegen, anderenfalls die Angaben des Sachverständigen keiner Plausibilitätsprüfung unterziehen zu können; ähnlich LG Frankfurt AG 1998, 98, 99 („Nestle Deutschland AG“).

[967] *Fritzsche/Dreier/Verfürth* SpruchG § 7 SpruchG Rn. 88.

[968] *Vollrath* in Widmann/Mayer UmwG Anh. 13 § 7 SpruchG Rn. 26.

[969] Vgl. BVerfG NJW 2000, 1175, 1178.

fektiven Rechtsschutzes des Betroffenen verbessern zu können,[970] wird erfüllt, denn das Gericht im Spruchverfahren kann durch die Kenntnisnahme des Inhalts der Unterlagen zu dem Schluss kommen, dass Geheimhaltungsinteressen des Antragsgegners entweder nicht vorliegen oder jedenfalls nicht das Interesse der Antragsteller überwiegen, sich zu den Unterlagen äußern zu können (vgl. § 7 Abs. 7 S. 2 SpruchG). Mit dieser Möglichkeit ist ein hinreichend sachlicher Grund für die Beschränkung des rechtlichen Gehörs im Sinne der Rechtsprechung des Bundesverfassungsgerichts gegeben.[971]

(1) Geheimhaltung aus wichtigen Gründen

Die Geheimhaltung muss gem. § 7 Abs. 7 S. 2 SpruchG aus wichtigen Gründen geboten sein. Damit fallen unter den Geheimnisschutz alle diejenigen Inhalte von Unterlagen, die aufgrund eines Gesetzes oder ihrem Wesen nach geheim gehalten werden müssen.[972] Beispielhaft und nicht abschließend nennt das Gesetz in § 7 Abs. 7 S. 2 SpruchG als solche wichtigen Gründe die Wahrung von Fabrikations-, Betriebs- oder Geschäftsgeheimnissen und lehnt sich damit an § 72 Abs. 2 GWB an.[973] Unter diese Aufzählung fallen etwa Informationen über Ertragslagen, Geschäftsbücher, Kundenlisten, Bezugsquellen, Marktstrategien, Unterlagen zur Kreditwürdigkeit, Kalkulationsunterlagen, Patentanmeldungen und sonstige Entwicklungs- und Forschungsprojekte, die bis dahin nur einem sehr begrenzten Personenkreis bekannt sind und bei denen sich der Antragsgegner wünscht, dass sie nicht unkontrolliert verbreitet werden.[974] Aus der beispielhaften Nennung in § 7 Abs. 7 S. 2 SpruchG ergibt sich, dass es stets eines berechtigten wirtschaftlichen Interesses bedarf. Entgegen der noch im Regierungsentwurf enthaltenen Regelung ist es also nicht erforderlich, dass die Unterlagen Tatsachen enthalten, deren Bekanntwerden geeignet ist, dem Antragsgegner oder einem verbundenen Unternehmen einen nicht unerheblichen Nachteil zuzufügen, sondern es muss sich „nur" um wichtige Gründe handeln. Wichtig können in diesem Zusammenhang alle Gründe sein, die bei einer Abwägung der widerstreitenden Interessen überwiegen.[975]

(2) Interessenabwägung

Ist die Geheimhaltungsbedürftigkeit der Unterlagen festgestellt, so ist diese gem. § 7 Abs. 7 S. 2 SpruchG gegen die Interessen der Antragsteller, sich zu den Unterlagen äußern zu können, abzuwägen. Bei der Interessenabwägung sind verfassungsrechtliche Wertungen zu berücksichtigen, da das Recht zur Einsichtnahme in die das Spruchverfahren betreffenden Unterlagen aus dem Recht zur Einsichtnahme in die

---

970 BVerfG NJW 2000, 1175, 1178.

971 Vgl. BVerfG NJW 2000, 1175, 1178; i. E. ebenso *Krieger* in Lutter UmwG Anhang I SpruchG § 7 SpruchG Rn. 22.

972 Vgl. *Reidt* in Reidt/Stickler/Glahs Vergaberecht § 111 GWB Rn. 18.

973 *ReA-BT* SpruchverfNeuordG BT-Drucks. 15/838 S. 17.

974 *Reidt* in Reidt/Stickler/Glahs Vergaberecht § 111 GWB Rn. 19.

975 Vgl. *Reidt* in Reidt/Stickler/Glahs Vergaberecht § 111 GWB Rn. 16.

Gerichtsakten folgt, welches wiederum eine verfahrensrechtliche Ausprägung von Art. 103 Abs. 1 GG darstellt,[976] und das Geheimhaltungsinteresse des Antragsgegners grundrechtlichen Schutz genießt, da Art. 14 Abs. 1 GG den Anspruch auf Geheimhaltung von Unterlagen mit umfasst.[977] Bei Art. 103 Abs. 1 GG handelt es sich um ein normgeprägtes grundrechtsgleiches Recht, woraus folgt, dass der Rechtfertigung von Eingriffen bereits bei der Bestimmung von Schutzbereich und Eingriff Rechnung zu tragen ist, da jeder Eingriff zugleich eine Verletzung des grundrechtsgleichen Rechts auf rechtliches Gehör darstellt.[978] Wird daher gem. § 7 Abs. 7 S. 2 SpruchG angeordnet, den Antragstellern Unterlagen nicht zugänglich zu machen, so handelt es sich dabei um eine Schutzbereichsbegrenzung des Rechts auf rechtliches Gehör.

Daraus, dass Art. 103 Abs. 1 GG keinen Gesetzesvorbehalt enthält, folgt für dessen Begrenzung zweierlei: Zum einen bedarf es einer Begrenzung durch Gesetz oder aufgrund eines Gesetzes, da vorbehaltlos gewährte Grundrechte nicht unter geringeren Voraussetzungen eingeschränkt werden können als solche mit Gesetzesvorbehalt.[979] Zum anderen muss die Beschränkung durch kollidierendes Verfassungsrecht geboten sein, also die Kollision mit anderen Grundrechten oder Verfassungsgütern im Sinne praktischer Konkordanz ausgeglichen werden.[980] Diese Voraussetzungen werden von § 7 Abs. 7 S. 2 SpruchG erfüllt, da es sich um eine Begrenzung von Art. 103 Abs. 1 GG durch Gesetz handelt, die nach einer Abwägung erfolgen kann, wenn die Geheimhaltungsbedürftigkeit der Unterlagen aus wichtigen Gründen geboten ist, im Einzelfall also das grundrechtsgleiche Recht der Antragsteller aus Art. 103 Abs. 1 GG mit dem Grundrecht des Antragsgegners aus Art. 14 Abs. 1 GG im Sinne praktischer Konkordanz ausgeglichen werden kann. Allerdings könnte Konsequenz der vorbehaltlosen Übertragung der dargelegten Grundsätze auf die Abwägung im Einzelfall im Rahmen des § 7 Abs. 7 S. 2 SpruchG nicht nur sein, dass der Vorsitzende des Gerichts das Geheimhaltungsinteresse des Antragsgegner verneint und deren Antrag ablehnt, wenn die in den Unterlagen enthaltenen Einzeldaten für die Ermittlung der Angemessenheit der Unternehmensbewertung von ganz wesentlicher Bedeutung sind. Vielmehr könnte auch eine Anordnung mit dem Inhalt ergehen, die Unterlagen den Antragstellern überhaupt nicht zugänglich zu machen, insbesondere wenn die Folgen der Veröffentlichung den Antragsgegner erheblich treffen würden.[981] Es entspricht jedoch der bisher herrschenden Meinung, dass der Anspruch der Antragsteller auf Einsicht in

---

[976] Das Recht auf Akteneinsicht ist überdies nach der EMRK geschützt (*Frowein/Peukert* EMRK Art. 6 EMRK Rn. 72); *W. Meilicke/Heidel* DB 2003, 2267, 2271.

[977] Vgl. *Bungert/Mennicke* BB 2003, 2021, 2029, Fn. 79; *Lamb/Schluck-Amend* DB 2003, 1259, 1263; *v. Kann/Hirschmann* DStR 2003, 1488, 1492; ähnlich *Behnke* Spruchverfahren S. 105: Recht am eingerichteten und ausgeübten Gewerbetrieb.

[978] *Pieroth/Schlink* Grundrechte Rn. 1082.

[979] *Pieroth/Schlink* Grundrechte Rn. 333.

[980] *Pieroth/Schlink* Grundrechte Rn. 325.

[981] So *Wasmann/Roßkopf* ZIP 2003, 1776, 1780; zustimmend *Fritzsche/Dreier/Verfürth* SpruchG § 7 SpruchG Rn. 91; a. A. *W. Meilicke/Heidel* DB 2003, 2267, 2271, die darin eine unzulässige Beschränkung des rechtlichen Gehörs sehen und konkrete Normenkontrollverfahren der Antragsteller für möglich halten.

die Gerichtsakte – insoweit also auch das Grundrecht auf rechtliches Gehör – nicht beschränkt werden kann, und auf den von der Praxis vor Inkrafttreten des Spruchverfahrensgesetzes praktizierten Ausweg, die Unterlagen nicht zu den Gerichtsakten zu nehmen, kann wegen § 7 Abs. 7 SpruchG nicht zurück gegriffen werden,[982] da das Gericht Kenntnis von den Unterlagen erhält und diese aufzubewahren hat.[983] Auf diese Problematik hatte der *HaReA-DAV* bereits während des Gesetzgebungsverfahrens hingewiesen und vorgeschlagen, die Unterlagen ausschließlich dem Sachverständigen zur Verfügung zu stellen, da sich das Einsichtsrecht der Antragsteller nicht auf die Handakten des Sachverständigen, sondern nur auf das von ihm schließlich gefertigte Gutachten beziehe.[984] Soweit das Gericht die eigene Kenntnis solcher Unterlagen für erforderlich ansehe, sollte es die Vorlage an sich selbst mit der Folge verlangen können, dass diese Unterlagen dann auch den Antragstellern zugänglich sein müssten.[985]

Da die Vorschläge nicht aufgegriffen wurden, ist Konsequenz der geltenden Rechtslage bei gänzlicher Verweigerung der Einsichtnahme, dass für die den Antragstellern nicht zugänglich zu machenden Unterlagen vom Gericht wie bei Prozesskostenhilfeverfahren eine „Sonderakte" zu führen ist, damit die Unterlagen bei der nicht begrenzbaren Gewährung von Akteneinsicht nicht mit vorgelegt werden müssen.[986] Bejaht allerdings das Gericht das Vorliegen der Voraussetzungen der Vorlagepflicht unzutreffend und gestattet rechtswidrig die Einsichtnahme, kann der Antragsgegner einen daraus entstandenen Schaden im Wege der Amtshaftung (§ 834 BGB, Art. 34 GG) geltend machen.[987]

cc. Verwertung der Unterlagen in der gerichtlichen Entscheidung

Zwar ist die Frage der Beschränkung des Einsichtsrechts in § 7 Abs. 7 SpruchG dezidiert geregelt, nicht jedoch, ob die den Antragstellern nicht zugänglich gemachten Unterlagen in der gerichtlichen Entscheidung verwertet werden können.

---

982 *Lamb/Schluck-Amend* DB 2003, 1259, 1263.

983 Vgl. *Bungert/Mennicke* BB 2003, 2021, 2029.

984 *HaReA-DAV* ZIP 2003, 552, 555; siehe auch OLG Düsseldorf ZIP 2004, 1503, 1506 („Krupp Stahl/Hoesch-Krupp"): Vorlage sämtlicher Unterlagen des Sachverständigen an die Antragsteller nur dann, wenn diese darlegen, anderenfalls dessen Ausführungen keiner Plausibilitätsprüfung unterziehen können.

985 Vgl. *HaReA-DAV* ZIP 2003, 552, 555; *ders.* NZG 2002, 119, 122.

986 *Bungert/Mennicke* BB 2003, 2021, 2029; *Emmerich* in Emmerich/Habersack KonzernR § 7 SpruchG Rn. 12; *Fritzsche/Dreier/Verfürth* SpruchG § 7 SpruchG Rn. 89; *Koppensteiner* in KK/AktG Anh. § 327f AktG Rn. 38; *Krieger* in Lutter UmwG Anhang I SpruchG § 7 SpruchG Rn. 20; *Lamb/Schluck-Amend* DB 2003, 1259, 1263; *Vollrath* in Widmann/Mayer UmwG Anh. 13 § 7 SpruchG Rn. 27; *Wasmann/Rosskopf* ZIP 2003, 1776, 1779, Fn. 34; Zweifel an der Verfassungsmäßigkeit der Regelung äußert *Hüffer* AktG § 305 AktG Anh. § 7 SpruchG Rn. 9.

987 Ebenso *Krieger* in Lutter UmwG Anhang I SpruchG § 7 SpruchG Rn. 22 mit dem weiteren zutreffenden Hinweis, dass bei einer Verletzung der Geheimhaltungspflicht durch den Sachverständigen gegenüber diesem deliktsrechtliche Ansprüche zustehen können; § 7 Abs. 7 S. 2 SpruchG ist Schutzgesetz i. S. v. § 823 Abs. 2 BGB.

Hält man das Verwertungsverbot für eine logische Folge der Geheimhaltung,[988] so lässt sich argumentieren, dass es einer ausdrücklichen Regelung nicht bedurfte und eine gesetzliche Klarstellung daher ohnehin überflüssig gewesen wäre. In der Gesetzesbegründung wird allerdings lediglich die Offenlegung der Inhalte der Unterlagen in der Entscheidung abgelehnt.[989] Daraus könnte der Umkehrschluss zu ziehen sein, dass eine Verwertung zulässig ist. Dagegen wird in der Literatur eine Verwertung der Unterlagen für ausgeschlossen gehalten,[990] jedenfalls dann, wenn damit zugleich deren Offenlegung verbunden ist.[991] Für eine Verwertung geheimhaltungsbedürftiger Unternehmensbelange, ohne sie an die Beteiligten zu übermitteln, sprach sich wiederum ein Berichterstatter des Rechtsausschusses im Gesetzgebungsverfahren aus.[992] Schließlich wird ausgehend von der Befürchtung, dass die Nichtberücksichtigung zu materiell falschen Entscheidungen führen kann und eine Nichtoffenlegung den Betroffenen an einer sachgemäßen Verteidigung seiner Rechte hindern würde, als Lösung auch vorgeschlagen, die Inhalte der Unterlagen zu verwerten, den Beschluss gem. § 11 SpruchG aber „vorsichtig" abzufassen und so die Offenlegung geheimhaltungsbedürftiger Details zu vermeiden.[993]

Ein systematischer Vergleich mit Regelungen im GWB sowie im SGG, die mit § 7 Abs. 7 SpruchG vergleichbar sind, spricht für eine Verwertung der Unterlagen und gegen die Annahme, das Verwertungsverbot sei „logische Folge der Geheimhaltung". So ist in § 72 Abs. 2 S. 2 GWB (Akteneinsicht im kartellrechtlichen Beschwerdeverfahren) im Gegensatz zu § 7 Abs. 7 SpruchG ausdrücklich normiert, dass Unterlagen, in die die Kartellbehörde die Einsichtnahme verwehrt hat, nur insoweit zugrunde gelegt werden, als ihr Inhalt vorgetragen worden ist. Auch einen Grundsatz, wie er in § 71 Abs. 1 S. 2 GWB niedergelegt ist, dass das Beschwerdegericht seine Entscheidung nur auf Tatsachen und Beweismittel stützen darf, zu denen die Beteiligten sich äußern konnten, sucht man in § 7 Abs. 7 SpruchG vergebens, was dafür spricht, dass eine Verwertung der Unterlagen in der spruchverfahrensrechtlichen Entscheidung möglich ist. Für eine Verwertung spricht darüber hinaus ein Vergleich mit den Regelungen in §§ 120, 128 Abs. 2 SGG (Akteneinsicht und Entscheidung in der Sozialgerichtsbarkeit). Gem. § 120 Abs. 3 SGG kann der Vorsitzende aus besonderen Gründen die Einsicht in Akten versagen oder beschränken. In § 128 Abs. 2 SGG ist jedoch – vergleichbar mit § 71 Abs. 1 S. 2 GWB und anders als in § 7 Abs. 7 SpruchG

---

[988] So ausdrücklich *Lamb/Schluck-Amend* DB 2003, 1259, 1263, Fn. 44.

[989] Vgl. *Begr. RegE* SpruchverfNeuordG BT-Drucks. 15/371 Anlage 1 S. 15 (allerdings vor dem Hintergrund der Regelung in § 7 Abs. 7 S. 3 SpruchG-RegE, wonach die Aufnahme der geheimhaltungsbedürftigen Unterlagen in die Entscheidungsbegründung ausdrücklich untersagt sein sollte).

[990] *Emmerich* in Emmerich/Habersack KonzernR § 7 SpruchG Rn. 13; *Fuhrmann/Linnerz* Konzern 2004, 265, 271; *Koppensteiner* in KK/AktG Anh. § 327 f AktG Rn. 38; *Wasmann/Roßkopf* ZIP 2003, 1776, 1780 f.; wohl auch *Klöcker/Frowein* SpruchG § 7 SpruchG Rn. 15.

[991] *Lamb/Schluck-Amend* DB 2003, 1259, 1263; wohl auch *Bungert/Mennicke* BB 2003, 2021, 2029.

[992] Vgl. *Ströbele* SpruchverfNeuordG S. 1; kritisch dagegen *Krieger* in Lutter UmwG Anhang I SpruchG § 7 SpruchG Rn. 20.

[993] *Fritzsche/Dreier/Verfürth* SpruchG § 7 SpruchG Rn. 96.

– festgehalten, dass das Urteil nur auf Tatsachen und Beweisergebnisse gestützt werden darf, zu denen sich die Beteiligten äußern konnten. Trotz der Regelung in § 128 Abs. 2 SGG ist es im Übrigen möglich, dass Tatsachen und Beweisergebnisse verwertet werden können, wenn die maßgeblichen Tatsachen, insbesondere Beweisergebnisse in der Entscheidung des Sozialgerichts in „gefilterter" Form wiedergegeben werden,[994] etwa indem nur die Schlussformel oder das Ergebnis eines Gutachtens mitgeteilt oder aus den zugrunde liegenden Erwägungen mündlich berichtet wird.[995]

Wenn somit eine Verwertung trotz der ausdrücklichen Anordnung in § 128 Abs. 2 SGG, dem keine entsprechende Regelung in § 7 Abs. 7 SpruchG gegenübersteht, möglich ist, so legt dies den Schluss nahe, dass eine Verwertung der Unterlagen in der Entscheidung im Spruchverfahren erst recht möglich sein muss. Schließlich spricht für eine Verwertungsmöglichkeit auch ein systematischer Vergleich mit der Regelung in § 111 GWB (Akteneinsicht im Verfahren vor der Vergabekammer). Gem. § 111 Abs. 2 GWB hat die Vergabekammer die Einsicht in die Unterlagen zu versagen, soweit dies aus wichtigen Gründen, insbesondere des Geheimnisschutzes oder zur Wahrung von Fabrikations-, Betriebs- oder Geschäftgeheimnissen geboten ist. Anders als in §§ 72 Abs. 2 S. 2, 71 Abs. 1 S. 2 GWB sowie § 128 Abs. 2 SGG fehlt es – wie in § 7 Abs. 7 SpruchG – an der ausdrücklichen Anordnung eines Verwertungsverbots. Die Versagung der Akteneinsicht ändert in diesem Fall nach herrschender Meinung nichts an der Verwertbarkeit des Akteninhalts für die Entscheidung, vielmehr entscheide die Vergabekammer in einem solchen Fall *in camera*, da ohne Berücksichtigung des Akteninhalts keine sachgerechte Entscheidung getroffen werden könne.[996] Nach der Gegenauffassung soll allerdings „entsprechend allgemeinen Grundsätzen" in der Entscheidung nur das berücksichtigt werden dürfen, was inhaltlich vorgetragen wurde.[997] Dies entspricht der Annahme, das Verwertungsverbot sei „logische Folge der Geheimhaltung", was angesichts der Regelungen in § 72 Abs. 2 S. 2 und § 71 Abs. 1 S. 2 GWB sowie § 128 Abs. 2 SGG wie dargelegt nicht haltbar ist, da es dieser dann nicht bedurft hätte. Etwas anderes ist auch nicht von Verfassungs wegen geboten. Selbst wenn sich aus dieser ein allgemeiner Grundsatz ableiten ließe, nur die Informationen in einer Entscheidung zu verwerten, zu denen sich die Beteiligten äußern konnten, so ließe ein solcher Grundsatz in Ausnahmefällen auch eine andere Entscheidung zu. Jedenfalls ein solcher Ausnahmefall läge bezogen auf das Spruchverfahren vor, weil der Gesetzgeber den Konflikt der widerstreitenden Grundrechte gesehen und mit dem in § 7 Abs. 7 SpruchG angeordneten *In-camera*-Verfahren ein rechtsstaatlich anerkanntes Verfahren zur Wahrung der beteiligten Grundrechtspositionen eingeführt hat. Hinzu kommt, dass es für die Antragsteller allemal besser ist, eine gerichtliche Aufklärung zu ermöglichen, auch wenn sie dieser quasi „blind" vertrauen müssen, als wenn zu ihrem Nachteil jedwede Aufklärung unterlassen wird.

---

994 *Meyer-Ladewig* SGG § 128 SGG Rn. 18.

995 *Meyer-Ladewig* SGG § 120 SGG Rn. 7 c.

996 *Reidt* in Reidt/Stickler/Glahs Vergaberecht § 111 GWB Rn. 15 e m. w. N. in Fn. 2.

997 *Dreher* in Immenga/Mestmäcker GWB § 111 GWB Rn. 14; *Griem* WuW 1999, 1182, 1187 f.

Für das Spruchverfahren folgt aus den oben angestellten Vergleichen die Zulässigkeit der Verwertung geheimhaltungsbedürftiger Unterlagen in der Entscheidung, ohne die Unterlagen offen zu legen. Es genügt, dass das Gericht die Antragsteller „gefiltert" über die vorenthaltenen Unterlagen informiert, so dass die Maßgeblichkeit der Inhalte für die Entscheidung deutlich wird.[998] Tenor, Tatbestand und Entscheidungsgründe dürfen jedenfalls nicht so gefasst sein, dass ein genauerer Rückschluss auf die Geheimnisse möglich erscheint,[999] wobei nicht zu verkennen ist, dass dadurch der in der Begründung liegende Kontrolleffekt in erheblichem Maße eingeschränkt wird und die Gefahr besteht, dass sich Richter und Gericht aufgrund der eingeschränkten Veröffentlichungspflicht nicht nur der Kontrolle durch die Antragsteller, sondern vor allem auch der (Fach-)Öffentlichkeit in einem von ihnen selbst bestimmten Umfang ausweichen können.[1000]

Macht das Gericht die Unterlagen dem Sachverständigen zugänglich, so kann auch dieser die sich daraus ergebenden Informationen verwerten, muss aber die Passagen unkenntlich machen, die geheimhaltungsbedürftige Informationen enthalten. Das entspricht im Ergebnis auch der herrschenden Meinung in Rechtsprechung und Literatur vor Inkrafttreten des Spruchverfahrensgesetzes, nach der die Verfahrensbeteiligten weder einen Anspruch auf Offenlegung sämtlicher Tatsachen haben, auf denen das Gutachten beruht, noch auf die Vorlage von Belegen oder Einzelerläuterungen aller Unterlagen und Belege, auf denen die Berechnungen des Gutachtens aufbauen.[1001]

dd. Anwendung des Verhältnismäßigkeitsgrundsatzes

Trotz der grundsätzlichen Zulässigkeit der gänzlichen Verweigerung der Einsichtnahme kann das Gericht im konkreten Fall aus verfassungsrechtlichen Gründen jedoch verpflichtet sein, zu anderen Mitteln zu greifen, um den Geheimhaltungsinteressen der Antragsgegner Rechnung zu tragen. Zwar sieht der Wortlaut des § 7 Abs. 7 SpruchG nicht ausdrücklich eine Alternative zur gänzlichen Verweigerung der Einsichtnahme vor. Das Gericht muss aber nach pflichtgemäßem Ermessen handeln und dabei im Zuge der Abwägung der beteiligten Grundrechtspositionen den Verhältnismäßigkeitsgrundsatz beachten. Daher ist die Verweigerung der Einsichtnahme nur dann verfassungsrechtlich unbedenklich, wenn kein milderes Mittel zur Wahrung der Geheimhaltungsinteressen der Antragsgegner zur Verfügung steht.[1002]

(1) Abgabe strafbewehrter Geheimhaltungserklärungen

Entsprechend der praktischen Verfahrensweise vor Inkrafttreten des Spruchverfah-

---

998 Vgl. *Stadler* NJW 1989, 1202, 1203.

999 Vgl. *Stürner* § 14 III Nr. 5 a) S. 223.

1000 Vgl. *Hirte* NJW 1988, 1698, 1701.

1001 Vgl. *Wasmann/Roßkopf* ZIP 2003, 1776, 1778 m. w. N. in Fn. 18, 19.

1002 Offenkundig untauglich ist eine Lösung über die gesellschaftsrechtliche Treuepflicht der Antragsteller, da sich diese in der Praxis nicht durchsetzen lässt (vgl. LG Düsseldorf AG 1998, 98 [„FPB Holding/Stora"]).

rensgesetzes wird vorgeschlagen, dass die Antragsteller strafbewehrte Geheimhaltungserklärungen unterzeichnen, also Unterlassungserklärungen mit dem Inhalt, die Informationen aus den Unterlagen nicht gegenüber Drittem zu offenbaren und bei einem Zuwiderhandeln eine Vertragsstrafe zu zahlen.

Zwar kann die Abgabe einer solchen Erklärung mangels Rechtsgrundlage nicht vom Gericht angeordnet werden.[1003] Die Antragsteller könnten die Abgabe einer solchen Erklärung allerdings von sich aus anbieten. Fraglich ist aber, ob sich die Antragsgegner darauf einlassen müssten. *W. Meilicke/Heidel* gehen davon aus, dass Anträgen der Antragsgegner auf Erlass einer Anordnung nach § 7 Abs. 7 S. 2 SpruchG das Rechtsschutzbedürfnis fehlt, wenn die Antragsteller eine entsprechende Erklärung unterzeichnen wollen.[1004] Davon kann jedoch nicht ohne weiteres ausgegangen werden, denn zum einen kann die Höhe der Vertragsstrafe in keinem Verhältnis zu den wirtschaftlichen Folgen für den Antragsgegner stehen, wenn Fabrikations-, Betriebs- oder sonstige Geschäftsgeheimnisse an die Öffentlichkeit gelangen, zum anderen ist es bei einer – in Spruchverfahren typischerweise vorhandenen – großen Anzahl von Antragstellern unter Umständen kaum möglich nachzuweisen, wer der Unterlassungserklärung zuwider gehandelt hat. Daher müssen die Antragsgegner sich nur dann auf Geheimhaltungserklärungen einlassen, wenn die Vertragsstrafe in einem angemessenen Verhältnis zu den Folgen einer Offenbarung der Geheimnisse steht und zusätzlich in der Erklärung Regelungen getroffen werden, die dem Antragsgegner die Beweisführung eines Verstoßes erheblich erleichtern. Es muss eine Beweislastumkehr zugunsten der Antragsgegner vorgesehen sein. Darüber hinaus muss der Antragsgegner sich auch gegen das Risiko der Zahlungsunfähigkeit eines Schuldners der Vertragsstrafe absichern können, denn der Nachweis eines Verstoßes gegen die Erklärung nützt ihm nichts, wenn der Schuldner der Vertragsstrafe die wirtschaftlichen Folgen des Verstoßes nicht annähernd kompensieren kann. Es ist daher nahe liegend und auch nicht zu beanstanden, wenn die Antragsgegner auf einer gesamtschuldnerischen Haftung aller Antragsteller für den Fall eines Verstoßes gegen die Geheimhaltungspflicht bestehen. Nur wenn diese Voraussetzungen erfüllt sind oder die Gefahren für den Antragsgegner auf andere Weise gebannt werden können, kann das Rechtsschutzbedürfnis der Antragsgegner bei einem Antrag gem. § 7 Abs. 7 S. 2 SpruchG auf Verweigerung der Einsichtnahme verneint werden, denn nur dann ist ihr Interesse an Geheimhaltung in einer der Verweigerung der Einsichtnahme vergleichbaren Art und Weise sichergestellt. Freilich ist nicht zu verkennen, dass Antragsteller sich auf derartige Vereinbarungen angesichts der ihnen drohenden Folgen kaum einlassen werden, so dass Geheimhaltungsvereinbarungen nur in seltenen Fällen geschlossen werden dürften.

1003 LG Hamburg DB 1991, 2029; a. A. offenbar LG Frankfurt AG 1998, 98, 99 („Nestle Deutschland AG"), allerdings ohne die Rechtsgrundlage zu nennen.

1004 *W. Meilicke/Heidel* DB 2003, 2267, 2271.

(2) Ausschluss der Öffentlichkeit

Zur Wahrung der Geheimhaltungsinteressen der Antragsgegner einerseits und der Interessen der Antragsteller an einer Einsichtnahme andererseits wird auch vorgeschlagen, die Öffentlichkeit im Termin auszuschließen und den verbleibenden Anwesenden zusätzlich nach § 174 Abs. 3 GVG durch Beschluss eine Schweigepflicht aufzuerlegen, so dass eine Offenbarung der mitgeteilten Inhalte nach § 353 d Nr. 2 StGB strafbar sei.[1005] Als taugliche Rechtsgrundlage für den Ausschluss der Öffentlichkeit wird dabei Art. 6 Abs. 1 S. 2 EMRK, § 172 Nr. 2, 3 GVG analog herangezogen und diese Lösung als gegenüber der Abgabe (vermögensrechtlich) strafbewehrter Geheimhaltungserklärungen als vorteilhaft erachtet, da nicht um die Höhe der Vertragsstrafe gestritten werden müsse.[1006] Gegen diese Lösung spricht indessen die fehlende Möglichkeit wirksamer Sanktionierung. Selbst wenn § 353 d Nr. 2 StGB in diesem Zusammenhang anwendbar sein sollte,[1007] ist demgemäß nur ein vorsätzliches Zuwiderhandeln gegen die Geheimhaltungsverpflichtung mit Strafe bedroht, so dass einer bloß fahrlässigen Weiterverwendung der Geheimnisse nicht wirksam vorgebeugt werden kann und eine solche häufig vorkommt bzw. ein vorsätzliches Handeln sich selten wird beweisen lassen.[1008]

(3) Einschaltung von Wissensmittlern

Um die gänzliche Verweigerung der Einsicht in Unterlagen zu verhindern, wird schließlich vorgeschlagen, zur Verschwiegenheit verpflichtete Wissensmittler einzuschalten und so die Verfahrensöffentlichkeit sachgerecht zu beschränken.[1009]

Das Verfahren könnte so ausgestaltet sein, dass ein zur Berufsverschwiegenheit verpflichteter Vertreter der Antragsteller bestellt wird und die Antragsteller von der Teilnahme an der Beweisaufnahme im Verfahren ausgeschlossen werden, soweit diese die Einsichtnahme in geheimhaltungsbedürftige Unterlagen oder die Erörterung von deren Inhalt umfasst.[1010] Urkunden- bzw. Bucheinsicht, Augenschein und die Vernehmung von Zeugen, Sachverständigen und Vertretern des Antragsgegners hätten in Abwesenheit der Antragsteller zu erfolgen.[1011] Ob ein solches „Geheimverfahren" im Zivilprozess rechtlich zulässig ist, ist umstritten. Während es teilweise auf der Grundlage des geltenden Zivilprozessrechts mit dem Grundsatz auf rechtliches Gehör für unvereinbar gehalten wird,[1012] sieht die Gegenauffassung darin eine rechtmäßige

---

1005 *Behnke* Spruchverfahren S. 108; *Stadler* NJW 1989, 1202.

1006 *Behnke* Spruchverfahren S. 108.

1007 Dafür *Behnke* Spruchverfahren S. 108; wohl auch *Stürner* § 14 III Nr. 5 a) S. 223 f. Fn. 74; a. A. *Ebenroth* EWiR § 306 AktG 3/89, 1055; *Fritzsche/Dreier/Verfürth* SpruchG § 7 SpruchG Rn. 95; *HaReA-DAV* ZIP 2003, 552, 555; *Wasmann/Roßkopf* ZIP 2003, 1776, 1779.

1008 *Stadler* NJW 1989, 1202.

1009 *Emmerich* in Emmerich/Habersack KonzernR § 7 SpruchG Rn. 11, 13; so bereits auch *Thywissen* Spruchstellenverfahren S. 52 f.

1010 Vgl. *Thywissen* Spruchstellenverfahren S. 53.

1011 Vgl. *Stürner* § 14 III Nr. 5 a) S. 223.

1012 OLG Köln NJW-RR 1996, 1277; *Musielak* in MüKo/ZPO § 357 ZPO Rn. 9; *Prütting* ZZP 106 (1993) 427, 461; *Prütting/Weth* DB 1989, 2273, 2276 ff.

Möglichkeit zur Effektuierung des Grundrechtsschutzes aller Prozessbeteiligten.[1013] Jedenfalls in Spruchverfahren begegnet ein solches „Geheimverfahren“ aber keinen Bedenken. Denn die Regelungen des Spruchverfahrensgesetzes unterscheiden sich trotz der Annäherung an den Zivilprozess insoweit grundlegend von dessen Vorschriften, als in § 7 Abs. 7 SpruchG ein *In-camera*-Verfahren angeordnet ist und der Gesetzgeber damit die Voraussetzungen für ein „Geheimverfahren“ geschaffen hat. Wenn – wie dargelegt – das Einsichtsrecht der Antragsteller verfassungsgemäß sogar gänzlich verweigert werden kann, muss es erst recht möglich sein, zur Wahrung ihrer Interessen einen Wissensmittler einzuschalten. Gegenüber der Abgabe strafbewehrter Geheimhaltungserklärungen bringt diese Lösung im Übrigen den Vorteil mit sich, dass der Kreis der Wissenden wesentlich kleiner gehalten wird und so Verstöße wesentlich einfacher nachweisbar sind.

Sinnvoll erscheint es, als Wissensmittler aller Antragsteller einen Rechtsanwalt gerichtlich zu bestellen, der nicht zugleich Vertreter einer der Verfahrensbeteiligten ist. Anderenfalls würde das Verfahren unnötig mit Streitigkeiten verzögert, denn auch wenn ein Rechtsanwalt „unabhängiges Organ der Rechtspflege“ (§ 1 BRAO) ist, ist die in der Praxis zu beobachtende Verflechtung mit den Mandanteninteressen geeignet, Zweifel an der Vertrauenswürdigkeit bzw. Verschwiegenheit desjenigen Rechtsanwalts zu begründen, der zugleich Vertreter eines Verfahrensbeteiligten ist.[1014] Dem bestellten Wissensmittler ist volle Einsicht in die geheimhaltungsbedürftigen Unterlagen zu gewähren. Er kann zudem Fragen an Zeugen, Sachverständige oder den Antragsgegner stellen und hat allgemein die Interessen der Antragsteller zu verfolgen, für die er als Wissensmittler bestellt worden ist, so dass sich seine Tätigkeit im Kern darauf zurückführen lässt, die geheimhaltungsbedürftigen Unterlagen daraufhin zu untersuchen, ob sie Tatsachen oder Anhaltspunkte enthalten, die geeignet sind, die Heraufsetzung der Kompensation zu rechtfertigen, und diese dem Gericht zur Kenntnis zu bringen. Nach Abschluss des „Geheimverfahrens“ hat er dann die Antragsteller über dessen wesentlichen Inhalt zu unterrichten,[1015] wobei er tunlichst vermeiden muss, durch seine Ausführungen Rückschlüsse über den genaueren Inhalt der Unterlagen bzw. die gewonnenen Erkenntnisse zu ermöglichen.

Für eine Vielzahl von Spruchverfahren erscheint die auf diesem Wege erfolgende beschränkte Möglichkeit der Kenntnisnahme des Inhalts geheimhaltungsbedürftiger Unterlagen durch die Antragsteller als geeignetes und aus der Anwendung des Verhältnismäßigkeitsgrundsatzes folgendes Mittel, einen Ausgleich zwischen den widerstreitenden Interessen herzustellen. Lediglich dann, wenn es um ganz elementare geheimhaltungsbedürftige Informationen geht, deren Bekanntwerden konkret geeignet ist, erhebliche wirtschaftliche Nachteile nach sich zu ziehen oder gar die

---

[1013] BAG NJW 1993, 612, 613 ff.; *Stadler* NJW 1989, 1202, 1204; *Stürner* § 14 III 5 a), b), S. 223 ff.; *Wagner* ZZP 108 (1995) 193, 210 ff.

[1014] *Stadler* NJW 1989, 1202, 1204; *Stürner* § 14 III 5 a) S. 224; für eine Beteiligung des Rechtsanwalts der ausgeschlossenen Partei im Zivilprozess allerdings *Leppin* GRUR 1984, 695, 697.

[1015] *Thywissen* Spruchstellenverfahren S. 53.

Existenz des Antragsgegners zu gefährden, scheint es gerechtfertigt und auch mit dem Verhältnismäßigkeitsgrundsatz vereinbar, die Möglichkeit der Kenntnisnahme auf das Gericht zu beschränken, um so den Kreis der Geheimnisträger so gering wie möglich zu halten.

c. Rechtsmittel

Gem. § 7 Abs. 7 S. 3 SpruchG kann gegen die Entscheidung des Vorsitzenden das Gericht angerufen werden, dessen Entscheidung unanfechtbar ist. Durch diese Regelung soll deutlich gemacht werden, dass der Antragsteller die Möglichkeit hat, die Entscheidung des Vorsitzenden über die Geheimhaltung von Unterlagen durch die Kammer überprüfen zu lassen.[1016] Abgewichen wird damit von der als Vorbild dienenden Regelung in § 72 Abs. 2 GWB, denn dort kann die Versagung der Akteneinsicht (und auch deren Erteilung) selbst nicht angefochten, sondern lediglich als Verfahrensfehler im Rahmen der Hauptsache gerügt werden.[1017]

8. Durchsetzung von Vorlagepflichten

Gem. § 7 Abs. 8 SpruchG ist für die Durchsetzung der Verpflichtung des Antragsgegners nach § 7 Abs. 3 und § 7 Abs. 7 SpruchG § 33 Abs. 1 S. 1, 3 sowie Abs. 3 S. 1, 2 FGG entsprechend anzuwenden.[1018]

a. Verhängung von Zwangsgeldern

Aufgrund der Anwendbarkeit von § 33 Abs. 1 S. 1, 3, Abs. 3 S. 1, 2 FGG kann im Fall der Nichtbefolgung der Vorlagepflicht nach § 7 Abs. 3 und § 7 Abs. 7 SpruchG nach Androhung der Festsetzung durch richterliche Verfügung ein Zwangsgeld von € 5,– bis 25.000,– festgesetzt werden. Schuldner des Zwangsgelds sind die Mitglieder des Vertretungsorgans des Antragsgegners, sofern es sich dabei um eine juristische Person handelt.[1019]

Kritisiert wird, dass die maximale Summe von € 25.000,– angesichts der Bedeutung der Unterlagen für den Fortgang des Verfahrens und der finanziellen Verhältnisse der Antragsgegner zu niedrig sei, um zur Verheimlichung entschlossene Antragsgegner effektiv abzuhalten.[1020] Allerdings besteht – jeweils nach erneuter Androhung – die

---

1016 *ReA-BT* SpruchverfNeuordG BT-Drucks. 15/838 S. 17.

1017 *K. Schmidt* in Immenga/Mestmäcker GWB § 72 GWB Rn. 13.

1018 Die Regelung wurde auf Vorschlag des Bundesrates eingefügt (siehe *BR* SpruchverfNeuordG BR-Drucks. 827/02 [Beschluss] S. 6 f.). Die Bundesregierung hatte den Vorschlag aufgrund der Erfahrungen in der gerichtlichen Praxis, dass Zwangsgelder kaum verhängt werden, abgelehnt (siehe *BReg* SpruchverfNeuordG BT-Drucks. 15/371 Anlage 3 S. 27). Vor Inkrafttreten des SpruchG konnte allein gerichtliche Verfügungen auf Vorlage von Handelsbüchern nach § 258 Abs. 1 HGB gem. § 33 FGG zwangsweise durchgesetzt werden (*Wasmann/Roßkopf* ZIP 2003, 1776, 1777).

1019 Vgl. *Zimmermann* in Keidel/Kuntze/Winkler FGG § 33 FGG Rn. 16.

1020 *W. Meilicke/Heidel* DB 2003, 2267, 2271; *Puszkajler* ZIP 2003, 518, 520 hatte vorgeschlagen,

Möglichkeit der mehrfachen Festsetzung von Zwangsgeldern nach den Vorschriften des FGG.[1021] Hinzu kommen die Kosten des Zwangsmittelverfahrens, die ebenfalls den Mitgliedern des Vertretungsorgans und nicht dem Antragsgegner aufzuerlegen sind, soweit es sich dabei um eine juristische Person handelt.[1022] Darüber hinaus kommt eine Sanktionierung im Rahmen des § 33 FGG nicht in Betracht. Zwar beziehen sich § 33 Abs. 2 S. 1 und Abs. 3 S. 3–6 FGG auch auf die Herausgabe von Sachen, so dass sie auch bei Nichtvorlage von Unterlagen mit der Folge zur Anwendung kommen könnten, dass eine Vorlageanordnung mit physischer Gewalt durchgesetzt werden könnte. Ungeachtet der Schwierigkeiten bei der praktischen Durchführung – in der Regel wird der Aufbewahrungsort der Unterlagen unbekannt sein – folgt jedoch aus dem eingeschränkten Verweis von § 7 Abs. 8 SpruchG auf § 33 FGG im Umkehrschluss, dass dessen Regelungen im Übrigen nicht zur Anwendung kommen sollen.[1023]

b. Umkehr der Feststellungslast und Schätzung

Neben der Sanktionierung gem. § 7 Abs. 8 SpruchG wird vorgeschlagen, die Nichtbefolgung der Vorlagepflicht zu sanktionieren, indem die Feststellungslast zugunsten der Antragsteller umgekehrt und Bewertungsparameter zu deren Gunsten geschätzt werden.[1024]

Rechtsgrundlage für ein solches Vorgehen könnte § 17 Abs. 1 i. V. m. § 15 FGG i. V. m. §§ 287 Abs. 1 S. 1, 2, Abs. 2 ZPO sein.[1025] Allerdings erscheint es auf den ersten Blick nahe liegend, die Sanktionierung der Missachtung der Vorlagepflicht in § 7 Abs. 8 SpruchG als abschließend anzusehen. Jedoch geht die Gesetzesbegründung ausdrücklich davon aus, dass das Gericht bei Nichtbeachtung der Vorlagepflicht zur Abwendung einer Blockade des Verfahrens die Möglichkeit hat, die Grundsätze über die Beweisverteilung des Zivilprozesses anzuwenden und bei der Nichtfeststellbarkeit von entscheidungserheblichen Tatsachen der Entscheidung entsprechende Schätzungen der fehlenden Angaben zugrunde zu legen.[1026] Zudem wird durch ein solches Vorgehen

---

Ordnungsgelder von 500,– bis 5.000,– € pro Tag der Überschreitung der Nachfrist als mögliche Sanktion vorzusehen.

1021 *Emmerich* in Emmerich/Habersack KonzernR § 7 SpruchG Rn. 9; *Koppensteiner* in KK/AktG Anh. § 327 f AktG Rn. 40. *W. Meilicke/Heidel* DB 2003, 2267, 2271 halten jedoch auch dies zur Erzwingung der Vorlage der Unterlagen für nicht ausreichend und führen als Beleg ein Spruchverfahren an, in dem selbst eine 100-malige Zwangsgeldfestsetzung nur einen Bruchteil der als Ergebnis eines Spruchverfahrens erforderlichen Nachzahlung ausgemacht und nicht einmal den Zinsvorteil aus einer Verzögerung aufgewogen hätte.

1022 *Fritzsche/Dreier/Verfürth* SpruchG § 7 SpruchG Rn. 103.

1023 *Fritzsche/Dreier/Verfürth* SpruchG § 7 SpruchG Rn. 104.

1024 *Puszkajler* ZIP 2003, 518, 520; *W. Meilicke/Heidel* DB 2003, 2267, 2271; *Fritzsche/Dreier/Verfürth* SpruchG § 10 SpruchG Rn. 37; zweifelnd *Hüffer* AktG § 305 AktG Anh. § 1 SpruchG Rn. 4.

1025 Für § 287 ZPO, § 738 Abs. 2 BGB als Analogiegrundlage *J. Schmidt* Recht der außenstehenden Aktionäre S. 74.

1026 *Begr. RegE* SpruchverfNeuordG BT-Drucks. 15/371 Anlage 1 S. 16.

dem allgemeinen Ziel der Reform, die Verantwortlichkeiten der Parteien für das Prozessergebnis zu fördern, gedient. Im Gegensatz zur Verhängung von Zwangsgeldern stellt eine Anwendung dieser zivilprozessualen Grundsätze auch eine geeignete Möglichkeit dar, die Informationsasymmetrien zwischen Antragstellern und Antragsgegner zu verringern.[1027] So wie auch den Antragstellern die Pflicht zu einer aktiven Mitwirkung am Verfahren auferlegt wird, insbesondere durch die Begründungspflicht nach § 4 Abs. 2 SpruchG und die Regeln über die Verfahrensförderungspflichten (§§ 9, 10 SpruchG) bei deren Nichtbeachtung erhebliche Verfahrensfolgen eintreten, die im Falle einer unzureichenden Begründung sogar die Abweisung des Antrags als unzulässig und damit eine Pflicht zur Kostentragung zur Folge haben können, so müssen auch die Konsequenzen für die Antragsgegner bei Nichtbefolgung ihrer aktiven Mitwirkungspflichten deutlich spürbar sein. Letzteres ist durch die Verhängung von Zwangsgeldern angesichts deren im Verhältnis zur regelmäßigen Finanzkraft des Antragsgegners geringer Höhe kaum, durch eine Schätzung von Werten auf der Grundlage des Vorbringens der Antragsteller aber umso mehr der Fall. Die Anwendung von zivilprozessualen Grundsätzen an dieser Stelle kann somit auch zu einer der Intensität nach vergleichbare Folge für Antragsteller und Antragsgegner bei Nichtbeachtung verfahrensrechtlicher Pflichten führen und ist daher Ausdruck der Verfahrensgerechtigkeit. Deshalb ist die Anwendung von § 287 ZPO nicht nur aufgrund des Willens des Gesetzgebers, sondern auch dem Sinn und Zweck nach geboten.

Die Voraussetzungen der Beweisvereitelung gem. § 287 ZPO sind bei einer Missachtung der Vorlagepflicht erfüllt, denn dafür genügt ein missbilligenswertes Verhalten, durch welches die Beweiserhebung erschwert wird.[1028] Allerdings setzt die Umkehr der Feststellungslast und eine Schätzung fehlender Angaben voraus, dass zuvor mehrfach Zwangsgelder verhängt worden sind und der Antragsgegner seiner Vorlagepflicht dennoch nicht nachkommt. Die Anwendung zivilprozessualer Grundsätze darf in diesem Zusammenhang nur als letztes Mittel zur Sanktionierung von Vorlagepflichten erfolgen, da die in § 7 Abs. 8 SpruchG vorgesehene Sanktion vorrangig zur Anwendung kommt.

II. Mündliche Verhandlung

§ 8 SpruchG regelt die mündliche Verhandlung im Spruchverfahren und bestimmt somit den Verfahrensablauf nach deren Vorbereitung gem. § 7 SpruchG. Mit der Regelung wird zugleich die Nähe zur ZPO gesucht, da nach dem FGG die Durchführung einer mündlichen Verhandlung gänzlich freigestellt ist. Allerdings ist anders als noch im Referentenentwurf die Durchführung auf Wunsch der gerichtlichen Praxis nicht zwingend vorgesehen.[1029]

[1027] Vgl. *J. Schmidt* Recht der außenstehenden Aktionäre S. 74 f.
[1028] Vgl. *Greger* in Zöller ZPO § 286 ZPO Rn. 14 a.
[1029] *Neye* Spruchverfahrensrecht S. 24.

1. Erforderlichkeit und Zeitpunkt der mündlichen Verhandlung

Der Begriff der mündlichen Verhandlung in § 8 SpruchG ist wie im Zivilprozess (§ 279 Abs. 1 ZPO) als früher erster Termin oder Haupttermin zu verstehen. Wie sich aus der Formulierung in § 8 Abs. 1 S. 1 SpruchG ergibt, stellt die Durchführung nach der Vorstellung des Gesetzgebers den Regelfall da. Allerdings ist die Regelung als Ordnungsvorschrift formuliert, so dass es dem Gericht freisteht, sich für oder gegen deren Durchführung zu entscheiden. Im Spruchverfahren kann ohne weiteres Entscheidungsgrundlage sein, was nicht Gegenstand einer mündlichen Verhandlung war, was einen maßgeblichen Unterschied zum Zivilprozess markiert.[1030]

Aus verfassungsrechtlichen Gründen ist dieser Grundsatz jedoch erheblich eingeschränkt, denn aus Art. 103 Abs. 1 GG folgt ein Anspruch der Verfahrensbeteiligten auf Durchführung einer mündlichen Verhandlung, sofern ein Sachverständigengutachten der Erörterung bedarf.[1031] Darüber hinaus kann aber nicht daraus, dass in zahlreichen Vorschriften des SpruchG auf die Durchführung einer mündlichen Verhandlung Bezug genommen wird, geschlossen werden, dass eine solche nur dann entbehrlich ist, wenn dies durch die konkrete Verfahrenslage geboten ist, etwa wenn das Gericht die Anträge für unzulässig hält und diesbezügliche Erörterungen auch schriftlich geführt werden können.[1032] Nicht nur die Tatsache, dass die Durchführung einer mündlichen Verhandlung angesichts der meist zahlreichen Verfahrensbeteiligten einer umfangreichen Organisation bedarf,[1033] sondern vor allem der Umstand, dass gerade auch komplexe Bewertungsfragen auf dem Schriftweg geklärt werden können, insbesondere, da es sich häufig um zu treffende Ermessensentscheidungen handelt, zu denen eine mündliche Anhörung wenig beitragen kann, lassen es nicht notwendig erscheinen, von einer mündlichen Verhandlung lediglich in begrenzten Ausnahmefällen abzusehen.

2. Geltung zivilprozessualer Grundsätze

Gem. § 8 Abs. 3 SpruchG sind §§ 138, 139 ZPO sowie für die Durchführung der mündlichen Verhandlung §§ 279 Abs. 2, 3 und 283 ZPO entsprechend anzuwenden. Dadurch wird bezweckt, die Spruchverfahren deutlich einem Streitverfahren nach der ZPO anzunähern und in gleichem Maße den Amtsermittlungsgrundsatz des § 12 FGG zurückzudrängen.[1034] Zugleich soll das Verfahren dadurch gestrafft werden.[1035]

Indem § 138 ZPO für anwendbar erklärt wird, gelten die Grundsätze zur Erklärungs-

---

[1030] Vgl. *Hüffer* AktG § 305 AktG Anh. § 8 SpruchG Rn. 1.

[1031] Vgl. BVerfG AG 1998, 334 („Schwabenzell/Hannoversche Papierfabriken").

[1032] *Fritzsche/Dreier/Verfürth* SpruchG § 7 SpruchG Rn. 4; für die Entbehrlichkeit bei offensichtlich unzulässigen Anträgen *Krieger* in Lutter UmwG Anhang I SpruchG § 8 SpruchG Rn. 2.

[1033] Vgl. *Büchel* NZG 2003, 793, 798.

[1034] *Emmerich* in Emmerich/Habersack KonzernR Vor § 1 SpruchG Rn. 6, § 8 SpruchG Rn. 4.

[1035] *Begr. RegE* SpruchverfNeuordG BT-Drucks. 15/371 Anlage 1 S. 16.

pflicht über Tatsachen und die Wahrheitspflicht. Die Verfahrensbeteiligten trifft im Spruchverfahren die Pflicht zu vollständigem und wahrheitsgemäßem Vorbringen (§ 138 Abs. 1 ZPO) sowie die Pflicht, sich zum Vorbringen der Gegenseite zu erklären (§ 138 Abs. 2 ZPO). Da der Verweis § 138 Abs. 3 ZPO mit einschließt, gilt auch, dass nicht ausdrücklich Bestrittenes grundsätzlich als zugestanden anzusehen ist, so dass in der mündlichen Verhandlung nur über streitige Tatsachen Beweis zu erheben ist. Ferner gilt für die Beteiligten die Wahrheitspflicht gem. § 138 Abs. 4 ZPO. Außerdem ergibt sich aus dem Verweis in § 8 Abs. 3 SpruchG auf § 139 ZPO die Geltung der Grundsätze zur materiellen Prozessleitung. Dadurch wird deutlich gemacht, dass die richterliche Aufklärungspflicht auch im Spruchverfahren Anwendung findet und insoweit die richterliche Praxis in Streitverfahren über Angelegenheiten der freiwilligen Gerichtsbarkeit übernommen wird.[1036] Ferner ergibt sich aus diesem Verweis zusammen mit dem Verweis auf § 138 ZPO die weitgehende Ersetzung des Amtsermittlungsgrundsatzes durch den Beibringungsgrundsatz in der mündlichen Verhandlung.[1037] Zwar ist ein entsprechender Wille des Gesetzgebers im Wortlaut des § 8 Abs. 3 SpruchG nicht eindeutig zum Ausdruck gekommen, so dass der Amtsermittlungsgrundsatz über § 17 Abs. 1 SpruchG i. V. m. § 12 FGG fortgelten könnte. § 17 Abs. 1 SpruchG soll aber lediglich einem Lückenschluss der weitgehend eigenständigen Vorschriften für das Spruchverfahren hinsichtlich einzelner Fragen dienen und insbesondere § 16 FGG zur Anwendung kommen lassen,[1038] nicht jedoch umfassend auf § 12 FGG verweisen und damit die Anwendung elementarer Grundsätze des FGG ermöglichen. Wäre Letzeres beabsichtigt gewesen, so hätte die Regelung im Spruchverfahrensgesetz selbst erfolgen müssen, da auch alle anderen wesentlichen Verfahrensregelungen im Gesetz selbst getroffen worden sind. Da § 139 ZPO das Gerechtigkeitskorrektiv zum Beibringungsgrundsatz darstellt, ist der Verweis auf § 139 ZPO nur schlüssig, wenn der Beibringungsgrundsatz zur Anwendung kommt. Daher ist es *contra legem*, generell den Amtsermittlungsgrundsatz anzuwenden und durchzusetzen.[1039]

Die entsprechende Anwendung von § 279 Abs. 2, 3 ZPO führt dazu, dass im Haupttermin der streitigen Verhandlung die Beweisaufnahme unmittelbar folgt (§ 279 Abs. 2 ZPO) und das Gericht im Anschluss an die Beweisaufnahme erneut den Sach- und Streitstand, ggf. auch das Ergebnis der Beweisaufnahme mit den Verfahrensbeteiligten erörtern soll (§ 279 Abs. 3 ZPO).[1040] Indem schließlich § 283 ZPO entsprechend anzuwenden ist, gilt auch das Verfahren in Zivilprozessen bei kurz

---

[1036] *Neye* Spruchverfahrensrecht S. 25.

[1037] OLG Hamburg ZIP 2005, 437, 438 („Thyssen-Industrie AG/Blohm+Voss Holding"); *Emmerich* in Emmerich/Habersack KonzernR § 8 SpruchG Rn. 4; *Hüffer* AktG § 305 AktG Anh. § 8 SpruchG Rn. 1; *Klöcker/Frowein* SpruchG § 8 SpruchG Rn. 7; *Koppensteiner* in KK/AktG Anh. § 327 f AktG Rn. 44.

[1038] *Neye* Spruchverfahrensrecht S. 33.

[1039] So aber *Emmerich* FS Tilmann, 925, 923; ähnlich *W. Meilicke/Heidel* DB 2003, 2267, 2273; dagegen ausdrücklich *Hüffer* AktG § 305 AktG Anh. § 8 SpruchG Rn. 7.

[1040] Kritisch zu dem Verweis auf § 279 Abs. 2, 3 ZPO *BDI u. a.* Zu § 8 Abs. 3 SpruchG-RegE: Die mündliche Verhandlung könne durch deren Verbindung mit der Beweisaufnahme und anschließender Erörterung des Sach- und Streitstandes „überfrachtet" werden.

vor dem Termin eingereichten Schriftsätzen entsprechend. Dem Beteiligten, der sich auf ein kurzfristig vorgebrachtes Angriffs- oder Verteidigungsmittel des Gegners nicht erklären kann, wird eine Nachfrist zur Stellungnahme gesetzt.

Neben den in § 8 Abs. 3 SpruchG ausdrücklich für anwendbar erklärten Regelungen sind weitere Vorschriften auf die Durchführung der mündlichen Verhandlung anwendbar.[1041] Hervorzuheben ist dabei insbesondere der Grundsatz der Öffentlichkeit, dessen Geltung sich in Spruchverfahren aus Art. 6 Abs. 1 S. 1 EMRK ableitet und dessen Nichtbeachtung einen absoluten Aufhebungsgrund nach § 17 Abs. 1 SpruchG i. V. m. § 27 Abs. 1 S. 2 FGG i. V. m. § 551 Nr. 6 ZPO darstellt,[1042] es sei denn, das Gericht hat die Öffentlichkeit nach Art. 6 Abs. 1 S. 2 EMRK, § 172 Nr. 2, 3 GVG analog ausgeschlossen.[1043]

3. Anhörung des sachverständigen Prüfers

Gem. § 8 Abs. 2 S. 1 Halbs. 1 SpruchG soll das Gericht in den Fällen des § 7 Abs. 3 S. 2 SpruchG das persönliche Erscheinen der sachverständigen Prüfer anordnen können. Durch diese Möglichkeit sollen die Erkenntnisse der sachverständigen Prüfer, die zur Vorbereitung der jeweiligen Strukturmaßnahme nach den Vorschriften des AktG und des UmwG einzuschalten waren, im Spruchverfahren stärker nutzbar gemacht und die Erkenntnisbasis bereits zu Beginn des Verfahrens verbreitert werden, um die eventuell zusätzliche Beauftragung eines weiteren Sachverständigen zur Begutachtung bestimmter Fragen im Spruchverfahren zu erleichtern.[1044] Wie auch § 7 Abs. 6 SpruchG ist die Regelung damit Ausdruck des Versuchs, pauschale Gutachtenaufträge zu vermeiden und dadurch die Verfahren zu beschleunigen, denn in einer bloßen Ergänzung oder Erläuterung des Prüfungsberichts bzw. darin, einen Sachverständigen nicht mit einer gänzlichen Neubewertung beauftragen zu müssen, wird der entscheidende Schlüssel zu einer spürbaren Verkürzung der Verfahrensdauer gesehen.[1045] Auch der Bericht der Regierungskommission *Corporate Governance* geht von einem erheblichen Beschleunigungseffekt für Spruchverfahren bei einer Beschränkung des gerichtlichen Gutachtenauftrags auf wenige Punkte aus.[1046]

Entscheidende Bedeutung erlangt die in § 8 Abs. 1 Abs. 2 Halbs. 1 SpruchG vorgesehene Möglichkeit der Anhörung des sachverständigen Prüfers, wenn die Antragsteller oder der gemeinsame Vertreter die Ausführungen oder Annahmen im Prüfbericht nicht akzeptieren und auch nach Anhörung des Vertragsprüfers in der münd-

---

[1041] Siehe dazu *Fritzsche/Dreier/Verfürth* SpruchG § 8 SpruchG Rn. 38.

[1042] *Behnke* Spruchverfahren S. 104; *Fritzsche/Dreier/Verfürth* SpruchG § 8 SpruchG Rn. 39. Die Beweisaufnahme ist ohnehin nach § 17 Abs. 1 SpruchG i. V. m. § 15 Abs. 1 FGG i. V. m. §§ 402, 397 Abs. 2 ZPO beteiligtenöffentlich (siehe oben Teil 3 E. I. 6. a.).

[1043] Vgl. *Behnke* Spruchverfahren S. 108.

[1044] *Begr. RegE* SpruchverfNeuordG BT-Drucks. 15/371 Anlage 1 S. 15; *Neye* Spruchverfahrensrecht S. 26.

[1045] *Bungert/Mennicke* BB 2003, 2021; *Wiesen* ZGR 1990, 503, 508.

[1046] Vgl. Bericht RegKom *CorpGover* BT-Drucks. 14/7515 S. 82 Rn. 170 f.

lichen Verhandlung keine Einigkeit erzielt wird. Denn der Bericht des Prüfers verbunden mit der Anhörung darüber kann nur dann die Erkenntnisbasis des Gerichts verbreitern und bei der Bestimmung der angemessenen Kompensation berücksichtigt werden, wenn auch die inhaltliche Vollständigkeit und/oder Richtigkeit des Berichts und der Anhörung bewiesen wird. Dies setzt voraus, dass der Bericht und die Anhörung darüber als Beweismittel verwendet werden können.

a. Anhörung als sachverständiger Zeuge

Wie sich aus der Formulierung in § 8 Abs. 2 S. 1 Halbs. 1 SpruchG ergibt, geht das Gesetz ohne weiteres davon aus, dass der sachverständige Prüfer als sachverständiger Zeuge geladen werden kann, so dass dem Prüfbericht bzw. der Anhörung des Prüfers Beweisfunktion zukommen kann.

Der Begriff des sachverständigen Zeugen ist in § 414 ZPO definiert, der gem. § 17 Abs. 1 SpruchG i. V. m. § 15 Abs. 1 FGG entsprechend anwendbar ist. Den sachverständigen Prüfer als einen solchen anzuhören, würde dementsprechend voraussetzen, dass er als sachkundige Person Aussagen zum Beweis von vergangenen Tatsachen oder Zuständen, zu denen eine besondere Sachkunde erforderlich ist, treffen kann.[1047] Der wesentliche Teil des Prüfberichts beruht jedoch nicht auf Wahrnehmungen des Sachverständigen, sondern auf seinem Fachwissen zur Beurteilung der Unternehmensdaten, so dass eine Vernehmung als sachverständiger Zeuge für die wesentlichen Punkte, etwa die Frage des Kapitalisierungszinsfußes, des Inflationsabschlages, des Risikofaktors und aller anderen Berechnungsfaktoren, die je nach Bewertungsmethode eine Rolle spielen, nicht in Betracht kommt.[1048] Als sachverständiger Zeuge kann der sachverständige Prüfer daher nur bestellt werden, soweit er Auskünfte über den seinerzeitigen Bewertungsprozess geben soll, etwa über Erörterungen, die im Rahmen von Parallelprüfungen[1049] mit dem Unternehmensprüfer stattgefunden haben.[1050] Soweit er bestellt wird, sind ihm gem. § 8 Abs. 2 SpruchG mit der Ladung die Anträge der Antragsteller, die Antragserwiderung des Antragsgegners sowie das weitere schriftliche Vorbringen zuzustellen.

b. Anhörung als Erläuterung eines Gerichtsgutachtens

Auf den ersten Blick kommt es auch in Betracht, die Anhörung des sachverständigen Prüfers als eine Erläuterung des schriftlichen Gutachtens in der mündlichen Verhandlung gem. § 17 Abs. 1 SpruchG i. V. m. § 15 FGG i. V. m. § 411 Abs. 3 ZPO

1047 Vgl. *Greger* in Zöller ZPO § 402 ZPO Rn. 1.

1048 *Büchel* NZG 2003, 793, 802; *Emmerich* in Emmerich/Habersack KonzernR § 8 SpruchG Rn. 5; *Hüffer* AktG § 305 AktG Anh. § 8 SpruchG Rn. 4; *Klöcker/Frowein* SpruchG § 8 SpruchG Rn. 6; *Koppensteiner* in KK/AktG Anh. § 327 f AktG Rn. 46; *Land/Hennings* AG 2005, 381, 384 f.

1049 Siehe unten Teil 3 F. III. 2. b.

1050 *Fritzsche/Dreier/Verfürth* SpruchG § 8 SpruchG Rn. 13; anders *Krieger* in Lutter UmwG Anhang I SpruchG § 8 SpruchG Rn. 6, der den Prüfer als eine „Auskunftsperson eigener Art" beschreibt, für den die Vorschriften über den sachverständigen Zeugen entsprechend angewendet werden sollen.

anzusehen. Dies würde allerdings voraussetzen, dass es sich bei dem Prüfbericht um einen gerichtlichen Sachverständigenbeweis handelt.[1051]

Die Erstellung eines Beweissicherungsgutachtens nach § 485 Alt. 3 ZPO ist Teil eines selbstständigen Beweisverfahrens, das zwar auf Antrag einer Partei durchgeführt werden kann, jedoch im Auftrag des Gerichts erfolgt. Den Prüfbericht erstattet der Prüfer jedoch der Gesellschaft bzw. dem Hauptaktionär und gerade nicht dem Gericht. Gesetzlich hat dies darin Ausdruck gefunden, dass der sachverständige Prüfer trotz seiner Bestellung durch das Gericht nicht diesem, sondern gem. § 293 d Abs. 2 AktG bzw. § 11 Abs. 2 S. 2 UmwG nur der Gesellschaft bzw. dem Hauptaktionär und dessen Anteilseignern gegenüber verantwortlich ist und von diesen auch bezahlt wird. Im Gegensatz zur Entscheidung des Gerichts über die Bestellung des sachverständigen Prüfers, die es von sich aus trifft, kann ein Beweissicherungsgutachten nur auf Antrag einer Partei in Auftrag gegeben werden. Hinzu kommen weitere erhebliche Verfahrensunterschiede. So setzt die Erhebung von Beweisen durch ein Beweissicherungsgutachten nach § 485 ZPO einen Beweisbeschluss nach § 359 ZPO und die Gewährung rechtlichen Gehörs gegenüber den beteiligten Parteien voraus, wohingegen das Gericht vor der Bestellung der Vertragsprüfer keinen Beschluss fassen muss und die Gegenseite auch nicht anhören kann.[1052] Darüber hinaus sind die §§ 402 ff. ZPO nicht anwendbar, auch nicht auf die Tätigkeit des Verschmelzungsprüfers über § 17 Abs. 1 SpruchG i. V. m. § 15 Abs. 1 FGG i. V. m. § 10 Abs. 3 UmwG, da nach § 10 Abs. 3 UmwG das FGG nur für das Bestellungsverfahren und nicht für die Tätigkeit als Sachverständiger maßgeblich ist. Weder kann der sachverständige Prüfer daher nach §§ 407, 407 a ZPO zur Durchführung der Vertragsprüfung verpflichtet werden, noch kann er nach § 406 ZPO abgelehnt werden.[1053]

Neben diese formalen treten gravierende materielle Unterschiede zwischen der Vertragsprüfung und der Erstellung eines gerichtlichen Gutachtens. Denn die Vertragsprüfung beschränkt sich auf eine verhältnismäßig oberflächliche und grobe Überprüfung des Vertragsberichts und der darin enthaltenen Wertansätze.[1054] Der sachverständige Prüfer untersucht diese Ansätze sowie die Prognosen der betreffenden Gesellschaft auf ihre Vertretbarkeit hin und respektiert dabei die von der Gesellschaft getroffenen Bewertungsentscheidungen, sofern sie nicht den Rahmen ordnungsgemäßer Ermessensausübung überschreiten; es handelt sich also um eine bloße Plausibilitätskontrolle.[1055] Aufgabe eines gerichtlich bestellten Sachverständigen ist es hingegen, die Bewertungen selbst und unabhängig von den Prognosen und Ermessensentscheidungen der Gesellschaft vorzunehmen.[1056] Daher kann dem Bericht

---

1051 *Büchel* NZG 2003, 793, 801 f.

1052 *Büchel* NZG 2003, 793, 801.

1053 *Büchel* NZG 2003, 793, 801.

1054 *Emmerich* FS Tilmann, 925, 933 f.

1055 *Emmerich* in Emmerich/Habersack KonzernR § 293 b AktG Rn. 8, 17 f., § 293 c AktG Rn. 5 (Beherrschungs-/Gewinnabführungsvertrag); *Veit* DB 2005, 1697, 1700 (*squeeze out*).

1056 *Bilda* NZG 2000, 296, 300; *Emmerich* FS Tilmann, 925, 933 f.; *E. Vetter* EWiR § 306 AktG 3/01, 247, 248; *Vollrath* in Widmann/Mayer UmwG Anh. 13 § 8 SpruchG Rn. 3 f.

des sachverständigen Prüfers nicht das Gewicht und die materielle Bedeutung eines gerichtlichen Sachverständigengutachtens zukommen.[1057] Aufgrund der formellen und materiellen Unterschiede zwischen der Durchführung der Vertragsprüfung und der Erstellung eines gerichtlichen Gutachtens können die Prüfberichte nicht wie Beweissicherungsgutachten behandelt werden,[1058] so dass dem Prüfbericht wie anderen Verträgen, Beschlüssen und Berichten, deren Erstellung bei Durchführung einer Strukturmaßnahme vorgeschrieben ist, zwar Urkundenfunktion zukommt, seine Einführung in das Spruchverfahren jedoch nur Beweis dafür ist, dass er vorliegt und nicht, dass er inhaltlich vollständig bzw. richtig ist.[1059] Daher kann auch die Anhörung des sachverständigen Prüfers nicht als Erläuterung eines schriftlichen Gutachtens in der mündlichen Verhandlung gem. § 411 Abs. 3 ZPO angesehen werden.

c. Anhörung als gerichtlicher Sachverständiger

Nach dem Willen des Gesetzgebers soll es grundsätzlich möglich sein, den sachverständigen Prüfer zum gerichtlichen Sachverständigen zu bestellen und ihn als einen solchen anzuhören.[1060] Da einer solchen Bestellung jedoch regelmäßig die Besorgnis der Befangenheit entgegensteht,[1061] scheidet auch eine Anhörung als gerichtlicher Sachverständiger in vielen Fällen aus.

d. Anhörung im Wege formloser Amtsermittlung

Schließlich wird vorgeschlagen, den sachverständigen Prüfer im Wege formloser Amtsermittlung gem. § 17 Abs. 1 SpruchG i. V. m. § 12 FGG als sachkundige Auskunftsperson anzuhören.[1062] Gegen ein solches Vorgehen bestehen jedoch durchgreifende Bedenken. Zunächst wird aufgrund des Verweises in § 8 Abs. 3 SpruchG auf §§ 138, 139 ZPO der Amtsermittlungsgrundsatz in der mündlichen Verhandlung zumindest weitgehend durch den Beibringungsgrundsatz verdrängt.[1063] Selbst wenn man einen Kern an Amtsermittlung noch in der mündlichen Verhandlung fortgelten lässt, erscheint es aber widersprüchlich, auf diesen im Zusammenhang mit der Anhörung zu rekurrieren. Denn der Gesetzgeber hat in § 8 Abs. 2 SpruchG die

---

1057 *Bilda* NZG 2000, 296, 300; siehe auch *W. Meilicke/Heidel* DB 2003, 2267, 2272, die aus diesem Grund stets eine „flächendeckende" sachverständige Begutachtung für notwendig halten.

1058 *Hüffer* AktG § 305 AktG Anh. § 8 SpruchG Rn. 4; a. A. *Seetzen* WM 1999, 565, 567; *Wiesen* bei *Frey* ZGR 1990, 511, 515 (Behandlung ähnlich einem Beweissicherungsgutachten); in diesem Sinne zumindest bei Verschmelzungen als Strukturmaßnahme auch OLG Düsseldorf AG 2004, 614, 615 („Agrippina-Versicherungs-AG/Zürich-Versicherungs-AG") und OLG Düsseldorf AG 2002, 398, 399 („Kaufhof/Metro"), wenn es davon ausgeht, den Bericht des Verschmelzungsprüfers wie ein Gerichtsgutachten bewerten zu können; für eine Verwertung als Beweissicherungsgutachten unter der Voraussetzung der zwingend gerichtlichen Bestellung des Prüfers auch *Fritzsche/Dreier/Verfürth* SpruchG Einl. Rn. 55.

1059 Vgl. *Volhard* in Semler/Stengel UmwG § 307 UmwG Rn. 22.

1060 *Begr. RegE* SpruchverfNeuordG BT-Drucks. 15/371 Anlage 1 S. 15.

1061 Siehe unten Teil 3 F. III. 2. c.

1062 So *Hüffer* AktG § 305 AktG Anh. § 8 SpruchG Rn. 4.

1063 Siehe oben Teil 3 E. II. 2.

Möglichkeit der Anhörung geregelt, und die ergänzend geltenden Vorschriften der ZPO lassen eine Anhörung nur unter bestimmten Voraussetzungen zu. Ein Rückgriff auf § 12 FGG lässt sich damit nicht vereinbaren.

e. Entbehrlichkeit der Anhörung
Sofern eine Anhörung des sachverständigen Prüfers möglich ist, kann sie dennoch gem. § 8 Abs. 1 S. 1 Halbs. 2 SpruchG entbehrlich sein. Denkbar ist dies etwa, wenn das Gericht zu dem Schluss gelangt, dass eine mündliche Anhörung als sachverständiger Zeuge zum Verfahrensfortgang nicht beitragen kann[1064] oder die mündliche oder schriftliche Beantwortung einzelner Fragen erfolgversprechender ist[1065] sowie auch dann, wenn das Gericht aufgrund eigenen Fachwissens in der Lage ist, die Richtigkeit der Bewertung zu überprüfen.[1066] Zwar ist die Möglichkeit zur Anordnung der Beantwortung einzelner Fragen nicht ausdrücklich im Gesetz vorgesehen. Wenn die Anhörung jedoch sogar gänzlich entbehrlich sein kann, so muss es erst recht möglich sein, den Prüfer nur wenige Fragen beantworten zu lassen.

III. Verfahrensförderung

§§ 9, 10 SpruchG regeln die Pflichten zur Verfahrensförderung durch die Beteiligten sowie die Sanktionierung der Verletzung dieser Pflichten.

1. Verfahrensförderungspflichten

Die Regelung des § 9 SpruchG, die an § 282 ZPO angelehnt ist, war im Gesetzgebungsverfahren unstrittig. Durch sie wird die Geltung des Amtsermittlungsgrundsatzes weiter eingeschränkt und insbesondere bezweckt, auch die Verfahrensbeteiligten zur Verfahrensbeschleunigung anzuhalten.[1067]

a. Verfahrensförderungspflichten gem. § 9 Abs. 1 SpruchG
Gem. § 9 Abs. 1 SpruchG hat jeder Beteiligte in der mündlichen Verhandlung und bei deren schriftlichen Vorbereitung seine Anträge sowie sein weiteres Vorbringen so zeitig vorzubringen, wie es nach der Verfahrenslage einer sorgfältigen und auf Förderung des Verfahrens bedachten Verfahrensführung entspricht.

Adressat der Regelung sind alle Verfahrensbeteiligten. Zeitlich erstreckt sich die aus § 9 Abs. 1 SpruchG ergebende Verfahrensförderungspflicht dem klaren Wortlaut nach auf die mündliche Verhandlung und deren schriftliche Vorbereitung. Demnach

---

1064 *Begr. RegE* SpruchverfNeuordG BT-Drucks. 15/371 Anlage 1 S. 15.
1065 *BR* SpruchverfNeuordG BR-Drucks. 827/02 (Beschluss) S. 7.
1066 *Krieger* in Lutter UmwG Anhang I SpruchG § 8 SpruchG Rn. 7.
1067 *Begr. RegE* SpruchverfNeuordG BT-Drucks. 15/371 Anlage 1 S. 16; *Neye* Spruchverfahrensrecht S. 26; *Tomson/Hammerschmitt* NJW 2003, 2572, 2575.

ist sie zwar vor und in der mündlichen Verhandlung, nicht jedoch in der Zeit danach zu beachten.[1068] Sachlich bezieht sich die Regelung zum einen auf *„Anträge"*. Dieser Begriff deckt sich inhaltlich mit dem des § 11 FGG,[1069] umfasst also alle Erklärungen der Beteiligten, mit denen eine bestimmte Tätigkeit des Gerichts erstrebt wird. Zum anderen ist jedes *„weitere Vorbringen"* erfasst, worunter jedes zur Begründung oder Verteidigung des Antrags im Spruchverfahren rechtliche oder tatsächliche Behaupten oder Bestreiten zu verstehen ist.[1070] Ausgenommen von dem sachlichen Anwendungsbereich sind jedoch das von § 9 Abs. 2 SpruchG erfasste Vorbringen sowie Zulässigkeitsrügen, soweit sie von § 9 Abs. 3 SpruchG erfasst sind. Auch bezieht sich die Regelung nicht auf Rechtsausführungen, denn auch im Spruchverfahren gilt der Grundsatz *jura novit curia*, so dass die Beteiligten nicht etwas fördern müssen, was das Gericht zwingend selbst erkennen muss.[1071] Ferner gehen andere Regelungen des Spruchverfahrensgesetzes § 9 Abs. 1 SpruchG insoweit vor, als ein Vorbringen innerhalb dafür gesetzlich vorgesehener oder gewährter Fristen niemals als nicht auf eine sorgfältige und die Förderung des Verfahrens bedachte Verfahrensführung angesehen werden kann.[1072]

Von den Verfahrensbeteiligten fordert § 9 Abs. 1 SpruchG ein so zeitiges Vorbringen, wie es nach der Verfahrenslage einer sorgfältigen und auf Förderung des Verfahrens bedachten Verfahrensführung entspricht. Demnach ist es wie auch im Zivilprozess nicht erforderlich, stets alle nur möglicherweise entscheidungserheblichen Umstände vorzubringen, da objektiver Maßstab der Rechtzeitigkeit die Verfahrenslage ist.[1073] Daher kann es etwa auch erlaubt sein, tatsächliches Vorbringen zunächst nur anzukündigen und seine nähere Ausführung von einem Hinweis gem. § 8 Abs. 3 SpruchG i. V. m. § 139 ZPO abhängig zu machen.[1074]

b. Verfahrensförderungspflichten gem. § 9 Abs. 2 SpruchG

Gem. § 9 Abs. 2 SpruchG ist ein Vorbringen, auf das andere Beteiligte oder in den Fällen des § 8 Abs. 2 SpruchG die in der mündlichen Verhandlung anwesenden sachverständigen Prüfer voraussichtlich ohne vorhergehende Erkundigung keine Erklärungen abgeben können, vor der mündlichen Verhandlung durch vorbereitenden Schriftsatz so zeitig mitzuteilen, dass die Genannten die erforderlichen Erkundigungen noch einziehen können. Somit ist auch die Verfahrensförderungspflicht nach § 9 Abs. 2 SpruchG an alle Verfahrensbeteiligten adressiert. Im Gegensatz zu § 9 Abs. 1 SpruchG wird zeitlich allerdings nur ein Vorbringen erfasst, dass vor der mündlichen

[1068] A. A. *Fritzsche/Dreier/Verfürth* SpruchG § 9 SpruchG Rn. 4.

[1069] *Emmerich* in Emmerich/Habersack KonzernR § 9 SpruchG Rn. 3; *Hüffer* AktG § 305 AktG Anh. § 9 SpruchG Rn. 3; *Volhard* in MüKo/AktG § 9 SpruchG Rn. 3.

[1070] *Volhard* in MüKo/AktG § 9 SpruchG Rn. 3.

[1071] *Fritzsche/Dreier/Verfürth* SpruchG § 9 SpruchG Rn. 5 f.; *Hüffer* AktG § 305 AktG Anh. § 9 SpruchG Rn. 3.

[1072] *Hüffer* AktG § 305 AktG Anh. § 9 SpruchG Rn. 2.

[1073] *Klöcker/Frowein* SpruchG § 9 SpruchG Rn. 4; *Volhard* in MüKo/AktG § 9 SpruchG Rn. 5.

[1074] *Hüffer* AktG § 305 AktG Anh. § 9 SpruchG Rn. 3.

Verhandlung erfolgt. § 9 Abs. 2 SpruchG fordert von den Beteiligten eine Mitteilung mittels vorbereitenden Schriftsatzes. Durch einen vorbereitenden Schriftsatz soll die mündliche Verhandlung erleichtert werden.[1075] Da weder das Spruchverfahrensgesetz noch das FGG diesbezügliche Vorschriften enthalten, richten sich dessen Inhalt und Form nach §§ 130, 130 a, 131, 133 ZPO.[1076] Entgegen § 132 ZPO gelten für die Mitteilung mittels Schriftsatzes nicht die dort genannten Fristen, denn § 9 Abs. 2 SpruchG legt selbst einen variablen Zeitrahmen fest: Die Mitteilung muss so zeitig erfolgen, dass die Verfahrensbeteiligten oder der sachverständige Prüfer erforderliche Erkundigungen zu dem Vorbringen noch vor der mündlichen Verhandlung einziehen können. Soweit § 9 Abs. 2 SpruchG auf den sachverständigen Prüfer abstellt, bezieht sich die Verfahrensförderungspflicht aufgrund dessen fehlender Beteiligtenstellung nicht auf Erklärungen im technischen Sinn, sondern darauf, ob er ohne Vorbereitung verfahrensfördernde Auskünfte geben kann.[1077]

c. Verfahrensförderungspflichten gem. § 9 Abs. 3 SpruchG

Die Verfahrensförderungspflicht gem. § 9 Abs. 3 SpruchG schließlich betrifft Rügen, welche die Zulässigkeit der Anträge betreffen. Im Gegensatz zu den Pflichten nach § 9 Abs. 1 und Abs. 2 SpruchG ist Adressat der Regelung in § 9 Abs. 3 SpruchG ausschließlich der Antragsgegner. Nur er hat Zulässigkeitsrügen innerhalb der ihm nach § 7 Abs. 2 SpruchG gesetzten Frist geltend zu machen. Prognostiziert wird, dass für die Regelung nur ein äußerst kleiner Anwendungsbereich verbleibt; alle wesentlichen Zulässigkeitsrügen seien von Amts wegen zu berücksichtigen, insbesondere die Unzuständigkeit des Gerichts, die fehlende Antragsberechtigung, die Verfristung des verfahrenseinleitenden Antrags sowie die fehlende oder unzureichende Antragsbegründung.[1078] Das OLG Karlsruhe hat indessen bereits entschieden, dass die Rüge der Unzuständigkeit des befassten Gerichts wegen einer unterbliebenen oder unwirksamen Verweisung gem. § 9 Abs. 3 SpruchG zu rügen ist.[1079] Die Reichweite des Anwendungsbereichs der Regelung wird man daher abwarten müssen.

2. Verletzung von Verfahrensförderungspflichten

§ 10 SpruchG regelt die Folgen der Verletzung von Verfahrensförderungspflichten

---

1075 *Greger* in Zöller ZPO § 129 ZPO Rn. 1.

1076 *Fritzsche/Dreier/Verfürth* SpruchG § 9 SpruchG Rn. 24 weisen zutreffend darauf hin, dass § 129 ZPO keine entsprechende Anwendung findet, denn demgemäß sind vorbereitende Schriftsätze nur in Anwaltsprozessen obligatorisch bzw. auf Anordnung des Gerichts anzufertigen (§ 129 Abs. 1, 2, ZPO). Zum einen besteht im Spruchverfahren jedoch kein Anwaltszwang und zum anderen wäre eine Anfertigung erst auf Anordnung des Gerichts dem Ziel der Verfahrensbeschleunigung abträglich.

1077 *Hüffer* AktG § 305 AktG Anh. § 9 SpruchG Rn. 5.

1078 *Emmerich* in Emmerich/Habersack KonzernR § 9 SpruchG Rn. 5; *Fritzsche/Dreier/Verfürth* SpruchG § 9 SpruchG Rn. 30.

1079 OLG Karlsruhe AG 2005, 300, 301 („Martin Yale Industries Inc.“).

nach § 9 SpruchG. Die Regelungen in § 10 Abs. 1 und Abs. 2 SpruchG sollen die Beteiligten zur Beachtung der Verfahrensförderungspflichten anhalten und dem Gericht Mittel zur Sanktionierung bei deren Nichtbeachtung zur Verfügung stellen, indem ihm generell ermöglicht wird, einen zu spät vorgebrachten Sachvortrag zurückzuweisen.[1080] Ergänzt werden § 10 Abs. 1, 2 SpruchG durch § 10 Abs. 3 SpruchG, nach dem § 12 FGG nicht anzuwenden ist, soweit § 10 Abs. 1 und Abs. 2 SpruchG reichen. Dadurch soll klargestellt werden, dass auch solche Umstände durch das Gericht nicht von Amts wegen ermittelt werden müssen, die für die Entscheidungsfindung erheblich sind bzw. wären, wobei die Regelung dem Gericht jedoch nicht das Recht zugestehen will, Ermittlungen zu Tatsachen zu unterlassen, die ein Beteiligter aus objektiven Gründen nicht vortragen kann.[1081] Nicht ausgeschlossen ist etwa, dass das Gericht offensichtliche Fehler des Bewertungsgutachtens, auch wenn sie von den Antragstellern nicht aufgegriffen werden, in der Entscheidung nach Gewährung rechtlichen Gehörs korrigiert.[1082] Abgesehen davon kann das Gericht das verspätete Vorbringen jedoch nicht nach § 17 Abs. 1 SpruchG i. V. m. § 12 FGG berücksichtigen; ein diesbezügliches Ermessen besteht nicht.[1083]

a. Zurückweisung gem. § 10 Abs. 1 SpruchG

Gem. § 10 Abs. 1 SpruchG sind verfristete Stellungnahmen oder Einwendungen grundsätzlich zurückzuweisen, also im weiteren Verfahren als nicht vorgetragen zu behandeln. Eine Berücksichtigung kann selbst dann nicht erfolgen, wenn alle Verfahrensbeteiligten dieser zustimmen.[1084]

Wie sich aus der ausdrücklichen Bezugnahme in § 10 Abs. 1 SpruchG auf § 7 Abs. 2 S. 3, Abs. 4 SpruchG ergibt, sind unter „*Stellungnahmen*" die Antragserwiderung des Antragsgegners gem. § 7 Abs. 2 SpruchG einschließlich einer Zulässigkeitsrüge nach § 4 Abs. 2 SpruchG zu verstehen, während der Begriff der „*Einwendung*" auf § 7 Abs. 4 SpruchG Bezug nimmt und die schriftliche Erwiderung der Antragsteller und des gemeinsamen Vertreters auf die Erwiderung des Antragsgegners meint, also nicht etwa im zivilrechtlichen Sinne zu interpretieren ist.[1085] Auf weitere verfristete Stellungnahmen oder Einwendungen ist § 10 Abs. 1 SpruchG dem Wortlaut nach nicht anwendbar. Vertreten wird allerdings, dass dennoch auch Erklärungen über bestimmte klärungsbedürftige Punkte, für die nach § 7 Abs. 5 S. 2 SpruchG eine Frist angeordnet

---

[1080] *Begr. RegE* SpruchverfNeuordG BT-Drucks. 15/371 Anlage 1 S. 16; *Neye* Spruchverfahrensrecht S. 27; *Fuhrmann/Linnerz* Konzern 2004, 265, 271 f.

[1081] *Begr. RegE* SpruchverfNeuordG BT-Drucks. 15/371 Anlage 1 S. 16.

[1082] *Büchel* NZG 2003, 793, 795.

[1083] *Hüffer* AktG § 305 AktG Anh. § 10 SpruchG Rn. 3; a. A. *Emmerich* in Emmerich/Habersack KonzernR § 4 SpruchG Rn. 10.

[1084] Vgl. *Prütting* in MüKo/ZPO § 296 ZPO Rn. 177.

[1085] *Emmerich* in Emmerich/Habersack KonzernR § 10 SpruchG Rn. 4; ebenso *Fritzsche/Dreier/Verfürth* SpruchG § 10 SpruchG Rn. 11 ff., die darüber hinaus als weitere Voraussetzung benennen, dass es sich um einen streitigen Vortrag handeln müsse, was sich bei „Einwendungen" ohnehin aus dem Begriff selbst ergebe und bezüglich der „Stellungnahmen" aus § 296 ZPO bzw. daraus folge, dass Unstreitiges nie verzögern könne.

werden kann, von § 10 Abs. 1 SpruchG erfasst werden. Insoweit wird von einem Redaktionsversehen des Gesetzgebers ausgegangen, denn anderenfalls seien Ergänzungen, die ein Beteiligter nach Ablauf der Frist gem. § 7 Abs. 2 S. 3 SpruchG bzw. § 7 Abs. 4 SpruchG vorbringt, grundsätzlich präkludiert, nicht aber Ergänzungen, die zu der Antragserwiderung oder der Einwendung nicht innerhalb einer nach § 7 Abs. 5 S. 2 SpruchG gesetzten Frist vorgebracht worden sind.[1086] Zum einen ist jedoch unwahrscheinlich, dass dem Gesetzgeber bei einer so elementaren Neuregelung für das Spruchverfahren ein Redaktionsversehen unterlaufen ist, zumal er die vergleichbaren zivilprozessualen Normen, an denen er sich orientiert hat, deutlich vor Augen hatte. Zum anderen hat er trotz einer sich bietenden Möglichkeit bzw. im Rahmen des SEEG das vermeintliche Redaktionsversehen nicht beseitigt. Daher kann ein entgegen § 7 Abs. 5 S. 2 SpruchG verspätetes Vorbringen nur nach § 10 Abs. 2 SpruchG präkludiert sein.

Stellungnahmen, Einwendungen und ergänzendes Vorbringen sind zurückzuweisen, wenn sie nach Ablauf der gesetzten Fristen vorgebracht worden sind. Zwingende Voraussetzung für die Zurückweisung ist dabei eine ordnungsgemäße Fristsetzung, an die im Rahmen des § 296 ZPO hohe Anforderungen gestellt werden, welche auf das Spruchverfahren zu übertragen sind. Im Einzelnen bedarf es einer vom zuständigen Richter unterzeichneten Verfügung, die die Dauer und die innerhalb der Frist zu erfüllenden Anforderungen eindeutig erkennen lässt, eine Belehrung über die Folgen der Fristversäumnis enthält und dem Verfahrensbeteiligten, an den sie sich richtet, förmlich zugestellt wird.[1087] Verfristet ist eine Stellungnahme oder Einwendung in sachlicher Hinsicht sowohl dann, wenn der zum Vorbringen Verpflichtete gänzlich untätig bleibt, als auch, wenn er der Pflicht nur formell nachkommt. In zeitlicher Hinsicht ist sie verfristet, wenn die geforderte Erklärung nicht innerhalb der Frist beim Gericht eingereicht wird.[1088]

In Ausnahmefällen können verspätete Stellungnahmen und Einwendungen gem. § 10 Abs. 1 SpruchG jedoch zugelassen werden, also wie nicht verspätetes Vorbringen behandelt werden. Dies kommt zum einen dann in Betracht, wenn sich der Rechtsstreit trotz der Verspätung nicht verzögern würde, § 10 Abs. 1 Alt. 1 SpruchG.[1089] Aufgrund der Orientierung von § 10 Abs. 1 SpruchG an § 296 ZPO bzw. dem vom BGH in ständiger Rechtsprechung praktizierten absoluten Verzögerungsbegriff ist entscheidend, ob das Verfahren bei Zulassung des verspäteten Vorbringens mehr Zeit in Anspruch nehmen würde als bei Zurückweisung der Stellungnahme bzw. der Einwendung.[1090] Darüber hat das Gericht gem. § 10 Abs. 1 Alt. 1 SpruchG nach freier Überzeugung zu entscheiden. Zum anderen können verspätete Stellungnahmen und

---

1086 *Fritzsche/Dreier/Verfürth* SpruchG § 10 SpruchG Rn. 6.

1087 Vgl. *Greger* in Zöller ZPO § 296 ZPO Rn. 9 a–d.

1088 Vgl. *Greger* in Zöller ZPO § 296 ZPO Rn. 10.

1089 Unklar ist allerdings, warum das Gesetz in § 10 Abs. 1 SpruchG nicht – wie auch in § 10 Abs. 2 SpruchG – den Begriff des „Verfahrens“ verwendet. Konsequenzen ziehen die unterschiedliche Begrifflichkeiten jedoch nicht nach sich.

1090 Vgl. BGHZ 86, 31; 75, 138; 76, 133; kritisch *Emmerich* in Emmerich/Habersack KonzernR § 10

Einwendungen vorgebracht werden, wenn der Beteiligte die Verspätung entschuldigt, § 10 Abs. 1 Alt. 2 SpruchG.[1091] Es gilt also eine Verschuldensvermutung; der Beteiligte muss beweisen, dass er die Verspätung nicht einmal fahrlässig herbeigeführt hat,[1092] was insoweit der Regelung in § 296 Abs. 1 ZPO entspricht.

b. Zurückweisung gem. § 10 Abs. 2 SpruchG

Gem. § 10 Abs. 2 SpruchG kann ein Vorbringen, das entgegen § 9 Abs. 1 oder Abs. 2 SpruchG nicht rechtzeitig erfolgt, zurückgewiesen werden. Entgegen der Regelung in § 10 Abs. 1 SpruchG ist in § 10 Abs. 2 SpruchG das Regel-Ausnahme-Verhältnis also umgekehrt und auch ein gem. § 9 Abs. 1 oder Abs. 2 SpruchG nicht rechtzeitiges Vorbringen grundsätzlich zu beachten. Zudem steht die Entscheidung im Gegensatz zu der Entscheidung nach § 10 Abs. 1 SpruchG im Ermessen des Gerichts. Von § 10 Abs. 2 SpruchG wird jedes Vorbringen erfasst, das nicht bereits unter § 10 Abs. 1 SpruchG fällt und dessen Verspätung nicht ohnehin zur Abweisung des Antrags führt, insbesondere also grundsätzlich auch ein entgegen § 7 Abs. 5 S. 2 SpruchG verspätetes Vorbringen.[1093]

Jedoch ist unklar, welcher Vortrag konkret zurückgewiesen werden kann. Ein verspätetes Vorbringen muss nämlich dennoch berücksichtigt werden, wenn es von Amts wegen zu ermitteln ist, und § 12 FGG insofern gem. § 10 Abs. 3 SpruchG nicht gilt. Letzeres ergibt sich aus dem Gesetz nicht. Die Gesetzesbegründung verweist darauf, dass die Rechtsprechung diesbezüglich bereits vor Inkrafttreten des Spruchverfahrensgesetzes entsprechende Kriterien entwickelt habe und eine genaue Abgrenzung sich einer gesetzlichen Regelung entziehe.[1094] Es würde indessen dem Gesamtkonzept des Spruchverfahrens widersprechen und die Antragsteller übervorteilen, § 12 FGG bereits immer dann anzuwenden, wenn die Tatsachenermittlung schwierig ist.[1095] Die Beteiligten müssen den gesamten Streitstoff grundsätzlich selbst in den Prozess einführen und entscheidungserhebliche Tatsachen vortragen.

Ein Vorbringen ist dann verspätet, wenn es nach § 9 Abs. 1 und 2 SpruchG nicht rechtzeitig erfolgt. Es kann dann zurückgewiesen werden, wenn es nach der freien

---

SpruchG Rn. 6, der angesichts der Langwierigkeit der Spruchverfahren – die durch das SpruchG allerdings gerade bekämpft werden soll – die praktische Bedeutung der Vorschrift für gering hält.

1091 Da die Worte *„nach der freien Überzeugung"* gerade nicht § 10 Abs. 1 Alt. 2 SpruchG vorangestellt sind, wie sich aus der Formulierung *„wenn nach der freien Überzeugung ... oder wenn der Beteiligte ..."* ergibt, entscheidet das Gericht über die Entschuldigung nicht nach freier Überzeugung. A. A. unter unzutreffendem Hinweis auf den Wortlaut *Fritzsche/Dreier/Verfürth* SpruchG § 10 SpruchG Rn. 16.

1092 Den Verfahrensbeteiligten ist ein Verschulden der von ihnen bevollmächtigten Personen zuzurechnen (vgl. *Greger* in Zöller ZPO § 296 ZPO Rn. 23).

1093 Siehe oben Teil 3 E. III. 2. a.

1094 *Begr. RegE* SpruchverfNeuordG BT-Drucks. 15/371 Anlage 1 S. 16 unter Verweis auf die Entscheidungen LG Düsseldorf AG 2001, 373 („EVA AG/Eisenbahn-Verkehrsmittel GmbH & Co KG") und LG Dortmund NZG 2002, 343.

1095 So aber *Emmerich* in Emmerich/Habersack KonzernR § 10 SpruchG Rn. 2.

Überzeugung des Gerichts die Erledigung des Verfahrens verzögern würde.[1096] Eine Zurückweisung darf jedoch dann nicht erfolgen, wenn dem Betroffenen der Nachweis gelingt, dass er die Verspätung nicht verschuldet, also nicht einmal fahrlässig herbeigeführt hat. Dieser Verschuldensmaßstab weicht von dem in § 296 Abs. 2 ZPO statuierten Maßstab ab, denn dort ist für die Zurückweisung *„grobe Nachlässigkeit"* erforderlich. Der Gesetzgeber begründet diese Abweichung damit, dass es aufgrund der Erfahrungen mit erheblichen Verzögerungen im Spruchverfahren dringend geboten erscheint, an das Verhalten anders als im Zivilprozess erhöhte Anforderungen zu stellen, um die Verfahren zu beschleunigen.[1097] Problematisch ist dieser Maßstab im Hinblick auf das Grundrecht der Beteiligten auf rechtliches Gehör gem. Art. 103 Abs. 1 GG. Denn zu dessen Sicherung müssen Präklusionsvorschriften nach der Rechtsprechung des Bundesverfassungsgerichts eine strenge Ausnahme bleiben.[1098] *„Grobe Nachlässigkeit"* i. S. d § 296 Abs. 2 ZPO kann nur dann angenommen werden, wenn die im Prozess erforderliche Sorgfalt in ungewöhnlich großem Maße verletzt und dasjenige unbeachtet geblieben ist, was jeder Partei hätte einleuchten müssen.[1099]

Müssen zur verfassungsgemäßen Anwendung dieses Sorgfaltsmaßstabs bereits derart hohe Hürden überwunden werden, so begegnet diese Regelung in § 10 Abs. 1 SpruchG verfassungsrechtlichen Bedenken,[1100] da der Sorgfaltsmaßstab gegenüber § 296 Abs. 2 ZPO verschärft ist. Verstärkt werden diese Bedenken dadurch, dass entgegen dem Zivilprozess im Spruchverfahren eine Umgehung der Präklusionswirkung, insbesondere eine „Flucht in die Säumnis", nicht möglich ist, um eine Verspätung zu vermeiden. Das vom Gesetzgeber für die Regelung als maßgeblich ins Feld geführte Argument, den erheblichen Verfahrensverzögerungen im Spruchverfahren begegnen zu wollen, ist allerdings nachvollziehbar. Angesichts der überlangen Dauer von Spruchverfahren vor Inkrafttreten des Spruchverfahrensgesetzes lässt sich auch nicht bestreiten, dass in diesem Punkt eine Differenzierung im Vergleich zum Zivilprozess geboten erscheint.[1101] Jedoch wird die Möglichkeit der Zurückweisung des Vorbringens bei einfachem Verschulden aufgrund der verfas-

---

1096 Zu den Voraussetzungen der Verzögerung des Verfahrens und der freien Überzeugung des Gerichts siehe oben Teil 3 E. III. 1. a.

1097 *Begr. RegE* SpruchverfNeuordG BT-Drucks. 15/371 Anlage 1 S. 16. Während des Gesetzgebungsverfahrens hatte sich allerdings insbesondere ein Berichterstatter im Gesetzgebungsverfahren für eine wörtliche Übernahme der Vorschrift des § 296 Abs. 2 ZPO und somit gegen den Maßstab einfachen Verschuldens ausgesprochen (siehe *Ströbele* SpruchverfNeuordG S. 1).

1098 BVerfGE 59, 330, 334; 60, 1, 6; 69, 126, 137.

1099 BGH GRUR 1990, 1053, 1054.

1100 Vgl. *Tomson/Hammerschmitt* NJW 2003, 2572, 2575; *W. Meilicke/Heidel* DB 2003, 2267, 2273, Fn. 69; zweifelnd angesichts des von der Rechtsprechung vertretenen absoluten Verzögerungsbegriffs auch *Büchel* NZG 2003, 793, 799 und *Krieger* in Lutter UmwG Anhang I SpruchG § 10 SpruchG Rn. 7; a. A. *Begr. RegE* SpruchverfNeuordG BT-Drucks. 15/371 Anlage 1 S. 16: Die Regelung sei unbedenklich, wenn das Gericht vor seiner Entscheidung dem Betroffenen einen entsprechenden Hinweis und Gelegenheit zur Äußerung gibt; ebenso *Fritzsche/Dreier/Verfürth* SpruchG § 10 SpruchG Rn. 28, 41.

1101 A. A. *Tomson/Hammerschmitt* NJW 2003, 2572, 2575.

sungsrechtlichen Vorgaben in der Praxis nicht besonders groß sein, da selbst der Nachweis der Verletzung einer konkreten Verfahrensförderungspflicht nach § 9 Abs. 1 und Abs. 2 SpruchG verbunden mit der Würdigung aller Umstände bisher lediglich ausreichte, um eine Präklusion wegen „grober Nachlässigkeit" zu rechtfertigen. An die Rechtfertigung einer Präklusion sind jedoch zwangsläufig bereits bei einfachem Verschulden der Beteiligten höhere Anforderungen zu stellen sind und es ist nicht ersichtlich, worin diese bestehen könnten. Vor diesem Hintergrund wird gemutmaßt, dass sich in der Praxis die Präklusionsvorschrift des § 10 Abs. 2 SpruchG als „stumpfes Schwert"[1102] erweisen wird und jedenfalls nicht zulasten der Aktionäre angewendet werden kann.[1103]

Hinsichtlich der Anwendbarkeit zulasten der Beteiligten ist jedoch sicherlich nicht zwischen Antragstellern und Antragsgegner zu differenzieren: Wenn vor allem die Antragsteller als von der Präklusionsgefahr betroffen angesehen werden und gefordert wird, sie nicht als Adressat der Regelung anzusehen,[1104] so wird verkannt, dass die Gefahren in erster Linie für die Antragsgegner groß sind, denn jene haben die Folgen der Präklusion immer selbst zu tragen und können im Gegensatz zu den Antragstellern nicht darauf vertrauen, dass andere, nicht präkludierte Beteiligte sie ebenfalls begünstigende Umstände noch vortragen.[1105] Es ist daher vielmehr angesichts der Rechtsprechung des Bundesverfassungsgerichts geboten, generell für alle Beteiligten die Anforderungen an die Widerlegung der Verschuldensvermutung nicht zu überspannen,[1106] wenngleich dabei an das Verhalten der Antragsteller angesichts der aufgezeigten Folgen der Präklusion tendenziell strengere Maßstäbe angelegt werden können als an das Verhalten der Antragsgegner. Keinesfalls vertretbar ist es, eine Verspätung bereits immer dann als entschuldigt anzusehen, wenn unternehmensinterne, den Antragsgegner betreffende Informationen verspätet vorgebracht werden.[1107] Der Wortlaut und der Sinn und Zweck von § 10 Abs. 2 SpruchG lassen dafür keinen Raum, vor allem aber hat der Gesetzgeber mit § 7 Abs. 7 SpruchG ein Verfahren bereitgestellt, das die Vorlage von geheimhaltungsbedürftigen Unterlagen regelt und für einen Interessenausgleich sorgt.[1108]

1102 *Bungert/Mennicke* BB 2003, 2021, 2028.

1103 *W. Meilicke/Heidel* DB 2003, 2267, 2273.

1104 So *W. Meilicke/Heidel* DB 2003, 2267, 2273.

1105 *Büchel* NZG 2003, 793; *Fritzsche/Dreier/Verfürth* SpruchG § 10 SpruchG Rn. 41; *Klöcker/Frowein* SpruchG § 10 SpruchG Rn. 5.

1106 Ähnlich *Bungert/Mennicke* BB 2003, 2021, 2028; *Emmerich* in Emmerich/Habersack KonzernR § 10 SpruchG Rn. 1, 7 f.; *Hüffer* AktG § 305 AktG Anh. § 10 SpruchG Rn. 6; anders *Klöcker/Frowein* SpruchG § 10 SpruchG Rn. 1: Verpflichtung des Gerichts, Verspätung durch zumutbare Vorbereitungsmaßnahmen gem. § 7 SpruchG soweit wie möglich auszugleichen und dadurch eine drohende Verzögerung abzuwenden.

1107 So aber die übertrieben minderheitsfreundliche Auffassung von *Emmerich* in Emmerich/Habersack KonzernR § 10 SpruchG Rn. 8.

1108 Siehe oben Teil 3 E. I. 7.

c. Zurückweisung gem. § 10 Abs. 4 SpruchG

§ 10 Abs. 4 SpruchG betrifft die Zulassung von verspäteten Zulässigkeitsrügen, ist § 296 Abs. 3 ZPO nachgebildet[1109] und korreliert zudem mit § 9 Abs. 3 SpruchG. Grundsätzlich sind auch i. S. v. § 9 Abs. 3 SpruchG verspätete Zulässigkeitsrügen – ob sie zu einer Verfahrensverzögerung führen oder nicht – zurückzuweisen, es sei denn, dass es sich um von Amts wegen zu berücksichtigende Rügen handelt (vgl. § 10 Abs. 4 Halbs. 2 SpruchG), die stets zu beachten sind. Relevante Zulässigkeitsrügen sind vor allem solche, die die Antragsberechtigung, die Antragsfrist oder die Antragsbegründung zum Gegenstand haben. Unklar ist jedoch, welche von diesen Rügen nicht von Amts wegen zu berücksichtigen sind.[1110] Darüber gibt weder der Wortlaut des Gesetzes noch die Gesetzesbegründung Aufschluss. Eine erst auf eine Rüge hin zu beachtende Zulässigkeitsvoraussetzung soll etwa die der fehlenden Vollmacht sein.[1111] Nicht von Amts wegen zu berücksichtigende Zulässigkeitsrügen sind gem. § 10 Abs. 4 Halbs. 3 SpruchG unter der Voraussetzung zuzulassen, dass der Beteiligte die Verspätung genügend entschuldigt; ob der Rechtsstreit bzw. das Verfahren dadurch verzögert wird, ist unerheblich. Auffällig ist allerdings, dass im Gegensatz zu § 10 Abs. 1 und Abs. 2 SpruchG eine „genügende" Entschuldigung gefordert wird. Dies entspricht der Formulierung in § 296 ZPO bei den dort genannten Entschuldigungsfällen, hat jedoch keine weitergehende Bedeutung.[1112]

F. Sachverständiger im Spruchverfahren

I. Bedeutung

Dem Sachverständigen kommt im Spruchverfahren entscheidende Bedeutung zu. Zwar ist es regelmäßig nicht erforderlich, dass der Sachverständige – zumindest dann, wenn er von dem zuvor tätig gewesenen sachverständigen Prüfer personenverschieden ist – die Kompensation vollständig neu ermittelt.[1113] Jedoch bedarf es eines Sachverständigengutachtens jedenfalls immer dann, wenn aus feststehenden Tatsachen kraft besonderer Fachkunde Schlussfolgerungen gezogen werden müssen, so dass sich das Gericht von der Richtigkeit strittiger Behauptungen überzeugen kann, wenn es also um die Vermittlung von Fachwissen geht[1114] – und in Spruchverfahren muss aufgrund der komplexen Bewertungsfragen regelmäßig Fachwissen vermittelt

---

1109 *Begr. RegE* SpruchverfNeuordG BT-Drucks. 15/371 Anlage 1 S. 16.

1110 *Bungert/Mennicke* BB 2003, 2021, 2028; *Emmerich* in Emmerich/Habersack KonzernR § 10 SpruchG Rn. 11; *Klöcker/Frowein* SpruchG § 10 SpruchG Rn. 8.

1111 So *Fritzsche/Dreier/Verfürth* SpruchG § 9 SpruchG Rn. 30; *Hüffer* AktG § 305 AktG Anh. § 10 SpruchG Rn. 8.

1112 Für die Annahme eines Redaktionsversehens daher *Fritzsche/Dreier/Verfürth* SpruchG § 10 SpruchG Rn. 51.

1113 LG Stuttgart AG 2005, 450, 451 („Wüstenrot & Württembergische AG").

1114 *Greger* in Zöller ZPO § 402 ZPO Rn. 6 b.

werden. Dies ist nur dann anders, wenn über Rechts- oder allgemeine Bewertungsfragen zu urteilen ist, die das Gericht anhand obergerichtlicher Rechtsprechung und Fachliteratur selbst entscheiden kann; dann braucht kein Sachverständiger bestellt zu werden.[1115] Die Erkenntnis, dass die angemessene Kompensation nicht exakt bestimmt werden kann – auch nicht durch fundamental analytische Methoden – und daher letztlich die richterliche Schätzung gem. § 287 Abs. 2 ZPO entscheidend für die Bestimmung der Kompensation ist,[1116] macht die Bestellung eines Sachverständigen dagegen nicht entbehrlich, denn ein Sachverständiger muss zunächst die Grundlage der vorzunehmenden Schätzung neutral ermitteln.[1117]

Die Gutachten der Sachverständigen, der es vor Inkrafttreten des Spruchverfahrensgesetzes aufgrund der vollen Geltung des Amtsermittlungsgrundsatzes regelmäßig bedurfte, wurden im Wesentlichen für das Problem der überlangen Verfahrensdauer und hohen Verfahrenskosten verantwortlich gemacht.[1118] Die erhebliche Bedeutung der Sachverständigen für Spruchverfahren wird auch in dem von *Lutter/T. Bezzenberger* bei der Vorbereitung der Reform des Spruchverfahrens unterbreiteten Vorschlag deutlich, der den Gerichten die Möglichkeiten einräumen wollte, unmittelbar nach Einleitung des Verfahrens, jedenfalls vor der mündlichen Verhandlung, einen Sachverständigen mit einer Art „Beraterfunktion" hinzuzuziehen.[1119] Mit ihm sollte das Gericht die von den Parteien eingereichten Schriftsätze sowie die vorgerichtlichen Berichte und Prüfungsberichte erörtern, um auf dieser Grundlage bei Bedarf weitere vorbereitende Maßnahmen zur Verfahrensförderung bzw. zur Vorbereitung der mündlichen Verhandlung zu ergreifen.[1120] Der Gesetzgeber hat sich jedoch gegen einen solchen ständigen beratenden Sachverständigen „auf der Richterbank" aufgrund der Befürchtung ausgesprochen, dass ein Sachverständiger mit dieser Funktion die Entscheidung des Gerichts möglicherweise ersetzen oder zu stark beeinflussen könne.[1121] Damit hat sich der Gesetzgeber offenkundig an § 404 a Abs. 1 ZPO orientiert, der eine ausschließliche Leitung der Tätigkeit durch das Gericht vorsieht und zum Ausdruck bringt, dass der Sachverständige nicht etwa mit dem Gericht auf einer Stufe steht, sondern nur weisungsgebundener Gehilfe des Gerichts bei der Auswertung ihm vorgegebener Tatsachen ist.[1122] Auch nach der jetzigen Regelung ist das Gericht jedoch weitgehend von dem bestellten Sachverständigen abhängig. In Einzelfällen

---

1115 *Land/Hennings* AG 2005, 381, 393.

1116 OLG Stuttgart ZIP 2004, 712, 714 („Vereinigte Filzfabriken/Filzfabriken Fulda GmbH") (für Ausgleich und Abfindung nach §§ 304, 305 AktG); siehe auch *Hirte/Hasselbach* in GroßK/AktG § 305 AktG Rn. 63.

1117 *Großfeld* Unternehmensbewertung S. 11 f.

1118 Vgl. *Ammon* FGPrax 1998, 121, 122.

1119 Vorgesehen war folgender § 158 i Abs. 1 FGG n. F.: „*Das Gericht kann zu Beginn des Verfahrens einen Sachverständigen bestellen, insbesondere als Berater des Gerichts bei der Sachverhaltsermittlung und als Gutachter für Fragen der Unternehmensbewertung.*" (*Lutter/T. Bezzenberger* AG 2000, 433, 445).

1120 *Lutter/T. Bezzenberger* AG 2000, 433, 439 f.

1121 *Begr. RegE* SpruchverfNeuordG BT-Drucks. 15/371 Anlage 1 S. 15.

1122 *Greger* in Zöller ZPO § 404 a ZPO Rn. 1.

mag es vorkommen, dass von den Ergebnissen des Sachverständigen abgewichen wird, in aller Regel fehlt den Gerichten jedoch der nötige Sachverstand und vor allem auch die Zeit, die vom Sachverständigen präsentierten Antworten zu überprüfen bzw. zu hinterfragen und sich dann ein eigenes Urteil zu bilden. Es wäre daher für die Transparenz des Verfahrens sinnvoller gewesen, den wahren Einfluss des Sachverständigen, der durch die Natur der Spruchverfahren bedingt und von den Beteiligten anzuerkennen ist, auch in den gesetzlichen Regelungen zu offenbaren und dem Vorschlag von *Lutter/T. Bezzenberger* zu folgen, auch wenn damit von dem Leitbild des § 404 a Abs. 1 ZPO abgewichen worden wäre.

Die aufgezeigte Bedeutung des Sachverständigen im Spruchverfahren wird auch nicht durch die Entscheidung des Bundesverfassungsgerichts[1123] geschmälert, nach der der Börsenkurs der Aktien grundsätzlich die Untergrenze für die Kompensationsleistung darstellt. Denn auch nach dieser Entscheidung kann nicht allein auf den Börsenkurs abgestellt werden, so dass auch die Verfahrenserleichterungen entfallen, die mit der ausschließlichen Ermittlung der Kompensation nach Börsenpreisen verbunden wären,[1124] auch wenn mit der Berücksichtigung der Börsenkurse eine gewisse Entlastung für die Unternehmensbewertung verbunden sein mag. So kommt der Börsenwert als Untergrenze der Barabfindung bzw. der Bewertung bei der Ermittlung der Verschmelzungswertrelation immer dann nicht in Betracht, wenn er den Verkehrswert der Aktien nicht widerspiegelt, etwa weil über einen längeren Zeitraum praktisch kein Handel stattgefunden hat, einzelne außenstehende Aktionäre aufgrund der Marktenge nicht in der Lage sind, die Aktien zum Börsenpreis zu veräußern oder der Börsenpreis manipuliert worden ist.[1125]

II. Formen der Mitwirkung

Ausdrücklich ist in § 7 Abs. 6 SpruchG die Mitwirkung eines Sachverständigen bei der Vorbereitung der mündlichen Verhandlung erwähnt. Daneben kann ein Sachverständiger vom Gericht auch nach der Vorbereitung der mündlichen Verhandlung durch einen entsprechenden Beweisbeschluss mit der Erstellung eines Gutachtens zur Klärung der relevanten Bewertungsfragen beauftragt werden.

1123 BVerfG ZIP 1999, 1804 („Hartmann & Braun“).

1124 *Bilda* NZG 2000, 296, 297.

1125 OLG Karlsruhe ZIP 2004, 2330, 2331 („SEN AG“); zu den Anforderungen an eine relevante Marktenge siehe jüngst OLG Hamburg ZIP 2005, 1074, 1078 f. („AGIV“); ausführlich zur Berücksichtigung des Börsenkurses bei der Unternehmensbewertung *Hirte/Hasselbach* in GroßK/AktG § 305 AktG Rn. 137 ff. (Unternehmensvertrag) sowie *Hasselbach* in KK/WpÜG § 327 b AktG Rn. 18 ff. (*squeeze out*).

1. Mitwirkung bei der Vorbereitung der mündlichen Verhandlung

Gem. § 7 Abs. 6 Alt. 1 SpruchG kann ein Sachverständiger zur Klärung von Vorfragen, insbesondere zu Art und Umfang einer folgenden Beweisaufnahme, bestellt werden. Dadurch soll das Gericht in die Lage versetzt werden, Vorfragen sachverständig aufarbeiten zu lassen, um die Zeit für die eventuelle Abfassung eines Beweisbeschlusses nach der mündlichen Verhandlung und für die Erstattung eines nachfolgenden Gutachtens möglichst kurz halten zu können; die Erteilung sehr „pauschaler" Gutachtenaufträge soll vermieden und die Dauer, die die hinreichend konkrete Formulierung von Beweisfragen für den Sachverständigen in Anspruch nimmt, verkürzt werden.[1126]

Entgegen der Gesetzesbegründung[1127] und einigen Stellungnahmen in der Literatur[1128] ist § 7 Abs. 6 SpruchG nicht in Anlehnung an § 358 a ZPO formuliert, denn das Gericht kann zwar eine Beweisaufnahme durch einen gerichtlichen Sachverständigen als Vorbereitungsmaßnahme anordnen, dem Wortlaut nach allerdings nur zur Klärung von Vorfragen und damit abweichend von § 358 a ZPO nicht durch Einholung des schriftlichen Gutachtens zum Unternehmenswert.[1129] Die Regelung in § 7 Abs. 6 SpruchG kann somit die Beschleunigung der Verfahren im Ergebnis verhindern,[1130] denn aufgrund des klaren Wortlauts kann das Gericht selbst dann nicht vor der mündlichen Verhandlung ein gerichtliches Gutachten in Auftrag geben, wenn die Beweisfragen zu konkreten Einwendungen eindeutig sind und es keiner Klärung von Vorfragen mehr bedarf, was angesichts der Begründungspflicht gem. § 4 Abs. 2 SpruchG jedenfalls in einem Teil der Verfahren nicht unwahrscheinlich ist. Für eine gegenteilige Auslegung bieten sich keine Anhaltspunkte. Denn soweit Maßnahmen zur Klärung von Vorfragen unter Zuhilfenahme von Sachverständigen betroffen sind, ist § 7 Abs. 6 SpruchG abschließend formuliert und auch ein Wille des Gesetzgebers, durch die Regelung die Möglichkeit der frühzeitigen Begutachtung durch Sachverständige auszuweiten, ist weder im Wortlaut noch in der Gesetzesbegründung zum Ausdruck gekommen. Ebenso wenig bestehen Anhaltspunkte dafür, dass § 7 Abs. 6 SpruchG nur das „Sonderproblem" lösen will, dass das Gericht schon für den Beweisbeschluss externe Sachkunde benötigt.[1131] Es ist daher nicht möglich, umfassende Sachverständigengutachten bereits vor der mündlichen Verhandlung einzuholen.[1132]

[1126] *Begr. RegE* SpruchverfNeuordG BT-Drucks. 15/371 Anlage 1 S. 15.

[1127] *Begr. RegE* SpruchverfNeuordG BT-Drucks. 15/371 Anlage 1 S. 15.

[1128] Vgl. *Bungert/Mennicke* BB 2003, 2021, 2027; *Fritzsche/Dreier/Verfürth* SpruchG § 7 SpruchG Rn. 56; *Lamb/Schluck-Amend* DB 2003, 1259, 1261; *Tomson/Hammerschmitt* NJW 2003, 2572, 2574.

[1129] *Emmerich* in Emmerich/Habersack KonzernR § 7 SpruchG Rn. 7.

[1130] So auch *Büchel* NZG 2003, 793, 798.

[1131] So aber *Hüffer* AktG § 305 AktG Anh. § 7 SpruchG Rn. 8.

[1132] *Büchel* NZG 2003, 793, 798; *Fritzsche/Dreier/Verfürth* SpruchG § 7 SpruchG Rn. 66; *Klöcker/Frowein* SpruchG § 7 SpruchG Rn. 12; *Koppensteiner* in KK/AktG Anh. § 327 f AktG Rn. 39; *Krieger* in Lutter UmwG Anhang I SpruchG § 7 SpruchG Rn. 12; a. A. *Hüffer* AktG § 305 AktG Anh. § 7 SpruchG Rn. 8; *W. Meilicke/Heidel* DB 2003, 2267, 2274, Fn. 80.

2. Gutachtenerstattung nach Beweisbeschluss

Ein Sachverständiger kann auch durch einen Beweisbeschluss in der mündlichen Verhandlung mit der Erstellung eines Gutachtens zu den sich stellenden Bewertungsfragen beauftragt werden. Der Gesetzgeber geht dabei davon aus, dass neben der erforderlichen Antragsbegründung sowie den Verfahrensförderungspflichten die sich aus § 7 Abs. 6 SpruchG ergebenden Vorbereitungsmöglichkeiten zur Eingrenzung des Verfahrensgegenstandes beitragen werden, so dass die Gutachten zügiger als bisher erstattet werden könnten.[1133]

III. Bestellung

In Spruchverfahren ist die Bestellung eines Sachverständigen regelmäßig erforderlich.[1134] In Einzelfällen kann diese nach allgemeinen zivilprozessualen Grundsätzen jedoch auch entbehrlich sein. So bedarf es zunächst dann selbstverständlich keines Sachverständigengutachtens, wenn die Einwendungen der Antragsteller gegen das Gutachten des Vertragsprüfers nicht schlüssig sind[1135] oder das Gericht selbstständig in der Lage ist, die angemessene Kompensation zu ermitteln. Ob Letzeres möglich ist, hängt zum einen von den Fachkenntnissen des Spruchkörpers,[1136] zum anderen davon ab, ob durch die Vorbereitung der mündlichen Verhandlung und dabei vor allem durch die ergänzende Befragung des Vertragsprüfers gem. § 7 Abs. 6 Alt. 2 SpruchG die zwischen den Beteiligten strittigen Punkte geklärt bzw. insoweit erörtert wurden, dass das Gericht ohne fachkundige Hilfe zu einer Bestimmung der angemessenen Kompensation gelangen kann. Entbehrlich ist die Bestellung darüber hinaus angesichts der Rechtsprechung des Bundesverfassungsgerichts auch, wenn der der Bewertung zugrunde liegende maßgebliche Börsenkurs so deutlich die Kompensation übersteigt, dass er selbst bei einer überschlägigen Berücksichtigung aller von den Antragstellern gewünschten Änderungen der Bewertungsgrundlage nicht erreicht wird; denn dann gilt dieser Kurs, es sei denn, dass Anhaltspunkte für eine Verfälschung des Kurses durch Sondereinflüsse bestehen.[1137]

Können strittige Punkte der Bewertungsgrundlage nur durch die Beauftragung eines Gutachters geklärt werden, stünde dessen Vergütung aber in keinem Verhältnis zu der Summe, die sich aus einer möglichen geringen Erhöhung der Kompensation ergeben würde, so ist die Bestellung eines Sachverständigen ebenfalls entbehrlich, und die Höhe der angemessenen Kompensation bzw. einzelne strittige Positionen

---

[1133] *Begr. RegE* SpruchverNeuordG BT-Drucks. 15/371 Anlage 1 S. 16.

[1134] Siehe oben Teil 3 F. I.

[1135] OLG Düsseldorf AG 2004, 614, 615 („Agrippina-Versicherungs-AG/Zürich-Versicherungs-AG“).

[1136] Vgl. *Greger* in Zöller ZPO § 402 ZPO Rn. 7.

[1137] *Bilda* NZG 2000, 296, 300.

können geschätzt werden.[1138] Rechtsgrundlage für ein solches Vorgehen ist § 17 Abs. 1 SpruchG i. V. m. § 15 FGG i. V. m. §§ 287 Abs. 1 S. 1, 2, Abs. 2 ZPO. Da eine Schätzung nur dann unzulässig ist, wenn sie mangels greifbarer, vom Antragsteller vorzutragender Anhaltspunkte „völlig in der Luft hängen" würde,[1139] die Antragsteller durch die erforderliche Antragsbegründung jedoch regelmäßig Anhaltspunkte zur Bestimmung der angemessenen Kompensation liefern werden, wird eine Schätzung in den dargelegten Konstellationen regelmäßig möglich sein. Die Schätzung selbst hat das Gericht nach pflichtgemäßem Ermessen vorzunehmen.[1140]

1. Auswahl des Sachverständigen

Da weder das Spruchverfahrensgesetz noch das FGG die Auswahl des Sachverständigen regelt, gelten dafür gem. § 17 Abs. 1 SpruchG i. V. m. § 15 FGG i. V. m. § 402 ZPO die Vorschriften über den Zeugenbeweis entsprechend, sofern sich aus den §§ 403–414 ZPO nichts Abweichendes ergibt.

Grundsätzlich kann daher Sachverständiger sein, wer nicht Partei ist und als Einzelperson sein persönliches Fachwissen sowie seine aus diesem Wissen hergeleiteten subjektiven Wertungen dem Gericht als dessen Gehilfe zur Verfügung stellt.[1141] Ggf. kann vor Auswahl des Sachverständigen gem. § 17 Abs. 1 SpruchG i. V. m. § 12 FGG ermittelt werden, ob dieser über die notwendige Sachkunde verfügt.[1142] Aus § 404 Abs. 2 ZPO ergibt sich darüber hinaus lediglich, dass bevorzugt öffentlich bestellte Sachverständige bestellt werden sollen, da bei diesen davon ausgegangen wird, dass sie neben besonderer Sachkunde auch forensische Erfahrung haben, wobei eine Missachtung dieses Grundsatzes nicht den Vorwurf des Ermessensmissbrauchs rechtfertigt.[1143] Weitgehend gegenstandslos dürfte im Spruchverfahren § 404 a Abs. 4 ZPO sein, nach dem das Gericht einen bestimmten Sachverständigen zu bestellen hat, wenn sich die Beteiligten auf diesen geeinigt haben, denn im Spruchverfahren ist gerade die Auswahl des Sachverständigen eine regelmäßig strittige, weil entscheidende Frage.

2. Sachverständiger Prüfer als gerichtlicher Sachverständiger

Nach der Gesetzesbegründung soll es grundsätzlich möglich sein, den Vertragsprüfer zum gerichtlichen Sachverständigen zu bestellen.[1144]

[1138] *Bilda* NZG 2000, 296, 300.
[1139] BGHZ 91, 243, 256.
[1140] *Greger* in Zöller ZPO § 287 ZPO Rn. 1.
[1141] *Greger* in Zöller ZPO § 402 ZPO Rn. 6.
[1142] Vgl. *Karldieter Schmidt* in Keidel/Kuntze/Winkler FGG § 15 FGG Rn. 44.
[1143] *Greger* in Zöller ZPO § 404 ZPO Rn. 2.
[1144] *Begr. RegE* SpruchverfNeuordG BT-Drucks. 15/371 Anlage 1 S. 15.

Allerdings könnte eine gerichtliche Bestellung zum Sachverständigen aufgrund der grundlegend unterschiedlichen Tätigkeit nicht als Annex aus der Tätigkeit als sachverständiger Prüfer erfolgen.[1145] Bei einem Delisting scheidet die Möglichkeit der Bestellung des sachverständigen Prüfers von vorneherein aus, da das Abfindungsangebot nach der derzeitigen Rechtsprechung des BGH nicht von einem sachverständigen Prüfer geprüft werden muss.[1146]

Einer Bestellung des Vertragsprüfers steht zwar nicht der Wortlaut des § 8 Abs. 2 S. 1 Halbs. 1 SpruchG entgegen, wonach der sachverständige Prüfer als sachverständiger Zeuge angehört werden können soll, denn hinsichtlich der Form der Einbindung des sachverständigen Prüfers stellt § 8 Abs. 2 S. 1 SpruchG keine abschließende Regelung dar.[1147] Allerdings besteht ein potentieller Konflikt darin, dass von dem Vertragsprüfer in seiner Funktion als Sachverständiger eine Überprüfung und etwaige Korrektur des eigenen Prüfberichts erwartet wird.[1148] Zentrale Frage ist demnach, ob der Prüfer etwas sachverständig begutachten kann, was er bereits zuvor für richtig befunden hat,[1149] ob er also „Obergutachter in eigener Sache“[1150] sein kann. Während einerseits eine gerichtliche Bestellung eines gerichtlich bestellten Vertragsprüfers zum Sachverständigen für unproblematisch möglich gehalten[1151] und darüber hinaus kritisiert wird, dass der Prüfer im Gesetz nicht ausdrücklich als vorrangig zu bestellender Sachverständiger benannt wird,[1152] wird eine solche Bestellung andererseits strikt abgelehnt,[1153] allenfalls in Ausnahmefällen für denkbar gehalten[1154] oder von den Einwänden gegen den Prüfbericht abhängig gemacht[1155].

1145 *Neye* FS Wiedemann, 1127, 1136 f.

1146 Vgl. *Schlitt* ZIP 2004, 533, 538.

1147 *Neye* FS Wiedemann, 1127, 1136 f.

1148 *Begr. RegE* SpruchverfNeuordG BT-Drucks. 15/371 Anlage 1 S. 15.

1149 *Lamb/Schluck-Amend* DB 2003, 1259, 1262.

1150 *Lutter/T. Bezzenberger* AG 2000, 433, 439.

1151 BayObLG ZIP 2003, 253, 255 („Hypo-Vereinsbank“); OLG Düsseldorf AG 2001, 533 („Schumag AG“) (Vertragsprüfer nach § 293 c Abs. 1 S. 1 AktG als Sachverständiger); LG Frankfurt/M. NZG 2004, 432, 433 („DBS/Badenia“) (Verschmelzungsprüfer als Sachverständiger); LG Frankfurt/M. AG 2002, 357, 358; LG Mannheim AG 2002, 466 („Rheinelektra AG“); *Bungert* BB 2003, 699, 702 (Verschmelzungsprüfer als Sachverständiger); *Sellmann* WM 2003, 1545, 1548 f. (*Squeeze-out*-Prüfer/mit dem Verweis auf die Effektuierung des Grundrechtschutzes durch die daraus folgende Verfahrensbeschleunigung, die die schnellere Durchsetzung grundgesetzlich geschützter Positionen ermögliche); *Stratz* in Schmitt/Hörtnagl/Stratz UmwG § 10 UmwG Rn. 2, 5; *Vollrath* in Widmann/Mayer UmwG Anh. 13 § 8 SpruchG Rn. 4 (da der im Vorfeld als sachverständiger Prüfer Tätige im Spruchverfahren eine grundsätzlich andere Aufgabe habe als im Rahmen der Prüfung im Vorfeld, indem er den Unternehmenswert ermittle, sei er angesichts der unterschiedlichen Fragestellungen noch nicht „verbraucht“); i. E. auch *Krieger* in Lutter UmwG Anhang I SpruchG § 8 SpruchG Rn. 10.

1152 So für den Verschmelzungsprüfer *Bungert/Mennicke* BB 2003, 2021, 2028.

1153 *Emmerich* in Emmerich/Habersack KonzernR § 293 b AktG Rn. 8, § 293 c AktG Rn. 5, § 8 SpruchG Rn. 3; *ders.* FS Tilmann, 925, 935; *Lutter/T. Bezzenberger* AG 2000, 433, 439; *W. Meilicke/Heidel* DB 2003, 2267, 2272.

1154 *Büchel* NZG 2003, 793, 802; *Koppensteiner* in KK/AktG Anh. § 327 f AktG Rn. 46; *Tomson/Hammerschmitt* NJW 2003, 2572, 2574.

1155 *Bilda* in MüKo/AktG § 306 AktG Rn. 23 (Abhängigkeit von den Umständen des Einzelfalls,

Normativer Anknüpfungspunkt für die Problematik sind die zivilprozessualen Vorschriften über die Ablehnung der Bestellung des Sachverständigen. Einer Bestellung des Vertragsprüfers zum Sachverständigen kann die Besorgnis der Befangenheit gem. § 17 Abs. 1 SpruchG i. V. m. § 15 FGG i. V. m. §§ 406 Abs. 1, 42 Abs. 1 Alt. 2, Abs. 2 ZPO entgegenstehen. Für die Besorgnis der Befangenheit genügt jede Tatsache, die auch ein nur subjektives Misstrauen der Partei in die Unparteilichkeit des Sachverständigen vernünftigerweise rechtfertigen kann, insbesondere, wenn dieser den Eindruck erweckt, eine streitige Behauptung einer Partei für bewiesen zu halten.[1156] Im Spruchverfahren kann ein solches subjektives Misstrauen der Antragsteller aus der Nähe des Sachverständigen zu dem Antragsgegner bzw. aus der mangelnden Neutralität der die Kompensation festlegenden Prüfberichte folgen. Werden diese Berichte akzeptiert und dadurch die Unparteilichkeit der Prüfer anerkannt, besteht kein Grund, die Befangenheit der Prüfer besorgen zu müssen. Haben die Antragsteller jedoch zu Recht den Eindruck, dass von ihnen gegen den Prüfbericht vorgebrachte Einwände als bereits zugunsten des Antragsgegners für widerlegt gehalten werden, besteht eine Besorgnis der Befangenheit. Ein entsprechender Eindruck kann im Wesentlichen auf zwei Vorgänge zurückzuführen sein: zum einen auf das Verfahren bei der Bestellung des sachverständigen Prüfers, zum anderen auf die praktische Durchführung der sachverständigen Prüfung.

a. Verfahren zur Bestellung des sachverständigen Prüfers

Aufgrund der durch Art. 2 Nr. 1 a), 5 und Art. 4 Nr. 2 a) SpruchverfNeuordG erfolgten Änderungen sind die sachverständigen Prüfer auf Antrag der Vorstände der vertragsschließenden Gesellschaft (§ 293 c Abs. 1 S. 1 AktG), des Vorstands der zukünftigen Hauptgesellschaft (§ 320 Abs. 3 S. 2 AktG), des Hauptaktionärs (§ 327 c Abs. 2 S. 3 AktG) oder des Vertretungsorgans (§ 10 Abs. 1 S. 1 und Abs. 1 S. 2 UmwG bzw. § 7 Abs. 3 S. 1 SEAG i. V. m. § 10 Abs. 1 S. 1 und Abs. 1 S. 2 UmwG) vom Gericht auszuwählen und zu bestellen. Die Gesetzesbegründung weist in diesem Zusammenhang ausdrücklich darauf hin, dass die Vorschläge zur Person eines zu bestellenden Vertragsprüfers für das Gericht nicht bindend sind und das Gericht möglichst unter mehreren vorgeschlagenen geeigneten Personen auswählen können soll.[1157] Dadurch soll dem Eindruck der Parteinähe der Prüfer von vorneherein entgegengewirkt und die

---

insbesondere auch von Inhalt und Gewicht der behaupteten Mängel); *Lutter/Drygala* in Lutter UmwG § 10 UmwG Rn. 21 (bei Darlegung konkreter Angriffspunkte gegenüber dem Bericht); *Philipp* AG 1998, 264, 269 (für Verschmelzungsfälle unter der Voraussetzung, dass die Berechnung des Umtauschverhältnisses auf einem Gemeinschaftsgutachten zweier voneinander unabhängiger Wirtschaftsprüfergesellschaften beruht; Bestellung weiterer Gerichtsgutachter nur dann, wenn es den Antragstellern gelingt, ausreichend konkrete und für das Umtauschverhältnis auch im Ergebnis relevante Zweifel an der Richtigkeit des Gemeinschaftsgutachtens zu wecken); *E. Vetter* EWiR § 306 AktG 3/01, 247, 248 (bei fundierten Angriffen von Gewicht in sachlicher und methodischer Hinsicht, so dass die Erstellung eines von Grund auf neuen Gutachtens unumgänglich wird).

[1156] *Greger* in Zöller ZPO § 406 ZPO Rn. 8.

[1157] *Begr. RegE* SpruchverfNeuordG BT-Drucks. 15/371 Anlage 1 S. 18. Im Gesetzgebungsverfahren

Akzeptanz der Prüfungsergebnisse vor allem auch für die außenstehenden Aktionäre erhöht werden.[1158]

Dieses vom Gesetzgeber bereits 1994 mit der Änderung von § 293 c Abs. 1 AktG a. F. verfolgte und nicht erreichte Ziel[1159] wird jedoch auch durch die neuerliche Änderung nicht ohne weiteres verwirklicht,[1160] denn nach wie vor sind die Anteilsinhaber im Gegensatz zu dem Rechtsträger nicht zu beteiligen. Hinzu kommt, dass in aller Regel das Gericht einen der vorgeschlagenen Prüfer bestellen wird, auch wenn es gesetzlich dazu gerade nicht verpflichtet ist und ihm die alleinige Auswahlentscheidung obliegt.[1161] Im Übrigen wird etwa im Rahmen der *Squeeze-out*-Prüfung das Antragsrecht des Hauptaktionärs als Vorschlagsrecht ausgelegt.[1162] Da jedoch ein Vorstand oder Vertretungsorgan in aller Regel dem Gericht keine Prüfer vorschlagen wird, ohne mit diesen in Vorgesprächen grundsätzliche Übereinstimmung über das Bewertungsergebnis erzielt zu haben,[1163] steht deren Neutralität trotz der Gesetzesänderungen in Frage.[1164] Mit Recht lässt sich bezweifeln, ob vom Gericht bestellte Wirtschaftsprüfer wesentlich anderen Anreizen ausgesetzt sind als zuvor tätig gewesene Parteigutachter.[1165]

b. Parallelprüfung

Weitere Bedenken gegen die Neutralität der Prüfer ergeben sich aufgrund der regelmäßigen praktischen Durchführung der Prüfung im Wege der sogenannten Parallelprüfung. Bei einer solchen Prüfung erarbeitet der Vertragsprüfer gemeinsam mit dem vom Unternehmen – dem späteren Antragsgegner im Spruchverfahren – beauftragten Prüfer den Prüfbericht, den das Unternehmen zur Erstellung einer Unternehmensbewertung benötigt, um die Angemessenheit der Kompensation festzustellen bzw. zu erläutern und zu begründen. Die angemessene Kompensation, Zwischenergebnisse, Annahmen sowie Parameter werden untereinander abgeglichen. Dadurch wird es dem Vertragsprüfer ermöglicht, etwaige Bedenken zum frühestmöglichen Zeitpunkt vor-

---

war angeregt worden, den Industrie- und Handelskammern ein Vorschlagsrecht einzuräumen und den Beteiligten ein Recht zur Stellungnahme zu geben (siehe *Neye* FS Wiedemann, 1127, 1136).

1158 *Begr. RegE* SpruchverfNeuordG BT-Drucks. 15/371 Anlage 1 S. 18.

1159 *Krieger* in MüHdb/AG § 70 Rn. 34.

1160 A. A. *Fritzsche/Dreier/Verfürth* SpruchG § 8 SpruchG Rn. 15; *Fuhrmann/Linnerz* Konzern 2004 265, 270; *Land/Hennings* AG 2005, 381, 382 f.; *Neye* NZG 2002, 23, 24.

1161 OLG Düsseldorf Konzern 2005, 380, 385; *Büchel* NZG 2003, 793, 801; drastisch *v. Kann/Hirschmann* DStR 2003, 1488, 1493: In der Praxis werde den Vorschlägen der Unternehmen „meist blindlings" gefolgt; vgl. auch die kritischen Diskussionsbeiträge bei *Frey* ZGR 1990, 511, 515.

1162 *Veit* DB 2005, 1697, 1698.

1163 *W. Meilicke/Heidel* DB 2003, 2267, 2272.

1164 A. A. OLG Düsseldorf AG 2004, 614, 614 („Agrippina-Versicherungs-AG/Zürich-Versicherungs-AG"); OLG Hamburg ZIP 2004, 2288 („RWE DEA AG Hamburg"); LG Frankfurt/M. AG 2005, 545, 547; *Land/Hennings* AG 2005, 381, 383; im Grundsatz ebenso OLG Düsseldorf Konzern 2005, 380, 385: Zweifel lediglich, wenn im konkreten Fall tatsächliche Anhaltspunkte für eine fehlende Unabhängigkeit bestehen; zustimmend *Wilsing* EWiR § 327 a AktG 2/05, 495.

1165 *Hecker/Wenger* ZBB 1995, 321, 327.

zubringen, und der Prüfer kann seine Prüfungsarbeiten unmittelbar nach Vorlage des Prüfberichts abschließen.[1166] Die Tätigkeit des Vertragsprüfers beginnt also nicht erst mit der Vorlage einer vom Erstbewerter vorgelegten, zahlenmäßig abgeschlossenen, fertigen Unternehmensbewertung.[1167] Wie sich in der Praxis zeigt, wird die Prüfungstätigkeit teilweise sogar bereits vor der gerichtlichen Bestellung aufgenommen.[1168]

Überwiegend wird die Parallelprüfung grundsätzlich für zulässig gehalten und ein Verstoß gegen § 319 Abs. 2 Nr. 5 HGB im Regelfall abgelehnt.[1169] In der Rechtsprechung wird dabei als entscheidendes Kriterium die Unabhängigkeit des Prüfers in den Vordergrund gestellt. Diese werde nicht durch Besprechungen mit dem Bewertungsgutachter während einer parallelen Prüfung und somit auch nicht durch den Zeitpunkt der Aufnahme der Prüfertätigkeit in Frage gestellt.[1170] Das OLG Stuttgart lehnt einen Verstoß gegen § 319 Abs. 2 Nr. 5 HGB mit der Begründung ab, dieser erfasse nicht die Einwirkung im Rahmen der Prüfertätigkeit. Diese Einwirkung sei vielmehr Ausfluss der Prüfertätigkeit.[1171] *Leuering* leitet hingegen die Zulässigkeit der Parallelprüfung aus einer entsprechenden Anwendung der Vorschriften über die Prüfung des Jahresabschlusses ab. Aus der gesetzlichen Anordnung, dass der Abschlussprüfer bereits vor der Aufstellung des Jahresabschlusses und Vorlage an ihn mit den Prüfungsarbeiten beginnen dürfe (§ 320 Abs. 2 S. 2 AktG), ergebe sich, dass allein die Parallelprüfung der Unabhängigkeit des Prüfers nicht entgegenstehen könne, da der Gesetzgeber Vor- und Zwischenprüfung zulasse und infolgedessen nicht widerspruchsfrei den Prüfern bei deren Durchführung die Unabhängigkeit absprechen könne.[1172] Dies gelte aufgrund der gesetzlich angeordneten entsprechenden Anwendung von § 320 Abs. 2 HGB in § 293 d Abs. 1 S. 1 AktG und § 11 Abs. 1 S. 1 UmwG auch für den gerichtlich bestellten Prüfer.[1173] Zudem sei eine Einwirkung des Prüfers auf das Prüfungsergebnis ein Zweck der Prüfung und gerade auch im Interesse der Minderheitsaktionäre geboten.[1174] Von anderer Seite wird allerdings darauf hingewiesen, dass eine zulässige Parallelprüfung eine eindeutige Abgrenzung zwischen

---

1166 *Leuering* NZG 2004, 606, 607.

1167 *Hasselbach* EWiR § 327 c AktG 1/04, 833, 834; *Puszkajler* ZIP 2003, 518, 521.

1168 OLG Düsseldorf Konzern 2005, 380, 385; *Büchel* NZG 2003, 793, 801.

1169 Grundlegend OLG Stuttgart ZIP 2003, 2363, 2365 („Alcatel SEL AG"); ebenso OLG Düsseldorf AG 2005, 654, 655; OLG Düsseldorf Konzern 2005, 380, 385; OLG Düsseldorf ZIP 2004, 359, 363 f. („Edscha AG"); LG Frankfurt/M. AG 2005, 545, 548; *Büchel* NZG 2003, 793, 801, *Fritzsche/Dreier/Verfürth* SpruchG § 7 SpruchG Rn. 72 f.; *Fuhrmann/Linnerz* Konzern 2004, 265, 270; *Grunewald* in MüKo/AktG § 327 c AktG Rn. 12 f.; *Hasselbach* EWiR § 327 c AktG 1/04, 833, 834; *Leuering* NZG 2004, 606, 607 f.; *Linnerz* EWiR § 327 a AktG 3/05, 527, 528; *Ott* DB 2003, 1615, 1617; kritisch OLG Hamm ZIP 2005, 1457, 1459 („GEA AG").

1170 OLG Düsseldorf ZIP 2004, 359, 364 („Edscha AG"); OLG Stuttgart ZIP 2003, 2363, 2365 („Alcatel SEL AG").

1171 OLG Stuttgart ZIP 2003, 2363, 2365 („Alcatel SEL AG").

1172 *Leuering* NZG 2004, 606, 608 ff.; einen gesetzgeberischen Willen für die Zulässigkeit der Parallelprüfung sieht auch das OLG Düsseldorf AG 2005, 654, 655.

1173 *Land/Hennings* AG 2005, 381, 383 f.; *Leuering* NZG 2004, 606, 608 f.

1174 So *Leuering* NZG 2004, 506, 609; a. A. OLG Hamm ZIP 2005, 1457, 1459 („GEA AG"); siehe auch *Fuhrmann/Linnerz* Konzern 2004, 265, 270, die die Parallelprüfung insbesondere deshalb verbotener Mitwirkung einerseits und zulässiger Besprechung und Beratung andererseits erfordere.[1175]

Vereinzelt wird die Zulässigkeit einer Parallelprüfung allerdings bestritten. Als Begründung wird etwa der Wortlaut des § 327 c Abs. 2 S. 2 AktG angeführt, der nicht eine Ermittlung der angemessenen Barabfindung durch den vom Gericht bestellten Angemessenheitsprüfer, sondern eine Prüfung nahe lege, ob die vom Hauptaktionär für angemessen gehaltene und im Zuge einer vollständig fertig gestellten Unternehmensbewertung festgelegte Barabfindung tatsächlich angemessen sei.[1176] Anderenfalls wird die gesetzlich vorgesehene Neutralität der Prüfung bezweifelt[1177] und an den Gesetzgeber die Forderung gerichtet, gesetzlich ausdrücklich klarzustellen, dass die Parallelprüfung nicht den Vorschriften des § 319 Abs. 2 Nr. 5 AktG entspricht.[1178]

c. Zusammenfassung

Nur unter bestimmten Voraussetzungen kann der sachverständige Prüfer zum gerichtlichen Sachverständigen bestellt werden, da sich vielfach begründete Zweifel an der Neutralität der Prüfer ergeben, so dass auch eine Korrektur ihrer Prüfberichte durch sie selbst fern liegend erscheint,[1179] was die Besorgnis der Befangenheit rechtfertigt. Entscheidend ist zunächst die gerichtliche Auswahl des Vertragsprüfers.[1180] Nur dann, wenn tatsächlich unabhängige und nicht von den Unternehmen in Vorgesprächen ausgesuchte Prüfer bestellt werden, kommt deren Bestellung auch zum Sachverständigen überhaupt in Betracht,[1181] da anderenfalls eine ein subjektives Misstrauen in die Unparteilichkeit des Sachverständigen vernünftigerweise rechtfertigende Tatsache

---

für zulässig halten, weil der sachverständige Prüfer zur gewissenhaften und unparteiischen Prüfung auch im Verhältnis zu den Minderheitsaktionären verpflichtet sei.

1175 *Hasselbach* EWiR § 327 c AktG 1/04, 833, 834.

1176 OLG Hamm ZIP 2005, 1457, 1459 („GEA AG"); *Lenz/Leinekugel* Squeeze-out S. 7; *Puszkajler* ZIP 2003, 518, 521. Auch das LG Berlin ZIP 2003, 1352, 1355 geht bei in einem *squeeze out* von einer erst nachträglichen Überprüfung des Abfindungsangebots durch den Vertragsprüfer aus.

1177 Vgl auch *Puszkajler* ZIP 2003, 518, 521, der es für „völlig lebensfremd" hält anzunehmen, dass ein Prüfer, auch wenn er der „objektivste und neutralste" sei, sich von einer solchen „Teamarbeit" innerlich befreien kann.

1178 *Puszkajler* ZIP 2003, 518, 521.

1179 So auch *Emmerich* in Emmerich/Habersack KonzernR § 8 SpruchG Rn. 3 (drastisch *ders.* FS Tilmann, 925, 935: „Die Vorstellung, dass ein Wirtschaftsprüfer in der Lage sein sollte, sein eigenes Gutachten, den Prüfbericht, auf gerichtliche Bestellung zum Sachverständigen hin unabhängig zu überprüfen, darf schlicht in den Bereich der Utopie verwiesen werden."); *W. Meilicke/Heidel* DB 2003, 2267, 2272; *Puszkajler* ZIP 2003, 518, 521; zweifelnd auch *Lamb/Schluck-Amend* DB 2003, 1259, 1262; *v. Kann/Hirschmann* DStR 2003, 1488, 1492; zur Gegenansicht siehe *Fritzsche/Dreier/Verfürth* SpruchG § 7 SpruchG Rn. 73; *Fuhrmann/Linnerz* Konzern 2004, 265, 270.

1180 So auch *Büchel* NZG 2003, 793, 801; *Lamb/Schluck-Amend* DB 2003, 1259, 1262; *v. Kann/Hirschmann* DStR 2003, 1488, 1492.

1181 Siehe auch *Lamb/Schluck-Amend* DB 2003, 1259, 1261: Das Ziel einer höheren Akzeptanz der festgelegten Höhe der Kompensation könne nur erreicht werden, wenn die Gerichte nicht mehr – wie in der Praxis üblich – einem Vorschlag der Geschäftsleitung des Unternehmens folgten; ähnlich *Fritzsche/Dreier/Verfürth* SpruchG § 7 SpruchG Rn. 73.

ohne weiteres vorliegt. Um diesem Eindruck von vorneherein entgegenzuwirken, wäre es zudem sinnvoll, die Anteilseigner bereits bei der Bestellung des sachverständigen Prüfers einzubeziehen. Denkbar wäre – freilich nur *de lege ferenda* – ihnen ebenfalls ein Vorschlagsrecht hinsichtlich des zu bestellenden Prüfers einzuräumen.[1182]

Ferner ist die Neutralität des Sachverständigen im Spruchverfahren zu bezweifeln, wenn er zuvor im Wege der Parallelprüfung als sachverständiger Prüfer tätig gewesen ist.[1183] Zwar hat *Leuering* zutreffend nachgewiesen, dass sich die Zulässigkeit der Parallelprüfung bereits unmittelbar aus dem Gesetz ergibt. Zudem ist offensichtlich, dass mit dieser Prüfungsweise wesentliche verfahrensökonomische Vorteile verbunden sind. Geht man allerdings davon aus, dass Prüfberichte bisher regelmäßig im Zuge der Parallelprüfung erstellt werden, lässt sich die Annahme von deren Neutralität angesichts empirischer Befunde kaum aufrechterhalten. So ist etwa bei einer großen Bandbreite von Einzelfällen die Kompensation außenstehender Aktionäre gegenüber den von Gutachtern ermittelten und von Verschmelzungsprüfern gebilligten Abfindungswerten im Durchschnitt deutlich aufgebessert worden.[1184] Sämtliche aus Anlass eines *squeeze out* bisher eingeleiteten und mittlerweile abgeschlossenen Spruchverfahren führten zu einer Erhöhung der Abfindung, im Durchschnitt um 100,6%.[1185]

Beachtung verdient im vorliegenden Zusammenhang schließlich auch der Aspekt der institutionell bedingten Befangenheit der Prüfer. Die Wirtschaftsprüfer und auch die großen Wirtschaftsprüfungsgesellschaften stehen häufig in einer gewissen Nähe sowie in einem gewissen Abhängigkeitsverhältnis zu dem betroffenen Unternehmen.[1186] Hinzu kommt die Verflechtung der großen Wirtschaftsprüfungsgesellschaften, die im Hinblick auf den Umfang der zu erstellenden Bewertungsgutachten in Frage kommen.[1187] Durch ihre eigenen internationalen Großfusionen sind sie etwa in Verschmelzungsfällen oft schon als Berater oder Prüfer zentral oder peripher bei einem oder gar beiden Fusionspartnern engagiert.[1188] Obwohl berufsrechtliche Regelungen weitgehend eine Beteiligung von ausländischen Prüfern an nationalen Gesellschaften verhindern, wenn die nationale Berufszulassung fehlt, arbeiten die Gesellschaften im Wege von Kooperationen zusammen.[1189] Schließlich verbergen sich auch hinter den mittelgroßen Gesellschaften regelmäßig einzelne große Organisationen.[1190]

[1182] Für den *squeeze out* wird teilweise sogar vorgeschlagen, die Ermittlung der angemessenen Abfindung vor einer Entscheidung über den Ausschluss der Minderheitsaktionäre unmittelbar einem Gericht zu übertragen (so *Lenz/Leinekugel* Squeeze-out S. 35 m. w. N.).

[1183] Kritisch auch *Emmerich* in Emmerich/Habersack KonzernR § 293 b AktG Rn. 18.

[1184] Vgl. *Knoll* EWiR § 15 UmwG 1/02, 543, der die Betonung einer allgemeinen Vertrauenswürdigkeit originärer Gutachten aufgrund dieses Befundes für „skurril" hält; von erheblichen Aufbesserungen berichtet aus der gerichtlichen Praxis auch *Büchel* NZG 2003, 793, 801.

[1185] *Rathausky* AG-Report 2004, R 24, R 26.

[1186] Vgl. *Frey* ZGR 1990, 511, 515; *Fritzsche/Dreier/Verfürth* SpruchG Einl. Rn. 55; *Hecker/Wenger* ZBB 1995, 321, 327; *Lutter/T. Bezzenberger* AG 2000, 433, 439.

[1187] Vgl. *Fuhrmann/Linnerz* Konzern 2004, 265, 270.

[1188] *Philipp* AG 1998, 264, 269.

[1189] Siehe ausführlich *Hachmeister* Wirtschaftsprüfungsgesellschaften S. 216 ff.

[1190] Siehe die Beispielsfälle bei *Hachmeister* Wirtschaftsprüfungsgesellschaften S. 232 ff.

Vor diesem Hintergrund spricht zwar nicht allein das Tätigwerden im Rahmen einer Parallelprüfung für die Besorgnis der Befangenheit bzw. die Nichtbestellung zum gerichtlichen Sachverständigen des sachverständigen Prüfers. Das Gericht wird aber stets abzuwägen haben, ob realistischerweise auch eine Korrektur des eigenen Prüfberichts durch den sachverständigen Prüfer denkbar ist. Erscheint eine solche fern liegend, so können die Antragsteller zu Recht besorgen, dass der Sachverständige von ihnen vorgetragene Einwände gegen die Bewertung bereits für widerlegt hält und demnach nicht unparteiisch ist. Als Ex-ante-Maßstab kann dabei gelten, mit welcher Intensität und in welchem Umfang Einwände gegen den Prüfbericht erhoben werden. Sind diese in sachlicher und methodischer Hinsicht fundiert, so scheidet die Möglichkeit einer neutralen Überprüfung durch den sachverständigen Prüfer von vorneherein aus, weil weitreichende Korrekturen des Prüfberichts durch ihn grundsätzlich nicht zu erwarten sind.[1191] Darüber hinaus ist der durch den Prüfer vermittelte persönliche Eindruck und dessen Bereitschaft zu einer unvoreingenommenen Auseinandersetzung mit den vorgebrachten Einwänden in die Abwägung einzubeziehen.

3. Rechtsmittel

Der Ausschluss des Sachverständigen kann im Wege der sofortigen Beschwerde gegen den Auswahl- und Bestellungsbeschluss erreicht werden. Beschwerdeberechtigt ist gem. § 17 Abs. 1 SpruchG i. V. m. § 15 FGG i. V. m. §§ 406 Abs. 1, 42 Abs. 3 ZPO jeder Antragsteller und Antragsgegner. Der Ablehnungsantrag muss entsprechend § 406 Abs. 2 ZPO gestellt werden und hat gem. § 406 Abs. 2 S. 1 ZPO grundsätzlich vor der Vernehmung des Sachverständigen, spätestens jedoch zwei Wochen nach Verkündung oder Zustellung des Ernennungsbeschlusses zu erfolgen.[1192] Einer anwaltlichen Unterzeichnung des Antrags bedarf es nicht, da § 12 Abs. 1 S. 1 SpruchG sich nur auf Beschwerden gegen Entscheidungen nach § 11 SpruchG bezieht, dieser jedoch nicht Zwischen- oder Nebenentscheidungen während des Verfahrens wie den Beschluss über ein Ablehnungsgesuch umfasst.[1193] Gegen den Beschluss über die Ablehnung des Sachverständigen ist die sofortige Beschwerde gem. § 406 Abs. 5 ZPO statthaft, der das Gericht, dessen Entscheidung angefochten wird, nicht entsprechend § 572 Abs. 1 ZPO abhelfen kann, da der über § 17 Abs. 1 SpruchG anwendbare § 18 Abs. 2 FGG im FGG-Verfahren bei sofortiger Beschwerde eine Abhilfe nicht zulässt.[1194]

[1191] *Emmerich* in Emmerich/Habersack KonzernR § 293 b AktG Rn. 18, § 293 c AktG Rn. 5 hält dagegen bereits bei plausiblen Einwänden die Bestelllung des sachverständigen Prüfers zum Sachverständigen im Spruchverfahren für ausgeschlossen.

[1192] Zu einem späteren Zeitpunkt ist die Ablehnung nur zulässig, wenn der Antragsteller glaubhaft macht, dass er ohne sein Verschulden gehindert war, den Ablehnungsgrund früher glaubhaft zu machen.

[1193] OLG Stuttgart Konzern 2004, 744, 745.

[1194] OLG Stuttgart Konzern 2004, 744, 745.

IV. Vergütung

Die Vergütung von Sachverständigen, die nach dem 1. Juli 2004 bestellt worden sind, richtet sich gem. § 17 Abs. 1 SpruchG i. V. m. § 15 FGG i. V. m. § 413 ZPO nach dem JVEG[1195] und damit nach den allgemeinen Vorschriften zur Sachverständigenentschädigung. Im Zuge der Reform war indessen gefordert worden, abweichend von den allgemeinen Regelungen eine gesonderte Rechtsgrundlage für die Vergütung des Sachverständigen im Spruchverfahren zu schaffen. Die Regierungskommission *Corporate Governance* hatte empfohlen, den Anspruch der Sachverständigen im Spruchverfahren auf angemessene Vergütung ausdrücklich zu regeln und angeregt, das Zustandekommen eines auftragsähnlichen Rechtsverhältnisses zwischen der Gesellschaft und dem Sachverständigen mit dessen gerichtlicher Bestellung vorzusehen, aus dem ein Anspruch auf angemessene, verkehrsübliche Vergütung folgen sollte.[1196] Auch nach *Lutter/T. Bezzenberger* sollte ein Vergütungsanspruch außerhalb des – zu diesem Zeitpunkt noch geltenden – ZSEG geregelt werden. Eingefügt werden sollte demnach folgender § 158 i Abs. 3 FGG:

> *„Der gerichtlich bestellte Sachverständige hat Anspruch auf Ersatz angemessener barer Auslagen und auf eine angemessene Vergütung für seine Tätigkeit. Die Auslagen und die Vergütung setzt das Gericht fest. Die Vergütung richtet sich nach den üblichen Gebühren für derartige Sachverständige; das Gesetz über die Entschädigung von Zeugen und Sachverständigen findet keine Anwendung.“*[1197]

In den Beratungen des Regierungsentwurfs während des parlamentarischen Verfahrens kam die fehlende ausdrückliche Vergütungsregelung ebenfalls zur Sprache. So forderte der Abgeordnete *Gehb* bei den Beratungen zum Regierungsentwurf des Spruchverfahrensneuordnungsgesetzes eine intensive Diskussion über die Einführung einer ausdrücklichen Regelung einer verkehrsüblichen Vergütung der Sachverständigen.[1198] Den Anregungen und Forderungen ist der Gesetzgeber jedoch nicht nachgekommen.

1. Vergütung zu den Sätzen des JVEG

Zunächst erscheint es nahe liegend, den Sachverständigen gem. § 17 Abs. 1 SpruchG i. V. m. § 15 FGG i. V. m. § 407 ZPO von Amts wegen zu bestellen und seine Tätigkeit mit dem im JVEG vorgesehenen Stundenhonorar zu vergüten. Dieses beträgt gem. § 9 Abs. 1 i. V. m. Anlage 1, Ziffer 10 JVEG 95,– €, da der Sachverständige im Spruch-

---

1195 Für Aufträge an Sachverständige, die vor dem 1. Juli 2004 erteilt worden sind, ist gem. § 25 S. 1 JVEG das ZSEG anzuwenden. Gem. § 25 S. 2, 1 JVEG gilt das ZSEG nur dann und soweit über diesen Zeitpunkt hinaus, wenn der Sachverständige in derselben Sache auch nach dem 1. Juli 2004 herangezogen worden ist bzw. wird.

1196 Bericht RegKom *CorpGover* BT-Drucks. 14/7515 S. 83 Rn. 172.

1197 *Lutter/T. Bezzenberger* AG 2000, 433, 440.

1198 Vgl. PlPr 15/25 S. 2008 (B), 2009 (C).

verfahren jedenfalls im weiteren Sinne stets eine Unternehmensbewertung vornehmen muss, so dass Ziffer 10 der Anlage 1 JVEG einschlägig ist. Die zwangsweise Bestellung zu diesem Stundenhonorar kann aus rechtlichen Gründen verschlossen sein, vor allem aber begegnet sie wegen der damit verbundenen Auswirkungen auf das Verfahren Bedenken.

Die Voraussetzungen einer zwangsweisen Bestellung liegen in der Regel vor. Denn nach § 407 ZPO ist der zum Sacherständigen Ernannte verpflichtet, das Gutachten zu erstellen, wenn er das Gewerbe, dessen Kenntnis Voraussetzung für die Begutachtung ist, öffentlich zum Erwerb ausübt. Das trifft auf die meist bestellten Wirtschaftsprüfer zu, da sie gem. §§ 1 Abs. 1, 2 Abs. 1 WPO für betriebswirtschaftliche Prüfungen und damit auch für die Überprüfung von Unternehmensbewertungen öffentlich bestellt sind. Nur in Einzelfällen, in denen andere Berufsgruppen mit der Erstellung des Gutachtens beauftragt werden, für die die Gutachtenerstellung keine öffentliche Erwerbstätigkeit darstellt – wie etwa für betriebswirtschaftliche Hochschullehrer[1199] – scheidet eine Bestellung gem. §§ 17 Abs. 1 SpruchG i. V. m. § 15 FGG i. V. m. § 407 Abs. 1 ZPO aus.

Mit einer Vergütung nach dem Stundenhonorar des JVEG können jedoch gravierende Nachteile für das jeweilige Spruchverfahren verbunden sein. Denn das Stundenhonorar i. H. v. 95,– € ist im Vergleich zu den marktüblichen Sätzen, die für die Erstellung von Gutachten zur Unternehmensbewertung gezahlt werden, sehr niedrig.[1200] Obwohl das Honorar ausdrücklich für Sachverständige gilt, die mit der Unternehmensbewertung beauftragt werden, wird mit dessen Höhe dem jedenfalls für Spruchverfahren geltenden Umstand nicht ausreichend Rechnung getragen, dass als bestellte Sachverständige im Regelfall nur größere Wirtschaftsprüfungsgesellschaften in Frage kommen, die einen hohen Fixkostenapparat haben, der durch das Stundenhonorar nicht annähernd abgedeckt werden kann.

Allerdings ist nicht verwunderlich, dass das Stundenhonorar nicht einer marktüblichen Vergütung entspricht, denn der Gesetzgeber hat sich bei der Festlegung der Sätze von dem Gedanken leiten lassen, dass der Sachverständige hauptberuflich in dieser Funktion tätig wird.[1201] Wer aber zur Erstellung von in Spruchverfahren regelmäßig erforderlichen komplexen Unternehmensbewertungen in der Lage ist, wird seinen Lebensunterhalt kaum als hauptberuflicher gerichtlicher Sachverständiger bestreiten.

Auch wenn Einzelpersonen als Sachverständige bestellt werden, müssen diese zur zeitnahen Erstellung des Gutachtens häufig qualifizierte Hilfskräfte wie andere Wirtschaftsprüfer, Steuerberater u. a. zu Marktpreisen „einkaufen" und aus eigenem Vermögen finanzieren.[1202] Aus diesem Umstand resultierte auch der Befund zum ZSEG – der sich ohne weiteres auf das JVEG übertragen lässt –, dass qualifizierte, für

1199 Nach *Hecker/Wenger* ZBB 1995, 321, 327, Fn. 32 werden diese insbesondere auf Druck der Aktionäre in Ausnahmefällen zum Sachverständigen bestellt.

1200 Gegenüber der Vorläuferregelung im ZSEG ist der Stundensatz nur unwesentlich erhöht, denn gem. §§ 3 Abs. 2 S. 1, 5 Abs. 3 ZSEG konnte dieser 87,– € betragen.

1201 So ausdrücklich *Begr. RegE* KostRMoG BT-Drucks. 15/1971 S. 142.

1202 OLG Stuttgart AG 2001, 603, 604 („Kolbenschmidt Pierburg AG").

Unternehmensbewertungen geeignete Wirtschaftsprüfer zu den gesetzlichen Vergütungssätzen nicht zu motivieren sind.[1203]

Zwar sind die Kosten für zur Erstellung des Gutachtens notwendige Hilfskräfte nicht mit dem allgemeinen Stundenhonorar abgegolten. Vielmehr ist deren Vergütung gem. § 12 Abs. 1 Nr. 1 JVEG als besondere Aufwendung zu ersetzen, und zwar in der Höhe, die der Sachverständige der Hilfskraft wirklich gezahlt hat.[1204] Zusätzlich kann unter den in § 12 Abs. 2 JVEG genannten Voraussetzungen auch noch ein Aufschlag von 15% auf die Gemeinkosten der Hilfskraft verlangt werden. Da die Kosten einer Hilfskraft jedoch regelmäßig nicht die Kosten für den Sachverständigen selbst übersteigen dürfen,[1205] andere mit Unternehmensbewertung vertraute Hilfskräfte jedoch zu dem Stundenhonorar für Sachverständige in aller Regel nicht tätig werden, kann der Sachverständige über § 12 Abs. 1 Nr. 1, Abs. 2 JVEG nur einen Bruchteil der tatsächlichen Kosten der Hilfskräfte ersetzt verlangen.

Auch wenn die Vergütung des gerichtlichen Sachverständigen nicht der im privaten Wirtschaftsleben möglichen oder üblichen gleichkommen soll, sondern durch die Erstellung des Gutachtens einer „staatsbürgerlichen Ehrenpflicht“[1206] Folge geleistet bzw. ein selbstloser „Dienst an der Rechtspflege“[1207] erbracht wird, kann von dem Sachverständigen nicht erwartet werden, sich mit einem Stundenhonorar zu begnügen, der ihm ein übermäßiges Vermögensopfer abverlangt.[1208] Denn die dem Sachverständigen auferlegte Pflicht stellt zugleich die Indienstnahme eines Privaten für öffentliche Aufgaben durch ein Gericht dar, die sich am Maßstab des Art. 12 Abs. 1 GG messen lassen muss, woraus für die Verfassungsmäßigkeit der Sachverständigenvergütung folgt, dass diese den wirtschaftlichen Verhältnissen anzupassen ist, um zu verhindern, dass sie sich allzu sehr von dem Entgelt unterscheidet, das für eine vergleichbare Leistung sonst gezahlt wird.[1209] Zwangsweise bestellte Sachverständige werden sich daher in aller Regel verständlicherweise gegen die Verpflichtung zum Tätigwerden nach den Sätzen des JVEG wehren; die Verpflichtung dürfte daher regelmäßig eine „nuda spes“ sein.[1210] Jedenfalls kann sich das Verfahren aber durch den Versuch der Abwendung der Zwangsbestellung weiter verzögern. Sollten die Bemühungen, den Sachverständigenauftrag abzuweisen, erfolglos bleiben, so ist jedenfalls die Motivation der bestellten Gutachter, ein qualitativ ansprechendes Gutachten zügig zu erstellen, in Anbetracht der dargelegten Vermögenseinbußen äußerst

---

1203 Bericht RegKom *CorpGover* BT-Drucks. 14/7515 S. 83 Rn. 172; OLG Düsseldorf AG 2003, 637; OLG Stuttgart AG 2001, 603, 604 („Kolbenschmidt Pierburg AG“); ebenso zum JVEG *Emmerich* in Emmerich/Habersack § 15 SpruchG Rn. 15 sowie *Krieger* in Lutter UmwG Anhang I SpruchG § 15 SpruchG Rn. 10; siehe auch *Lutter/T. Bezzenberger* AG 2000, 433, 437: „Jeder weiß, dass man viel mehr bieten muss, um einen qualifizierten Wirtschaftsprüfer oder einen vergleichbaren Sachverständigen zu bekommen.“

1204 Vgl. BGH NJW-RR 1987, 1471.

1205 *Hartmann* KostG § 8 ZSEG Rn. 7.

1206 *Hartmann* KostG § 3 ZSEG Rn. 2.

1207 KG OLGZ 1971, 260, 275.

1208 OLG Stuttgart AG 2001, 603, 604 („Kolbenschmidt Pierburg AG“).

1209 LSG Niedersachsen-Bremen NJW 2003, 1206, 1207.

1210 *Großfeld* Unternehmensbewertung S. 13.

gering. Das Ziel, der Entscheidung qualitativ hochwertige Gutachten zugrunde legen und die Verfahrensdauer, auf deren Länge die Gutachtenerstellung einen maßgeblichen Einfluss hat, spürbar verkürzen zu wollen, ist unvereinbar mit der Vergütung der Sachverständigen zu dem im JVEG vorgesehenen Stundenhonorar. Nicht zuletzt wird durch ein solches Vorgehen auch die Fehleranfälligkeit der Gutachten und damit der gerichtlichen Entscheidung erhöht. Daher sollte von einer zwangsweisen Bestellung verbunden mit einer Vergütung nach dem Stundenhonorar des JVEG unter allen Umständen abgesehen werden.[1211]

2. Marktübliche Vergütung

Werden Sachverständige von dem Gericht im Spruchverfahren zu Beweiszwecken herangezogen, so eröffnet § 13 JVEG die Möglichkeit, dem Sachverständigen ein Honorar zu zahlen, das über dem gesetzlich festgelegten Stundenhonorar von 95,– € liegt.

a. Vereinbarung zwischen Antragsteller und Antragsgegner

Gem. § 13 Abs. 1 JVEG besteht die Möglichkeit, die Sachverständigen nach marktüblichen Sätzen zu vergüten. Dies setzt eine Beteiligtenvereinbarung voraus, die auch im Spruchverfahren zwischen Antragsteller und Antragsgegner geschlossen werden kann.[1212] Kommt sie zustande und ist ein ausreichender Betrag an die Staatskasse gezahlt, muss das Gericht die Vergütung ohne jede weitere Nachprüfung der sachlichen Berechtigung gewähren, denn die Beteiligten schließen insoweit einen Vertrag über die Verfahrenskosten und zugleich einen Vertrag zugunsten eines Dritten.[1213] Regelmäßig kommt eine solche Vereinbarung jedoch nicht zustande, was in der Pflicht zur Kostentragung begründet liegt, denn gem. § 15 Abs. 2 S. 1 SpruchG ist Schuldner der Gerichts- und damit auch der Sachverständigenkosten nur der Antragsgegner. Die Kosten können nur dann gem. § 15 Abs. 2 S. 2 SpruchG den Antragstellern auferlegt werden, wenn dies der Billigkeit entspricht. Vor diesem Hintergrund wehren sich zwar regelmäßig die Antragsteller nicht gegen die Vergütung des Sachverständigen zu einem höheren als dem gesetzlich vorgesehenen Honorar,[1214] sondern geben hinsichtlich der Honorarvorstellung des Sachverständigen entweder keine Stellungnahme ab oder erklären, es bestünden gegen diese keine Bedenken.[1215] Jedoch sprechen sich die Antragsgegner häufig gegen die Honorarforderungen aus, da diese häufig weit über

---

1211 Ebenso OLG Stuttgart AG 2001, 603, 604 („Kolbenschmidt Pierburg AG"); a. A. OLG Düsseldorf, AG 1998, 37, 38 („Hageda AG/M und H Medizin und Handel Beteiligungs- und Immobilienverwaltungs-GmbH"); *Behnke* Spruchverfahren S. 100 ff.; *Seetzen* WM 1999, 565, 568 (jeweils zum ZSEG).

1212 Vgl. OLG Düsseldorf AG 2003, 637; *Hartmann* KostG, § 7 ZSEG, Rn. 3.

1213 Vgl. *Hartmann* KostG § 7 ZSEG Rn. 8 f.

1214 Vgl. OLG Düsseldorf AG 2003, 637; *Behnke* Spruchverfahren S. 101.

1215 OLG Düsseldorf AG 2003, 637.

50.000,– €,[1216] in vielen Spruchverfahren aber ohne weiteres auch mehrere 100.000,– € betragen[1217] und von ihnen allein zu tragen sind.

b. Erklärung der Antragsteller und Zustimmung des Gerichts

Eine über dem gesetzlich vorgesehenen Honorar liegende Vergütungsvereinbarung kann jedoch gem. § 13 Abs. 2 JVEG auch ohne Zustimmung der Antragsgegner zustande kommen. Denn gem. § 13 Abs. 2 S. 1 JVEG genügt auch die Erklärung nur einer Partei, wenn das Gericht zustimmt. Dabei hat das Gericht indes das wohlverstandene Interesse der nicht zustimmenden Partei zu beachten und darf nur in einem besonderen Ausnahmefall aufgrund der einseitigen Erklärung einer Partei seine Zustimmung erklären.[1218] Angesichts der einseitigen Kostentragungspflicht des Antragsgegners entspricht es in aller Regel nicht seinem objektiven Interesse, dass das Gericht einer Entschädigung des Sachverständigen nach marktüblichen Vergütungssätzen zustimmt. Auch ein Ausnahmefall dürfte sich allenfalls in besonders gelagerten Spruchverfahren ergeben.[1219] Die einseitige Erklärung der Antragsteller verbunden mit der Zustimmung des Gerichts gem. § 13 Abs. 2 S. 1 JVEG taugt bereits daher nicht als ständige praktische Lösung der Vergütungsstreitigkeiten. Hinzu kommt, dass gem. § 13 Abs. 2 S. 2 JVEG das Gericht die notwendige gerichtliche Zustimmung nur dann erteilen soll, wenn die nach § 9 JVEG zulässige Vergütung nicht um mehr als das Eineinhalbfache, also 142,50 €, überschritten wird. Das marktübliche Stundenhonorar für Gutachten von Wirtschaftsprüfern, die für Spruchverfahren als Sachverständige geeignet sind, liegt aber in aller Regel weitaus höher.[1220] Zwar ist eine Überschreitung des Stundensatzes unschädlich („*soll*" – Ordnungsvorschrift), eine Abweichung nach oben hin in nahezu allen Spruchverfahren würde aber der eindeutigen gesetzgeberischen Intention widersprechen.

c. Teleologische Reduktion des § 13 JVEG

Das OLG Stuttgart hat in einer grundlegenden Entscheidung in § 7 Abs. 2 ZSEG – dem § 13 Abs. 2 JVEG weitgehend entspricht, so dass sich die folgenden Ausführungen auf jenen ohne weiteres übertragen lassen[1221] – eine taugliche Rechtsgrundlage für die Entschädigung des Sachverständigen nach marktüblichen Sätzen unabhängig davon gesehen, ob ein besonderer Ausnahmefall die Anwendung der Vorschrift rechtfertigt.

Aus einer vom Gesetzeszweck bestimmten Auslegung des § 7 Abs. 2 S. 1 i. V. m. § 7 Abs. 1 ZSEG folge, dass einerseits an die Zustimmung der Antragsteller keine hohen

---

[1216] *Steinhauer* AG 1999, 299.

[1217] *Emmerich* in Emmerich/Habersack KonzernR 3. Aufl. § 306 AktG Rn. 38.

[1218] Vgl. *Hartmann* KostG § 7 ZSEG Rn. 10.

[1219] Mit einem „ganz besonders gelagerten Fall" meinte es etwa das OLG Stuttgart AG 2001, 603, 604 („Kolbenschmidt Pierburg AG") zu tun zu haben. Die Gründe für diese Einordnung bleiben leider im Dunklen.

[1220] Vgl. oben Teil 3 F. IV. 2. a.

[1221] Ebenso LG Dortmund DB 2005, 1450, 1451.

Anforderungen zu stellen seien und andererseits das Gericht das verweigerte Einverständnis des Antragsgegners nach Prüfung der Verhältnismäßigkeit mit der Folge ersetzen könne, dass die Entschädigung des Sachverständigen zu marktüblichen Sätzen erfolge.[1222] Dabei wird die Notwendigkeit zu dieser teleologischen Auslegung darin gesehen, dass § 7 ZSEG am Zivilprozess ausgerichtet sei und für die vom FGG bestimmten Spruchverfahren mit der für den Regelfall vorgegebenen Pflicht des Antragsgegners zur alleinigen Tragung der Kosten für den Sachverständigen nicht passe.[1223] Das Ergebnis der Auslegung hinsichtlich der Ersetzung der Zustimmung des Antragsgegners durch das Gericht wird deshalb für zwingend gehalten, weil anderenfalls Minderheitsaktionäre gänzlich entrechtet, ihnen aber jeglicher Rechtsschutz verweigert würde, wenn sie einerseits den der Strukturmaßnahme zugrunde liegenden Beschluss nicht anfechten könnten, andererseits der Antragsgegner eine nachträgliche Kontrolle der zugrunde gelegten Bewertung und eine Entschädigung der Teilhaber mit Hilfe der Versagung der Zustimmung zur unvermeidlicherweise erhöhten Sachverständigenvergütung verhindern könne.[1224] Dass die Zustimmung des Gerichts in Spruchverfahren regelmäßig auch zu über den Höchstsätzen des ZSEG liegenden Stundensätzen erteilt werden kann, hält das OLG Stuttgart schließlich deshalb für geboten, weil der gesetzlichen Begrenzung im Spruchverfahren die „wirtschaftliche Berechtigung“ fehle.[1225]

Die Entscheidung hat zum Teil Beifall gefunden,[1226] vor allem auch durch die Gesetzesbegründung zum Spruchverfahrensgesetz, die auf diese Entscheidung ausdrücklich zustimmend verweist.[1227] Hingegen wird sie vom *HaReA-DAV* als in klarem Widerspruch zum Gesetz stehend, die Grenzen richterlicher Rechtsfortbildung überschreitend und auch rechtspolitisch zweifelhaft bezeichnet.[1228] Beizupflichten ist dem OLG Stuttgart zunächst darin, dass § 7 ZSEG bzw. § 13 JVEG unzweifelhaft nicht die Vorstellung der einseitigen Kostentragungspflicht einer Partei wie im Spruchverfahren zugrunde liegt. Auch nach der Reform sind die Gerichtskosten stets von dem Antragsgegner zu tragen.[1229] Dennoch begegnet bereits der Ansatz des OLG Stuttgart

---

1222 OLG Stuttgart AG 2001, 603, 604 („Kolbenschmidt Pierburg AG“). Obwohl das OLG Stuttgart von einem „ganz besonders gelagerten Fall“ ausgeht, heißt es in der Entscheidung a. a. O., 603: „... gebietet die Besonderheit *der* Spruchverfahren [Hervorhebung durch Verf.] die teleologische Reduktion ...“ Die nachfolgenden Ausführungen differenzieren folgerichtig auch nicht mehr nach bestimmten, den Spruchverfahren zugrunde liegenden Umständen.

1223 OLG Stuttgart AG 2001, 603, 604 („Kolbenschmidt Pierburg AG“).

1224 OLG Stuttgart AG 2001, 603, 604 („Kolbenschmidt Pierburg AG“).

1225 OLG Stuttgart AG 2001, 603, 604 („Kolbenschmidt Pierburg AG“).

1226 So noch *Emmerich* in Emmerich/Habersack KonzernR 3. Aufl. § 306 AktG Rn. 38 a; nunmehr angesichts der Regelungen in §§ 9 und 13 JVEG an der Rechtmäßigkeit der Praxis des OLG Stuttgart zweifelnd *Emmerich* in Emmerich/Habersack KonzernR § 15 SpruchG Rn. 17.

1227 *Begr. RegE* SpruchverfNeuordG BT-Drucks. 15/371 Anlage 1 S. 17.

1228 *HaReA-DAV* ZIP 2003, 552, 556; siehe auch *BDI u. a.* Zu § 7 Abs. 6 SpruchG-RegE, die das Vorgehen des Gesetzgebers als „Kunstgriff“ gegenüber einer ausdrücklichen Regelung kritisieren.

1229 Siehe unten Teil 3 H. I. 3.

erheblichen Bedenken, denn wenn das ZSEG bzw. JVEG schon nicht zwischen Prozessordnungen und einzelnen Verfahrensarten unterscheidet, obwohl Differenzierungen durchaus möglich wären, so liegt es nahe, erst recht nicht einzelne Normen des ZSEG bzw. JVEG grundlegend anders auszulegen, wenn einzelne Elemente in speziellen Verfahren von dem Normalfall im Zivilprozess abweichen. Hinzu kommt, dass die Annahme, die Antragsgegner könnten das Verfahren blockieren und so die Antragsteller rechtlos stellen, wenn das Gericht nicht die Zustimmung ersetzt, jedenfalls angesichts § 15 Abs. 3 S. 2 SpruchG nicht mehr ohne weiteres zutreffend ist. Denn auch dann, wenn eine Beteiligtenvereinbarung i. S. v. § 7 Abs. 1 S. 1 ZSEG bzw. § 13 Abs. 1 S. 1 JVEG nicht vorliegt und das Gericht einen Sachverständigen beauftragen will, kann der Antragsgegner dies nicht verhindern und das Verfahren nicht blockieren, obwohl gem. § 8 Abs. 2 KostO die Beauftragung von der Vorschusszahlung abhängt, da § 15 Abs. 3 S. 2 SpruchG die Anwendung von § 8 KostO ausschließt.[1230]

Allerdings ist damit die Vergütungsfrage nicht abschließend geklärt, die Pflicht zur Zahlung eines Vorschusses ersetzt also nicht das Einverständnis des Antragsgegners mit der Beteiligtenvereinbarung. Wenn auch gegenüber der Rechtslage vor Inkrafttreten des Spruchverfahrensgesetzes entschärft, so ist vor diesem Hintergrund daher das Problem der möglichen Blockade des Verfahrens durch den Antragsteller nicht vollständig gelöst, da Sachverständige versuchen werden, die abschließende Klärung der Entschädigungsfrage zur Bedingung der Aufnahme ihrer Tätigkeit zu machen.[1231] Will man angesichts dessen weiterhin die Notwendigkeit einer teleologischen Auslegung bejahen, so dürfte diese jedenfalls mit dem Wortlaut der Regelungen nicht unvereinbar sein. Der Wortlaut von § 7 Abs. 2 S. 2 ZSEG bzw. § 13 Abs. 2 S. 2 JVEG wird aber geradewegs ins Gegenteil verkehrt, wenn das dort angelegte Regel-Ausnahme-Verhältnis für Spruchverfahren praktisch umgedreht wird und nur noch in wenigen Ausnahmefällen die Stundenhonorare der Sachverständigen auf die Höchstsätze des ZSEG bzw. JVEG beschränkt bleiben.[1232] Warum einer solchen Beschränkung in Spruchverfahren die „wirtschaftliche Berechtigung“ fehlen soll, ist nicht einsichtig, denn auch dann, wenn der Antragsgegner durch die durchgeführte Strukturmaßnahme wirtschaftliche Vorteile erzielt hat, müssen doch auch für ihn die mit einem aus diesem Anlass eingeleiteten Verfahren entstehenden Kosten in vorhersehbaren Grenzen gehalten werden, wenn er seine Zustimmung zur Übernahme der Kosten nicht erteilt.

Die vom OLG Stuttgart befürwortete Auslegung läuft auf eine diffuse Saldierung von wirtschaftlichen Vor- und Nachteilen einer Strukturmaßnahme hinaus und unterstellt, dass der Saldo stets deutlich positiv für den Antragsgegner ausfällt, so dass auch

---

1230 Das OLG Stuttgart (AG 2001, 603, 604 [„Kolbenschmidt Pierburg AG“]) nennt das Fehlen einer ausdrücklichen Sonderregelung für die Vorschussverpflichtung in Bezug auf Sachverständigenkosten als einen Grund für die befürwortete teleologische Reduktion.

1231 *Büchel* NZG 2003, 793, 803.

1232 Ebenso *Krieger* in Lutter UmwG Anhang I SpruchG § 15 SpruchG Rn. 10; zweifelnd *Emmerich* in Emmerich/Habersack KonzernR § 15 SpruchG Rn. 17.

die Belastung durch die Kosten für den Sachverständigen nicht ins Gewicht fällt. Selbst wenn die Unterstellung für den Regelfall zutreffen mag, wird auch sonst im Rahmen des § 7 Abs. 2 S. 2 ZSEG bzw. § 13 Abs. 2 S. 2 JVEG nicht auf die wirtschaftliche Belastungsfähigkeit der Parteien abgestellt. Im Übrigen müsste sich der Antragsgegner im Ergebnis den Vorteil, der ihm daraus erwächst, dass die Durchführung der Strukturmaßnahme nicht im Wege der Anfechtung des zugrunde liegenden Beschlusses verhindert werden kann, dadurch „erkaufen", dass ihm ohne seine Zustimmung in der Höhe weitgehend unkalkulierbare Sachverständigenkosten auferlegt werden können. Das würde jedoch eine gerichtlich unterstützte, sachfremde vermögensmindernde Belastung von Privaten für gesetzgeberisch ausdrücklich zugelassene Rechtsbehelfe bedeuten. Bei dem Vorgehen des OLG Stuttgart handelt es sich daher um eine vermeintliche, wie das Gericht insoweit selbst einräumt, „an den Zielen des Spruchverfahrens ausgerichtete, funktionsgerechte Handhabung des § 7 ZSEG",[1233] die die Grenze der Auslegung überschreitet und bei der die Betonung einseitig auf der Funktionsgerechtigkeit, nicht jedoch auf § 7 ZSEG liegt. Sie muss letztlich als *contra legem* bezeichnet werden. Ganz deutlich wird dies auch an einer die Entscheidung des OLG Stuttgart konsequent fortschreibenden Entscheidung des OLG Düsseldorf. Letzteres hielt es in weitgehender Übereinstimmung mit dem OLG Stuttgart sogar für mit § 7 Abs. 2 ZSEG vereinbar, eine bestimmte, über den Höchstsätzen des ZSEG liegende Entschädigung des Sachverständigen gerichtlich festzusetzen, ohne dass wenigstens eine Erklärung der Antragsteller vorliegt.[1234] Dadurch wurde indes nur unterstrichen, dass es letztlich um eine für die Gerichtspraxis erforderliche, die gesetzgeberischen Vorgaben durch das ZSEG jedoch unbeachtet lassende Lösung der Vergütungsproblematik im Spruchverfahren ging.[1235] Zu dieser ist jedoch allein der Gesetzgeber aufgerufen. Sie kann nicht durch eine eigenmächtige, unter dem Mantel der Auslegung des ZSEG bzw. des JVRG verdeckte Ausweitung der gerichtlichen Kompetenz erfolgen.

Wohl aufgrund dieser (späten) Erkenntnis vollzog auch das OLG Düsseldorf im Folgenden eine Kehrtwende. Es hielt eine ohne weiteres von den gesetzlichen Vorgaben abweichende Festlegung der Sachverständigenvergütung allein durch das Gericht ohne Beteiligung der Parteien als „in offenem Widerspruch" zu § 7 ZSEG stehend und es jedenfalls für geboten, dass sich das Gericht mit berechtigten Einwänden der Antragsgegner auseinander setzt.[1236] Auch dabei kann man es aber angesichts des eindeutigen Gesetzeswortlauts, des Sinns und Zwecks der Regelung und insbesondere auch der Tatsache, dass der Gesetzgeber mit § 13 Abs. 2 JVEG die

1233 OLG Stuttgart AG 2001, 603, 604 („Kolbenschmidt Pierburg AG").

1234 OLG Düsseldorf AG 2003, 637; a. A. noch OLG Düsseldorf AG 1998, 37 („Hageda AG/M und H Medizin und Handel Beteiligungs- und Immobilienverwaltungs-GmbH"); dagegen ebenso *Klöcker/Frowein* SpruchG § 15 SpruchG Rn. 8.

1235 Dieses räumt das OLG Düsseldorf – wie auch schon das OLG Stuttgart – freimütig ein, wenn es in der Entscheidung AG 2003, 637 heißt: „In aktienrechtlichen Spruchverfahren ist die Praxis auf eine Vereinbarung der Sachverständigenentschädigung nach § 7 ZSEG angewiesen …"

1236 OLG Düsseldorf AG 2004, 390.

Regelung des § 7 Abs. 2 ZSEG insoweit inhaltsgleich übernommen hat, obwohl die Problematik durch zahlreiche Gerichtsentscheidungen bekannt war, nicht belassen, zumal der Gesetzgeber die Vergütung von Sachverständigen auf dem Sachgebiet der Unternehmensbewertung nun ausdrücklich geregelt hat. In Spruchverfahren kann dem Sachverständigen gem. § 13 Abs. 2 JVEG grundsätzlich nur dann eine Vergütung von mehr als 142,50 € zugestanden werden, wenn der Antragsgegner seine Zustimmung erteilt.[1237] Lediglich in besonders gelagerten und besonders zu begründenden Ausnahmefällen kann dieses Stundenhonorar trotz fehlender Zustimmung überschritten werden.[1238] Wie das Landgericht Dortmund dagegen angesichts des Wortlauts des § 13 Abs. 2 JVEG und der ausdrücklichen Regelung der Stundensätze für Unternehmensbewertungen zu der Auffassung kommt, dem Gesetzgeber sei ein „weiter Spielraum“ eröffnet, der es ohne weiteres zulasse, die gesetzlichen Höchstsätze um ein Vielfaches zu überschreiten,[1239] ist unverständlich. Diese Auffassung steht nicht nur im klaren Widerspruch zur Rechtsprechung des OLG Düsseldorf, sondern ist auch mit einer methodisch korrekten Auslegung der Norm schlicht unvereinbar.

3. Würdigung der verweigerten Zustimmung als Beweisvereitelung

Das Gesetz sieht neben der Möglichkeit in § 13 Abs. 2 JVEG keine Lösung für diejenigen Fälle vor, in denen keine Einigung zwischen Antragsteller und Antragsgegner über das Sachverständigenhonorar erzielt wird. Vertreten wird jedoch, bei Nichtzustandekommen einer Beteiligtenvereinbarung wegen der Weigerung des Antragsgegners auf die Einholung eines Sachverständigengutachtens zu verzichten und den Unternehmenswert gem. § 287 ZPO zu schätzen. Ungenauigkeiten sollen dabei zulasten des Antragsgegners gehen, weil dieser durch die verweigerte Zustimmung Beweise vereitelt habe.[1240]

Für eine Würdigung der verweigerten Zustimmung der Antragsgegner als Beweisvereitelung fehlt es jedoch an einer Rechtsgrundlage. Denn die Anwendung von § 287 ZPO setzt ein missbilligenswertes Verhalten vor oder während des Verfahrens voraus, durch welches die Beweisführung unmöglich gemacht oder erschwert wird. Ein solches liegt also nicht vor, wenn für das Verhalten des Beteiligten verständliche

---

[1237] I. E. ebenso *Krieger* in Lutter UmwG Anhang I SpruchG § 15 SpruchG Rn. 10.

[1238] Das Problem, einen Sachverständigen zur Ermittlung der für die Entscheidung erheblichen Punkte heranzuziehen, kann auch nicht dadurch umgegangen werden, dass der Antrag der Antragsteller kurzerhand zurückgewiesen wird, wenn die Beteiligten sich über dessen Vergütung nicht einigen können (ebenso OLG Düsseldorf AG 1998, 37, 38 [„Hageda AG/M und H Medizin und Handel Beteiligungs- und Immobilienverwaltungs-GmbH“] [entgegen der Vorinstanz LG Köln AG 1997, 187]; *Emmerich* in Emmerich/Habersack KonzernR § 15 SpruchG Rn. 16; *Lutter/T. Bezzenberger* AG 2000, 433, 437, Fn. 21; *Seetzen* WM 1999, 565, 567 f.).

[1239] LG Dortmund DB 2005, 1450, 1451.

[1240] OLG Stuttgart AG 2001, 603, 604 („Kolbenschmidt Pierburg AG“); *Büchel* NZG 2003, 793, 803; *Klöcker/Frowein* SpruchG § 15 SpruchG Rn. 8.

Gründe angeführt werden können.[1241] Zum einen können die Antragsgegner durch die Verweigerung der Zustimmung die Bestellung eines gerichtlichen Sachverständigen und damit die Beweiserhebung wegen der sie gem. § 15 Abs. 3 S. 2 SpruchG treffenden Vorschusspflicht gar nicht verhindern, auch wenn sich deren Durchsetzung im Einzelfall als problematisch erweisen kann.[1242] Im Übrigen können sie gegen die Bestellung eines Sachverständigen in der Regel wegen der sie treffenden Pflicht zur Kostentragung verständliche Gründe anführen und insbesondere auch eine zwangsweise Bestellung und Vergütung nach dem Stundenhonorar JVEG fordern, denn von ihnen kann nicht verlangt werden, finanzielle Mittel aufzuwenden, um die für das Verfahren insgesamt negativen Folgen einer zwangsweisen Bestellung und Vergütung nach diesem Honorar abzuwenden.[1243]

4. Vorschusspflicht des Antragsgegners

Gem. § 15 Abs. 3 S. 1 SpruchG hat der Antragsgegner einen zur Deckung der Auslagen hinreichenden Vorschuss zu zahlen; gem. § 15 Abs. 3 S. 2 SpruchG ist § 8 KostO nicht anzuwenden.[1244] Die Höhe des gem. § 15 Abs. 3 S. 1 SpruchG zu erhebenden Vorschusses bemisst sich nach der Höhe der voraussichtlichen Kosten. Wäre die Anwendung von § 8 KostO nicht gem. § 15 Abs. 3 S. 2 SpruchG ausgeschlossen, so träfe den Antragsgegner gem. § 15 Abs. 1 S. 1 SpruchG i. V. m. § 8 Abs. 1 S. 1 KostO zwar eine Pflicht zur Entrichtung eines Vorschusses auf diese Kosten, jedoch könnte der Sachverständige gem. § 8 Abs. 2 S. 1 KostO grundsätzlich nur dann bestellt werden, wenn der Antragsgegner diesen Vorschuss eingezahlt hat. Da dieser sich der gerichtlichen Anordnung jedoch widersetzen, insbesondere auch gem. § 8 Abs. 3 KostO Beschwerde einlegen könnte, würde das Verfahren u. U. erheblich verzögert. Aufgrund der Regelung in § 15 Abs. 3 S. 2 SpruchG sind die Antragsgegner dagegen auf eine Gegenvorstellung gegenüber der Anordnung des Kostenvorschusses beschränkt,[1245] so dass die Beauftragung eines Sachverständigen bei noch ausstehender Vorschusszahlung nicht nur lediglich in Ausnahmefällen in Betracht kommt, etwa wenn das Gericht bereits einen Vertrauenstatbestand bei dem Sachverständigen geschaffen hat.[1246]

Ob durch die Regelung in § 15 Abs. 3 SpruchG die Gefahr der Verfahrensverzögerung gebannt ist, wird bezweifelt, da ein beauftragter Sachverständiger mit der Erstellung des Gutachtens nicht beginnen würde, bevor die Höhe des Honorars nicht geklärt sei.[1247] Ein wirksames Mittel, eine Verfahrensblockade abzuwenden, wird

---

[1241] Vgl. *Greger* in Zöller ZPO § 286 ZPO Rn. 14 a.
[1242] Siehe zur Vorschussverpflichtung des Antragsgegners den folgenden Abschnitt Teil 3 F. IV. 4.
[1243] So auch zu § 7 ZSEG OLG Düsseldorf AG 1998, 37 („Hageda AG/M und H Medizin und Handel Beteiligungs- und Immobilienverwaltungs-GmbH").
[1244] Martialisch *Geßler* AktG § 306 AktG Rn. 73: § 15 Abs. 3 SpruchG ermögliche die Bildung einer „gerichtlichen Kriegskasse".
[1245] OLG Düsseldorf AG 2004, 390.
[1246] OLG Düsseldorf AG 2003, 637.
[1247] *Büchel* NZG 2003, 793, 803.

daher darin gesehen, bei Nichteinzahlung des Vorschusses bzw. sich hinziehender Beitreibung bei der im Zuge des weiteren Verfahrens notwendigen Beweiserhebung von der Beauftragung eines Sachverständigen gänzlich abzusehen, die für die Bestimmung der angemessenen Kompensation notwendigen Bewertungsparameter notfalls zu schätzen und dabei auftretende Unklarheiten zulasten des zur Vorschusszahlung gesetzlich verpflichteten Antragsgegners nach den zivilprozessualen Grundsätzen über die Beweisvereitelung zu würdigen.[1248] Im Gegensatz zur Verweigerung der Zustimmung des Antragsgegners zu der Vergütung des Sachverständigen, die im Regelfall nicht als Beweisvereitelung gewürdigt werden kann,[1249] scheint bei Nichteinzahlung des Vorschusses ein solches Vorgehen sachgerecht. Denn während der Antragsgegner zum Abschluss einer Beteiligtenvereinbarung gem. § 13 Abs. 1 JVEG nicht verpflichtet ist, muss er den Vorschuss nach dem Gesetz einzahlen. Die Nichteinzahlung kann auch nur den Zweck verfolgen, das Verfahren zu verschleppen, denn soweit der Antragsgegner einen die Sachverständigenkosten übersteigenden Vorschuss gezahlt hat, ist dieser gem. § 15 Abs. 1 S. 1 SpruchG i. V. m. § 9 KostO zurückzuzahlen, so dass sich kein verständlicher Grund für die Nichteinzahlung anführen lässt und die Verfahrensverzögerung somit allein dem Antragsgegner anzulasten ist.

G. Aussetzung, Unterbrechung und Beendigung des Spruchverfahrens

I. Aussetzung

Grundsätzlich kann auch ein Verfahren der freiwilligen Gerichtsbarkeit und damit ein Spruchverfahren ausgesetzt werden.[1250] Dazu bedarf es grundsätzlich der Zustimmung aller Verfahrensbeteiligten.[1251] Ist jedoch ein Anfechtungsverfahren gegen den Beschluss der Strukturmaßnahme anhängig, der die Einleitung des Spruchverfahrens ermöglichte, und verhindert nicht eine Registersperre die Eintragung des Beschlusses in das Handelsregister, so dass die Antragsfrist gem. § 4 Abs. 1 SpruchG nicht zu laufen beginnt, kann das Gericht auch von sich aus das Spruchverfahren analog § 148 ZPO bis zum Abschluss des Anfechtungsverfahrens aussetzen, um zu verhindern, dass womöglich im Spruchverfahren eine Erhöhung der Kompensation und damit rückwirkend eine Abänderung des Unternehmensvertrages festgelegt wird, bevor dessen Wirksamkeit feststeht.[1252]

1248 OLG Stuttgart AG 2001, 603, 604 („Kolbenschmidt Pierburg AG"); *Büchel* NZG 2003, 793, 803; *Emmerich* in Emmerich/Habersack KonzernR 3. Aufl. § 306 AktG Rn. 38 a.

1249 Siehe den vorangegangen Abschnitt Teil 3 F. IV. 3.

1250 *Winkler* in Keidel/Kuntze/Winkler FGG § 12 FGG Rn. 64.

1251 *Klöcker/Frowein* SpruchG § 11 SpruchG Rn. 31.

1252 *Behnke* Spruchverfahren S. 91 f.; *Emmerich* in Emmerich/Habersack KonzernR § 11 SpruchG

II. Unterbrechung analog § 240 ZPO

Wird über das Vermögen einer Partei im Zivilprozess das Insolvenzverfahren eröffnet und betrifft das Verfahren die Insolvenzmasse, so wird es gem. § 240 S. 1 ZPO unterbrochen, bis es nach den für das Insolvenzverfahren geltenden Vorschriften aufgenommen oder das Insolvenzverfahren beendet wird. Bezweckt wird dadurch, den Beteiligten im Insolvenzfall genügend Überlegungszeit zu gewähren, ob, wie und durch wen das Verfahren fortgesetzt werden soll und muss.[1253] Fraglich ist, ob § 240 ZPO analog auch für Spruchverfahren gilt, denn das über § 17 Abs. 1 SpruchG anwendbare FGG regelt die Verfahrensunterbrechung nicht.

1. Spruchverfahren nach § 1 Nr. 1 SpruchG

Hinsichtlich der analogen Anwendbarkeit ist zwischen der Insolvenz der herrschenden und der abhängigen Gesellschaft zu differenzieren.

a. Insolvenz der herrschenden Gesellschaft

Vor Inkrafttreten des Spruchverfahrensgesetzes war umstritten, ob § 240 ZPO bei Eröffnung des Insolvenzverfahrens über das Vermögen der herrschenden Gesellschaft während eines laufenden Spruchverfahrens analog angewendet werden kann.

Das BayObLG[1254] und Stimmen in der Literatur[1255] sprachen sich gegen eine analoge Anwendung und damit eine Verfahrensunterbrechung aus. Als Begründung wurde im Wesentlichen darauf verwiesen, dass in Verfahren der Freiwilligen Gerichtsbarkeit § 240 ZPO grundsätzlich keine Anwendung fände und die Ausnahme eines echten Streitverfahrens nicht vorläge, da das Spruchverfahren zwar Antragsverfahren, aber nicht vergleichsfähig sei.[1256] Zudem passe § 240 ZPO nur auf Leistungsklagen, bei denen nach der Aussetzung die Forderung im Insolvenzverfahren geltend zu machen sei. Im Spruchverfahren werde jedoch lediglich der Unternehmensvertrag als Berechnungsgrundlage der Ansprüche neu gestaltet, die die betroffenen Anteilsinhaber nach rechtskräftiger Entscheidung des Spruchverfahrens einfordern können.[1257] Für eine Unterbrechung des Spruchverfahrens analog § 240 ZPO sprach sich

---

Rn. 16; *Krieger* in Lutter UmwG Anhang I SpruchG § 4 SpruchG Rn. 5; *Schwarz* in Widmann/Mayer UmwG § 307 UmwG Rn. 13.

1253 *Schilken* in MüKo/ZPO § 240 ZPO Rn. 1.

1254 BayObLGZ 1978, 209 ff.; BayObLG DWiR 2002, 430, 431 („März/EKU"); zweifelnd *Emmerich* in Emmerich/Habersack KonzernR § 11 SpruchG Rn. 17; zur insolvenzrechtlichen Folge dieser Auffassung siehe *Stürner* FS Uhlenbruck, 669, 675 (Vorrang des aktienrechtlichen Gleichbehandlungsgrundsatzes vor dem Formalisierungsgrundsatz des Insolvenzverfahrens).

1255 *Behnke* Spruchverfahren S. 127; *Bilda* in MüKo/AktG § 306 AktG Rn. 32; *Grub* DWiR 2002, 432, 433; *Koppensteiner* in KK/AktG § 306 AktG Rn. 33; *Schwarz* in Widmann/Mayer UmwG § 305 UmwG Rn. 17; offenlassend *Beyerle* AG 1979, 306, 308.

1256 BayObLGZ 1978, 209 ff.; BayObLG DWiR 2002, 430 („März/EKU").

1257 *Behnke* Spruchverfahren S. 127; *Schwarz* in Widmann/Mayer UmwG § 305 UmwG Rn. 17.

Stürner mit der Begründung aus, dass es außerordentlich widersprüchlich sei, im Anfechtungsverfahren für Gesellschafterbeschlüsse mit Massebezug eine Verfahrensunterbrechung anzunehmen – was seit der frühen Zeit des Reichsgerichts langer Tradition entspreche –, sie jedoch im identisch strukturierten Spruchverfahren trotz dessen engen Massebezugs abzulehnen.[1258] Dem stehe auch die fehlende Möglichkeit der Verfahrensbeendigung durch Vergleichsschluss nicht entgegen, da die Beteiligten ihre Anträge durch begleitende vertragliche Vereinbarungen zurücknehmen und das Verfahren vergleichsweise beenden könnten.[1259] Teilweise wurde die Unterbrechungswirkung auch mit Blick auf die insolvenzrechtlichen Folgen begründet: Da der Abfindungsanspruch des Aktionärs in der Insolvenz des herrschenden Unternehmens einfache Insolvenzforderung und somit allenfalls nachrangig bei der Verteilung zu berücksichtigen sei, diene das Spruchverfahren in beiden Fällen der Durchsetzbarkeit einer Forderung, so dass der Insolvenzeröffnung Unterbrechungswirkung zukommen müsse.[1260] Dies entspräche dem Regelungsgehalt von § 240 ZPO sowie § 87 InsO und stelle im Übrigen ein sachgerechtes Ergebnis dar, da Insolvenzforderungen danach zunächst im Tabellenverfahren zu behandeln und nur im Bestreitensfall einer gerichtlichen Überprüfung zu unterziehen seien, so dass durch das Spruchverfahren die Masse nicht mit eigenen außergerichtlichen Kosten belastet werde.[1261]

Nach Inkrafttreten des Spruchverfahrensgesetzes ist die Ablehnung der analogen Anwendung von § 240 ZPO und damit einer Verfahrensunterbrechung nicht mehr aufrechtzuerhalten.[1262] Zwar kann die Frage nicht allein mit Blick auf das insolvenzrechtlich als sachgerecht erachtete Ergebnis entschieden werden, und auch die nunmehr durch § 11 SpruchG eröffnete Verfahrensbeendigung durch Vergleich sowie die Annäherung der Verfahrens an die ZPO legen eine analoge Anwendung von § 240 ZPO zwar sehr nahe, stellen für sich genommen aber nur eine notwendige, nicht jedoch auch eine hinreichende Analogievoraussetzung dar.[1263] Entscheidend ist vielmehr zum einen das von *Stürner* vorgetragene Argument des Widerspruches zur Handhabung der Anfechtung von Gesellschafterbeschlüssen mit Massebezug, zum anderen die Unvereinbarkeit der Verfahrensfortführung mit den Zielen des Spruchverfahrensgesetzes. Die Anwendung der allgemeinen Regeln ist verfahrensökonomisch und entspricht den Reformzielen, da das Insolvenzverfahren nicht durch das Spruchverfahren gestört wird, in dem ohnehin angesichts der regelmäßig geringen Quoten kaum mehr realisierbare Kompensationsansprüche Verfahrensgegenstand sind.[1264]

1258 *Stürner* FS Uhlenbruck, 669, 671 ff.; zustimmend *Uhlenbruck* in Uhlenbruck InsO § 85 InsO Rn. 28.

1259 *Stürner* FS Uhlenbruck, 669, 671, 673 f.

1260 *Maliz* EWiR § 59 KO 1/03, 71, 72.

1261 *Maliz* EWiR § 59 KO 1/03, 71, 72.

1262 A. A. ohne nähere Begründung *Klöcker/Frowein* SpruchG § 11 SpruchG Rn. 31.

1263 Vgl. aber *Emmerich* in Emmerich/Habersack KonzernR § 12 SpruchG Rn. 17, der an einer Ablehnung der analogen Anwendung von § 240 ZPO aufgrund der Annäherung des Spruchverfahrens an den Zivilprozess zweifelt.

1264 *Stürner* FS Uhlenbruck, 669, 676.

Eine kostenträchtige, zeitaufwendige und gerichtliche Ressourcen bindende Verfahrensfortführung kann regelmäßig unterbleiben, ohne den Minderheitenschutz zu gefährden. Da das Spruchverfahren nur der verfahrensrechtlichen Absicherung des materiellen Rechts der Anteilsinhaber auf angemessene Kompensation dient, Letzeres aufgrund der Quoten regelmäßig jedoch zumindest erheblich beschränkt, wenn nicht gänzlich gegenstandlos ist, bedarf es regelmäßig auch nicht mehr der unmittelbaren Fortführung des Spruchverfahrens. Ob, wie und durch wen das Spruchverfahren fortgesetzt werden soll und muss, bedarf der Überlegung, so dass durch die Unterbrechung dem Zweck des § 240 ZPO Rechnung getragen wird.

Folge der analogen Anwendung von § 240 ZPO und damit der Unterbrechung des Spruchverfahrens bei Eröffnung des Insolvenzverfahrens ist zunächst, dass die Antragsteller ihre Kompensationsforderungen zur Insolvenztabelle anmelden müssen. Falls der Insolvenzverwalter oder andere Gläubiger der Gesellschaft die Forderungshöhe bestreiten und dem Tabelleneintrag widersprechen, ist das Spruchverfahren gem. § 180 Abs. 2 InsO i. V. m. dem Spruchverfahrensgesetz wieder aufzunehmen. Die insolvenzbeteiligten Antragsteller müssen dann das Spruchverfahren gegen den Insolvenzverwalter bzw. die bestreitenden Gläubiger (§ 179 InsO) als Antragsgegner führen. Der Insolvenzverwalter ist in jedem Fall als Partei kraft Amtes mit der Folge am Verfahren zu beteiligen, dass ihn treffende Verfahrenskosten als Masseschulden gem. § 55 Abs. 1 Nr. 1 InsO einzuordnen sind.[1265] Soweit gegen einzelne Antragsteller nicht noch individuelle, in einem Zivilprozess zu klärende Einwendungen oder Einreden bestehen, kommt einer in diesem Verfahren ergehenden Entscheidung die Wirkung des § 13 SpruchG sowie des § 183 InsO zu. Entsteht dagegen im Insolvenzverfahren kein Streit über die von den Antragstellern angemeldeten Kompensationsforderungen, so bleibt das Verfahren grundsätzlich unterbrochen und erledigt sich durch die Liquidation am Ende des Insolvenzverfahrens, weil auch Gläubiger ohne Insolvenzbeteiligung das Verfahren gegen die aufgelöste Gesellschaft nicht fortsetzen können.[1266]

b. Insolvenz der abhängigen Gesellschaft

Für den Fall, dass über das Vermögen der abhängigen Gesellschaft das Insolvenzverfahren eröffnet wird, wird auch nach Inkrafttreten des Spruchverfahrensgesetzes eine Fortführung des Verfahrens befürwortet und damit eine analoge Anwendung von

---

1265 *Stürner* FS Uhlenbruck, 669, 675, 680 f.; *Behnke* Spruchverfahren S. 127; *Emmerich* in Emmerich/Habersack KonzernR § 12 SpruchG Rn. 17. Unklar ist in diesem Zusammenhang allerdings, ob auch der Vergütungs- und Auslagenersatzanspruch des gemeinsamen Vertreters nach § 6 Abs. 2 SpruchG als Masseschuld, analog § 38 InsO als Insolvenzforderung oder aber gem. § 39 Abs. 1 Nr. 2 InsO als nachrangige Insolvenzforderung einzuordnen ist (siehe dazu eingehend *Stürner* FS Uhlenbruck, 669, 681 f.).

1266 *Stürner* FS Uhlenbruck, 669, 676, mit dem weiteren Hinweis, dass eine – recht unwahrscheinliche – Ausnahme bzw. eine Wiederaufnahme des Verfahrens nur bei Beendigung durch Insolvenzplan (§§ 217 ff. InsO) denkbar ist, die zur Folge hätte, dass eine ungleichmäßige Befriedigung der Antragsteller eintreten könnte.

§ 240 ZPO abgelehnt, da das Vermögen der abhängigen Gesellschaft durch das Spruchverfahren nur am Rande betroffen werden könne.[1267] Dies trifft insoweit zu, als Schuldner der Kompensationsansprüche nur der Antragsgegner und damit die herrschende Gesellschaft ist (§ 5 Nr. 1 SpruchG). Damit besteht im Gegensatz zum Fall der Insolvenz der herrschenden Gesellschaft kein Massebezug. Es handelt sich für die Insolvenzmasse des abhängigen Unternehmens um ein kostenneutrales Verfahren, da es auch für die Vergütung des gemeinsamen Vertreters unzweifelhaft nicht mehr – auch nicht aushilfsweise – haftet.[1268] Für eine Unterbrechung besteht daher kein Bedürfnis, vielmehr bedarf es weiterhin der verfahrensrechtlichen Absicherung des Schutzes der materiellen Kompensationsrechte der Anteilsinhaber durch das Spruchverfahren und keiner Überlegung, ob, wie und durch wen das Verfahren fortgesetzt werden soll oder muss.

2. Spruchverfahren nach § 1 Nrn. 2–5 SpruchG

Nachdem neben der Vergleichsmöglichkeit und der Annäherung an die ZPO der Bezug des Spruchverfahrens zur Insolvenzmasse bzw. dessen Auswirkung auf das laufende Insolvenzverfahren als entscheidendes Kriterium identifiziert wurde, ist auch die Rechtslage bei Insolvenz eines an der Strukturmaßnahme beteiligten Rechtsträgers während eines nach § 1 Nrn. 2–5 SpruchG eingeleiteten Spruchverfahrens eindeutig. In Spruchverfahren nach § 1 Nrn. 2–5 SpruchG führt nur die Eröffnung des Insolvenzverfahrens über das Vermögen der aufnehmenden Gesellschaft (§ 1 Nr. 2 SpruchG), der Hauptgesellschaft (§ 1 Nr. 3 SpruchG), des übernehmenden Rechtsträgers bzw. des neuen Rechtsträgers bzw. des Rechtsträgers neuer Rechtsform (§ 1 Nr. 4 SpruchG) oder der SE bzw. der dem deutschen Recht unterliegenden, eine SE-Gründung anstrebenden Gesellschaft (§ 1 Nr. 5 SpruchG) zur Verfahrensunterbrechung analog § 240 ZPO, da es sich jeweils um den Schuldner der Kompensationsleistung handelt. In allen anderen Fällen ist das Verfahren ohne Unterbrechung fortzuführen, da die Eröffnung des Insolvenzverfahrens für die Insolvenzmasse ohne Bedeutung ist und die materiellen Rechte der Anteilsinhaber nicht aufgrund der Insolvenz geschmälert werden können.

III. Beendigung

Das Verfahren kann durch gerichtliche Entscheidung, gerichtlichen oder außergerichtlichen Vergleich, Antragsrücknahme oder Erledigungserklärung(en) beendet werden.

1267 *Emmerich* in Emmerich/Habersack KonzernR § 12 SpruchG Rn. 17; *Uhlenbruck* in Uhlenbruck InsO § 85 InsO Rn. 28.

1268 Siehe oben Teil 3 C. III. 1. c. bb.

1. Gerichtliche Entscheidung

Das Verfahren kann sowohl in der ersten als auch in der zweiten Instanz durch gerichtliche Entscheidung beendet werden.

a. Erstinstanzliche Entscheidung
Gem. § 11 Abs. 1 SpruchG entscheidet das Gericht durch Beschluss.

aa. Inhalt
In dem Beschluss kann der Antrag als unzulässig oder als zulässig aber unbegründet abgewiesen oder aber als zulässig und begründet anerkannt werden. Eine Herabsetzung der Kompensation kommt nicht in Betracht, weil dieses eine Verschlechterung zulasten der Antragsteller darstellen und damit gegen das im Spruchverfahren geltende Verbot der *reformatio in peius* verstoßen würde.[1269] Allerdings kann gemäß dem Grundsatz *ne ultra petita* keine höhere als die angemessene Kompensation bestimmt werden.[1270] Legt das Gericht eine höhere als die ursprünglich angebotene Kompensation fest, so hat es in der Entscheidung auch über die Zinsen zu befinden.[1271] Einer ausdrücklichen Entscheidung über die gerichtlichen und außergerichtlichen Kosten bedarf es hingegen in dem Beschluss nur dann, wenn diese nach Auffassung des Gerichts abweichend von den in § 15 Abs. 2 S. 1 und Abs. 4 SpruchG festgelegten Grundsätzen zu verteilen sind.[1272]

Das Gericht ist an die von den Beteiligten festgelegte Art der Kompensation gebunden. So kann etwa in Spruchverfahren nach § 1 Nr. 1 SpruchG zur Bestimmung des Ausgleichs (§ 304 AktG) die von den Parteien des Unternehmensvertrages getroffene Wahl zwischen festem und variablem Ausgleich nicht verändert werden, es sei denn, die Parteien haben rechtlich unzulässig einen variablen Ausgleich festgelegt.[1273] Wird ein Spruchverfahren gem. § 1 Nr. 1 SpruchG eingeleitet, weil infolge der Änderung eines Unternehmensvertrages Ausgleich und Abfindung neu hätten fest-

---

1269 Siehe statt aller *Volhard* in MüKo/AktG § 11 SpruchG Rn. 1.

1270 Vgl. *Karldieter Schmidt* in Keidel/Kuntze/Winkler FGG § 12 FGG Rn. 231.

1271 OLG Düsseldorf WM 1998, 2058, 2060 („Guano AG"); *Behnke* Spruchverfahren S. 108; *Bilda* in MüKo/AG § 305 AktG Rn. 101; *Emmerich* in Emmerich/Habersack KonzernR § 11 SpruchG Rn. 2; *Krieger* in Lutter UmwG Anhang I SpruchG § 11 SpruchG Rn. 2; *Volhard* in MüKo/AktG § 11 SpruchG Rn. 3; a. A. *Fritzsche/Dreier/Verfürth* SpruchG § 11 SpruchG Rn. 6; *Vollrath* in Widmann/Mayer UmwG Anh. 13 § 11 SpruchG Rn. 4; differenzierend für Spruchverfahren nach § 1 Nr. 1 SpruchG LG Nürnberg-Fürth AG 2000, 89, 91 („Philips"): Entscheidung nur über Zinsen für die Abfindung, nicht für den Ausgleich; umfassend zur Höhe der Verzinsung *Knoll* BB 2004, 1727 ff.

1272 *Fritzsche/Dreier/Verfürth* SpruchG § 11 SpruchG Rn. 5, § 15 SpruchG Rn. 21, 23; *Vollrath* in Widmann/Mayer UmwG Anh. 13 § 11 SpruchG Rn. 12.

1273 Allgemeine Meinung (siehe statt aller *Krieger* in MüHdb/AG § 70 Rn. 128). Zur Übertragung dieser Auffassung auf die Entscheidung in Spruchverfahren nach § 5 EGAktG zur Bestimmung des Ausgleichs für erloschene oder beseitigte Mehrstimmrechte vgl. *Schulz* NZG 2002, 996, 997, 1005.

gesetzt werden müssen,[1274] ist das Gericht ebenfalls an die gewählte Ausgleichsvariante gebunden.[1275] Insbesondere kann das Gericht auch nicht in Spruchverfahren nach § 1 Nr. 4 SpruchG zur Bestimmung der Zuzahlung gem. § 15 Abs. 1 UmwG das Umtauschverhältnis korrigieren oder die Anteile oder Mitgliedschaften ändern, die die Anteilsinhaber des übertragenden Rechtsträgers bei der Verschmelzung erhalten.[1276] Der einzelne Gesellschafter kann durch die Entscheidung im Spruchverfahren also keineswegs so gestellt werden, wie er stünde, wenn das Umtauschverhältnis von Anfang an angemessen festgelegt worden wäre.[1277] Beantragen die Antragsteller kumulativ in Spruchverfahren sowohl die Festsetzung einer angemessenen Barabfindung als auch die Festsetzung eines Ausgleichs durch bare Zuzahlung, so kann das Gericht die Anteilsinhaber nicht dazu zwingen, sich bereits im Verfahren selbst für eine Form der Kompensation zu entscheiden und ihr Wahlrecht bis zum Ende des Verfahrens auszuüben, da das Gesetz dies nicht ausdrücklich vorsieht und weder Sinn und Zweck des Aktien- oder Umwandlungsgesetzes noch allgemeine Verfahrensgrundsätze dies gebieten.[1278] Zweifelhaft ist der mögliche Inhalt der Entscheidung dagegen in Spruchverfahren wegen eines Delisting. Zwar kann durch ein Spruchverfahren keinesfalls eine Wiederherstellung der Börsennotierung erreicht werden.[1279] Wurde jedoch kein Abfindungsangebot unterbreitet und hält man es für möglich, dass die Abfindung sowohl in eigenen Aktien als auch in einer Barzahlung bestehen kann, könnte das Gericht grundsätzlich zwischen diesen beiden Formen der Abfindung wählen. Daraus, dass der BGH den Abfindungsbetrag als „Kaufpreis“[1280] bezeichnet, lässt sich allerdings schließen, dass ein Umtauschangebot als nicht ausreichend angesehen wird, so dass das Gericht lediglich eine Barabfindung zusprechen kann,[1281] wobei sich daraus wie auch in Umwandlungsfällen Liquiditätsprobleme ergeben können, wenn weder die Gesellschaft noch der Mehrheitsaktionär über ausreichend finanzielle Mittel verfügen.

1274 Zur Zulässigkeit der Einleitung eines Spruchverfahrens in diesen Fällen siehe oben Teil 3 A. I.

1275 Siehe statt aller *Koppensteiner* in KK/AktG § 304 AktG Rn. 115 f.

1276 *Bork* in Lutter UmwG § 15 UmwG Rn. 5; *Gehling* in Semler/Stengel UmwG § 15 UmwG Rn. 25 f.; siehe zu den gravierenden Folgen für die Liquidität des Unternehmens *Phillip* AG 1998, 267 ff.; siehe zu Vorschlägen *de lege ferenda*, die Nachbesserung des Umtauschverhältnisses durch die Gewährung neuer Aktien zu gewähren, *Maier-Reimer* ZHR 164 (2000) 563, 574 ff. sowie *J. Vetter* ZHR 168 (2004) 8, 10 ff. Vor diesem Hintergrund hatte auch der *HaRoA-DAV* SEEG Nr. 35-04 S. 4 im Zuge des SEEG für Spruchverfahren zur Bestimmung der Zuzahlung nach § 1 Nr. 5 SpruchG gefordert, in Abweichung von § 15 UmwG der Gesellschaft im SEAG die Möglichkeit zu eröffnen, statt einer baren Zuzahlung zusätzliche Aktien zu gewähren, um Liquiditätsprobleme zu vermeiden.

1277 Prägnant *Pfeifer* Schutzmechanismen S. 184 Rn. 536: „Der durch das Spruchverfahren zu erzielende Ausgleich trägt damit den Charakter eines rein monetären Schadenersatzes, da die an sich zu gewährende Mitgliedschaft durch eine bloße finanzielle Entschädigung ersetzt wird.“

1278 Siehe oben Teil 3 C. I. 1. a. aa. c. aa.; Teil 3 D. III. 2. a.

1279 OLG Zweibrücken ZIP 2004, 1666, 1668 („Saint-Gobain ISOVER G + H AG“).

1280 BGHZ 153, 47, 58 („Macrotron“).

1281 *Adolff/Tieves* BB 2003, 797, 804; *Emmerich* in Emmerich/Habersack KonzernR § 11 SpruchG Rn. 2; *Schlitt* ZIP 2004, 533, 537.

bb. Begründung und Zustellung

Die Entscheidung ist gem. § 11 Abs. 1 SpruchG zu begründen und den Beteiligten gem. §§ 11 Abs. 3, 17 Abs. 1 SpruchG i. V. m. § 16 Abs. 2 S. 1 FGG von Amts wegen zuzustellen. Über den Umfang der Begründung macht das Gesetz zwar keine Angaben, jedoch ist selbstverständlich, dass Einwendungen der Antragsteller zur Kompensation in tatsächlicher und rechtlicher Hinsicht in der Begründung gewürdigt werden müssen.[1282] Dagegen ist es nicht erforderlich, den zugrunde gelegten Sachverhalt festzustellen, da die Beschwerde gegen die landgerichtliche Entscheidung nicht auf eine Rechtsbeschwerde beschränkt worden ist.[1283] In jedem Fall ist bei der Abfassung jedoch darauf zu achten, dass aus der Begründung keine Rückschlüsse auf verwertete Informationen aus geheimhaltungsbedürftigen Unterlagen gezogen werden können.[1284]

Fraglich ist, wer Beteiligter i. S. v. § 11 Abs. 3 SpruchG ist, wem also die Entscheidung zuzustellen ist. Nach einer Auffassung sollen entgegen der sonstigen Regelungen im Spruchverfahrensgesetz auch andere von der Entscheidung betroffene Rechtsträger „Beteiligte" sein, da es insoweit auf die Beteiligung im materiellen Sinne ankomme, so dass auch ihnen der Beschluss zuzustellen sei.[1285] Für diese Ansicht findet sich jedoch weder im Spruchverfahrensgesetz noch in der Gesetzesbegründung eine Rechtfertigung. Vielmehr ist davon auszugehen, dass der Begriff der „Beteiligten" im Spruchverfahrensgesetz einheitlich auszulegen ist und insoweit nur die formell Beteiligten gemeint sind. Anderenfalls müsste eine Zustellung auch an alle von dem gemeinsamen Vertreter vertretenen Anteilsinhaber erfolgen, da diese ebenfalls materiell am Verfahrensgegenstand beteiligt sind. Da deren Anzahl regelmäßig groß ist, ist dies aber kaum möglich. Als ebenfalls nicht geboten erweist sich die Forderung, in dem erstinstanzlichen Beschluss über das Rechtsmittel zu belehren, „um die Entscheidung in jedem Fall beschwerdefest zu machen".[1286] Denn in den Einzelfällen, in denen eine solche Belehrungspflicht von der Rechtsprechung auch ohne gesetzliche Anordnung bejaht worden ist, betraf die Entscheidung – entgegen der Entscheidung im Spruchverfahren – die Betroffenen in ihrer unmittelbaren Lebenssphäre und nicht in reinen Vermögensangelegenheiten.[1287]

cc. Rechtskraft

Der Zeitpunkt der Rechtskraft der erstinstanzlichen Entscheidung ist im Spruchverfahrensgesetz nicht ausdrücklich geregelt. Mit Blick auf § 12 SpruchG ergibt sich jedoch, dass die Entscheidung jedenfalls rechtskräftig wird, wenn die Frist für die sofortige Beschwerde gem. § 12 SpruchG für sämtliche Beschwerdeberechtigte abläuft, ohne dass Beschwerde eingelegt worden ist oder die Beschwerde durch alle

---

1282 *Vollrath* in Widmann/Mayer UmwG Anh. 13 § 11 SpruchG Rn. 14.

1283 Siehe unten Teil 3 G. III. 1. b. aa. (1).

1284 Vgl. oben Teil 3 E. I. 7. b. cc.

1285 *Hüffer* AktG § 305 AktG Anh. § 11 SpruchG Rn. 7.

1286 So *Klöcker/Frowein* SpruchG § 11 SpruchG Rn. 7.

1287 Vgl. BGHZ 150, 390 ff.; BayObLG FGPrax 2002, 166 (jeweils zu Wohneigentumssachen).

Beschwerdeführer zurückgenommen worden ist. Ferner tritt Rechtskraft nach allgemeinen Grundsätzen dann ein, wenn die Beteiligten umfassend auf Rechtsmittel gegen die Entscheidung verzichtet haben oder die Entscheidung des Landgerichts durch eine Entscheidung des Beschwerdegerichts bestätigt wird. Die Rechtskraft hindert allerdings nicht daran, offenbare Unrichtigkeiten in der Entscheidung gem. § 148 ZPO und § 319 ZPO nachträglich zu berichtigen oder nach § 321 ZPO zu ergänzen.[1288]

b. Beschwerdeentscheidung

Gegen die erstinstanzliche Entscheidung kann Beschwerde gem. § 12 SpruchG eingelegt werden.

aa. Zulässigkeit der Beschwerde

Die Zulässigkeitsvoraussetzungen der Beschwerde ergeben sich aus § 12 SpruchG sowie aus dem FGG. Die Beschwerde kann sowohl bei dem zuständigen Oberlandesgericht gem. § 12 Abs. 2 S. 1 SpruchG als auch gem. § 17 Abs. 1 SpruchG i. V. m. § 21 FGG bei dem Landgericht, das erstinstanzlich zuständig gewesen ist, eingelegt werden. Zuständiges Oberlandesgericht ist im Grundsatz dasjenige, in dessen Landgerichtsbezirk das erstinstanzlich zuständige Gericht liegt.[1289] § 12 Abs. 3 SpruchG eröffnet allerdings den Bundesländern wie auch schon bei der ersten Instanz die Möglichkeit, die Zuständigkeit durch Rechtsverordnung zu konzentrieren, so dass ein Gericht als zuständiges Beschwerdegericht für mehrere Landgerichtsbezirke bestimmt werden kann.[1290] Wie bei der erstinstanzlichen Zuständigkeitskonzentration gilt, dass vor dem Inkrafttreten des Spruchverfahrensgesetzes erlassene Verordnungen nicht fortgelten.[1291]

Im Gegensatz zum Antrag auf Einleitung eines Spruchverfahrens kann die Beschwerde nicht zu Protokoll der Geschäftsstelle eingelegt werden (§ 17 Abs. 1 SpruchG i. V. m. § 21 Abs. 2 FGG). Vielmehr bedarf es gem. § 12 Abs. 1 S. 2 SpruchG der Einlegung durch Schriftsatz, der von einem Rechtsanwalt, der nicht bei dem zuständigen Gericht zugelassen sein muss, unterzeichnet ist.[1292] Abgesehen davon ist

---

[1288] BayObLGZ 1978 209, 212; *Schwarz* in Widmann/Mayer UmwG § 305 UmwG Rn. 17.

[1289] Siehe zur erstinstanzlichen Zuständigkeit oben Teil 3 B.

[1290] Von dieser Möglichkeit ist wie folgt Gebrauch gemacht worden: Nordrhein-Westfalen: OLG Düsseldorf für die Bezirke der Oberlandesgerichte Düsseldorf, Hamm und Köln (GVBl. Nordrhein-Westfalen 2004, 10 f.). In Bayern wurde die bis zum Inkrafttreten des Spruchverfahrensgesetzes geltende Ermächtigungsgrundlage in der Zuständigkeitsverordnung ausgetauscht, so dass weiterhin das BayObLG zuständiges Beschwerdegericht ist (GVBl. Bayern 2003, 837, 939 bzw. GVBl. Bayern 1995, 343, 344). In Hessen besteht kein Bedürfnis für eine entsprechende Regelung, da sich die Zuständigkeit des OLG Frankfurt/M. bereits daraus ergibt, dass das LG Frankfurt/M. für alle Verfahren erstinstanzlich zuständig ist. Rheinland-Pfalz hat seine Verordnung (GVBl. Rheinland-Pfalz 1995, 125), aus der sich die Zuständigkeit des OLG Zweibrücken ergibt, nicht ausgetauscht.

[1291] Siehe oben Teil 3 B. I. 2. b.

[1292] *Hüffer* AktG § 305 AktG Anh. § 12 SpruchG Rn. 5; *Klöcker/Frowein* SpruchG § 12 SpruchG Rn. 3.

aber eine anwaltliche Vertretung im Verfahren nicht erforderlich; § 78 Abs. 1 S. 2 ZPO gilt nicht. Dies ergibt sich im Umkehrschluss aus § 12 Abs. 1 S. 2 SpruchG, im Übrigen daraus, dass für das FGG-Verfahren in § 29 Abs. 1 S. 2 FGG für die weitere Beschwerde ein Anwaltszwang statuiert ist, eine weitere Beschwerde jedoch im Spruchverfahren unstatthaft ist und durch das Vorlageverfahren, § 12 Abs. 2 S. 2 SpruchG i. V. m. § 28 Abs. 2 und Abs. 3 FGG, ersetzt wird.[1293] Die Beschwerdefrist beträgt gem. §§ 11 Abs. 3, 17 Abs. 1 SpruchG i. V. m. § 22 Abs. 1 S. 1 FGG zwei Wochen ab Zustellung des Beschlusses. Sie berechnet sich wie die Antragsfrist gem. § 4 Abs. 1 SpruchG nach § 17 Abs. 1 SpruchG i. V. m. § 17 FGG i. V. m. §§ 186 ff. BGB und wird sowohl durch Einlegung bei dem *iudex ad quem* als auch beim *iudex a quo* gewahrt. Unter Umständen soll bei Fristversäumung Wiedereinsetzung in den vorherigen Stand gem. § 17 Abs. 1 SpruchG i. V. m. § 22 Abs. 2 FGG gewährt werden können.[1294]

(1) Rechts- und Tatsachenbeschwerde

Gem. § 17 Abs. 1 SpruchG i. V. m. § 23 FGG ist die Beschwerde sowohl als Rechts- als auch als Tatsachenbeschwerde statthaft.

Die Regierungskommission *Corporate Governance* hatte angeregt, das gegen die Entscheidung des Landgerichts zulässige Rechtsmittel als reine Rechtsbeschwerde auszugestalten. Nachdem gegen eine solche Einschränkung des Rechtsschutzes Bedenken geltend gemacht wurden und man auch den zur Begründung angeführten Beschleunigungseffekt bezweifelte,[1295] verzichtete schon der Regierungsentwurf auf diese noch im Referentenentwurf vorgesehene Änderung.[1296] Dies ist insoweit verständlich, als dass die Unterscheidung zwischen tatsächlichen und rechtlichen Angriffen im Spruchverfahren schwer zu treffen ist, so dass mit einer Beschränkung auf eine reine Rechtsbeschwerde wohl kaum eine Verfahrensbeschleunigung verbunden gewesen wäre.[1297]

Beschwerdegegenstand können alle Entscheidungen des Gerichts gem. § 11 SpruchG sein, also solche, die den erstinstanzlichen Rechtszug abschließen. Nicht erfasst sind daher während des Verfahrens getroffene Zwischenentscheidungen, etwa zur Antragsberechtigung oder Äußerungen des Gerichts zur Rechtslage.[1298] Hinsichtlich vom Landgericht beschlossener Kostenentscheidungen und deren isolierter Anfechtung im Wege der Beschwerde ist zu differenzieren: Ist nur eine Kostenentscheidung und keine Entscheidung in der Hauptsache ergangen, etwa, weil sich die Hauptsache

---

[1293] Vgl. *Behnke* Spruchverfahren S. 146; *J. Schmidt* Recht der außenstehenden Aktionäre S. 123; *Hüchting* Abfindung und Ausgleich S. 81.

[1294] Dafür *Vollrath* in Widmann/Mayer UmwG Anh. 13 § 12 SpruchG Rn. 6.

[1295] Vgl. *Neye* Spruchverfahrensrecht S. 32.

[1296] Befürwortend *Büchel* NZG 2003, 793, 799; *Emmerich* in Emmerich/Habersack KonzernR 3. Aufl. § 306 AktG Rn. 49 a; *Fritzsche/Dreier/Verfürth* SpruchG § 12 SpruchG Rn. 2; für eine reine Rechtsbeschwerde *v. Kann/Hirschmann* DStR 2003, 1488, 1493.

[1297] Ebenso *Hüffer* AktG § 305 AktG Anh. § 12 SpruchG Rn. 6.

[1298] OLG Stuttgart ZIP 2004, 1907, 1908 („Hypo Real Estate Holding AG"); *Klöcker/Frowein* SpruchG § 12 SpruchG Rn. 3; *Volhard* in MüKo/AktG § 12 SpruchG Rn. 15; *ders.* in Semler/Stengel UmwG § 309 UmwG Rn. 2.

erledigt hat, so ist eine sofortige, sich ausschließlich gegen die Kostenfestsetzung richtende Beschwerde gem. §§ 12 Abs. 1, 17 Abs. 1 SpruchG i. V. m. § 20a Abs. 2 FGG statthaft. Hat das Landgericht in der Hauptsache jedoch eine Entscheidung getroffen, so muss sich der Beschwerdeführer gegen diese insgesamt wenden und kann nicht die Kostenentscheidung isoliert anfechten (§§ 12 Abs. 1, 17 Abs. 1 SpruchG i. V. m. § 20a Abs. 1 S. 1 FGG).

(2) Anwendbares Recht

§ 12 SpruchG ordnet nicht ausdrücklich an, dass die für das erstinstanzliche Verfahren geltenden Regelungen auch im Beschwerdeverfahren Anwendung finden.[1299] Daher wird eine entsprechende Anwendung bezweifelt und erwogen, ergänzend die Regelungen des FGG heranzuziehen.[1300] Gegen die Anwendbarkeit des FGG und damit für die Anwendung der erstinstanzlichen Verfahrensregelungen spricht bereits der eindeutige Wortlaut des § 17 Abs. 2 S. 2 SpruchG, nach dem auf Beschwerden, die vor dem 1. September 2003 eingelegt worden sind, die Vorschriften des SpruchG anzuwenden sind: Dann müssen auf Beschwerden, die sich gegen erstinstanzliche Entscheidungen wenden, die auf der Grundlage des SpruchG ergangen sind, erst recht dessen Regelungen angewendet werden. Dieser Schluss deckt sich auch mit der Gesetzesbegründung, nach der „*die Vorschriften des neuen Rechts jedenfalls auf Beschwerdeverfahren Anwendung finden können, wenn die Entscheidung in der ersten Instanz nach dem Inkrafttreten des Spruchverfahrensneuordnungsgesetzes ergeht*".[1301] Hinzu kommt, dass der Gesetzgeber mit der Regelung des § 12 SpruchG die vorherige Regelung übernehmen wollte,[1302] die vorsah, in der zweiten Instanz dieselben Verfahrens- und Entscheidungsregeln anzuwenden wie in der ersten Instanz.[1303] Es ist daher unzutreffend, wenn teilweise in Rechtsprechung und Literatur davon ausgegangen wird, dass an den Inhalt der Beschwerdeschrift keine bestimmten Anforderungen zu stellen seien und diese lediglich erkennen lassen müsse, dass die landgerichtliche Entscheidung überprüft werden soll.[1304] Vielmehr gilt § 4 Abs. 2 SpruchG entsprechend.[1305] Dem kann nicht entgegengehalten werden, dass der eingeschränkte Amtsermittlungsgrundsatz ohnehin dazu führe, dass das Oberlandesgericht die erstinstanzliche Entscheidung nur auf konkrete Rügen hin überprüfe.[1306] Denn die eingeschränkte Anwendbarkeit des Amtsermittlungsgrundsatzes ist nicht ein abstrakt formulierter, in jeder Hinsicht auf Spruchverfahren nach dem Spruchver-

---

1299 Die fehlende Klarstellung kritisiert *Büchel* AG 2004, 682, 683.

1300 Vgl. *Emmerich* in Emmerich/Habersack KonzernR § 12 SpruchG Rn. 6.

1301 *BReg* SpruchVerfNeuordG BT-Drucks. 15/371 Anlage 3 S. 28 f.

1302 *Begr. RegE* SpruchverfNeuordG BT-Drucks. 15/371 Anlage 1 S. 16.

1303 Vgl. *Koppensteiner* in KK/AktG § 306 AktG Rn. 35.

1304 So OLG Zweibrücken ZIP 2004, 1666 („Saint-Gobain ISOVER G + H AG"); *Gude* AG 2005, 233, 236; *Hüffer* AktG § 305 AktG Anh. § 12 SpruchG Rn. 5; *Krieger* in Lutter UmwG Anhang I SpruchG § 12 SpruchG Rn. 7; *Volhard* in MüKo/AktG § 12 SpruchG Rn. 8; zweifelnd *Büchel* AG 2004, 682, 683.

1305 So auch *Klöcker/Frowein* SpruchG § 12 SpruchG Rn. 8.

1306 So aber *Gude* AG 2005, 233, 236.

fahrensgesetz anwendbarer Grundsatz, sondern ergibt sich gerade erst aus einzelnen Normen wie etwa § 4 Abs. 2 SpruchG. Die entsprechende Anwendung dieser Regelung ist also gerade Voraussetzung der eingeschränkten Prüfpflicht in der Beschwerdeinstanz.

Neben § 4 Abs. 2 SpruchG ist insbesondere auch § 3 SpruchG im Beschwerdeverfahren entsprechend anzuwenden.[1307] Dies führt indessen nicht dazu, dass nur beschwerdeberechtigt ist, wer seine Anteile fortwährend gehalten hat und im Zeitpunkt der Einlegung der Beschwerde bis zum Abschluss des Beschwerdeverfahrens immer noch hält. Da § 265 ZPO im Spruchverfahren analog anzuwenden ist,[1308] enfällt auch die Beschwerdebefugnis nicht mit einer Anteilsübertragung. Vielmehr kann das Beschwerdeverfahren in gesetzlicher Verfahrensstandschaft für den neuen Anteilsinhaber durchgeführt werden; die Entscheidung wirkt für und gegen den Rechtsnachfolger. Analog § 265 Abs. 2 S. 2 ZPO kann der Erwerber mit Einverständnis des Beschwerdegegners die Beschwerde selbst führen.

(3) Beschwerdeberechtigung

Die in § 3 SpruchG genannten Antragsteller und die in § 5 SpruchG genannten Antragsgegner sind ohne weiteres beschwerdeberechtigt, da sie materiell beschwert sein können.[1309] Mangels jedweder Beteiligung am Verfahrensgegenstand ist in Spruchverfahren nach § 1 Nr. 1 SpruchG die abhängige Gesellschaft nicht beschwerdeberechtigt.[1310]

Fraglich ist allerdings die Beschwerdeberechtigung des gemeinsamen Vertreters. Nachdem diese lange umstritten war, entschied das BayObLG in Abkehr von seiner eigenen Rechtsprechung vor dem Hintergrund der Reform des Umwandlungsgesetzes, dass dem gemeinsamen Vertreter als „Quasi-Antragsteller“ das Beschwerderecht nicht mehr unter Berufung auf § 20 Abs. 2 FGG versagt werden könne.[1311] Zur Begründung wurde die Neuregelung in § 308 Abs. 3 S. 1 UmwG a. F. angeführt, nach der der gemeinsame Vertreter das Verfahren auch nach Rücknahme der Anträge fortführen konnte. Nach Inkrafttreten des Spruchverfahrensgesetzes, durch das die Regelung aus § 308 Abs. 3 S. 1 UmwG a. F. in § 6 Abs. 3 S. 1 SpruchG übernommen wurde, wird indes weiterhin vertreten, dass der gemeinsame Vertreter nur dann selbstständig beschwerdeberechtigt sei, wenn die Antragsteller ihre Anträge zurückgenommen haben und der gemeinsamen Vertreter das Verfahren gem. § 6 Abs. 3

1307 Ebenso *Büchel* NZG 2003, 793, 800; *Klöcker/Frowein* SpruchG § 12 SpruchG Rn. 6; siehe auch *Gude* AG 2005, 233, 234.

1308 Siehe oben Teil 3 C. I. 4.

1309 Allerdings ist der Antragsgegner nicht materiell beschwert und damit auch nicht beschwerdeberechtigt, wenn alle Anträge abgewiesen worden sind.

1310 A. A. ohne nähere Begründung *Hüffer* AktG § 305 AktG Anh. § 12 SpruchG Rn. 2.

1311 BayObLG ZIP 2003, 253, 254 („Hypo-Vereinsbank“) unter Aufgabe seiner bis dahin geltenden Rechtsprechung (vgl. BayObLG AG 1991, 356) und entgegen OLG Hamburg AG 1980, 163 („Hamburger Verkehrsbetriebe“); OLG Celle AG 1979, 230, 231 („Ilseder Hütte/Salzgitter AG“); KG OLGZ 1974, 430 ff.

SpruchG fortgeführt hat, nicht jedoch, wenn sie nach der erstinstanzlichen Entscheidung auf Einlegung der Beschwerde verzichteten.[1312] Begründet wird dies im Wesentlichen damit, dass die von dem gemeinsamen Vertreter repräsentierten Anteilsinhaber mit ihnen missfallenden verfahrensbestimmenden Maßnahmen der Antragsteller rechnen müssten und es ihnen frei stehe, sich unmittelbar am Verfahren zu beteiligen und dadurch originär beschwerdebefugt zu sein.[1313] Demgegenüber soll nach anderer Auffassung der gemeinsame Vertreter auch dann beschwerdeberechtigt sein, wenn er das erstinstanzliche Verfahren nicht nach § 6 Abs. 3 SpruchG fortgeführt hat, also nicht alle Anträge zurückgenommen worden sind.[1314]

Dass ein gemeinsamer Vertreter jedenfalls nicht bei der Abweisung der Anträge als unzulässig beschwerdeberechtigt ist, ergibt sich ohne weiteres daraus, dass ein zulässiger Verfahrensantrag Voraussetzung seiner Bestellung ist.[1315] In der Konsequenz führt die zweite Auffassung daher nicht zu einer Differenzierung, sondern dazu, dem gemeinsamen Vertreter stets die Beschwerdeberechtigung zuzuerkennen.[1316] Zur Begründung wird zunächst § 11 Abs. 3 SpruchG angeführt und behauptet, die Entscheidung sei dem gemeinsamen Vertreter nur deshalb zuzustellen, um die Beschwerdefrist auch ihm gegenüber in Gang zu setzen, da er Kenntnis von der Entscheidung aufgrund der Bekanntmachung gem. § 14 SpruchG erhalte.[1317] Denkbar sind indes auch andere Gründe für die Zustellung. Zum einen könnte es dem Gesetzgeber darum gehen, alle Verfahrensbeteiligten gleich zu behandeln, denn es wäre mit der Verfahrensstellung des gemeinsamen Vertreters unvereinbar, diesen am Ende des Verfahrens nicht unmittelbar durch das Gericht über den Ausgang zu informieren. Vor allem aber ist der gemeinsame Vertreter zwingend an einem Vergleichsschluss gem. § 11 Abs. 2 oder Abs. 4 SpruchG zu beteiligen, so dass die Zustellung auch allein dazu dienen kann, ihm die Überprüfung der Richtigkeit oder aber die Vollstreckung aus dem Beschluss zu ermöglichen. Der Verweis auf § 11 Abs. 3 SpruchG ist daher unergiebig.

Ferner wird behauptet, die von dem gemeinsamen Vertreter repräsentierten Antragsteller seien im Falle einer für sie negativ ausfallenden Entscheidung genauso schutz-

---

[1312] *Hüffer* AktG § 305 AktG Anh. § 12 SpruchG Rn. 3; *v. Kann/Hirschmann* DStR 2003, 1488, 1493; wohl auch *Fuhrmann/Linnerz* Konzern 2004, 265, 272.

[1313] *v. Kann/Hirschmann* DStR 2003, 1488, 1493.

[1314] *Emmerich* in Emmerich/Habersack KonzernR § 12 SpruchG Rn. 6; *Fritzsche/Dreier/Verfürth* SpruchG § 12 SpruchG Rn. 7; *Klöcker/Frowein* SpruchG § 12 SpruchG Rn. 6; *Krieger* in Lutter UmwG Anhang I SpruchG § 12 SpruchG Rn. 5; *Volhard* in MüKo/AktG § 12 SpruchG Rn. 6; *Vollrath* in Widmann/Mayer UmwG Anh. 13 § 6 SpruchG Rn. 41, § 12 SpruchG Rn. 9; *Wasmann/Mielke* WM 2005, 822, 824; wohl auch *Koppensteiner* in KK/AktG Anh. § 327 f AktG Rn. 49.

[1315] Dies übersieht *Gude* AG 2005, 233, 234, wenn er dem gemeinsamen Vertreter auch in den Fällen ein Beschwerderecht zuerkennen will, in denen die Anträge als unzulässig abgewiesen worden sind (siehe oben Teil 3 C. III. 1. a. cc. [2]).

[1316] So *Wasmann/Mielke* WM 2005, 822, 824 („umfassende Beschwerdebefugnis“).

[1317] So bereits zur Rechtslage vor Inkrafttreten des Spruchverfahrensgesetzes und den dort entsprechend vorhandenen Regelungen zur Zustellung und Bekanntmachung *Behnke* Spruchverfahren S. 148; *Koppensteiner* in KK/AktG § 306 AktG Rn. 36; *J. Schmidt* Recht der außenstehenden Aktionäre S. 124; dieses Argument nach Inkrafttreten des Spruchverfahrensgesetzes wiederholend *Fritzsche/Dreier/Verfürth* SpruchG § 12 SpruchG Rn. 7.

bedürftig wie im Falle der Antragsrücknahme. Wenn der gemeinsame Vertreter im letzteren Fall das Verfahren gem. § 6 Abs. 3 SpruchG fortführen könne, müsse er auch beschwerdeberechtigt sein.[1318] Diese Behauptung ist indes unzutreffend. Denn eine Fortführung gem. § 6 Abs. 3 SpruchG bei Antragsrücknahme setzt ein laufendes Verfahren voraus, während die Einlegung der Beschwerde bedingt, dass das erstinstanzliche Verfahren beendet ist. Der Zweck des § 6 Abs. 3 SpruchG besteht nicht darin, den von dem gemeinsamen Vertreter repräsentierten Antragstellern eine zweite Instanz zu eröffnen, sondern sie sollen überhaupt eine Entscheidung in der Sache erzwingen können. § 6 Abs. 3 SpruchG spricht somit vielmehr gerade gegen eine Beschwerdeberechtigung des gemeinsamen Vertreters. Denn § 6 Abs. 3 S. 2 SpruchG stellt den gemeinsamen Vertreter dann – und nur dann – einem Antragsteller gleich, wenn die Antragsteller ihre Anträge zurückgenommen haben. Verzichten die Antragsteller aber lediglich auf die Anrufung der zweiten Instanz und hält man den gemeinsamen Vertreter für selbstständig beschwerdeberechtigt, so tritt er, da ein Spruchverfahren ohne Antragsteller oder diesen gleichgestellten Beteiligten nicht denkbar ist, mangels anderer Antragsteller bzw. Beschwerdeführer in der zweiten Instanz wie ein Antragsteller auf. Das widerspricht aber gerade § 6 Abs. 3 S. 2 SpruchG, der dies nur bei Antragsrücknahme gestattet.[1319] Der gemeinsame Vertreter ist daher nicht selbstständig beschwerdeberechtigt und das Verfahren endgültig beendet, wenn er das Verfahren in der ersten Instanz nicht gem. § 6 Abs. 3 SpruchG fortgeführt hat bzw. kein Antragsteller nach der erstinstanzlichen Entscheidung Beschwerde einlegt. Sofern auch das „Auskaufen“ zwischen den Instanzen verhindert werden soll, bedarf es dazu einer ausdrücklichen gesetzlichen Regelung bzw. der Statuierung eines eigenständigen Beschwerderechts des gemeinsamen Vertreters.

Es können im Übrigen auch unselbstständige Anschlussbeschwerden eingelegt werden, was insbesondere für die Antragsteller Bedeutung haben kann. Zwar ergibt sich die Möglichkeit einer solchen Beschwerde nicht unmittelbar aus dem Spruchverfahrensgesetz. Bereits vor der Reform war ein solches Rechtsmittel jedoch anerkannt;[1320] nach der Annäherung des Verfahrens an den Zivilprozess muss dies erst recht gelten.[1321] Werden allerdings die sofortigen Beschwerden zurückgenommen, werden analog § 567 Abs. 3 S. 2 ZPO auch die Anschlussbeschwerden gegenstandslos; insbesondere können sich die Antragsteller oder der gemeinsame Vertreter grundsätzlich nicht auf die Rechtsmissbräuchlichkeit der Beschwerderücknahme durch den Antragsgegner berufen.[1322]

1318 So *Fritzsche/Dreier/Verfürth* SpruchG § 12 SpruchG Rn. 7, die Auffassung von *Behnke* Spruchverfahren S. 149 übernehmen.

1319 *Hüffer* AktG § 305 AktG Anh. § 12 SpruchG Rn. 4.

1320 Siehe etwa BayObLG AG 2001, 592, 593 („Philips“); OLG Zweibrücken ZIP 2004, 559 ff. („Reginaris“).

1321 Die Möglichkeit von Anschlussbeschwerden setzen etwa auch *Bungert/Mennicke* BB 2003, 2021, 2022 und *Klöcker/Frowein* SpruchG § 17 SpruchG Rn. 25 implizit als selbstverständlich voraus.

1322 Vgl. BayObLG AG 2001, 592, 593 („Philips“).

bb. Begründetheit der Beschwerde

Über die Beschwerde entscheidet das zuständige Oberlandesgericht durch Beschluss.

(1) Neufestsetzung der Kompensation

Grundsätzlich trifft das Beschwerdegericht eine Entscheidung in der Sache und weist die Beschwerde als unzulässig oder unbegründet zurück oder legt die Kompensation neu fest. Eine Sachentscheidung kann nur dann unterbleiben und das Verfahren an das Landgericht zurückverwiesen werden, wenn Verfahrensmängel so schwerwiegend oder die erstinstanzliche Sachverhaltsaufklärung so unzureichend war, dass die Sachentscheidung des Beschwerdegerichts dem Verlust einer Instanz gleichkäme.[1323]

Die Neufestsetzung der erstinstanzlich zugesprochenen Kompensation kann ebenso wenig zum Nachteil der Beschwerdeführers erfolgen wie auch durch die erstinstanzlichen Entscheidung die Kompensation nicht zum Nachteil des Antragstellers verändert werden darf. Das Verbot der *reformatio in peius* gilt auch hier, es sei denn, dass auch die Gegenseite sofortige Beschwerde bzw. Anschlussbeschwerde eingelegt hat oder das Oberlandesgericht die Sache an das Gericht erster Instanz zurückverweist.[1324] Entgegen der erstinstanzlichen Entscheidung ist die Beschwerdeentscheidung nicht zu begründen. Eine Begründungspflicht ergibt sich auch nicht aus § 17 Abs. 1 SpruchG i. V. m. § 25 FGG. Denn § 25 FGG ist selbst eine Ausnahmebestimmung, die sich nur im Hinblick auf die mögliche weitere Beschwerde (§ 27 FGG) rechtfertigt, bei der lediglich die Verletzung des Rechts geprüft wird, was ohne eine Begründung der Beschwerdeentscheidung, aus welcher sich der tatsächliche Sachverhalt ergibt, nicht möglich ist.[1325] Da das Spruchverfahren aber mit der Entscheidung des Beschwerdegerichts beendet ist und eine weitere Beschwerde nicht vorgesehen ist, entfällt auch die Begründungspflicht für diese Entscheidung.[1326]

(2) Divergenzvorlage

Beabsichtigt das zuständige Beschwerdegericht, in einer Rechtsfrage von der Entscheidung eines anderen Gerichts zweiter Instanz oder des BGH abzuweichen, so ist diese Frage gem. § 12 Abs. 2 S. 2 SpruchG i. V. m. § 28 Abs. 2 FGG dem BGH zur Entscheidung vorzulegen.[1327] Wenn die Vorlage zulässig ist, entscheidet der BGH

1323 *Emmerich* in Emmerich/Habersack KonzernR § 12 SpruchG Rn. 8; *Krieger* in Lutter UmwG Anhang I SpruchG § 12 SpruchG Rn. 10; *Meister/Klöcker* in Kallmeyer UmwG § 309 UmwG Rn. 15; *Volhard* in Semler/Stengel UmwG § 309 UmwG Rn. 8.

1324 *Emmerich* in Emmerich/Habersack KonzernR § 12 SpruchG Rn. 8; *Volhard* in Semler/Stengel UmwG § 309 UmwG Rn. 9.

1325 A. A. *Krieger* in Lutter UmwG Anhang I SpruchG § 12 SpruchG Rn. 10 sowie *Vollrath* in Widmann/Mayer UmwG Anh. 13 § 12 SpruchG Rn. 21.

1326 *Schwarz* in Widmann/Mayer UmwG § 307 UmwG Rn. 2 weist darauf hin, dass gleichwohl soweit ersichtlich alle Beschwerdegerichte ihre Entscheidung mit Gründen versehen würden, wodurch die Einheitlichkeit der Rechtsprechung gefördert werde.

1327 Der Verweis auf § 28 Abs. 2 und Abs. 3 FGG ist notwendig, weil nach dieser Bestimmung nur das Gericht der weiteren Beschwerde zur Vorlage an den BGH verpflichtet ist, eine solche aber im Spruchverfahrensgesetz nicht vorgesehen ist.

gem. § 12 Abs. 2 S. 2 SpruchG i. V. m. § 28 Abs. 3 FGG abschließend über die Beschwerde auch in der Sache und nicht nur über die vorgelegte Rechtsfrage. Das gilt ausnahmsweise nur dann nicht, wenn das vorlegende Oberlandesgericht zu einer Entscheidungsfindung noch weitere Tatsachen ermitteln muss oder die Rechtsfrage nur die Zulässigkeit eines Antrags betrifft. In diesem Fall kann der BGH seine Entscheidung auf diese Frage beschränken und die Sachentscheidung der zweiten Instanz vorbehalten.[1328] Wenn die in dieser Instanz festgestellten Tatsachen nicht ausreichen, kann er allerdings auch die Zurückverweisung an das zuständige Landgericht beschließen, gegen dessen Entscheidung dann wiederum die sofortige Beschwerde gem. § 12 SpruchG statthaft ist.[1329]

Vorlagefähig sind nur Rechtsfragen, die bei der Auslegung der maßgebenden Vorschriften für die Angemessenheit der Kompensation bereits anderweitig entschieden worden sind.[1330] Die praktischen Erfahrungen zeigen allerdings, dass es selten zu Divergenzvorlagen kommt,[1331] obwohl die Rechtsprechung der Oberlandesgerichte teilweise erheblich voneinander abweicht.[1332] Der bloße, nicht näher substantiierte Verweis darauf, dass die Rechtsfrage in anderen obergerichtlichen Entscheidungen nicht tragend gewesen sei, erscheint dabei als willkommener Ausweg, um der Vorlagepflicht zu entgehen.[1333] Jüngst hat das OLG Karlsruhe allerdings dem BGH eine Rechtsfrage zur Entscheidung vorgelegt, die allerdings noch die Rechtslage vor Inkrafttreten des Spruchverfahrensgesetz betrifft.[1334]

(3) Rechtskraft

Die weitere Beschwerde ist gem. § 12 Abs. 2 S. 3 SpruchG ausdrücklich ausgeschlossen; § 27 FGG ist demnach nicht anwendbar.[1335] Die Entscheidung des Beschwerdegerichts erwächst daher in Rechtskraft, und zwar gem. § 17 Abs. 1 SpruchG i. V. m. § 26 FGG bereits mit Verkündung der Entscheidungsformel in mündlicher Verhandlung oder aber mit ihrem „Erlass“, d. h. wenn sie mit Willen des Gerichts dessen Geschäftsbereich verlassen hat, was der Fall ist, sobald der Urkundsbeamte der Geschäftsstelle die Entscheidung zur Zustellung gegeben hat,[1336] und damit im Gegensatz zu der erstinstanzlichen Entscheidung nicht erst mit ihrer Bekanntma-

---

1328 BGH NJW 1990, 3081.

1329 OLG Düsseldorf AG 2003, 507, 508 („DAT/Altana V“) m. w. N.

1330 *Vollrath* in Widmann/Mayer UmwG Anh. 13 § 12 SpruchG Rn. 26.

1331 Siehe *W. Meilicke* AG 1995, 181, 182 f.; *Koppensteiner* in KK/AktG § 306 AktG Rn. 35.

1332 Kritisch zu diesem Umstand *Hecker/Wenger* ZBB 1995, 321, 325: „Ein Gericht, das sich von der Überprüfung durch eine höhere Instanz freistellen will, wird immer einen Gesichtspunkt finden, unter dem eine zur Entscheidung anstehende Streitsache von einem bereits anderweitigen Präzedenzfall abweicht.“

1333 Exemplarisch aus der jüngsten Rechtsprechung BayObLG ZIP 2005, 205, 208 („Macrotron“).

1334 OLG Karlsruhe ZIP 2004, 2205, 2206 f. („Badenia AG/AMB Generali Holding AG“) (Wahrung der Antragsfrist durch Einlegung des Antrags bei unzuständigem Gericht – zur Rechtslage nach dem SpruchG siehe oben Teil 3 D. II. 3.).

1335 BGH AG 2004, 610.

1336 *Karldieter Schmidt* in Keidel/Kuntze/Winkler FGG § 18 FGG Rn. 13.

chung.[1337] Bis zur Entscheidung kann die Beschwerde noch zurückgenommen werden. Erklären alle Beschwerdeführer die Rücknahme, erwächst die Entscheidung der ersten Instanz in Rechtskraft, und das Gericht trifft nur noch eine Kostenentscheidung.[1338]

c. Wirkung

Gem. § 13 S. 2 SpruchG wirkt die rechtskräftige Entscheidung im Spruchverfahren für und gegen alle, einschließlich derjenigen Anteilsinhaber, die bereits gegen die ursprünglich angebotene Barabfindung oder sonstige Abfindung aus dem betroffenen Rechtsträger ausgeschieden sind.[1339] Geregelt wird damit die *Inter-omnes*-Wirkung der rechtskräftigen Entscheidung und somit ein wesentliches Merkmal des Spruchverfahrens, da ein Urteil im Zivilprozess lediglich *inter partes* wirkt.

Mit der *Inter-omnes*-Wirkung wird zum einen die Gleichbehandlung der Anteilsinhaber, zum anderen eine wesentliche Beschränkung der Zahl der Antragsteller und damit der Kosten bewirkt.[1340] Insoweit entspricht das Spruchverfahren zumindest in seiner Wirkung der dem deutschen Recht ansonsten fremden Sammelklage (*class action*).[1341] Gebunden werden durch diese Wirkung neben den kompensationsberechtigten Anteilsinhabern alle Organe der beteiligten Rechtsträger sowie Behörden und Gerichte.[1342] Wie sich aus § 13 S. 2 SpruchG („... *einschließlich derjenigen Anteilsinhaber* ...“) ergibt, erstreckt sich die *Inter-omnes*-Wirkung auch auf die Anteilsinhaber, die bereits gegen die ursprünglich angebotene Barabfindung oder sonstige Abfindung aus dem betroffenen Rechtsträger ausgeschieden sind. Damit wird ausdrücklich der sog. Abfindungsergänzungsanspruch gesetzlich geregelt, der zwar auch

---

1337 Streitig ist, ob in seltenen Ausnahmefällen greifbarer Gesetzeswidrigkeit der Entscheidung bzw. deren gänzlicher Unvereinbarkeit mit der geltenden Rechtsordnung eine außerordentliche Beschwerde eingelegt werden kann. Während *Emmerich* in Emmerich/Habersack KonzernR § 12 SpruchG Rn. 3 mit Verweis auf den durch das Zivilprozessreformgesetz vom 27. 7. 2001 (BGBl. I S. 1887) eingeführten § 574 ZPO, dessen Voraussetzungen in den hier in Betracht kommenden Fällen nicht vorlägen, die Möglichkeit einer außerordentlichen Beschwerde verneint, halten *Volhard* in MüKo/AktG § 12 SpruchG Rn. 13 und *Vollrath* in Widmann/Mayer UmwG Anh. 13 § 12 SpruchG Rn. 34, eine solche weiterhin für möglich. Der BGH hat die Frage für das Spruchverfahren bisher ausdrücklich offen gelassen (vgl. BGH AG 2004, 610). Denkbar ist jedenfalls eine Korrektur innerhalb der Instanz entsprechend § 321 a ZPO (vgl. BGHZ 150, 133).

1338 *Hüffer* AktG § 99 AktG Rn. 4; *Krieger* in Lutter UmwG § 307 UmwG Rn. 4; *Meister/Klöcker* in Kallmeyer UmwG § 309 UmwG Rn. 13.

1339 Für Spruchverfahren nach § 1 Nr. 5 SpruchG besteht insoweit eine ergänzende Regelung, als dass Art. 25 Abs. 3 S. 4 SE-VO zur Vermeidung denkbarer Konflikte der Rechtsordnungen ausdrücklich anordnet, dass die Entscheidung in einem Gerichtsverfahren über das Umtauschverhältnis oder die Barabfindung für die übernehmende Gesellschaft bindend ist. Nach *Fritzsche/Dreier/Verfürth* SpruchG § 1 SpruchG Rn. 177 Fn. 346 soll dies auch dann gelten, wenn das Rechtssystem der Aktionäre des aufnehmenden im Unterschied zu dem des übertragenden Rechtsträgers ein entsprechendes Verfahren kennen, da Art. 25 Abs. 3 SE-VO dies offensichtlich nicht berücksichtigt habe.

1340 *Wiesen* ZGR 1990, 503, 505.

1341 *Pfeifer* Schutzmechanismen S. 187 Rn. 542.

1342 Vgl. *Zimmermann* in Keidel/Kuntze/Winkler FGG § 31 FGG Rn. 22 b m. w. N.

vor Inkrafttreten des Spruchverfahrensgesetzes von der ganz überwiegenden Auffassung anerkannt, allerdings nicht ausdrücklich normiert war. Er erklärt sich vor dem Hintergrund, dass die Annahme der angebotenen Abfindung im Gegensatz zur Annahme eines ggf. angebotenen Ausgleichs zum Ausscheiden und damit zum Verlust der Antragsberechtigung im Spruchverfahren führt, obwohl die Höhe der Abfindung Gegenstand des Spruchverfahrens war. Daraus folgt zugleich, dass nur demjenigen ein Abfindungsergänzungsanspruch zusteht, der im Gegenzug für die Annahme des Abfindungsangebots ausgeschieden ist, das im Spruchverfahren nachgebessert worden ist. Wer dagegen schon früher ausgeschieden ist, kann nicht mehr davon profitieren, dass später erneut eine kompensationspflichtige Maßnahme ergriffen wird.[1343]

Nach der obergerichtlichen Rechtsprechung ist auch die Verzinsung des Abfindungsergänzungsanspruchs Teil der angemessenen Abfindung.[1344]

Neben den Anteilsinhabern, deren Anteilen ein Abfindungsanspruch anhaftet, können in Ausnahmefällen auch Inhaber von Anteilen von der *Inter-omnes*-Wirkung im Spruchverfahren erfasst werden, denen ursprünglich kein Abfindungsanspruch zustand. Dabei handelt es sich um Fälle, in denen abfindungsberechtigte und nicht abfindungsberechtigte Anteile auf dem Kapitalmarkt gehandelt werden, die sich nicht voneinander unterscheiden lassen.[1345] Zu einer solchen „Vermischung und Vermengung" kann es in Spruchverfahren nach § 1 Nr. 1 SpruchG zugrunde liegenden Sachverhalten kommen, wenn das ehemals herrschende Unternehmen nach Beendigung des Unternehmensvertrages, aber vor Abschluss des Spruchverfahrens ihm gehörende Anteile an der ehemals beherrschten Gesellschaft – die mangels Stellung der herrschenden Gesellschaft als außenstehender Aktionär im Zeitpunkt des Vertragsschlusses keinen Abfindungsanspruch vermitteln – in den Verkehr bringt, ohne diese durch Ausstattungsmerkmale, insbesondere durch unterschiedliche Wertpapier-Kenn-Nummern (WKN) bzw. eine gesonderten *International Securities Identification Number* (ISIN), zu kennzeichnen.[1346] Ferner ist eine parallele Existenz von nicht unterscheidbaren Anteilen mit und ohne Abfindungsberechtigung insbesondere dann denkbar, wenn während eines nach § 1 Nr. 1 SpruchG eingeleiteten laufenden Spruch-

1343 *Hüffer* AktG § 305 AktG Anh. § 13 SpruchG Rn. 4; *Klöcker/Frowein* SpruchG § 13 SpruchG Rn. 4; *Krieger* in Lutter UmwG Anhang I SpruchG § 13 SpruchG Rn. 4; *Volhard* in MüKo/AktG § 13 SpruchG Rn. 5. Da der Abfindungsergänzungsanspruch kein Spezifikum der nach § 1 Nrn. 1–5 SpruchG, § 5 Abs. 5 EGAktG einleitbaren Spruchverfahren ist, sondern Folge der Gleichbehandlung aller Anteilsinhaber, die von einer Abfindungsansprüche auslösenden Strukturmaßnahme betroffen sind, steht ein solcher analog § 13 S. 2 SpruchG auch jenen zu, die anlässlich eines Delisting gegen Annahme der Abfindung ausgeschieden sind (i. E. ebenso *Heidel*, DB 2003 548, 550; *Schlitt* ZIP 2004, 533, 540).

1344 So etwa BayObLG WM 1995, 1580; OLG Düsseldorf AG 1990, 397; OLG Karlsruhe ZIP 2004, 2330, 2333 („SEN AG").

1345 Siehe *Hirte*, FS Hadding, 427 ff.

1346 *Hirte* FS Hadding, 427 ff. Am 22. 4. 2003 ist die Wertpapier-Kenn-Nummer (WKN) durch die International Securities Identification Number (ISIN) als primärem Wertpapiercode in Deutschland abgelöst worden (Presse-Information des WM Datenservice Nr. 02/03 vom 5. 2. 2003).

verfahrens die beherrschte in die herrschende Gesellschaft gem. § 320 AktG eingegliedert wird. Geht man davon aus, dass die im Zuge der Eingliederung ausgegebenen Aktien der Hauptgesellschaft weiterhin den unternehmensvertraglichen Abfindungsanspruch verbriefen und werden diese nicht gesondert gekennzeichnet, so lassen sich diese nicht von den übrigen, nicht abfindungsberechtigten Aktien der Hauptgesellschaft unterscheiden.[1347]

Hirte hält bei fehlender Unterscheidbarkeit § 44 Abs. 1 BörsG für analog anwendbar. Die Anwendung dieser Norm führt zu einer sachlichen Anspruchsausweitung. Dementsprechend sieht *Hirte* alle Inhaber von am Markt gehandelten Aktien des beherrschten Unternehmens – dies müsste entsprechend für die Aktien der Hauptgesellschaft gelten –, soweit sie nicht dem herrschenden Unternehmen oder einem mit diesem verbundenen Unternehmen zuzuordnen sind, als abfindungsberechtigt an. Das deutsche Konzernrecht enthalte keine Regelung für ein Nebeneinander von nicht unterscheidbaren abfindungsberechtigten und nicht abfindungsberechtigten Anteilen, und diese Situation sei mit den § 44 Abs. 1 BörsG zugrunde liegenden Sachverhalten vergleichbar, denn auch dort existierten Aktien auf dem Kapitalmarkt, die in unterschiedlichem Umfang Rechte gewährten.[1348]

Dass das deutsche Konzernrecht die vorliegenden Fälle nicht regelt und der Gesetzgeber die vorliegenden Fälle auch nicht bedacht hat, ist unzweifelhaft. Daher liegt eine Regelungslücke vor, die auch planwidrig ist, da andere Rechtsinstrumente die Problematik nicht zu lösen vermögen.[1349] Zwar erscheint für sich genommen die Gewährung unterschiedlicher Rechte noch nicht als hinreichender Grund für eine vergleichbare Interessenlage als Voraussetzung der analogen Anwendung. Für jene spricht aber zusätzlich der § 44 BörsG zugrunde liegende Zweck, Investoren zu schützen und die Informationseffizienz zu sichern, um zur Funktionsfähigkeit der Kapitalmärkte beizutragen.[1350] Diesem Zweck würde es zuwiderlaufen, wenn bei Erwerb von Aktien über den damit gleichzeitig verbundenen Erwerb eines Abfindungsanspruchs keine Klarheit

---

1347 Vgl. *Aubel/Weber* WM 2004, 857, 858 ff.

1348 *Hirte* FS Hadding, 427, 434, 437 ff. (zur Veräußerung von Aktien des beherrschten Unternehmens durch das herrschende Unternehmen nach Beendigung des Unternehmensvertrages während eines laufenden Spruchverfahrens).

1349 *Hirte* FS Hadding, 427, 436 erwägt zum einen, ob es dem herrschenden Unternehmen nicht bereits verboten ist, die nicht unterscheidbaren Anteile in den Verkehr zu bringen, zum anderen erörtert er, ob das herrschende Unternehmen nicht eine Aufklärungspflicht gegenüber den individuellen Erwerbern der nicht abfindungsberechtigten Anteile trifft. Ein Verbot kommt neben dem von *Hirte* ins Feld geführten Argument der uneingeschränkten Verkehrsfähigkeit der Anteile jedenfalls bezüglich der Aktien der Hauptgesellschaft nicht in Betracht, weil diese sich bereits im Verkehr befinden. Die Annahme einer Aufklärungspflicht über die fehlende Abfindungsberechtigung führt ebenfalls nicht weiter, zum einen, da der Markt nicht wissen kann, welche Aktien abfindungsberechtigt sind, so dass eine separate Preisbildung für diese Anteile nicht möglich ist, zum anderen, weil den Inhaber von Anteilen der Hauptgesellschaft in keinem Fall eine Pflicht treffen kann, bei Veräußerung seiner Anteile den Erwerber über die fehlende Abfindungsberechtigung hinzuweisen (im Regelfall wird ihm ja nicht einmal bekannt sein, dass neben seinen, nicht abfindungsberechtigten Aktien nicht unterscheidbare abfindungsberechtigte Aktien existieren).

1350 *Schwark* in Schwark KapitalmarktR §§ 44, 45 BörsG Rn. 1.

besteht. Der Anleger wäre über einen für seine Anlageentscheidung unter Umständen zumindest mitentscheidenden Umstand nicht informiert, und die ordnungsgemäße Preisbildung auf dem Kapitalmarkt bezüglich der betreffenden Aktien wäre in Frage gestellt. Daher ist es richtig, § 44 Abs. 1 BörsG analog anzuwenden, so dass bei der Existenz zwischen nicht unterscheidbaren abfindungsberechtigten und nicht abfindungsberechtigten Aktien auf dem Kapitalmarkt alle Aktionäre – mit Ausnahme der ehemals herrschenden Gesellschaft und der mit ihr verbundenen Unternehmen – von der Wirkung der Entscheidung im Spruchverfahren erfasst werden und ihnen ein Abfindungsanspruch zusteht. Daher müssen sie zum Beweis der Anspruchsberechtigung lediglich nachweisen, dass sie Inhaber der (vermischten) Anteile sind. Konsequenterweise ist allerdings auch der Haftungsausschluss gem. § 45 BörsG analog anzuwenden. Zwar wird sich der die nicht abfindungsberechtigten Anteile in den Verkehr bringende Rechtsträger nicht analog § 45 Abs. 1 BörsG exkulpieren können, da er positive Kenntnis von der fehlenden Unterscheidbarkeit dieser Anteile von den sich bereits im Verkehr befindlichen abfindungsberechtigten Anteilen hat. Jedoch kann der Erwerber der nicht abfindungsberechtigten Anteile diese durchaus in Kenntnis von deren zweifelhafter Abfindungsberechtigung erwerben oder aber der die Anteile in den Verkehr bringende Rechtsträger durch eine Bekanntmachung nach § 15 WpHG oder durch eine vergleichbare Mitteilung auf den Umstand der Vermischung und Vermengung hinweisen, so dass seine Pflicht zur Leistung der Abfindungsergänzung analog § 45 Abs. 2 Nr. 3 bzw. § 45 Abs. 2 Nr. 4 BörsG ausgeschlossen ist.

Auch das OLG Jena hat in seinem „*Jenoptik*"-Urteil einen Anspruch bejaht.[1351] Dabei hat es sich allerdings einer Aussage zur tatsächlichen Anspruchsinhaberschaft enthalten und den Anspruch aufgrund einer Umkehr der Beweislast bejaht: Unterlasse das herrschende Unternehmen die gesonderte Kennzeichnung, müsse es beweisen, dass die von dem Anspruchsteller erworbenen Aktien nicht von einem außenstehenden Aktionär stammen und dass der Anspruchsteller die Aktien auch erworben hätte, wenn er gewusst hätte, dass diese Aktien kein Abfindungsrecht verbriefen.[1352] Zur Begründung hat das OLG Jena eine Parallele zur höchstrichterlichen Rechtsprechung bei der Verletzung vertraglicher Aufklärungs- und Beratungspflichten gezogen.[1353] *Hirte/Mock* haben allerdings zwischenzeitlich nachgewiesen, dass sich die Umkehr der Beweislast bei dem Ansatz des OLG Jena bereits aus den allgemeinen Grundsätzen des deutschen Wertpapierrechts (§§ 793 ff. BGB) ergibt.[1354] Daher kommt es auf den Grad des Verschuldens der Jenoptik AG nicht an.[1355] Soweit gegen die Beweislastumkehr eingewandt wird, die Ausstattung der verschiedenen Aktien mit unterschiedlichen WKN bzw. ISIN sei mit dem derzeitigen diesbezüglichen Vergabesystem unvereinbar,[1356] ist auf § 44 BörsG zu verweisen. Der Gesetzgeber hat dort eindeutig zum Ausdruck gebracht, dass eine unterschiedliche Kennzeichnung möglich sein muss. Im Übrigen zeigt auch die Praxis bei börsennotierten Unternehmen, dass ein Nebeneinander von Aktien mit verschiedenen Rechten und unterschiedlicher Kennzeich-

---

1351 Siehe hierzu ausführlich bereits oben Teil 3 C. I. 1. a. bb.
1352 OLG Jena ZIP 2005, 525, 528 ff. („Jenoptik AG").
1353 OLG Jena ZIP 2005, 525, 528 ff. („Jenoptik AG").
1354 Siehe ausführlich *Hirte/Mock* DB 2005, 1444 ff.
1355 A. A. *F. Wagner* EWiR § 305 AktG 1/05, 493, 494.
1356 So *Lehmann* ZIP 2005, 1489, 1490 f.

nung für die Markteilnehmer unproblematisch ist und keineswegs für Verwirrung bei den Marktteilnehmern sorgt.

d. Bekanntmachung gem. § 14 SpruchG

Gem. § 14 SpruchG ist die rechtskräftige Entscheidung, also das Rubrum und der Entscheidungstenor, bekannt zu machen.

aa. Notwendigkeit

Nach dem Gesetzeswortlaut sind ausnahmslos alle gerichtlichen Entscheidungen von der Bekanntmachungspflicht erfasst. Dennoch kann von einer Bekanntmachung abgesehen werden, wenn der Normzweck des § 14 SpruchG bereits auf andere Weise erreicht worden ist.[1357] Da dieser darin besteht, die am Verfahren nicht formell beteiligten Anteilsinhaber über die Entscheidung zu informieren, kann eine Bekanntmachung daher unterbleiben, wenn keine nicht auch formell am Verfahren beteiligten Kompensationsberechtigten existieren, also alle antragsberechtigten Anteilsinhaber auch als Antragsteller am Verfahren beteiligt waren.[1358] Denn den formell am Verfahren Beteiligten ist die Entscheidung des Gerichts bereits gem. § 11 Abs. 3 SpruchG von Amts wegen zuzustellen, so dass ihr Informationsbedürfnis bereits auf andere Weise sichergestellt ist. Einer Bekanntmachung bedürfte es in diesen Fällen nur dann, wenn die Bekanntmachungspflicht auch die Information des Kapitalmarkts bezwecken würde,[1359] da dann Ausnahmen von der Bekanntmachungspflicht nicht bestehen könnten. Dagegen spricht zunächst, dass sich ein solcher Zweck weder dem Gesetzeswortlaut noch der Gesetzesbegründung entnehmen lässt. Vor allem aber regelt § 15 WpHG die Bekanntmachung von kapitalmarktrechtsrelevanten Tatsachen und auch wenn im Anwendungsbereich jener Norm andere Bekanntmachungspflichten nicht verdrängt werden, so besteht kein Bedürfnis dafür, neben den Fällen, in denen die Entscheidung gem. § 15 WpHG bekannt zu machen ist,[1360] auch eine allgemeine Bekanntmachungspflicht gem. § 14 SpruchG anzunehmen.

bb. Verfahren und Form

In Verfahren nach § 1 Nr. 1 SpruchG trifft die Pflicht zur Bekanntmachung den Vorstand der Gesellschaft, deren außenstehende Aktionäre antragsberechtigt waren (§ 14 Nr. 1 SpruchG), also der beherrschten bzw. zur Gewinnabführung verpflichteten Gesellschaft. In Verfahren nach § 1 Nr. 2 SpruchG ist gem. § 14 Nr. 2 SpruchG der Vorstand der Hauptgesellschaft zuständig. Eine Änderung gegenüber der Rechtslage vor Inkrafttreten des Spruchverfahrensgesetzes stellt hingegen die Regelung in § 14

[1357] So auch *Krieger* in Lutter, UmwG Anhang I SpruchG § 14 SpruchG Rn. 2; *Schwarz* in Widmann/Mayer UmwG § 310 UmwG Rn. 2.

[1358] *Emmerich* in Emmerich/Habersack KonzernR § 14 SpruchG Rn. 2; *Klöcker/Frowein* SpruchG § 14 SpruchG Rn. 6; *Krieger* in Lutter UmwG Anhang I SpruchG § 14 SpruchG Rn. 2; *Volhard* in MüKo/AktG § 14 SpruchG Rn. 8; *Vollrath* in Widmann/Mayer UmwG Anh. 13 § 14 SpruchG Rn. 5.

[1359] So *Fritzsche/Dreier/Verfürth* SpruchG § 13 SpruchG Rn. 8.

[1360] Siehe unten Teil 3 G. III. 1. e.

Nr. 3 SpruchG für Verfahren nach § 1 Nr. 3 SpruchG dar, denn in diesen ist nunmehr der Hauptaktionär der Gesellschaft zur Bekanntmachung verpflichtet und nicht mehr der Vorstand der betreffenden Gesellschaft.[1361] In Verfahren nach § 1 Nr. 4 SpruchG trifft die Pflicht zur Bekanntmachung den gesetzlichen Vertreter jedes übernehmenden oder neuen Rechtsträgers oder des Rechtsträgers neuer Rechtsform, § 14 Nr. 4 SpruchG. Eine gemeinsame Bekanntmachung ist zulässig, sofern die Pflicht mehrere Rechtsträger trifft.[1362]

In Spruchverfahren nach § 1 Nr. 5 SpruchG ist dagegen zu differenzieren: Nach § 14 Nr. 5 SpruchG erfolgt die Entscheidung grundsätzlich durch die gesetzlichen Vertreter der SE. Eine Ausnahme besteht jedoch in Spruchverfahren, in denen die Höhe der Barabfindung überprüft worden ist, die die Anteilsinhaber einer die Gründung einer Holding-SE anstrebenden Gesellschaft nach § 9 Abs. 1 SEAG verlangen können. In diesem Fall sind die gesetzlichen Vertreter der die Gründung anstrebenden deutschen Gesellschaft zur Bekanntmachung verpflichtet. In Spruchverfahren nach § 5 Abs. 5 EGAktG ist der Vorstand der Aktiengesellschaft zur Bekanntmachung verpflichtet, bei der die Mehrstimmrechte erloschen oder aufgehoben worden sind. In Spruchverfahren wegen Delisting schließlich trifft die Bekanntmachungspflicht den Vorstand der Gesellschaft, bei der ein reguläres Delisting beschlossen wird.[1363]

Hinsichtlich der Form der Bekanntmachung verweist § 14 SpruchG auf § 6 Abs. 1 S. 4, 5 SpruchG. Die Bekanntmachung hat daher ebenso wie die Bestellung des gemeinsamen Vertreters zu erfolgen,[1364] wodurch sichergestellt werden soll, dass auch für die Bekanntmachung der gerichtlichen Entscheidung das neue Medium „elektronischer Bundesanzeiger" nutzbar gemacht wird.[1365]

cc. Wirkung

Die Wirkung der Bekanntmachung ergibt sich nicht unmittelbar aus dem Spruchverfahrensgesetz, sondern aus den materiell-rechtlichen Regelungen, die den jeweiligen Spruchverfahren zugrunde liegen, da durch sie die Fristen zur Annahme von Kompensationsangeboten in einigen Anwendungsfällen des Spruchverfahrens in Gang gesetzt werden.[1366] Bezweckt wird mit den jeweiligen Regelungen, dass die außenstehenden Aktionäre ihr Wahlrecht zwischen Ausgleich und Abfindung nicht auszuüben brauchen, bevor ihnen die endgültige Höhe des angemessenen Ausgleichs und der angemessenen Abfindung bekannt ist.[1367]

1361 *Geßler* AktG § 306 AktG Rn. 68 hält dies aufgrund der „herausgehobenen Stellung" des Hauptaktionärs im *Squeeze-out*-Verfahren für gerechtfertigt.

1362 *Volhard* in MüKo/AktG § 14 SpruchG Rn. 4; *Vollrath* in Widmann/Mayer UmwG Anh. 13 § 14 SpruchG Rn. 4.

1363 *Fritzsche/Dreier/Verfürth* SpruchG § 14 SpruchG Rn. 5; *Krieger* in Lutter UmwG Anhang I SpruchG § 14 SpruchG Rn. 4; *Volhard* in MüKo/AktG § 14 SpruchG Rn. 3.

1364 Siehe zur Form der Bekanntmachung oben Teil 3 C. III. 1. ee.

1365 *Neye* Spruchverfahrensrecht S. 28.

1366 Siehe oben Teil 3 D. I.

1367 BGHZ 112, 382 ff. („ABB"); *Koppensteiner* in KK/AktG § 305 AktG Rn. 15.

Problematisch erscheinen auf den ersten Blick allerdings die Fälle, in denen das Spruchverfahren nicht durch gerichtliche Entscheidung, sondern durch gerichtlichen oder außergerichtlichen Vergleich endet und dieser – die Bekanntmachungspflicht gem. § 14 SpruchG bezieht sich nur auf die gerichtliche Entscheidung – nicht freiwillig bekannt gemacht wird. Da der den einschlägigen Vorschriften innewohnende Zweck, dass die kompensationsberechtigten Anteilsinhaber die Ausübung ihres Wahlrechts erst bei Kenntnis von der endgültigen Höhe der Kompensation frühestens innerhalb einer Frist ausüben müssen, auch hier zum Tragen kommt, ist davon auszugehen, dass bei einer fehlenden Bekanntgabe keine Frist in Gang gesetzt wird, so dass das Wahlrecht unbefristet angenommen werden[1368] bzw. dessen Ausübung nach allgemeinen Grundsätzen lediglich verwirkt werden kann.

dd. Verstoß gegen Bekanntmachungspflicht

Wird der Pflicht zur Bekanntmachung nicht nachgekommen, so ergibt sich aus dem materiellen Recht, dass die jeweiligen Fristen zur Annahme von Abfindungsangeboten nicht zu laufen beginnen. Daneben soll jedenfalls eine Zwangsgeldverhängung nicht in Betracht kommen.[1369] Dafür spricht, dass es für eine derartige Sanktionierung an einer Rechtsgrundlage mangelt, denn weder stellt § 14 SpruchG eine solche bereit, noch sind § 33 Abs. 1 S. 1 und S. 3 sowie Abs. 3 S. 1 und 2 FGG analog anwendbar, da der Gesetzgeber deren entsprechende Anwendung in § 7 Abs. 8 SpruchG gerade nur unter den dort genannten Voraussetzungen ermöglicht hat, woraus sich im Umkehrschluss die fehlende Planwidrigkeit der Regelungslücke ergibt. Gegen eine solche spricht im Übrigen, dass die Antragsteller und auch der gemeinsame Vertreter auf Vornahme einer vertretbaren Handlung in Form der Bekanntmachung klagen können.[1370] Aufgrund dieser Möglichkeit dürfen diese die Entscheidung auch nicht selbst bekannt machen,[1371] da dadurch eigenmächtig in Rechte des Antragsgegners eingegriffen würde.

e. Ad-hoc-Publizitätspflicht gem. § 15 WpHG

Neben der Bekanntmachungspflicht gem. § 14 SpruchG kommt eine Veröffentlichungspflicht gem. § 15 Abs. 1 S. 1 WpHG in Betracht. Nachdem die Ad-hoc-Publizitätspflicht durch das Anlegerschutzverbesserungsgesetz vor kurzem neu geregelt wurde,[1372] ist Voraussetzung einer solchen Pflicht zur unverzüglichen Veröffentli-

---

1368 So auch *Stützle* WuB II A. § 305 AktG 1.91, 252, 253 f. (für Verfahren gem. §§ 304, 305 AktG); offen gelassen von BGHZ 112, 382 ff. („ABB").

1369 *Emmerich* in Emmerich/Habersack KonzernR § 14 SpruchG Rn. 3; *Hüffer* AktG § 305 AktG Anh. § 14 SpruchG Rn. 4; *Klöcker/Frowein* SpruchG § 14 SpruchG Rn. 4; *Krieger* in Lutter UmwG Anhang I SpruchG § 14 SpruchG Rn. 4; *Volhard* in MüKo/AktG § 14 SpruchG Rn. 5.

1370 *Volhard* in MüKo/AktG § 14 SpruchG Rn. 5; *Vollrath* in Widmann/Mayer UmwG Anh. 13 § 14 SpruchG Rn. 2.

1371 A. A. *Fritzsche/Dreier/Verfürth* SpruchG § 14 SpruchG Rn. 10.

1372 Gesetz zur Verbesserung des Anlegerschutzes (Anlegerschutzverbesserungsgesetz – AnSVG) vom 28. 10. 2004 BGBl. I S. 2630 ff.

chung, dass der Antragsgegner ein Emittent von Finanzinstrumenten ist, die zum Handel an einem inländischen organisierten Markt zugelassen sind und es sich bei der Entscheidung im Spruchverfahren um eine Insiderinformation handelt, die ihn unmittelbar betrifft.[1373]

Die Pflicht kann von vorneherein daher nur die Antragsgegner treffen, deren Anteile an einer inländischen Börse gehandelt werden, was in aller Regel der Fall sein wird. Fraglich ist allerdings, ob es sich bei der Entscheidung um eine Insiderinformation handelt, die den Antragsgegner unmittelbar betrifft. Gem. § 13 Abs. 1 S. 1 WpHG ist eine Insiderinformation auch eine konkrete Information über nicht öffentlich bekannte Umstände, die sich auf die Insiderpapiere selbst bezieht und geeignet ist, im Falle ihres Bekanntwerdens den Börsen- oder Marktpreis der Insiderpapiere erheblich zu beeinflussen. Zweifellos handelt es sich bei der Bestimmung der angemessenen Kompensation durch das Gericht um eine konkrete Information. Sie ist der Öffentlichkeit auch nicht bekannt, selbst wenn man entgegen anderer Auffassung, die den Begriff der Öffentlichkeit weiter ausdehnen will,[1374] lediglich – wie auch im *Corporate Governance Kodex* befürwortet[1375] – auf die sog. Bereichsöffentlichkeit abstellt und eine Tatsache als der Öffentlichkeit bekannt ansieht, wenn die Möglichkeit zur Kenntnisnahme auf Seiten der professionellen Marktteilnehmer besteht.[1376] Zwar besteht auch in der mündlichen Verhandlung von Spruchverfahren der Grundsatz der Öffentlichkeit, was zwar nicht unmittelbar aus § 169 GVG, jedoch aus Art. 6 Abs. 1 S. 1 EMRK folgt.[1377] Bei Gericht ist aber allenfalls eine begrenzte und nicht ausreichende Zahl professioneller Marktteilnehmer zugegen,[1378] und auch durch die Bekanntgabe der Entscheidung gem. § 14 SpruchG gegenüber den Beteiligten ist nicht sichergestellt, dass die Heraufsetzung der Kompensation in den tatsächlichen Aktienkurs umgesetzt wird. Ferner handelt es sich bei der Bestimmung der angemessenen Kompensation auch um eine Information, die sich auf die eine Kompensationsberechtigung vermittelnden Anteile und damit die Insiderpapiere selbst bezieht.

Gem. § 13 Abs. 1 S. 2 WpHG wäre die Entscheidung dann geeignet, im Falle ihres Bekanntwerdens den Börsen- oder Marktpreis der Insiderpapiere erheblich zu beeinflussen, wenn ein verständiger Anleger die Information bei seiner Anlageentscheidung berücksichtigen würde. Dies ist bei einer Entscheidung über die angemessene Kompensation ohne weiteres der Fall, da mit dem Erwerb der Anteile auch die Kompensationsberechtigung erworben wird. Der Antragsgegner müsste jedoch durch die Entscheidung auch unmittelbar betroffen werden. Durch dieses zusätzlich aufgenommene Erfordernis soll klargestellt werden, dass der Emittent nicht verpflichtet ist, allgemeine Informationen im Rahmen der Ad-hoc-Publizität zu veröffentli-

---

[1373] Zur Veröffentlichungspflicht der Entscheidung gem. § 15 WpHG a. F. siehe *Fritzsche/Dreier/Verfürth* SpruchG § 14 SpruchG Rn. 13.

[1374] Siehe etwa *Hopt* ZHR 159 (1995) 135, 153 f.

[1375] Siehe *Ringleb* in Ringleb/Kremer/Lutter/v. Werder Corporate Governance Kodex Rn. 830.

[1376] Vgl. *Geibel* in Schäfer WpHG u. a. § 15 WpHG Rn. 47 m. w. N.

[1377] Siehe oben Teil 3 E. I. 6. a.

[1378] *Zimmer* in Schwark KapitalmarktR § 15 WpHG Rn. 44.

chen.[1379] Zudem muss der Emittent selbst und nicht nur die von ihm emittierten Finanzinstrumente betroffen sein.[1380] Zur näheren Eingrenzung dieser Kriterien hat die BaFin einen nicht abschließenden Katalog von veröffentlichungspflichtigen Insiderinformationen veröffentlicht.[1381] In diesem Katalog sind zwar nicht ausdrücklich die Entscheidungen im Spruchverfahren, jedoch „Abfindungsangebote"[1382] allgemein genannt. Auch durch die Entscheidung im Spruchverfahren wird – soweit es zur Bestimmung der angemessenen Abfindung eingeleitet worden ist – letztlich ein Abfindungsangebot unterbreitet. Da auch die Voraussetzungen einer Befreiuung gem. § 15 Abs. 3 S. 1 WpHG nicht vorliegen, ist die Entscheidung im Spruchverfahren gem. § 15 Abs. 1 S. 1 WpHG von Antragsgegnern, deren Anteile im Inland an einer Börse gehandelt werden, zu veröffentlichen. Dies gilt auch dann, wenn (nur) über die angemessene Ausgleichszahlung bzw. Zuzahlung entschieden worden ist, da eine unterschiedliche Behandlung im Vergleich zur Abfindung nicht gerechtfertigt ist.

Die Pflicht zur Veröffentlichung gem. § 15 Abs. 1 WpHG kann dazu führen, dass die Publikation zeitlich vor der nach § 14 SpruchG erforderlichen Veröffentlichung erfolgt. Dies ist Folge der unterschiedlichen Schutzrichtungen der Pflichten: Während durch die Veröffentlichung gem. § 14 SpruchG die am Verfahren nicht formell beteiligten Anteilsinhaber über den Verfahrensausgang informiert werden sollen, es sich dabei also um ein Element des Minderheitenschutzes handelt,[1383] trägt die Veröffentlichungspflicht gem. § 15 WpHG der Schnelllebigkeit des Kapitalmarktes und dem Interesse der Anleger an unverzüglicher Information Rechnung.

f. Technische Hinweisbekanntmachung

Neben der Pflicht zur Bekanntmachung der Entscheidung nach § 14 SpruchG und ggf. § 15 WpHG besteht auch eine Pflicht des Emittenten der einen Kompensationsanspruch vermittelnden börsennotierten Anteile zur Veröffentlichung einer sogenannten technischen Hinweisbekanntmachung, in der die Anspruchsberechtigten und deren etwa notwendige Mitwirkungshandlungen zur Abwicklung der Ansprüche bekannt gemacht werden.[1384]

Rechtsgrundlage für diese Bekanntmachungspflicht ist § 39 Abs. 1 Nr. 3, Abs. 2 BörsG i. V. m. § 66 Abs. 1 BörsZulV. Gem. § 39 Abs. 1 Nr. 3 BörsG ist der Emittent der zugelassenen Wertpapiere verpflichtet, das Publikum und die Zulassungsstelle über die zugelassenen Wertpapiere angemessen zu unterrichten, worunter gem. § 66 Abs. 1 BörsZulV auch fällt, jede Änderung der mit den Wertpapieren verbundenen Rechte unverzüglich zu veröffentlichen. Da der Begriff der mit den Wertpapieren „verbundenen Rechte" im Interesse des dahinter liegenden Anlegerschutzes weit auszulegen

---

1379 *BaFin* Emittentenleitfaden Stand 15. Juli 2005 S. 41.
1380 *BaFin* Emittentenleitfaden Stand 15. Juli 2005 S. 41.
1381 Siehe *BaFin* Emittentenleitfaden Stand 15. Juli 2005 S. 43 f.
1382 *BaFin* Emittentenleitfaden Stand 15. Juli 2005 S. 43.
1383 Siehe oben Teil 3 G. III. 1. d. aa.
1384 *Aubel/Weber* WM 2004, 857, 861, 865.

ist,[1385] fallen darunter auch die mit den Anteilen verbundenen Kompensationsansprüche, so dass bei der Heraufsetzung der Kompensation den Emittenten eine Pflicht zur unverzüglichen Veröffentlichung der Abwicklung der technischen Abwicklungshinweise trifft, gem. § 70 Abs. 1 BörsZulV also zur Veröffentlichung in mindestens einem überregionalen Börsenpflichtblatt. Zudem sind die technischen Abwicklungshinweise gem. § 70 Abs. 3 BörsZulV unverzüglich der Zulassungsstelle zu übermitteln. Kommt der Emittent dieser Pflicht nicht nach, so handelt er gem. § 71 Abs. 2 Nr. 2 BörsZulV ordnungswidrig.

g. Durchsetzung

Sofern der Antragsgegner sich weigert, die im Spruchverfahren festgesetzte Kompensation zu leisten, muss jeder einzelne Kompensationsberechtigte zur Durchsetzung seiner Ansprüche Leistungsklage nach den allgemeinen zivilprozessualen Vorschriften erheben, da der feststellende oder gestaltende Entscheidungsinhalt keinen vollstreckbaren Titel darstellt.[1386]

aa. Gleichlauf der gerichtlichen Zuständigkeiten gem. § 16 SpruchG

Um die Durchsetzung der Kompensationsansprüche mittels Leistungsklage zu erleichtern, wurde § 16 SpruchG als lex specialis zu den §§ 12–40 ZPO geschaffen.[1387] Demnach ist für Klagen auf die im Spruchverfahren erst- oder zweitinstanzlich bestimmte Leistung des Ausgleichs, der Zuzahlung oder der Abfindung das Gericht des ersten Rechtszugs und der gleiche Spruchkörper ausschließlich zuständig, der gem. § 2 SpruchG mit dem Spruchverfahren zuletzt inhaltlich befasst war.

Ohne die Regelung des § 16 SpruchG könnten sich für auf ein Spruchverfahren nachfolgende Leistungsklagen unterschiedliche gerichtliche Zuständigkeiten ergeben. So könnte etwa zum Teil gem. § 17 Abs. 1 ZPO das Gericht am Sitz des Antragsgegners zuständig sein und für andere Leistungsklagen die Klagerhebung gem. § 39 S. 1 ZPO an einem anderen Ort gebilligt werden,[1388] was die Gefahr in sich bergen würde, dass trotz der präjudiziell wirkenden Entscheidung im Spruchverfahren von dem für die Leistungsklage zuständigen Gericht eine andere Sichtweise entwickelt wird.[1389] Durch den Gleichlauf der gerichtlichen Zuständigkeiten kann zudem die bereits im Spruchverfahren gewonnene Sachkenntnis auch für das Klageverfahren genutzt werden.[1390] Allerdings gilt der Gleichlauf der gerichtlichen Zuständigkeiten

---

1385 *Hamann* in Schäfer WpHG u. a. § 44 BörsG Rn. 31; *Heidelbach* in Schwark KapitalmarktR § 66 BörsZulV Rn. 3.

1386 Alternativ wurde während der Reform des Spruchverfahrens vorgeschlagen, das Nachverfahren als vom Rechtspfleger zu bearbeitendes vereinfachtes Verfahren ähnlich den §§ 645 ff. ZPO auszugestalten (dafür *Puszkajler* ZIP 2003, 518, 522); kritisch zu diesem Vorschlag *Neye* ZIP 2002, 2097, 2106; kritisch zur Trennung von Spruchverfahren und Leistungsprozess OLG Hamburg AG 2005, 659, 660 f. („Philips AG").

1387 *W. Meilicke* NZG 2004, 547, 548.

1388 Für eine Anwendung von § 39 ZPO aber grundsätzlich *W. Meilicke* NZG 2004, 547, 548.

1389 *Büchel* NZG 2003, 793, 800; *Fritzsche/Dreier/Verfürth* SpruchG § 16 SpruchG Rn. 8.

1390 *Begr. RegE* SpruchverfNeuordG BT-Drucks. 15/371 Anlage 1 S. 18.

nur für Leistungsklagen in der ersten Instanz, denn für Berufungen gegen das Urteil des gem. § 16 SpruchG zuständigen Gerichts können unterschiedliche Oberlandesgerichte zuständig sein, da eine mögliche Verfahrenskonzentration gem. § 12 Abs. 3 SpruchG nicht für eine nachfolgende Leistungsklage gilt.[1391] Selbst wenn dasselbe Oberlandesgericht zuständig ist, besteht zudem die Gefahr einer vom Beschwerdeverfahren abweichenden Senatszuständigkeit.[1392]

§ 16 SpruchG gilt allerdings grundsätzlich nicht für Klagen auf Leistung der Kompensation aus solchen Spruchverfahren, die in den Anwendungsbereich der EuGVVO fallen.[1393] Bereits für Spruchverfahren selbst besteht in diesen Fällen keine nationale gerichtliche Zuständigkeit.[1394] Dieses gilt erst recht für darauf folgende Leistungsklagen, so dass die Kompensationsberechtigten ohne eine Gerichtsstandsvereinbarung den Kompensationsschuldner vor dem Gericht des Sitzes der Gesellschaft bzw. des Wohnsitzes in dem jeweiligen Mitgliedstaat verklagen müssen.[1395] Dies wird grundlegend verkannt, wenn ausführlich erörtert wird, ob es sich bei Strukturmaßnahmen, die zu einem Spruchverfahren führen können, um Auflösungen i. S. v. Art. 22 Nr. 2 EuGVVO handelt.[1396] Denn selbst wenn man jeweils eine (teilweise) Auflösung der Rechtsträger durch die ein Spruchverfahren auslösenden Strukturmaßnahmen bejahte,[1397] ist die (teilweise) Auflösung selbst nicht Gegenstand der Leistungsklage, sondern es sind vielmehr die Ansprüche, die daraus folgen, und für diese verbleibt es bei den allgemeinen Zuständigkeitsvorschriften der Art. 2 ff. EuGVVO.[1398] Eine Annexzuständigkeit zu Art. 22 Nr. 2 EuGVVO ließe sich nur dann bejahen, wenn die Zuständigkeit für Spruchverfahren selbst von Art. 22 Nr. 2 EuGVVO erfasst wäre, was jedoch gerade nicht der Fall ist.[1399] Nur wenn aufgrund einer Gerichtsstandvereinbarung oder anderer Umstände[1400] bereits für das Spruchverfahren selbst die nationalen Gerichte zuständig sind, ist auch § 16 SpruchG auf nachfolgende Leistungsklagen anwendbar.

bb. Exkurs: Reichweite von § 16 SpruchG

Unzweifelhaft richtet sich die gerichtliche Zuständigkeit nach § 16 SpruchG bei

---

[1391] *Büchel* NZG 2003, 793, 800; *Emmerich* in Emmerich/Habersack KonzernR § 16 SpruchG Rn. 27; *Fritzsche/Dreier/Verfürth* SpruchG § 16 SpruchG Rn. 9; *Klöcker/Frowein* SpruchG § 16 SpruchG Rn. 10; *W. Meilicke* NZG 2004, 547, 552 fordert unter anderem deshalb eine Änderung von § 16 SpruchG – § 16 S. 2 SpruchG n. F. soll lauten: „*Im Berufungsverfahren sind die nach § 12 Abs. 3 SpruchG zuständigen Oberlandesgerichte und Spruchkörper ausschließlich zuständig.*"

[1392] *Krieger* in Lutter UmwG Anhang I SpruchG § 16 SpruchG Rn. 3.

[1393] Siehe zu den von der EuGVVO erfassten Fällen oben Teil 3 B. II.

[1394] Siehe oben Teil 3 B. II.

[1395] *Geimer* FS Schippel, 869, 883; i. E. wohl auch *Behnke* Spruchverfahren S. 63 f.

[1396] So *W. Meilicke* NZG 2004, 547, 551 f.

[1397] So *W. Meilicke* NZG 2004, 547, 551 f.

[1398] Vgl. *Kropholler* Europ. ZivilprozessR Art. 16 EuGVÜ Rn. 38.

[1399] Siehe oben Teil 3 B. II.

[1400] Vgl. oben Teil 3 B. II.

Klagen auf die Leistung der Kompensation, die im Spruchverfahren bestimmt worden ist. *W. Meilicke* will hingegen den Anwendungsbereich von § 16 SpruchG über den Wortlaut der Norm hinaus auf weitere Klagen im Zusammenhang mit Spruchverfahren ausweiten.[1401]

Zum einen soll die Zuständigkeitsregelung auch für Klagen wegen Nichterfüllung, Schlechterfüllung sowie Nebenforderungen gelten. Eine dem Wortlaut nach bestehende Zuständigkeit gem. § 16 SpruchG nur für Klagen auf Leistung des Ausgleichs, der Zuzahlung oder der Abfindung führe dazu, dass unter Umständen Leistungsklagen vor verschiedenen Gerichten wegen im Zusammenhang mit den Kompensationsansprüchen stehenden Ansprüchen erhoben werden müssten, was der Gesetzgeber nicht gewollt habe.[1402] Zum anderen soll § 16 SpruchG entgegen dem Wortlaut nicht nur für Leistungsklagen, sondern auch für Klagen während eines Spruchverfahrens nach § 254 ZPO (Rechnungslegung, Vorlage eines Vermögensverzeichnisses, Abgabe der eidesstattlichen Versicherung) sowie allgemein Feststellungsklagen gelten. Mit dem Wortlaut „Leistungsklage" könne nur generell das Erkenntnisverfahren der ZPO gemeint sein, da es nicht dem Willen des Gesetzgebers entspreche und für die Prozessbeteiligten unzumutbar sei sowie einen zusätzlichen Kostenaufwand bedeute, die Klage auf Leistung der Kompensation und die übrigen Klagen vor unterschiedlichen Gerichten erheben zu müssen.[1403] Schließlich bestehe die gerichtliche Zuständigkeit gem. § 16 SpruchG auch für den Teil der Kompensationsansprüche, der im Spruchverfahren selbst nicht festgesetzt worden ist, sondern bereits ursprünglich angeboten wurde. Zwar sei dieser Teil des Anspruchs entgegen dem Wortlaut nicht im Spruchverfahren „bestimmt worden". Es sei den Anspruchsberechtigten jedoch unzumutbar, den ursprünglich angebotenen Teil vor dem nach den §§ 29–40 ZPO zuständigen, die im Spruchverfahren festgelegte Erhöhung jedoch vor dem Gericht einklagen zu müssen, das gem. § 16 SpruchG zuständig ist. Zudem könnte anderenfalls der Beklagte die Aufrechnung oder Verrechnung mit Gegenansprüchen einwenden, so dass, wenn diese hilfsweise in einem Verfahren geltend gemacht würden, das eine Verfahren bis zur rechtskräftigen Entscheidung über das andere Verfahren möglicherweise mit der Folge der Verfahrensverzögerung ausgesetzt werden müsste.[1404]

Soweit *W. Meilicke* die Ansicht vertritt, § 16 SpruchG sei auch für Leistungsklagen auf Nichterfüllung, Schlechterfüllung sowie allgemein Nebenforderungen der im Spruchverfahren festgesetzten Ansprüche anwendbar und erfasse zudem andere Klagen als Leistungsklagen, etwa solche gem. § 254 ZPO oder Feststellungsklagen, muss er sich nicht nur den Wortlaut des § 16 SpruchG entgegenhalten lassen, sondern vor allem auch den entgegenstehenden Willen des Gesetzgebers, von dem er behauptet, dieser habe eine dem Wortlaut entsprechende Begrenzung nicht gesehen oder

---

1401 *W. Meilicke* NZG 2004, 547 ff.
1402 *W. Meilicke* NZG 2004, 547, 548.
1403 *W. Meilicke* NZG 2004, 547, 548 f.
1404 *W. Meilicke* NZG 2004, 547, 549.

nicht gewollt. Denn der Gesetzgeber wollte mit § 16 SpruchG eindeutig nicht einen einheitlichen ausschließlichen Gerichtsstand für jedwede Klagen nach den zivilprozessualen Vorschriften schaffen, sondern ausschließlich die Vollstreckbarkeit der im Spruchverfahren festgestellten Ansprüche erleichtern. So geht er in der Gesetzesbegründung ausdrücklich von „*Leistungsklagen im Anschluss an ein Spruchverfahren*“ aus, für die die „*aus dem vorangegangenen Spruchverfahren*“ gewonnene Sachkenntnis nutzbar gemacht werden soll.[1405] Damit wird entsprechend dem Wortlaut nochmals klar gestellt, dass die Zuständigkeit gem. § 16 SpruchG ein bereits abgeschlossenes Spruchverfahren voraussetzt, so dass zum einen Klagen während eines Spruchverfahrens nicht erfasst sind und zum anderen die Zuständigkeit ausschließlich für den im Spruchverfahren festgestellten Kompensationsanspruch und nicht auch weitere Nebenansprüche gelten soll. Mag auch die Ansicht von *W. Meilicke* angesichts der daraus folgenden Erleichterungen für die Kläger verständlich sein, so überschreitet sie doch die Grenze der Auslegung und ist daher abzulehnen.[1406]

Zuzustimmen ist dagegen seiner Auffassung insoweit, als die Zuständigkeit gem. § 16 SpruchG auch für Klagen auf Leistung des Teils der Kompensation besteht, die bereits ursprünglich angeboten worden ist. Zwar bestimmt das Gericht nur die Erhöhung der Kompensation und kann nicht eine niedrigere als die bereits angebotene Kompensation festsetzen. Die bereits angebotene Kompensation ist jedoch Teil des einheitlichen Anspruchs und Grundlage der Entscheidung des Gerichts, mit der sie sich im Spruchverfahren intensiv auseinander gesetzt hat. Aufgrund dieses engen Sachzusammenhanges und dem Willen des Gesetzgebers, die besondere Sachkenntnis des bereits im Spruchverfahren zuständigen Gerichts, die es sich gerade bezüglich des überprüften Kompensationsangebots erarbeitet hat, auch im Anschluss daran nutzbar zu machen sowie aufgrund der Tatsache, dass es sich ebenfalls um eine Leistungsklage nach Abschluss des Spruchverfahrens handelt, ist § 16 SpruchG auf jedwede Klage auf Leistung der Kompensation anwendbar, die im Spruchverfahren heraufgesetzt wurde und auf die nach Abschluss eines Spruchverfahrens ein Anspruch besteht.

2. Gerichtlicher Vergleich

Ein Spruchverfahren kann auch durch gerichtlichen Vergleich beendet werden, und zwar entweder gem. § 11 Abs. 2 SpruchG in Form einer gütlichen Einigung oder durch die Annahme eines gerichtlichen Vergleichsvorschlag gem. § 11 Abs. 4 SpruchG. Dadurch soll eine „echte“ Beendigung des Verfahrens nach dem Vorbild des § 53 a

[1405] *Begr. RegE* SpruchverfNeuordG BT-Drucks. 15/371 Anlage 1 S. 18.

[1406] I. E. ebenso *Krieger* in Lutter UmwG Anhang I SpruchG § 16 SpruchG Rn. 2. Zur Klarstellung schlägt *W. Meilicke* NZG 2004, 547, 552 folgenden § 16 SpruchG S. 1 n. F. vor: „*§ 16 Zuständigkeit für Klagen. Für Klagen wegen Ansprüchen aus Ausgleich, Zuzahlung oder Abfindung, die im Spruchverfahren überprüft werden können, ist das Gericht des ersten Rechtszuges und der gleiche Spruchkörper ausschließlich zuständig, der auch für das Spruchverfahren zuständig wäre, ist oder war.*“

FGG ermöglicht werden, da eine Verfahrensbeendigung durch gerichtlichen Vergleich nach überwiegender Meinung im Spruchverfahren vor Inkrafttreten des Spruchverfahrensgesetzes nicht möglich war,[1407] der Abschluss des Spruchverfahrens durch einen Vergleich jedoch regelmäßig im Interesse der Beteiligten liegt.[1408]

a. Gütliche Einigung

Die Voraussetzungen eines gerichtlichen Vergleichs durch gütliche Einigung ergeben sich aus § 11 Abs. 2, 3 SpruchG. Gem. § 11 Abs. 2 S. 1 SpruchG soll das Gericht in jeder Lage des Verfahrens auf eine solche Einigung bedacht sein. Dies entspricht § 278 Abs. 1 ZPO, im Übrigen ist die Regelung jedoch nicht § 278 ZPO nachgebildet, so dass es einer dem Verfahren vorgeschalteten Güteverhandlung, wie sie § 278 Abs. 2–4 ZPO vorsieht, nicht bedarf.

Die Einigung kommt gem. § 11 Abs. 2 S. 2 Halbs. 1 SpruchG nur zustande, wenn alle Beteiligten der Vereinbarung zustimmen. Damit besteht die Möglichkeit der Blockade einer gütlichen Einigung durch einzelne Antragsteller oder auch den gemeinsamen Vertreter.[1409] Im Gesetzgebungsverfahren wurde dies als Problem erkannt, von einem Mehrheitsvergleich letztlich aber abgesehen, da ein solcher angesichts des besonderen Charakters des Spruchverfahrens nicht angemessen schien.[1410] Dies wird indessen zu Recht kritisiert,[1411] da sich trotz der mit einer gütlichen Einigung regelmäßig verbundenen Vorteile für alle Beteiligten stets ein Antragsteller finden wird, der für eine Fortsetzung des Verfahrens stimmt.

Abwegig ist der Gedanke, dass sich diese Problematik lösen lässt, indem das Gericht den Antrag eines gegen den Vergleich opponierenden Antragstellers wegen fehlendem Rechtsschutzbedürfnis zurückweist, wenn das Gericht bei einer Entscheidung in der Sache jedenfalls keine höhere Kompensation als die im Vergleich angebotene bestimmen würde.[1412] Vergleiche werden – zur Verkürzung der Verfahrensdauer und Vermeidung von Kosten – regelmäßig in einem Stadium geschlossen, in dem sich die Höhe der angemessenen Kompensation noch nicht prognostizieren lässt; in den seltensten Fällen wird das Gericht in der Lage sein, die Obergrenze der Kompensation genau zu bestimmen. Selbst wenn dies jedoch in Ausnahmefällen der Fall sein sollte, würde dem gegen den Vergleich opponierenden Antragsteller mit einer Zurückweisung seines Antrags die Möglichkeit genommen, die Auffassung des erstinstanzlichen Gerichts in der Beschwerdeinstanz überprüfen zu lassen. Zwar könnte er gegen die Abweisung des Antrags Beschwerde einlegen. Dann müsste jedoch das Oberlandesgericht im Rahmen der Beschwerdeentscheidung inzident die Obergrenze der Kompensation bestimmen, um die Rechtsmissbräuchlichkeit beur-

[1407] *Emmerich* in Emmerich/Habersack KonzernR § 11 SpruchG Rn. 1.

[1408] *Zimmer/Meese* NZG 2004, 201, 202.

[1409] *Fuhrmann/Linnerz* Konzern 2004, 265, 272; drastisch *Lask* FG Werner, 139, 142: „Terrorisierung der Minderheit der Aktionäre durch eine Minderheit“.

[1410] *Neye* Spruchverfahrensrecht S. 28.

[1411] Siehe *Fuhrmann/Linnerz* Konzern 2004, 265, 272; *Lask* FG Werner, 139, 142 ff.

[1412] So aber *Lask* FG Werner, 139, 145 f.

teilen zu können. Ein erheblicher Zeit- und Kostenaufwand wäre die Folge; im Ergebnis wäre nichts gewonnen.

Sinnvoll wäre es vielmehr gewesen, einen qualifizierten Mehrheitsvergleich einzuführen, dem neben dem gemeinsamen Vertreter eine Kopf- und Anteilsquote (z. B. 75%) der am Verfahren beteiligten Antragsteller zustimmen müssen.[1413] Dagegen erscheint einerseits der Vorschlag, eine ähnliche Regelung wie bei der insolvenzrechtlichen Gläubigerversammlung zu schaffen, die gem. § 76 Abs. 2 InsO mit absoluter Mehrheit entscheiden kann,[1414] zu weitreichend, da eine Vielzahl von antragstellenden Kleinaktionären dann unter Umständen von vorneherein nicht in die Vergleichsverhandlungen einbezogen werden würde, weil es ihrer Zustimmung ohnehin nicht bedürfte. Anders wäre dies nur dann, wenn man ihnen – etwa entsprechend der Gruppenbildung bei der Festlegung der Rechte der Beteiligten im Insolvenzplan (§ 222 InsO) – im Rahmen der Vergleichsverhandlungen einen Zusammenschluss zu Interessengruppen ermöglichen würde und das Verfahren eines solchen Zusammenschlusses gesetzlich regeln würde. Andererseits würde eine Regelung, nach der bereits Antragsteller, die zusammen mehr als 5% aller kompensationsberechtigenden Anteile halten, den Vergleichsschluss verhindern können,[1415] zu kurz greifen und in einer Vielzahl von Verfahren eine vergleichsweise Verfahrensbeendigung unmöglich machen. Denn regelmäßig verweigern sich nicht bloß einige wenige Antragsteller mit geringem Anteilseigentum einem Vergleichsschluss.

Neben der Zustimmung aller Beteiligten bedarf es zur Wirksamkeit der gütlichen Einigung gem. § 11 Abs. 2 S. 2 Halbs. 1 SpruchG der Aufnahme einer Niederschrift darüber. Nicht erforderlich ist hingegen eine gleichzeitige Antragsrücknahme, denn die Voraussetzungen der Verfahrensbeendigung durch gütliche Einigung sind in § 11 Abs. 2 SpruchG abschließend konkretisiert. Indem in § 11 Abs. 2 S. 2 Halbs. 2 SpruchG die Vorschriften für die Niederschrift eines Vergleichs in bürgerlichen Rechtsstreitigkeiten für entsprechend anwendbar erklärt werden, erfolgt die Protokollierung nach den §§ 159 ff. ZPO. Ist eine gütliche Einigung wirksam zustande gekommen, so ist die Niederschrift gem. § 11 Abs. 3 SpruchG den Beteiligten zuzustellen und zwar gem. § 17 Abs. 1 SpruchG i. V. m. § 16 Abs. 2 S. 1 FGG von Amts wegen.[1416] Zeigen sich in der protokollierten Niederschrift Unrichtigkeiten, so können

---

1413 *Puszkajler* ZIP 2003, 518, 521.

1414 So ein Vorschlag von *Fuhrmann/Linnerz* Konzern 2004, 265, 272.

1415 Für eine solche Regelung aber *Lask* FG Werner, 139, 148 f. – § 11 Abs. 2 SpruchG n. F. sollte seiner Auffassung nach lauten: „*Das Gericht soll in jeder Lage des Verfahrens auf eine gütliche Einigung aller Beteiligten bedacht sein. Eine gütliche Einigung kommt auch dann zustande, wenn die Zustimmung von Antragstellern fehlt, die zusammen mehr als fünf vom Hundert aller außenstehenden Aktien halten. Kommt eine gütliche Einigung zustande, so ist hierüber eine Niederschrift aufzunehmen; die Vorschriften, die für die Niederschrift über einen Vergleich in bürgerlichen Rechtsstreitigkeiten gelten, sind entsprechend anzuwenden. Die Vollstreckung richtet sich nach den Vorschriften der Zivilprozessordnung.*"

1416 Auch hier soll (entsprechend seiner Auffassung zur Bekanntmachungspflicht) nach *Hüffer* AktG § 305 AktG Anh. § 11 SpruchG Rn. 7 die Zustellung an alle materiell Beteiligten erforderlich sein.

diese analog § 164 Abs. 1, 2 ZPO nach Anhörung der Beteiligten berichtigt werden.[1417]

b. Annahme eines gerichtlichen Vergleichsvorschlags

Neben einem Vergleich in Form einer gütlichen Einigung kann ein solcher auch durch Annahme eines schriftlichen Vergleichsvorschlags des Gerichts gem. § 11 Abs. 4 SpruchG geschlossen werden.[1418]

Zur Wirksamkeit eines solchen Vergleichsschlusses bedarf es gem. § 11 Abs. 4 S. 1 SpruchG – wie auch bei der gütlichen Einigung – der Zustimmung aller Beteiligten. Zudem müssen jene den schriftlichen Vergleichsvorschlag des Gerichts durch Schriftsatz gegenüber dem Gericht annehmen, § 11 Abs. 4 S. 2 SpruchG. Da in diesem Fall im Gegensatz zur gütlichen Einigung gem. § 11 Abs. 2 SpruchG eine Protokollierung ausscheidet, bedarf es zur Wirksamkeit des Vergleichs gem. § 11 Abs. 4 S. 2 SpruchG einer Feststellung des Zustandekommens durch Beschluss. Dieser macht den Vergleich zum Vollstreckungstitel.[1419] Gem. § 11 Abs. 4 S. 4 SpruchG ist dessen Zustellung an die Beteiligten erforderlich, die gem. § 17 Abs. 1 SpruchG i. V. m. § 16 Abs. 2 S. 1 FGG von Amts wegen erfolgt. Indem § 11 Abs. 4 S. 3 SpruchG § 164 ZPO für entsprechend anwendbar erklärt wird – was insoweit verständlich ist, als § 164 ZPO nicht für die Abfassung von Beschlüssen gilt – können wie bei dem Vergleich durch gütliche Einigung Unrichtigkeiten nach Anhörung der Beteiligten berichtigt werden.

c. Wirkung

Im Gegensatz zur Wirkung der Entscheidung ist weder in § 13 SpruchG noch in § 11 SpruchG die Änderungswirkung der in § 11 Abs. 2, 4 SpruchG kodifizierten gerichtlichen Vergleichsmöglichkeiten ausdrücklich geregelt.

Die in § 13 S. 2 SpruchG vorgesehene *Inter-omnes*-Wirkung gilt nach dem ausdrücklichen Wortlaut des § 13 S. 1 SpruchG nur für die Entscheidung des Gerichts, nicht für die Niederschrift über einen Vergleich. Zwar wird ein gem. § 11 Abs. 4 S. 1 SpruchG geschlossener gerichtlicher Vergleich gem. § 11 Abs. 4 S. 2 SpruchG durch Beschluss und damit durch gerichtliche Entscheidung festgestellt. Diese Regelung war jedoch lediglich deshalb erforderlich, weil mangels mündlicher Verhandlung nicht wie bei einem Vergleich nach § 11 Abs. 2 SpruchG eine Niederschrift über das Zustandekommen angefertigt werden kann. Durch sie sollte der gerichtliche Vergleich gem. § 11 Abs. 4 S. 1 SpruchG unzweifelhaft nicht der Entscheidung gem. § 11 Abs. 1 SpruchG gleichgestellt werden. Vielmehr hat der Gesetzgeber in

[1417] *Fritzsche/Dreier/Verfürth* SpruchG § 11 SpruchG Rn. 17.

[1418] Die Regelung geht auf einen Vorschlag des Bundesrats zurück, der die Form des gerichtlichen Vergleichsschlusses wegen des komplexen Verfahrensgegenstandes für besonders geeignet hielt, da sich die Beteiligten mit einem gerichtlich unterbreiteten Vorschlag ohne Zeitdruck intensiv auseinander setzen könnten (siehe *BR* SpruchverfNeuordG BR-Drucks. 827/02 [Beschluss] S. 8).

[1419] *Klöcker/Frowein* SpruchG § 11 SpruchG Rn. 23; *Krieger* in Lutter UmwG Anhang I SpruchG § 11 SpruchG Rn. 13.

§ 11 SpruchG bewusst zwischen der Beendigung des Verfahrens durch Entscheidung einerseits und der Beendigung durch Vergleich andererseits unterschieden. Aufgrund dessen findet § 13 SpruchG zum einen auf einen gerichtlichen Vergleich gem. § 11 Abs. 4 S. 1 SpruchG keine direkte Anwendung, zum anderen kann er aber auch auf gerichtliche Vergleiche insgesamt nicht analog angewendet werden. Daher kann einem gerichtlichen Vergleich nicht *Inter-omnes*-Wirkung, sondern nur *Inter-partes*-Wirkung zwischen den am Vergleichsschluss Beteiligten zukommen.[1420] Fraglich ist allerdings, ob die Beteiligten diese Wirkung ohne weiteres herbeiführen können oder ob es zur materiellen Wirksamkeit des Vergleichsschlusses noch weiterer Voraussetzungen bedarf.

aa. Spruchverfahren nach § 1 Nr. 1 SpruchG

In Spruchverfahren nach § 1 Nr. 1 SpruchG zu überprüfende Kompensationsansprüche haben ihren Rechtsgrund im Unternehmensvertrag und stellen damit rechtsgeschäftlich zwischen den Vertragsteilen vereinbarte Ansprüche dar.[1421] Wollten die Vertragsteile diese Ansprüche ändern, müssten sie eine Vertragsänderung i. S. v. § 295 Abs. 1 AktG beschließen, so dass die Voraussetzungen, die zur Wirksamkeit des Vertrages vorliegen mussten bzw. ursprünglich die Kompensationsansprüche begründeten, erneut erfüllt werden müssten.[1422] Zusätzlich bedürfte es eines Sonderbeschlusses der außenstehenden Aktionäre der beherrschten Gesellschaft gem. § 295 Abs. 2 AktG. Zum einen wird mit dem erforderlichen Zustimmungsbeschluss der Hauptversammlung der beherrschten Gesellschaft bezweckt, dass deren Aktionären die Möglichkeit gegeben wird, sich vor der erneuten Wahl zwischen Abfindungs- und Ausgleichsanspruch über die jeweiligen Ansprüche zu informieren; diesem Zweck dient auch die Erstellung eines neuen Prüfberichts bei einer Vertragsänderung.[1423] Zum anderen sollen die Aktionäre der beherrschten Gesellschaft durch den erforderlichen Hauptversammlungsbeschluss der beherrschten Gesellschaft beteiligt werden, weil ihre Vermögensinteressen durch eine im Änderungsvertrag vorgesehene höhere Kompensation beeinträchtigt werden.

Zur Sicherung der aufgezeigten Normzwecke wird davon ausgegangen, dass an gerichtliche oder außergerichtliche Vergleiche im Spruchverfahren dieselben Anforderungen wie an eine Vertragsänderung i. S. v. § 295 Abs. 1 S. 1 AktG gestellt werden müssen, obwohl mangels formeller Beteiligtenstellung der abhängigen Gesellschaft die Parteien des Unternehmensvertrages mit den den Vergleich schließenden Parteien nicht identisch sind und es sich bei dem Vergleich um eine konstitutive, eigenständige schuldrechtliche Anspruchsgrundlage für die darin vereinbarte Leistung handelt. Wirtschaftlich müsse man einen Vergleich als eine Vertragsänderung i. S. v. § 295

[1420] *Klöcker/Frowein* SpruchG § 13 SpruchG Rn. 7; *Krieger* in Lutter UmwG Anhang I SpruchG § 11 SpruchG Rn. 2; *Zimmer/Meese* NZG 2004, 201, 203.

[1421] Siehe oben Teil 3 A. I.

[1422] Zu den Voraussetzungen siehe oben Teil 3 A. I.

[1423] *Altmeppen* in MüKo/AktG § 295 AktG Rn. 20 f.

Abs. 1 S. 1 AktG ansehen.[1424] Dementsprechend würde es nicht genügen, den Vergleich als Vertrag zugunsten Dritter auszugestalten und ihm infolgedessen faktische *Inter-omnes*-Wirkung zuzuschreiben.[1425] Zur Begründung wird angeführt, dass anderenfalls die Aktionäre der beherrschten Gesellschaft die vom Gesetz vorgesehene „informierte Wahl" zwischen dem Anspruch auf Abfindung und auf Ausgleich nicht treffen könnten, da kein Prüfungsbericht im Zeitpunkt des Vergleichsschlusses vorläge und im Spruchverfahren bereits aufgedeckte Bewertungsmängel nicht ausreichend berücksichtigt werden können. Zugleich würden die Vermögensinteressen der Aktionäre der beherrschten Gesellschaft ohne deren Zustimmung beeinträchtigt, wenn durch eine im Zuge des Vergleichs beschlossene höhere Abfindung in Aktien eine Verwässerung der Aktien der Aktionäre erfolge oder die herrschende Gesellschaft höhere Ausgleichszahlungen erbringen müsse, ohne dass es eines Hauptversammlungsbeschlusses bedürfe.[1426] Für eine Entbehrlichkeit eines Beschlusses der Hauptversammlung der beherrschten Gesellschaft lässt sich indessen anführen, dass die außenstehenden Aktionäre auch im Zuge des Vergleichsschlusses über die Modalitäten der Kompensation informiert werden. Denn diejenigen außenstehenden Aktionäre, die selbst Antragsteller sind, sind am Vergleichsschluss unmittelbar beteiligt, so dass ihnen auch alle Daten zur Verfügung stehen, um eine informierte Wahl treffen zu können.

Den mit § 295 Abs. 1 S. 1 AktG verfolgten Zwecken wird ferner auch im Hinblick auf die außenstehenden Aktionäre Genüge getan, die von dem gemeinsamen Vertreter repräsentiert werden. Denn zum einen lässt sich ihre unterbliebene Antragstellung als ein Verzicht auf eine unmittelbare umfassende Information über die Kompensation begreifen, da sie angesichts der gesetzlich vorgesehenen Möglichkeit eines Vergleichsschlusses in § 11 Abs. 2 SpruchG davon ausgehen müssen, dass das Verfahren durch Vergleich beendet werden kann. Sofern sie das Recht auf eine informierte Wahl als derart fundamental ansehen, können sie dieses durch eine eigene Antragstellung ohne weiteres wahrnehmen. Zum anderen werden ihre Verfahrensrechte von dem gemeinsamen Vertreter wahrgenommen, der durch Annahme des Vergleichs folglich auch für sie eine informierte Wahl trifft. Die Hauptversammlung der beherrschten Gesellschaft muss daher nicht erneut einen Beschluss gem. § 295 Abs. 1 AktG fassen. Anderes gilt demgegenüber für die Hauptversammlung der herrschenden Gesellschaft. Denn deren Aktionäre sind weder unmittelbar noch durch einen gemeinsamen Vertreter am Verfahren beteiligt. Die Vertretungsmacht des Vorstands kann nicht so weit gehen, ohne die Befassung der Hauptversammlung einen Vergleich zum Nachteil der Aktionäre zu schließen und damit eine Kompensation für den Abschluss des Unternehmensvertrages festzulegen, der sie selbst bei dem Beschluss über den Abschluss des Unternehmensvertrages nicht zugestimmt hätten und die ohne ihre Beteiligung zustande kommt. Der Vergleichsschluss bedarf daher zur materiellen Wirk-

[1424] *Zimmer/Meese* NZG 2004, 201, 203 f.

[1425] So aber *Fritzsche/Dreier/Verfürth* SpruchG § 13 SpruchG Rn. 8.

[1426] *Zimmer/Meese* NZG 2004, 201, 203 f.

samkeit der Zustimmung der Hauptversammlung der herrschenden Gesellschaft, sofern diese auch dem ursprünglichen Vertragsschluss zustimmen musste.[1427] Weder können sich die anderen Verfahrensbeteiligten darauf verlassen, dass der Antragsgegner Vertretungsmacht zum Abschluss des Vergleichs hat, noch kann die Hauptversammlung des Antragsgegners vorab dem Vergleichsschluss durch Beschluss zustimmen, da Voraussetzung der Zustimmung wie bei dem Abschluss des Vertrages ist, dass die wesentlichen Grundlagen des Beschlusses im Zeitpunkt der Abstimmung bekannt sind.[1428] Dies ergibt sich auch mit Blick auf §§ 202 f. AktG, wo es im Gegensatz zu den §§ 304 f. AktG ohne weiteres möglich ist, durch eine Satzungsermächtigung oder aber durch Hauptversammlungsbeschluss den Vorstand zu Kapitalerhöhungen unter Ausschluss des Bezugsrechts zu ermächtigen.[1429]

bb. Spruchverfahren nach § 1 Nr. 2 und 3 SpruchG

Die Frage nach der materiellen Wirksamkeit eines gerichtlichen Vergleichs stellt sich auch in Spruchverfahren nach § 1 Nr. 2 und 3 SpruchG. Allerdings existiert eine mit § 295 Abs. 1 S. 1 AktG SpruchG vergleichbare Norm nicht, da es sich bei den durch Eingliederung und *squeeze out* ausgelösten Ansprüchen im Gegensatz zu den in Spruchverfahren nach § 1 Nr. 1 SpruchG überprüfbaren Kompensationsansprüchen nicht um vertragliche, sondern um gesetzliche Ansprüche handelt.[1430]

Die fehlende Regelung alleine stünde der materiellen Wirksamkeit des Vergleichs indes nicht entgegen, da auch ein Vergleichsschluss grundsätzlich privatautonom gestaltet werden kann. Bedenken gegen eine solche Gestaltung ergeben sich jedoch zunächst bei der vergleichsweisen Änderung der bei einer Eingliederung angebotenen Abfindung. Zwar greifen diese Bedenken insoweit nicht durch, als dass auch dann, wenn bezüglich der Abfindung ein Wahlrecht zwischen einer Abfindung in Aktien der Hauptgesellschaft und einer Barabfindung besteht, weil diese selbst abhängige Gesellschaft ist (vgl. § 320 b Abs. 1 S. 2 AktG) wiederum – wie bei der beherrschten Gesellschaft – der gemeinsame Vertreter für die von ihm repräsentierten Anteilsinhaber eine informierte Wahl trifft, und damit deren Rechte ausreichend gewahrt werden.[1431] Gem. §§ 320 Abs. 1 S. 3, 319 Abs. 2 AktG wird der Beschluss über die Eingliederung jedoch nur wirksam, wenn die Hauptversammlung der künftigen Hauptgesellschaft zustimmt, womit es den Aktionären der künftigen Hauptgesellschaft vor allem ermöglicht werden soll, eine Eingliederung zu verhindern, die mit einer sie benachteiligenden Abfindung einhergeht.[1432] Wird die Abfindung aber durch den Vergleich in einer nicht von dem Eingliederungsbeschluss der Hauptgesellschaft gedeckten Weise geändert, so kann es zu einer Verschiebung der Beteiligungsquoten durch die Aufnahme neuer Aktionäre kommen, ohne dass die Aktionäre der Haupt-

---

1427 I. E. ebenso *Vollrath* in Widmann/Mayer UmwG Anh. 13 § 11 SpruchG Rn. 33 f.

1428 *Vollrath* in Widmann/Mayer UmwG Anh. 13 § 11 SpruchG Rn. 34.

1429 Eingehend *Hirte* in GroßK/AktG § 202 AktG Rn. 91 ff.

1430 Siehe oben Teil 3 A. II. III.

1431 A. A. *Zimmer/Messe* NZG 2004, 201, 204.

1432 *Habersack* in Emmerich/Habersack KonzernR § 320 AktG Rn. 6.

gesellschaft daran unmittelbar beteiligt gewesen sind oder im Wege der Beschlussanfechtung dagegen vorgehen könnten, sofern man einen erneuten Beschluss für nicht erforderlich hält.[1433] Damit würde ein Ergebnis erzielt, das durch §§ 320 Abs. 1 S. 3, 319 Abs. 2 AktG gerade verhindert werden soll. Die Privatautonomie muss daher hier ihre Grenzen finden. Zur materiellen Wirksamkeit eines Vergleichs in Spruchverfahren nach § 1 Nr. 2 SpruchG bedarf es deshalb eines erneuten Zustimmungsbeschlusses der Hauptversammlung der Hauptgesellschaft gem. §§ 320 Abs. 1 S. 3, 319 Abs. 2 AktG.[1434]

Anders soll es sich hingegen bei der vergleichsweisen Änderung eines durch den *squeeze out* ausgelösten Barabfindungsanspruchs verhalten. Abgesehen von dem die Wirksamkeit des Beschlusses bedingenden Erfordernis des Hauptversammlungsbeschlusses und der Eintragung im Handelsregister sei ein Schutz der Aktionäre weder im Gesetz vorgesehen noch erforderlich, da das Informationsrecht der Aktionäre hinreichend gewahrt und auf Rechtsschutz verzichtet würde, einerseits von nicht antragstellenden Antragsberechtigten durch die Nichteinleitung des Spruchverfahrens, andererseits von den Antragstellern durch die im Zuge des Vergleichs erfolgende Zustimmung (gerichtlicher Vergleich) bzw. Antragsrücknahme (außergerichtlicher Vergleich).[1435]

Zutreffend ist, dass Informationsrechte in diesem Fall von vorneherein nicht in Rede stehen können, da ein Wahlrecht zwischen verschiedenen Abfindungsarten in keinem Fall bestehen kann. Daher können die Minderheitsaktionäre auch nicht in Rechten beeinträchtigt sein, vielmehr kann eine Erhöhung der Barabfindung im Spruchverfahren sie nur besser stellen. Zwar führt eine nachträgliche Heraufsetzung der Barabfindung im Zuge eines Vergleichs zu einer Beeinträchtigung des Hauptaktionärs, da er Schuldner der Barabfindung ist. Diese Beeinträchtigung erfolgt jedoch nicht ohne seine Beteiligung, denn er ist als Antragsgegner (§ 5 Nr. 3 SpruchG) unmittelbar am Vergleich beteiligt bzw. stimmt dem Eingriff in seine Vermögensrechte durch den Vergleichsschluss selbst unmittelbar zu. Daher ist er nicht schutzbedürftig. In Spruchverfahren nach § 1 Nr. 3 SpruchG ist ein Vergleich folglich ohne weiteres auch materiell-rechtlich wirksam, der gesetzliche Barabfindungsanspruch wird materiell-rechtlich durch die sich vergleichenden Beteiligten geändert.

cc. Spruchverfahren nach § 1 Nr. 4 und 5 SpruchG

Legt man die für Spruchverfahren nach § 1 Nrn. 1–3 SpruchG als maßgeblich erkannten Kriterien zugrunde, so bedarf es in Spruchverfahren nach § 1 Nr. 4 und 5 SpruchG zur materiellen Wirksamkeit eines Vergleichs zunächst in keinem Fall eines erneuten Beschlusses der jeweiligen Versammlung der Anteilsinhaber des übertragenden, formwechselnden oder sitzverlegenden Rechtsträgers, da dessen Anteilsin-

1433 *Zimmer/Meese* NZG 2004, 201, 204.

1434 Ebenso *Vollrath* in Widmann/Mayer UmwG Anh. 13 § 11 SpruchG Rn. 33.

1435 *Zimmer/Meese* NZG 2004, 201, 204; ebenso i. E. *Vollrath* in Widmann/Mayer UmwG Anh. 13 § 11 SpruchG Rn. 35.

haber entweder selbst als Antragsteller am Verfahren beteiligt sind oder aber, sofern ein Wahlrecht zwischen Zuzahlung und Abfindung besteht, die informierte Wahl von dem gemeinsamen Vertreter für die von ihm repräsentierten Anteilsinhaber getroffen wird. Umgekehrt bedarf es in allen anderen Fällen stets eines Beschlusses der jeweiligen Versammlung der Anteilsinhaber des Antragsgegners, da dessen Anteilsinhaber durch die Heraufsetzung der Kompensation im Zuge des Vergleichsschlusses in ihren Rechten beeinträchtigt sein können und sie ohne einen entsprechenden Beschluss zu deren Wahrung keinen Rechtsschutz im Wege der Anfechtungsklage ergreifen können.[1436] Ein Vergleich in Spruchverfahren nach § 1 Nr. 4 und 5 SpruchG ist daher nur dann materiell-rechtlich wirksam, wenn die jeweiligen Versammlungen ihre Zustimmung zu diesem erteilen.

d. Veröffentlichung

Eine Pflicht zur Veröffentlichung eines gerichtlichen Vergleichs ergibt sich nicht aus dem Spruchverfahrensgesetz selbst, da § 14 SpruchG ebenso wenig und aus denselben Gründen wie § 13 SpruchG direkt oder analog auf einen gerichtlichen Vergleich anwendbar ist.[1437] Allerdings trifft den jeweiligen Rechtsträger ebenso wie im Falle einer gerichtlichen Entscheidung gem. § 11 Abs. 1 SpruchG eine Pflicht zur Veröffentlichung gem. § 15 Abs. 1 WpHG, wenn dessen Voraussetzungen vorliegen.[1438] Zudem besteht bei börsennotierten Gesellschaften gem. § 39 Abs. 1 Nr. 3, Abs. 2 BörsG i. V. m. § 66 Abs. 1 BörsZulV eine Pflicht zur Veröffentlichung einer technischen Hinweisbekanntmachung, aus der sich die technische Umsetzung bzw. Abwicklung des Vergleichs ergibt.[1439]

e. Durchsetzung

Wenn und soweit der jeweilige gerichtliche Vergleich nicht wie die gerichtliche Entscheidung gem. § 11 Abs. 1 SpruchG lediglich feststellende oder gestaltende Wirkung entfaltet, sondern einen vollstreckbaren Inhalt hat, kann aus dem zugestellten Vergleich selbst vollstreckt werden (§ 794 Abs. 1 Nr. 1 ZPO). Für die gütliche Einigung ergibt sich dies bereits ausdrücklich aus § 11 Abs. 2 S. 3 SpruchG. Hingegen besteht keine entsprechende Regelung bezüglich eines Vergleichsschlusses durch Annahme eines gerichtlichen Vergleichsvorschlags. Da dieser gem. § 11 Abs. 4 S. 2 SpruchG durch Beschluss und damit durch eine gerichtliche Entscheidung festgestellt wird, ist dem Wortlaut nach § 16 SpruchG anwendbar. Auch die Gesetzesbegrün-

---

1436 Ebenso *Vollrath* in Widmann/Mayer UmwG Anh. 13 § 11 SpruchG Rn. 33, 37 f., der eine Zustimmung in diesen Fällen auch aus Gründen des Kapitalschutzes für empfehlenswert hält, da sich die Organe nur so gegen den Vorwurf eines Verstoßes gegen Kapitalerhaltungsgrundsätze schützen könnten, wenn für den Erwerb der Anteile eine überhöhte Gegenleistung gezahlt wird.

1437 Vgl. oben Teil 3 G. III. 2. d. Hinzu kommt, dass der Gesetzgeber einen Vorschlag während des Gesetzgebungsverfahrens, die Bekanntmachungspflicht gem. § 14 SpruchG auf gerichtliche Vergleiche zu erstrecken (siehe *HaReA-DAV* ZIP 2003, 552, 555), nicht aufgegriffen hat.

1438 Siehe zu den Voraussetzungen oben Teil 3 G. III. 1. e.

1439 Vgl. oben Teil 3 G. III. 1. f.

dung[1440] und Stimmen in der Literatur[1441] gehen davon aus, dass es in diesen Fällen der Erhebung einer Leistungsklage zur Erwirkung eines Vollstreckungstitels bedarf. Ein Bedürfnis für eine solche Klage ist indessen nicht ersichtlich, wenn und soweit der gem. § 11 Abs. 4 SpruchG geschlossene Vergleich den Anforderungen an einen Vollstreckungstitel gem. § 794 Abs. 1 Nr. 1 ZPO genügt. Eine unterschiedliche Behandlung des durch gütliche Einigung und des durch Annahme eines gerichtlichen Vergleichsvorschlags zustande gekommenen Vergleichs ist weder erforderlich noch geboten.[1442]

3. Außergerichtlicher Vergleich

Neben der Verfahrensbeendigung durch gerichtlichen Vergleichsschluss steht es den Beteiligten auch offen, das Verfahren durch einen außergerichtlichen Vergleich zu beenden, indem die Antragsteller ihre Anträge bis zur Rechtskraft der Entscheidung zurücknehmen und sich der gemeinsame Vertreter der Rücknahme anschließt.

Zwar wurde die Möglichkeit für die Antragsteller, ihre Anträge zurückzunehmen, vor Inkrafttreten des Spruchverfahrensgesetzes § 306 Abs. 7 S. 4 AktG a. F. bzw. § 312 Abs. 2 S. 3 UmwG a. F. entnommen, in denen sie ausdrücklich erwähnt war. Dass die diesen Regelungen entsprechende Regelung in § 15 Abs. 1 S. 6 SpruchG die Rücknahme nicht mehr ausdrücklich nennt, bedeutet nicht, dass der Antrag entgegen den allgemeinen Regeln nicht mehr zurückgenommen werden kann.[1443] Vielmehr erfasst § 15 Abs. 1 S. 6 SpruchG dem Wortlaut nach die Rücknahme weiterhin, er erwähnt sie nur nicht mehr ausdrücklich.[1444] Im Übrigen ergibt sich die Zulässigkeit der Antragsrücknahme auch aus § 6 Abs. 3 S. 1 SpruchG.[1445]

Die Rücknahme aller Anträge der Antragsteller und des gemeinsamen Vertreters im Rahmen des außergerichtlichen Vergleichsschlusses hat den Abschluss des gerichtlichen Verfahrens ohne Sachenentscheidung zur Folge. Eine bereits ergangene Entscheidung wird unwirksam, sofern sie noch nicht rechtskräftig ist;[1446] § 269 Abs. 3

[1440] *Begr. RegE* SpruchverfNeuordG BT-Drucks. 15/371 Anlage 1 S. 18.

[1441] *Geßler* AktG § 306 AktG Rn. 76; *Neye* Spruchverfahrensrecht S. 33.

[1442] I. E. ebenso *Klöcker/Frowein* SpruchG § 16 SpruchG Rn. 3; *Vollrath* in Widmann/Mayer UmwG Anh. 13 § 16 SpruchG Rn. 3.

[1443] OLG Stuttgart ZIP 2003, 2199, 2200; *Klöcker/Frowein* SpruchG § 11 SpruchG Rn. 26; *Volhard* in MüKo/AktG § 7 SpruchG Rn. 5, 16; *Vollrath* in Widmann/Mayer UmwG Anh. 13 § 3 SpruchG Rn. 13, 21, 54, § 13 SpruchG Rn. 21.

[1444] OLG Stuttgart ZIP 2003, 2199, 2200.

[1445] *Emmerich* in Emmerich/Habersack KonzernR § 3 SpruchG Rn. 15; *Hüffer* AktG § 305 AktG Anh. § 11 SpruchG Rn. 3; *Krieger* in Lutter UmwG Anhang I SpruchG § 11 SpruchG Rn. 14; *Vollrath* in Widmann/Mayer UmwG Anh. 13 § 3 SpruchG Rn. 13.

[1446] OLG Düsseldorf NJW 1980, 348; KG NJW 1971, 2270, 2271 f. Ob der Antragsgegner der Antragsrücknahme zustimmen muss, ist eine lediglich theoretische Frage, da er den Vergleich gerade schließt, um das Verfahren zu beenden. Sollte die Zustimmung jedoch in seltenen Ausnahmefällen einmal nicht vorliegen, so ist dies unschädlich, da das Einwilligungserfordernis des § 269 Abs. 1 ZPO mangels schützenswerten Interesses des Antragsgegners an der Her-

S. 1 Halbs. 1 ZPO ist analog anzuwenden.[1447] Das Recht zur erneuten Antragstellung wird durch die Antragsrücknahme zwar nicht berührt. Allerdings kann ein erneuter Antrag selbstverständlich nur innerhalb der Antragsfrist des § 4 Abs. 1 SpruchG gestellt werden und ein außergerichtlicher Vergleich wird in der Praxis kaum einmal innerhalb der regelmäßigen Antragsfrist von drei Monaten geschlossen werden. Im Übrigen wird das Recht zur erneuten Antragstellung in einem außergerichtlichen Vergleich ohnehin regelmäßig abbedungen.

Da es zur Verfahrensbeendigung der Zustimmung aller Beteiligten zu dem außergerichtlichem Vergleich bedarf, ist es verständlich, wenn die Differenzierung zwischen gerichtlichem und außergerichtlichen Vergleich für die Frage der Zulässigkeit einer gütlichen Einigung als ein „Scheinproblem" bezeichnet wird.[1448] Immer dann, wenn ein außergerichtlicher Vergleich, der zur Verfahrensbeendigung führt, geschlossen werden kann, wird auch ein gerichtlicher Vergleich in Betracht kommen. Ein Unterschied besteht lediglich darin, dass ein gerichtlicher Vergleich protokolliert wird und nach allgemeinen Regeln vollstreckbar ist. Sofern allerdings nur einige der Antragsteller mit dem Antragsgegner einen außergerichtlichen Vergleich schließen oder der gemeinsame Vertreter sich einem Vergleich zwischen allen Antragstellern und dem Antragsgegner nicht anschließt, das Verfahren also fortgeführt wird, kommt einer Entscheidung zwar die *Inter-omnes*-Wirkung des § 13 S. 2 SpruchG zu. Im Verhältnis zwischen den Antragstellern und dem Antragsgegner, die sich außergerichtlich verglichen haben, ist diese Wirkung allerdings durch den Vergleichsschluss außer Kraft gesetzt,[1449] so dass sich die alleinige Verfahrensfortführung durch den gemeinsamen Vertreter nur noch für die von dem gemeinsamen Vertreter repräsentierten Anteilsinhaber auswirkt bzw. bei einer Fortführung durch einzelne Antragsteller nur noch für jene.

4. Antragsrücknahme

Das Verfahren kann auch durch Antragsrücknahme beendet werden, ohne dass es zuvor zu einem außergerichtlichen Vergleichsschluss gekommen ist. Eine solche Antragsrücknahme wird nur dann erfolgen, wenn die Anträge aussichtslos sind.[1450] Der Antragsrücknahme muss durch alle Antragsteller und auch den gemeinsamen Vertreter erklärt werden, einer Zustimmung des Antragsgegners bedarf es nicht.[1451]

---

beiführung einer Sachentscheidung nicht analog im Spruchverfahren gilt (so auch zum alten Recht *Behnke* Spruchverfahren S. 109 f.; *Schwarz* in Widmann/Mayer UmwG § 307 UmwG Rn. 30).

[1447] *Behnke* Spruchverfahren S. 109.

[1448] So *Bungert/Mennicke* BB 2003, 2021, 2030 f.

[1449] *Fritzsche/Dreier/Verfürth* SpruchG § 11 SpruchG Rn. 31; i. E. ebenso *Krieger* in Lutter UmwG Anhang I SpruchG § 11 SpruchG Rn. 15.

[1450] *Volhard* in MüKo/AktG § 11 SpruchG Rn. 9.

[1451] Siehe oben Teil 3 G. III. 3.

Mit der umfassenden Antragsrücknahme ist das Verfahren ohne Sachentscheidung beendet.[1452]

5. Erledigung des Spruchverfahrens

Eindeutig ist, dass ein Spruchverfahren durch übereinstimmende Erledigungserklärungen der Beteiligten beendet werden kann. Dies war bereits vor der Reform des Spruchverfahrens aufgrund dessen Eindordnung als echtes Streitverfahren der freiwilligen Gerichtsbarkeit nicht zweifelhaft[1453] und gilt angesichts der Annäherung des Verfahrens an den Zivilprozess erst recht nach Inkrafttreten des Spruchverfahrensgesetzes.[1454] Anzuwenden ist in diesem Fall § 91 a ZPO analog.[1455] Daher ist die Entscheidung des Gerichts bei übereinstimmenden Erledigungserklärungen auch dann auf die Kosten zu beschränken, wenn tatsächlich kein erledigendes Ereignis eingetreten ist.[1456]

Im Gegensatz zur alten Rechtslage[1457] ist die Erledigung der Hauptsache jedoch vom Gericht nicht mehr von Amts wegen zu prüfen.[1458] Dies folgt aus der Zurückführung des Amtsermittlungsgrundsatzes bzw. aus dessen Fortgeltung nur noch insoweit, wie es zur Sicherung der verfassungsmäßigen Rechte der Antragsteller zwingend erforderlich ist.[1459] Weshalb eine amtswegige Prüfung der Erledigung der Hauptsache verfassungsrechtlich geboten sein sollte, ist nicht ersichtlich. Vielmehr liegt es in der Konsequenz der Reformziele (Annäherung an den Zivilprozess, erhöhte Pflichten der Verfahrensbeteiligten, Entlastung der Gerichte), das Gericht von der Pflicht zur Prüfung von Amts wegen zu entbinden und das Vorbringen der Erledigung allein den Beteiligten zu überlassen. Daher ist ein Verfahren trotz Erledigung der Hauptsache fortzuführen, wenn keine Erledigungserklärungen der Verfahrensbeteiligten vorliegen.

Die Hauptsache erledigt sich dann, wenn nach dem Beginn des Spruchverfahrens ein Umstand eintritt, der die Sach- und Rechtslage so verändert, dass die Weiterführung des Verfahrens keinen Sinn mehr hätte.[1460] Da Verfahrensgegenstand die Überprüfung der Angemessenheit der Kompensation ist, erledigt sich die Hauptsache, wenn die Kompensationsansprüche oder noch nicht ausgeübte Wahlrechte der Anteilsinhaber nach der Einleitung des Spruchverfahrens wegfallen. Das ist aber jeden-

---

1452 Siehe zu den Rechtsfolgen oben Teil 3 G. III. 3.

1453 Siehe BayObLG AG 1997, 182; OLG Düsseldorf WM 1993, 1749; *Schwarz* in Widmann/Mayer UmwG § 307 UmwG Rn. 20 f.

1454 *Emmerich* in Emmerich/Habersack KonzernR § 11 SpruchG Rn. 10; *Krieger* in Lutter UmwG Anhang I SpruchG § 11 SpruchG Rn. 16.

1455 *Emmerich* in Emmerich/Habersack KonzernR § 11 SpruchG Rn. 10.

1456 Vgl. *Vollkomer* in Zöller ZPO § 91 a ZPO Rn. 12.

1457 Vgl. dazu BayObLG ZIP 2004, 1952, 1953 („Knürr AG") m. w. N.

1458 A. A. *Emmerich* in Emmerich/Habersack KonzernR § 11 SpruchG Rn. 11.

1459 Vgl. oben Teil 3 D. III. 2. sowie Teil 3 E. II. 2.

1460 BayObLG ZIP 2004, 1952, 1953 („Knürr AG").

falls dann nicht der Fall, wenn die abhängige oder herrschende Gesellschaft eingegliedert oder verschmolzen wird, ebenso wenig dann, wenn die Aktionäre der beherrschten Gesellschaft im Zuge eines *squeeze out* aus der Gesellschaft ausgeschlossen werden.[1461] Gleiches gilt bei einem Ausschluss nach einem durchgeführten „regulären" Delisting.[1462] Sofern bei Eintragung des jeweiligen Beschlusses ein Verfahren bereits anhängig ist, stellt Letzterer kein erledigendes Ereignis dar.[1463]

a. Erfolgreiche Beschlussanfechtung

Es ist höchstrichterlich bislang nicht geklärt, ob sich die Hauptsache erledigt, wenn der das Spruchverfahren auslösende Beschluss der Strukturmaßnahme erfolgreich angefochten worden ist. Insbesondere stellt sich diese Frage im Zusammenhang mit bereits in Vollzug gesetzten Beherrschungs- oder Gewinnabführungsverträgen, wenn während des Spruchverfahrens der Zustimmungsbeschluss der abhängigen Gesellschaft für nichtig erklärt wird.[1464] Ob sich die Hauptsache in diesen Fällen erledigt, hängt von der Frage ab, ob mit dem Anfechtungsurteil auch die Ausgleichs- und Abfindungsansprüche *ex tunc* wegfallen oder ob in diesen Fällen die Grundsätze der fehlerhaften Gesellschaft zur Anwendung kommen.

Für den GmbH-Konzern hat der BGH die Anwendung der Grundsätze der fehlerhaften Gesellschaft bei nichtigen Unternehmensverträgen befürwortet.[1465] Das OLG Zweibrücken hat sich soweit ersichtlich als erstes und einziges Oberlandesgericht mit der Übertragbarkeit dieser Rechtsprechung auf den Aktienkonzern auseinander gesetzt und sich gegen eine Anwendung der Grundsätze der fehlerhaften Gesellschaft entschieden.[1466] Zur Begründung führte es aus, die abhängige und die herrschende Gesellschaft als Unternehmen i. S. v. § 291 AktG bildeten anders als Gesellschafter gerade kein gesamthänderisch gebundenes Vermögen i. S. v. §§ 718, 719 BGB, was

---

1461 Siehe oben Teil 3 C. I. 1. a. bb.

1462 LG München I AG 2004, 393, 394 („Ingram Macrotron GmbH"); zustimmend *Emmerich* in Emmerich/Habersack KonzernR § 1 SpruchG Rn. 4; *Kiem/Riedel* EWiR § 304 AktG a. F. 1/04, 523, 524.

1463 Nach dem BayObLG ZIP 2004, 1952, 1955 („Knürr AG") soll sich ein Spruchverfahren, das nach einem „regulären" Delisting einer börsennotierten Gesellschaft anhängig geworden ist, in der Hauptsache erledigen, wenn der Vorstand das Delisting ohne Beteiligung der Hauptversammlung beschlossen hat und er binnen angemessener Zeit die Wiederzulassung der Aktien zum Handel herbeiführt, sofern es sich bei den von dem Delisting betroffenen Aktien um marktenge Aktien gehandelt hat; zustimmend *Emmerich* in Emmerich/Habersack KonzernR § 1 SpruchG Rn. 4, § 11 SpruchG Rn. 10.

1464 Auch für Unternehmensverträge gilt, dass ohne Invollzugsetzung eine Anwendung der Grundsätze der fehlerhaften Gesellschaft von vorneherein ausscheidet (vgl. zuletzt OLG Hamburg ZIP 2005, 437, 438 [„Thyssen-Industrie AG/Blohm+Voss Holding"] m. w. N).

1465 Vgl. BGHZ 103, 1, 4 f.; 116, 37, 39; BGH WM 2002, 77, 78.

1466 OLG Zweibrücken ZIP 2004, 559 ff. („Reginaris"); zustimmend *Vollrath* in Widmann/Mayer UmwG Anh. 13 § 3 SpruchG Rn. 10; die Frage offen lassend OLG Hamburg ZIP 2005, 437, 438 („Thyssen-Industrie AG/Blohm+Voss Holding"). Das OLG Koblenz ZIP 2001, 1095 ff. („Diebels/Reginaris II") hatte zuvor die Anwendung der Grundsätze der fehlerhaften Gesellschaft im Verhältnis zu den klagenden Aktionären abgelehnt.

Voraussetzung der Anwendung der Grundsätze über die fehlerhafte Gesellschaft sei. Zudem würden bei deren Anwendung die Aktionärsrechte verkürzt, weil das Anfechtungsrecht im Ergebnis ausgehöhlt werde. Gegenüber nichtigen Hauptversammlungsbeschlüssen gebe es grundsätzlich keinen Vertrauensschutz und die Gesetzesmaterialien belegten, dass der Gesetzgeber mit der rückwirkenden Nichtigkeit der Beschlüsse gem. § 293 AktG gerechnet habe. Schließlich vermöge auch eine kombinierte Ausgleichshaftung durch konkurrierende Anwendung des § 302 AktG analog einerseits und der §§ 311, 317 AktG andererseits den Schutz der Minderheitsaktionäre vor Eingriffen in die Vermögenssubstanz während des faktischen Vollzugs sicherzustellen, und die abhängige könne von der herrschenden Gesellschaft den abgeführten Gewinn nach § 812 Abs. 1 S. 1 BGB kondizieren.[1467]

Im Schrifttum hat sich zu der Frage bisher keine herrschende Auffassung herausgebildet. Vertreten wird sowohl eine Anwendung der Grundsätze der fehlerhaften Gesellschaft mit der Möglichkeit der Kündigung des Vertrages *ex nunc*[1468] als auch eine Nichtigkeit fehlerhafter Unternehmensverträge *ex tunc*, wobei allerdings teilweise zwischen den Gründen für die Nichtigkeit des Zustimmungsbeschluss differenziert wird.[1469] Auffällig ist dabei, dass beide Auffassungen – wie auch das OLG Zweibrücken – für sich in Anspruch nehmen, mit ihrer Lösung dem Schutz der Minderheitsaktionäre weitmöglichst zu dienen, vor allem aber annehmen, mit ihrer Lösung dem – nicht ausdrücklich geäußerten – Willen des Gesetzgebers zu entsprechen.

Ab dem 1. November 2005 wird sich dem Gesetz indessen unmissverständlich entnehmen lassen, dass eingetragene Beschlüsse über einen Unternehmensvertrag gültig sind, so dass sich die vom OLG Zweibrücken und in der Literatur eingehend behandelten Fragen nicht mehr stellen. Denn unter anderem für Beschlüsse über Unternehmensverträge wird im Rahmen des dann in Kraft tretenden[1470] UMAG ein § 246 a AktG n. F. geschaffen und mit diesem ein Freigabeverfahren nach dem Vorbild der § 319 Abs. 6 AktG, § 16 Abs. 3 UmwG eingeführt werden.[1471] Ein Freigabebeschluss bindet danach das Registergericht, und die Feststellung der Bestandskraft der

---

1467 OLG Zweibrücken ZIP 2004, 559, 560 („Reginaris“).

1468 *Altmeppen* in MüKo/AktG § 291 AktG Rn. 207 ff.; *Kley* Rechtsstellung der außenstehenden Aktionäre S. 65 ff.; *Krieger* in MüHdb/AG § 70 Rn. 47; *ders.* ZHR 158 (1994) 35, 37 ff.; *Bredow/Tribulowsky* NZG 2002, 841, 846; *Klöcker/Frowein* SpruchG § 11 SpruchG Rn. 30. Ob es dabei für die Kündigung eines wichtigen Grundes bedarf, ist umstritten (siehe ausführlich *Kort* Bestandsschutz S. 169 ff.).

1469 Vgl. *Emmerich* in Emmerich/Habersack KonzernR § 291 AktG Rn. 28 ff.; siehe auch OLG Hamburg ZIP 2005, 437, 438 („Thyssen-Industrie AG/Blohm+Voss Holding“): Jedenfalls dann keine Anwendung der Grundsätze der fehlerhaften Gesellschaft, wenn der Unternehmensvertrag nicht vollzogen worden ist, auch wenn er in das Handelsregister eingetragen wurde und die außenstehenden Aktionäre Kompensationsleistungen bezogen haben.

1470 Dazu *Seibert* BB 2005, 1457.

1471 *ReA-BT* UMAG BT-Drucks. 15/5693 S. 11 f., 18; *Begr. RegE* UMAG BT-Drucks. 15/5092 Anlage 1 S. 27 ff.

Eintragung des Unternehmensvertrages wirkt für und gegen jedermann,[1472] so dass auch dann, wenn sich eine Anfechtungsklage später als begründet erweist, der Vertrag nicht *ex tunc* nichtig ist, sondern gem. § 246 a Abs. 4 S. 2 Halbs. 1 AktG n. F. die Durchführung des diesem zugrunde liegenden Beschlusses und damit des Vertrages selbst unberührt bleibt. Gem. § 246 a Abs. 4 S. 2 Halbs. 1 AktG n. F. kann die Beseitigung dieser Wirkung auch nicht als Schadenersatz verlangt werden. Die Hauptsache erledigt sich folglich trotz eines stattgebenden Anfechtungsurteils nicht. Wird dagegen ein Beschluss über einen Unternehmensvertrag nicht eingetragen, so beginnt die Antragsfrist gem. § 4 Abs. 1 S. 1 Nr. 1 SpruchG nicht zu laufen, so dass kein Spruchverfahren anhängig werden und infolgedessen sich auch nicht die Frage nach der Erledigung der Hauptsache stellen kann.

b. Kettenspruchverfahren

Da sich ein Spruchverfahren weder aufgrund einer Beendigung des Unternehmensvertrages noch infolge der Durchführung von parallelen Umstrukturierungsmaßnahmen erledigt, kann es in diesen Fällen zu „Kettenspruchverfahren“[1473] kommen, also mehreren hintereinander eingeleiteten Verfahren. In diesen Fällen bestehen die Verfahrensgegenstände jeweils fort, da sie in den einzelnen Spruchverfahren unterschiedlich sind.[1474] Eine Verfahrensverbindung kommt nur bei einer gemeinsamen örtlichen Zuständigkeit in Betracht, denn ein sachlicher Zusammenhang, der eine Verfahrensbündelung gem. § 2 Abs. 1 S. 2 SpruchG i. V. m. § 4 FGG erlauben würde, besteht nicht.[1475] Demzufolge können die außenstehenden Aktionäre grundsätzlich die rechtskräftige Entscheidung aller Verfahren abwarten, müssen sich dann jedoch, um nicht doppelt begünstigt zu werden, für eine der festgesetzten Kompensationen entscheiden.[1476] Nehmen sie indes vor Abschluss eines Verfahrens die in einem anderen Verfahren festgesetzte Kompensation an, so erledigt sich die Hauptsache der zu diesem Zeitpunkt noch anhängigen Verfahren.[1477]

[1472] Zur Funktion des Freigabeverfahrens und der Auswirkung der Registereintragung siehe eingehend *Kort* BB 2005, 1577 ff. sowie *Veil* AG 2005, 567, 571 ff.

[1473] *Puszkajler* ZIP 2003, 518, 522; siehe auch *Behnke* Spruchverfahren S. 157 („konfligierende Spruchverfahren“).

[1474] *Aubel/Weber* WM 2004, 857, 858; *Behnke* Spruchverfahren S. 157 f.; *Emmerich* in Emmerich/Habersack KonzernR § 11 SpruchG Rn. 15; *Krieger* in MüHdb/AKtG § 70 Rn. 187; *Schubert* DB 1998, 761, 762.

[1475] *Hasselbach* in KK/WpÜG § 327 f AktG Rn. 14.

[1476] *Emmerich* in Emmerich/Habersack KonzernR § 11 SpruchG Rn. 15; *Hasselbach* in KK/WpÜG § 327 f AktG Rn. 14.

[1477] Vgl. *Bredow/Tribulokwsky* NZG 2002, 841, 845.

H. Kosten und Kostentragung im Spruchverfahren

I. Gerichtskosten

Gem. § 15 Abs. 1 S. 1 SpruchG sind für die Gerichtskosten die Vorschriften der Kostenordnung anzuwenden, soweit in den folgenden Vorschriften nichts anderes bestimmt ist.[1478]

1. Gerichtsgebühren

Gem. § 15 Abs. 1 S. 1 SpruchG i. V. m. § 18 Abs. 1 S. 1 KostO berechnen sich die Gerichtsgebühren nach dem Geschäftswert, der selbst allerdings abweichend von § 18 Abs. 1 KostO nach § 15 Abs. 1 S. 2, 3 SpruchG berechnet wird, da insoweit etwas anderes bestimmt ist. Die Höhe der Gerichtsgebühren im Spruchverfahren ergibt sich abweichend von § 32 KostO aus § 15 Abs. 1 S. 6, 7 SpruchG.

a. Bestimmung des Geschäftswerts

Gem. § 15 Abs. 1 S. 1 SpruchG i. V. m. § 31 Abs. 1 KostO ist der Geschäftswert für jede Instanz gesondert zu bestimmen ist, da § 15 Abs. 1 S. 7 SpruchG lediglich festlegt, dass für den zweiten wie für den ersten Rechtszug die gleiche Gebühr erhoben wird.[1479]

aa. Erster Rechtszug

Der Geschäftswert berechnet sich im ersten Rechtszug nach § 15 Abs. 1 S. 2 Halbs. 1, S. 3 SpruchG und ist gem. § 15 Abs. 1 S. 4 SpruchG von Amts wegen durch das zuständige Landgericht bzw. bei Zuständigkeit einer Kammer für Handelssachen gem. § 2 Abs. 3 S. 1 Nr. 6 SpruchG durch deren Vorsitzenden festzusetzen.

Gem. § 15 Abs. 1 S. 2 Halbs. 1 SpruchG ist der Betrag als Geschäftswert anzunehmen, der von allen in § 3 SpruchG genannten Antragsberechtigten nach der Entscheidung des Gerichts zusätzlich zu dem ursprünglich angebotenen Vertrag insgesamt gefordert werden kann. Es ist also die Differenz zwischen dem angebotenen

---

1478 Die Festsetzung der Gerichtskosten erfolgt durch den Urkundsbeamten des Landgerichts bzw. des Oberlandesgerichts, der dabei an die Festsetzung des Geschäftswertes gebunden ist. Der Kostenansatz kann gem. § 15 Abs. 1 S. 1 SpruchG i. V. m. § 14 Abs. 2 KostO mit der Erinnerung angegriffen werden. Gegen die Entscheidung des Landgerichts über die Erinnerung kann gem. § 15 Abs. 1 S. 1 SpruchG i. V. m. § 14 Abs. 3 KostO Beschwerde eingelegt werden, nicht jedoch gegen die Entscheidung des Oberlandesgerichts über eine Erinnerung (vgl. § 15 Abs. 1 S. 1 SpruchG i. V. m. § 14 Abs. 4 S. 3 KostO).

1479 Trotz identischer Gebühren können daher die Geschäftswerte in den Rechtszügen voneinander abweichen, was sowohl für den gemeinsamen Vertreter als auch für die Rechtsanwälte Bedeutung hat, da sich dessen Vergütung bzw. deren Gebühren nach dem gerichtlichen Geschäftswert berechnen.

und dem gerichtlich im Spruchverfahren festgesetzten Kompensationsbetrag mit der Zahl der Anteile der in § 3 SpruchG genannten Antragsberechtigten zu multiplizieren.[1480] Damit hängt der Geschäftswert, in den Zinsen als bloße Nebenforderungen nicht mit eingehen,[1481] abweichend vom allgemeinen Zivilprozess nicht von der geltend gemachten Forderung ab.

Gem. § 15 Abs. 1 S. 3 SpruchG ist für die Bestimmung dieses Werts der Zeitpunkt nach Ablauf der Antragsfrist (§ 4 Abs. 1 SpruchG) maßgeblich. Vor Inkrafttreten des Spruchverfahrensgesetzes kam es für die Geschäftswertberechnung dagegen gem. § 18 Abs. 1 S. 1 KostO auf den Zeitpunkt der Fälligkeit und damit auf den Zeitpunkt der Entscheidung an. Aufgrund des klaren Wortlauts ist es unerheblich, ob Anteilsinhaber das Kompensationsangebot nach der Stellung ihres Antrags zur Einleitung des Spruchverfahrens annehmen und ihre Anteile abgeben oder der betroffene Anteilsbestand sich anderweitig verändert.[1482] Ebenso wenig hat die Entstehung von Abfindungsergänzungsansprüchen vor Antragstellung Einfluss auf den Geschäftswert.[1483] Es bedarf seitens des Gerichts lediglich der Feststellung des Anteilsbestandes zur Zeit des Fristablaufs. Dies gilt jedoch nicht – und der Ablauf der Antragsfrist muss daher auch nicht abgewartet werden –, wenn es im Verfahren nicht zu einer Erhöhung der Kompensation kommen kann. Denn dann kann die beschriebene Berechnung des Geschäftswerts ohnehin nicht vorgenommen werden, sodass sich die Feststellung der Zahl der Anteile erübrigt, Ausschließlich für Letzteres hat jedoch das Abstellen auf einen bestimmten Zeitpunkt – den Ablauf der Antragsfrist – Bedeutung. Der Geschäftswert kann daher unter Umständen bereits vor Ablauf der Antragsfrist festgestellt werden, etwa im Fall der Antragsrücknahme vor Ablauf der Antragsfrist.[1484] Bedarf es jedoch der Ermittlung der Zahl der Anteile und ist die Bestimmung des Zeitpunkts mit dem Ablauf der Antragsfrist für diese Fälle eindeutig und notwendig, so ergeben sich gegen die Maßgeblichkeit dieses Zeitpunkts doch erhebliche Bedenken. Denn die Antragsgegner haben es in der Hand, den Beginn der Antragsfrist und damit auch deren Ende zu bestimmen. Diesen Zeitpunkt möglichst lange herauszuzögern ist deshalb in einer Vielzahl von Fällen für die Antragsgegner von Interesse, weil nach dem die Pflicht zur Kompensation auslösenden Beschluss der Hauptversammlung, spätestens aber nach der Eintragung der Strukturmaßnahme im Handelsregister, den betroffenen Anteilsinhabern von den depotführenden Banken im Auftrag der Antragsgegner das Angebot unterbreitet wird, die angebotene Kompensation anzunehmen. Machen von dieser Möglichkeit etliche der angeschriebenen An-

---

1480 *Emmerich* in Emmerich/Habersack KonzernR § 15 SpruchG Rn. 7; *Hüffer* AktG § 305 AktG Anh. § 15 SpruchG Rn. 3; *Klöcker/Frowein* SpruchG § 12 SpruchG Rn. 3; *Pukall* in Mayer/Kroiß RVG § 31 RVG Rn. 3.

1481 *Hüffer* AktG § 305 AktG Anh. § 15 SpruchG Rn. 3; *Klöcker/Frowein* SpruchG § 15 SpruchG Rn. 3; *Volhard* in MüKo/AktG § 15 SpruchG Rn. 6.

1482 *Bungert/Mennicke* BB 2003, 2021, 2029; *Emmerich* in Emmerich/Habersack KonzernR § 15 SpruchG Rn. 7.

1483 *Büchel* NZG 2003, 793, 803.

1484 OLG Stuttgart ZIP 2003, 2199, 2201.

teilsinhaber Gebrauch und tauschen sie ihre Anteile vor Ablauf der vom Antragsgegner steuerbaren Antragsfrist um, so bleiben alle diese Anteile bei der Ermittlung des Geschäftswerts unberücksichtigt, obwohl auch sie „wirtschaftlich betroffen“ sind, da sie bei einer Erhöhung der Kompensation im Spruchverfahren einen Anspruch auf Abfindungsergänzung (vgl. § 13 SpruchG) begründen, der seinerseits ein erhebliches wirtschaftliches Interesse der ursprünglichen Anteilsinhaber am Ausgang des Verfahrens begründet. Dies führt dazu, dass der Geschäftswert der tatsächlichen wirtschaftlichen Bedeutung des Verfahrens nicht gerecht wird, auch wenn sich im Ergebnis bei großen Unternehmen angesichts des Höchstwertes von 7,5 Mio. € keine Änderungen bei der Festsetzung des Geschäftswerts ergeben werden.

bb. Zweiter Rechtszug

§ 15 Abs. 1 SpruchG differenziert bezüglich der Geschäftswertberechnung nicht zwischen den Rechtszügen. Daher ist § 15 Abs. 1 S. 2 Halbs. 1 SpruchG bzw. die dort vorgegebene Berechnungsformel auch in der Beschwerdeinstanz anzuwenden. Allerdings lässt sich § 15 Abs. 1 S. 3 SpruchG nicht unmittelbar heranziehen, da im Falle einer Beschwerde die Antragfrist gem. § 4 Abs. 1 SpruchG nicht mehr ablaufen kann. Daher könnte gem. § 15 Abs. 1 S. 1 i. V. m. § 18 Abs. 1 S. 1 KostO auf den Zeitpunkt der Fälligkeit und damit der Entscheidung abzustellen sein. Eine grundsätzlich unterschiedliche Geschäftswertberechnung in den jeweiligen Instanzen wäre zum einen aber nicht sinnvoll, da sie die Unübersichtlichkeit fördern und dem allgemeinen Ziel, die maßgeblichen Regelungen des Spruchverfahrens einheitlich im Spruchverfahrensgesetz zusammenzufassen, zuwiderlaufen würde. Zum anderen hat der Gesetzgeber diese mögliche Folge des Wortlauts des § 15 Abs. 1 S. 3 SpruchG offenkundig auch weder gesehen noch gewollt. Daher ist § 15 Abs. 1 S. 3 SpruchG in der zweiten Instanz entsprechend anzuwenden, so dass maßgeblicher Zeitpunkt für die Bestimmung des Geschäftswerts der Tag nach Ablauf der Beschwerdefrist ist.[1485]

Die Festsetzung des Geschäftswertes erfolgt gem. § 15 Abs. 1 S. 4 SpruchG von Amts wegen, und zwar in Ermangelung einer § 2 Abs. 3 S. 1 Nr. 6 SpruchG entsprechenden Regelung in jedem Fall durch das zuständige Oberlandesgericht, nicht durch den Vorsitzenden des zuständigen Senats.

cc. Mindest- und Höchstgeschäftswert

Gem. § 15 Abs. 1 S. 2 Halbs. 2 SpruchG beträgt der Geschäftswert mindestens 200.000,– € und höchstens 7,5 Mio. €. Eine Unter- oder Überschreitung dieser Grenzen sieht das Gesetz nicht vor, auch nicht in Ausnahmefällen; ein gerichtliches Ermessen besteht diesbezüglich nicht.[1486] Während durch die Festsetzung des Mindestgeschäftswertes von 200.000,– € dem Aspekt Rechnung getragen werden soll, dass das Tätigwerden des Gerichts in jedem Fall einen nicht unerheblichen Aufwand bedeutet und angemessen abgegolten wird, soll die Festsetzung des Höchstwertes von

---

1485 Ebenso *Büchel* NZG 2003, 793, 803.

1486 BayObLG ZIP 2004, 1952, 1956 („Knürr AG“); OLG Stuttgart ZIP 2004, 850, 851.

7,5 Mio. € verhindern, dass für den Antragsteller oder den Antragsgegner durch ein Spruchverfahren unverhältnismäßig hohe Kosten entstehen.[1487]

Die Höchstgrenze wurde im Zuge der Reform von 1 Mio. € (vgl. § 16 Abs. 1 SpruchG-RefE) über 5 Mio. € (vgl. § 15 Abs. 1 S. 2 Halbs. 2 SpruchG-RegE) auf 7,5 Mio. € erhöht, da der Bundesrat Gebührenausfälle der Bundesländer befürchtete und die Obergrenze von 5 Mio. € als zu niedrig abgelehnt hatte.[1488]

Mittelbar wirken sich die Grenzen auch auf die Vergütung des gemeinsamen Vertreters und – soweit es um die Höchstgrenze geht – auch auf die Rechtsanwaltsgebühren aus.

(1) Mindestgeschäftswert als Untergrenze

Der Wortlaut des § 15 Abs. 1 S. 2 Halbs. 1 SpruchG lässt auf den ersten Blick den Schluss zu, dass der Mindestgeschäftswert nur bei Festsetzung einer Kompensation angesetzt werden kann, also wenn der Antrag – wenn auch minimalen – Erfolg hat.

Systematisch spricht dagegen zunächst § 15 Abs. 1 S. 5 SpruchG, nach dem erst für die Zahl der anzusetzenden Gebühren auf die Art der Verfahrensbeendigung abzustellen ist. Bereits daraus lässt sich ableiten, dass selbst bei einer Zurückweisung eines Antrags als unzulässig kein Geschäftswert unter dem Mindestgeschäftswert festgelegt werden kann.[1489] Dem Umstand, dass es in diesem Fall im Spruchverfahren in der Hauptsache zu keiner gerichtlichen Entscheidung kommt, wird durch die Zahl der anzusetzenden Gebühren Rechnung getragen.[1490] Ferner hat der Gesetzgeber den Mindestgeschäftswert gerade eingeführt, um zu vermeiden, dass bei einem erfolglosen Antrag die niedrigste Gebühr nach § 32 KostO festgesetzt wird.[1491] Schließlich wäre es auch widersinnig, bei einer Erhöhung der Kompensation in der Summe für alle Antragsberechtigten unter 200.000,– € so lange den Mindestwert festzusetzen, bis ein Grenzwert von Null erreicht wird, und dann den Wert nach anderen Maßstäben zu bestimmen, so dass der Mindestgeschäftswert auch dann nicht weniger als 200.000,– € betragen kann, wenn Anträge als unbegründet abgewiesen werden.[1492]

1487 *Begr. RegE* SpruchverfNeuordG BT-Drucks. 15/371 Anlage 1 S. 17; *Neye* Spruchverfahrensrecht S. 29.

1488 Siehe *BR* SpruchverfNeuordG BR-Drucks. 827/02 (Beschluss) S. 8 ff.

1489 OLG Düsseldorf AG 2005, 298; OLG Stuttgart ZIP 2004, 850, 851; LG Frankfurt/M. ZIP 2005, 215, 216 („Buderus AG").

1490 OLG Düsseldorf AG 2005, 298.

1491 *Begr. RegE* SpruchverfNeuordG BT-Drucks. 15/371 Anlage 1 S. 17. Der Gesetzgeber wollte mit der Regelung die bis zum Inkrafttreten des Spruchverfahrensgesetzes praktizierte Geschäftswertbestimmung übernehmen (vgl. *Begr. RegE* SpruchverfNeuordG BT-Drucks. 15/371 Anlage 1 S. 17). Dagegen weist das OLG Stuttgart ZIP 2003, 2199, 2201 darauf hin, dass die Gerichte den Geschäftswert bei erfolglosen Anträgen vor Inkrafttreten des Spruchverfahrensgesetzes nach dem angestrebten und nicht nach dem erzielten Erhöhungsbetrag bestimmten.

1492 BayObLG ZIP 2004, 1952, 1956 („Knürr AG"); OLG Stuttgart ZIP 2003, 2199, 2200; i. E. auch *Büchel* NZG 2003, 793, 802; *Bungert/Mennicke* BB 2003, 2021, 2029; *Emmerich* in Emmerich/Habersack KonzernR § 15 SpruchG Rn. 8; *Fritzsche/Dreier/Verfürth* SpruchG § 15 SpruchG Rn. 11; *Klöcker/Frowein* SpruchG § 15 SpruchG Rn. 4; *Krieger* in Lutter UmwG Anhang I SpruchG § 15 SpruchG Rn. 4.

Der Mindestwert kann daher auch bei Antragsrücknahme Anwendung finden, unabhängig davon, zu welchem Zeitpunkt und in welchem Verfahrensabschnitt die Rücknahme erfolgt. Denn der Wortlaut differenziert nicht nach der Form der Verfahrensbeendigung und auch der Gesetzgeber hat bei der Zahl der anzusetzenden Gebühren keine Differenzierung nach der Art der Erledigung vorgenommen.[1493] Schließlich führt auch eine Verfahrenstrennung nicht zu einer Halbierung des Mindestgeschäftswertes, da bei einer subjektiven Antragshäufung jeder Antragsteller das Risiko selbst zu tragen hat, dass über seinen Antrag aus sachlichen Gründen in einem abgetrennten gesonderten Verfahren entschieden wird und der Entscheidung dort der Mindesgeschäftswert des § 15 Abs. 1 S. 2 SpruchG zugrunde gelegt wird.[1494] Bei Zwischenentscheidungen gilt der Mindestgeschäftswert dagegen nicht.[1495]

(2) Antragsabweisung

Von der soeben behandelten Frage, ob der Mindestgeschäftswert bei jeder Form der Verfahrensbeendigung zwingend die Untergrenze darstellt, ist die Frage zu trennen, ob zugleich zwingend der Geschäftswert in dieser Höhe festzusetzen ist, wenn im Spruchverfahren keine Kompensation bestimmt wird, sei es, weil der Antrag unzulässig oder unbegründet, sei es, weil er zurückgenommen worden ist.

Der Wortlaut des § 15 Abs. 1 S. 1 Halbs. 2 SpruchG spricht dafür, dass das Gericht auch bei einer Antragsabweisung einen Geschäftswert über dem Mindestgeschäftswert festsetzen kann, denn der Geschäftswert muss „mindestens" 200.000,– € betragen, was dafür spricht, dass er ohne weiteres mehr betragen kann, auch im Fall der Antragsabweisung.[1496] Dennoch wird ohne weiteres von der zwingenden Festsetzung des Mindestgeschäftswertes ausgegangen, wenn es zu keiner Bestimmung einer Kompensation kommt.[1497] Dem entgegen wird allerdings auch vertreten, dass der Geschäftswert in diesen Fällen durch das Gericht innerhalb der Grenzen des § 15 Abs. 1 S. 1 Halbs. 2 SpruchG nach freiem Ermessen festzulegen sei, wobei unter anderem die Erfolgsaussichten und die Tragweite der angestrebten Entscheidung berücksichtigt werden könnten, aber nicht müssten.[1498]

Die Gesetzesgeschichte spricht weder zwingend für die erste noch für die zweite Auffassung. Zwar wird in der Gesetzesbegründung unter Bezugnahme auf den Vor-

---

1493 OLG Stuttgart ZIP 2003, 2199, 2201; i. E. auch BayObLG ZIP 2004, 1952, 1956 („Knürr AG"); OLG Düsseldorf AG 2005, 298; *Klöcker/Frowein* SpruchG § 15 SpruchG Rn. 4; *Vollrath* in Widmann/Mayer UmwG Anh. 13 § 15 SpruchG Rn. 15.

1494 OLG Düsseldorf AG 2005, 298.

1495 OLG Frankfurt/M. AG 2005, 658, 659 („Wayss & Freytag/Hollandsche Beton Groep"); siehe zur Begründung unten Teil 3 H. I. 1. b.

1496 A. A. ohne nähere Begründung LG Frankfurt/M. ZIP 2005, 215, 216 („Buderus AG"); *Krieger* in Lutter UmwG Anhang I SpruchG § 15 SpruchG Rn. 4.

1497 OLG Düsseldorf Konzern 2005, 439, 445; OLG Stuttgart ZIP 2003, 2199, 2200 f.; *Emmerich* in Emmerich/Habersack KonzernR § 15 SpruchG Rn. 8; *Krieger* in Lutter UmwG Anhang I SpruchG § 15 SpruchG Rn. 4; zweifelnd *Büchel* AG 2004, 682, 683.

1498 *Hüffer* AktG § 305 AktG Anh. § 15 SpruchG Rn. 3; *Volhard* in MüKo/AktG § 15 SpruchG Rn. 7.

schlag des Bundesrats, statt der Regelung in § 15 Abs. 1 S. 1 SpruchG die Geltung von § 30 Abs. 1 KostO anzuordnen,[1499] davon ausgegangen, dass der Geschäftswert auch bei einer Zurückweisung oder Rücknahme des Antrags grundsätzlich nicht höher liegen dürfe als bei einem auch nur minimalen Erfolg des Antrags, so dass „für eine Ermessensentscheidung des Gerichts ... ohnehin nur ein sehr geringer Spielraum“ bliebe, das freie Ermessen daher auch ausgeschlossen werden könne.[1500] Dieser Ausschluss kann sich jedoch auch lediglich auf die Einführung der Mindestgrenze beziehen und muss nicht auch für die Festsetzung des Geschäftswertes zwischen Mindest- und Höchstgrenze bei Antragsabweisung gelten.

Für die zweite Auffassung spricht neben dem Wortlaut auch der Sinn und Zweck der Einführung des Mindestgeschäftswerts, der darin liegt, die Tätigkeit des Gerichts in jedem Fall angemessen abzugelten.[1501] Denn wenn bereits mit der Festsetzung des Mindestgeschäftswertes die Tätigkeit angemessen abgegolten wird, so doch erst recht, wenn bei Antragsabweisung innerhalb der Grenzen des § 15 Abs. 1 S. 1 Halbs. 2 SpruchG ein höherer als der Mindestgeschäftswert festgesetzt wird. Verhindert werden soll durch den Mindestgeschäftswert, dass die niedrigste Gebühr nach § 32 KostO, nicht jedoch dass ein höherer Geschäftswert als 200.000,– € festgesetzt wird. Im Einzelfall kann daher auch bei Antragsabweisung oder Antragsrücknahme ein über der Mindestgrenze liegender Geschäftswert festgesetzt werden; es gilt § 15 Abs. 1 S. 1 SpruchG i. V. m. § 30 Abs. 1 KostO.

dd. Rechtsmittel gegen die Geschäftswertfestsetzung

Die Entscheidung über die Festsetzung des Geschäftswerts kann mit der Beschwerde angefochten werden, die sich nach § 15 Abs. 1 S. 1 SpruchG i. V. m. §§ 30 ff. KostO richtet. Denn §§ 15 ff. SpruchG enthält keine Regelungen über ein Rechtsmittel gegen die Festsetzung des Geschäftswertes durch das Gericht und die Bestimmung über die sofortige Beschwerde in § 12 SpruchG folgt § 15 Abs. 1 S. 1 SpruchG nicht nach. Zudem betrifft § 12 SpruchG die Entscheidung in der Hauptsache. Dafür, dass in § 15 Abs. 1 S. 1 SpruchG nur für die Bestimmung des Geschäftswerts und nicht auch für den dagegen eingelegten Rechtsbehelf ergänzend auf die Kostenordnung verwiesen werden sollte, gibt es keinen Anhaltspunkt.[1502]

Beschwerdebefugt sind all jene, die Kostenschuldner sind, darüber hinaus aufgrund der mittelbaren Bedeutung des Geschäftswerts für dessen Vergütung auch der gemeinsame Vertreter.[1503] Zu beachten ist, dass im Gegensatz zur Beschwerde gem. § 12

[1499] *BR* SpruchverfNeuordG BR-Drucks. 827/02 (Beschluss) S. 8 f.

[1500] *BReg* SpruchverfNeuordG BT-Drucks. 15/371 Anlage 3 S. 28.

[1501] *Begr. RegE* SpruchverfNeuordG BT-Drucks. 15/371 Anlage 1 S. 17.

[1502] OLG Stuttgart ZIP 2003, 2199 ff.; OLG Düsseldorf AG 2005, 298; *Emmerich* in Emmerich/Habersack KonzernR § 15 SpruchG Rn. 10; *Fritzsche/Dreier/Verfürth* SpruchG § 15 SpruchG Rn. 14; *Klöcker/Frowein* SpruchG § 15 SpruchG Rn. 5; *Krieger* in Lutter UmwG Anhang I SpruchG § 15 SpruchG Rn. 5.

[1503] *Emmerich* in Emmerich/Habersack KonzernR § 15 SpruchG Rn. 10; vgl. auch OLG Frankfurt/M. AG 2005, 658, 659 („Wayss & Freytag/Hollandsche Beton Groep“).

SpruchG das Verbot der *reformatio in peius* nicht gilt;[1504] der Geschäftswert kann also auch herabgesetzt werden.

b. Zahl der Gebühren

Die Zahl der Gebühren für Spruchverfahren im ersten Rechtszug richtet sich nach § 15 Abs. 1 S. 5, 6 SpruchG. Gem. § 15 Abs. 1 S. 5 SpruchG wird dort die volle Gebühr erhoben. Diese bemisst sich nach § 15 Abs. 1 S. 1 SpruchG i. V. m. § 32 KostO und erhöht sich bei einer gerichtlichen Entscheidung in der Hauptsache gem. § 15 Abs. 1 S. 6 Halbs. 1 SpruchG auf das Vierfache, es sei denn, dass lediglich ein Beschluss nach § 11 Abs. 4 S. 2 SpruchG ergeht, denn dann bleibt es gem. § 15 Abs. 1 S. 6 Halbs. 2 SpruchG bei der vollen Gebühr. Dadurch soll ein Anreiz zur vergleichsweisen gerichtlichen Verfahrensbeendigung geschaffen und eine Entlastung der Gerichte bewirkt werden.[1505]

Die Festsetzung der Gebühren – die mit der Einreichung des Antrags in voller Höhe entstehen und auch durch eine Verfahrensverbindung (§ 2 Abs. 1 S. 2 SpruchG) nicht berührt werden[1506] – im ersten Rechtszug gilt gem. § 15 Abs. 1 S. 7 SpruchG auch für einen etwaigen zweiten Rechtszug, unabhängig von dessen Ausgang.[1507] Gemeint ist mit dem „*zweiten Rechtszug*" allerdings nicht, was durchaus mit dem Wortlaut vereinbar wäre, die Überprüfung jedweder erstinstanzlichen Entscheidung durch eine zweite Instanz. Denn indem die vierfache Gebühr, die bei einer Sachentscheidung in der ersten Instanz anfällt, auch für die Beschwerdeinstanz gilt, soll der hohe Aufwand abgegolten werden, der mit einer Entscheidung in der Sache verbunden ist.[1508] Bloße Zwischenentscheidungen in der ersten Instanz sind jedoch nicht entsprechend aufwendig. Daher gilt § 15 Abs. 1 S. 7 SpruchG nicht für Beschwerden über jene Entscheidungen.[1509]

2. Auslagen

Neben den Gebühren kann das Gericht, bei Zuständigkeit einer Kammer für Handels-

---

1504 BayObLG ZIP 2002, 1687, 1689 („MBB/Daimler Benz").

1505 *Begr. RegE* SpruchverfNeuordG BT-Drucks. 15/371 Anlage 1 S. 17.

1506 Vgl. OLG Koblenz AG 2005, 661, 662.

1507 Sowohl in der ersten als auch in der zweiten Instanz kann die Kostenentscheidung gem. § 15 Abs. 1 S. 1 SpruchG i. V. m. § 31 Abs. 1 S. 2 KostO von Amts wegen geändert werden, es sei denn, dass seit der rechtskräftigen Entscheidung oder anderweitigen Verfahrensbeendigung sechs Monate verstrichen sind (vgl. § 31 Abs. 1 S. 3 KostO). Im Gegensatz zur erstinstanzlichen Kostenentscheidung ist die Entscheidung des Beschwerdegerichts jedoch nicht mehr überprüfbar, denn die Kostenentscheidung kann nur zugleich mit der Hauptsacheentscheidung angefochten werden; gegen die Entscheidung des Beschwerdegerichts ist jedoch kein Rechtsmittel zulässig.

1508 Vgl. *Geßler* AktG § 306 AktG Rn. 71.

1509 OLG Frankfurt/M. AG 2005, 658, 659 („Wayss & Freytag/Hollandsche Beton Groep"); *Klöcker/Frowein* SpruchG § 16 SpruchG Rn. 6; *Krieger* in Lutter, UmwG Anhang I SpruchG § 15 SpruchG Rn. 6; *Vollrath* in Widmann/Mayer UmwG Anh. 13 § 15 SpruchG Rn. 41.

sachen gem. § 2 Abs. 3 S. 1 Nr. 6 SpruchG der Vorsitzende, gem. § 15 Abs. 1 S. 1 SpruchG i. V. m. §§ 136–139 KostO Auslagen erheben, die gem. § 1 KostO ebenfalls unter die Gerichtskosten fallen. Gem. § 15 Abs. 3 S. 1 SpruchG hat der Antragsgegner einen zur Deckung der Auslagen hinreichenden Vorschuss zu zahlen. Dies ist insbesondere im Zusammenhang mit der Bestellung eines gerichtlichen Sachverständigen bedeutsam, da das an diesen gem. § 9 Abs. 1 i. V. m. Anlage 1 JVEG zu zahlende Honorar gem. § 15 Abs. 1 S. 1 SpruchG i. V. m. § 137 Abs. 1 Nr. 6 KostO eine sonstige Auslage des Gerichts darstellt. Vor allem für diese Auslage, aber auch für alle übrigen von §§ 136–139 KostO erfassten Positionen ist der Ausschluss der Anwendbarkeit von § 8 KostO gem. § 15 Abs. 3 S. 2 SpruchG bedeutsam.[1510]

3. Kostenschuldner und Kostentragungspflicht

Gem. § 15 Abs. 2 S. 1 SpruchG schuldet allein der Antragsgegner die Gerichtskosten. Mehrere Antragsgegner haften gem. § 15 Abs. 1 S. 1 SpruchG i. V. m. § 5 Abs. 1 S. 1 KostO als Gesamtschuldner.[1511] Wenn auch die Haftung des Antragsgegners für die Gerichtskosten bestehen bleibt, so können diese doch gem. § 15 Abs. 2 S. 2 SpruchG ganz oder teilweise den Antragstellern auferlegt werden, wenn dies der Billigkeit entspricht.[1512]

Bereits dem Wortlaut nach können also weder der gemeinsame Vertreter noch die von ihm repräsentierten Anteilsinhaber, sondern ausschließlich die Antragsteller zur Kostentragung herangezogen werden. Allein für den Fall, dass der gemeinsame Vertreter gem. § 6 Abs. 3 S. 2 SpruchG einem Antragsteller gleich steht, ist es denkbar, auch ihm die Kosten auferlegen zu können. Dagegen spricht, dass er für die Einleitung des Verfahrens keinen Anlass gegeben hat. Steht er allerdings einem Antragsteller gleich, sind also keine weiteren Antragsteller vorhanden, so dass ihm alle Rechte eines Antragstellers zukommen, ist nicht ersichtlich, warum ihn nicht auch die entsprechenden Pflichten treffen sollten. Die Gefahr, dass dadurch die von dem repräsentierten Anteilsinhaber im Ergebnis zur Kostentragung verpflichtet werden könnten, obwohl sie nicht formell am Verfahren beteiligt sind und auf die Auswahl sowie die Tätigkeit des gemeinsamen Vertreters keinen Einfluss haben,[1513] besteht nicht, denn dem gemeinsamen Vertreter wird in den Fällen, in denen ihm die Kosten ganz oder teilweise auferlegt werden, regelmäßig eine Pflichtverletzung zur Last fallen, für die er den von ihm repräsentierten Anteilsinhabern haftet.[1514] Daher kann auch den

---

1510 Siehe oben Teil 3 F. III. 4.

1511 Die analoge Anwendung der Kostentragungsregelung für das „reguläre" Delisting hat das BayObLG ZIP 2004, 1952, 1955 („Knürr AG") ausdrücklich bejaht.

1512 Soweit der Antragsgegner Gerichtskostenvorschüsse gem. § 15 Abs. 3 SpruchG gezahlt hat, kann die Gerichtskasse den Antragsgegner bei einer von § 15 Abs. 1 S. 1 SpruchG abweichenden Kostenentscheidung auf den internen Kostenausgleich verweisen.

1513 *Schwarz* in Widmann/Mayer UmwG § 308 UmwG Rn. 34.

1514 Siehe dazu oben Teil 3 F. IV. 4.

gemeinsamen Vertreter die Pflicht zur Kostentragung gem. § 15 Abs. 2 S. 2 SpruchG treffen, wenn er ein Verfahren einem Antragsteller gem. § 6 Abs. 3 S. 2 SpruchG gleichstehend weiterführt.[1515]

Indem § 15 Abs. 2 S. 2 SpruchG es ermöglicht, den Antragstellern (oder dem gemeinsamen Vertreter im Fall des § 6 Abs. 3 S. 2 SpruchG) die Kosten ganz oder teilweise aufzuerlegen, wird kodifiziert, was bereits vor Inkrafttreten des Spruchverfahrensgesetzes möglich war.[1516] Nach der Gesetzesbegründung soll sich in der Rechtsprechung zur Konkretisierung des Kriteriums der Billigkeit eine entsprechende Praxis herausgebildet haben.[1517] Klare Linien lassen sich indes der Rechtsprechung nicht immer entnehmen.[1518] Soweit bei offensichtlicher Unzulässigkeit eines Antrags vertreten wurde, die Kosten abweichend vom Grundsatz zu verteilen, ist allerdings nach Inkrafttreten des Spruchverfahrensgesetzes zu bedenken, dass sich nunmehr angesichts der Begründungspflicht gem. § 4 Abs. 2 SpruchG bei Verfahrenseinleitung nicht ohne weiteres vorhersehen lässt, ob ein Antrag mangels ausreichender Begründung offensichtlich unzulässig ist. Jedenfalls solange sich eine gefestigte Kasuistik nicht herausgebildet hat, können Anträge in Bezug auf die Antragsbegründung daher kaum als offensichtlich unzulässig abgewiesen werden, es sei denn, sie erschöpfen sich trotz vorliegender Information in bloß formelhaften Begründungen oder verzichten gänzlich auf eine Begründung.[1519] Gleiches gilt, wenn ein Spruchverfahren eingeleitet wird, das gesetzlich nicht vorgesehen ist.[1520]

§ 15 Abs. 2 S. 2 Halbs. 2 SpruchG entlässt zwar den Antragsgegner auch dann nicht aus der Haftung, wenn die Kosten in vollem Umfang dem Antragsteller auferlegt werden, stellt ihm jedoch mit dem Antragsteller einen weiteren Schuldner an die Seite, der mit ihm gegenüber der Gerichtskasse als Gesamtschuldner gem. § 15 Abs. 1 S. 1

[1515] A. A. *Behnke* Spruchverfahren S. 129 f.; *Fritzsche/Dreier/Verfürth* SpruchG § 15 SpruchG Rn. 26; *Krieger* in Lutter UmwG Anhang I SpruchG § 15 SpruchG Rn. 8; *Vollrath* in Widmann/Mayer UmwG Anh. 13 § 15 SpruchG Rn. 6, 19.

[1516] *Bungert/Mennicke* BB 2003, 2021, 2029.

[1517] *Begr. RegE* SpruchverfNeuordG BT-Drucks 15/371 Anlage 1 S. 17.

[1518] Siehe folgende Einzelfälle (Bejahung einer gänzlichen oder teilweisen Kostentragungspflicht der Antragsteller): Insolvenz des Antragsgegners (BayObLGZ 1978, 209, 214); Verlangen nach Obergutachten, obwohl die Vertragsteile sämtliche Unterlagen und Gutachten vorgelegt haben und die Zurückweisung der Anträge klar vorhersehbar ist (BayObLGZ 1973, 106, 110); eindeutig verspätete oder offensichtlich unzulässige Antragstellung (OLG Düsseldorf AG 1998, 236 ff.; OLG Düsseldorf AG 1996, 88); offensichtlich; mutwillig eingelegte und offensichtlich erfolglose Beschwerde (OLG Düsseldorf WM 1984, 732, 740); sachfremde und rechtsmissbräuchliche Anträge (OLG Frankfurt/M. NJW 1972, 641, 644); keine ernsthafte Auseinandersetzung mit Bewertungsgutachten und lediglich Verfahrenseinleitung zu dessen kostenloser Überprüfung (LG Dortmund NZG 2002, 343, 345); Beweisvereitelung durch die Antragsteller (LG Köln DB 1977, 369).

[1519] Vgl. LG Frankfurt/M. ZIP 2005, 859, 861 („Celanese AG"); für eine Kostentragung durch die Antragsteller aus Billigkeitsgründen allenfalls bei offensichtlich unbegründeten Anträgen *Vollrath* in Widmann/Mayer UmwG Anh. 13 § 15 SpruchG Rn. 8.

[1520] OLG Zweibrücken ZIP 2005, 948, 951 („Guano AG II") (Einleitung eines Spruchverfahrens bei Liquidation einer AG gem. §§ 262 ff. AktG).

SpruchG i. V. m. § 5 Abs. 1 S. 1 KostO haftet. Dadurch wird dem Antragsgegner das Insolvenzrisiko des Antragstellers aufgebürdet und so der Schutz des Antragsgegners in Missbrauchsfällen in gewisser Weise ausgehöhlt, auch und gerade vor dem Hintergrund von dessen Pflicht zur Vorschusszahlung gem. § 15 Abs. 3 SpruchG.[1521] Denn betreiben Antragsteller missbräuchlich ein Spruchverfahren und fallen dabei aufgrund eines entsprechend hohen Geschäftswertes hohe Gebühren an, so kann der Antragsgegner zwar im Wege der Kostenfestsetzung die Erstattung der per Vorschuss oder im Zuge der Gesamtschuldnerhaftung zunächst gezahlten Summen verlangen. Der Gesamtschuldnerausgleich bzw. der Erstattungsanspruch geht jedoch im Falle der Insolvenz der Antragsteller häufig ins Leere.

II. Außergerichtliche Kosten der Antragsteller

§ 15 Abs. 4 SpruchG regelt die Ersatzfähigkeit der außergerichtlicher Kosten der Antragsteller, die zur zweckentsprechenden Erledigung der Angelegenheit notwendig waren. Daraus folgt im Umkehrschluss, dass alle anderen außergerichtlichen Kosten der Antragsteller generell von den Antragstellern zu tragen sind.

1. Rechtsanwaltsgebühren

Die umfangreichsten Kosten, die ein Antragsteller zur zweckentsprechenden Erledigung der Angelegenheit aufwenden muss, stellen regelmäßig die Gebühren eines beauftragten Rechtsanwalts dar. Trotz der Befreiung vom Anwaltszwang können sich Antragsteller im Spruchverfahren regelmäßig ohne fachkundige Hilfe kein Bild davon machen, ob eine Kompensation angemessen ist. Das gilt umso mehr aufgrund der zahlreichen Neuregelungen durch das Spruchverfahrensgesetz; insbesondere die Notwendigkeit der Antragsbegründung, aber auch die Verfahrensförderungspflichten werden dazu führen, dass sich alle Antragsteller – sofern sie nicht ausnahmsweise selbst fachkundig und mit Unternehmensbewertungen vertraut sind – eines Rechtsanwalts bedienen.[1522] Gem. § 2 Abs. 1 RVG berechnen sich die Rechtsanwaltsgebühren nach dem Wert, den der Gegenstand der anwaltlichen Tätigkeit hat (Gegenstandswert). Die Höhe der Gebühren bestimmt sich gem. § 2 Abs. 2 i. V. m. VV Anlage 1 Nr. 2400 RVG.

a. Bestimmung des Gegenstandswerts

Die Bestimmung des Gegenstandswerts der anwaltlichen Tätigkeit und damit der Höhe der Gerichtsgebühren war vor Inkrafttreten des Spruchverfahrensgesetzes heftig umstritten.[1523] Daher hat der Gesetzgeber im Zuge des SpruchverfNeuordG § 8

[1521] *BDI u. a.* Zu § 15 Abs. 2 SpruchG-RegE.

[1522] Siehe oben Teil 3 D. I.

[1523] Ausführlich zum Meinungsstreit *Behnke* Spruchverfahren S. 133 ff.

Abs. 1 a BRAGO a. F. – nunmehr § 31 RVG – eingefügt und damit eine gesetzliche Regelung zur Bestimmung des Gegenstandswerts für den Fall getroffen, dass mehrere Anteilsinhaber einen Antrag stellen.[1524]

aa. Antragstellung durch einen Anteilsinhaber

Gem. § 23 Abs. 1 S. 1 RVG bestimmt sich der Gegenstandswert im gerichtlichen Verfahren nach den für die Gerichtsgebühren geltenden Wertvorschriften. Diese Regelung findet im Spruchverfahren Anwendung, wenn ein Rechtsanwalt einen einzelnen Antragsteller vertritt und weitere Antragsteller nicht vorhanden sind. Die gerichtliche Festsetzung des Geschäftswerts ist gem. § 32 Abs. 1 RVG also auch für die Gebühren des Rechtsanwalts maßgebend.[1525] Dies ergibt sich im Umkehrschluss daraus, dass die Berechnung der Gerichtsgebühren nach § 31 RVG erfolgt, wenn mehrere Antragsteller vorhanden sind und der Antragsteller einen oder mehrere von diesen vertritt.[1526]

Widerspruch ruft diese Berechnung im Vergleich zur Berechnung des Geschäftswertes hervor, der sich nach den Anteilen aller Anteilsinhaber bemisst, die Anspruch auf eine Erhöhung der Kompensation, ggf. auch nur einen Abfindungsergänzungsanspruch gem. § 13 S. 2 SpruchG haben (vgl. § 15 Abs. 1 S. 2 Halbs. 1 SpruchG). Im Fall der Antragstellung durch nur einen Anteilsinhaber kommt dessen Rechtsanwalt der gesamte Geschäftswert zugute und den Antragsteller trifft ein erhebliches Kostenrisiko. Dafür ist keine Rechtfertigung ersichtlich, insbesondere in Anbetracht der Tatsache, dass einer von ihm möglicherweise erstrittenen Erhöhung der Kompensation *Inter-omnes*-Wirkung zukommt und die nicht antragstellenden Anteilsinhaber regelmäßig durch den gleichfalls zu vergütenden gemeinsamen Vertreter im Verfahren repräsentiert werden.[1527] Vor allem wirft die Regelung auch Bedenken im Hinblick auf Art. 14 GG auf, denn dem Antragsgegner muss zur Überprüfung der Kompensationsleistung nicht nur ein Verfahren eröffnet sein, sondern die Verfolgung seines Rechtsziels darf ihm auch faktisch nicht verschlossen sein, insbesondere nicht durch eine finanzielle Überbeanspruchung.

Da sich Spruchverfahren allerdings gerade durch die hohe Zahl der Beteiligten, insbesondere durch zahlreiche Antragsteller auszeichnen, wird nur selten lediglich ein Antragsteller vorhanden sein, wovon auch die Gesetzesbegründung ausgeht.[1528] Gleichwohl erscheint eine derartige Konstellation nach dem Inkrafttreten des Spruchverfahrensgesetzes wahrscheinlicher als zuvor, weil insbesondere durch die Antrags-

---

1524 § 8 Abs. 1 a BRAGO a. F. wurde durch Art. 6 SpruchverfNeuordG eingefügt. § 31 RVG entspricht § 8 Abs. 1 a BRAGO a. F.; es wurden lediglich redaktionelle Änderungen vorgenommen. § 31 Abs. 2 RVG entspricht § 8 Abs. 1 a S. 5 BRAGO a. F. und erklärt in Halbs. 2 Nummer 1008 des Vergütungsverzeichnisses für nicht anwendbar, die § 6 Abs. 6 BRAGO a. F. entspricht, der in § 8 Abs. 1 a S. 6 BRAGO für unanwendbar erklärt worden war.

1525 *N. Schneider* in Gebauer/Schneider RVG § 31 RVG Rn. 5.

1526 Vgl. *Begr. RegE* SpruchverfNeuordG BT-Drucks. 15/371 Anlage 1 S. 19.

1527 *Büchel* NZG 2003, 793, 803.

1528 Vgl. *Begr. RegE* SpruchverfNeuordG BT-Drucks. 15/371 Anlage 1 S. 19.

begründungspflicht und die Gefahr der Kostentragung die Einleitung eines Spruchverfahrens an Attraktivität verloren hat.

bb. Antragstellung durch mehrere Anteilsinhaber

Sind mehrere Antragsteller vorhanden, so bestimmt sich der Gegenstandswert nach § 31 RVG.

(1) Vertretung eines Antragstellers

Vertritt ein Rechtsanwalt einen von mehreren Antragstellern, so bestimmt sich der Gegenstandswert der Tätigkeit nach § 31 Abs. 1 RVG.

(a) Berechnungsformel

Gem. § 31 Abs. 1 S. 1 RVG, durch den zum einen das Kostenrisiko der Antragsgegner auf ein vertretbares Maß beschränkt und zum anderen die Interessen der Antragstellvertreter gewahrt werden sollen,[1529] bestimmt sich der Gegenstandswert nach dem Bruchteil des für die Gerichtsgebühren geltenden Geschäftswertes, der sich aus dem Verhältnis der Anzahl der Anteile des Auftraggebers zu der Gesamtzahl der Anteile aller Antragsteller ergibt; die Division der Zahl der Anteile des Auftraggebers durch die Zahl der Anteile aller Antragsteller multipliziert mit dem für das Verfahren insgesamt festgesetzten Geschäftswert für die Gerichtsgebühren ergibt also den Gegenstandswert,[1530] was der Rechtsprechung des BGH vor Inkrafttreten des Spruchverfahrensgesetzes entspricht.[1531] Beträgt z. B. der Geschäftswert 5 Mio. € und halten alle Antragsteller zusammen 500.000 Aktien, so würde gem. § 31 Abs. 1 S. 1 RVG auf einen Antragsteller mit 10.000 Aktien ein anteiliger Gegenstandswert von 100.000,– € entfallen.

Volhard hält die Berechnungsformel für nicht sachgemäß und will im Anschluss an eine vor Inkrafttreten des Spruchverfahrensgesetzes vertretene Auffassung in der Rechtsprechung[1532] sowie einen im Rahmen des Gesetzgebungsverfahrens unterbreiteten Vorschlag[1533] den Gegenstandswert entgegen dem Wortlaut des § 31 Abs. 1 S. 1 RVG berechnen, indem der Geschäftswert des gerichtlichen Verfahrens durch die Zahl aller berechtigten Anteile dividiert und dann mit dem Anteilseigentum der von dem Rechtsanwalt vertretenen Antragsteller multipliziert wird.[1534] Bezogen auf das soeben angeführte Beispiel (Geschäftswert 5 Mio. €, alle Antragsteller halten insgesamt

---

1529 Begr RegE SpruchverfNeuordG BT-Drucks. 15/371 Anlage 1 S. 19.

1530 *Hüffer* AktG § 305 AktG Anh. § 15 SpruchG Rn. 7; *Klöcker/Frowein* SpruchG § 15 SpruchG Rn. 21; *Mayer/Kroiß* RVG § 31 RVG Rn. 4; *Römermann* in Hartung/Römermann RVG § 31 RVG Rn. 6 f.; *N. Schneider* in Gebauer/Schneider RVG § 31 RVG Rn. 6 f.

1531 Vgl. BGH AG 1999, 181 („ASEA Brown Boveri AG").

1532 OLG Düsseldorf AG 2002, 403, 404 („Kaufhof/Metro I"); OLG Düsseldorf AG 2000, 77 („Guano AG"); OLG Düsseldorf AG 1998, 39; zustimmend (unter Aufgabe seiner vorherigen Rechtsprechung) BayObLG ZIP 2002, 1687, 1689 („MBB/Daimler Benz").

1533 Vgl. *HaReA-DAV* ZIP 2003, 552, 556.

1534 *Volhard* in MüKo/AktG § 15 SpruchG Rn. 18.

500.000 Aktien, maßgeblicher Antragsteller hält 10.000 Aktien) würde dies bedeuten, dass sich der auf den Anragsteller entfallende Gegenstandswert danach richtet, wie viele Anteile insgesamt eine Antragsberechtigung vermitteln. Sind dies z. B. 10 Mio., so beträgt der auf den Antragsteller mit 10.000 Aktien entfallende Gegenstandswert 20.000,– € und liegt somit erheblich tiefer als bei der Berechnung nach § 31 Abs. 1 S. 1 RVG. Bei insgesamt 1 Mio. Aktien, die jeweils eine Antragsberechtigung vermitteln, würde er 50.000,– € betragen und lediglich dann, wenn die Summe der Anteile aller Antragsteller der Summe aller eine Antragsberechtigung vermittelnden Anteile, also 500.000 entspricht, ergibt sich mit 100.000,– € derselbe Gegenstandswert wie bei der Berechnung nach § 31 Abs. 1 S. 1 RVG. Da jedoch die Summe der Anteile aller Antragsteller kaum einmal der Summe aller eine Antragsberechtigung vermittelnden Anteile entspricht – viele Antragsberechtigte stellen keinen eigenen Antrag, zudem wäre sonst die Institution des gemeinsamen Vertreters weitgehend überflüssig – führt die gesetzliche Regelung in § 31 Abs. 1 S. 1 RVG in aller Regel im Vergleich zu der von *Volhard* befürworteten Berechnungsformel zu wesentlich höheren Gegenstandswerten. Die Kritik an der Regelung in § 31 Abs. 1 S. 1 RVG richtet sich dementsprechend dagegen, dass das wirtschaftliche Interesse der Antragsteller fast immer hinter dem vom Gericht angesetzten Geschäftswert zurückbleibt, die Antragsteller ihre Verfahrensbevollmächtigten aber gleichwohl so bezahlen müssen, als verträten diese zusammengenommen sämtliche anspruchsberechtigten Anteilsinhaber; daher sei zwischen dem materiellen Interesse des einzelnen Aktionärs und der *Inter-omnes*-Wirkung der Entscheidung für alle anderen Anteilsinhaber zu differenzieren.[1535]

Angesichts des klaren Wortlauts des § 31 Abs. 1 S. 1 RVG und auch des Gesetzgebungsverfahrens, in dem der Vorschlag zu einer solchen Differenzierung ausdrücklich nicht übernommen worden ist, kann der Ansicht im Ergebnis nicht gefolgt werden, mag sie auch ihre Berechtigung haben.[1536] Entgegen der Rechtslage vor Inkrafttreten des Spruchverfahrensgesetzes wirken sich die Unterschiede in der Berechnungsformel angesichts der mittelbar geltenden Höchstgrenze für den Gegenstandswert jedenfalls nicht mehr derart erheblich aus. Auch das OLG Düsseldorf, das die von *Volhard* befürwortete Berechnungsformel maßgeblich entwickelt hat, hat zu erkennen gegeben, dass durch die Begrenzung des Geschäftswertes im Ergebnis seiner Rechtsprechung entsprochen wird.[1537]

(b) Maßgeblicher Berechnungszeitpunkt

Gem. § 31 Abs. 1 S. 2 RVG ist maßgeblicher Zeitpunkt für die Bestimmung der auf die einzelnen Antragsteller entfallenden Anzahl der Anteile der jeweilige Zeitpunkt der Antragstellung. Dieses ergibt sich auch daraus, dass für die Bestimmung des Ge-

---

1535 OLG Düsseldorf AG 2000, 77 („Guano AG“).

1536 So auch *Hüffer* AktG § 305 AktG Anh. § 15 SpruchG Rn. 8.

1537 Vgl. OLG Düsseldorf AG 2003, 640 („Hoffmann's Stärkefabriken AG“), das allerdings noch von einer Höchstgrenze des Geschäftswertes von 5 Mio. € ausging.

schäftswertes gem. § 15 Abs. 1 S. 3 SpruchG ausdrücklich auf den Zeitpunkt des Ablaufs der Antragsfrist abgestellt wird. Demnach bleiben Veränderungen im Anteilsbestand, die zwischen der Stellung des Antrags und dem Ablauf der Antragsfrist eintreten, unberücksichtigt; dies entspricht im Übrigen § 40 GKG. Damit ist allerdings nicht zugleich festgelegt, dass die Bestimmung des Gegenstandswerts unmittelbar nach Antragstellung erfolgen muss. Dies wäre ohnehin bereits deshalb problematisch, weil der Antragsteller weder im Zuge des Nachweises der Antragsberechtigung noch im Rahmen der Antragsbegründung gezwungen ist, seinen (vollständigen) Anteilsbestand anzugeben.[1538] Zusammenzuzählen sind daher die Anteile, die zu den jeweiligen Stichtagen gehalten werden.[1539]

Der Gegenstandswert kann offensichtlich auch noch während des Verfahrens ermittelt werden; seine Festlegung muss nicht unmittelbar nach Eingang der Antragsbegründung erfolgen. Zwar nimmt die Gesetzesbegründung auf § 4 Abs. 2 S. 3 SpruchG Bezug und geht davon aus, *„dass der einmal ermittelte Wert während der gesamten Dauer des Verfahrens gilt"*, hält es jedoch zugleich für möglich, dass die Anzahl der von dem Antragsteller gehaltenen Anteile *„anderweitig gerichtsbekannt wird"*,[1540] wodurch zum Ausdruck kommt, dass eine Feststellung nicht zwingend zum Zeitpunkt der Antragsbegründung erfolgen muss. Wird der Anteilsbestand gar nicht angegeben, ist gem. § 31 Abs. 1 S. 3 RVG gesetzlich zu vermuten, dass ein Antragsteller lediglich einen Anteil hält, wenn die tatsächliche Zahl der Anteile nicht gerichtsbekannt ist. In diesem Fall und auch dann, wenn der Anteilsbestand nur unvollständig angegeben und bis zum Ende des Verfahrens nicht aufgedeckt wird, ergibt sich ein Gegenstandswert, der mit den tatsächlichen Verhältnissen nicht übereinstimmt und niedriger ausfällt als bei vollständiger Angabe des Anteilsbestandes. Unter Umständen wird lediglich der Mindestgegenstandswert gem. § 31 Abs. 1 S. 3 RVG festgesetzt. Unvollständige oder nicht erfolgende Angaben des Anteilsbestandes würden sich damit immer zulasten des Rechtsanwalts auswirken. Vor diesem Hintergrund vertritt *Römermann*, dass die Vermutung des § 31 Abs. 1 S. 3 RVG nicht im Verhältnis zwischen Rechtsanwalt und Mandant für die Zahl der Anteile des eigenen Mandanten gilt, sondern es dem Rechtsanwalt gestattet ist, unabhängig von der gesetzlichen Vermutung eine Schätzung vorzunehmen, die der Mandant widerlegen könne, indem er die tatsächliche Zahl seiner Anteile nachweise.[1541]

Eine solche Auslegung liegt zwar auf den ersten Blick nicht unbedingt nahe, da der Wortlaut des § 31 Abs. 1 S. 3 RVG nicht zwischen dem Verhältnis zwischen Antragstellern und Gericht einerseits und Rechtsanwalt und Mandant andererseits differenziert. Kommt der Mandant seiner Pflicht aus dem Mandatsvertrag zur Mitteilung der tatsächlichen Anteilshöhe gegenüber dem Rechtsanwalt nicht nach, so bliebe diesem

---

1538 Siehe oben Teil 3 D. III. 2. a.

1539 *Römermann* in Hartung/Römermann RVG § 31 RVG Rn. 19; *N. Schneider* in Gebauer/Schneider RVG § 31 RVG Rn. 9.

1540 *Begr. RegE* SpruchverfNeuordG BT-Drucks. 15/371 Anlage 1 S. 20.

1541 *Römermann* in Hartung/Römermann RVG § 31 RVG Rn. 14; zustimmend *N. Schneider* in Gebauer/Schneider RVG § 31 RVG Rn. 11.

nur, eine Honorarvereinbarung abzuschließen, was allerdings den Nachteil mit sich bringt, keine Kostenerstattung von dem Antragsgegner verlangen zu können,[1542] weshalb sich nur wenige Antragsteller auf eine Honorarvereinbarung einlassen dürften. Wenngleich auch mit einer Schätzung durch den Rechtsanwalt erhebliche Schwierigkeiten verbunden sein können, ist es daher interessengerecht, eine solche zuzulassen und § 31 Abs. 1 S. 3 RVG außer Acht zu lassen, wenn der Mandant keine Angaben zu seinem Anteilsbestand macht. Dafür spricht auch, dass es sich bei dieser Norm zum einen um eine Schutzbestimmung zugunsten des Antragsgegners handelt und zum anderen das Gericht nicht zu einer oftmals schwierigen Schätzung gezwungen sein soll; dem Schutz des Antragstellers soll sie ebenso wenig dienen wie dem Schutz des Rechtsanwalts vor schwierigen Schätzungen.

Probleme wirft die Maßgeblichkeit des Zeitpunkts der Antragstellung für die Berechnung des Gegenstandswerts in Spruchverfahren nach § 1 Nr. 2 und 3 SpruchG auf. Denn grundsätzlich ist eine Antragstellung erst nach der Eintragung des Eingliederungs- bzw. des *Squeeze-out*-Beschlusses im Handelsregister möglich.[1543] Durch die Eintragung geht jedoch die Stellung als Aktionär verloren, weshalb es für die Antragsberechtigung bei der Eingliederung von Aktiengesellschaften auf die Aktionärsstellung im Zeitpunkt der Eintragung der Eingliederung und bei einem *squeeze out* auf die Eintragung des Übertragungsbeschlusses (§ 327e AktG) ankommt. Entsprechend muss die Berechnung des Gegenstandswertes in diesen Fällen auch auf der Grundlage des Anteilsbestandes erfolgen, den die Antragsteller im Zeitpunkt des Ausscheidens aus der Gesellschaft gehalten haben, weil nicht anzunehmen ist, dass der Gesetzgeber in diesen Fällen von vorneherein einen Gegenstandswert von 0,– € festsetzen und infolgedessen stets nur den Mindestwert zugrunde legen wollte.[1544]

(2) Vertretung mehrerer Antragsteller

Für den Fall, dass ein Rechtsanwalt mehrere Antragsteller vertritt, bestimmt sich der Gegenstandswert nach § 31 Abs. 2 RVG. Zur Bestimmung sind die auf die einzelnen Antragsteller nach § 31 Abs. 1 RVG entfallenden Werte zu addieren, so dass der Gegenstandswert der anwaltlichen Tätigkeit der Summe der Produkte entspricht. Da der Wortlaut nicht differenziert und zunächst gem. § 31 Abs. 1 RVG der Einzelwert festgelegt wird, bevor gem. § 31 Abs. 2 RVG eine Addition dieser Werte erfolgt, sind auch mehrere Mindestgeschäftswerte nach § 31 Abs. 1 S. 4 RVG zu addieren.[1545] Unzutreffend wäre es daher, erst am Schluss der Berechnung für mehrere Auftraggeber auf den Mindestgegenstandswert für das gesamte Mandat abzustellen.[1546]

Der Gegenstandswert kann über die Summe der Werte hinaus nicht erhöht werden,

---

1542 *Behnke* Spruchverfahren S. 142.

1543 Siehe oben Teil 3 D. II. 4. 5.

1544 I. E. auch *Neye* Spruchverfahrensrecht S. 32.

1545 *Fritzsche/Dreier/Verfürth* SpruchG § 15 SpruchG Rn. 52.

1546 *Römermann* in Hartung/Römermann RVG § 31 RVG Rn. 23.

da die Anwendung von Nr. 1008 VV Anlage 1 RVG gem. § 31 Abs. 2 Halbs. 2 RVG ausgeschlossen ist.[1547] Allerdings gilt dies nicht, wenn ein Rechtsanwalt zwar von mehreren Antragstellern beauftragt wird, diese jedoch die ihnen die Antragsberechtigung vermittelnden Anteile gemeinschaftlich halten, wie häufig etwa Ehegatten; in diesem Fall scheidet eine Wertaddition gem. § 31 Abs. 2 Halbs. 1 RVG aus, und Nr. 1008 VV Anlage 1 RVG bleibt anwendbar.[1548]

b. Mindest- und Höchstgrenzen für den Gegenstandswert
In allen Fällen ist der den anwaltlichen Gebühren zugrunde liegende Gegenstandswert durch Mindest- und Höchstwerte begrenzt. Der Mindestgegenstandswert beträgt gem. § 31 Abs. 1 S. 4 RVG 5.000,– €. Dagegen erhebt sich Kritik, da auch die von Kleinaktionären erstrittene Entscheidung *inter omnes* wirke, und sich diese angesichts des Mindestgegenstandswerts und der sich daraus ergebenden niedrigen Rechtsanwaltsgebühren einen fachlich versierten Rechtsanwalt nur gegen eine Honorarvereinbarung bedienen könnten.[1549] Dem ist allerdings entgegenzuhalten, dass auch im Spruchverfahren die Vorschriften über die Beratungs- und Prozesskostenhilfe, § 2 Abs. 2 S. 1 Nr. 1 BerHG bzw. § 17 Abs. 1 SpruchG i. V. m. § 14 FGG i. V. m. §§ 114–127 ZPO, Anwendung finden.[1550]

Die Begrenzung des Gegenstandswerts nach oben und die damit verbundene Beschränkung der anwaltlichen Gebühren kann sich erheblich auf die rechtsanwaltliche Tätigkeit auswirken. Zwar ergibt sich eine Höchstgrenze für den Gegenstandswert nicht unmittelbar aus § 31 RVG. Jedoch gilt die Grenze des § 15 Abs. 1 S. 2 Halbs. 2 SpruchG i. H. v. 7,5 Mio. € mittelbar auch für den Geschäftswert gem. § 32 Abs. 1 RVG, da sich dieser gem. § 31 Abs. 1 S. 1 RVG auf der Grundlage der Gerichtsgebühren berechnet. Neben der Befürchtung, dass es durch diese Begrenzung zu sinkenden Gebühren und damit zu einer Behinderung der anwaltlichen Tätigkeit kommt, werden gegen die Regelung verfassungsrechtliche Bedenken geltend gemacht. In naher Zukunft sei eine Verfassungsbeschwerde unter Berufung auf Art. 3 Abs. 1 GG von Rechtsanwälten nahe liegend, die Anteilsinhaber in einem Spruchverfahren repräsentiert haben, in dem der Wert der gerichtlich festgesetzten Kompensation insgesamt den Höchstgeschäftswert von 7,5 Mio. € übersteigt.[1551] Eine verfassungswidrige Ungleichbehandlung könne darin liegen, dass für den Fall einer gerichtlichen Hauptsacheentscheidung – soweit es nicht zu einer vergleichsweisen Verfahrensbeendigung gekommen ist (vgl. § 15 Abs. 1 S. 6 Halbs. 2 SpruchG) – die

1547 *N. Schneider* in Gebauer/Schneider RVG § 31 RVG Rn. 16.

1548 *Begr. RegE* SpruchverfNeuordG BT-Drucks. 15/371 Anlage 1 S. 20; *Emmerich* in Emmerich/Habersack KonzernR § 15 SpruchG Rn. 25; *Pukall* in Maier/Kroiß RVG § 31 RVG Rn. 7; *Römermann* in Hartung/Römermann RVG § 31 RVG Rn. 24; *N. Schneider* in Gebauer/Schneider RVG § 31 RVG Rn. 17.

1549 Siehe *Puszkajler* ZIP 2003, 518, 521 f., der während des Gesetzgebungsverfahrens vor diesem Hintergrund eine Erhöhung des Mindestgeschäftswertes auf 30.000,– € vorgeschlagen hatte.

1550 *Behnke* Spruchverfahren S. 140.

1551 Vgl. *Fritzsche/Dreier/Verfürth* SpruchG § 15 SpruchG Rn. 46.

Gerichtsgebühren im Gegenzug für die Begrenzung des Geschäftswertes auf das Vierfache einer vollen Gebühr erhöht werden, während eine vergleichbare Erhöhung der Rechtsanwaltsgebühren fehlt.[1552] Ohne dass den verfassungsrechtlichen Fragen an dieser Stelle vertieft nachgegangen werden kann, scheinen die Aussichten einer entsprechenden Verfassungsbeschwerde doch gering, denn sachliches Kriterium zur Ungleichbehandlung von Rechtsanwalts- und Gerichtsgebühren ist die Sicherstellung der Funktionsfähigkeit der öffentlichen Hand und damit letztlich ein anerkanntes öffentliches Interesse.

Gegen die Begrenzung der Rechtsanwaltsgebühren lässt sich die hohe Komplexität der Spruchverfahren und der daraus resultierende erhebliche anwaltliche Aufwand einwenden, der sich durch die Analyse der Bewertungsgutachten noch erhöht, da die Einwände gegen die Bewertung aufgrund der Pflicht zur Antragsbegründung konkreter als bisher vorgetragen werden müssen. Hinzu kommt, dass die Begrenzung nicht deshalb erfolgt ist, weil die Gebühren der Rechtsanwälte in Spruchverfahren unangemessen hoch schienen, sondern um die Antragsteller vor einem zu hohen Kostenrisiko zu bewahren; denn die Einführung des Mindest- und Höchstgeschäftswerts dient vor allem diesem Zweck. Es begegnet durchaus Bedenken, zum einen durch die Begründungspflicht sowie zum anderen durch die Verfahrensförderungspflichten die Anforderungen für die Antragsteller in Kenntnis davon zu erhöhen, dass diese sich regelmäßig anwaltlicher Hilfe bedienen müssen, gleichzeitig aber die Vergütung der Rechtsanwälte für einen Teil der Fälle zu reduzieren. Allerdings ist demgegenüber auch zu beachten, dass durch die im Gesetz nunmehr vorgeschriebene Berechnungsformel im Vergleich zur Rechtslage vor Inkrafttreten des Spruchverfahrensgesetzes die Gegenstandswerte in einem wesentlichen Teil der Fälle höher ausfallen. Wäre der Gesetzgeber der sich im Vordringen befindlichen Auffassung des OLG Düsseldorf und des BayObLG sowie Reformvorschlägen gefolgt,[1553] die unter rechtsdogmatischen und auch wirtschaftlichen Gesichtspunkten einiges für sich haben, so würden die Gegenstandswerte regelmäßig weitaus niedriger ausfallen als nach der jetzt geltenden Rechtslage.[1554]

2. Sonstige Kosten

Neben den Rechtsanwaltsgebühren können auch die Auslagen eines Rechtsanwalts sowie weitere Kosten der Antragsteller zur zweckentsprechenden Erledigung der Angelegenheit notwendig sein.

Neben den Kosten für Porto, Telefon- und Telefax sowie Reisen im Zusammenhang mit dem Verfahren[1555] können die Kosten für ein vor Verfahrensbeginn eingeholtes

---

[1552] *Fritzsche/Dreier/Verfürth* SpruchG § 15 SpruchG Rn. 46.

[1553] Siehe oben Teil 3 H. II. 1. a. bb. (1) (a).

[1554] Siehe das Rechenbeispiel oben Teil 3 H. II. 1. a. bb. (1) (a).

[1555] Zu weiteren erstattungsfähigen Kosten *Zimmermann* in Keidel/Kuntze/Winkler FGG § 13 a FGG Rn. 54.

Privatgutachten einen der Höhe nach bedeutsamen Posten darstellen. Vor Inkrafttreten des Spruchverfahrensgesetzes wurde angesichts der vollen Geltung des Amtsermittlungsgrundsatzes eine Erstattungsfähigkeit dieser Kosten grundsätzlich abgelehnt, da dieser gerade bezwecke, die erforderlichen Tatsachenfeststellungen durch unabhängige Sachverständige in ausreichendem Maße zu treffen.[1556] Angesichts der Antragsbegründungspflicht und der Zurückdrängung des Amtsermittlungsgrundsatzes ist diese Argumentation indessen nicht mehr tragfähig. Auch für den Zivilprozess, an den das Spruchverfahren durch das Spruchverfahrensgesetz angenähert worden ist, entspricht es jedoch der Rechtsprechung des BGH, die Kosten für vorprozessual erstattete Privatgutachten nur ausnahmsweise als Kosten des Rechtsstreits anzusehen und im Regelfall jede Partei ihre Einstandspflicht sowie ihre Ersatzberechtigung in eigener Verantwortung prüfen und den dadurch entstehenden Aufwand selbst tragen zu lassen.[1557] Dies muss auch im Spruchverfahren gelten, so dass die Kosten eines Sachverständigengutachtens nur dann ersatzfähig sein können, wenn der Antragsteller ohne das Gutachten infolge fehlender Sachkenntnisse nicht zu einem sachgerechten Vortrag in der Lage ist,[1558] insbesondere nicht seiner Pflicht zur Antragsbegründung gem. § 4 Abs. 2 S. 2 Nr. 4 S. 1 SpruchG nachkommen kann.

3. Kostentragungspflicht

Gem. § 15 Abs. 4 SpruchG tragen grundsätzlich die Antragsteller die Kosten, die zur zweckentsprechenden Erledigung der Angelegenheit notwendig waren, folglich auch die Rechtsanwaltsgebühren. Nur wenn es unter Berücksichtigung des Ausgangs des Verfahrens der Billigkeit entspricht, können diese Kosten ganz oder teilweise dem Antragsgegner auferlegt werden. Gegenüber der Rechtslage vor Inkrafttreten des Spruchverfahrensgesetzes bedeutet dies eine Umkehr des Regel-Ausnahme-Verhältnisses, durch das die Antragsteller von einer „übereilten oder mutwilligen Antragstellung“ abgehalten werden sollen.[1559]

a. Kostenfreiheit für Antragsteller als Verfassungsgebot

Dass die Antragsteller ihre außergerichtlichen Kosten grundsätzlich selbst tragen müssen, ist eine grundlegende Neuerung. Nach der alten Rechtslage konnten ihnen diese Kosten nur dann ganz oder zum Teil auferlegt werden, wenn und soweit es unbillig erschien, diese den Antragsgegnern aufzuerlegen (vgl. § 306 Abs. 7 S. 8 AktG a. F.).

Teilweise wurde die Möglichkeit, das Spruchverfahren grundsätzlich kostenfrei betreiben zu können, als eine für den durch Spruchverfahren zu gewährenden Minder-

---

1556 So *Ammon* FGPrax 1998, 121, 124; *Kowalski* EWiR § 306 AktG 1/97, 147; zu einer Ausnahme von diesem Grundsatz OLG Zweibrücken AG 1997, 182, 183.

1557 BGHZ 153, 235, 236 f.

1558 Vgl. BGHZ 153, 235, 238.

1559 *Begr. RegE* SpruchverfNeuordG BT-Drucks. 15/371 Anlage 1 S. 17.

heitenschutz wesentliche Voraussetzung angesehen und als verfahrensrechtliche Ausprägung des verfassungsrechtlichen Schutzes der Minderheitsaktionäre verstanden.[1560] Die Kostenfreiheit sei Ausgleich für den Ausschluss des Anfechtungsrechts des Einzelaktionärs für unzureichende finanzielle Entschädigungsangebote und für den Verzicht auf ausreichende Information zu diesen Angeboten.[1561] Zudem wurde bei einer grundsätzlichen Pflicht zur Kostentragung durch die Antragsteller ein Schaden für die Aktienkultur und die Förderung des Risikos „exzessiver Ausübung wirtschaftlicher Macht“ von mit „erdrückenden Mehrheiten ausgestatteten Großaktionären“ befürchtet.[1562] Dagegen wurde auch kritisiert, dass die Antragsteller „gänzlich risikolos, gleichsam zum Nulltarif“ das Spruchverfahren betreiben konnten und im Zuge dessen gemutmaßt, dass es bei der Kostentragungspflicht weniger um Minderheitenschutz als vielmehr um den Schutz von gebührenrechtlich interessanter Anwaltsbetätigung gehe.[1563] Auch *Lutter/T. Bezzenberger* hielten die Kostentragungsregeln für unangemessen und befürworteten in ihrem Reformvorschlag eine teilweise Annäherung an das Erfolgsprinzip im Zivilprozess, da dies dem Charakter des Spruchverfahrens als Streitverfahren entspräche und bewirken könne, dass Minderheitsgesellschafter „von unsinnigen Spruchverfahren oder Anträgen ins Blaue hinein“ abgehalten würden.[1564]

b. Kostenerstattung durch den Antragsgegner

Das Gericht kann eine gänzliche oder teilweise Erstattung der Kosten durch den Antragsgegner anordnen,[1565] wenn dies unter Berücksichtigung des Ausgangs des Verfahrens der Billigkeit entspricht (§ 15 Abs. 4 letzter Halbs. SpruchG). Obwohl die Gesetzesbegründung ausdrücklich anerkennt, dass geeignete Maßstäbe hierfür schwer zu finden sind[1566] und an anderen Stellen auf Vorgaben für die Rechtsanwendung einzelner spruchverfahrensrechtlicher Regelungen bewusst verzichtet hat, gibt sie bezüglich § 15 Abs. 4 SpruchG eine klare Linie zur Auslegung vor, indem die Er-

[1560] *Bilda* NZG 2000, 296, 298; *W. Meilicke/Heidel* DB 2003, 2267, 2274, Fn. 90.

[1561] *Puszkajler* ZIP 2003, 518, 521.

[1562] So ausdrücklich *Erb* NZG 2001, 161, 163.

[1563] So ausdrücklich *Wiesen* ZGR 1990, 503, 510.

[1564] *Lutter/T. Bezzenberger* AG 2000, 433, 443.

[1565] Für die Festsetzung der zu erstattenden außergerichtlichen Kosten ist sowohl in der ersten als auch in der zweiten Instanz der Rechtspfleger des Landgerichts zuständig, bei dem das Spruchverfahren geführt wurde (§ 21 Nr. 1 RpflG, § 103 ZPO). Gegen dessen Beschluss kann im Wege der Beschwerde oder der Erinnerung vorgegangen werden (§ 17 Abs. 1 SpruchG i. V. m. § 13 a Abs. 3 FGG und § 104 Abs. 3 ZPO). Schätzt der Rechtsanwalt die Höhe des Anteilsbestandes, weil der Mandant dazu keine Angaben gemacht hat (siehe oben Teil 3 H. II. 1. a. bb. [1] [b]), richtet sich die Kostenerstattung nach § 31 Abs. 1 S. 3 RVG, da es sich hierbei auch um eine Schutzbestimmung zugunsten des zur Kostenerstattung verpflichteten Antragsgegner handelt. Die Nichtangabe des Anteilsbestandes kann also dazu führen, dass der Rechtsanwalt gegenüber dem Mandanten einen Wert abrechnen kann, den dieser sich nicht in vollem Umfang erstatten lassen kann (*Römermann* in Hartung/Römermann RVG § 31 RVG Rn. 15; *N. Schneider* in Gebauer/Schneider RVG § 31 RVG Rn. 12).

[1566] *Begr. RegE* SpruchverfNeuordG BT-Drucks. 15/371 Anlage 1 S. 17 f.

heblichkeit der Erhöhung der Kompensation Maßstab für die Verteilung der Kostenlast sein soll. So wie einleuchtend sei, dass die Antragsteller ihre Kosten tragen müssten, wenn keine Erhöhung der Leistung des Antragsgegners erreicht werde, so habe der Antragsgegner die Kosten der Antragsteller voll zu erstatten, wenn die Kompensation „erheblich erhöht" werde, während eine Kostenteilung nur bei „äußerst geringfügiger" Erhöhung in Betracht käme.[1567]

Eine solche Auslegung liegt zunächst aufgrund des Wortlauts der Regelung nicht nahe, denn dieser spricht nur von der „Berücksichtigung des Ausgangs des Verfahrens" und „Billigkeit", stellt abweichend von § 91 ZPO jedoch nicht auf das Obsiegen ab.[1568] Unabhängig davon sind gegen eine anhand dieser Leitlinien vorzunehmende Verteilung der Kostenlast bereits im Gesetzgebungsverfahren erhebliche Bedenken geltend gemacht worden. Der Bundesrat hatte in seiner Stellungnahme eine Umkehrung des Regel-Ausnahme-Verhältnisses gefordert und gegen die in § 15 Abs. 4 SpruchG übernommene entsprechende Regelung im Regierungsentwurf eingewandt, dass der Ausgang des Verfahrens oft in keiner Weise vorhersehbar sei und in diesem Zusammenhang – allerdings beschränkt auf Spruchverfahren nach § 1 Nr. 3 SpruchG – auf die ungleiche Informationsverteilung zwischen den Beteiligten hingewiesen.[1569] Weitere Kritik gegen die Regelung in § 15 Abs. 4 SpruchG hat sich dagegen erhoben, dass die in der Gesetzesbegründung betonte Erheblichkeitsschwelle unklar sei und im Gegensatz zum Referentenentwurf eine solche nicht benannt werde.[1570]

Im Referentenentwurf war vorgeschlagen worden, bei einer Erhöhung der Kompensation im Spruchverfahren um 15–20% (oder darüber) den Antragsgegner zur Tragung der gesamten Kosten zu verpflichten, während im Bereich zwischen 0–15% eine hälftige Kostentragung als angemessen angesehen wurde.[1571]

[1567] *Begr. RegE* SpruchverfNeuordG BT-Drucks. 15/371 Anlage 1 S. 18; für eine entsprechende Klarstellung auch im Gesetzestext und nicht nur in der Gesetzesbegründung *BDI u. a.* Zu § 15 Abs. 4 SpruchG-RegE; der Gesetzesbegründung grundsätzlich zustimmend *Hüffer* AktG § 305 AktG Anh. § 15 SpruchG Rn. 6; a. A. *Emmerich* in Emmerich/Habersack KonzernR § 15 SpruchG Rn. 20 f. sowie *Vollrath* in Widmann/Mayer UmwG Anh. 13 § 15 SpruchG Rn. 47, die den Wortlaut des § 15 Abs. 4 SpruchG im Ansatz umdrehen wollen und es aufgrund der Wertung des § 15 Abs. 2 SpruchG regelmäßig für der Billigkeit entsprechend halten, den Antragsgegnern die Kosten aufzubürden. Zu Zweifeln, ob die Umkehrung von Regel und Ausnahme bei einer Billigkeitsregelung in der Rechtspraxis überhaupt etwas bewirkt vgl. *Frey* ZGR 1990, 511, 514.

[1568] *W. Meilicke/Heidel* DB 2003, 2267, 2274.

[1569] *BR* SpruchverfNeuordG BR-Drucks. 827/02 (Beschluss) S. 11; ebenso *Fuhrmann/Linnerz* Konzern 2004, 265, 273.

[1570] *Bungert/Mennicke* BB 2003, 2021, 2030; *W. Meilicke/Heidel* DB 2003, 2267, 2274: für eine Pflicht zur Tragung sämtlicher Kosten durch den Antragsgegner bei einer Erhöhung der Kompensation im Spruchverfahren um 5% im Vergleich zur ursprünglich angebotenen Kompensation *Fritzsche/Dreier/Verfürth* SpruchG § 15 SpruchG Rn. 37; dagegen wiederum ausdrücklich *Krieger* in Lutter UmwG Anhang I SpruchG § 15 SpruchG Rn. 14, der die Erhöhungsquote von 5% für deutlich zu niedrig hält, vor allem aber als weiteres Kriterium neben der Quote die Relation zwischen dem absoluten Erhöhungsbetrag und den Kosten der Antragsteller heranziehen will; im Zweifel soll eine Pflicht der Antragsteller zur Kostentragung bestehen.

[1571] Siehe *Begr. RefE* SpruchverfNeuordG NZG 2002, 25, 31.

Befürchtet wird aufgrund dessen eine unübersehbare Kasuistik und eine Verstärkung der Tendenz im deutschen Prozess, dass Kostenentscheidungen oft komplizierter sind als Entscheidungen in der Hauptsache und jedenfalls die Gerichte länger beschäftigen als diese.[1572] Ferner wird kritisiert, dass selbst in Fällen, in denen lediglich prozentual geringfügige Erhöhungen der Kompensation wie etwa 10% erreicht werden, was bei hinreichend großen Gesellschaften zu einem wirtschaftlichen Gegenwert in mehrstelliger Millionenhöhe führen könne, der den Aktionären vorenthalten bliebe, wenn das Verfahren nicht von „Freiwilligen" eingeleitet worden wäre.[1573] Dass selbst in diesen Fällen, in denen eine Verbesserung der Kompensation erreicht wird, eine Kostentragung durch die Antragsteller möglich sein soll, wird scharf kritisiert.[1574]

Die von der Gesetzesbegründung vorgegebenen Leitlinien stellen in der Tat den vom Spruchverfahren verfolgten Zweck des Minderheitenschutzes in Frage und wecken verfassungsrechtliche Bedenken. Sie sind zudem mit weiteren Zielen des Spruchverfahrensgesetzes schwer vereinbar und schießen über das mit der Regelung verfolgte Ziel hinaus: Stellt man maßgeblich auf den Ausgang des Verfahrens und dabei auf die Erheblichkeit der Erhöhung der Kompensation ab, so werden zahlreiche antragsberechtigte Anteilsinhaber von vorneherein davon abgehalten, ein Spruchverfahren unter der notwendigen Zuhilfenahme eines qualifizierten Rechtsanwalts einzuleiten, auch wenn im Einzelfall gem. § 17 Abs. 1 SpruchG i. V. m. § 14 FGG i. V. m. §§ 114–127 ZPO Prozesskostenhilfe beantragt werden kann. Denn die den einzelnen Antragsteller treffenden Kostenrisiken sind im Verhältnis zu den Chancen sehr hoch. Bei Verfahrenseinleitung durch die Antragsteller ist kaum voraussehbar, inwieweit die Kompensation heraufgesetzt werden könnte und damit auch nicht abschätzbar, ob und ggf. in welcher Höhe die Rechtsanwaltskosten selbst zu tragen sind, da die Vielzahl von Ermessensentscheidungen, die im Rahmen der im Spruchverfahren regelmäßig notwendigen Bewertung von Unternehmen getroffen werden können, auch bei fachkundiger anwaltlicher Unterstützung sichere Schlüsse hinsichtlich der angemessenen Werte kaum zulassen. Verfassungsrechtlich weckt die Orientierung an der Erhöhung der Kompensation Zweifel, weil die Anteilsinhaber nicht nur einen Anspruch darauf haben, dass ihnen mit dem Spruchverfahren überhaupt ein Rechtsweg eröffnet wird, sondern auch, dass der Einleitung eines Verfahrens keine praktisch unüberwindbaren Hindernisse entgegenstehen. Nach der Rechtsprechung des Bundesverfassungsgerichts kann sich die Beschreitung des Rechtsweges aber als praktisch unmöglich darstellen, wenn das Kostenrisiko zu dem mit dem Verfahren bezweckten wirtschaftlichen Erfolg derart außer Verhältnis steht, dass die Anrufung der Gerichte nicht mehr

---

1572 *Puszkajler* ZIP 2003, 518, 521.

1573 *W. Meilicke/Heidel* DB 2003, 2267, 2274.

1574 *Petersen* SdK-AktionärsNews Nr. 50 S. 5 f. („Freibrief zur Ausplünderung vieler Aktionäre"); kritisch bereits *Emmerich* in Emmerich/Habersack KonzernR § 306 AktG 3. Aufl. Rn. 58 e („schwer verständliche Verschlechterung der Rechtsstellung der außenstehenden Aktionäre"); nunmehr mit grundlegender Kritik und für eine Umkehr des Regel-Ausnahme-Verhältnisses *Emmerich* in Emmerich/Habersack KonzernR § 15 SpruchG Rn. 19 ff.

sinnvoll erscheint.[1575] Diese verfassungsrechtliche Problematik hat auch der Gesetzgeber gesehen, meinte ihr jedoch durch die Festlegung des Höchstgeschäftswertes in § 15 Abs. 1 S. 2 Halbs. 2 SpruchG wirksam begegnen zu können, da sich dieser auch auf die maximal fälligen Anwaltsgebühren auswirkt und diese begrenzt.

Weiteren mit dem Spruchverfahrensgesetz verfolgten Zielen ist eine Kostenverteilung anhand der in der Gesetzesbegründung vorgegeben Linien insoweit abträglich, als dass sie den Antragsgegner geradezu herausfordern, seinen Informationspflichten gegenüber den Anteilsinhabern bis zum Ablauf der Antragsfrist nur so weit als nötig nachzukommen.[1576] Denn den Antragstellern ist eine hinreichend genaue Abschätzung des angemessenen Kompensationsbetrages umso eher möglich, je dezidierter und qualitativ hochwertiger die sich in der Hand der Antragsgegner befindlichen und von ihnen zur Verfügung gestellten Informationen sind. Umgekehrt werden sie umso eher von der Einleitung eines Verfahrens absehen, je schlechter ihr Informationsstand ist, da ihnen eine hinreichend genaue Schätzung des angemessenen Kompensationsbetrages und damit eine Begrenzung des Kostenrisikos unmöglich ist. Ein mit dem Spruchverfahrensgesetz verfolgtes Ziel war es jedoch gerade, die Informationsasymmetrien zwischen den Beteiligten auszugleichen und die Antragsgegner dazu zu bewegen, die Antragsteller mit allen wesentlichen – mit Ausnahme der geheimhaltungsbedürftigen – Informationen zu versorgen und dies natürlich möglichst bereits vor Beginn des Spruchverfahrens, um die Abläufe zu beschleunigen und den Verfahrensgegenstand von vorneherein zu konzentrieren. Es ist in sich widersprüchlich, den Antragstellern eine Begründungspflicht aufzuerlegen, zu deren Erfüllung sie auf Informationen durch die Antragsgegner angewiesen sind, jene aber durch die Kostentragungsregel geradewegs zu ermuntern, diese Informationen zurückzuhalten.

Mit der Regelung wird der Zweck verfolgt, unsinnige Spruchverfahren oder Anträge „ins Blaue hinein“ zu verhindern.[1577] Darüber schießen die Leitlinien weit hinaus; denn wenn die Antragsteller aufgrund der zur Verfügung gestellten Informationen bei Verfahrenseinleitung über deren Sinn oder Unsinn nicht entscheiden können oder ihnen schlicht keine ausreichenden Informationen zur Verfügung stehen, können sie nur auf „gut Glück“ ein Verfahren einleiten, um eine Vermögensschädigung abzuwenden. Dass Anträge „ins Blaue hinein“ auch nach dem Willen des Gesetzgebers nicht ausgeschlossen sind, kommt im Übrigen dadurch zum Ausdruck, dass er die Begründungspflicht und damit eine Voraussetzung für die zulässige Einleitung eines Spruchverfahrens an den Inhalt der zur Verfügung gestellten Informationen knüpft. Liegen keine oder nur unzureichende Informationen vor, so bleibt letztlich nur ein Antrag ins Ungewisse. Der Gesetzgeber unterliegt daher letztlich einer Fehlvorstellung, wenn er davon ausgeht, ein Antrag sei umso berechtigter, je

---

[1575] BVerfG NJW 1992, 1671. Daher ist es unerheblich, dass – so die Annahme von *Fuhrmann/Linnerz* Konzern 2004, 265, 273, – eine Vielzahl der Antragsteller über durchaus beträchtliche Vermögenswerte verfügt.

[1576] Dazu bereits oben Teil 3 D. III. 2. b. aa. (1).

[1577] *Lutter/T. Bezzenberger* AG 2000, 433, 443.

mehr die Kompensation heraufgesetzt wird.[1578] Auch ein „vernünftiger" Anteilsinhaber stellt unter Umständen Anträge, die zu keiner oder nur einer ganz geringfügigen Erhöhung der Kompensation führen.[1579]

Vor dem Hintergrund dieser Erwägungen wird es dem Zweck der Regelung und den Zielen des Spruchverfahrens am ehesten gerecht, im Rahmen des § 15 Abs. 4 SpruchG die Verteilung der Kosten davon abhängig zu machen, wie sich die Erfolgsaussichten bei der Antragstellung für die Antragsteller dargestellt haben. Mussten sie in diesem Zeitpunkt unter Zugrundelegung eines objektiven Maßstabs erkennen, dass das eingeleitete Verfahren keine Aussicht auf Erfolg haben kann, so trifft sie die volle Kostenlast. Je eher sie vernünftigerweise von einer Erhöhung der Kompensation ausgehen konnten, desto mehr sind die Kosten anteilig dem Antragsgegner aufzuerlegen. War im Zeitpunkt der Antragstellung offenkundig, dass die Kompensation heraufgesetzt werden wird, so haben die Antragsgegner den Antragstellern deren Kosten gänzlich zu erstatten. Eine solche Auslegung ist auch mit dem Wortlaut des § 15 Abs. 4 SpruchG vereinbar, denn der Verfahrensausgang wird in diesem Falle insoweit mitberücksichtigt, als es maßgeblich auf die Ex-ante-Sicht eines objektiven Betrachters im Zeitpunkt der Verfahrenseinleitung ankommt. Da die Regelung der Kostentragungspflicht in § 15 Abs. 4 SpruchG nach der Gesetzesbegründung von der vorschnellen Einleitung eines Verfahrens abhalten soll, deckt sich die Auslegung jedenfalls in Teilen auch mit dem Willen des Gesetzgebers, denn es lässt sich nur nach dem Kenntnisstand bei Beginn des Verfahrens beurteilen, ob ein Spruchverfahren voreilig eingeleitet wurde.

Diese Regelung hat zur Folge, dass bei der Abweisung eines Antrags als unzulässig eine auch nur teilweise Erstattung der Kosten durch den Antragsgegner in der Regel nicht in Betracht kommt, da die Unzulässigkeit eines Antrags bei Verfahrenseinleitung vorhersehbar ist. Etwas anderes kann allerdings bezüglich der Abweisung als unzulässig wegen unzureichender Antragsbegründung gelten, da die Anforderungen an diese bei Verfahrenseinleitung nicht ohne weiteres feststehen,[1580] sondern von den im Einzelfall gewährten Informationen abhängen. Ferner ist der Antragsgegner auch bei jedem zulässigen, aber unbegründeten Antrag zur Kostentragung verpflichtet, wenn aufgrund bereits bei Verfahrenseinleitung vorliegender Informationen die Abweisung als unbegründet objektiv offensichtlich war.

1578 So ausdrücklich *Lutter/T. Bezzenberger* AG 2000, 433, 443, auf deren Vorschlag die in der Gesetzesbegründung angeführten Leitlinien zurückgehen.

1579 Siehe auch *Fritzsche/Dreier/Verfürth* SpruchG § 15 SpruchG Rn. 37, die es zwar einerseits für einleuchtend halten, dass die Antragsteller bei keiner oder nur einer geringfügigen Erhöhung der Kompensation die Kosten zu tragen haben, andererseits von diesem Grundsatz abweichen wollen, wenn zunächst ein Kompensationsanspruch angenommen werden durfte, aber aus anderen „zunächst nicht absehbaren und in der Sphäre des Antragsgegners liegenden Gründen aber doch nicht gewährt werden kann".

1580 Zu der Forderung, eine entsprechende Regelung ausdrücklich im Gesetz vorzunehmen, siehe *BDI u. a.* Zu § 15 Abs. 4 SpruchG-RegE.

III. Außergerichtliche Kosten der Antragsgegner

Wie bei den Antragstellern sind auch die bedeutsamsten außergerichtlichen Kosten des Antragsgegners dessen Rechtsanwaltskosten. Daneben können wie bei den Antragstellern auch weitere Kosten anfallen, die zur zweckentsprechenden Erledigung der Angelegenheit notwendig sind.

1. Rechtsanwaltskosten

Wie auch für den den Antragsteller vertretenden Rechtsanwalt gilt auch für den den Antragsgegner vertretenden Rechtsanwalt, dass sich dessen Gebühren nach den für die Gerichtsgebühren geltenden Wertvorschriften bestimmen (§§ 23 Abs. 1, 32 Abs. 1 RVG).[1581]

Sind mehrere Antragsgegner vorhanden, so gilt im Gegensatz zur Berechnung des Gegenstandswertes bei mehreren Antragstellern nicht, dass die jeweiligen auf die Antragsgegner entfallenden Gegenstandswerte zu addieren sind, da eine vom Grundsatz des § 23 Abs. 1 RVG abweichende gesetzliche Regelung nicht besteht.[1582] Dieses ergibt sich auch aus der Gesetzesbegründung. Zwar wird dort zunächst nur darauf hingewiesen, dass der in § 8 Abs. 1 S. 1, 9 BRAGO a. F. (= §§ 23 Abs. 1 S. 1, 32 RVG) niedergelegte Grundsatz uneingeschränkt „*für den Vertreter des Antragsgegners*“ gelten soll.[1583] Im Folgesatz heißt es jedoch, dass dieser Grundsatz für den Vertreter des Antragstellers nur dann gilt, „*wenn nur ein einziger Antragsteller vorhanden ist*“.[1584] Daraus folgt unzweifelhaft, dass die Regelung für den Vertreter mehrerer Antragsteller und damit eine Abweichung von dem Grundsatz nicht auch entsprechend für den Vertreter mehrerer Antragsgegner gilt.[1585] Da der Wortlaut nicht differenziert, gelten auch bei der Vertretung des Antragsgegners die Mindest- und Höchstgrenzen.

2. Kostentragungspflicht

Eine § 15 Abs. 4 SpruchG entsprechende Regelung bezüglich der Tragung der außergerichtlichen Kosten der Antragsgegner enthält das Spruchverfahrensgesetz nicht. Dennoch könnte es möglich sein, den Antragstellern diese Kosten gem. § 17 Abs. 1 SpruchG i. V. m. § 13 a Abs. 1 FGG aufzuerlegen, so dass sich eine Pflicht der Antragsteller zur Kostentragung aus Billigkeitsgründen ergeben könnte.

1581 *N. Schneider* in Gebauer/Schneider RVG § 31 RVG Rn. 18.

1582 So i. E. auch *Pukall* in Mayer/Kroiß RVG § 31 RVG Rn. 4; *Römermann* in Hartung/Römermann RVG § 31 RVG Rn. 25.

1583 *Begr. RegE* SpruchverfNeuordG BT-Drucks. 15/371 Anlage 1 S. 19.

1584 *Begr. RegE* SpruchverfNeuordG BT-Drucks. 15/371 Anlage 1 S. 19.

1585 Unzutreffend daher *Fritzsche/Dreier/Verfürth* SpruchG § 15 SpruchG Rn. 49.

Würde man das Merkmal der Billigkeit in § 15 Abs. 4 SpruchG und § 13 a Abs. 1 FGG gleich auslegen, wofür sprechen würde, dass § 15 Abs. 4 SpruchG die Regelung aus § 13 a Abs. 1 SpruchG lediglich übernommen hat, würde die Anwendung von § 17 Abs. 1 SpruchG i. V. m. § 13 a Abs. 1 SpruchG dazu führen, dass den Antragstellern immer dann auch die Kosten der Antragsgegner auferlegt werden müssten, die zur zweckentsprechenden Erledigung der Angelegenheit notwendig waren, wenn das Gericht nicht vom Grundsatz des § 15 Abs. 4 SpruchG abweicht. Indes würden durch ein derartiges Kostenrisiko die Antragsteller möglicherweise zusätzlich davon abgehalten, überhaupt ein Verfahren einzuleiten, was unter dem Gesichtspunkt der faktischen Rechtsschutzbeschränkung erhebliche verfassungsrechtliche Bedenken hervorriefe. Zudem zeigen die Regelungen in § 15 Abs. 4 SpruchG und auch § 6 Abs. 2 SpruchG, dass der Gesetzgeber im Spruchverfahrensgesetz die streitigen Kostenerstattungsfragen abschließend geregelt hat, so dass eine Rechtsgrundlage, den Antragstellern Kosten anderer Beteiligter aufzuerlegen, nicht besteht, insbesondere auch § 13 a Abs. 1 FGG nicht gem. § 17 Abs. 1 SpruchG anwendbar ist.[1586] Daher sind die außergerichtlichen Kosten der Antragsgegner stets von diesen selbst zu tragen und können in keinem Fall den Antragstellern auferlegt werden.

1586 Ebenso *Hüffer* AktG § 305 AktG Anh. § 15 SpruchG Rn. 6; *W. Meilicke/Heidel* DB 2003, 2267, 2275; *Vollrath* in Widmann/Mayer UmwG Anh. 13 § 15 SpruchG Rn. 45; a. A. *Fritzsche/Dreier/Verfürth* SpruchG § 15 SpruchG Rn. 4; *Krieger* in Lutter UmwG Anhang I SpruchG § 15 SpruchG Rn. 15; *Wasmann* WM 2004, 819, 825.

Teil 4
Ausblick

Bereits die Erweiterung des Anwendungsbereichs des Spruchverfahrensgesetzes im Bereich der SE (§ 1 Nr. 5 SpruchG) schon kurz nach der Reform des Spruchverfahrens und auch die im Zuge des UMAG geplante Gesetzesänderung in § 243 Abs. 4 S. 2 AktG zeigen, dass das Spruchverfahren künftig erheblich an Bedeutung zunehmen wird und der Anwendungsbereich erheblichen Ausweitungstendenzen unterworfen ist. Während nach jahrelanger Diskussion in Rechtsprechung und Literatur als gesichert gelten kann, dass das Spruchverfahren im Zuge der sich abzeichnenden Reform des Umwandlungsrechts auch für Bewertungsrügen der übernehmenden Gesellschaft bei der Verschmelzung eröffnet werden wird,[1] auch wenn es dazu noch komplexer Vorarbeiten bedarf, ist Gegenstand aktueller Diskussion insbesondere die Frage, ob das Spruchverfahren auch bei Kapitalerhöhungen unter Ausschluss des Bezugsrechts zur Anwendung kommen soll. Wenig beleuchtet worden ist zudem die Einführung eines Spruchverfahrens zur Überprüfung von Preisbestimmungen nach dem WpÜG.

A. Kapitalerhöhungen unter Ausschluss des Bezugsrechts

Bisher regelt § 255 Abs. 2 S. 1 AktG unmissverständlich, dass eine Kapitalerhöhung unter Einlagen nach §§ 243 ff. AktG angefochten werden kann und zwar auch dann, wenn das Bezugsrecht der Aktionäre ganz oder zum Teil ausgeschlossen worden ist und geltend gemacht werden soll, dass der sich aus dem Kapitalerhöhungsbeschluss ergebende Ausgabebetrag oder der Mindestbetrag, unter dem die neuen Aktien nicht ausgegeben werden sollen, unangemessen niedrig ist. Diese Anfechtungsmöglichkeit wird auf Bezugsrechtsausschlüsse bei bedingten Kapitalerhöhungen (§ 192 Abs. 2 Nrn. 1 3 AktG), Sachkapitalerhöhungen, reguläre Kapitalerhöhungen gegen Bareinlagen (wenn der Beschluss keine Aussagen zum Mindestbetrag enthält und das Bezugsrecht ausgeschlossen ist) sowie schließlich auch auf das genehmigte Kapital erstreckt, sofern der Ermächtigungsbeschluss gem. § 202 AktG dem Vorstand einen Ausgabebetrag oder Mindestbetrag vorgibt.[2]

Dies bringt gravierende Nachteile für die unternehmerische Praxis mit sich. Von dort ist zu vernehmen, dass aufgrund der mit der Bewertung einer Kapitalerhöhung

---

[1] Zusammenfassend *J. Vetter* ZHR 168 (2004) 8 ff., 24 ff.

[2] *Hüffer* in MüKo/AktG § 255 AktG Rn. 10 ff.

gegen Einlagen unter Bezugsrechtsausschluss verbundenen Anfechtungsrisiken auf umwandlungsrechtliche Gestaltungen ausgewichen wird, um zur Anwendung der Regelungen des Umwandlungsgesetzes zu gelangen, nach denen Bewertungsrügen regelmäßig nur im Spruchverfahren geltend gemacht werden können. Denn ein der Anfechtungsklage stattgebendes Urteil hat sowohl für die Gesellschafter als auch für die Anleger negative Konsequenzen. Die jahrelange Ungewissheit, ob eine Transaktion wie geplant durchgeführt werden kann bzw. ob die Strukturmaßnahme wirksam bleibt, ist für die Beteiligten untragbar.[3] Vor allem ist auch zu beobachten, dass Kapitalerhöhungen zum Zwecke des Zusammenschlusses aufgrund der faktischen Blockade der Strukturmaßnahme, die daraus resultiert, dass Anfechtungsklagen anhängig sind und die Registergerichte die Eintragung der Strukturmaßnahme bis zur Entscheidung des Anfechtungsprozesses aussetzen, um nicht ein zweites, quasikontradiktorisches Verfahren zu eröffnen und komplizierte Probleme des materiellen Gesellschaftsrechts lösen zu müssen, endgültig unterbleiben.[4]

Zur Lösung dieser Problematik hat die Regierungskommission *Corporate Governance* vorgeschlagen, ein Freigabeverfahren nach dem Vorbild des § 16 Abs. 3 UmwG insbesondere auch für strukturändernde Beschlüsse zu Kapitalmaßnahmen einzuführen, es aber grundsätzlich bei der Anfechtungsmöglichkeit zu belassen.[5] In der Umsetzung würde dieser Vorschlag dazu führen, dass die Erhebung einer Anfechtungsklage auch bei Kapitalmaßnahmen zu einer formellen Registersperre führen würde, die allerdings in einem speziellen Freigabeverfahren durch eine Entscheidung des Prozessgerichts auf Antrag der beklagten Gesellschaft überwunden werden könnte. Wird die Kapitalmaßnahme im Zuge des Freigabeverfahrens eingetragen, kann diese auch dann nicht mehr rückgängig gemacht werden, wenn die Anfechtung letztlich erfolgreich ist.[6] Neben der Forderung nach einem Freigabeverfahren wird zusätzlich auch dafür plädiert, für die Anfechtungsbefugnis eine individuelle Rechtsbetroffenheit oder die Erfüllung eines Quorums von 5 % des Grundkapitals einzuführen und die Kostengrundentscheidung abweichend von § 91 ZPO flexibler zu regeln.[7] Schließlich werden gegen eine Einschränkung der Anfechtungsklage bzw. deren Wirkung auch grundsätzliche Bedenken geltend gemacht und Maßnahmen im Interesse der Minderheit gefordert, die diese Einschränkung und die damit verbundene Minderung des Rechtsschutzes zumindest teilweise kompensieren.[8] Insbesondere *Hirte* hat dagegen

---

3 *HaReA-DAV* ZIP 2004, 1230, 1235.

4 *Winter* FS Ulmer, 699, 701.

5 Bericht RegKom *CorpGover* BT-Drucks. 14/7515 S. 78 Rn. 152. Bereits die Mehrheit der wirtschaftsrechtlichen Abteilung des 53. Deutschen Juristentages hatte sich dafür ausgesprochen, ein Freigabeverfahren nach dem Vorbild des § 16 Abs. 3 UmwG für die Fälle einzuführen, in denen der Registerrichter die Eintragung der Strukturmaßnahme ablehnt, weil er die Anfechtungsklage für möglicherweise erfolgreich hält. Nur in diesem Fall sollte das Prozessgericht auf Antrag der Gesellschaft die Eintragung verfügen können, die bei Kapitalmaßnahmen bei börsennotierten Gesellschaften Bestandsschutz genießen solle (siehe *DJT* DB 2000, 2108, 2109, Beschluss Nr. 14).

6 *Winter* FS Ulmer, 699, 708.

7 *Liebert* Bezugsrechtsausschluss S. 268 ff., 286.

8 Siehe *Zöllner* AG 2000, 145, 149.

bereits vor einiger Zeit die Eröffnung des Spruchverfahrens für Bewertungsrügen bei Kapitalerhöhungen unter Ausschluss des Bezugsrechts gefordert.[9] Dieser Forderung haben sich in der Folgezeit zahlreiche weitere Stimmen in der Literatur angeschlossen.[10]

Die gesetzgeberischen Aktivitäten lassen darauf schließen, dass mittelfristig der Anwendungsbereich des Spruchverfahrensgesetzes für Rügen bei Kapitalerhöhungen unter Ausschluss des Bezugsrechts eröffnet wird. Zwar hat der Gesetzgeber im Zuge des UMAG davon abgesehen[11] und mit dem zum 1. November 2005 in Kraft tretenden § 246 a AktG n. F. ein Freigabeverfahren nach dem Vorbild der § 16 Abs. 3 UmwG und § 319 Abs. 6 AktG unter anderem auch für Hauptversammlungsbeschlüsse über Maßnahmen der Kapitalbeschaffung oder der Kapitalherabsetzung eingeführt.[12] Dies wird jedoch nicht als Ersatz für einen Verweis der Bewertungsrügen bei Kapitalerhöhungen unter Bezugsrechtsausschluss in das Spruchverfahren gesehen, sondern die Ausweitung des Spruchverfahrens soll dem Vernehmen nach vor allem deshalb unterbleiben, um nicht bereits zu einem Zeitpunkt, in dem noch wenig praktische Erfahrung im Umgang mit dem Spruchverfahrensgesetz besteht, dieses grundlegend zu reformieren und zudem auch eine Reform im Umwandlungsrecht vornehmen zu müssen. Denn eine solche Reform wäre notwendig gewesen, da man mit Blick auf die funktionale Äquivalenz der Vorgänge mit der Eröffnung des Spruchverfahrens für Aktionäre im Falle der Kapitalerhöhung mit Bezugsrechtsausschluss bei unangemessenem Ausgabebetrag dieses zugleich auch für die Aktionäre der übernehmenden Gesellschaft bei der Verschmelzung zulassen muss[13] – und umgekehrt. Die absehbare Reform des Umwandlungsrechts wird entsprechende Änderungen bringen und eine entsprechende Änderung für Kapitalerhöhungen unter Bezugsrechtsausschluss liegt deshalb auf der Hand.

Als noch im freien Fluss befindlich kann man indessen die Diskussion über die Reichweite des Anwendungsbereichs des Spruchverfahrens bei Kapitalmaßnahmen mit Bezugsrechtsausschluss bezeichnen. Eindeutig ist zunächst, dass sich dieser auf Sachkapitalerhöhungen erstrecken müsste sowie grundsätzlich auch auf Barkapitalerhöhungen.[14] Bedenken ergeben sich hingegen bezüglich der Ausweitung auch auf Kapitalerhöhungen bei der Ausnutzung eines genehmigten Kapitals, wenn die Verwaltung zum Ausschluss des Bezugsrechts ermächtigt worden ist und einen Ausgabe- oder Mindestbetrag festgelegt hat. Denn nach der „*Siemens/Nold*"-Entscheidung des BGH ist der der Ermächtigung zugrunde liegende Beschluss in diesem Fall nicht

---

9 *Hirte* AG 1990, 373, 375; *ders.* ZIP 1994, 356, 360; *ders.* ZHR 167 (2003) 8, 33 f.; *ders.* in GroßK/AktG § 203 AktG Rn. 10.

10 *HaReA-DAV* NZG 2003, 14 f.; *W. Bayer* ZHR 163 (1999) 505, 544 ff.; *Puszkajler* ZIP 2003, 518, 522; *Veil* AG 2005, 567, 572; *J. Vetter* ZHR 168 (2004) 8, 30 ff.; *Winter* FS Ulmer, 699, 719 ff.

11 Kritisch dazu *Veil* AG 2005, 567, 572.

12 Siehe Teil 3 G. III. 5. a.

13 *Winter* FS Ulmer, 699, 720; ebenso *HaReA-DAV* ZIP 2004, 1230, 1235 f., der die Einführung des Freigabeverfahrens auch nur als einen „Baustein" bezeichnet.

14 *J. Vetter* ZHR 168 (2004) 8, 32.

anfechtbar,[15] so dass das Argument für den Verweis in das Spruchverfahren, das Anfechtungsverfahren von der Bewertungsrüge zu entlasten, nicht greift.[16] Jedoch ist die Kombination von Anfechtungsklage und Spruchverfahren nicht zwingend.[17] Durch ein Spruchverfahren auch in diesen Fällen würden zudem der Rechtsschutz der Aktionäre verbessert und die Gerichte entlastet, da nach der „*Siemens/Nold*"-Rechtsprechung Schadenersatzansprüche gegen die handelnden Organe von jedem betroffenen Anteilsinhaber jeweils einzeln im Wege des Zivilprozesses geltend gemacht werden müssen. Bedenken werden gegen die Einführung des Spruchverfahrens auch in diesen Fällen daher nicht aus dogmatischen, sondern aus praktischen Gründen vorgebracht, weil die wirtschaftlichen Folgen der Kapitalerhöhung jahrelang im Unklaren bleiben könnten, wenn das Spruchverfahren entsprechende Zeit in Anspruch nimmt, und die Börse diese Unsicherheit mit empfindlichen Abschlägen bewerten könnte.[18] Ob diese Bedenken durchgreifen, lässt sich erst in einiger Zeit anhand der praktischen Erfahrung mit dem Spruchverfahrensgesetz bzw. den Verfahrensdauern beurteilen. Allerdings erscheint eine Ausweitung des Spruchverfahrens auf Kapitalerhöhungen aus genehmigtem Kapital in den von der „*Siemens/Nold*"-Entscheidung des BGH erfassten Fällen dogmatisch auch nicht zwingend, denn der Verweis in das Spruchverfahren ist doch im Wesentlichen – vor allem auch in der Rechtsprechung des BGH – von der Erwägung getragen, die Anfechtungsklage zugunsten des Spruchverfahrens zurückzudrängen, insbesondere um den Gesellschaften Schäden zu ersparen, die infolge einer durch Klageerhebung eintretenden Registersperre entstehen.[19] Gleichwohl greifen die Erwägungen des BGH zum Anfechtungsausschluss im Umwandlungsrecht ohne weiteres bezüglich Kapitalerhöhungen unter Bezugsrechtsausschluss Platz.[20]

Will man das Spruchverfahren für Rügen gegen die Angemessenheit des Ausgabebetrages bei Kapitalerhöhungen unter Bezugsrechtsausschluss öffnen, so müsste dies durch materielle Änderung geschehen, da § 1 SpruchG nur die Fälle deklaratorisch auflistet, auf die das Spruchverfahren nach materiellem Recht Anwendung findet. Denkbar ist folgender § 255 Abs. 2 AktG n. F.:[21]

> *„Die Anfechtung kann, wenn das Bezugsrecht der Aktionäre ganz oder zum Teil ausgeschlossen worden ist, nicht darauf gestützt werden, dass der sich aus dem Erhöhungsbeschluss ergebende Ausgabebetrag oder der Mindestbetrag, unter dem die neuen Aktien nicht ausgegeben werden sollen, unangemessen niedrig ist. Gleiches gilt, wenn die neuen*

---

15 BGHZ 136, 133, 140 f. („Siemens/Nold"); zur Entwicklung der höchstrichterlichen Rechtsprechung siehe *Paschos* WM 2005, 356, 361 ff.

16 *J. Vetter* ZHR 168 (2004) 8, 33 f.

17 *J. Vetter* ZHR 168 (2004) 8, 14 f.

18 So die generelle Kritik von *G. Bezzenberger/T. Bezzenberger* FS Müller, 1, 12 ff. an der Ausweitung des Spruchverfahrens auf Kapitalerhöhungen; bezogen auf Kapitalerhöhungen aus genehmigtem Kapital ebenfalls kritisch *J. Vetter* ZHR 168 (2004) 8, 34.

19 *Henze* FS Hadding, 409 ff., 426.

20 Ausführlich *Hirte* in GroßK/AktG § 203 AktG Rn. 119 ff.

21 Siehe auch die Vorschläge von *Hirte* AG 1990, 373, 375 und *Fritzsche/Dreier* BB 2002, 737, 743 sowie *J. Vetter* ZHR 168 (2004) 8, 53 f.

Aktien von einem Dritten mit der Verpflichtung übernommen werden sollen, sie den Aktionären zum Bezug anzubieten. Das in § 2 des Spruchverfahrensgesetzes bestimmte Gericht überprüft auf Antrag die Angemessenheit des Ausgabebetrages oder des Mindestbetrages nach S. 1 und bestimmt den Ausgleichsbetrag."

Stellt das Gericht im Spruchverfahren die Unangemessenheit des Ausgabebetrages oder des Mindestausgabebetrages fest, so wäre die hierdurch eingetretene Verwässerung der vom Bezugsrecht ausgeschlossenen Aktionäre durch eine Ausgleichszahlung der Gesellschaft an die benachteiligten Aktionäre auszugleichen. Diese Regelung würde der gängigen Praxis bei Ausgleichszahlungen im Zusammenhang mit Maßnahmen nach dem Umwandlungsgesetz entsprechen. Alternativ könnte dazu auch erwogen werden, es der Gesellschaft zu ermöglichen, statt der Ausgleichszahlung den Antragsberechtigten weitere Aktien zu übertragen oder auszugeben, die die Gesellschaft sich entweder durch Erwerb eigener Aktien gem. § 71 Abs. 1 Nr. 3 AktG oder durch die Ausübung eines genehmigten Kapitals beschaffen könnte, welches von der Hauptversammlung der Gesellschaft für diesen Zweck geschaffen worden ist. Entsprechend müsste eine Regelung zur Ausübung eines genehmigten Kapitals erfolgen, etwa nach dem Vorbild des § 204 Abs. 3 AktG, der die Ausgabe von Aktien an Arbeitnehmer der Gesellschaft zulasten des noch nicht verteilten Jahresüberschusses unter weitgehender Bezugnahme auf die Vorschriften über Kapitalerhöhungen gegen Bareinlage ermöglicht. Denkbar wäre etwa eine Rechtsgrundverweisung auf die §§ 202–204 AktG.

Angesichts der Regelung des Spruchverfahrensgesetzes, insbesondere der erforderlichen Antragsbegründung, die das Verfahren erheblich beschleunigen soll, wäre es darüber hinaus zwingend erforderlich, zum einen Berichtspflichten zu statuieren, da anderenfalls das Erfordernis der Antragsbegründung leer liefe, zum anderen die Überprüfung der festgesetzten Ausgabe- und Mindestbeträge durch einen sachverständigen Prüfer vorzusehen, da ansonsten zunächst „flächendeckende" Bewertungsgutachten im Spruchverfahren einzuholen wären, was den Verfahrensverlauf weiter verzögern würde.[22] Zudem müsste durch Änderungen im Rahmen von § 2 SpruchG sichergestellt werden, dass in denjenigen Fällen, in denen Anteilsinhaber von verschiedenen Rechtsträgern ein Spruchverfahren einleiten können, divergierende Entscheidungen vermieden werden.[23]

---

22 Zur Frage der Berichtspflicht und deren Inhalt ausführlich *Hirte* in GroßK/AktG § 203 AktG Rn. 66 ff. Das OLG Frankfurt/M. AG 2003, 438 ff. („Commerzbank AG") (hierzu eingehend *Paschos* WM 2005, 356, 358) hat entschieden, dass der Vorstand einer Aktiengesellschaft den Aktionären keinen Bericht mit dem in § 186 Abs. 2 S. 4 AktG bezeichneten Inhalt erstatten muss, bevor er zu einer Ermächtigung zur Kapitalerhöhung unter Bezugsrechtsausschluss Gebrauch macht (gegen das Urteil ist allerdings die Revision zum BGH zugelassen worden [dort unter Az. II ZR 148/03 anhängig]).

23 *J. Vetter* ZHR 168 (2004) 8, 27 f., 54.

B. Preisbestimmungen des WpÜG

Wenig in den Blickpunkt gerückt worden ist bisher die Frage, ob sich *de lege ferenda* nicht auch die Einführung eines Spruchverfahrens empfiehlt, um Verstöße gegen Preisbestimmungen des WpÜG zu überprüfen.[24] Wie dargelegt müssen Aktionäre ihre Ansprüche bisher im Zuge der Leistungsklage durchsetzen, wenn sie die Bestimmung des Preises im jeweiligen Pflichtangebot für unangemessen niedrig halten, da *de lege lata* ein Spruchverfahren ausscheidet.[25]

Der Ausweitung des Anwendungsbereichs des Spruchverfahrensgesetzes auf diese Fälle stünde zunächst nicht entgegen, dass die Aktionäre keine Anfechtungsklage wegen der Unangemessenheit des Angebots erheben können, da das Spruchverfahren nicht nur als Alternative zur Anfechtungsklage in Betracht kommt. Für die Eröffnung des Anwendungsbereichs würden die verfahrensrechtlichen Vorteile für die Aktionäre sprechen, denn auch wenn das Spruchverfahren dem Zivilprozess erheblich angenähert worden ist, bietet es gegenüber einer Leistungsklage immer noch einige Verfahrensvorteile für die betroffenen Aktionäre. Darüber hinaus würde ein Spruchverfahren die Störung der Zielgesellschaft weitgehend vermeiden, da nicht während des Angebotsverfahrens eine Überprüfung des Abfindungsangebots durchgeführt werden müsste, zudem die Überprüfung nicht der BaFin, sondern einem unabhängigen Gericht überlassen bliebe.[26] *Seibt* befürwortet allerdings ein Spruchverfahren nur unter zwei Bedingungen, um die Rechtsunsicherheit zulasten der Bieter zu begrenzen: Zum einen müsse als erstinstanzlicher Spruchkörper der Übernahmesenat des OLG Frankfurt/M. (§ 66 WpÜG) vorgesehen werden, zum anderen dürfe nur antragsberechtigt sein, wer mindestens einen Aktienanteil i. H. v. 1 % des Grundkapitals halte.[27] Beide Bedingungen würden sich nicht ohne weiteres in das bestehende Spruchverfahrensgesetz integrieren lassen. Zwar sieht § 2 SpruchG die Möglichkeit der Zuständigkeitskonzentration vor, differenziert jedoch nicht nach dem Grund für die jeweilige Verfahrenseinleitung. Zudem hat sich der Gesetzgeber nach eingehender Diskussion bewusst dagegen entschieden, die Oberlandesgerichte als Eingangsinstanz vorzusehen.[28] Selbst wenn man sich auf den Vorschlag von *Seibt* einließe, was unter Umständen mit der besonderen Art des Verfahrens und der hervorgehobenen Stellung des Übernahmesenats des OLG Frankfurt/M. zu begründen wäre, so würden sich weitere Probleme im Verfahrensablauf ergeben, da dann auch keine Beschwerde gem. § 12 SpruchG in Betracht käme, was zu kaum auflösbaren Wertungswidersprüchen zwischen den jeweiligen, sich im Grundsatz nach denselben Verfahrensregelungen richtenden Spruchverfahren führen würde. Allerdings macht der Vorschlag deutlich,

---

24 Dafür *Haarmann/Riehmer/Schüppen* Übernahmeangebote § 31 WpÜG Rn. 136; *Seibt* ZIP 2003, 1865, 1873; *Vollrath* in Widmann/Mayer UmwG Anh. 13 § 1 SpruchG Rn. 64.

25 Siehe oben Teil 3 A. VIII. 2.

26 *Seibt* ZIP 2003, 1865, 1873.

27 *Seibt* ZIP 2003, 1865, 1873.

28 Siehe oben Teil 3 B. I. 1.

dass es auch im Hinblick auf den künftigen Anwendungsbereich des Spruchverfahrensgesetzes sinnvoll gewesen wäre, die Oberlandesgerichte als Eingangsinstanzen im Spruchverfahren vorzusehen.[29] Auch die weitere Voraussetzung, die Antragsberechtigung an eine bestimmte Höhe des Anteilsbesitzes zu knüpfen, ist bereits im Ansatz schwerlich mit der Regelung in § 3 SpruchG vereinbar, nach der im Grundsatz jeder kompensationsberechtigte Anteilsinhaber ein Spruchverfahren einleiten kann. Allerdings erscheint eine entsprechende Beschränkung auch weder geboten noch erforderlich, denn die Erfahrung zeigt, dass sich stets einige Anteilsinhaber finden, die ein Spruchverfahren einleiten, und unter solchen werden im Fall von Übernahmeangeboten regelmäßig auch solche sein, die 1% der Anteile halten. Dann ist es jedoch unerheblich, ob weitere Kleinaktionäre ebenfalls als Antragsteller auftreten. Ohnehin ist angesichts der Antragsbegründungspflicht, der Institution des gemeinsamen Vertreters und des Kostenrisikos bei eigener Antragstellung nicht zu erwarten, dass zahlreiche Kleinaktionäre eigene Anträge stellen.

Angesichts der Anforderungen an die Angebotsunterlage gem. § 11 WpüG i. V. m. § 2 WpÜG- AngebotsVO wäre grundsätzlich auch sichergestellt, dass den Aktionären der Zielgesellschaft ausreichende Informationen zur Verfügung stehen, um der Begründungspflicht im Spruchverfahren nachzukommen, so dass eine wesentliche Voraussetzung für die Verfahrensbeschleunigung gegeben wäre. Allerdings wären im Zuge der Ausweitung des Spruchverfahrens weitgehende Änderungen im WpÜG erforderlich. So ist bei einem Verweis der Angemessenheitsprüfung in das Spruchverfahren etwa eine Haftung des Bieters für eine fehlerhafte Angebotsunterlage gem. § 12 WpÜG ebenso wenig sinnvoll wie die Befugnis der BaFin gem. § 15 WpÜG, das Angebot daraufhin zu überprüfen, ob die Mindestpreisbestimmungen des § 31 WpÜG i. V. m. §§ 3–7 WpüG-AngebotsVO eingehalten wurden. Insgesamt erscheint hier vieles noch unklar, insbesondere ist auch ganz grundsätzlich zu klären, welche Rolle der BaFin bei Übernahmeangeboten dann überhaupt noch zukommen soll, so dass für eine Ausdehnung des Spruchverfahrens auf die Prüfung der Angemessenheit von Übernahmeangeboten nach dem WpÜG noch viel Vorarbeit zu leisten ist.[30]

C. Fazit

Durch das Spruchverfahrensgesetz sind die Regelungen des gesellschaftrechtlichen Spruchverfahrens erstmals in einem Verfahrensgesetz zusammengefasst worden, was der Übersichtlichkeit dienlich ist. Allerdings ist angesichts der sich abzeichnenden Ausweitung des Anwendungsbereichs auch auf Bereiche, die sich nicht ohne weiteres in das bestehende Konzept einfügen lassen, zu erwarten, dass es nicht bei derart übersichtlichen Verfahrensregelungen bleiben wird.

Inhaltlich hat das Spruchverfahrensgesetz erhebliche Neuerungen und Änderungen

---

29 Siehe bereits oben Teil 3 B. I. 1.

30 Zum Reformbedarf im Übernahmerecht allgemein siehe *Hopt/Mülbert/Kumpan* AG 2005, 109 ff.

gebracht sowie einige Probleme gelöst. Ob sich allerdings am Grundproblem der überlangen Verfahrensdauern angesichts der Tatsache, dass den Spruchverfahren komplexe Bewertungsfragen zugrunde liegen und es „die“ angemessene Kompensation nicht gibt, etwas ändern wird, ist ungewiss. Zwar ist durch die Zurückdrängung des Amtsermittlungsgrundsatzes ein wesentlicher Grund für die lange Dauer der Verfahren beseitigt worden. Aufgrund der regelmäßig bestehenden erheblichen Informationsasymmetrien zwischen den Verfahrensbeteiligten, die das Spruchverfahrensgesetz bestrebt ist auszugleichen, die jedoch zugleich durch bevorstehende Gesetzesänderungen und die Rechtsprechung des BGH noch gefördert werden, ist der Erfolg der Reform zweifelhaft. Denn sie geht von dem Idealbild eines weitgehend ausgeglichenen bzw. jedenfalls im Rahmen des Verfahrens ausgleichbaren Informationsstandes aus, der nicht der Realität entspricht, jedoch zwingende Voraussetzung des gesamten Konzepts bzw. der Annäherung des Verfahrens an den Zivilprozess ist. Dem entsprechend erscheint die Rechtsentwicklung des Spruchverfahrens, insbesondere auch die Tendenz zur Ausweitung des Anwendungsbereichs, im Wesentlichen nicht den Interessen des Minderheitenschutzes, sondern vor allem den Interessen des Kapitalmarktes dienend, der die drohende Nichtigkeit einer Strukturmaßnahme infolge einer erfolgreichen Beschlussanfechtung weitaus negativer bewertet als eine erhebliche vermögensmäßige Kompensation der Nachteile der Minderheit nach dem Vollzug der Strukturmaßnahme.

Soweit das Spruchverfahren als Alternative zur Anfechtungsklage ins Feld geführt wird, ist zudem zu bedenken, dass die Vorteile des Spruchverfahrens gegenüber der Anfechtungsklage für die Anteilsinhaber, mit denen in der Vergangenheit gemeinhin der Klageausschluss gerechtfertigt wurde, nicht mehr ohne weiteres bestehen. Der „Ausbau des Modells Spruchverfahren statt Anfechtungsklage“[31] muss nach dem Inkrafttreten des Spruchverfahrensgesetzes in neuem Licht betrachtet werden. Zwar ist die Erhebung einer Anfechtungsklage für die Anteilsinhaber hinsichtlich der Verfahrensvoraussetzungen immer noch ungünstiger als die Einleitung eines Spruchverfahrens. Jedoch bestehen die zwei stets gepriesenen Hauptvorteile des Spruchverfahrens – zum einen die Geltung des Amtsermittlungsgrundsatzes und der damit verbundene Fürsorgecharakter, zum anderen die Kostenfreiheit – nicht mehr wie vor Inkrafttreten des Spruchverfahrensgesetzes. Denn der Amtsermittlungsgrundsatz ist erheblich eingeschränkt bzw. teilweise sogar durch den Beibringungsgrundsatz ersetzt worden, und die Antragsteller haben ihre außergerichtlichen Kosten grundsätzlich selbst zu tragen. Daher sind Zweifel gegenüber der Annahme angebracht, die Reform des Spruchverfahrens könne Vorbildfunktion für eine Zurückdrängung der Anfechtungsklage allgemein haben, und die Anfechtungsklage könne durch Spruchverfahren oder ähnliche Wertüberprüfungsverfahren künftig ersetzt werden.[32] Zugleich ist damit in Frage gestellt, ob das Spruchverfahren Vorbildfunktion für die derzeit vom Gesetzgeber vorangetriebene Einführung von Kollektivklagen haben und auch bei der

---

[31] *W. Bayer* NJW 2000, 2609, 2618.

[32] So aber *Lutter/T. Bezzenberger* AG 2000, 433, 435.

Umsetzung der europäischen Übernahmerichtlinie den Minderheitschutz sicherstellen kann.[33]

Bedenklich ist ferner, dass eine Ausweitung des Anwendungsbereichs des Spruchverfahrensgesetzes zwar in vielen Varianten angeregt wird, entsprechende begleitende verfahrensrechtliche Reformüberlegungen jedoch nicht angestellt werden. So stellt sich mit einer erheblichen Ausweitung des Anwendungsbereichs unweigerlich die Frage, ob es für die Verfahren wie bisher bei den gerichtlichen Zuständigkeiten bleiben kann; das gilt zum einen aufgrund der zunehmenden Anzahl der Verfahren, zum anderen aufgrund der zu beobachtenden Tendenz, dass sich Sprachverfahren zu einer außerordentlichen Spezialmaterie entwickeln, die kaum von den Landgerichten bewältigt werden kann. Mit der Forderung nach einer Ausweitung des Anwendungsbereichs muss daher zugleich die Forderung nach einem ausschließlichen Gerichtsstand verbunden werden, wenn nicht allein für Spruchverfahren, so doch für Kapitalmarktstreitigkeiten und dies möglichst bundesweit; ähnliche Tendenzen finden sich auch im jüngst verabschiedeten KapMuG.[34] Darüber hinaus sollte auch in der EuGVVO ein ausschließlicher Gerichtsstand für Kapitalmarktstreitigkeiten vorgesehen werden. Zu Spruchverfahren sind bislang weder vom Gesetzgeber noch im juristischen Schrifttum ernsthafte Alternativen entwickelt worden. Angeregt wurde lediglich, in Fällen eines Anteilsbesitzes unterhalb eines gewissen Schwellenwertes anstelle des Spruchverfahrens ein Kurz- oder Bagatellverfahren mit *Inter-partes*-Wirkung einzuführen.[35] Zudem ist der Vorschlag unterbreitet worden, im Aktien- und Umwandlungsrecht eine „Experimentierklausel" einzufügen, die explizit die Möglichkeit eines Schiedsverfahrens bieten sollte.[36] Schließlich wird das Heil in historisch längst überwunden geglaubten Verfahrensvorschriften gesucht, wenn die zwangsweise Vertretung aller kompensationsberechtigten Anteilsinhaber durch den gemeinsamen Vertreter gefordert wird.[37]

Die fehlende Entwicklung von grundlegenden Alternativkonzepten ist indessen bedenklich, da die langfristige Zukunft des Spruchverfahrens als Rechtsbehelf angesichts des wachsenden Einflusses des angelsächsischen Rechtskreises auf das deutsche Gesellschafts- und Kapitalmarktrecht höchst zweifelhaft ist. Von diesem Einfluss zeugt etwa die Arbeit der Regierungskommission *Corporate Governance* und die sich abzeichnende Umsetzung von deren Vorschlägen, bei der sich vielfach am angloamerikanischen Recht orientiert wurde; man denke nur an die Änderung des § 93 Abs. 1 S. 2 AktG bzw. die beabsichtigte Einführung der *business judgment rule*, bei der sich der Gesetzgeber ausdrücklich an Vorbildern im angelsächsischen Rechtskreis

---

33 Siehe *Austmann/Mennicke* NZG 2004, 846, 851, 855 zur Anwendbarkeit des Spruchverfahrens de lege ferenda auf übernahmerechtlichen *squeeze out* und *sell out*.

34 RegE KapMuG BT-Drucks. 15/5091 Anlage 1; *ReA-BT* KapMUG BT-Drucks. 15/5695; siehe dazu ausführlich *Hess/Michailidou* ZIP 2004, 1381 ff. sowie *Plaßmeier* NZG 2005, 609 ff.

35 Dafür *Beyerle* BB 1978, 784, 790 f.; *ders.* ZGR 1977, 650, 661.

36 Dafür *Behnke* Spruchverfahren S. 170.

37 So *Austmann* BB 2002 Heft 15 S. I.

anlehnt.[38] Diesem angelsächsischen Rechtskreis ist ein Minderheitenschutz in Form des Spruchverfahrens jedoch gänzlich fremd, so dass zu erwarten ist, dass sich zumindest langfristig die Frage nach der generellen Zukunft des Spruchverfahrens stellt, auch wenn Gesetzgeber, Rechtsprechung und Literatur darin derzeit ein Allheilmittel zu sehen scheinen, um den Minderheitenschutz zu gewährleisten und die Kapitalmarkttauglichkeit des deutschen Gesellschaftsrechts sicherzustellen.

[38] *Begr. RegE* UMAG BT-Drucks. 15/5092 S. 11.

Zusammenfassung

1.
Der sachliche Anwendungsbereich des Spruchverfahrensgesetzes richtet sich nach dem materiellen Recht. § 1 SpruchG fasst die Anwendungsfälle lediglich deklaratorisch zusammen. Eine analoge Anwendung der spruchverfahrensrechtlichen Regelungen ist möglich, scheidet jedoch insbesondere bei Unternehmensverträgen im GmbH-Konzern und bei der Überprüfung von Preisbestimmungen nach dem WpüG aus. Für das „reguläre" und das „kalte" Delisting folgt die analoge Anwendung aus einer zulässigen Rechtsfortbildung. Sie setzt bei einem „regulären" Delisting voraus, dass der Widerruf der Börsenzulassung auf Antrag des Emittenten erfolgt. Hingegen ist es nicht erforderlich, dass die Gesellschaft oder ein Großaktionär den Aktionären ein Kaufangebot unterbreitet hat.

2.
Die gerichtliche Zuständigkeit für Spruchverfahren kann an einem Landgericht oder mehreren Landgerichten eines Bundeslandes durch Verordnung konzentriert werden. Nach altem Recht erlassene Verordnungen gelten allerdings nicht fort. Bei der Zuständigkeit mehrerer Landgerichte liegt ein sachlicher Zusammenhang i. S. v. § 2 Abs. 1 S. 2 SpruchG als Voraussetzung einer Verfahrensverbindung nur in den Fällen vor, in denen anderenfalls die Bewertung desselben Rechtsträgers in verschiedenen Verfahren überprüft werden müsste. Im Anwendungsbereich der EuGVVO ist abweichend von § 2 SpruchG grundsätzlich das Gericht des Mitgliedsstaates zuständig, in dem der Antragsgegner seinen Sitz hat. Ausnahmen bestehen im Falle einer den Anforderungen des Art. 23 EuGVVO genügenden Gerichtsstandvereinbarung oder bei einer Vereinbarung, nach der der Ort des Rechtsträgers, dem die im Spruchverfahren antragsberechtigten Anteilsinhaber angehören, den Erfüllungsort der Kompensationsleistung darstellt.

3.
Die Antragsberechtigung im Spruchverfahren ist mit dem Anspruch auf Kompensationsleistung verknüpft. Mit der Übertragung des Anspruchs geht grundsätzlich auch die Antragsberechtigung über. Insbesondere muss die Aktionärsstellung in Spruchverfahren nach § 1 Nr. 2 und 3 SpruchG nicht zwingend bei Eintragung des Eingliederungs- bzw. des Übertragungsbeschlusses vorliegen. In Spruchverfahren nach § 1 Nr. 4 SpruchG ist allein maßgeblich, dass der Antragsteller im Moment der Antragstellung Aktionär des übernehmenden bzw. des Rechtsträgers neuer Rechtsform ist, und zwar mit solchen Anteilen, die er im Zuge der Umwandlung für die

Anteile des übertragenden bzw. formwechselnden Rechtsträgers erhalten hat. Bei einer Übertragung der Anteile nach Antragstellung finden jedoch §§ 265 Abs. 2, 325 Abs. 1 ZPO mit der Folge analog Anwendung, dass der Übertragende das Verfahren grundsätzlich in gesetzlicher Verfahrensstandschaft für den neuen Anteilsinhaber fortführt. Der Nachweis der Antragsberechtigung hat mittels Urkunden innerhalb der Antragsfrist zu erfolgen. Eine fehlende oder nicht nachgewiesene Antragsberechtigung führt zur Abweisung des Antrags als unzulässig.

4.
Die Stellung des gemeinsamen Vertreters ist durch das Spruchverfahrensgesetz gestärkt worden. Grundsätzlich ist allerdings nur noch ein gemeinsamer Vertreter zu bestellen. Eine Bestellung darf erst nach der Feststellung der Zulässigkeit mindestens eines Antrags erfolgen und kann insbesondere dann gänzlich unterbleiben, wenn eine Aktionärsvereinigung als Antragsteller am Verfahren beteiligt ist, die sich in ihrer Satzung auf das Gemeinwohl verpflichtet hat. Für die Auswahl des gemeinsamen Vertreters sind Grundsätze der Insolvenzverwalterbestellung heranzuziehen. Seine Tätigkeit ist entsprechend Nr. 2400 VV RVG zu vergüten. Er haftet analog § 1833 BGB gegenüber den von ihm vertretenen Antragstellern und nur deliktisch auch gegenüber Dritten. Die Bestellung eines gemeinsamen Vertreters gem. § 6 a SpruchG ist regelmäßig überflüssig.

5.
Im Spruchverfahren ist eine Nebenintervention grundsätzlich möglich. Insbesondere nicht antragstellende Kompensationsberechtigte können sich allerdings nicht in dieser Form am Verfahren beteiligen. Die Bedeutung der Nebenintervention wird bei einer künftigen Pflicht zur Geltendmachung von bewertungsbezogenen Informationsmängeln im Spruchverfahren erheblich zunehmen.

6.
Die Antragsfrist wird grundsätzlich nicht durch eine Antragstellung vor Eintragung oder zwischen Eintragung und Bekanntmachung der Strukturmaßnahme gewahrt. Der Eingang eines Antrags bei einem unzuständigen Gericht ohne dessen Weiterleitung an ein zuständiges Gericht wirkt nicht fristwahrend. Nicht fristwahrende Anträge sind als unzulässig abzuweisen.

7.
Durch die Statuierung der Begründungspflicht in § 4 Abs. 2 SpruchG wird die Abkehr des Spruchverfahrens vom Amtsermittlungsgrundsatz vollzogen. Der verfassungsrechtlich erforderliche Schutz der Minderheitsaktionäre bedingt nicht die Geltung des § 12 FGG. Relativiert wird die Bedeutung des Begründungserfordernisses allerdings durch § 7 Abs. 4 SpruchG und vor allem auch das Recht des gemeinsamen Vertreters, die Antragsbegründungen zu ergänzen. An die Begründungspflicht der Antragsteller sind strenge Anforderungen zu stellen. Erforderlich ist eine konkrete Auseinander-

setzung mit den der angebotenen Kompensation zugrunde liegenden Berichten, wobei aber stets Informationsasymmetrien zwischen Antragsteller und Antragsgegner zu berücksichtigen sind. Letztlich findet die Begründungspflicht dort ihre Grenze, wo die Antragsteller in entschuldbarer Weise von bestimmten Tatsachen oder Umständen keine Kenntnis haben. Anträge mit unzureichender oder unvollständiger Antragsbegründung sind als unzulässig abzuweisen.

8.
Im Spruchverfahren soll grundsätzlich eine mündliche Verhandlung durchgeführt werden. Zu deren Vorbereitung sind offensichtlich unzulässige Anträge den Antragsgegnern nicht zuzustellen. Die Erwiderungsfrist des Antragsgegners beginnt mit der Zustellung der jeweiligen Anträge.

9.
Für das Beweisverfahren sind gem. § 17 Abs. 1 SpruchG i. V. m. § 15 FGG die Grundsätze der ZPO entsprechend anzuwenden, soweit Regelungen des Spruchverfahrensgesetzes bzw. die Eigenart des Spruchverfahrens der Anwendung nicht entgegensteht. Bei der Durchführung der vorbereitenden Beweisaufnahme ist vorrangig eine Stellungnahme des sachverständigen Prüfers einzuholen.

10.
§ 7 Abs. 7 SpruchG regelt für das Spruchverfahren erstmals die Pflicht zur Vorlage geheimhaltungsbedürftiger Unterlagen im Rahmen eines verfassungskonformen *In-camera-Verfahrens* und nähert die Vorbereitung des Verfahrens insoweit einer *pre-trial-discovery* nach US-amerikanischem Vorbild an. Ein Vorlageverlangen kann nur von dem Gericht oder von einem Antragsteller geäußert werden. Generell kommt nur die Vorlage solcher Unterlagen in Betracht, die zur freien Verfügung des Antragsgegners stehen oder hinsichtlich derer ein Herausgabeanspruch des Antragsgegners gegen einen Dritten besteht. Zur Unterbindung von dem deutschen Prozessrecht fremden Ausforschungsanträgen ist es zumindest erforderlich, dass die Antragsteller in dem Vorlageverlangen die konkreten Unterlagen benennen und plausibel darlegen, inwiefern die Unterlagen für die Entscheidung erhebliche Tatsachen enthalten können. Vorgelegte geheimhaltungsbedürftige Unterlagen hat das Gericht in einer nicht vom Akteneinsichtsrecht umfassten Sonderakte zu führen.

11.
Eine Auslegung, insbesondere ein systematischer Vergleich mit Regelungen des GWB und des SGG, ergibt, dass geheimhaltungsbedürftige Unterlagen auch bei deren Nichtoffenlegung in der gerichtlichen Entscheidung verwertet werden dürfen. Die Anwendung des Verhältnismäßigkeitsgrundsatzes führt jedoch dazu, dass regelmäßig Wissensmittler zu Wahrung der Interessen der Antragsteller einzuschalten sind. Die widerrechtliche Nichtvorlage von Unterlagen kann zur Umkehr der Feststellungslast und zu einer Schätzung fehlender Angaben zulasten des Antragsgegners führen.

12.
In der mündlichen Verhandlung kann der sachverständige Prüfer grundsätzlich nicht als sachverständiger Zeuge, als Gerichtssachverständiger oder anderweitige Auskunftsperson vernommen werden, auch nicht im Rahmen der Erläuterung eines Gerichtsgutachtens.

13.
Dem Sachverständigen kommt regelmäßig grundlegende Bedeutung für die Entscheidung und für die Dauer des Verfahrens zu. Gegen die Bestellung des sachverständigen Prüfers zum Sachverständigen besteht regelmäßig die Besorgnis der Befangenheit. Es fehlt eine Vergütungsregelung, die Sachverständige motiviert, qualitativ hochwertige Gutachten in kurzer Zeit zu erstellen. Ohne die Zustimmung des Antragsgegners kann bei der geltenden Rechtslage einem Sachverständigen keine über den gesetzlichen Sätzen liegende Vergütung gezahlt werden.

14.
Ein Spruchverfahren wird regelmäßig durch gerichtliche Entscheidung mit *Inter-omnes-Wirkung* beendet. Den durch die Annahme des Abfindungsangebots bereits ausgeschiedenen Anteilsinhabern steht ein Abfindungsergänzungsanspruch gesetzlich ausdrücklich zu. Von der Wirkung können auch Anteilsinhaber erfasst werden, denen ursprünglich kein Abfindungsanspruch zustand, wenn auf dem Kapitalmarkt abfindungsberechtigte und nicht abfindungsberechtigte Anteile gehandelt werden, die sich nicht voneinander unterscheiden lassen. Die gesetzlich vorgesehene Möglichkeit der Verfahrensbeendigung durch Vergleich wird nicht zu einer spürbaren Entlastung der Gerichte führen, da ein Mehrheitsvergleich bedauerlicherweise nicht eingeführt worden ist.

15.
Neben der Bekanntmachung der gerichtlichen Entscheidung gem. § 14 SpruchG kann eine Bekanntmachung auch nach § 15 Abs. 3 S. 1 WpHG erforderlich sein. Ferner hat eine technische Hinweisbekanntmachung bezüglich der Abwicklung der Kompensationsleistungen gem. § 39 Abs. 1 Nr. 3, Abs. 2 BörsG i. V. m. § 66 Abs. 1 BörsZulV zu erfolgen. Da der feststellende oder gestaltende Entscheidungsinhalt keinen vollstreckbaren Titel darstellt, müssen die Kompensationsberechtigten ihre Ansprüche im Wege der Leistungsklage durchsetzen. § 16 SpruchG ordnet für die erstinstanzliche Geltendmachung der Ansprüche einen Gleichlauf der gerichtlichen Zuständigkeiten für Spruchverfahren und Leistungsklage an, schafft jedoch keinen ausschließlichen Gerichtsstand für alle zivilprozessualen Streitigkeiten im Zusammenhang mit Spruchverfahren.

16.
Auf das Beschwerdeverfahren sind die Regeln des erstinstanzlichen Verfahrens, insbesondere §§ 3, 4 SpruchG, entsprechend anzuwenden. Der gemeinsame Vertreter ist nur dann selbstständig beschwerdeberechtigt, wenn die Antragsteller ihre Anträge

zurückgenommen haben und der gemeinsamen Vertreter das Verfahren gem. § 6 Abs. 3 SpruchG fortgeführt hat; er ist nicht „Quasi-Antragsteller".

17.
Der den Gerichtsgebühren zugrunde zu legende Geschäftswert wird der tatsächlichen wirtschaftlichen Bedeutung des Verfahrens nicht gerecht. Der Mindestgeschäftswert von 200.000,– € stellt die Untergrenze dar und kann auch überschritten werden, wenn im Spruchverfahren die Kompensation nicht erhöht wird. Kostenschuldner ist grundsätzlich der Antragsgegner. Den Antragstellern und dem gemeinsamen Vertreter, sofern er das Verfahren gem § 6 Abs. 3 S. 2 SpruchG fortgeführt hat, sind die Kosten ganz oder teilweise aufzuerlegen, wenn dies der Billigkeit entspricht. Dieses Kriterium wird von der Rechtsprechung unterschiedlich ausgelegt. Auch bei unzulässigen Anträgen ist es nicht ohne weiteres erfüllt.

18.
Indem der Gesetzgeber mit § 15 Abs. 4 SpruchG die Möglichkeit eröffnet, dass die Antragsteller ihrer außergerichtlichen Kosten, insbesondere die Rechtsanwaltskosten, selbst tragen müssen, wird eine Abkehr von der Vorstellung vollzogen, dass die weitgehende Kostenfreiheit des Verfahrens für die Antragsteller zwingende verfahrensrechtliche Ausprägung des verfassungsrechtlichen Schutzes der Minderheitsaktionäre ist.

19.
In Spruchverfahren nach § 1 Nr. 2 und 3 SpruchG kommt es für die Bestimmung des Gegenstandswerts bzw. den Anteilsbestand nicht auf den Zeitpunkt der Antragstellung, sondern auf die Aktionärsstellung im Zeitpunkt der Eintragung des jeweiligen Beschlusses an. Die Vermutung des § 31 Abs. 1 S. 3 RVG gilt nicht im Verhältnis zwischen Rechtsanwalt und Mandant. Entgegen den Vorstellungen des Gesetzgebers ist für die Kostenverteilung zwischen Antragsteller und Antragsgegner nicht der Ausgang des Verfahrens und dabei die Erheblichkeit der Erhöhung der Kompensation maßgeblich. Vielmehr sind die Kosten zu einem umso höheren Anteil dem Antragsgegner aufzuerlegen, je eher die Antragsteller bei Antragstellung objektiv und vernünftigerweise von einer Erhöhung der Kompensation ausgehen konnten.

20.
Der Gesetzgeber hat in §§ 15 Abs. 4, 6 Abs. 2 SpruchG die Kostenerstattungsfragen für das Spruchverfahren abschließend geregelt. Daher können die außergerichtlichen Kosten der Antragsgegner selbst in Ausnahmefällen nicht den Antragstellern auferlegt werden.

21.
Eine Ausweitung des Anwendungsbereichs des Spruchverfahrens empfiehlt sich insbesondere im Umwandlungsrecht für Bewertungsrügen der Anteilsinhaber der

übernehmenden Gesellschaft bei der Verschmelzung und bei Kapitalerhöhungen unter Bezugsrechtsausschluss, wobei die Ausweitung sich im letzteren Fall jedenfalls auf Sach- und grundsätzlich auch auf Barkapitalerhöhungen erstrecken müsste. Nicht unbedenklich ist dagegen die Ausweitung des Spruchverfahrens auch auf Kapitalerhöhungen bei der Ausnutzung eines genehmigten Kapitals, wenn die Verwaltung zum Ausschluss des Bezugsrechts ermächtigt worden ist und einen Ausgabe- oder Mindestbetrag festgelegt hat.

22.
Auf Verstöße gegen Preisbestimmungen des WpÜG kann das Spruchverfahren nicht ohne weiteres erweitert werden. Trotz zahlreicher mit einer Ausweitung verbundenen Vorteile lassen sich weder die verfahrensrechtlichen Bestimmungen des Spruchverfahrensgesetz problemlos übertragen noch könnten die Befugnisse der BaFin im Rahmen von Übernahmen in dem derzeit bestehendem Maße bestehen bleiben.

23.
Es ist zweifelhaft, ob sich durch die Reform des Spruchverfahrens das Problem der überlangen Verfahrensdauer, der Abhängigkeit der Gerichte von Sachverständigen und der hohen Verfahrenskosten zumindest entschärft. Dafür spricht, dass der Amtsermittlungsgrundsatz erheblich zurückgedrängt und teilweise durch den Beibringungsgrundsatz ersetzt worden ist. Dagegen spricht, dass das Gesetz weitgehend von dem Idealbild eines ausgeglichenen bzw. jedenfalls im Rahmen des Verfahrens ausgleichbaren Informationsstandes der Verfahrensbeteiligten ausgeht, der nicht der Realität entspricht und das Gericht weiterhin auf die Expertise von Sachverständigen angewiesen ist.

24.
Eine vielfach geforderte Ausweitung des Spruchverfahrens setzt zwingend auch eine Reform der gerichtlichen Zuständigkeiten voraus. Angesichts der Anzahl und des Umfangs der Verfahren könnten diese erstinstanzlich nicht mehr von den Landgerichten bewältigt werden. Es empfiehlt sich ein einheitlicher bundesweiter Gerichtsstand für Kapitalmarktstreitigkeiten.

25.
Langfristig ist die Zukunft des Spruchverfahrens angesichts des wachsenden Einflusses des anglo-amerikanischen Rechtskreises auf das deutsche Gesellschaftsrecht ungewiss. Grundlegende Alternativen außerhalb des Modells „Spruchverfahren statt Anfechtungsklage" sind bisher nicht entwickelt worden.

Literaturverzeichnis

Adolff, Johannes/Tieves, Johannes, Über den rechten Umgang mit einem unentschlossenen Gesetzgeber: Die aktienrechtliche Lösung des BGH für den Rückzug von der Börse, BB 2003, S. 797–810.

Aerssen, Rick van, Die Antragsbefugnis im Spruchstellenverfahren des Aktiengesetzes und im Spruchverfahren des Umwandlungsgesetzes, AG 1999, S. 249–257.

Altmeppen, Holger, Richtigstellung zu OLG Jena v. 22. 12. 2004, ZIP 2005, 525 – Jenoptik, ZIP 2005, S. 1055.

ders., Zeitliche und sachliche Begrenzung von Abfindungsansprüchen gegen das herrschende Unternehmen im Spruchstellenverfahren, in: Festschrift für Peter Ulmer zum 70. Geburtstag, Berlin 2003, S. 3–20.

Ammon, Ludwig, Rechtsprechungsübersicht zum aktienrechtlichen Spruchstellenverfahren, FGPrax 1998, S. 121–124.

Aubel, Stephan/Weber, Christian, Ausgewählte Probleme bei Eingliederung und Squeeze Out während eines laufenden Spruchverfahrens, WM 2004, S. 857–866.

Austmann, Andreas, Verfahrensregeln für Aktionärsabfindungen nach dem neuen Spruchverfahrensgesetz, FAZ v. 2. 7. 2003, Nr. 150, S. 19.

ders., Neue Regeln für Spruchverfahren – Plädoyer für eine grundlegende Reform, BB 2002, Heft 15, S. I.

ders./Mennicke, Petra, Übernahmerechtlicher Squeeze-out und Sell-out, NZG 2004, S. 846–855.

Baums, Theodor, Empfiehlt sich eine Neuregelung des aktienrechtlichen Anfechtungs- und Organhaftungssystems, insbesondere der Klagemöglichkeiten von Aktionären?, Deutscher Juristentag 63 (2000) Gutachten F., S. 1–263.

Bayer, Walter, Die Geltendmachung des Abfindungsanspruchs nach beendetem Beherrschungsvertrag, ZIP 2005, S. 1053–1060.

ders., Aktionärsklagen de lege lata und de lege ferenda, NJW 2000, S. 2609–2619.

ders., Kapitalerhöhungen mit Bezugsrechtsausschluss und Vermögensschutz der Aktionäre nach § 255 Abs. 2 AktG, ZHR 163 (1999) S. 505–553.

ders., Anmerkung zu OLG Düsseldorf, Beschl. v. 8. 12. 1994 – 19 W 4/94, WuB II A. § 306 AktG 1.95, S. 411–412.

ders., Kein Abschied vom Minderheitenschutz durch Information, ZGR 1995, S. 613–625.

Bayer, Wilhelm F., Mehrstufige Unternehmensverträge, in: Festschrift für Kurt Ballerstedt zum 70. Geburtstag, Berlin 1975, S. 157–184.

Behnke, Thorsten, Das Spruchverfahren nach §§ 306 AktG, 305 ff. UmwG, Frankfurt/M. u. a. 2001.

ders., Anmerkung zu OLG Schleswig, Beschl. v. 25. 8. 1999 – 2 W 98/99, NZG 2000, S. 48–49.

Bezzenberger, Gerold/Bezzenberger, Tilman, Rechtsschutzmittel der Aktionäre gegen Kapitalverwässerungen – Anfechtungsklage oder Spruchverfahren bei Verschmelzungen und Kapitalerhöhungen mit Bezugsrechtsausschluss? –, in: Festschrift für Welf Müller zum 65. Geburtstag, München 2001, S. 1–26.

Beyerle, Konrad, Erfahrungen mit dem Spruchstellenverfahren nach § 306 AktG, ZGR 1977, S. 650–661.

ders., Notwendige Änderungen im Verfahren der Freiwilligen Gerichtsbarkeit nach § 306 AktG, BB 1978, S. 784–791.

ders., Der Konkurs der Antragsgegner während des aktienrechtlichen Spruchstellenverfahrens, AG 1979, S. 306–315.

ders., Zur Klagebefugnis eines Aktionärs bei Übergang der Aktien auf Dritte, DB 1982, S. 837–845.

Bilda, Klaus, Abfindungsansprüche bei vertragsüberlebenden Spruchverfahren, NZG 2005, S. 375–381.

ders., Zur Dauer der Spruchstellenverfahren, NZG 2000, S. 296–301.

Boer, Claas de, Anmerkung zu LG Köln, Beschl. v. 19. 12. 2003 – 82 O 95/03, EWiR § 29 UmwG 1/04, S. 879–880.

Bozicevic, Falko, Zahlen, Fakten, Entwicklungen – Übernahmen und Squeeze-outs 2004, AG-Report 2005, R 246-R 250.

Bollweg, Achim, Abschluss, Änderung und Beendigung von Unternehmensverträgen zwischen Kapitalgesellschaften, Bonn 2003.

Bork, Reinhard, Gerichtszuständigkeit für Spruchverfahren bei Verschmelzung, NZG 2002, S. 163–164.

ders., Zuständigkeitsprobleme im Spruchverfahren, ZIP 1998, S. 550–554.

Bredow, Günther/Tribulowksy, Maik, Auswirkungen von Anfechtungsklage und Squeeze-Out auf ein laufendes Spruchverfahren, NZG 2002, S. 841–846.

Büchel, Helmut, Buchbesprechung: Spruchverfahrensgesetz/von Klöcker/Frowein, AG 2004, S. 682–683.

ders., Neuordnung des Spruchverfahrens, NZG 2003, S. 793–804.

Bürgers, Tobias, Aktienrechtlicher Schutz bei Delisting?, NJW 2003, S. 1642–1644.

Bundesanstalt für Finanzdienstleistungsaufsicht, Emittentenleitfaden, Stand 15. Juli 2005 (http://www.bafin.de/schreiben/89_2005/emittentenleitfaden.pdf).

Bundesministerium der Justiz, Mehr Rechte für Bürgerinnen und Bürger: Rechtsbehelf gegen überlange Verfahrensdauer, Pressemitteilung vom 26. 8. 2005.

Bundesverband der Deutschen Industrie/Bundesvereinigung der Deutschen Arbeitgeberverbände/Bundesverband Deutscher Banken/Deutscher Industrie- und Handelskammertag/Gesamtverband der Deutschen Versicherungswirtschaft, Gemeinsame Stellungnahme zum Regierungsentwurf eines Spruchverfahrensneuordnungsgesetzes, 20. 12. 2002, Berlin.

Bungert, Hartwin, Umtauschverhältnis bei Verschmelzungen entspricht nicht den Börsenwerten, BB 2003, S. 699–704.

ders./Mennicke, Petra, BB-Gesetzgebungsreport: Das Spruchverfahrensneuordnungsgesetz, BB 2003, S. 2021–2031.

Deilmann, Barbara/Lorenz, Manuel, Die börsennotierte Aktiengesellschaft, München 2005.

Deutsche Schutzvereinigung für Wertpapierbesitz, Stellungnahme zu dem Referentenentwurf eines Gesetzes zur Unternehmensintegrität und Modernisierung des Anfechtungsrechts (UMAG)
http://www.dsw-info.de/uploads/media/DSW-Stellungnahme-UMAG.pdf).

Deutscher Juristentag, Beschlüsse des 63. Deutschen Juristentages Leipzig 2000: Wirtschaftsrecht, DB 2000, S. 2108–2110.

Diekgräf, Robert, Sonderzahlungen an opponierende Kleinaktionäre, Heidelberg 1990.

Dißars, Björn-Axel, Antragsbefugnis von Namensaktionären im Spruchverfahren über ein Squeeze-out, BB 2004, S. 1293–1295.

Ebenroth, Carsten, Kurzkommentar zu OLG Frankfurt, Beschl. v. 24. 1. 1989 – 20 W 291/97, EWiR § 306 AktG 3/89, S. 1055–1056.

Ek, Ralf, Praxisleitfaden für die Hauptversammlung, München 2005.

Emmerich, Volker, Das neue Spruchverfahrensgesetz, in: Festschrift für Winfried Tilmann zum 65. Geburtstag, Köln u. a. 2003, S. 925–936.

ders./Habersack, Mathias, Aktien- und GmbH-Konzernrecht, 4. Auflage, München 2005.

dies., Aktien- und GmbH-Konzernrecht, 3. Auflage, München 2003.

Erb, Günther, Der Gegenstandswert der Anwaltsgebühren im aktienrechtlichen Spruchstellenverfahren nach §§ 306 VII AktG, 30 I KostO, NZG 2001, S. 161–163.

Fleischer, Holger, Das neue Recht des Squeeze out, ZGR 2002, S. 757–789.

Flume, Werner, Der Gewinn- und Verlustübernahmevertrag im GmbH-Recht, DB 1989, S. 665–670.

Frey, Kaspar, Bericht über die Diskussion zu den Referaten von Hoffmann-Becking und Wiesen, ZGR 1990, S. 511–516.

Fritzsche, Michael/Dreier, Peter, Spruchverfahren und Anfechtungsklage im Aktienrecht: Vorrang oder Ausnahme des Anfechtungsausschlusses gemäß § 14 Abs. 2 UmwG?, BB 2002, S. 737–744.

dies./Verfürth, Ludger C., SpruchG, Berlin 2004.

Frowein, Jochen Abr./Peukert, Wolfgang, Europäische Menschenrechtskonvention, 2. Auflage, Kehl u. a. 1996.

Fuhrmann, Lambertus/Linnerz, Markus, Zweifelsfragen des neuen Spruchverfahrens, Der Konzern 2004, S. 265–273.

Gassmann, Michael/Ruch, Matthias, Vossloh vertagt Wandlung in Europa AG, FTD vom 30. 8. 2005, S. 8.

Gebauer, Christoph/Schneider, Norbert, RVG – Anwaltkommentar, 2. Aufl., Bonn 2004.

Geimer, Reinhold, Das Fehlen eines Gerichtsstandes der Mitgliedschaft als gravierender Mangel im Kompetenzssystem der Brüsseler und der Luganer Konvention, in: Festschrift für Helmut Schippel zum 65. Geburtstag, München 1996, S. 869–886.

ders./Schütze, Rolf A., Europäisches Zivilverfahrensrecht, 2. Auflage, München 2004.

Geßler, Jörg H., Aktiengesetz, Stand: 41. Ergänzungslieferung/Dezember 2003, Bonn.

Geßler, Ernst/Hefermehl, Wolfgang/Eckardt, Ulrich/Kropff, Bruno, Aktiengesetz, Band VI: §§ 291–410, München 1976.

Geyrhalter, Volker/Gänßler, Peggy, Gesellschaftsrechtliche Voraussetzungen eines formalen Delisting, NZG 2003, S. 313–316.

Grauer, Wolfram, Konzernbildungskontrolle im GmbH-Recht, Konstanz 1991.

Griem, Niels, Das Recht der Akteneinsicht nach § 111 GWB, WuW 1999, S. 1182–1190.

Großfeld, Bernhard, Unternehmens- und Anteilsbewertung im Gesellschaftsrecht, 4. Aufl., Köln 2002.

Grub, Philipp, Anmerkung zu BayObLG, Beschl. v. 27. 5. 2002 – 37 BR 41 u. 43/02, DWiR 2002, S. 432–433.

Grunewald, Barbara, Die Auswirkungen der Macrotron-Entscheidung auf das kalte Delisting, ZIP 2004, S. 542–544.

dies., Die neue Squeeze-out-Regelung, ZIP 2002, S. 18–22.

Gude, Christian, Zweifelsfragen bei der Beschwerde nach dem Spruchverfahrensgesetz, AG 2005, S. 233–237.

Haarmann, Wilhelm/Riehmer, Klaus/Schüppen, Matthias, Öffentliche Übernahmeangebote, Heidelberg 2002.

Habersack, Mathias/Verse, Dirk A., Zum Auskunftsrecht des Aktionärs im faktischen Konzern, AG 2003, S. 300–307.

Hachenburg, Max, Gesetz betreffend die Gesellschaften mit beschränkter Haftung (GmbHG), 7. Lieferung: §§ 53–85, Berlin u. a. 1983.

Hachmeister, Dirk, Wirtschaftsprüfungsgesellschaften im Prüfungsmarkt, Stuttgart 2001.

Halberkamp, Thomas, Die Entschädigung der außenstehenden Aktionäre bei der aktienrechtlichen Konzernierung, Frankfurt/M. u. a. 1996.

Handelsrechtsausschuss des Deutschen Anwaltsvereins, Stellungnahme zu dem Regierungsentwurf eines Gesetzes zur Unternehmensintegrität und Modernisierung des Anfechtungsrechts (UMAG), NZG 2005, S. 388–393.

ders., Stellungnahme zu dem Regierungsentwurf eines Gesetzes zur Einführung der Europäischen Gesellschaft, Stellungnahme Nr. 35/04, Juli 2004.

ders., Stellungnahme zu dem Referentenentwurf des UMAG, ZIP 2004, S. 1230–1236.

ders., Stellungnahme zu dem Diskussionsentwurf des SE-Ausführungsgesetzes (Auszug), ZIP 2004, S. 140–144.

ders., Stellungnahme zu dem Regierungsentwurf des Spruchverfahrensneuordnungsgesetzes, ZIP 2003, S. 552–556.

ders., Stellungnahme zu dem Referentenentwurf des Spruchverfahrensneuordnungsgesetzes, NZG 2002, S. 119–124.

Hartmann, Peter, Kostengesetze, 33. Auflage, München 2004.

Hartung, Wolfgang/Römermann, Volker, RVG, München 2004.

Hasselbach, Kai, Anmerkung zu OLG Stuttgart, Urt. v. 3. 12. 2003 - 20 W 6/03, EWiR § 327 c AktG 1/04, S. 833–834.

Hecker, Renate/Wenger, Ekkehard, Der Schutz von Minderheiten im Vertragskonzern, ZBB 1995, S. 321–341.

Heidel, Thomas, Anmerkung zu BGH, Urt. v. 25. 11. 2002 – II ZR 133/01, DB 2003, S. 548–551.

Helmis, Sven, Der Ausschluss von Minderheitsaktionären, ZBB 2003, S. 161–176.

Henze, Hartwig, Die dosierte Einschränkung der aktienrechtlichen Anfechtungsklage in der Rechtsprechung des Bundesgerichtshofs, in: Festschrift für Walter Hadding zum 70. Geburtstag, Berlin 2004, S. 409–426.

ders., Aspekte und Entwicklungstendenzen der aktienrechtlichen Anfechtungsklage in der Rechtsprechung des BGH, ZIP 2002, S. 97–108.

ders./Hoffmann-Becking, Michael, Gesellschaftsrecht 2001, Köln u. a. 2001.

Hess, Burkhard, Sammelklagen im Kapitalmarktrecht, AG 2003, S. 113–125.

ders./Michailidou, Chrisoula, Das Gesetz über Musterverfahren zu Schadenersatzklagen von Kapitalanlegern, ZIP 2004, S. 1381–1387.

Hirte, Heribert, „Vermischung und Vermengung“ von nach § 305 AktG abfindungsberechtigten Aktien nach Beendigung eines Unternehmensvertrages, in: Festschrift für Walter Hadding zum 70. Geburtstag, Berlin 2004, S. 427–442.

ders., Kapitalgesellschaftsrecht, 4. Auflage, Köln 2003.

ders., Informationsmängel und Spruchverfahren, ZHR 167 (2003) S. 8–34.

ders., Die Vorlagepflicht auf teilharmonisierten Rechtsgebieten am Beispiel der Richtlinien zum Gesellschafts- und Bilanzrecht, RabelsZ 66 (2002) S. 553–579.

ders., Der Zugang zu Rechtsquellen und Rechtsliteratur, München 1991.

ders., Berufshaftung, München 1996.

ders., Anmerkungen und Anregung zur geplanten gesetzlichen Neuregelung des Bezugsrechts, ZIP 1994, S. 356–363.

ders., Der Vertragskonzern im Gesellschaftsrecht, Köln 1993.

ders., Beteiligungserwerb und Sacheinlage im Entwurf des Umwandlungsgesetzes, AG 1990, S. 373–376.

ders., Mitteilung und Publikation von Gerichtsentscheidungen, NJW 1988, S. 1698–1705.

ders./Bülow, Christoph von, Kölner Kommentar zum Wertpapierübernahmegesetz, Köln u. a. 2003.

ders./Mock, Sebastian, Beweislast abfindungsberechtigter Aktionäre beim vertragsüberlebenden Spruchverfahren, DB 2005, S. 1444–1447.

Hoffmann-Becking, Michael, Münchener Handbuch des Gesellschaftsrechts,
Band 3: Gesellschaft mit beschränkter Haftung, München 1996,
Band 4: Aktiengesellschaft, 2. Auflage, München 1999.

ders., Der materielle Gesellschafterschutz: Abfindung und Spruchverfahren, ZGR 1990, S. 482–502.

Hommelhoff, Peter, Anlegerinformation im Aktien-, Bilanz- und Kapitalmarktrecht, ZGR 2000, S. 748–775.

ders., Minderheitenschutz bei Umstrukturierungen, ZGR 1993, S. 452–473.

ders., Zur Kontrolle strukturverändernder Gesellschafterbeschlüsse, ZGR 1990, S. 447–476.

ders./Witte, Andreas, Kurzkommentar zu BayObLG, Beschl. v. 14. 10. 1991 – BReg 3 Z 36/91, EWiR § 306 AktG 1/92, S. 5–6.

Hopt, Klaus J., Grundsatz- und Praxisprobleme nach dem Wertpapierhandelsgesetz, ZHR 159 (1995) S. 135–163.

ders./Mülbert, Peter O./Kumpan, Christoph, Reformbedarf im Übernahmerecht, AG 2005, S. 109–119.

ders./Wiedemann, Herbert, Großkommentar zum Aktiengesetz,
Band 4: §§ 291–410 AktG, Berlin u. a. 1975,
6. Lieferung: §§ 241–255, 4. Auflage, Berlin u. a. 1996,
16. Lieferung: §§ 131, 132, 4. Auflage, Berlin u. a. 2001,
18. Lieferung: §§ 192–206, 4. Auflage, Berlin u. a. 2001,
23. Lieferung: §§ 300–310 AktG, 4. Auflage, Berlin 2005.

Hüchting, Hans-Jochen, Abfindung und Ausgleich im aktienrechtlichen Beherrschungsvertrag, Bochum 1972.

Hüffer, Uwe, Aktiengesetz, 6. Auflage, München 2004.

Ihrig, Hans-Christoph/Wagner, Jens, Das Gesetz zur Einführung der Europäischen Gesellschaft (SEEG) auf der Zielgeraden, BB 2004, S. 1749–1759.

Immenga, Ulrich/Mestmäcker, Ernst-Joachim, GWB – Kommentar zum Kartellgesetz, 3. Auflage, München 2001.

Jebens, Carsten, Ist die Unsitte, Gesetzesreparaturen als rückgreifende Klarstellung zu deklarieren, mit dem Bestimmtheitsgebot zu vereinbaren?, DB 2005, S. 1240–1244.

Kallmeyer, Harald, Umwandlungsgesetz, 2. Auflage, Köln 2001.

Kann, Jürgen van/Hirschmann, Jörn, Das neue Spruchverfahrensgesetz – Konzentration und Beschleunigung einer bewährten Institution, DStR 2003, S. 1488–1494.

Karrer, Götz G., Die Angemessenheit der Leistung im Konzern-, Übernahme- und Ausschlussrecht, Baden-Baden 2003.

Keidel, Theodor/Kuntze, Joachim/Winkler, Karl, Freiwillige Gerichtsbarkeit, 15. Auflage, München 2003.

Kersting, Christian, Diskussionsbericht zu den Referaten Cahn, Möller und Ihrig, ZHR 167 (2003) S. 351–356.

Kiem, Roger/Riedel, Jens, Anmerkung zu LG München I, Beschl. v. 15. 1. 2004 – 5HK O 22304/02, EWiR § 304 AktG a. F., S. 523–524.

Kirchheim, Christian, Probleme im Rahmen der Abfindung des Minderheitsaktionärs beim Gewinnabführungs- und Beherrschungsvertrag, Münster 1994.

Kirchhoff, Hans-Peter/Lwowski, Hans-Jürgen/Stürner, Rolf, Münchener Kommentar zur Insolvenzordnung, Band 1: § 1–102 InsO – InsVV, München 2001.

Kleindiek, Detlef, Abfindungsbezogene Informationsmängel und Anfechtungsausschluss, NZG 2001, S. 552–555.

Kley, Karl-Ludwig, Die Rechtsstellung der außenstehenden Aktionäre bei der vorzeitigen Beendigung von Unternehmensverträgen, München 1986.

Kley, Max Dietrich/Lehmann, Michael, Zur Stellung des gemeinsamen Vertreters im Verfahren nach §§ 304 ff. AktG, 30 ff. UmwG, BB 1973, S. 1096–1099.

Klöcker, Ingo/Frowein, Georg, Spruchverfahrensgesetz, Köln 2004.

Klöhn, Lars, Zum Pflichtangebot und Spruchverfahren beim regulären Delisting, ZBB 2003, S. 208–218.

Knoll, Leonhard, Gesetzliche Verzinsung von Spruchverfahrensansprüchen: Legislativer Wille und verfassungswidrige Wirklichkeit, BB 2004, S. 1727–1731.

ders., Kurzkommentar zu OLG Düsseldorf, Beschl. v. 20. 11. 2001 – 19 W 2/00 AktE, EWiR § 15 UmwG 1/02, S. 543–544.

Koerfer, Rolf/Selzner, Harald, Minderheitenschutz bei Abschluss von GmbH-Beherrschungsverträgen, GmbHR 1997, S. 285–292.

Komp, Ralf, Zweifelsfragen des aktienrechtlichen Abfindungsanspruchs nach §§ 305, 320 b AktG, Berlin 2002.

Kort, Michael, Die Registereintragung gesellschaftsrechtlicher Strukturänderungen nach dem Umwandlungsgesetz und nach dem Gesetz zur Unternehmensintegrität und Modernisierung des Anfechtungsrechts (UMAG), BB 2005, S. 1577–1582.

ders., Zur Zulässigkeit eines Spruchstellenverfahrens bei Änderung eines Beherrschungs- und Gewinnabführungsvertrages, NZG 2004, S. 313–315.

ders., Bestandsschutz fehlerhafter Strukturveränderungen im Kapitalgesellschaftsrecht, München 1998.

Kowalski, Andre, Kurzkommentar zu OLG Zweibrücken, Beschl. v. 11. 12. 1996 – 3W 152/96, EWiR § 306 AktG 1/97, S. 147–148.

Krämer, Lutz/Theiß, Simone, Delisting nach der Macrotron-Entscheidung des BGH, AG 2003, S. 225–242.

Kretschmer, Bernhard/Karakaya, Ilkin, Zur Berichtspflicht des Vorstands beim Delisting von Aktiengesellschaften, WM 2002, S. 2494–2497.

Krieger, Gerhard, Fehlerhafte Satzungsänderungen: Fallgruppen und Bestandskraft, ZHR 158 (1994) S. 35–58.

Krolop, Kaspar, Die Umsetzung von „Macrotron" im Spruchverfahren durch das BayObLG, NZG 2005, S. 546–547.

Kropff, Bruno, Aktiengesetz, Düsseldorf 1965.

ders./Semler, Johannes, Münchener Kommentar zum Aktiengesetz,
Band 2: §§ 53 a–75, 2. Auflage, München 2003,
Band 4: §§ 118–147, 2. Auflage, München 2004,
Band 7: §§ 222–277, 2. Auflage, München 2001,
Band 8: §§ 278–328, 2. Auflage, München 2000,
Band 9/1: §§ 327 a–327 f AktG – WpÜG – SpruchG, 2. Auflage, München 2004.

Kropholler, Jan, Europäisches Zivilprozessrecht, 6. Auflage, Heidelberg 1998.

Kümpel, Siegfried, Aktuelle Fragen der ad hoc-Publizität, AG 1997, S. 66–73.

Kunowski, Stefan, Änderung der IDW-Standards zu den Grundsätzen zur Durchführung von Unternehmensbewertungen, DStR 2005, S. 569–573.

Lamb, Jochen/Schluck-Amend, Alexandra, Die Neuregelung des Spruchverfahrens durch das Spruchverfahrensneuordnungsgesetz, DB 2003, S. 1259–1264.

Lappe, Thomas/Stafflage, Axel, Unternehmensbewertungen nach dem Wertpapiererwerbs- und Übernahmegesetz, BB 2002, S. 2185–2192.

Land, Volker/Behnke, Thorsten, Die praktische Durchführung eines Delisting nach der Macrotron-Entscheidung des BGH, DB 2003, S. 2531–2535.

ders./Hennings, Frank, Aktuelle Probleme von Spruchverfahren nach gesellschaftsrechtlichen Strukturmaßnahmen, AG 2005, S. 380–387.

Larenz, Karl/Canaris, Claus-Wilhelm, Methodenlehre der Rechtswissenschaft, 3. Auflage, Berlin u. a. 1995.

ders./Wolf, Manfred, BGB Allgemeiner Teil, 9. Auflage, München 2004.

Lask, Thomas, Die Mitwirkung des Minderheitsaktionärs beim Abschluss eines Vergleichs im Spruchverfahren, in: Festgabe für Olaf Werner zum 65. Geburtstag, Jena 2004, S. 139–149.

Lehmann, Matthias, Pflicht zu gesonderter Kennzeichnung von Wertpapieren bei Unternehmensverträgen?, ZIP 2005, S. 1489–1496.

Lenz, Christofer/Leinekugel, Rolf, Eigentumsschutz beim Squeeze out, Köln 2004.

Leppin, Klaus, Besichtigungsanspruch und Betriebsgeheimnis (Teil II), GRUR 1984, S. 695–713.

Leuering, Dieter, Kurzkommentar zu OLG Hamburg, Beschl. v. 1. 9. 2003 – 11 W 30/03, EWiR § 67 AktG 1/03, S. 1165–1166.

ders., Die parallele Angemessenheitsprüfung durch den gerichtlich bestellten Prüfer, NZG 2004, S. 606–610.

ders./Simon, Stefan, Aktienrechtsreform erfasst auch laufende Anfechtungsklagen, NJW-Spezial 2005, S. 315–316.

Liebert, Ulrike, Der Bezugsrechtsausschluss bei Kapitalerhöhungen von Aktiengesellschaften, Baden-Baden 2003.

Lieder, Jan, Der Namensaktionär im gesellschaftsrechtlichen Spruchverfahren, NZG 2005, S. 159–166.

Linnerz, Markus, Anmerkung zu OLG Köln, Urt. v. 26. 8. 2004 – 18 U 48/04, EWiR § 327 a AktG 3/05, S. 527–528.

Lüke, Gerhard/Wax, Peter, Münchener Kommentar zur Zivilprozessordnung,
Band 1: §§ 1–354, Band 2: §§ 355–802, 2. Auflage, München 2000.

Lutter, Marcus, Umwandlungsgesetz, 1. Auflage, Köln 1996.

ders., Umwandlungsgesetz, Band I: §§ 1–151 UmwG, Band II: §§ 152–325 UmwG, 2. Auflage, Köln 2000.

ders., Anmerkung zu BGH, Urt. v. 23. 6. 1997 – II ZR 132/93, JZ 1998, S. 50–53.

ders., Gesellschaftsrecht und Kapitalmarkt, in: Festschrift für Wolfgang Zöllner zum 70. Geburtstag, Bd. I, Köln u. a. 1998, S. 363–384.

ders., Verschmelzung, Spaltung, Formwechsel nach neuem Umwandlungsrecht und Umwandlungssteuerrecht, Köln 1995.

ders./Bezzenberger, Tilman, Für eine Reform des Spruchverfahrens im Aktien- und Umwandlungsrecht, AG 2000, S. 433–447.

ders./Drygala, Tim, Die übertragende Auflösung: Liquidation der Aktiengesellschaft oder Liquidation des Minderheitenschutzes, in: Festschrift für Bruno Kropff, Düsseldorf 1997, S. 191–224.

ders./Hommelhoff, Peter, GmbH-Gesetz, 16. Auflage, Köln 2004.

ders./Winter, Martin, Umwandlungsgesetz, Band I: §§ 1–137, Band II: §§ 138–325 UmwG, SpruchG, 3. Auflage, Köln 2004.

Luttermann, Claus, Anmerkung zu LG Frankfurt/M., Beschl. v. 17. 12. 2004 – 3–5 O 253/04, EWiR § 327 b AktG 2/05, S. 193–194.

ders., Anmerkung zu LG Dortmund, Beschl. v. 7. 10. 2004 – 20 O 104/04, EWiR § 327 b AktG 1/05, S. 51–52.

Maier, Hans Jochem/Kroiß, Ludwig, Rechtsanwaltsvergütungsgesetz, Baden-Baden 2004

Maier-Reimer, Georg, Verbesserung des Umtauschverhältnisses in Spruchverfahren, ZHR 164 (2000) S. 563–588.

Malitz, Michael, Kurzkommentar zu BayObLG, Beschl. v. 27. 5. 2002 – 3Z BR 41 u. 43/02, EWiR § 59 KO 1/03, S. 71–72.

Martinius, Philip/Oppen, Matthias von, Verfassungsrechtliche Zulässigkeit des Delisting-Spruchverfahrens, DB 2005, S. 212–214.

Meilicke, Heinz/Meilicke, Wienand, Die Rechtsstellung der nicht antragstellenden Aktionäre im Verfahren nach §§ 306 AktG, 30 UmwG, ZGR 1974, S. 296–316.

Meilicke, Wienand, Erste Probleme mit § 16 SpruchG, NZG 2004, S. 547–552.

ders., Beendigung des Spruchstellenverfahrens durch Beendigung des Unternehmensvertrages, AG 1995, S. 181–188.

ders./Heidel, Thomas, UMAG: „Modernisierung“ des Aktienrechts durch Beschränkung des Eigentumsschutzes der Aktionäre, DB 2004, S. 1479–1487.

dies., Das neue Spruchverfahren in der gerichtlichen Praxis, DB 2003, S. 2267–2275.

Meyer-Ladewig, Jens, Sozialgerichtsgesetz, 7. Auflage, München 2002.

Morgen, Carl-Christian von, Das Squeeze-Out und seine Folgen für AG und GmbH, WM 2003, S. 1553–1560.

Mülbert, Peter O., Rechtsprobleme des Delisting, ZHR 165 (2001) S. 104–140.

Neye, Hans-Werner, Das neue Spruchverfahrensrecht, Bundesanzeiger Nr. 150 a, Köln 2003.

ders., Auf dem Weg zu einem neuen Spruchverfahren, in: Festschrift für Herbert Wiedemann zum 70. Geburtstag, München 2002, S. 1127–1139.

ders., Spruchverfahrensneuordnungsgesetz, ZIP 2002, S. 2097–2099.

ders., Die Reform des Spruchverfahrens, NZG 2002, S. 23–24.

ders., Konkurrierende gerichtliche Zuständigkeit für Spruchverfahren bei „überregionalen“ Umwandlungsvorgängen, in: Festschrift für Siegfried Widmann zum 65. Geburtstag, Bonn 2000, S. 87–97.

ders./Teichmann, Christoph, Der Entwurf für das Ausführungsgesetz zur Europäischen Aktiengesellschaft, AG 2003, S. 169–179.

Noack, Ulrich, Elektronische Publizität im Aktien- und Kapitalmarktrecht in Deutschland und Europa, AG 2003, S. 537–550.

Ott, Kai-Peter, Reichweite der Angemessenheitsprüfung beim squeeze-out, DB 2003, S. 1615–1617.

Otto, Klaus, Die neue Geschäftsgebühr mit Kappungsgrenze nach dem Rechtsanwaltsvergütungsgesetz, NJW 2004, S. 1420–1421.

Paschos, Nikolaos, Berichtspflichten des Vorstands bei der Ermächtigung zum Bezugsrechtsausschluss und deren Ausübung im Rahmen eines genehmigten Kapitals, WM 2005, S. 356–365.

Pentz, Adolf, Geschäftswert, Gegenstandswert und Rechtsstellung des gemeinsamen Vertreters im Spruchstellenverfahren nach § 306 AktG, DB 1993, S. 621–622.

Petersen, Harald, Das Spruchverfahrensneuordnungsgesetz – Ein Schritt vor, zwei zurück, SdK-AktionärsNews Nr. 50/14. 8. 2003, S. 5–6.

Pfeifer, Udo, Schutzmechanismen bei der Umwandlung von Kapitalgesellschaften, Recklinghausen 2001.

Pfüller, Markus/Anders, Dietmar, Delisting-Motive vor dem Hintergrund neuer Rechtsentwicklungen, NZG 2003, S. 459–465.

Philipp, Wolfgang, Ist die Verschmelzung von Aktiengesellschaften nach dem neuen Umwandlungsrecht noch vertretbar?, AG 1998, S. 264–272.

Pieroth, Bodo/Schlink, Bernhard, Grundrechte, 19. Auflage, Heidelberg 2003.

Plaßmeier, Heiko, Brauchen wir ein Kapitalanleger-Musterverfahren? – Eine Inventur des KapMuG, NZG 2005, S. 609–616.

Pluskat, Sorika, Anmerkung zu OLG Düsseldorf, Beschl. v. 30. 12. 2004 – I-19 W 3/04 AktE, EWiR § 29 UmwG 1/05, S. 275–276.

dies., Going Private durch reguläres Delisting, WM 2002, S. 833–839.

Prütting, Hanns, Datenschutz und Zivilverfahrensrecht in Deutschland, ZZP 106 (1993) S. 427–468.

ders./Weth, Stephan, Die Vertretung einer Gewerkschaft in Betrieb – Geheimverfahren zum Nachweis der Voraussetzungen, DB 1989, S. 2273–2278.

Puszkajler, Karl Peter, Diagnose und Therapie von aktienrechtlichen Spruchverfahren, ZIP 2003, S. 518–522.

Rathausky, Uwe, Squeeze-out in Deutschland: Eine Empirische Untersuchung zu Anfechtungsklagen und Spruchverfahren, AG-Report 1/2004, R 24-R 26.

Rauscher, Thomas, Europäisches Zivilprozessrecht, München 2004.

Rebmann, Kurt/Säcker, Franz Jürgen/Rixecker, Roland, Münchener Kommentar zum Bürgerlichen Gesetzbuch
Band 2 a: Schuldrecht Allgemeiner Teil – §§ 241–432, 4. Auflage, München 2003
Band 8: Familienrecht II – §§ 1589–1921 – SGB VIII, 4. Auflage, München 2002.

Reidt, Olaf/Stickler, Thomas/Glahs, Heike, Vergaberecht, 2. Auflage, Köln 2003.

Rieger, Harald/Hafner, Till, Der Rechtsweg in Amerika bietet auch Chancen, FAZ v. 28. 5. 2003, Nr. 123, S. 17.

Ringleb, Henrik-Michael/Kremer, Thomas/Lutter, Marcus/Werder, Axel v., Deutscher Corporate Governance Kodex, München 2003.

Rowedder, Heinz, Der gemeinsame Vertreter gem. § 306 Abs. 4 AktG – Rechtsstellung, Vertretungsmacht und Aufgabe, in: Festschrift für Fritz Rittner zum 70. Geburtstag, München 1991, S. 509–518.

Rowedder, Heinz/Schmidt-Leithoff, Christian, Gesetz betreffend die Gesellschaft mit beschränkter Haftung (GmbHG), 4. Auflage, München 2002.

Rühland, Hans-Philipp, Die Zukunft der übertragenden Auflösung (§ 179 a AktG), WM 2002, S. 1957–1966.

Säcker, Franz Jürgen, Die Rechte der Aktionäre bei konzerninternen Umstrukturierungen gem. §§ 304 f. AktG, DB 1988, S. 271–277.

Schäfer, Frank A., Wertpapierhandelsgesetz, Börsengesetz mit BörsZulV, Verkaufsprospektgesetz mit VerkProspV, Stuttgart u. a. 1999

Schiffer, Jack/Goetz, Axel, Umsetzung des Macrotron-Urteils: Spruchverfahren nach regulärem Delisting, BB 2005, S. 453–456.

ders./Rossmeier, Daniela, Auswirkungen des Squeeze-out auf rechtshängige Spruchverfahren, DB 2002, S. 1359–1362.

Schlitt, Michael, Die gesellschaftsrechtlichen Voraussetzungen des regulären Delisting – Macrotron und die Folgen, ZIP 2004, S. 533–541.

Schmidt, Harry, Ausschluss der Anfechtung des Squeeze-out-Beschlusses bei abfindungsbezogenen Informationsmängeln, in: Festschrift für Peter Ulmer zum 70. Geburtstag, Berlin 2003, S. 543–556.

Schmidt, Jochen, Das Recht der außenstehenden Aktionäre: das Verfahren gem. § 306 AktG bei Überprüfungsanträgen außenstehender Aktionäre, Frankfurt/M. u. a. 1979.

Schmidt, Karsten, Gesellschaftsrecht, 4. Auflage, Köln u. a. 2002.

Schmitt, Joachim/Hörtnagl, Robert/Stratz, Rolf-Christian, Umwandlungsgesetz, Umwandlungssteuergesetz, 3. Auflage, München 2001.

Scholz, Franz, Kommentar zum GmbH-Gesetz, II. Band: §§ 45–87, 9. Auflage, Köln 2002.

Schubert, Theo, Verschmelzung: Ausgleich- und Abfindungsansprüche außenstehender Aktionäre bei vorhergehendem Unternehmensvertrag, DB 1998, S. 761–764.

Schürnbrand, Jan, „Verdeckte" und „atypische" Beherrschungsverträge im Aktien- und GmbH-Recht, ZHR 169 (2005) S. 35–60.

Schulenberg, Matthias, Die Antragsberechtigung gemäß §§ 15, 305 ff. UmwG und die „Informationslast" des Antragstellers im Spruchverfahren, AG 1998, S. 74–82.

Schulz, Stephan, Der Ausgleichsanspruch für erloschene und beseitigte Mehrstimmrechte gem. § 5 III EGAktG, NZG 2002, S. 996–1006.

Schwark, Eberhard, Kapitalmarktrechtskommentar, 3. Auflage, München 2004.

Seetzen, Uwe, Anmerkung zu BVerfG, Beschl. v. 26. 4. 1991 – 1 BvR 467/99, WuB II A. § 320 AktG 2.99, S. 830–832.

ders., Spruchverfahren und Unternehmensbewertung im Wandel, WM 1999, S. 565–574.

Seibert, Ulrich, BB-Gesetzgebungsreport: Das Gesetz zur Unternehmensintegrität und Modernisierung des Anfechtungsrechts (UMAG) kommt zum 1. 11. 2005, BB 2005, S. 1457–1458.

Seibt, Christoph H., Rechtsschutz im Übernahmerecht, ZIP 2003, S. 1865–1877.

ders./Heiser, Kristian, Regelungskonkurrenz zwischen neuem Übernahmerecht und Umwandlungsrecht, ZHR 165 (2001) S. 466–494.

Seisler, Harald, Der Anspruch des Minderheitsaktionärs auf angemessene Abfindung im Verfahren nach §§ 306 AktG, 30 ff. UmwG, Mannheim 1983.

Sellmann, Christian, Ausgleichs- und Verfahrensregelung des Squeeze-out auf dem Prüfstand des Verfassungsrechts, WM 2003, S. 1545–1553.

Semler, Johannes/Stengel, Arndt, Umwandlungsgesetz, München 2003.

Sinewe, Patrick, Verrechnung von Ausgleichs- und Zinszahlungen bei Unternehmensverträgen, NJW 2003, S. 270–271.

ders., Keine Anfechtungsklage gegen Umwandlungsbeschlüsse bei wertbezogenen Informationsmängeln, DB 2001, S. 690–691.

Stadler, Astrid, Der Schutz von Unternehmensgeheimnissen im Zivilprozess, NJW 1989, S. 1202–1206.

Steinhauer, Carsten, Der Börsenpreis als Bewertungsgrundlage für den Abfindungsanspruch von Aktionären, AG 1999, S. 299–308.

Steinmeyer, Roland/Häger, Michael, WpÜG, Berlin 2002.

Streit, Georg, Zu den Voraussetzungen für das vollständige Delisting, ZIP 2003, S. 392–395.

Ströbele, Christian, Spruchverfahrensneuordnungsgesetz, Pressemitteilung der Bundestagsfraktion Bündnis 90/Die Grünen, 17. 2. 2003.

Stürner, Rolf, Aktienrechtliches Spruchstellenverfahren und Insolvenz, in: Festschrift für Wilhelm Uhlenbruck zum 70. Geburtstag, Köln 2001, S. 669–683.

ders., Die Aufklärungspflicht der Parteien des Zivilprozesses, Tübingen 1976.

Stützle, Rudolf, Anmerkung zu BGH, Urt. v. 29. 10. 1990 – II ZR 226/89, WuB II A. § 305 AktG 1.91, S. 252–254.

Thaeter, Ralf/Brandi, Tim Oliver, Öffentliche Übernahmen, München 2003.

Thywissen, Johann Heinrich, Das Spruchstellenverfahren im Aktiengesetz und die Wirkung der Entscheidung auf bereits abgefundene Aktionäre, Münster 1978.

Tomson, Christian/Hammerschmitt, Susanne, Aus alt mach neu? Betrachtungen zum Spruchverfahrensneuordnungsgesetz, NJW 2003, S. 2572–2576.

Uhlenbruck, Wilhelm, Insolvenzordnung, 12. Auflage, München 2003.

Ulmer, Peter, Fehlerhafte Unternehmensverträge im GmbH-Recht, BB 1989, S. 10–19.

Veil, Rüdiger, Klagemöglichkeiten bei Beschlussmängeln der Hauptversammlung nach dem UMAG, AG 2005, S. 567–576.

Veit, Klaus-Rüdiger, Die Prüfung des Squeeze outs, DB 2005, S. 1697–1702.

Verse, Dirk A., Zum zivilrechtlichen Rechtsschutz bei Verstößen gegen die Preisbestimmungen des WpÜG, ZIP 2004, S. 199–209.

Vetter, Eberhard, Kurzkommentar zu OLG Düsseldorf, Beschl. v. 21. 12. 2000 – 19 W 5/00 AktE, EWiR § 306 AktG 3/01, S. 247–248.

ders., Abfindungsbezogene Informationsmängel und Rechtsschutz – Anmerkung zu den Urteilen des BGH vom 18. 12. 2000 – MEZ – und vom 29. 1. 2001 – Aqua Butzke –, in: Festschrift für Herbert Wiedemann zum 70. Geburtstag, München 2002, S. 1323–1348.

Vetter, Jochen, Ausweitung des Spruchverfahrens, ZHR 168 (2004) S. 8–54.

Wagner, Franz , Anmerkung zu OLG Jena, Urt. v. 22. 12. 2004 – 7 U 391/03, EWiR § 305 AktG 1/05, S. 493–494.

Wagner, Gerhard, Datenschutz im Zivilprozess, ZZP 108 (1995) S. 193–218.

Wank, Rolf, Die Auslegung von Gesetzen, München 1997.

Wasmann, Dirk, Anforderungen an die Unzulässigkeit eines Antrags nach dem Spruchverfahrensgesetz und Auswirkungen der (Un-)Zulässigkeit, ZIP 2004, S. 819–825.

ders., Gesellschaftsrechtliches Spruchverfahren: Wann gilt altes, wann neues Recht?, DB 2003, S. 1559–1560.

ders., Erlöschen und Beseitigung von Mehrstimmrechten nach § 5 EGAktG: Gerichtliche Prüfung des Ausgleichs im Spruchverfahren, BB 2003, S. 57–65.

ders./Gayk, Thorsten, SEEG und IDW ES 1 n. F.: Neues im Spruchverfahren, BB 2005, S. 955–957.

ders./Mielke, Hendrik, Der gemeinsame Vertreter nach § 6 SpruchG – Eine einzigartige Rechtsfigur gibt noch immer Rätsel auf –, WM 2005, S. 822–828.

ders./Roßkopf, Gabriele, Die Herausgabe von Unterlagen und der Geheimnisschutz im Spruchverfahren, ZIP 2003, S. 1776–1781.

Westermann, Peter, Probleme mit der Rechtsrückbildung im Gesellschaftsrecht, in: Festschrift für Wolfgang Zöllner zum 70. Geburtstag, Köln 1998, S. 607–634.

Widmann, Siegfried/Mayer, Dieter, Umwandlungsrecht,
Band 4: § 214-§ 325 UmwG, § 1–4 UmwStG
Band 8: Anhänge 5–13, Stichwortverzeichnis
Stand: 76. Ergänzungslieferung, Mai 2004, Bonn u. a.

Wiesen, Heinrich, Der materielle Gesellschafterschutz: Abfindung und Spruchverfahren, ZGR 1990, S. 503–510.

Wilsing, Hans-Ulrich, Anmerkung zu OLG Düsseldorf, Urt. v. 14. 1. 2005 – I-16 U 59/04, EWiR § 327 a AktG 2/05, S. 495–496.

ders., Der Regierungsentwurf des Gesetzes zur Unternehmensintegrität und Modernisierung des Anfechtungsrechts, DB 2005, S. 35–41.

ders./Kruse, Tobias, Börsenrechtliches Delisting nach Macrotron, WM 2003, S. 1110–1115.

dies., Anfechtbarkeit von Squeeze-out und Eingliederungsbeschlüssen wegen abfindungsbezogenen Informationsmängeln, DB 2002, S. 1539–1543.

Winter, Martin, Die Anfechtung eintragungsbedürftiger Strukturbeschlüsse de lege lata und de lege ferenda, in: Festschrift für Peter Ulmer zum 70. Geburtstag, Berlin 2003, S. 699–724.

Wolf, Martin, Der Minderheitenausschluss qua „übertragender Auflösung“ nach Einführung des Squeeze-OUT gemäß §§ 327 a–f AktG, ZIP 2002, S. 153–160.

Zekoll, Joachim/Bolt, Jan, Die Pflicht zur Vorlage von Urkunden im Zivilprozess – Amerikanische Verhältnisse in Deutschland?, NJW 2002, S. 3129–3132.

Zetsche, Dirk, Reguläres Delisting und deutsches Gesellschaftsrecht, NZG 2000, S. 1065–1070.

Zimmer, Lutz/Meese, Marcus, Vergleiche im Spruchverfahren und bei Anfechtungsklagen, NZG 2004, S. 201–206.

Zöller, Richard, Zivilprozessordnung, 24. Auflage, Köln 2004.

Zöllner, Wolfgang, Zur Problematik der aktienrechtlichen Anfechtungsklage, AG 2000, S. 145–157.

ders./Noack, Ulrich, Kölner Kommentar zum Aktiengesetz
Band 6: §§ 15–22 AktG, §§ 291–328 AktG und Meldepflichten nach §§ 21 ff. WpHG, SpruchG, 3. Auflage, Köln u. a. 2004.

Gesetzesmaterialien

Bundesministerium der Justiz, Referentenentwurf eines Gesetzes zur Neuordnung des gesellschaftsrechtlichen Spruchverfahrens (Spruchverfahrensneuordnungsgesetz), NZG 2002, S. 25–32.

dass., Diskussionsentwurf eines Gesetzes zur Einführung der Europäischen Gesellschaft (SEEG), AG 2003, S. 204–209 (http://www.bmj.de/media/archive/105.pdf).

dass., Referentenentwurf eines Gesetzes zur Unternehmensintegrität und Modernisierung des Anfechtungsrechts (UMAG), Stand: Januar 2004 (http://www.bmj.bund.de/media/archive/362.pdf).

Bundesrat, Stellungnahme zu dem Entwurf eines Gesetzes zur Einführung der Europäischen Gesellschaft (SEEG), BR-Drucks. 438/04 (Beschluss), 9. 7. 2004 (http://www.bundesrat.de/Site/Inhalt/Drucksachen/2004/0438–04B,property=Dokument.pdf).

ders., Stellungnahme zu dem Entwurf eines Gesetzes zur Neuordnung des gesellschaftsrechtlichen Spruchverfahrens (Spruchverfahrensneuordnungsgesetz), BR-Drucks. 827/02 (Beschluss), 20. 12. 2002 (http://www.parlamentsspiegel.de/tiffprint/BBD827_02_0N_1-45°.pdf#page=1&view=FitH).

Bundesregierung, Gegenäußerung zur Stellungnahme des Bundesrats zu dem Regierungsentwurf eines Gesetzes zur Unternehmensintegrität und Modernisierung des Anfechtungsrechts (UMAG), BT-Drucks. 15/5092, 14. 3. 2005, Anlage 3 (http://dip.bundestag.de/btd/15/050/1505092.pdf).

dies., Entwurf eines Gesetzes zur Einführung von Kapitalanleger-Musterverfahren (KapMuG), BT-Drucks. 15/5091, 14. 3. 2005, Anlage 1 (http://dip.bundestag.de/btd/15/050/1505091.pdf).

dies., Regierungsentwurf eines Gesetzes zur Unternehmensintegrität und Modernisierung des Anfechtungsrechts (UMAG), BT-Drucks. 15/5092, 14. 3. 2005, Anlage 1 (http://dip.bundestag.de/btd/15/050/1505092.pdf).

dies., Gegenäußerung der Bundesregierung zur Stellungnahme des Bundesrats zu dem Regierungsentwurf eines Gesetzes zur Einführung der Europäischen Gesellschaft (SEEG), BT-Drucks. 15/3656, 24. 8. 2004, S. 8–11 (http://dip.bundestag.de/btd/15/036/1503656.pdf).

dies., Entwurf eines Gesetzes zur Einführung der Europäischen Gesellschaft (SEEG), BT-Drucks. 15/3405, 21. 6. 2004 (http://dip.bundestag.de/btd/15/034/1503405.pdf).

dies., Entwurf eines Gesetzes zur Modernisierung des Kostenrechts (Kostenrechtsmodernisierungsgesetz – KostRMoG), BT-Drucks. 15/1971, 11. 11. 2003 (http://dip.bundestag.de/btd/15/019/1501971.pdf).

dies., Entwurf eines Gesetzes zur Neuordnung des gesellschaftsrechtlichen Spruchverfahrens (Spruchverfahrensneuordnungsgesetz), BT-Drucks. 15/371, Anlage 1, 29. 1. 2003 (http://dip.bundestag.de/btd/15/003/1500371.pdf).

dies., Gegenäußerung der Bundesregierung zur Stellungnahme des Bundesrats zu dem Regierungsentwurf eines Gesetzes zur Neuordnung des gesellschaftsrechtlichen Spruchverfahrens (Spruchverfahrensneuordnungsgesetz), BT-Drucks. 15/371, Anlage 3, 29. 1. 2003 (http://dip.bundestag.de/btd/15/003/1500371.pdf).

dies., Unterrichtung durch die Bundesregierung: Bericht der Regierungskommission „Corporate Governance", BT-Drucks. 14/7515, 14. 8. 2001 (http://dip.bundestag.de/btd/14/075/1407515.pdf).

dies., Entwurf eines Gesetzes zur Bereinigung des Umwandlungsrechts (UmwBerG), BT-Drucks. 12/6699, 1. 2. 1994 (http://www.parlamentsspiegel.de/tiffprint/BAD12_6699_0N_1-182°.pdf#page=1&view=FitH).

Rechtsausschuss des Deutschen Bundestages, Beschlussempfehlung und Bericht zu dem Gesetzesentwurf der Bundesregierung – Drucks. 15/5092 – Entwurf eines Gesetzes zur Unternehmensintegrität und Modernisierung des Anfechtungsrechts (UMAG), BT-Drucks. 15/5693, 15. 6. 2005 (http://dip.bundestag.de/btd/15/056/1505693.pdf).

ders., Beschlussempfehlung und Bericht zu dem Gesetzesentwurf der Bundesregierung – Drucks. 15/5091 – Entwurf eines Gesetzes zur Einführung von Kapitalanleger-Musterverfahren (KapMuG), BT-Drucks. 15/5695, 15. 6. 2005 (http://dip.bundestag.de/btd/15/056/1505695.pdf).

ders., Beschlussempfehlung und Bericht zu dem Gesetzesentwurf der Bundesregierung – Drucks. 15/3405 – Entwurf eines Gesetzes zur Einführung der Europäischen Gesellschaft (SEEG), BT-Drucks. 15/4053, 27. 10. 2004 (http://dip.bundestag.de/btd/15/040/1504053.pdf).

ders., Beschlussempfehlung und Bericht zu dem Gesetzesentwurf der Bundesregierung – Drucks. 15/371 – Entwurf eines Gesetzes zur Neuordnung des gesellschaftsrechtlichen Spruchverfahrens (Spruchverfahrensneuordnungsgesetz), BT-Drucks. 15/838, 9. 4. 2003 (http://www.parlamentsspiegel.de/tiffprint/BBD827_1_02_0N_1-17°.pdf#page=1&view=FitH).

Sachregister

Bei Fragen zur Produktsicherheit wenden Sie sich bitte an:
If you have any questions regarding product safety,
please contact:

Walter de Gruyter GmbH
Genthiner Straße 13
10785 Berlin
productsafety@degruyterbrill.com